Deutschland als Einwanderungsland

Deutschland als Einwanderungsland

Herausgegeben
von

Daniel Thym

Mohr Siebeck

Daniel Thym ist Professor für Öffentliches Recht, Europa- und Völkerrecht an der Universität Konstanz und Direktor des dortigen Forschungszentrums Ausländer- und Asylrecht (FZAA).
orcid.org/0000-0003-0361-6719

Diese Open-Access-Publikation wurde gefördert durch den Publikationsfonds der Universität Konstanz.

ISBN 978-3-16-162458-2 / eISBN 978-3-16-162459-9
DOI 10.1628/978-3-16-162459-9

Die Deutsche Nationalbibliothek verzeichnet diese Publikation in der Deutschen Nationalbibliographie; detaillierte bibliographische Daten sind über *https://dnb.dnb.de* abrufbar.

Publiziert von Mohr Siebeck Tübingen 2024. www.mohrsiebeck.com

Das Buch wurde von Martin Fischer aus der Minion gesetzt, von Laupp & Göbel in Gomaringen auf alterungsbeständiges Werkdruckpapier gedruckt und von der Buchbinderei Nädele in Nehren gebunden.

Printed in Germany.

Vorwort

Jahrelang diente das Motto „Deutschland ist kein Einwanderungsland" als Leitlinie für die Bundespolitik. Diese Vorgeschichte erklärt, warum der Einwanderungslandbegriff immer auch eine symbolische Dimension besaß: politische, gesellschaftliche und akademische Akteure nutzten die Begrifflichkeit, um ihre inhaltliche Position zu markieren. Statistisch ist das frühere Motto schon seit einigen Jahren überholt. Dass die Politik dennoch vorsichtiger formulierte und etwa im Jahr 2004 von „Zuwanderung" sprach, lag neben der Signalwirkung auch daran, dass die Formel des Einwanderungslandes bisweilen einen normativen Überschuss besitzt, als ob sie vorgebe, wie das Migrationsrecht und die Integrationspolitik inhaltlich auszugestalten seien. Tatsächlich ist das Bekenntnis zum Einwanderungsland nicht neutral. Es drückt aus, dass es Zuwanderung aus dem Ausland auch künftig geben soll und alle Menschen, die dauerhaft hier leben, eine gleichberechtigte Bürgerschaft erlangen. Jenseits dieser Mindestanforderungen stehen die Einzelheiten jedoch nicht fest. Das Bekenntnis zum Einwanderungsland ist kein einmaliger Vorgang, sondern verlangt von Politik und Gesellschaft, sich fortgesetzt darüber zu verständigen, wie der Gebietszugang und die Mitgliedschaft ausgestaltet werden sollen.

Vor diesem Hintergrund erkunden die Beiträge für diesen Band die migrationsrechtlichen Leitplanken von Deutschland als Einwanderungsland. Es geht dabei um den Gebietszugang, der eng mit dem Europarecht verwoben ist, bis hin zur Mitgliedschaft. Alles hängt miteinander zusammen, ohne dass die Antworten auf eine Frage notwendig vorgaben, wie andere Themen zu behandeln sind. Das Buch bringt führende Forschende aus ganz Deutschland zusammen, die auf unterschiedlichen Senioritätsstufen zum Thema arbeiten. Ziel ist eine Bestandsaufnahme des einfachen Rechts sowie der verfassungsrechtlichen Vorgaben, die ganz bewusst nicht nach dem Modell eines Handbuchs umfassend angelegt ist, sondern die zentralen Weichenstellungen pointiert herausarbeitet. Es geht darum, die rechtliche Regelungsstruktur auf einer mittleren Abstraktionsebene mit theoretischen und interdisziplinären Einsichten zu verbinden. Auf diesem Weg entsteht eine Gesamtschau, was freilich vielfältige Spannungslagen nicht ausschließt. Das Bekenntnis zum Asylrecht und den Menschenrechten geht einher mit einer indirekten Zugangskontrolle sowie interessenbasierten Auswahlkriterien. Umgekehrt folgt aus dem Ziel einer gleichen Mitgliedschaft aller Deutschen nicht, dass Einreise und Aufenthalt nicht staatlich reglementiert werden dürften oder wie die Mitgliedschaft aussehen muss. Die verschiedenen Beiträge vermessen derartige Spannungslagen juristisch, theoretisch und praktisch.

Das entstehende Gesamtpanorama ist holistisch angelegt, versteht sich jedoch nicht als die monolithische Vorgabe der einen „richtigen“ Lösung. Über viele Themen darf und muss in einem Einwanderungsland juristisch, politisch, praktisch und theoretisch lebhaft diskutiert werden können. Ganz in diesem Sinne vertreten die Autorinnen und Autoren jeweils eigene Positionen, deren normative Grundannahmen sich unterscheiden. Genau darum geht es jedoch. Im Idealfall leistet der vorliegende Band daher im Kleinen, was die Gesellschaft im Großen braucht: eine Debattenkultur, die unterschiedliche Positionen aushält, ohne sich in Echokammern zurückzuziehen. Die Autorinnen und Autoren eint der Anspruch, die Gegenwart und Zukunft so zu gestalten, dass die einfachgesetzlichen, verfassungsrechtlichen, europäischen und menschenrechtlichen Vorgaben sich zu einem Gesamtbild fügen, das möglichst viele überzeugt. Das bundesweite Forschungsinstitut Gesellschaftlicher Zusammenhalt (FGZ) bot hierfür einen perfekten Rahmen. Wir sind dessen Standort Konstanz dankbar, die Mittel für das vorbereitende Verfassungssymposium bereitgestellt zu haben, das wir im Mai 2023 an der Universität Konstanz durchführten.

Die Ergebnisse werden nach einer sorgfältigen Überarbeitung und einer internen Peer Review mit finanzieller Unterstützung der Universität Konstanz ganz bewusst als doppelte Print- und Open Access-Publikation veröffentlicht. Die kostenlose digitale Verfügbarkeit unterstützt eine breite Rezeption der Ergebnisse in der Rechtspraxis, der Gesellschaft sowie in der Rechtspolitik. Die zügige Veröffentlichung ermöglichten die Autorinnen und Autoren durch die disziplinierte Schreibarbeit. Aus dem Lehrstuhlteam gebührt ein nachdrücklicher Dank insbesondere: Johannes Siegel und Marie-Louise Reuter für die Vorbereitung und Durchführung des Workshops und die Aufbereitung der Manuskripte sowie Sabine Gerber für die organisatorische Gesamtkoordination. Die studentischen Hilfskräfte waren für das Symposium und die finale Durchsicht der Manuskripte ein großer Gewinn. Ihnen gebührt Dank!

Konstanz, im November 2023 Daniel Thym

Inhaltsverzeichnis

Vorwort V

Daniel Thym
Deutschlands langer Weg zum Einwanderungsland.
Einführung und Kontextualisierung 1

Teil 1

Rahmenbedingungen

Johannes Eichenhofer
Integration im Aufenthalts- und Staatsangehörigkeitsrecht.
Entwicklungspfade und Zukunftsperspektiven 31

Gabriele Buchholtz
Begrifflichkeiten und deren Kritik im Migrationsrechtskontext.
Integration – Migrationshintergrund – Postmigrantisch 51

Ferdinand Weber
„Wir-Gefühl" in einer diversen Gesellschaft 71

Teil 2

Gebietszugang

Mattias Wendel
Unionsbürgerschaft: föderale Zugehörigkeit oder Migrationsstatus? 95

Jonas Bornemann
Zur Legitimität und Legitimierung von Ungleichbehandlungen
im Migrationsrecht 113

Roman Lehner
Meritokratie und Zuwanderungskontrolle 137

Winfried Kluth
Steuerung der Asylmigration innerhalb der Europäischen Union.
Status Quo, Reformperspektiven und eigener Vorschlag 163

Pauline Endres de Oliveira
Mittelbare Zugangskontrolle durch Drittstaatskooperationen
auf europäischer Ebene. Typologie und Entwicklungsperspektiven
für eine internationale Verantwortungsteilung im Flüchtlingsschutz 183

Teil 3

Gleichheit

Judith Froese
„Einheit in der Vielfalt“ zwischen Individuen, Gruppen
und Gemeinwesen 209

Emanuel V. Towfigh
„Dilemma der Differenz“: verfassungsrechtliche und
gesellschaftspolitische Perspektiven eines diverseren Rechtsstaats 231

Constanze Janda
Territorialitätsprinzip als Grundlage sozialer Rechtsgewährleistung.
Entwicklungslinien und theoretische Implikationen 247

Teil 4

Demokratie

Sina Fontana
Verfassungsrechtliches Integrationsziel. Dogmatische Grundlagen,
begrenzte Prägekraft und inhaltliche Ausrichtung 273

Thomas Groß
Quoten für gesellschaftliche Minderheiten in Volksvertretungen
und in der Verwaltung 297

Dana Schmalz
„Virtuelle Repräsentation“ von Migrant*innen durch Gerichte und unabhängige Stellen 319

Autor*innenverzeichnis 341

Deutschlands langer Weg zum Einwanderungsland

Einführung und Kontextualisierung

Daniel Thym

Die Antwort auf die Frage, ob Deutschland ein Einwanderungsland sei oder nicht, diente jahrelang als symbolische Positionierung. Rein faktisch bestehen heutzutage keine Zweifel mehr: 18,4 % der Bevölkerung wurden im Ausland geboren, Stand Ende 2022.[1] Damit sind die deutschen Zahlen höher als im klassischen Einwanderungsland schlechthin, den USA (14 %), vergleichbar mit Kanada (18 %) und niedriger als in Australien (29 %). In empirischer Hinsicht hat sich die Frage erledigt.

Dass die Formel vom „Einwanderungsland" auch heute noch manche nervös werden lässt, liegt auch daran, dass es sich um einen politischen Kampfbegriff handelte. Dessen Sprengkraft speiste sich daraus, dass der Maxime vielfach eine überschießende normative Stoßrichtung zukam. Als ob das Anerkenntnis des Faktischen eine sich selbst erfüllende Prophezeiung wäre, wie Migration und Integration aussehen sollen. Das wäre natürlich viel zu einfach. Einwanderungsländer betreiben unterschiedliche Migrations- und Integrationspolitiken. Die „eine" Lösung gibt es nicht.

Vor diesem Hintergrund erkundet der Beitrag die rechtlichen, politischen und theoretischen Entwicklungspfade, die verstehen helfen, was es heißt, Deutschland heute als Einwanderungsland zu bezeichnen. Es zeigt sich, dass das Bekenntnis keine Zauberformel darstellt, die politische Entscheidungen erübrigte. Staat und Gesellschaft müssen lernen, nicht länger darüber zu streiten, „ob" die Beschreibung zutrifft, sondern „wie" man die Einwanderung gestalten möchte. Eine Langzeitfolge der Geschichte als Einwanderungsland wider Willen besteht darin, dass nur langsam die Vorstellung verschwindet, man müsse die real existierende Migration nur verwalten, anstatt diese zu gestalten. Einwanderungsland sein ist anstrengend.

[1] Siehe die Kategorie der (selbst) „Eingewanderten" gemäß *Destatis*, Pressemitteilung Nr. 158 vom 20.4.2023.

I. Einwanderungsland: eine kurze (Begriffs-)Geschichte

Im öffentlichen Diskurs wird heutzutage gerne darauf hingewiesen, dass Migration „schon immer Teil der Geschichte unseres Landes"[2] war und die europäischen Gesellschaften „prägte" und „bereicherte"[3]. Solche Generalisierungen helfen dabei, die Einwanderung nicht länger als Fremdkörper zu verstehen. Zugleich verdeutlichen die UN-Statistiken jedoch, dass der Anteil derjenigen, die nicht wandern, seit Jahren vergleichsweise stabil ist: 96 % aller Menschen leben in dem Land, in dem sie geboren wurden.[4] Migration findet immer statt, betrifft aber meistens eine Minderheit. In der deutschen Gegenwart sind 82 % der Bevölkerung hierzulande geboren; 71 % haben über die Eltern keinen familiären Migrationshintergrund.[5]

1. Gastarbeit als erinnerungspolitischer Ausgangspunkt

Nach dem Zweiten Weltkrieg sah es kurzfristig anders aus. Migration schien nicht nur eine Minderheit zu betreffen, sondern kaum noch stattzufinden. Westeuropa war vergleichsweise homogen, zumal der Zustrom von über 10 Millionen Vertriebenen und Flüchtlingen aus den ehemaligen deutschen Ostgebieten und dem Ostblock als Sonderfall wahrgenommen wurde.[6] Es ging um Menschen mit „deutscher Volkszugehörigkeit" (Art. 116 Abs. 1 GG), deren Integration ökonomisch herausfordernd war und von den Betroffenen sich anzupassen verlangte, aber dennoch durch das vorherrschende ethno-kulturelle Nationalverständnis erleichtert wurde.[7]

Der Begriff des Einwanderungslandes rückte ins Zentrum, als sich in den Jahren nach dem Anwerbestopp für die Gastarbeit von 1973 zeigte, dass der „Ausländeranteil", wie man damals formulierte, nicht zurückging, sondern infolge des Familiennachzugs umgekehrt anstieg. Verwaltung und Rechtsprechung verhandelten eine angemessene Reaktion, die aufgrund der abstrakten Vorgaben des Ausländergesetzes 1965 und des Reichs- und Staatsangehörigkeitsgesetzes (RuStAG) durch länderübergreifende Absprachen und Verwaltungsvorschriften umgesetzt wurde.[8] 1977 verständigten sich Bund und Länder einvernehmlich

---

[2] *SPD, Bündnis 90/Die Grünen und FDP*, Koalitionsvertrag 2021–2025 vom 24.11.2021, S. 93.

[3] Kommissionspräsidentin *Ursula von der Leyen*, State of the Union Address, 16.9.2020.

[4] Näher *IOM*, World Migration Report 2022, Kap. 2; die absoluten Zahlen stiegen wegen des Bevölkerungswachstums deutlich.

[5] Vgl. *Destatis* (Fn. 1) für die Kategorie „Migrationshintergrund".

[6] Zum Kontext *Thomas Giegerich*, in: Günter Dürig/Roman Herzog/Rupert Scholz (Hrsg.), Grundgesetz, 61. EL 2011, Art. 116 GG Rn. 1–33.

[7] Zur damaligen Diskussion *Michael Bommes*, Migration Research in Germany, in: Dietrich Thränhardt/ders. (Hrsg.), National Paradigms of Migration Research, 2010, S. 127 (128–133); zu persönlichen Brüchen *Jan Plamper*, Das neue Wir, 2019, Kap. 2.

[8] Siehe Ausländergesetz v. 28.4.1965 (BGBl. 1965 I 353); Reichs- und Staatsangehörigkeits-

auf Einbürgerungsrichtlinien, die den Behörden eine restriktive Ermessensbetätigung vorgaben: „Die Bundesrepublik Deutschland ist kein Einwanderungsland; sie strebt nicht an, die Anzahl der deutschen Staatsangehörigen gezielt durch Einbürgerung zu vermehren."[9] Dies schloss nicht aus, dass man im Einzelfall pragmatisch doch einbürgerte;[10] gezielt gefördert wurde die Einwanderung von Menschen ohne deutsche Volkszugehörigkeit jedoch nicht.

Jenseits der Verwaltungspraxis entwickelte sich in den frühen 1980er Jahren erstmals ein breiterer rechtspolitischer Diskurs über Migration, der durch einen merklichen Anstieg der Asylantragszahlen forciert wurde. Diese überschritten im Umfeld des türkischen Militärputsches die Schwelle von 100 Tausend, was damals als kaum verkraftbar empfunden wurde.[11] Es ging in der aufkeimenden Debatte nicht länger nur um die „faktische Einwanderung"[12] der Gastarbeitergeneration und ihrer Kinder, sondern darum, „alle humanitär vertretbaren Maßnahmen zu ergreifen, um den Zuzug von Ausländern zu unterbinden"[13]. Man integrierte zögerlich diejenigen, die bereits im Lande waren, wollte parteiübergreifend jedoch keine neue Zuwanderung.

Während die Parteien in der Integrationspolitik unterschiedliche Akzente setzten,[14] bestand ein grundsätzlicher Konsens, dass „keine weitere Einwanderungswelle"[15] stattfinden solle. Die sozialliberale Koalition hielt ebenso wie die nachfolgende Regierung Kohl am Anwerbestopp fest und forcierte vor allem eine strengere Asylpolitik, für welche die Regierung Schmidt neue Instrumente entwickelte, die bis heute wirken: eine Visumspflicht für die Türkei senkte die Asylantragszahlen;[16] effektuiert wurde die externe Migrationskontrolle durch Sanktionen für Fluggesellschaften, die Ausländer ohne Einreiserecht beförder-

---

gesetz v. 22.7.1913 (RGBl. 1913, 583); und zu deren offener Struktur *Günter Renner*, Politik und Justiz im Ausländerrecht, in: FS Wolfgang Zeidler, Bd. 1, 1987, S. 1003–1027.

[9] Nr. 2.3 Einbürgerungsrichtlinien v. 15.12.1977 (GMBl. 1978, S. 16) für § 8 RuStAG.

[10] Von 1975 bis 1980 wurden 354.793 Personen eingebürgert und nach dem Asylkompromiss folgten infolge von Gesetzesreformen nochmals mehrere hunderttausend Personen; vgl. Antwort der Bundesregierung auf die Große Anfrage der SPD-Fraktion, BT-Drs. 10/2071 v. 3.10. 1984, S. 25; und 5. Bericht der Beauftragten der Bundesregierung für Ausländerfragen, BT-Drs. 13/9484 v. 9.2.2000, S. 10–12 & Tabellen 13a–15c.

[11] Vgl. Antwort der Bundesregierung (Fn. 10), S. 23 (Anhang 2).

[12] So der progressive erste Ausländerbeauftragte *Heinz Kühn*, Stand und Weiterentwicklung der Integration der ausländischen Arbeitnehmer und ihrer Familien, September 1979, S. 3 mit der Ergänzung: „bei fortdauerndem Ausschluß weiterer Anwerbung".

[13] *CDU/CSU und FDP*, Koalitionsvereinbarung 1982, in: Neue Bonner Depesche Nr. 10/1982, S. 6.

[14] Instruktiv *Ulrich Herbert*, Geschichte der Ausländerpolitik in Deutschland, 2001, S. 244–262.

[15] Sprachlich pointiert Bundeskanzler *Helmut Kohl*, Regierungserklärung, BT-Plenarprot. 9/121 v. 13.10.1982, S. 7219 f.

[16] Siehe Elfte Verordnung zur Änderung der Verordnung zur Durchführung des Ausländergesetzes v. 1.7.1980 (BGBl. 1980 I 782); und zur asylpolitischen Motivation die Antwort der Bundesregierung (Fn. 10), S. 3 und 23.

ten;[17] und das AsylVfG verschärfte die Verfahrensregeln.[18] Die Bundesrepublik gehörte zur Vorhut der europäischen Länder, die in den 1980er Jahren eine restriktive Gebietszugangspolitik entwickelten, die später über die Schengener Übereinkommen und die EU-Gesetzgebung die Fundamente für dasjenige legte, was die Kritik heute als „Festung Europa" brandmarkt.[19] Hintergrund für diese parteiübergreifend restriktive Gangart war eine skeptische öffentliche Meinung, die seinerzeit erste öffentliche Aufwallungen erlebte.[20]

2. Asylkompromiss als Startschuss für ein Zuwanderungsgesetz

Diese früheren Debatten waren ein Vorgeschmack, was passierte, als nach dem Mauerfall zusätzlich zum Aussiedlernachzug die Asylzugangszahlen mehrere hunderttausend pro Jahr überschritten. DER SPIEGEL titelte damals: „Asyl. Die Politiker versagen" (Heft Nr. 15/1992) und „Ansturm der Armen" (Heft Nr. 37/1991). Die Bundesrepublik erlebte eine aufgeheizte Diskussion, in der sich der wiedervereinigte Nationalstaat ganz nebenbei praktische Herausforderungen anging und über das normative Leitbild verständigte.[21] In der kollektiven Erinnerung verhaftet sind die pogromartigen Übergriffe in Rostock-Lichtenhagen, der Mordangriff von Mölln und die Lichterketten als massenwirksame Gegenbewegung. Sie begleiteten eine politische, mediale und auch wissenschaftliche Debatte über den „Asylkompromiss" aus dem Dezember 1992, der die Bestimmungen über sichere Herkunfts- und Drittstaaten in den heutigen Art. 16a GG einfügte und das AsylVfG verschärfte.[22] Diese Schritte bereiteten zugleich den Boden für die spätere Europäisierung des Asylrechts.[23]

Für die Entwicklung als Einwanderungsland ist das Asylrecht nicht nur ein zentraler Zugangsweg. Zugleich wurde in seinem Windschatten die Forderung gehört, dass die Bundesregierung eine gesetzliche Gesamtkonzeption vorlegen solle, um die „Zuwanderung" zu steuern und zu begrenzen. Diesen Prüfauftrag des Asylkompromisses forderten SPD und FDP in der Folgezeit immer wieder ein.[24] Das Ausländergesetz 1990 war nämlich alles andere als eine zu-

---

[17] Als Rechtsgrundlage diente § 18 Abs. 5 AuslG 1965 (Fn. 8) i. d. F. d. Art. 6 Nr. 1 Gesetz zur Bekämpfung der illegalen Beschäftigung v. 15.12.1981 (BGBl. 1981 I 1390).

[18] Nach einjährigen Beratungen das Asylverfahrensgesetz v. 16.7.1982 (BGBl. 1982 I 946).

[19] Näher *Maryellen Fullerton*, Restricting the Flow of Asylum-Seekers in Belgium, Denmark, the Federal Republic of Germany, and the Netherlands, Virginia Journal of International Law 29 (1988/89), S. 33–114; und *Daniel Thym*, European Migration Law, 2023, S. 302 f., 336–346.

[20] Näher *Karen Schönwalder*, Einwanderung und ethnische Pluralität, 2001; und die Materialsammlung von *Deniz Göktürk u. a.* (Hrsg.), Transit Deutschland. Debatten zu Nation und Migration, 2010, Kap. 7.

[21] Näher *Patrice G. Poutrus*, Umkämpftes Asyl, 2019.

[22] Siehe Verfassungsänderung v. 28.6.1993 (BGBl. 1993 I 1002); G. v. 30.6.1993 (BGBl. 1993 I 1062); und *Kay Hailbronner*, Die Asylrechtsreform im Grundgesetz, ZAR 1993, S. 107–117.

[23] Explizit BVerfGE 94, 49 (85–87) – *Sichere Drittstaaten.*

[24] Siehe: Ergebnis der Verhandlungen zur Neuordnung des Asylrechts, FAZ v. 8.12.1992, S. 2;

kunftsweisende Gesamtregelung gewesen. Zwar beseitigte das Gesetz die früheren Verwaltungsspielräume, begründete ansonsten jedoch eine modifizierende Kompilation der bereichsspezifischen Verwaltungsvorschriften und der höchstrichterlichen Rechtsprechung.[25]

Umgesetzt wurde das Vorhaben eines Zuwanderungsgesetzes schließlich unter der rot-grünen Bundesregierung Schröder nach der Jahrtausendwende. Nach einem damals üblichen Politikstil wurde zuerst ein Expertengremium aus Wissenschaft und Verbänden unter Vorsitz einer liberalen CDU-Politikerin eingesetzt, das als „Süßmuth-Kommission" bekannt wurde.[26] Deren Abschlussbericht bezeichnete Deutschland prominent als „faktisches" Einwanderungsland und stellte fest, dass die Maxime vom Nicht-Einwanderungsland „aus heutiger Sicht ... unhaltbar geworden [ist]", denn sie verhindere, „dass weitreichende politische Konzepte für dieses zentrale Politikfeld entwickelt werden".[27] Notwendig sei ein Paradigmenwechsel, um die Bundesrepublik auf den demografischen Wandel vorzubereiten.

Bereits wenige Wochen nach dem Bericht wurde ein erster Referentenentwurf für ein Zuwanderungsgesetz vorgelegt, der hektische Debatten auslöste.[28] Das lag nicht nur daran, dass die Erwerbsmigration als Eckpfeiler des Entwurf – ebenso wie das Staatsangehörigkeitsgesetz zwei Jahre zuvor[29] – politisch umstritten war. Angesichts des Wirtschaftsbooms der jüngeren Vergangenheit vergisst man leicht, dass Deutschland zuvor als „kranker Mann Europas" gegolten hatte.[30] Seit den 1990er Jahren hatte es eine Massenarbeitslosigkeit mit langjährig über 4 Millionen Arbeitslosen gegeben, die erst Mitte der 2000er Jahre zurückging.[31] Die Bevölkerungspyramide ließ keinen Zweifel am demografischen Wandel, der in der Lebenswirklichkeit freilich erst später spürbar wurde.

Bei der Erwerbsmigration blieb das Zuwanderungsgesetz eine Trockenübung, weil letztlich der Anwerbestopp fortgalt. Innenminister Schily (SPD) hatte, zum Ärger der Grünen, bereits früh verkündet, dass die anvisierte Quote für ein Punktesystem auf Null festgelegt werden müsse, weil die Grenze der Belast-

und die Nachweise bei *Michael Wollenschläger*, Konzeption für eine Zu-/Einwanderungsgesetzgebung für die Bundesrepublik Deutschland, ZRP 2001, S. 459 (460 f.).

[25] Siehe AuslG v. 15.7.1990 (BGBl. 1990 I 1354); und *Kay Hailbronner*, Das Gesetz zur Neuregelung des Ausländerrechts, NJW 1990, S. 2153–2161.

[26] Siehe auch *Jan Schneider*, Modernes Regieren und Konsens?, 2009.

[27] Bericht der *Unabhängigen Kommission „Zuwanderung"*, Zuwanderung gestalten – Integration fördern v. 4.7.2001, S. 1, 11, 12 f.

[28] Vgl. den Entwurf gemäß BT-Drs. 14/7387 v. 8.11.2001.

[29] Anschaulich *Johannes Masing*, Wandel im Staatsangehörigkeitsrecht vor den Herausforderungen moderner Migration, 2001.

[30] Vgl. Germany on the Mend, Economist v. 17.11.2004, http://www.economist.com/node/3352024.

[31] Leicht zugänglich https://de.wikipedia.org/wiki/Arbeitslosenstatistik#Historische_Zahlen_zur_Arbeitslosigkeit_in_Deutschland.

barkeit überschritten sei.[32] So machte es keinen großen Unterschied, dass die Endfassung – anders als die vom BVerfG aus formalen Gründen kassierte Erstfassung – aufgrund eines parteiübergreifenden Kompromisses auf ein Punktesystem für die Erwerbsmigration verzichtete.[33] Der Arbeitsmarkt wurde erst in den Folgejahren ohne größere Diskussionen schrittweise geöffnet, als die Regierungen Merkel die Hochqualifiziertenrichtlinie umsetzten und weitergehende nationale Reformschritte angingen, ohne dass dieser Abschied vom Anwerbestopp öffentlich viel diskutiert wurde.[34]

3. Von der „Zuwanderung" zur „Einwanderung"

Sprachlich fällt auf, dass selbst diejenigen, die für eine Gesamtregelung eintraten, nach dem Asylkompromiss von „Zuwanderung" sprachen. Es war dies eine sprachliche Zwischenlösung zwischen der ursprünglichen SPD-Forderung nach einem Einwanderungsgesetz und den skeptischen Unionsparteien, den spätere SPD-Papiere fortsetzten.[35] Nur die Grünen sprachen proaktiv von „Einwanderung"[36]. Man kann die sprachliche Abstufung zwischen Zuwanderung als Rahmenbegriff, der die temporäre Migration umfasst, und Einwanderung als dauerhafter Niederlassung rational erklären.[37] In der Tat ist es problematisch, wenn deutsche Statistiken alle im Ausland geborenen unabhängig von der Bleibeberechtigung pauschal als „Eingewanderte" bezeichnen.[38] Neben diesen Sachgründen dürfte die politische Präferenz für den Zuwanderungsbegriff auch davon getragen gewesen sein, den Kampfbegriff der Einwanderung zu umgehen, dessen sprachliche Variation die „Zuwanderung" wegen des Präfix „Zu-" anstelle „Ein-" war.[39] Der Begriff erlebte eine erstaunliche Karriere.[40]

---

[32] Zitat nach BRat-Plenarprotokoll 774 v. 24.3.2002, S. 166C.

[33] § 20 AufenthG i. d. F. d. Zuwanderungsgesetzes v. 20.6.2002 (BGBl. 2002 I 1946) fand sich nicht mehr in der Endfassung gemäß G. v. 30.7.2004 (BGBl. 2004 I 1950); zur Einordnung *Jürgen Bast*, Zehn Jahre Aufenthaltsgesetz, DÖV 2013, S. 214 (214–218).

[34] Im Überblick *Roman Lehner*, Gesetzgebung, ZAR 2022, S. 144–146; und *Daniel Thym*, Einwanderungsgesetzgebung (Teil 1), ZAR 2017, S. 297 (303 f.).

[35] Anders noch die SPD-Führung nach einer Klausurtagung gemäß: SPD signalisiert Bereitschaft zu Kompromissen, SZ v. 24.8.1992, S. 4.

[36] In der Opposition z. B. der Gesetzentwurf für ein Einwanderungsgesetz, BT-Drs. 13/7417 v. 15.4.1997.

[37] Siehe *Unabhängige Kommission „Zuwanderung"* (Fn. 27), S. 13.

[38] So *Destatis*, Pressemitteilung Nr. 80 v. 2.3.2023; kritisch *Daniel Thym*, Abweichende Stellungnahme, in: Bericht der Fachkommission der Bundesregierung zu den Rahmenbedingungen der Integrationsfähigkeit, Januar 2021, S. 226 f.

[39] Die Brockhaus-Enzyklopädie, Bd. 24, 19. Aufl. 1994 enthielt keinen Eintrag „Zuwanderung", wohl aber ebd. Bd. 14, 19. Aufl. 1991 für „Migration" als Oberbegriff für Ein- und Auswanderung, als dessen Synonym „Zuwanderung" heute auf www.duden.de genannt wird.

[40] Das FAZ-Archiv zeigt seit den späten 1980er Jahren einen steten Anstieg mit einem ersten Höhepunkt 1992/93 sowie exponentiell steigend seit der Jahrtausendwende.

Der Erfolg mag auch daran gelegen haben, dass die semantische Kodierung als Zuwanderung signalisiert, dass Migranten zu einer bestehenden Einheit hinzutreten, ohne dass sich diese grundlegend verändert.[41] So jedenfalls dürfte der Begriff vielfach verstanden worden sein. Er meint etwas Ähnliches wie Einwanderung, entfaltet jedoch weniger weitreichende Folgen. Dies gilt für den Gebietszugang und die Integration. In beiderlei Hinsicht unterscheidet sich die Situation nach dem Zuwanderungsgesetz vom früheren Nicht-Einwanderungsland. Erstens anerkannte die Politik, dass anstelle einer Nullzuwanderung auch künftig Menschen kommen werden, was keinesfalls offene Grenzen signalisierte. Die „Steuerung und Begrenzung"[42] gehörte zur Zuwanderungsdiskussion ebenso wie der beinahe naiv anmutende Wunsch, mittels Quoten für das Punktesystem genaue Zuzugszahlen vorzugeben.

Zweitens beinhaltet das Bekenntnis zur Zuwanderung, dass diejenigen, die dauerhaft und legal hier leben, gleichberechtigte Mitglieder der deutschen Gesellschaft werden. Die Einbürgerung steht stellvertretend für die Bereitschaft, den zugewanderten Personen eine gleiche Teilhabe zu ermöglichen. Im Zentrum des Zuwanderungsgesetzes stand die „Integration ... in das wirtschaftliche, kulturelle und gesellschaftliche Leben"[43], den die Staatsangehörigkeitsrechtsreform um die politische Teilhabe ergänzte. Naturgemäß kann das Recht alleine eine gleiche Bürgerschaft nicht gewährleisten, über deren normative Grundlagen man außerdem trefflich streiten kann. Ungeachtet dieser Unwägbarkeiten, auf die noch einzugehen sein wird, ist in der Rückschau bezeichnend, wie die gleiche Bürgerschaft der früheren „Gastarbeiter" im öffentlichen Diskurs immer wieder relativiert wurde: zuerst als „ausländische Mitbürger" und bis heute vielfach mittels einer Betonung des „Migrationshintergrunds".[44]

Ein förmliches Einwanderungsgesetz besitzt Deutschland bis zum heutigen Tage nicht. Genutzt wurde der Begriff einzig für das „Fachkräfteeinwanderungsgesetz", das zuletzt durch ein Weiterentwicklungsgesetz verwandten Namens ergänzt wurde, die als Artikelgesetze das AufenthG sowie punktuell AsylG, StAG und Freizügig/EU änderten.[45] Die Forderung nach einem „Einwanderungsgesetzbuch" analog zur Systematik des Sozialgesetzbuchs schaffte es beinahe in

[41] Hierzu *Paul Mecheril*, Migrationspädagogik, in: ders. (Hrsg.), Handbuch Migrationspädagogik, 2016, S. 8 (13).

[42] So § 1 Abs. 1 AufenthG i. d. F. Zuwanderungsgesetzes im Einklang mit den allermeisten politischen Initiativen seit den 1990er Jahren; gestrichen wurde die „Begrenzung" durch G. v. 16.8. 2023 (BGBl. 2023 I 217).

[43] § 43 AufenthG; siehe auch den Beitrag von *Johannes Eichenhofer* in diesem Band.

[44] Instruktiv *Valentin Rauer*, Integrationsdebatten in der deutschen Öffentlichkeit (1947–2012), in: Özkan Ezli u. a. (Hrsg.), Die Integrationsdebatte zwischen Assimilation und Diversität, 2013, S. 51 (62–66); und *Jörg Hüttermann*, Zur Soziogenese einer kulturalisierten Einwanderungsgesellschaft, in: Özkan Ezli u. a. (Hrsg.), Wider den Kulturenzwang, 2009, S. 95 (102–106).

[45] Vgl. Fachkräfteeinwanderungsgesetz v. 15.8.2019 (BGBl. 2019 I 1307); und G. v. 16.8.2023 (Fn. 42).

den Koalitionsvertrag 2017;[46] auch die aktuelle Bundesregierung verspricht ein „in sich stimmiges", „widerspruchsfreies" und „anwendungsfreundliches" Recht, das die bestehenden Regelungen „idealerweise in einem Einwanderungs- und Aufenthaltsgesetzbuch" zusammenfasst.[47] Dies ließe sich rechtstechnisch machen, auch wenn der Wunsch nach Anwendungsfreundlichkeit – nicht anders als beim SGB – illusorisch bleibt. Viel zu komplex sind die EU-Vorgaben, die tatsächlichen Zusammenhänge, der Wunsch nach Einzelfallgerechtigkeit und die politischen Kompromisse, die eine Kodifikation aufschnüren müsste.[48] Die Idee eines Gesetzbuches ähnelt der Zulassungsquote: Beide versprechen eine Schlichtheit, die die Politik in der Praxis nicht einlösen können wird.

II. Langzeitfolgen einer Einwanderung wider Willen

Max Frisch prägte den viel zitierten Satz: „[M]an hat Arbeitskräfte gerufen, und es kommen Menschen."[49] Das Zitat verweist auf die Gastarbeit, die stellvertretend für eine dauerhafte Einwanderung steht, die Politik und Gesellschaft nicht beabsichtigt hatten, die aber dennoch stattfand – ganz ähnlich wie später die Asylzuwanderung. Die damals einsetzende Diskussion erklärt nicht nur, warum die Einwanderungslandformel ein Kampfbegriff wurde. Aus der jahrzehntelangen Erfahrung als Einwanderungsland wider Willen entwickelte sich ein spezifisch deutscher Zugriff, den man als reaktive Verwaltung anstelle einer zukunftsgewandten Gestaltung beschreiben kann. Dieser unterscheidet die Bundesrepublik, bisher jedenfalls, von klassischen Einwanderungsländern, die den Gebietszugang betont selektiv regeln.

1. Etappen eines wiederholten Steuerungsversagens

Man kann die europäische Migrationspolitik als eine Abfolge wiederholter Steuerungsdefizite und nicht intendierter Konsequenzen beschreiben: Die Gastarbeiter blieben, der Anwerbestopp mündete in den Familiennachzug und über das Asylsystem wanderten viele dauerhaft ein. Die Politikwissenschaft spricht von einem „control gap", wenn westliche Länder die an sich angestrebte Migrationskontrolle in der Praxis verfehlen, und diskutiert die Ursachen hierfür.[50] Erklärungsansätze

---

[46] Dieser versprach die Fachkräfte*einwanderung*, übernahm jedoch nicht die SGB-Analogie aus: Ergebnisse der Sondierungsgespräche von CDU, CSU und SPD, 12.1.2018, S. 21, https://www.tagesschau.de/inland/ergebnis-sondierungen-101.pdf.

[47] Vgl. Koalitionsvertrag 2021–2025 (Fn. 2), S. 138.

[48] Hierzu *Thym* (Fn. 34), S. 302 f.; und *Fachkommission* (Fn. 38), S. 200 f., an dessen Redaktion der Autor mitwirkte.

[49] *Max Frisch*, Vorwort, in: Alexander J. Seiler, Siamo italiani – die Italiener, 1965, S. 7.

[50] Grundlegend *Wayne Cornelius/Philip Martin/James F. Hollifield*, Introduction, in: dies.

umfassen das liberale Selbstbild unter Einschluss der Menschenrechte ebenso wie die vielfältigen Push- und Pull-Faktoren, die eine hundertprozentige Steuerung unmöglich machen.[51] Wichtiger als die Ursachenanalyse ist für unsere Zwecke die Feststellung, dass die deutsche Migrationspolitik ein mehrfaches Kontrollversagen erlebte.

Entgegen einer verbreiteten Erinnerung kehrte die Mehrzahl der Gastarbeiter zwar zurück, zumeist freiwillig.[52] Tief im kollektiven Gedächtnis verankert ist, dass viele blieben. Eine Rotation war vage anvisiert worden, wurde jedoch niemals konsequent umgesetzt,[53] weil unter anderem die Unternehmen die angelernten Arbeitskräfte nicht wieder ersetzen wollten. Der zwischenzeitliche Anwerbestopp verfestigte die faktische Einwanderung noch, weil die Option einer Pendelmigration durch zeitweise Rückkehr und spätere Wiedereinreise verschlossen wurde.[54] Doch nicht nur die Migrationspolitik, auch die Gastarbeiter selbst hatten die Niederlassung so nicht geplant. Vielfach war Rückkehr fest eingeplant, spätestens nach der Rente, wurde sodann jedoch immer weiter aufgeschoben: wegen wirtschaftlicher Stagnation oder politischer Instabilität im Heimatland, während der Ausbildung der Kinder oder einfach, weil man irgendwie doch heimisch in *Almanya* geworden war.[55] Deutschland schlafwandelte unbeabsichtigt zum Einwanderungsland.[56]

Auch im Kleinen gab es wiederholtes Steuerungsversagen. Ein reduzierter Kindergeldexport wirkte wie ein Bumerang, weil die Restriktion den Wunsch steigerte, die Kinder nach Deutschland zu holen.[57] Insgesamt erlebte die Bundesrepublik nach dem Anwerbestopp anstelle des erhofften Rückgangs eine Erhöhung des „Ausländeranteils", der noch dazu mit einem deutlichem Anstieg der Arbeitslosenquote unter den früheren Gastarbeitern verbunden war.[58] Ein Berliner Versuch, eine „Gettobildung" durch Nebenbestimmungen zur Aufenthaltserlaubnis zu verhindern, versandete in der Praxis.[59] Die öffentlichkeitswirksame „Rückkehrförderung" der Regierung Kohl verstärkte den Eindruck eines Steuerungsversagens noch. Dies sollte zwar nie zwangsweise durchgesetzt

(Hrsg.), Controlling Immigration, 1. Aufl. 1994, S. 3–51; aktueller die Beiträge zu *James F. Hollifield u. a.* (Hrsg.), Controlling Immigration, 4. Aufl. 2022.

[51] Zusammenfassend *Thym* (Fn. 19), S. 95–109.

[52] Siehe *Annette Treibel-Illian*, Migration in modernen Gesellschaften, 5. Aufl. 2011, S. 56.

[53] Juristisch *Kay Hailbronner*, Ausländerrecht. Ein Handbuch, 1984, Rn. 72 ff.

[54] Im Überblick *Marcel Berlinghoff*, Das Ende der „Gastarbeit", 2013, Kap. 4.

[55] Instruktiv *Cord Pagenstecher*, Die „Illusion" der Rückkehr, Soziale Welt 47 (1996), S. 149–179; siehe auch *Özkan Ezli*, Narrative der Migration, 2021, Kap. 2.

[56] Nicht anders die spätkoloniale Zuwanderung nach Frankreich, Großbritannien, Belgien und die Niederlande; siehe *Randall Hansen*, Globalization, Embedded Realism, and Path Dependency, Comparative Political Studies 35 (2000), S. 259–283.

[57] Vgl. § 1 Abs. 6 Bundeskindergeldgesetz i. d. F. v. Art. 2 G. v. 5.8.1974 (BGBl. 1974 I 1769).

[58] Siehe *Herbert* (Fn. 14), S. 232–243.

[59] Näher *Fritz Franz*, „Überlastetes Siedlungsgebiet" Berlin?, JR 1976, S. 146–150, 188–190.

werden und wirkte in der Praxis begrenzt auch.[60] Öffentlich wahrgenommen wurde jedoch vor allem das doppelte Signal, dass zum einen die „Gastarbeiter" nicht dazugehörten und zum anderen der tatsächliche Inlandsverbleib die regulatorische Hilflosigkeit der Regierung offenbarte.

In der Folgezeit entwickelte sich das Asylsystem zum wichtigsten Zuwanderungskanal. Für sich genommen ist dies kein Steuerungsversagen, weil früher das Grundgesetz und heute das Unionsrecht schutzbedürftigen Personen ein Einreise- und Bleiberecht zusichern. Dennoch war die Kritik am „Mißbrauch des Asylrechts"[61] nicht bloß eine Fantasie konservativer Politiker. In den 1990er Jahren überwand nur eine Minderheit die Hürden des Art. 16a GG.[62] Auch aktuell erfasst die Schutzquote viele nicht. Hinzu kommt die innereuropäische Sekundärmigration: zwischen 1985 und 2000 wurden zwei Drittel (!) aller Asylanträge in Deutschland gestellt,[63] wohin auch heute viele entgegen der Dublin-Regeln weiterwandern. Rückführungen in die Herkunftsstaaten funktionieren seit Jahrzehnten ebenso schlecht wie Dublin-Überstellungen. Das Aufenthaltsbeendigungsrecht war und ist praktisch dysfunktional.

An anderer Stelle verzichtete die Bundesrepublik bewusst auf eine Steuerung. Zum einen wurde der Zuzug deutschstämmiger Aussiedler lange nicht behindert, bevor der Bundestag nach dem Mauerfall einen zeitlichen Schlussstrich zog, der die Zuwanderung zwischenzeitlich beinahe vollständig versiegen ließ.[64] Zum anderen wirken die Arbeitnehmerfreizügigkeit im Binnenmarkt und die heutige Unionsbürgerschaft in der Sache als „Migrationssteuerungsabwehranspruch"[65], der infolge fortschreitender Erweiterungsrunden immer mehr Personen umfasste; staatliche Gegenmaßnahmen sind nur noch in Randbereichen möglich, wie beim Sozialleistungsbezug von Nichterwerbstätigen.[66] Praktisch ist die Unionsbürgerschaft überaus wichtig: Ein Drittel der Inländer mit familiärem Migrationshintergrund kommt aus der heutigen EU; wenn man das sonstige Europa ohne die Türkei hinzuzählt, gilt das sogar für die Hälfte (vor dem Ukrai-

---

[60] Siehe Gesetz zur Förderung der Rückkehrbereitschaft von Ausländern v. 28.11.1983 (BGBl. 1983 I 1377); und Antwort der Bundesregierung (Fn. 10), S. 3 f., 24 (Anhang 3), wobei die Förderung immer nur ein Entscheidungsfaktor unter vielen war.

[61] So die einleitende Formulierung des Asylkompromisses 1992 nach Ergebnis der Verhandlungen (Fn. 24).

[62] Zwischen 1990 und 2003 wurden über 80 % aller Anträge abgelehnt, exklusive Asylberechtigten und sog. De facto-Flüchtlingen, die nicht abgeschoben werden durften; vgl. *Bundesministerium des Innern u. a.*, Migrationsbericht 2003, S. 38; und *Kay Hailbronner*, Die Rechtsstellung von De-facto-Flüchtlingen, ZAR 1993, S. 3–11.

[63] Siehe *Eiko R. Thielemann*, Why Asylum Policy Harmonisation Undermines Refugee Burden-Sharing, EJML 6 (2004), S. 47 (48–54).

[64] Siehe Bundesvertriebenengesetz i. d. F. d. G. v. 21.12.1992 (BGBl. 1992 I 2094); und *Christian Joppke*, Selecting by Origin, 2005, Kap. 4.

[65] *Jürgen Bast*, Aufenthaltsrecht und Migrationssteuerung, 2011, S. 52–55.

[66] Näher der Beitrag von *Mattias Wendel* in diesem Band.

nekrieg).[67] Dieser bewusste Steuerungsverzicht bezeichnet die – quantitativ wichtigen – Ausnahmen von der Regel, dass die deutsche Migrationspolitik wiederholt die selbstgesetzten Ziele verfehlte.

2. Fehlvorstellung passiven Erlebens

Das wiederholte Steuerungsversagen nährte die Vorstellung, dass Einwanderungspolitik vor allem die Verwaltung eines Zuzugs heißt, der faktisch irgendwie stattfindet, ohne dass man viel ändern könnte. Dies erinnert an die soziologische Unterscheidung zwischen Handeln und Erleben anhand des Zurechnungssubjekts: Wer nur erlebt, rechnet das Geschehen anderen zu, während der Handelnde sich selbst als Akteur wahrnimmt.[68] Für die Migrationspolitik ist es zuerst einmal negativ, wenn der Staat als passiver Akteur wahrgenommen wird, der nur reagiert. Allerdings hat ein solcher Eindruck auch Vorteile. Wenn sich die Wahrnehmung verfestigt, dass der Staat die Einwanderung kaum beeinflussen kann, entlastet dies die Politik davon, selber Kriterien zu definieren, diese zu begründen, die getroffenen Entscheidungen umzusetzen und für Defizite geradezustehen.

Die Politik erscheint als Getriebene von Umständen, die nun einmal so sind, wie sie sind, auch wenn man es gerne anders hätte. Eine pragmatische Politik kann dann nur die Ärmel hochkrempeln und frei nach dem Motto „Wir schaffen das“[69] mit ehrlichem Engagement das Beste aus der faktisch eingetretenen Situation machen. Es geht um ein reaktives Verwalten anstelle eines proaktiven Gestaltens. Begleitet wird ein derartiges Verständnis häufig von rhetorischen Variationen einer „Alternativlosigkeit“, die in der deutschen Debatte in einer vierfachen moralischen, rechtlichen, tatsächlichen und normativen Ausprägung verbreitet sind.

Die moralische Alternativlosigkeit zeigt sich vor allem in der Asylpolitik. Bereits sprachlich wird häufig nicht zwischen Menschen mit und ohne Schutzbedarf unterschieden, die stattdessen allesamt als „Geflüchtete“ erscheinen (die Partizipialkonstruktion signalisiert außerdem, dass der Zielort erreicht sei).[70] Derartige Sprechakte delegitimieren semantisch eine Rückführung, laufen freilich Gefahr, dass auch die Befürworter einer härteren Gangart nicht mehr nach dem Schutzbedarf unterscheiden, sondern pauschal von „illegaler Migration“ sprechen.[71] Wer meint, die Aufnahme aller Geflüchteten sei ein „humanitärer

[67] Vgl. *Destatis* (Fn. 1), S. 67.
[68] Siehe *Niklas Luhmann*, Soziologische Aufklärung 3, 1981, S. 67–80.
[69] Bundeskanzlerin *Angela Merkel*, Mitschrift Sommerpressekonferenz, 31.8.2015.
[70] Im FAZ-Archiv findet sich der Begriff seit 2016 häufiger mit einem deutlichen Anstieg auf über Tausend Treffer erst im Jahr 2022.
[71] Näher zu Methodik und sprachlicher Übung *Thym* (Fn. 19), S. 110–114.

Imperativ"[72], überspielt rhetorisch die Handlungsoptionen, die Asylmigration mittelbar zu steuern, die Angela Merkel zum Zeitpunkt des Zitats mit der Türkei bereits angebahnt hatte.

Gerade in der Asylpolitik ist, zweitens, eine juristische Überdetermination verbreitet, wenn im öffentlichen Diskurs suggeriert wird, das Grundgesetz, die GFK und die EMRK erzwängen eine Aufnahme. Dieser Verweis auf die Menschenrechte entspricht der verfassungspatriotischen Struktur des deutschen Diskurses. Unproblematisch ist er nur dann, wenn man anerkennt, dass andere Meinungen legitim sind, weil die Menschenrechte nicht als gerichtlich durchsetzbare Mindeststandards gemeint sind, die dem politischen Streit absolute Grenzen setzen.[73] Im öffentlichen Diskurs gehen solche Differenzierungen jedoch häufig verloren. Stattdessen delegitimiert die Berufung auf die Menschenrechte staatliche Restriktionen, obwohl eine mittelbare Steuerung, etwa durch Visavorschriften oder eine Drittstaatskooperation, rechtlich zulässig ist. Das gilt nicht zuletzt für Art. 16a GG, der im öffentlichen Diskurs häufig als Steuerungsverbot präsentiert wird, obwohl sich nach dem Wortlaut auf das Asylrecht nicht berufen kann, „wer aus einem Mitgliedstaat der Europäischen Gemeinschaften oder aus einem anderen Drittstaat einreist"[74].

Drittens wird häufig bezweifelt, dass man die Migration tatsächlich steuern könne, weil diese sich bei Restriktionen einfach andere Wege suche. Erleichtert wird diese Behauptung dadurch, dass die Wirkungsfaktoren so komplex sind, dass einzelne Push- oder Pull-Faktoren für sich genommen nicht darüber entscheiden, ob jemand nach Deutschland kommt oder nicht.[75] Diese Komplexität erleichtert es, den öffentlichen Verweis auf einzelne Migrationsursachen als unsachlich zurückzuweisen. Aus dieser Komplexität der Entscheidungsfaktoren folgt jedoch zugleich, dass die behauptete Steuerungsunfähigkeit in erster Linie eine Delegitimierungsstrategie darstellt.[76] Ein Zusammenspiel diverser Maßnahmen in Transit- und Zielstaaten kann die irreguläre Migration reduzieren, indem man die finanziellen, persönlichen und logistischen Kosten erhöht. Ein kleines Beispiel: Würde die Zahl der Asylanträge unverändert bleiben, wenn Syrer legal mit einem One-way-Ticket für 260 EUR von Beirut nach Berlin fliegen könnten, weil die EU die Visumspflicht aufhebt?

---

[72] *Angela Merkel*, Rede auf dem 28. CDU-Parteitag am 14.12.2015, https://archiv.cdu.de/karlsruhe2015/reden-und-berichte.

[73] Zur Abstufung *Jürgen Habermas*, Das Konzept der Menschenwürde und die realistische Utopie der Menschenrechte, Deutsche Zeitschrift für Philosophie 58 (2010), S. 343–357; und *Daniel Thym*, Verfassungspatriotismus in der Einwanderungsgesellschaft, AöR 145 (2020), S. 40 (41–55).

[74] Art. 16a Abs. 2 S. 1 GG, ungeachtet dessen Überlagerung durch die Dublin-III-VO (EU) Nr. 604/2013.

[75] Zur Komplexität siehe *Thym* (Fn. 19), S. 95 ff.

[76] So explizit *Thomas Spijkerboer*, A Distributive Approach to Migration Law, in: Roland Pierik/Wouter Werner (Hrsg.), Cosmopolitanism in Context, 2010, S. 249 (270).

Schließlich prägt die deutsche Diskussion ein „sedentärer Bias" in dem Sinn, dass das Selbstbild und wichtige Verfassungsprinzipien entwickelt wurden, ohne das Migrationsgeschehen mitzudenken.[77] Die Maxime vom Nicht-Einwanderungsland verstärkte diese Tendenz, die in epistemologischer Hinsicht alle westlichen Gesellschaften prägt, die sich trotz transnationaler Vernetzungen als geschlossene Einheiten verstehen.[78] Für Migranten ist dies negativ, wenn inländische Traditionen und Strukturen unbesehen auf sie erstreckt werden. Die Nabelschau kann jedoch im Sinn einer territorialen Prämie auch vorteilhaft wirken, wenn Menschen allein aufgrund ihrer physischen Präsenz am Ideal normativer Gleichheit teilhaben, das freilich nur denjenigen gewährt wird, die es rein tatsächlich bis nach Deutschland schaffen.[79] Die Öffentlichkeit mag Abschiebungen nicht, ohne dass gefordert würde, dass andere Nichtdeutsche mit ähnlicher Lebensgeschichte einreisen können sollen.

3. *Integrationsförderung im Hinterzimmer*

Es ist nur ein scheinbarer Widerspruch, wenn die Bundesrepublik offiziell an der Vorstellung festhielt, kein Einwanderungsland zu sein, während innerstaatlich zahlreiche Akteure die Lebenssituation der faktischen Inländer zu verbessern suchten. Man muss keiner systemtheoretischen Grundannahme folgen, um die relative Eigenständigkeit verschiedener Rechtsgebiete anzuerkennen. Seit den späten 1970er Jahren wurde die „ganz schwierige Aufgabe"[80] der Ausländerintegration in Bildung, Arbeitsmarkt und Wohnungswesen forciert.[81] Die Motivation kombinierte eine ehrliche Empathie für die „ausländischen Nachbarn" mit der eigennützigen Sorge vor fehlenden Schulabschlüssen, Arbeitslosigkeit und Verwahrlosung.[82] Seinerzeit begann dasjenige, was in Europa traditionell Integration genannt wird.

Dieser Trend zur Integration erfasste die gesamte Rechtsordnung. Bis in die 1960er Jahre hinein hatte ein fremdenrechtliches Verständnis dominiert, das Ausländer dauerhaft als Gäste behandelt und in vielen Lebensbereichen wie der

[77] Ausführlicher *Daniel Thym*, Migrationsfolgenrecht, VVDStRL 76 (2017), S. 169 (169–173); allgemein *Stephen Castles*, Understanding Global Migration, JEMS 36 (2010), S. 1565–1586.

[78] Hierzu *Andreas Wimmer/Nina Glick Schiller*, Methodological Nationalism, the Social Sciences, and the Study of Migration, IM Rev. 37 (2003), S. 576–610.

[79] Allgemein *Linda Bosniak*, Being Here, Theoretical Inquiries in Law 8 (2007), S. 389–410; und am Beispiel des Sozialrechts *Thym* (Fn. 77), S. 176–185.

[80] Bundeskanzler *Helmut Schmidt*, Regierungserklärung, BT-Plenarprot. 9/5 v. 24.10.1980, S. 35 f. mit aus heutiger Sicht undenkbaren Beispielen, die allseits Heiterkeit bewirkten.

[81] Zur Erklärung trotz des Selbstbilds als Nicht-Einwanderungsland siehe *Michael Bommes*, Migration und nationaler Wohlfahrtstaat, 1999, S. 132 f., 142 f.; und *Gary P. Freeman*, Immigrant Incorporation in Western Democracies, IM Rev. 38 (2004), S. 945 (946 f.).

[82] Exemplarisch Innenminister *Gerhart Baum*, Aktuelle Probleme der Ausländerpolitik, ZAR 1981, S. 7–12; und Ministerialdirektor *Wolfgang Bodenbender*, Die politischen und gesellschaftlichen Rahmenbedingungen der Ausländerpolitik, ZAR 1982, S. 72–77.

Wirtschaft schlechter gestellt hatte.[83] Exemplarisch genannt seien das Verbot der politischen Betätigung nach Art. 8 GG, Art. 16 EMRK und § 6 AuslG 1965. Derartige kategoriale Unterscheidungen verschwanden schrittweise, indem man die faktischen Inländer in zahlreichen Lebensbereichen gleichstellte[84] – exemplarisch bei den Deutschen-Grundrechten.[85] Es entstand eine Wirtschafts- und Sozialbürgerschaft, die die Sozialwissenschaft treffend als „Denizenship" bezeichnete.[86]

Diese Gleichstellung blieb freilich auf halbem Wege stehen, weil die „ausländischen Mitbürger" keine Vollzugehörigkeit im Sinn einer *Citizenship* erlangten. Rechtlich war die Einbürgerung weitgehend verschlossen und auch semantisch wurde die Differenz immer wieder markiert. Exemplarisch genannt seien die öffentlichkeitswirksamen Rückkehrprämien und die früheren muttersprachlichen Fernsehprogramme von ARD und ZDF.[87] Fans des deutschen Schlagers erinnern sich an Udo Jürgens sozialkritischen Song über „Männer mit braunen Augen und schwarzem Haar", die zu griechischem Wein eine Musik hörten, die „fremd und südlich" war.[88] Anders als bei den Deutschen-Grundrechten verweigerte das BVerfG eine Öffnung des staatsbürgerlichen Legitimationssubjekts in Form eines kommunalen Ausländerwahlrechts.[89]

Im Aufenthaltsrecht fand die Denizenship eine beinahe idealtypische Verkörperung in Form des Daueraufenthalts, den eine Bund-Länder-Kommission im Jahr 1978 in einer geänderten Verwaltungsvorschrift niederlegte (kurz nachdem Bund und Länder in den Einbürgerungsrichtlinien die Formel vom Nicht-Einwanderungsland geprägt hatten).[90] Bis heute gewährt die Niederlassungserlaubnis eine sozioökonomische Gleichbehandlung mit prinzipieller Aufenthaltssicherheit.[91] Sie umfasst viele Rechte, die früher nur Staatsangehörigen

---

[83] Das Fremdenrecht besaß insofern zwei sich überlappende völkerrechtliche und innerstaatliche Komponenten; ausführlicher *Daniel Thym*, Vom „Fremdenrecht" über die „Denizenship" zur „Bürgerschaft", Der Staat 57 (2018), S. 77 (80–84).

[84] Ausführlicher *Thym* (Fn. 83), S. 85–97.

[85] Vgl. BVerfGE 35, 382 (399 f.) für die Freizügigkeit und BVerfGE 78, 179 (196 f.) für die Berufsfreiheit; näher *Angelika Siehr*, Die Deutschenrechte des Grundgesetzes, 2001, S. 329 ff.

[86] Begriffsprägend *Tomas Hammar*, Democracy and the Nation-State, 1990, S. 12–18, wobei der Terminus dem Common Law entstammt; siehe auch *Christian Joppke*, Citizenship and Immigration, 2010, Kap. 5.

[87] Für letztere https://de.wikipedia.org/wiki/Ausl%C3%A4nderprogramm_der_ARD und https://www.fernsehserien.de/nachbarn-in-europa.

[88] Leicht zugänglich https://de.wikipedia.org/wiki/Griechischer_Wein.

[89] Siehe BVerfGE 83, 37; und BVerfGE 83, 60, die freilich umstritten waren; zur Ungleichgewichtigkeit der Rechtsprechung im Sinn der Denizenship *Rolf Grawert*, Deutsche und Ausländer, in: Peter Badura/Horst Dreier (Hrsg.), FS 50 Jahre Bundesverfassungsgericht, Bd. 2, 2001, S. 319 (345–357).

[90] Vgl. Änderung v. 7.7.1978 (GMBl. 1978, 368), § 4 Nr. 4 zu § 5 Abs. 1, § 7 Abs. 2, § 8 AuslG 1965 (Fn. 8); einen Anspruch normierten §§ 24 Abs. 1, 27 Abs. 1 AuslG 1990 (Fn. 25); parallel wurde der Ausweisungsschutz ausgeweitet.

[91] Zum Sozialrecht der Beitrag von *Constanze Janda* in diesem Band.

zustanden, wahrt jedoch einen juristischen und symbolischen Abstand zum Passerwerb. Anders als beim Staatsangehörigkeitsrecht gab es keine Debatte. Im juristischen Hinterzimmer wurde pragmatisch eine faktische Einwanderung verwaltet, nicht jedoch das gesellschaftliche Selbstbild neu verhandelt. Erst später wurden die *denizens* rechtlich und identifikatorisch *citizens*.

III. Potentiale eines Einwanderungsrechts

Wandel findet immer statt, und es wäre eine Illusion, wenn man annähme, dass man den Status quo gleichsam einfrieren oder gar rückgängig machen könnte. Diese Einsicht ist gerade für eine alternde Wohlstandsgesellschaft wie die deutsche wichtig, die sich in einer multipolaren Welt neuen Unwägbarkeiten ausgesetzt sieht. Ein Rückzug in das sprichwörtliche Schneckenhaus ist weder realistisch noch wünschenswert. Stattdessen geht es darum, die unausweichlichen Transformationsprozesse so zu gestalten, dass die Zukunft innerhalb des Erreichbaren als Fortschritt und nicht als Regression empfunden wird. Das offene Bekenntnis zum Einwanderungsland kann helfen, frühere Lernblockaden zu überwinden. An die Stelle eines passiven Erlebens tritt eine Neugierde auf zukunftsgewandte Handlungspotenziale.

1. Steuerungsverzicht als deutscher Sonderweg

In der kollektiven Erinnerung der meisten Europäer war die Auswanderung in die „Neue Welt" ein weitgehend ungesteuerter Prozess. Die grenzenlose Weite der Prärie in zahllosen Westernfilmen steht symbolisch für die scheinbar unbegrenzten Möglichkeiten, die sich den europäischen Siedlertrecks eröffneten. Es ist dies freilich eine einseitige und darüber hinaus unzutreffende Erinnerung. Sklaven wurden gegen ihren Willen nach Amerika verschifft, und Chinesen wurden nach dem Eisenbahnbau ausgewiesen. Selbst Europäer durften nicht ungehindert einwandern. Kranke, moralisch anrüchige und später auch des Lesens unkundige Neuankömmlinge mussten von den Dampfschiffgesellschaften kostenlos zurückbefördert werden. 1924 wurden Länderquoten eingeführt, die unverhohlen Protestanten gegenüber Katholiken und Europa den anderen Weltregionen vorzogen.[92]

Noch viel häufiger als die USA wird Kanada in der deutschen Gegenwart als Vorbild genannt. Die Resettlementquote für Flüchtlinge beträgt 40 Tausend pro Jahr und über ein Punktesystem wandern bis zu 300 Tausend weitere Personen ein (bei 37 Millionen Einwohnern). Kanada gilt als Einwanderungsland par excellence, weshalb auch Donald Trump den nördlichen Nachbarn um sein

[92] Anschaulich *Aristide R. Zolberg*, A Nation by Design, 2006, Kap. 5–8.

Punktesystem beneidete.[93] Dabei wird leicht übersehen, dass das Punktesystem ganz offen nur einreisen lässt, wer einen volkswirtschaftlichen Vorteil verspricht, während kurzerhand zurückgeschickt wird, wer an einem Grenzübergang zu den USA einen Asylantrag stellt.[94] Australiens „Pazifische Lösung" ist noch radikaler. Asylsuchende, die per Boot einzureisen versuchen, werden dauerhaft in Lager in Drittstaaten verfrachtet.[95]

Nun ist die real praktizierte Politik klassischer Einwanderungsländer naturgemäß kein Argument, dass Deutschland es ebenso machen sollte. Die kursorischen Beispiele zeigen jedoch, dass es einen deutschen Sonderweg darstellte, wenn der Staat die Migrationspolitik darauf reduzierte, ein Wanderungsgeschehen zu verwalten, das faktisch irgendwie stattfindet, ohne dass man viel ändern könnte. Reife Einwanderungsländer streben nach einer proaktiven Steuerung, über die man sodann politisch, normativ und menschenrechtlich streiten kann. Der Anspruch eines Gestaltens anstelle eines Verwaltens ist offenbar – ungeachtet allen Steuerungsversagens, exemplarisch an der Grenze zwischen den USA und Mexiko.

Ein derartiges Gestalten anstelle eines Verwaltens verlangt von Politik und Gesellschaft das Eingeständnis, dass Einwanderung die Gesellschaft verändert. Klassische Einwanderungsländer gestehen sich das leichter ein, weil sich viele „Bestandsbürger", deren Familien früher einwanderten, mit Stolz an den Neuanfang erinnern. Umstritten ist die Migrationspolitik gleichwohl, was auch daran liegt, dass sie das Selbstbild liberaler Gesellschaften herausfordert, wonach alle Menschen prinzipiell frei und gleich sind. Dieses Selbstbild steht in einem unauflösbaren Spannungsverhältnis zu einer Kontrollpolitik, die zwangsläufig Lebenschancen verteilt, weil selbst großzügige Zugangsregeln immer Menschen ausschließen. Einwanderungsländer sind sich dieser unausweichlichen Härten intuitiv bewusst und streiten um die Ausgestaltung. Dagegen tendieren Nicht-Einwanderungsländer dazu, die transnationalen „Ungleichheitsschwellen"[96] im Sinn des „sedentären Bias"[97] konzeptuell auszulagern, indem sie ihr Selbstbild unabhängig von Migration definieren.

So ist die Menschenwürdejudikatur des BVerfG konsequent universalistisch nur dann, wenn man grenzüberschreitende Aspekte ausblendet. Hiernach profitieren abgelehnte Asylbewerber, die vollziehbar ausreisepflichtig sind, von einer Sozialleistungsrechtsprechung unter Einschluss des soziokulturellen Existenzminimums,[98] obgleich eine Abschiebung nur bei physischen Extremgefahren

[93] Vgl. Transcript: Interview with Donald Trump, Economist.com v. 11.5.2017.
[94] Im Überblick *Jeffrey G. Reitz*, Canada, in: Hollifield u. a. (Fn. 50), S. 123–167.
[95] Siehe *Daniel Ghezelbash*, Refuge Lost, 2018.
[96] *Bommes* (Fn. 81), Kap. 6.
[97] Hierzu bereits Fn. 77 und begleitender Text.
[98] BVerfGE 132, 134 (164 f., 172 f.) – *Asylbewerberleistungsgesetz* akzeptiert Unterscheidungen

menschenrechtlich verboten ist, worunter allenfalls extremste Armut fällt.[99] Eine staatliche Schutzpflicht im Sinn eines Einreiserechts gibt es nicht einmal dann, wenn nachweisbar eine Lebensgefahr droht.[100] Ähnlich verhält es sich bei der Demokratie. Selbst wenn man allen Inländern ein Wahlrecht zuspräche, wären Gebietsexterne auch dann nicht umfasst, wenn deutsche Gesetze ihr Leben fundamental beeinflussen. Man könnte allenfalls mittelbare Einflussmöglichkeiten etwa über Gerichte konstruieren.[101]

2. Mittelbare Steuerung der Asylmigration

Liberale Gesellschaften tun sich schwer damit, ihr paradoxales Selbstbild aufgrund universeller Werte anzuerkennen, die im Wege der partikularen Schließung realisiert werden. Im politischen Diskurs dominieren dementsprechend Strategien, wie man die Härten der eigenen Politik unsichtbar macht, indem man eine rhetorische oder physische Distanz herstellt. Beispiele des rhetorischen Abstands sind eine Sprachwahl, die enthumanisierend von „Wellen" spricht oder negative Aspekte wie Kriminalität und „illegale Migration" betont.[102] Eine örtliche Distanz besteht innerstaatlich, wenn Asylsuchende zentral untergebracht sind oder in Transitbereichen verbleiben.[103] Vor allem jedoch setzt die Politik seit Jahrzehnten auf ein Outsourcing.

Eine derartige „Externalisierung" verlagert die Kontrolle ins Ausland und macht sie damit innerstaatlich unsichtbar. Sie verspricht zum einen höheren Wirkungsgrad, weil die Herkunfts- bzw. Transitstaaten gemeinsam die Push- und Pullfaktoren ganzheitlicher beeinflussen. Zum anderen hat sie den „Vorzug", die innereuropäischen Rechtsgarantien zu umgehen und die Restriktionen vor der öffentlichen Meinung abzuschirmen, die sich für die Geschehnisse fernab der Staatsgrenzen weniger interessiert. Die kritische Forschung spricht von

---

nur bei ermittelten Minderbedarfen; bekräftigt durch BVerfG, Beschl. v. 19.10.2022, 1 BvL 3/21, Rn. 53–62.

[99] Bekräftigt von BVerwG, Urt. v. 21.4.2022, 1 C 10.21, Rn. 20–26; grundlegend EuGH, *Jawo*, C-163/17, EU:C:2019:218, Rn. 90–96; und mittelbar BVerfG, Beschl. v. 2.2.2021, 2 BvQ 8/21, Rn. 7 f.

[100] So EGMR, Beschl. v. 5.5.2020 [GK], Nr. 3599/18, *M.N. u.a. gegen Belgien*; zum deutschen Meinungsstand *Peter Badura*, Der räumliche Geltungsbereich der Grundrechte, in: Detlef Merten/Hans-Jürgen Papier (Hrsg.), Handbuch der Grundrechte in Deutschland und Europa, Bd. II, 2006, § 47.

[101] Näher der Beitrag von *Dana Schmalz* in diesem Band.

[102] Zum Konzept der Rahmung (*framing*) siehe *Rens Vliegenthart*, Framing Citizens in the Field of Immigration Politics, in: Marco Giugni/Maria Grasso (Hrsg.), Handbook of Citizenship and Migration, 2021, S. 269–283.

[103] Hierzu *Albert Scherr*, Die Abschwächung moralischer Empörung, Z'Flucht 1 (2017), S. 88 (93–100); und *Boris Nieswand*, Die Transitzone und die Fiktion der Nichteinreise, in: Jochen Oltmer (Hrsg.), Migrationsregime vor Ort und lokales Aushandeln von Migration, 2018, S. 345–376.

„Hyper-Legalismus“[104] oder „organisierter Scheinheiligkeit“[105], wenn die westlichen Industriestaaten ihre internen Standards umgehen. Der Verweis auf die Fluchtursachenbekämpfung und die Lebensrettung im Mittelmeer gibt der mittelbaren Steuerung der Asylmigration einen humanitären Anstrich.[106] Das „Asylparadox“[107] lässt sich auf diesem Wege auflösen.

Deutschland war ein Vorreiter bei der Entwicklung asylpolitischer Kontrollstrategien des „non-arrival“ und der „protection elsewhere“ als Vorstufen der Externalisierung. Visumsvorschriften und *carrier sanctions* steuern die Asylzuwanderung seit den frühen 1980er Jahren.[108] Die Drittstaatsregelung des Asylkompromisses kopierte entsprechende Initiativen der europäischen Nachbarn, die Deutschland wegen der notwendigen Verfassungsänderung erst später realisierte,[109] sodann jedoch in Form der heutigen Dublin-III-VO (EU) Nr. 604/2013 europaweit verbreiten half.[110] Die „europäische Lösung“ als Wunschziel der deutschen Asylpolitik war immer auch der Versuch des innereuropäischen Hauptziellandes, die Nachbarn in die Pflicht zu nehmen.

Das Dilemma der Flüchtlingspolitikkrise von 2015/16, die von der kritischen Forschung als „Sommer der Migration“ bezeichnet wird, bestand darin, dass der sorgsam aufgebaute *cordon sanitaire* zusammenbrach, indem Asylsuchende die Außengrenzen überwanden und im großen Umfang nach Deutschland weiterzogen. Auf diesen „Kontrollverlust“ (DER SPIEGEL, Heft Nr. 45/2015) reagierte die Regierung Merkel in Form der EU-Türkei-Erklärung mit derselben Strategie, auf die bereits Vorgängerregierungen gesetzt hatten. Dem Vernehmen nach soll das maßgebliche Konzeptpapier aus dem Finanzministerium unter Wolfgang Schäuble gekommen sein, der seit Mitte der 1980er Jahre in verschiedenen Funktionen maßgeblich an deutschen und europäischen Externalisierungsvorhaben mitgewirkt hatte.[111]

In der Gegenwart setzt die EU auf eine umfassende Drittstaatskooperation, in die seit Jahren immer höhere Geldmittel, politisches Kapital und operative Fä-

---

[104] *Daniel Ghezelbash*, Hyper-Legalism and Obfuscation, AJCL 68 (2020), S. 479.

[105] Unabhängig von Migration *Stephen D. Krasner*, Sovereignty. Organized Hypocrisy, 1999, Kap. 3.

[106] Siehe *Thomas Gammeltoft-Hansen*, International Cooperation on Migration Control, EJML 20 (2018), S. 373 (385–389); und allgemein *Alexander T. Aleinikoff*, State-Centered Refugee Law, Michigan Journal of International Law 14 (1992), S. 120 (125–130).

[107] Zum Begriff *Pauline Endres de Oliveira*, Legaler Zugang zu internationalem Schutz, KJ 2016, S. 167 (171–174); sichtbar *Judith Kohlenberger*, Das Fluchtparadox, 2022.

[108] Hierzu bereits Fn. 14 f. und begleitender Text.

[109] Rechtsvergleichend *Kay Hailbronner*, The Concept of ‚Safe Country‘ and Expeditious Asylum Procedures, IJRL 5 (1993), S. 31–65.

[110] Näher *Mechthild Baumann*, Der deutsche Fingerabdruck 2006; und zum Status quo der Beitrag von *Winfried Kluth* in diesem Band.

[111] Für 2015 siehe *Robin Alexander*, Die Getriebenen, 2017, S. 139–143; und zu früheren Initiativen *Daniel Thym*, Europäische Zuständigkeitsregeln für Asylverfahren, Journal of Modern European History 20 (2022), S. 24–28.

higkeiten investiert werden.[112] Dies liegt auch daran, dass die innereuropäischen Gegenmaßnahmen schlecht funktionieren.[113] Für eine jede Bundesregierung ist es vergleichsweise einfach, sich für schnelle Asylverfahren an den Außengrenzen einzusetzen. Eine räumliche Distanz schafft dies freilich nur aus deutscher Sicht. Wenn man mit Griechenland, Italien und Spanien handelseinig werden will, ist es am einfachsten, mit hohem Aufwand die benachbarten Drittstaaten einzuspannen, damit von vornherein weniger kommen und weil dort nicht die hohen EU-Standards gelten. So überrascht es nicht, dass der Europäische Rat ein „verstärktes auswärtiges Handeln"[114] einfordert.

3. Steuerungsillusionen? Grenzen bei Gebietszugang und Integration

Nun ist die Forderung nicht neu, dass die Staaten die Einwanderung gestalten sollen. § 1 AufenthG verspricht dies ebenso wie Art. 79 Abs. 1 AEUV, der „in allen Phasen eine wirksame Steuerung" verspricht und damit die legale Einwanderung ebenso meint wie die Drittstaatskooperation und die „verstärkte Bekämpfung" von illegaler Einwanderung. Dieser Steuerungsbegriff entstand nach der Jahrtausendwende auf internationaler Ebene aufgrund der Einsicht, dass legale Migrationsmöglichkeiten und eine zirkuläre Migration die wirtschaftliche Entwicklung der Länder des globalen Südens fördern können.[115] Zwischenstaatliche Zusammenarbeit sollte die Steuerungsdefizite abmildern und im Idealfall durch eine „sichere, geordnete und reguläre Migration"[116] alle Länder zufriedenstellen. Eine solche Steuerung widerspricht nicht den Menschenrechten, sondern zielt auf eine Steuerung in deren Rahmen.

Für die Diplomatie ist eine solche positive Sprachwahl eine wichtige Erfolgsbedingung für gemeinsame Initiativen, was jedoch nicht heißt, dass die Steuerung immer perfekt funktioniert. Das liegt nicht nur daran, dass es, wie noch zu zeigen sein wird, nicht ausreicht, legale Zugangswege für Flüchtlinge und Arbeitskräfte bereitzustellen und darauf zu vertrauen, dass die irreguläre Einreise wie von alleine endet. Europa ist migrationspolitisch eher mit den USA vergleichbar als mit Kanada oder Australien, die vorrangig Arbeitskräfte anwerben. Infolge ausgeprägter ökonomischer Disparitäten in der Nachbarschaft sind die EU und die USA mit einem größeren Anteil an humanitärer bzw. irregulärer Mi-

[112] Im Überblick *Thym* (Fn. 19), Kap. 18.

[113] Die Dublin III-Verordnung und eine quotenbasierte Verteilung können aus strukturellen Gründen nicht gut funktionieren; vgl. *Francesco Maiani*, The Reform of the Dublin System and the Dystopia of ‚Sharing People', MJECL 24 (2017), S. 622–645.

[114] *Europäischer Rat*, Schlussfolgerungen, EUCO 1/23 v. 9.2.2023, Nr. 20–22.

[115] Näher *Vincent Chetail*, Paradigm and Paradox of the Migration-Development Nexus, GYIL 52 (2008), S. 183–215; und *Savitri Taylor*, From Border Control to Migration Management, Social Policy & Administration 39 (2005), S. 563–586.

[116] So der deutsche Titel des Global Compact for Safe, Orderly and Regular Migration, UNGV Res. 73/195 v. 19.12.2018.

gration konfrontiert. Eine jede Kontrollpolitik muss dann im gewissen Umfang kontrafaktisch bleiben.

Eine Folge der unausweichlichen Steuerungsdefizite, die wohlgemerkt nicht mit einer Steuerungsunfähigkeit verwechselt werden dürfen, besteht darin, dass die Staaten ihre Kontrollfähigkeit durch sichtbare Maßnahmen symbolisch beweisen. Grenzkontrollen sind im öffentlichen Diskurs auch deshalb beliebt, weil diese – anders als eine mittelbare Kontrolle über Visumsvorschriften oder die Drittstaatskooperation – innerstaatlich sichtbar sind und daher als theatralisches Spektakel die staatliche Handlungsmacht verkörpern.[117] Das gilt vor allem dann, wenn die Bevölkerung in den Wintern 2015/16 und 2023/24 den Eindruck hat, dass die Regierung die Kontrolle verloren habe. In solchen Konstellationen können „Kontrollsignale"[118] einer skeptischen öffentlichen Meinung zeigen, dass die Politik handelt. Migrationspolitik ist, wie jede Politik, immer auch eine Frage der öffentlichen Kommunikation.

Das gilt auch für die Integration, hinsichtlich derer die Rechtswissenschaft nicht den Fehler machen sollte, diese auf die integrationsbezogenen Regelungen des Migrationsrechts engzuführen. Dessen ordnungsrechtlicher Ansatz verbindet sich mit der aktivierenden Leistungsverwaltung im Schulwesen und Sozialstaat.[119] Mittelbar ist damit auch gesagt, dass der Staat nur eine prominente Nebenrolle in der Integrationspolitik besetzt, deren Erfolg nicht kraft Gesetzes verordnet werden kann, sondern von der Gesellschaft als Ganzes gelebt werden muss. Dass die Bundesrepublik die Integration aktiv fördert, liegt auch an der Wirtschafts- und Sozialstruktur. In den Wohlfahrtsstaaten Nordeuropas stehen weite Teile der Daseinsvorsorge allen Inländern unabhängig vom Aufenthaltsstatus offen. Sie können sehr viel weniger als die liberale US-Marktwirtschaft oder die geschlossenen Sozialstaaten Südeuropas, die die meisten Leistungen an eine reguläre Beschäftigung knüpfen, auf eine irreguläre Beschäftigung in der Schattenwirtschaft setzen.[120] Die deutsche Integrationspolitik leistet eine aktive Daseinsversorge für alle, die dauerhaft hier leben.

---

[117] In diesem Sinn *Nicholas De Genova*, Spectacles of Migrant ‚Illegality', Journal of Ethnic and Racial Studies 43 (2013), S. 1180 (1182–1184); und *Wendy Brown*, Walled States, Waning Sovereignty, 2010, Kap. 4.

[118] *Chris F. Wright*, How Do States Implement Liberal Immigration Policies?, Governance 27 (2014), S. 397–421.

[119] Zur Notwendigkeit eines ganzheitlichen Blicks siehe *Thym* (Fn. 43), S. 274–295; und die Gemeinsamen Grundprinzipien, Rats-Dok. 14615/04 v. 19.11.2004; tendenziell enger *Sina Fontana*, Integrationsrecht, 2022, S. 77–131.

[120] Zum Unterschied *Diane Sainsbury*, Welfare States and Immigrant Rights, 2012; und *Claudia Finotelli/Irene Ponzo*, Migrant Inclusion in Southern European Societies, JEMS 44 (2018), S. 2303–2319.

IV. Mindestanforderungen und Gestaltungsbedarfe

Es war überfällig, dass die Ampelkoalition als erste Bundesregierung die Bundesrepublik im Jahr 2021 als „modernes Einwanderungsland“[121] bezeichnete. Ebenso verständlich ist, dass der Koalitionsvertrag seine Vorhaben als gleichsam natürliche Konsequenz präsentierte; das machen Regierungen immer so. Diejenigen, die ein Thema als Vorreiter besetzen, profitieren von einer anfänglichen Deutungshoheit. Gerade weil Deutschland ein vergleichsweise neues Einwanderungsland ist, braucht es jedoch eine breite Diskussion darüber, wie man sich aufstellen möchte. Es geht darum, ein neues Selbstverständnis zu entwickeln, das binäre Kodierungen überwindet und im Bewusstsein der Zwischentöne normative Leitplanken einzieht, innerhalb derer Politik und Gesellschaft sodann über den richtigen Weg streiten.

1. Einwanderungsland als wesensmäßig umstrittener Begriff

Ein jeder Neuanfang ist Chance und Gefahr zugleich, weil ein zukunftsgerichtetes Selbstbild nur schrittweise entsteht, über dessen Konturen sich ein Grundkonsens erst noch bilden muss.[122] Dies gilt besonders für die Einwanderungspolitik, weil diese verschiedene Facetten umfasst: Asyl und Fachkräfte, Einbürgerung und Rückführung, Leitkultur und Multikulti. Für all diese Themenfelder kann man legitimerweise unterschiedliche Lösungen vorschlagen. Ein konstruktiver Streit fällt umso schwerer, als der öffentliche Diskurs in eine binäre Kodierung zurückzufallen droht, die letztlich die alte Debatte fortsetzt, ob die Grenzen generell offen oder geschlossen sein sollen. Dass dies zu einfach wäre, zeigt die bereits erwähnte Praxis klassischer Einwanderungsländer. Es geht nicht um generell „mehr“ oder „weniger“ Migration, sondern darum, wer kommen darf und wie das kollektive Selbstbild aussieht.

In dieser Gemengelage haben es bürgerliche und konservative Kräfte im ersten Zugriff schwieriger. Sie verschlossen jahrzehntelang die Augen vor der Einwanderungsrealität, sehen Wandel allgemein skeptischer und schätzen ein kollektives Selbstbild, das kulturelle Gemeinsamkeiten achtet; früher sprach man von der „Nation“. Doch auch für linke und progressive Kreise kann Einwanderungspolitik anstrengend sein. In Zeiten eines Wirtschaftsbooms vergisst man leicht, dass Ressourcen endlich sind und ein ausgebauter Wohlfahrtsstaat nicht grenzenlos geöffnet werden kann.[123] Wer das normative Gleichheitsideal hochhält, tut sich schwerer mit Grenzkontrollen, Rückführungen und einer Aus-

---

[121] Koalitionsvertrag 2021–2025 (Fn. 2), S. 110.

[122] Allgemein *Albrecht Koschorke*, Wahrheit und Erfindung, 3. Aufl. 2013, S. 311–328.

[123] Siehe *David Abraham*, Doing Justice on Two Fronts, Ethnic and Racial Studies 33 (2010), S. 968–985.

wahl zwischen potentiellen Neuzugängen aufgrund meritokratischer Nützlichkeitskriterien.[124]

In der politischen und gesellschaftlichen Praxis kommen beide Positionen selten in Reinform vor.[125] Die meisten vertreten Zwischenpositionen. Dennoch wird der Diskurs dadurch erschwert, dass Rechtsradikale und -populisten das Migrationsthema nutzen, um den Staat als schwach und Nichtdeutsche als Gefahr darzustellen.[126] Diese Polarisierung führt zu Abwehrreflexen gegen all diejenigen, die die schwierigen Seiten von Migration thematisieren.[127] Eine konstruktive gesamtgesellschaftliche Debatte wird beinahe unmöglich, wenn die Zugangszahlen hoch sind und der Eindruck eines (partiellen) Kontrollverlusts entsteht. In solchen Fällen tendieren Menschen nach den Erkenntnissen der Sozialpsychologie dazu, weniger offen für Wandel zu sein und die Reihen ihrer restriktiv gedeuteten „In-Group" zu schließen.[128]

Dies verweist darauf, dass Gebietszugang und Integration sich keineswegs geradlinig zueinander verhalten. Wenn weniger Personen einreisen, fällt es leichter, die Eingewanderten als gleichberechtigte Mitglieder anzuerkennen. So wurden die Bindestrich-Identitäten in den USA beliebt, als der Neuzugang nach dem Zweiten Weltkrieg einen historischen Tiefststand erreicht hatte.[129] Die frühere Strenge wich einer entspannten Weltsicht, die sich schon wenige Jahre später durch mehr irregulären Migration aus Lateinamerika verhärtete. Auch die deutsche Politik und Gesellschaft müssen lernen, dass „Einwanderung" als Rahmenbegriff ganz unterschiedliche Facetten abdeckt. Die Regelung des Gebietszugangs und die Erstintegration von Flüchtlingen bringen andere Herausforderungen mit sich, als die „postmigrantische"[130] Verortung der dritten oder vierten Generation. Ganzheitliche Begriffe wie „Einwanderungsland" oder „Migrationshintergrund" stoßen dort an ihre Grenzen, wo sie unterschiedliche Dinge über einen Kamm scheren.

Man kann die Maxime vom „Einwanderungsland" mit derjenigen des „Sozialstaats" vergleichen. Die Verfassungstheorie spricht von „wesensmäßig umstritte-

[124] Zu letzteren der Beitrag von *Roman Lehner* in diesem Band.

[125] Migration entzieht sich dem klassischen Rechts-Links-Schema, weil „Rechte" tendenziell für Arbeitskräfte aber gegen kulturelle Diversität und „Linke" gegen Sozialstaatskonkurrenz und für Vielfalt eintreten; klassisch *Gary P. Freeman*, Immigrant Labor and Racial Conflict in Industrialized Societies, 1979, Kap. 6 f.

[126] Im Überblick *Rada Ivekovic*, Migration, New Nationalisms and Populism, 2022.

[127] Man denke exemplarisch an die frauen- bzw. staatsfeindlichen Übergriffe in den Silvesternächten 2015 in Köln und 2022 in Berlin.

[128] Näher *Walter G. Stephan/Oscar Ybarra/Kimberly Rios*, Intergroup Threat Theory, in: Todd D. Nelson (Hrsg.), Handbook of Prejudice, Stereotyping, and Discrimination, 2. Aufl. 2016, S. 255–278.

[129] Siehe *Zolberg* (Fn. 92), Kap. 9; ein zweiter Grund war der Aufstieg von Gleichheit und Diversität infolge der Bürgerrechtsbewegung.

[130] Zum Begriff, der als Rahmen für alle Einwanderungsfragen präsentiert wird, *Naika Foroutan*, Die postmigrantische Gesellschaft, 2019.

nen Begriffen"[131]. Im Idealfall besteht ein Konsens, in einem Sozialstaat leben zu wollen, unter dem sodann unterschiedliche Dinge verstanden werden, wenn es um die praktische Ausgestaltung geht. Gewiss sind solche Rahmenbegriffe nicht neutral. Sie beinhalten Mindestanforderungen, jenseits derer sodann jedoch legitimerweise darüber gestritten wird, wie der abstrakte Rahmen politisch konkretisiert werden soll. Für die Einwanderung gilt das ebenso wie für den Sozialstaat, wenn auch mit dem Unterschied, dass die verfassungsrechtliche Determinierung deutlich schwächer ausfällt. Der Begriff des Einwanderungslandes ist als solcher kein Rechts- oder Verfassungsbegriff und nur einzelne Facetten sind menschenrechtlich vorgeprägt.

2. *Kontextspezifische Auswahl bei der Gebietszulassung*

Von einem Einwanderungsland sollte man sprechen, wenn beim Gebietszugang ein grundsätzlicher Konsens besteht, dass auch künftig Menschen einreisen sollen und im Laufe der Zeit eine gleichberechtigte Bürgerschaft erhalten. Angesichts des demografischen Wandels, der menschenrechtlichen Verpflichtungen und der geographischen Lage wird diese Zuwanderung auf absehbare Zeit über drei Hauptkanäle stattfinden: Erwerbsmigration, Asylsystem und Familiennachzug. Das Ausmaß der verfassungsrechtlichen Vorprägung ist in den genannten Bereichen unterschiedlich groß,[132] wobei die maßgebliche Gesetzgebungstätigkeit themenabhängig auf nationaler und/oder europäischer Ebene stattfindet.[133]

Die Herausforderungen sind dabei grundverschieden. Während die Bundesrepublik im Asylsystem mit einem Nachfrageüberhang konfrontiert ist, auf den die Politik mit einer mittelbaren Steuerung durch Visumsvorschriften und die internationale Zusammenarbeit reagiert, muss Deutschland bei Fachkräften um die sprichwörtlichen besten Köpfe aktiv werben. Gerade Hochqualifizierte stehen nicht Schlange, um in ein Land mit schwerer Sprache, mittelprächtigem Wetter und einer hohen Steuerlast auf das absehbar gute Einkommen auszuwandern.[134] Bei der Einwanderung von mittel- und geringqualifizierten Arbeitskräften ist die Gemengelage komplizierter, weil dann volkswirtschaftliche Vorteile mit dem mittelbaren Druck auf die Lohn- und Beschäftigungsmöglichkeiten ab-

---

[131] Vgl. *Robert R. Cover*, Foreword: *Nomos* and Narrative, Harvard Law Review 97 (1983), S. 4 (11–19).

[132] Im Überblick *Daniel Thym*, Staatsvolk, Migration, Nation, in: Uwe Kischel/Hanno Kube (Hrsg.), Handbuch des Staatsrechts. Bd. I, 4. Aufl. 2023, § 11 Rn. 37–53.

[133] Zum Umfang der EU-Kompetenzen siehe *Daniel Thym*, in: Eberhard Grabitz/Meinhard Hilf/Martin Nettesheim (Hrsg.), Das Recht der Europäischen Union, 70. EL 2020, Art. 77–80 AEUV.

[134] Zu den Wirkungsfaktoren Tito Boeri u. a. (Hrsg.), Brain Drain and Brain Gain, 2012.

zuwiegen sind.[135] Der Familiennachzug wiederum zeichnet sich durch nochmals andere Faktoren aus.

All dies spricht dafür, die Zugangskanäle zu trennen. Dank wissenschaftlicher Begleitforschung wissen wir, dass sich die Hoffnung nicht erfüllt, den Fachkräftemangel durch die Asylzuwanderung zu beheben. Das Qualifikationsniveau erreicht nur bei einem Viertel das Fachkräfteniveau; Arbeitslosigkeit und SGB-Aufstockungsquote sind auch nach mehreren Jahren hoch.[136] Bei der Erwerbsmigration ist die Dynamik eine andere. Arbeitskräfte reisen mit Deutschkenntnissen ein, ziehen sofort in eine selbstbezahlte Wohnung und knüpfen dezentrale Sozialkontakte. Gewiss benötigen auch Fachkräfte öffentliche Dienstleistungen, wie Krankenhäuser, denen jedoch ein volkswirtschaftlicher Gesamtnutzen gegenübersteht. Dies erlaubt es im Zweifel, mehr Menschen aufzunehmen, auch wenn die Vorstellung einer messbaren „Integrationsfähigkeit" viel zu einfach wäre. Es gibt keine feststehende Aufnahmegrenze, weil die Auswirkungen des Migrationsgeschehens davon abhängen, wer einwandert, wie sich die Aufnahme gestaltet und welche Ressourcen man mobilisiert.

Hinzu kommt, dass es nicht ausreicht, legale Zugangswege für Arbeitskräfte und Flüchtlinge bereitzustellen, damit irreguläre Einreisen zurückgehen. Eine solche „Umleitung" setzte voraus, dass eine Person, die illegal einreist, eine realistische Chance besäße, stattdessen regulär zu kommen. Das wird nicht die Regel sein. Das gilt für Arbeitskräfte anstelle abgelehnter Asylsuchender ebenso wie für das Resettlement anstelle der irregulären Fluchtmigration. Statt einer „Umleitung" wird es typischerweise einen „Tausch" geben, indem andere Personen aus denselben oder anderen Ländern kommen. Hierbei können legale Einreiseoptionen ein Grund sein, warum die Herkunftsländer ausreisepflichtige Personen unbürokratisch zurücknehmen.[137] So kann man Wirtschafts- und Asylmigration miteinander verknüpfen, ohne die Unterscheidung zwischen beiden Kanälen prinzipiell aufzugeben.

Linken und Progressiven sind derartige ökonomische Nützlichkeitserwägungen suspekt. Übersetzt in rechtliche Kategorien lautet der Vorwurf, dass staatsangehörigkeitsbasierte Unterscheidungen und scheinbar neutrale Kriterien wie das Qualifikationsniveau eine willkürliche oder rassistische Diskriminierung darstellen – eine Kritik, die die Gerichte bisher nicht teilen.[138] Ohnehin bewirkt

---

[135] Vgl. exemplarisch *DGB*, Stellungnahme zum Entwurf eines Gesetzes zur Weiterentwicklung der Fachkräfteeinwanderung, 7.3.2023, S. 11–16.

[136] Leicht zugänglich *Herbert Brücker u. a.*, IAB-Kurzbericht 4/2020, S. 4 bezogen auf Selbstauskünfte und das Herkunftslandniveau (Fachkraft meint insofern Uniabschluss oder Berufsausbildung); und IAB-Zuwanderungsmonitor Januar 2023, S. 4; siehe auch *Ruud Koopmans*, Die Asyl-Lotterie, 2023, Kap. 3.

[137] Hierzu *Daniel Thym*, Wie Migrationsabkommen helfen können, FAZ Einspruch v. 10.2. 2023; und allgemein Randall Hansen/Jobst Koehler/Jeannette Money (Hrsg.), Migration, Nation States, and International Cooperation, 2011.

[138] Näher der Beitrag von *Jonas Bornemann* in diesem Band; und *Daniel Thym*, Einführung

auch der rechtliche Status quo faktisch eine Steuerung, wenn der erschwerte Gebietszugang in einem sozialdarwinistischem Auswahlprozess die Stärksten honoriert.[139] Im Jahr 2022 waren 80,5 % der Asylantragsstellenden im Alter von 16 bis 29 Jahren männlich.[140]

Umgekehrt unterstützen Bürgerliche und Konservative eine interessenbasierte Auswahl, die wirtschaftliche Leistung und soziokulturelle Passfähigkeit honoriert. Der ehemalige französische Präsident Nicolas Sarkozy prägte als Innenminister die Formel von der „erwünschten" (*choisie*) anstelle der „erduldeten" (*subie*) Einwanderung.[141] Ganz ähnlich ist auch in der öffentlichen Meinung die Idee eines Einwanderungsgesetzes allgemein beliebt, nicht zuletzt bei der Wählerschaft von Parteien in der Mitte und rechts davon (am höchsten bei der AfD).[142] Das dürfte daran liegen, dass das Suffix „-Gesetz" eine staatliche Regelsetzung anstelle der als urwüchsig empfundenen Asylmigration anzeigt, die die öffentliche Migrationsdebatte ansonsten dominiert. Gerade bei skeptischen Personen kann ein größerer Akzent auf die Erwerbsmigration anstelle des Asylsystems dabei helfen, ein entspannteres Verhältnis zur Einwanderungsdiskussion zu entwickeln, von dem sodann alle profitieren.

3. *Widerstreitende Bürgerschaftskonzeptionen*

Von einem Einwanderungsland sollte man nur sprechen, wenn ein Grundkonsens besteht, dass Menschen, die dauerhaft und legal hier leben, unabhängig von Herkunft und Abstammung eine Bürgerschaft erster Klasse besitzen. Als rechtlicher Fixpunkt für die gleiche Mitgliedschaft dient die Staatsangehörigkeit, die in Deutschland spätestens seit der Jahrtausendwende offensteht. Im Übrigen verhält es sich mit der Bürgerschaft ebenso wie mit dem Gebietszugang: Über die Bedingungen darf und muss man streiten. Das beginnt beim Doppelpass, den ein Einwanderungsland weder empirisch noch normativ zwangsläufig bereitstellen muss.[143] Das ist kein Plädoyer gegen Mehrstaatigkeit, allein der Hinweis, dass man eine zukunftsgerichtete Gemeinschaftsbildung in einer vielfältigen Gesellschaft unterschiedlich gestalten kann. Das Grundgesetz regelt Einzelfragen, enthält sich jedoch einer umfassenden Konzeption.[144]

---

und Kontextualisierung, in: Judith Froese/Daniel Thym (Hrsg.), Grundgesetz und Rassismus, 2022, S. 4 (18–28).

[139] Siehe auch *Nadine El-Enany*, Who is the New European Refugee?, EL Rev. 33 (2008), S. 313–335.

[140] Vgl. *BAMF*, Aktuelle Zahlen, Dezember 2023, S. 8.

[141] Siehe: Pour Nicolas Sarkozy, „l'immigration choisie est un rempart contre le racisme", Le Monde v. 27.4.2006.

[142] Vgl. *Allensbacher Archiv*, IfD-Umfrage 11092, September 2018.

[143] Siehe *Daniel Thym*, Fallstricke des „Doppelpasses", JZ 2023, 539–548; und auch *Ferdinand Weber*, Staatsangehörigkeit und Status, 2018, § 21.

[144] Hierzu der Beitrag von *Sina Fontana* in diesem Band.

So orientierte sich der US-Diskurs langjährig an der Metapher des „Schmelztiegels" (*melting pot*), wonach die vielfältigen Migrationshintergründe im Sinn des informellen Mottos „e pluribus unum"[145] schrittweise ein neues Ganzes bilden. Das lief früher auf eine unterschwellige Assimilierungserwartung hinaus.[146] Man kann jedoch auch eine modifizierte „Einheit in Vielfalt"[147] anstreben, die jenseits aller Unterschiede erkundet, welche identifikatorischen und kulturellen Ähnlichkeiten bestehen und wie sich diese verstärken lassen.[148] Als Gegenbegriff dient bisweilen die „Salatschüssel" (*salad bowl*), die gruppenbezogene Differenz auf Dauer stellt – ganz im Sinn des Multikulturalismus.[149] Die deutschen Äquivalente sind „Leitkultur" und „Multikulti", die beide infolge polarisierender Debatten politisch verbrannt sein dürften. Es bleibt abzuwarten, ob „Rassismus" und „Identitätspolitik" als dem aktuellen Gegensatzpaar dasselbe Schicksal widerfährt. Diese Kontroversen sind ein Grund, warum die Politik neutraler vom „gesellschaftlichen Zusammenhalt" spricht.[150]

Jenseits dieser begrifflichen Fragen dürfte im Sinn des Böckenförde-Diktums weithin konsentiert sein, dass Zusammenhalt und Demokratie im Motivationshaushalt auf etwas angewiesen bleiben, das der Staat und das Recht nicht gewährleisten können. Allein es bestehen unterschiedliche Auffassungen, was diese – notwendig relative – Gemeinschaftsbildung auszeichnet. Die Angebote reichen von einer gemeinsamen politischen Kultur über geteilte Grundwerte und konflikttheoretische Ansätze bis hin zu alltagskulturellen Übereinstimmungen der zwischenmenschlichen Interaktion diesseits der großen Erzählungen.[151] Für das Einwanderungsland Deutschland bieten diese Positionen spannende Anknüpfungspunkte, um den Einfluss der migrationsbedingten Vielfalt auf die Einheitsbildung zu erkunden.

Derartige Debatten überschreiten typischerweise den sachlichen Anwendungsbereich des Migrationsrechts unter Einschluss der Staatsangehörigkeit. Gewiss bestehen nach der Einreise spezifische Herausforderungen, die unter dem Topos der Integration angemessen gefasst sind.[152] Die Reichweite eben dieser Integrationspolitik in den Anfangsjahren umfasst neben dem Migrations-

[145] Leicht zugänglich https://de.wikipedia.org/wiki/E_pluribus_unum.

[146] Siehe *Richard Alba/Victor Nee*, Remaking the American Mainstream, 2003, S. 17–35.

[147] „[I]n Vielfalt geeint" lautet das informelle Motto der EU; vgl. Art. I-8 Vertrag über eine Verfassung für Europa v. 24.10.2004 (ABl. 2004 C 310/1), der nicht in Kraft trat.

[148] Siehe *Samuel Scheffler*, Immigration and the Significance of Culture, Philosophy & Public Affairs 35 (2007), S. 93–125; und *Roger Brubaker*, The Return of Assimilation?, in: Christian Joppke/Ewa Morawska (Hrsg.), Toward Assimilation and Citizenship, 2003, S. 39–58.

[149] Näher *Christian Joppke*, Is Multiculturalism Dead?, 2016, Kap. 3; und *Heiner Bielefeldt*, Menschenrechte in der Einwanderungsgesellschaft, 2007, Kap. 4.

[150] Näher Nicole Deitelhoff/Olaf Groh-Samberg/Matthias Middell (Hrsg.), Gesellschaftlicher Zusammenhalt. Ein interdisziplinärer Dialog, 2020.

[151] Hierzu der Beitrag von *Ferdinand Weber* in diesem Band; sowie *Thym* (Fn. 133), Rn. 54–78.

[152] Zur notwendigen Abstufung *Gabriele Buchholtz* in diesem Band.

recht zahlreiche ebenso wichtige Sachgebiete wie das Bildungs-, Sozial- und Wohnungsbaurecht. Spätestens mit der zweiten und dritten Generation, die künftig immer häufiger bereits mit deutschem Pass geboren werden wird, verliert dieser migrationsspezifische Blickwinkel seinen Erklärungswert. Es bietet sich an, diese Debatten perspektivisch von der Migration zu lösen und als integralen Bestandteil übergreifender Entwicklungen zu thematisieren, die man sprachlich als „Zusammenhalt“ anstelle von „Integration“ bezeichnet.[153]

Integration und Zusammenhalt betreffen nicht nur die vielfaltsbasierte kollektive Einheitsbildung als Sozialintegration, sondern auch die gleichberechtigte Teilhabe aller an den Teilbereichen wie Arbeitsmarkt, Bildungswesen, Gesundheit und Wahlrecht im Sinn einer Systemintegration.[154] Auch wird regelmäßig zwischen den Bedarfen von Neuzugängen und allgemeinen Herausforderungen für die Gesamtgesellschaft zu unterscheiden sein, die allenfalls bei einer historischen Langzeitperspektive mit der Migration zusammenhängen und derzeit immer häufiger unter dem Topos des Rassismus diskutiert werden.[155] System- und Sozialintegration hängen zusammen, wenn etwa eine rassismusbasierte Teilhabedebatte die zukunftsgewandte Gemeinschaftsbildung durch eine Abgrenzungslogik unterminiert.[156] Diese Spannungslage bekräftigt exemplarisch, dass in einem Einwanderungsland dauerhaft unterschiedliche Bürgerschaftskonzeptionen spannungsreich nebeneinander bestehen bleiben.

V. Fazit

Von einem Einwanderungsland sollte man sprechen, wenn beim Gebietszugang ein Grundkonsens herrscht, dass auch künftig Menschen einwandern sollen, die sodann eine gleichberechtigte Mitgliedschaft erwerben, wenn sie dauerhaft und legal im Land leben. Dieses Bekenntnis ist keine entpolitisierende Konsensformel. Einwanderungsland zu sein, ist anstrengend. Es bedarf einer fortlaufenden Debatte darüber, wer kommen soll, wer bleiben darf und an welchen normativen Leitbildern sich das Ideal der gleichen Bürgerschaft orientiert. Die deutsche Politik und Gesellschaft haben einen Lernprozess vor sich, der im Idealfall dadurch erleichtert wird, dass endlich die Schwarz-weiß-Debatte endet, ob man nun ein Einwanderungsland sei oder nicht.

---

[153] Vergleichbar die fünf Phasen des Nationalen Aktionsplans Integration (NAPI) von 2020/21; sowie das Dreistufenmodell nach § 1 Abs. 1 Teilhabe- und Integrationsgesetz NRW i. d. F. v. 25.11.2021 (GV NRW, S. 1213a).

[154] Zum Wahlrecht der Beitrag von *Thomas Groß* in diesem Band; zur soziologischen Abstufung von System- und Sozialintegration *Friedrich Heckmann*, Integration von Migranten, 2015, Kap. 3.

[155] Siehe *Cengiz Barskanmaz*, Recht und Rassismus, 2019, Kap. 4 f.

[156] Näher die Beiträge von *Judith Froese* und *Emanuel V. Towfigh* in diesem Band.

Anders als klassische Einwanderungsländer wie Kanada oder die USA setzt die Bundesrepublik bisher nur begrenzt auf eine aktive Auswahl. Das liegt auch daran, dass man die jüngere Migrationsgeschichte als Abfolge eines wiederholten Steuerungsversagens beschreiben kann. Viele Gastarbeiter blieben und holten trotz des Anwerbestopps ihre Familien nach; über das Asylsystem wandern bis heute viele Menschen ein, die keinen Schutzbedarf haben. Die Rückführungspolitik ist ebenso dysfunktional wie alle Versuche, innerhalb der EU eine faire Verantwortungsteilung umzusetzen. Auch die jüngste Reform schafft das nicht. Dies nährt den Eindruck, dass Einwanderungspolitik vor allem die Verwaltung eines Zuzugs heißt, der faktisch stattfindet, ohne dass man viel ändern könnte. Hier müssen Staat und Gesellschaft umlernen, im vollen Bewusstsein, dass es immer Steuerungsgrenzen geben wird.

Dass die Politik seit dem Asylkompromiss vor 30 Jahren von „Zuwanderung" sprach, lag auch daran, dass diese Formel einen geringeren Anpassungsbedarf suggeriert als eine „Einwanderung". Dabei verändert Migration eine Gesellschaft dauerhaft. Integration heißt nicht nur die gleichberechtigte Teilhabe an Sektoren wie Arbeitsmarkt und Bildungswesen. Daneben braucht es eine zukunftsgewandte Diskussion darüber, was die Gesellschaft jenseits von Kampfbegriffen wie „Leitkultur" und „Multikulti" in Vielfalt eint. Bei all diesen Diskussionen muss unterschieden werden. Die dritte Generation wird von pauschalen Begriffen wie „Migration" oder „Integration" nur unvollständig erfasst. Der Zusammenhaltsdiskurs sollte binäre Zuschreibungen wie „zugewandert" und „Mehrheitsgesellschaft" überwinden.

Beim Gebietszugang stellen sich im Asylsystem gänzlich andere Fragen als bei der Erwerbsmigration. Die Hoffnung erfüllt sich nicht, dass ausreichend legale Zugangswege für Arbeitskräfte eine mittelbare Steuerung der Asylzuwanderung über Visumsvorschriften und die Drittstaatskooperation erübrigten. Die Profile der einreisenden Personen sind grundverschieden und die Wirkungszusammenhänge kompliziert. Als ein reifes Einwanderungsland muss sich Deutschland offen eingestehen, dass eine Gebietszugangspolitik zwangsläufig Härten produziert. Die proaktive Einladung von „erwünschten" Neueinreisen geht einher mit rechtlichen und praktischen Hürden für „unerwünschte" Zuwanderungswillige. Das Bekenntnis zum Einwanderungsland begründet insofern eine Daueraufgabe, die von Staat und Gesellschaft anstelle eines einmaligen Bekenntnisses verlangt, den eingeschlagenen Weg bei Migration und Integration immer wieder aufs Neue zu hinterfragen und gegen Kritik zu verteidigen.

Teil 1

Rahmenbedingungen

Integration im Aufenthalts- und Staatsangehörigkeitsrecht

Entwicklungspfade und Zukunftsperspektiven

Johannes Eichenhofer

I. „Einwanderungsland" als Chiffre für Integrationspolitik

Die über Jahrzehnte hinweg geführte Debatte, ob die Bundesrepublik Deutschland ein Einwanderungsland sei oder nicht,[1] hat nicht nur Symbolcharakter. Es handelt sich hierbei auch nicht um einen Streit um Zahlen – also darüber, ob sich angesichts des derzeitigen statistisch messbaren Anteils der Menschen mit ausländischer Staatsangehörigkeit oder Migrationshintergrund an der gesamten Wohnbevölkerung „schon" von einem Einwanderungsland sprechen lasse. Eine solche Fragestellung würde schließlich auch in die Verlegenheit führen, einen konkreten Prozentsatz angeben zu müssen, ab dem die Schwelle zum Einwanderungsland überschritten sei, was sicherlich eine unterkomplexe Perspektive auf das komplexe Phänomen „Einwanderungsland" darstellen würde. Stattdessen wird diese Schwierigkeit typischerweise umgangen, indem schlicht darauf verwiesen wird, dass sich die Bundesrepublik angesichts des derzeitigen empirisch messbaren Zahlenverhältnisses offenkundig oder selbstverständlich zu einem Einwanderungsland entwickelt habe.[2] Dies betrifft jedoch nur die faktisch-empirische Dimension des Problems, die wie gesagt nicht im Vordergrund steht. Vielmehr, und das erklärt wohl die Vehemenz und die Langlebigkeit, mit der die Debatte geführt wurde, schwingen sowohl in der Bejahung als auch in der Verneinung der These – *tertium non datur* – unweigerlich gewisse einwanderungs- und integrations*politische* Vorstellungen mit. Und diese sind nicht nur von zentraler Bedeutung für die künftige personale Zusammensetzung von Gesellschaft (und Staat) sowie das weitere gesellschaftliche Zusammenleben. Hierin kommen auch unterschiedliche Vorstellungen von sozialen und recht-

---

[1] Exemplarisch *Lutz Hoffmann*, Die unvollendete Republik. Zwischen Einwanderungsland und deutschem Nationalstaat, 2. Aufl. 1992. Historisch argumentierend etwa: *Klaus J. Bade*, Vom Auswanderungs- zum Einwanderungsland? Deutschland 1880–1980, 1983; für eine soziologische Perspektive etwa: *Friedrich Heckmann*, Die Bundesrepublik Deutschland – ein Einwanderungsland? Zur Soziologie der Gastarbeiterbevölkerung als Einwanderungsminorität, 1981.

[2] Vgl. statt vieler den Abschlussbericht der *Unabhängigen Kommission Zuwanderung*, Zuwanderung gestalten, Integration fördern, 1999, S. 1.

lichen Institutionen wie Mitgliedschaft, Zugehörigkeit und Staatsangehörigkeit, Demokratie und (National-) Staatlichkeit zum Ausdruck. So zielt der – wie gesagt politisch-normativ zu verstehende – Ausspruch, dass die Bundesrepublik Deutschland „kein Einwanderungsland" sei, im Kern darauf ab, die Zahl bzw. den Anteil der sich dauerhaft im Bundesgebiet aufhältigen Personen mit ausländischer Staatsangehörigkeit oder Migrationshintergrund wenn nicht zu reduzieren, so doch möglichst gering zu halten. Dies verdeutlicht beispielhaft das „Ergebnis der Koalitionsgespräche"[3] zwischen CDU, CSU und FDP von 1982:

„Die Bundesrepublik Deutschland ist kein Einwanderungsland. Es sind daher alle humanitär vertretbaren Maßnahmen zu ergreifen, um den Zuzug von Ausländern zu unterbinden.

a) Der Anwerbestopp ist beizubehalten.

b) Illegale Einreisen und Beschäftigungen sind zu unterbinden.

c) Ein Aufenthalt zur Ausbildung und zum Studium darf grundsätzlich nicht zur Dauerniederlassung führen.

d) Im Rahmen der Europäischen Gemeinschaft ist darauf hinzuwirken, dass durch Assoziierungsabkommen kein zusätzlicher Zuzug eröffnet wird. Die Verhandlungen mit der Türkei über die Einschränkung des Assoziierungsabkommens sind zügig fortzusetzen.

Um dem Mißbrauch des Asylrechts wirksam zu begegnen, sind weitere Maßnahmen erforderlich, insbesondere:

– Die Asylbewerber erhalten für die Dauer des Asylverfahrens grundsätzlich keine Arbeitserlaubnis. [...]

– Sozialhilfe ist in Form von Sachleistungen zu gewähren."

Die dauerhafte Anwesenheit einer vergleichsweise großen Zahl ausländischer Staatsangehöriger im Bundesgebiet, so lautet also das Argument, erschwere oder verunmögliche die „Integrationsfähigkeit"[4] des inländischen Teils der Wohnbevölkerung. Intendiert war daher nur eine vorübergehende Zuwanderung, nicht aber die auf Dauer angelegte Einwanderung[5], weshalb der Koalitionsvertrag weitere Maßnahmen vorsah, einen dauerhaften Aufenthalt zu beschränken (Abschiebung straffällig gewordener ausländischer Staatsangehöriger) oder weniger attraktiv zu machen (Aussetzung des Familiennachzuges). Wer hingegen, wie der damalige Ausländerbeauftragte der Bundesbeauftragte *Heinz Kühn* in seinem berühmten Memorandum von 1979[6], die „Anerkennung der faktischen Einwanderung" zur handlungsleitenden Prämisse macht, stellt sich auf die neuen gesellschaftlichen Gegebenheiten ein und erkennt pragmatisch die Notwendigkeit gesamtgesellschaftlicher Integrationsbemühungen. Diese Einsicht hat sich in der Breite jedoch erst langsam durchgesetzt, spätestens mit der Verabschiedung des Zuwanderungsgesetzes am 30.6.2004. Spätestens ab den 2010ern Jahren wur-

---

[3] Abgedruckt etwa in: CDU-Extra v. 1.10.1982, https://www.kas.de/c/document_library/get_file?uuid=dc4bacdb-e642-125e-070f-22bbde46f470&groupId=252038.

[4] Dieser Begriff findet sich in § 1 Abs. 1 S. 4 AufenthG wieder.

[5] Dieser terminologische Unterschied findet sich etwa im Abschlussbericht der *Unabhängigen Kommission Zuwanderung*, Zuwanderung gestalten – Integration fördern, 1999, S. 13.

[6] https://doku.iab.de/chronik/2x/1979_10_01_20_memo.pdf.

de der Streit, ob die Bundesrepublik ein „Einwanderungsland" sei, endgültig für beendet erklärt und die Bundesrepublik zur „postmigrantischen Gesellschaft" erklärt. Mit diesem Prädikat, so die Urheberin des Begriffes *Naika Foroutan*[7], verbinde sich die Einsicht, dass sich die Bundesrepublik nicht nur faktisch zum Einwanderungsland entwickelt habe, sondern dass diese Transformation auch politisch anerkannt und hieraus die Konsequenz gezogen werde, dass „die Strukturen, Institutionen und politischen Kulturen nachholend (postmigrantisch) an die erkannte Migrationsrealität angepasst werden, was mehr Durchlässigkeit und soziale Aufstiege, aber auch mehr Abwehrreaktionen und Verteilungskämpfe zur Folge hat."[8] In der postmigrantischen Gesellschaft des Einwanderungslandes Deutschland würden also „Zugehörigkeiten, (nationale) kollektive Identitäten, Partizipation und Chancengleichheit postmigrantisch, also nachdem die Migration erfolgt und nun von Politik, Wissenschaft und Öffentlichkeit als unumgänglich anerkannt worden ist, nachverhandelt und neu justiert"[9]. Und diese gesellschaftlichen Aushandlungsprozesse schlössen selbstverständlich die aus dem Ausland eingewanderten Menschen und ihre Nachfahren mit ein. Diese werden also von *Ob*jekten staatlicher Integrationspolitik zu *Sub*jekten, die sich selbst in den gesellschaftlichen, politischen und nicht zuletzt auch: wissenschaftlichen Integrationsdiskurs einbringen. Dies führt nicht nur zu einer notwendigen *Pluralisierung*, sondern auch *Demokratisierung* der Debatte. Angesichts der durchaus fundamentalen und nicht selten emotional aufgeladenen, da die individuelle Persönlichkeit jeder und jedes Einzelnen adressierenden Fragen, die der Integrationsdiskurs berührt, kann es kaum erstaunen, dass die Positionen hier weitauseinander gehen.

II. Integrationsbegriffe und -konzepte in der „postmigrantischen Gesellschaft"

1. Zurückhaltung und Ablehnung

In der postmigrantischen Gesellschaft über „Integration" zu streiten, umfasst selbstverständlich auch die Freiheit, den Begriff in Gänze abzulehnen. Von dieser

[7] Siehe bereits *Naika Foroutan*, Hybride Identitäten: Normalisierung, Konfliktfaktor und Ressourcen in postmigrantischen Gesellschaften, in: Heinz Ulrich Brinkmann/Haci-Halil Uslucan (Hrsg.), Dabeisein und Dazugehören. Integration in Deutschland, 2013, S. 85 ff.; eingehend später: *dies.*, Die postmigrantische Gesellschaft: ein Versprechen der pluralen Demokratie, 2016, 3. Aufl. 2019.

[8] Vgl. *Naika Foroutan*, Die postmigrantische Gesellschaft (abrufbarer Artikel unter: https://www.bpb.de/themen/migration-integration/kurzdossiers/205190/die-postmigrantische-gesellschaft/). Das Konzept der nachholenden Integrationspolitik findet sich bereits bei *Klaus J. Bade*, Nachholende Integrationspolitik, ZAR 2005, S. 217 ff. m. w. N.

[9] *Foroutan* (Fn. 8).

Möglichkeit hat etwa die aus dem Netzwerk „Kritische Migrations- und Grenzregimeforschung" hervorgegangene Initiative „Demokratie statt Integration" anlässlich des Erscheinens von Thilo Sarrazins Buch „Deutschland schafft sich ab" (2010) mit den folgenden Worten Gebrauch gemacht:

„Wir wollen das Offensichtliche klar stellen. Wir leben in einer Einwanderungsgesellschaft. Das bedeutet: Wenn wir über die Verhältnisse und das Zusammenleben in dieser Gesellschaft sprechen wollen, dann müssen wir aufhören, von Integration zu reden. Integration heißt, dass man Menschen, die in diesem Land arbeiten, Kinder bekommen, alt werden und sterben, einen Verhaltenskodex aufnötigt, bevor sie gleichberechtigt dazugehören. Aber Demokratie ist kein Golfclub. Demokratie heißt, dass alle Menschen das Recht haben, für sich und gemeinsam zu befinden, wie sie miteinander leben wollen. Die Rede von der Integration ist eine Feindin der Demokratie. [...]"[10]

Als normatives Konzept des Zusammenlebens in der postmigrantischen bzw. Einwanderungsgesellschaft laufe Integration also darauf hinaus, dass es eine (vom Staat repräsentierte) „Aufnahme-", „Mehrheits-" oder „Dominanzgesellschaft" gäbe, die mittels Wahlen und Abstimmungen demokratische Herrschaft ausübte, die den ausländischen Staatsangehörigen dauerhaft oder jedenfalls solange vorenthalten werde, bis sie eingebürgert würden. Zuvor jedoch müssten sie jedoch einen Prozess (einseitiger[11]) Anpassung an die „Aufnahme-", „Mehrheits-" oder „Dominanzgesellschaft" durchlaufen. Die Rede von der Integration laufe also nicht nur darauf hinaus, eine behauptete Unterscheidung zwischen „Dominanzgesellschaft" und „Anderen" kontinuierlich aufrechtzuerhalten[12], was wiederum sowohl hinsichtlich der Prämissen als auch der Folgen problematisch sei. Letztlich behaupte die Integrationsrhetorik jedenfalls zu einem Grad auch eine gesellschaftliche Homogenität[13], die es entweder durch einseitig oder allseitig getroffene Bemühungen zu erreichen gelte, und sie führe zu Ausschlüssen

---

[10] http://kritnet.org/2010/demokratie-statt-integration/. Ansätze mit ähnlicher Stoßrichtung versammelt etwa der von *Sabine Hess*, *Jens Binder* und *Johannes Moser* herausgegebene Sammelband „No Integration? Kulturwissenschaftliche Beiträge in Deutschland und Europa", 2009.

[11] Hierhin zielt der Vorwurf, dass mit Integrationspolitik oftmals eine versteckte Assimilation gemeint sei – so etwa *Manuela Bojadzijev* und *Serhat Karakayalı* im Interview mit dem Duisburger Institut für Sprach- und Sozialforschung (DISS): „[...] wenn wir Integration kritisieren, so nicht oder nicht nur, weil damit in Wirklichkeit oft oder meistens Assimilation gemeint ist. Mehr noch, wir glauben, dass der Begriff spezifisch die seltsame Verschränkung von Bürgerschaft mit ethnifizierter Majorität, von Klassenkonflikten und Rassismus operationalisiert.", https://www.diss-duisburg.de/2010/12/soll-der-begriff-%E2%80%9Eintegration-kritisiert-oder-verteidigt-werden/.

[12] Dies kritisiert etwa: *Hannah Abdullahi Musse Abucar*, Wer ist integrationsbedürftig? Die Konstruktion eines „Anderen" im Integrationsrecht, in: Gabriele Buchholtz/Johanna Croon-Gestefeld/Andreas Kerkemeyer (Hrsg.), Integratives Recht, 2021, S. 36 ff., insbes. S. 51.

[13] Kritisch dazu etwa: *Gertrude Lübbe-Wolff*, Homogenes Volk – über Homogenitätspostulate und Integration, ZAR 2007, S. 121 ff.; *Felix Hanschmann*, Der Begriff der Homogenität in der Verfassungslehre und Europarechtswissenschaft – zur These von der Notwendigkeit homogener Kollektive unter besonderer Berücksichtigung der Homogenitätskriterien „Geschichte" und „Sprache", 2009.

gegenüber all jenen, die dieser sozialen („Homogenitäts-") Norm nicht entsprächen. Dem Integrationsdenken wird also eine exklusive Tendenz bescheinigt, was es wiederum in Konflikt nicht nur zu der Teilhabedimension der Grund- und Menschenrechte erscheinen lässt, sondern auch mit dem Anliegen des Antidiskriminierungsrechts.[14] So erscheint es dann vorzugswürdig, statt von „Integration" lieber von Teilhabe, Inklusion[15] oder Partizipation zu sprechen.

2. Drei Dimensionen des Integrationsbegriffs

Bei aller berechtigter Kritik gegenüber dem soeben skizzierten Integrationsverständnis sollte nicht vergessen werden, dass es sich hierbei eben nur um ein bestimmtes Verständnis von Integration handelt.[16] Daraus sollte meines Erachtens nicht der Schluss gezogen werden, auf die Verwendung des Integrationsbegriffs gänzlich zu verzichten. Dafür ist in den letzten rund 100 Jahren[17] einfach zu viel bedeutende Forschung unter diesem „Label" betrieben worden. Dies gilt vor allem in der (Migrations-)Soziologie[18], die den Integrationsbegriff geprägt hat und von wo aus er in die Politik und später ins Recht Einzug gehalten hat. Den Integrationsbegriff zu verabschieden, würde bedeuten, all diese wertvollen Erkenntnisse hinter sich zu lassen. Ich möchte daher, wie schon an anderer Stelle[19], dafür plädieren, den Integrationsbegriff weiter beizubehalten, ihn allerdings als dynamische und entwicklungsoffene Ordnungskategorie zu begreifen. Als solche kann der Integrationsbegriff Großes leisten, da er nämlich eine hochkomplexe, aus mehreren Strängen bestehende Debatte zusammenführt und diese sinnvoll miteinander verbindet.

---

[14] So etwa *Michael Grünberger*, Nichtdiskriminierungsrecht zwischen Inklusion und Integration, in: Gabriele Buchholtz/Johanna Croon-Gestefeld/Andreas Kerkemeyer (Hrsg.), Integratives Recht, 2021, S. 99, der auf S. 107 davon ausgeht, dass beides miteinander „kollidiert".

[15] Den Begriff verwenden etwa *Anuscheh Farahat*, Progressive Inklusion. Zugehörigkeit und Teilhabe im Migrationsrecht, 2014; *Anna Katharina Mangold*, Demokratische Inklusion durch Recht. Antidiskriminierungsrecht als Ermöglichungsbedingung der demokratischen Begegnung von Freien und Gleichen, 2021.

[16] Dies betont zu Recht und fairerweise auch *Michael Grünberger* (Fn. 14), S. 99 (107): „‚Integration' hat eine normative Wendung genommen, die dem soziologischen Begriff fremd ist, die aber seine rechtliche Rezeption erleichtert."

[17] Zu nennen ist hier bereits „Race relation cycle" von *Robert Ezra Park* (1864–1944).

[18] Grundlegend: *David Lockwood*, Social Integration and system integration, in: Georg K. Zollschan/Walter Hirsch (Hrsg.), Explorations in Social Change, 1964, S. 244 ff. In Deutschland sind hier vor allem die Arbeiten *Friedrich Heckmann*s und *Hartmut Esser*s zu nennen – vgl. etwa *Heckmann* (Fn. 1); *Esser*, Aspekte der Wanderungssoziologie, 1980; *ders.*, Soziologie. Spezielle Grundlagen. Bd. 2: Die Konstruktion der Gesellschaft, 2022, S. 261 ff.

[19] Siehe bereits: *Johannes Eichenhofer*, Integrationsgesetzgebung, ZAR 2016, S. 251 (252 f.); *ders.*, Migrationsrecht und Integration – eine Problemskizze, in: Jekaterina Markow/Frederik von Harbou (Hrsg.), Philosophie des Migrationsrechts, 2020, S. 345 (364); *ders.*, Vom Provisorium zum Staatsziel? 40 Jahre Integrationspolitik und -recht in Deutschland, ZAR 2021, S. 19 (20).

Eine *erste* Dimension des Integrationsproblems betrifft das Problem der individuellen Integration (von *David Lockwood* „Sozialintegration" genannt) einzelner Individuen in gesellschaftliche Funktionssysteme (z.B. Arbeit, Schule, etc.). Diese erste Dimension betrifft also das Problem der Teilhabe, Inklusion oder Partizipation. Für das Recht ist sie vergleichsweise gut handhabbar, nämlich durch die Verleihung subjektiver Teilhaberechte im Staat-Bürger-Verhältnis[20] und einem ausreichenden rechtlichen Schutz vor Diskriminierung im Verhältnis zwischen Privaten. Damit ist die *zweite* Dimension angesprochen, die nämlich darin besteht, die (grundrechtlich radizierten) Inklusions-, Teilhabe- und Partizipationsansprüche der Einen ins Verhältnis zu den (ebenfalls grundrechtlich fundierten) Interessen und Ansprüchen der Anderen zu setzen. Was unter Integration konkret zu verstehen ist, zeigt sich also regelmäßig erst im Konflikt mit Anderen.[21] Üblicherweise treffen dort die Freiheitsrechte der Angehörigen zuwanderungsbedingter Minderheiten auf gesamtstaatliche bzw. überindividuelle Interessen oder die Grundrechte Dritter.[22] Letztlich werden derlei Konflikte, wie sich exemplarisch anhand der drei Kopftuch-Entscheidungen des BVerfG[23] zeigen lässt, im Rechtsverhältnis Bürger*in-Bürger*in-Staat aufgelöst. Indem der Staat – sei es der Gesetzgeber, die Verwaltung oder die Rechtsprechung – eher die Teilhabe- und Freiheitsrechte der kopftuchtragenden Frau oder beispielsweise den Neutralitätsgrundsatz oder die negative Religionsfreiheit der Schüler*innen stärker gewichtet, positioniert er sich integrationspolitisch. Stärkungen der Individualrechte stehen ideengeschichtlich üblicherweise auf den Boden des Multikulturalismus, der wiederum als spezielle Ausprägung des Liberalismus gilt, während sich mit dem Gemeinwohl argumentierende Positionen in der Denkschule des Kommunitarismus verorten lassen.[24] Wie derlei Einzelkonflikte auf der Mikroebene in die eine oder andere Richtung aufgelöst werden, hat wiederum Auswirkungen darauf, welche Vorstellungen sich vom Gemeinwesen (im Sinn einer „kollektiven Identität") bilden – dieses muss keineswegs als statisch und homogenes Kollektiv gedacht werden, sondern auch als dynamische und entwicklungsoffene Einwanderungsgesellschaft, in der sich dann auch zen-

[20] Von unterschiedlichen Integrationsrechtsverhältnissen geht auch *Sina Fontana*, Integrationsrecht (2022), S. 136 ff. aus.

[21] Zu dieser Perspektive auf Integration: *Helmut Dubiel*, Integration durch Konflikt?, in: Jürgen Friedrichs/Wolfgang Jagodzisnki (Hrsg.), Soziale Integration 1999 (Sonderheft der Kölner Zeitschrift für Soziologie und Sozialpsychologie – KZfSS 39/1999), S. 132 ff.

[22] Eingehend zu diesem Problem: *Gabriele Britz*, Kulturelle Rechte und Verfassung, 2000.

[23] BVerfGE 108, 282 – *Kopftuch I*; BVerfGE 138, 296 – *Kopftuch II*; BVerfGE 153, 1 – *Kopftuch III*.

[24] Zu dieser Gegenüberstellung etwa: *Christine Langenfeld*, Integration und kulturelle Identität zugewanderter Minderheiten, 2001, S. 308 f.; *Johannes Eichenhofer*, Begriff und Konzept der Integration im Aufenthaltsgesetz, 2013, S. 237 ff.; *Hacer Bolat*, Integration als Leitbild des deutschen Migrationsrechts, 2016, S. 39 ff.

trale Kategorien wie die der Zugehörigkeit[25] wandeln können. Letztlich bleibt diese *dritte* Dimension für das Recht jedoch insofern schwer zugänglich, als sich grundlegende Wertüberzeugungen ja typischerweise nicht einfach so ergeben und dann „top-down" verordnet werden, sondern eben im Wege eines „bottom up". Nichtsdestotrotz bestehen auch insoweit Wechselwirkungen. Damit ist festzuhalten: Alle drei Dimensionen – d.h. (1) Teilhabe, (2) Vielfalt vs. Kohäsion, (3) Kollektive Identität – beeinflussen sich gegenseitig und genau diese Wechselwirkungen zeigt der Integrationsbegriff auf.[26]

3. *Konkurrierende Integrationskonzepte*

Integrationspolitische Vorstellungen lassen sich zu einem gewissen Grad auch im Recht abbilden, genau wie das Recht dann wieder auf individuelle und gesamtgesellschaftliche Integrationsprozesse zurückwirkt. Diese These soll im Folgenden anhand des Aufenthalts- und Staatsangehörigkeitsrechts sowie der Landesintegrationsgesetze näher erläutert werden. Im Rahmen der jeweiligen Kompetenzen haben Bundes- und Landesintegrationsgesetzgeber dann nämlich die Frage zu beantworten, wie die individuelle und gesamtgesellschaftliche Integration befördert werden soll, also etwa:

- Mit mehr Teilhaberechten der zugewanderten Minderheiten und / oder der Postulierung von Integrationspflichten?
- Mit einer exklusiven Trennung von „Ausländern" (§ 2 Abs. 1 AufenthG) und „Deutschen" (Art. 116 Abs. 1 GG) oder Zwischenformen wie dem Konzept der „Denizenship"[27] (Wohnbürgerschaft)?
- Mit einer Festschreibung kollektiver „Werte" und Ziele und damit einer Stärkung des kommunitaristischen Gedankens oder gerade, in liberaler Tradition, einem Verzicht hierauf?

In aller Zuspitzung lassen sich in der Beantwortung der soeben genannten Fragen zwei grundlegende Modelle voneinander unterscheiden:

- Das *erste* Grundmodell basiert auf der Idee, dass für die ausländischen Staatsangehörigen ein *Sonderregime* errichtet werden solle, auf dessen Grundlage sich dann (am Gemeinwohl orientierte) migrations- und integrationspolitischer *Steuerungsziele*[28] verfolgt werden sollen. Zentrales Steuerungsinstru-

[25] Siehe dazu *Markus Kotzur*, Demokratie in Bewegung – müssen wir angesichts weltweiter Migrationsphänomene bürgerschaftliche Zugehörigkeit neu denken?, in: Gabriele Buchholtz/Johanna Croon-Gestefeld/Andreas Kerkemeyer (Hrsg.), Integratives Recht, 2021, S. 61 ff.

[26] Siehe bereits: *Eichenhofer* (Fn. 19), S. 20.

[27] Dazu *Jürgen Bast*, Denizenship als rechtliche Form der Inklusion in die Einwanderungsgesellschaft, ZAR 2013, S. 353 ff.; *Daniel Thym*, Vom „Fremdenrecht" über die „Denizenship" zur „Bürgerschaft", Der Staat 57 (2018), S. 77 ff.

[28] Zu dieser Perspektive grundlegend: *Daniel Thym*, Migrationsverwaltungsrecht, 2010; *Jür-*

ment ist dabei das Verbot mit Erlaubnisvorbehalt für Einreise und Aufenthalt (§ 4 Abs. 1 AufenthG), weil sich durch die gesetzliche oder administrative Anordnung von Erlaubnissen je nach Einzelfall Zu- und Einwanderung im Interesse des Gemeinwohls gestatten lässt. Dieser Ansatz ist vor allem auf die freiwillige Migration anwendbar, da diese (mit Ausnahme des Familiennachzugs[29]) grund- und menschenrechtlich nur vergleichsweise schwach unterlegt ist[30], während der Steuerung unfreiwilliger Migration Grenzen in Gestalt der Menschenrechte gesetzt sind.[31]

- Davon ist das *zweite* Modell zu unterscheiden, das ausländischen Staatsangehörige (von Anfang an) so weit wie möglich *Rechtsgleichheit* im Verhältnis zu den inländischen Staatsangehörigen gewähren will.[32] Dieser (allerdings im positiven Recht bislang nur in sehr eingeschränktem Umfang praktizierte) Ansatz erweist sich nicht nur insofern als pragmatisch, als er auf übertriebene Steuerungsansprüche verzichtet und damit Einzelne, Verwaltung und Gerichte gleichermaßen entlastet, sondern auch insofern als liberal, als er – dem Gedanken der Chancengleichheit verpflichtet – das „Gelingen" des individuellen und gesamtgesellschaftlichen Integrationsprozesses den Einzelnen selbst und der gesellschaftlichen Selbstregulierung überlässt. Begründet erscheint diese latente Steuerungsskepsis[33] zum Einen aufgrund des Umstandes, dass sich individuelle Integrationsprozesse, soweit sie auch eine innere Hinwendung zu oder Identifikation mit der „Aufnahmegesellschaft" nicht hoheitlich verordnen lassen, zum Anderen aufgrund des soziologischen Befundes, dass sich moderne Gesellschaften ohnehin immer weiter ausdifferenzieren.

---

gen Bast, Aufenthaltsrecht und Migrationssteuerung, 2011; *Gabriele Buchholtz*, Das Integrationsverwaltungsrecht im Spiegel der Neuen Verwaltungsrechtswissenschaft, Der Staat 57 (2018), S. 407 ff.; zuvor bereits *Matthias Rossi*, Verwaltungsrechtliche Steuerung von Migration und Integration, Die Verwaltung 40 (2007), S. 383 ff.

[29] Siehe dazu etwa BVerfGE 76, 1 ff.

[30] Vgl. dazu etwa *Esther Weizsäcker*, Grundrechte und freiwillige Migration, 2007, S. 28 ff.; *Thomas Groß*, Das Ausländerrecht zwischen obrigkeitsstaatlicher Tradition und menschenrechtlicher Herausforderung, AöR 139 (2014), S. 421 (432 f.).

[31] Dazu *Thomas Groß*, Grund- und menschenrechtliche Grenzen der Migrationssteuerung, JZ 2019, S. 327 ff.

[32] Dieser Ansatz prägt das Freizügigkeitsrecht der Unionsbürger:innen und ihrer Familienangehörigen – zu ihm etwa: *Stefan Kadelbach*, in: Ferdinand Wollenschläger (Hrsg.), Enzyklopädie Europarecht. Bd. 10: Europäischer Freizügigkeitsraum, 2022, § 5; zur Möglichkeit einer Ausweitung auf Drittstaatsangehörige siehe *Marcus Bergmann u. a.*, Einwanderungsgesetz: Hallescher Entwurf zur Neuordnung der Dogmatik des Aufenthaltsrechts, 2019. Eingehend zum Verhältnis von Integration und Rechtsgleichheit: *Thomas Groß*, Integration durch Rechtsgleichheit, DVBl. 2014, S. 1217 ff.

[33] Diese klingt etwa an bei: *Astrid Wallrabenstein*, Migration und Integration: mit und im Recht, in: Gabriele Buchholtz/Johanna Croon-Gestefeld/Andreas Kerkemeyer (Hrsg.), Integratives Recht, 2021, S. 53 ff.; eingehend zur psychologischen Dimension von Integrationsprozessen etwa: *Andreas Kerkemeyer*, Integration – interdisziplinär gedacht, in: ebd., S. 17 (29 ff.).

Sowohl das deutsche als auch das europäische Migrationsrecht lässt sich als Kompromiss zwischen beiden Modellen verstehen: So dominiert zu Beginn des Einwanderungsprozesses eindeutig der Steuerungsansatz, während dieser mit fortschreitender Aufenthaltsdauer und mit zunehmender Erbringung von „Integrationsleistungen" immer weiter zugunsten einer (jedenfalls partiellen) Rechtsgleichheit zurückgedrängt wird, die spätestens mit der Einbürgerung als Endpunkt des (rechtlichen) Integrationsprozesses abgeschlossen ist.[34]

III. Die Gegenwart: Unterschiedliche Signale

Nachdem nun herausgearbeitet wurde, wo die grundlegenden Konfliktlinien innerhalb des „Integrationsrechts" (dazu unter V.) liegen, nämlich hinsichtlich der Fragen

- ob am Begriff der Integration angeknüpft oder auf andere Begriffe umgestellt werden sollte (II.1. und 2.)
- ob und inwieweit sich individuelle und gesamtgesellschaftliche Integration mit Mitteln des Rechts steuern lässt (II.3.) und
- wie die „Integrationslasten" bzw. „-risiken"[35] zwischen den ausländischen Staatsangehörigen und der „Aufnahmegesellschaft" zu verteilen sind (II.3.),

soll nun analysiert werden, wie sich die jüngeren aufenthalts- und staatsangehörigkeitsrechtlichen Vorstöße des Bundesgesetzgebers und die jüngeren Reformen der Landesintegrationsgesetze zu diesen Fragen verhalten. Dabei wird sich, vermutlich wenig überraschend angesichts der unterschiedlichen politischen Koalitionen, kein eindeutiges (Klang-) Bild ausfindig machen lassen. Es sind vielmehr unterschiedliche Signale zu vernehmen, die keineswegs in Harmonie, sondern teils in größter Dissonanz zueinander stehen. Es wird daher im nächsten Schritt (IV.) erforderlich sein, die Entwicklungspfade des Migrationsrechts näher aufzuzeigen, um von dort mögliche Schlussfolgerungen über die Zukunft des „Integrationsrechts" zu ziehen (V.). Zuvor aber soll, in gebotener Kürze, der Blick bzw. das Ohr in Richtung aktueller gesetzlicher Vorstöße im Aufenthalts- (III.1.) und Staatsangehörigkeitsrecht (III.2.) sowie der Landesintegrationsgesetze (III.3.) gelenkt werden.

---

[34] Eingehend zu diesem Modell des „Statuswandels": *Thym* (Fn. 28); *Bast* (Fn. 28), beide passim.

[35] Begriff nach *Alexandra Tryjanowski*, Integration von Migrantinnen und Migranten: Risikoverteilung im Integrationsprozess, in: Felix Arndt u. a. (Hrsg.), Freiheit, Sicherheit, Öffentlichkeit, 2008, S. 178 ff.

1. *Ausbau von Chancengleichheit durch das Chancen-Aufenthaltsrecht*

Als bedeutsames migrationsrechtliches Projekt der amtierenden Ampelkoalition[36] darf wohl das am 21.12.2022 von Bundestag und Bundesrat verabschiedete und am 31.12.2022 in Kraft getretene Gesetz zur Einführung eines Chancen-Aufenthaltsrechts[37] gelten. Bereits die Bezeichnung lässt erkennen, dass es hier um eine Stärkung der Chancengleichheit und damit einen im Kern liberalen Ansatz handelt. Den Kern des Gesetzes bildet dabei die neu eingeführte Regelung des § 104c AufenthG, die selbst die Überschrift „Chancen-Aufenthaltsrecht" trägt. Der Sache nach handelt es sich hierbei – wie schon bei §§ 104a und 104b AufenthG – um eine weitere Form der „Altfall-Regelung" für langjährig geduldete ausländische Staatsangehörige[38], d. h. eine besondere Aufenthaltserlaubnis, welche die Begünstigen von der Einhaltung diverser Erteilungsvoraussetzungen (§ 5 Abs. 1, 2 AufenthG) freistellt. Damit wird der viel gepriesene „Spurwechsel" auch für solche Geduldete möglich, deren Identität bislang noch nicht geklärt ist. Gleichwohl steht auch dieser Aufenthaltstitel grundsätzlich die Aufenthaltsverfestigung und damit für die legale Einwanderung offen. In der Literatur ist deshalb schon diskutiert worden, ob in derlei Formen des „Spurwechsels" ein Abkehr von sog. Trennungssystem, d. h. der Trennung zwischen freiwilliger und unfreiwilliger Migration bzw. humanitären und nicht-humanitären Aufenthaltszwecken, einleiten.[39] In der oben (II.3.) getroffenen Unterscheidung läge dann wohl eine partielle Abkehr vom (kommunitaristisch inspirierten) Steuerungs- zum (liberalen) Modell der Chancen- bzw. Rechtsgleichheit. Dieser Schwenk wird noch an einer anderen Stelle deutlich, nämlich der weiteren Öffnung des Zugangs zu Integrationskursen (§ 44 Abs. 4 AufenthG). Seit dem Inkrafttreten des Gesetzes zur Einführung eines Chancen-Aufenthaltsrechts stehen diese nämlich allen ausländischen Staatsangehörigen offen, unabhängig davon, ob sie eine sog. „gute Bleibeperspektive"[40] haben oder nicht. Erklären lässt sich diese Öffnung vor allem damit, dass sonst möglicherweise ein Großteil der aus der Ukraine migrierten Personen keinen Zugang hätten, da vielen von ihnen ein Aufenthaltstitel zum vorübergehenden Schutz nach § 24 AufenthG erteilt wurde.[41]

In eine ähnliche Richtung weist der auf dem Kabinettsbeschluss vom 29.3. 2023 beruhende Entwurf eines Gesetzes zur Weiterentwicklung der Fachkräfte-

---

[36] Siehe dazu den Gesetzesentwurf der Bundesregierung v. 28.9.2022, BT-Drs. 20/3717.

[37] BGBl. I 2847.

[38] *Andreas Dietz*, § 104c AufenthG im System des Ausländerrechts, NVwZ 2023, S. 15 (15).

[39] Siehe bereits anlässlich früherer Regelungen: *Christine Langenfeld/Roman Lehner*, Einwanderungsrecht – Entwicklungslinien, konzeptionelle Grundentscheidungen und offene Fragen, ZAR 2020, S. 213 (217). Von einem „Systemwechsel" spricht auch *Dietz* (Fn. 38), S. 20.

[40] Vgl. zu dieser Figur: *Claudius Voigt*, Die Bleibeperspektive – wie ein Begriff das Aufenthaltsrecht verändert, Asylmagazin 2016, S. 245 ff.

[41] Eingehend dazu *Klaus Ritgen*, Aufnahme und Aufenthalt von Flüchtlingen aus der Ukraine: Die kommunale Perspektive, ZAR 2022, S. 238 (243).

einwanderung[42], der die Einführung einer sog. Chancenkarte für Fachkräfte zur Arbeitssuche vorsieht. Ähnlich wie das Chancen-Aufenthaltsrecht soll dieses die Rechtsposition der betroffenen ausländischen Staatsangehörigen stärken, denen sonst möglicherweise kein Aufenthaltstitel zur Verfügung stehen würde. Anders als das Chancen-Aufenthaltsrecht soll die Chancenkarte jedoch mit der Einführung eines sog. Punktesystems verbunden werden, das wohl als der Inbegriff hoheitlicher und gemeinwohlorientierter Migrationssteuerung verstanden werden darf. Ein solches war ursprünglich in § 20 AufenthG-E i.d.F. 2001 angelegt[43], ist jedoch dem Vermittlungsausschuss zum Opfer gefallen und nie Teil des geltenden Rechts geworden. Inwiefern ein solches System mit dem geltenden, nachfrageorientierten Ansatz der §§ 18 ff. AufenthG kompatibel wäre, wird in der Literatur uneinheitlich beurteilt.[44] Es kann jedenfalls festgehalten werden, dass ein und dieselbe Regierung zwischen mehreren migrations- und integrationspolitischen Grundansätzen (II.3.) oszilliert.

2. Postulierung von Integrationspflichten im Staatsangehörigkeitsrecht

Dieser Eindruck unterschiedlicher Signale verstärkt sich, wenn noch die jüngeren Reformen des Staatsangehörigkeitsrechts in die Betrachtung einbezogen werden. So wurde durch das Dritte Gesetz zur Änderung des Staatsangehörigkeitsgesetzes v. 4.8.2019[45] die Einbürgerung an eine „Einordnung in die deutschen Lebensverhältnisse“ geknüpft (vgl. § 8 Abs. 1 StAG a.E. und § 10 Abs. 1 StAG a.E.).[46] Da es sich hierbei um eine nicht weiter bestimmte, zu den bisherigen Voraussetzungen hinzukommende Bedingung handelt, ist der Vorwurf, dass es sich um einen „Leitkultur-Paragraphen“[47] handelt, jedenfalls nicht ganz von der Hand zu weisen, solange nicht klar ist, welches Ziel und welchen Anwendungsbereich die Bestimmung haben soll.[48] Ebenfalls mit diesem Gesetz eingeführt

---

[42] Abrufbar unter https://www.bmi.bund.de/SharedDocs/gesetzgebungsverfahren/DE/Downloads/kabinettsfassung/entwurf-gesetz-weiterentwicklung-fachkraefteeinwanderung.pdf?__blob=publicationFile&v=7.

[43] Siehe dazu den Gesetzentwurf des ursprünglichen Zuwanderungsgesetzes v. 8.11.2001, BR-Drs. 921/01.

[44] Skeptisch etwa *Roman Lehner/Holger Kolb*, Aus der Zeit gefallen: Warum ein Punktesystem kaum mehr Platz im deutschen Erwerbsmigrationsrecht hat, NVwZ 2018, S. 1181 ff. Siehe dagegen zu den Gestaltungsmöglichkeiten des Gesetzgebers: *Daniel Thym*, Komplexität als Chance. Gestaltungsoptionen für das künftige Punktesystem zur Fachkräfteeinwanderung, ZAR 2022, S. 139 ff.

[45] BGBl. I 1124.

[46] Siehe hierzu etwa: *Daniel Thym*, Bürger zweiter Klasse im Einwanderungsland?, Die Verwaltung 52 (2019), S. 407 (408); *Tarik Tabbara*, Zur Gewährleistung der Einordnung in die deutschen Lebensverhältnisse, DÖV 2023, S. 185 ff.

[47] https://neuedeutsche.org/de/aufruf/staatsangehoerigkeit.

[48] Klarheit besteht jedenfalls darüber, dass Personen, die in polygamer Ehe leben, mit dieser Bestimmung von der Einbürgerung ausgeschlossen werden sollen – vgl. *Kay Hailbronner/Thomas Gnatzy*, in: Kay Hailbronner u.a. (Hrsg.), Staatsangehörigkeitsrecht, 7. Aufl. 2022, § 8

wurden erleichterte Möglichkeiten zur Rücknahme von Einbürgerungen in § 28 Abs. 1 Nr. 2 und Abs. 3 StAG[49], was integrationspolitisch insofern als Rückschritt zu werten ist, als die Staatsangehörigkeit in den Worten des BVerfG[50] als „verlässliche Grundlage gleichberechtigter Zugehörigkeit" zu verstehen sei. Neue Möglichkeiten der Aufhebung rütteln an dieser Aufenthalts- und Rechtssicherheit.

Diesem eher restriktiven Kurs der vormaligen Großen Koalition stehen Bestrebungen der Ampelkoalition diametral entgegen, die mehrfache Staatsangehörigkeit über den geltenden Rechtsstand hinaus ausweiten.[51] Zuvor sind mit dem Vierten Gesetz zur Änderung des Staatsangehörigkeitsgesetzes v. 12.8.2021[52] eher „punktuelle Reparaturen" etwa zugunsten von Verfolgten des NS-Regimes (u. a. § 15 StAG) vorgenommen worden, ohne dass damit größere konzeptionelle Änderungen verbunden wären.[53]

3. Landesebene: Von „Leitkultur" bis Streichung des Integrationsbegriffes

Schließlich werden in verschiedenen Bundesländern, die über ein eigenes Integrationsgesetz verfügen, unterschiedliche Akzente gesetzt. Während beispielsweise Nordrhein-Westfalen auf eine weitere Konsolidierung seines Teilhabe- und Integrationsgesetzes[54] setzt und in § 1 TIntG ein eigenes, zielgruppenspezifisches Integrationsverständnis normiert[55], hat man sich in Berlin dazu entschieden, das Wort „Integration" aus dem vormaligen Berliner Partizipations- und Integrationsgesetz[56] (PartIntG) zu streichen und dieses nunmehr in „Gesetz zur Förderung der Partizipation in der Migrationsgesellschaft des Landes Berlin" (PartMigG) umzubenennen,[57] wenngleich der Integrationsbegriff an verschiedenen Stellen, u. a. der zentralen Zielbestimmung in § 1 PartMigG erhalten geblieben ist. Dass Berlin integrationspolitisch eigene Wege geht, zeigt sich auch im Berliner Neutralitätsgesetz, das den Konflikt zwischen Religionsfreiheit und

---

StAG Rn. 47d. Auch wenn sich ein ausländischer Staatsbürger weigere, einer deutschen Urkundsbeamtin die Hand zu schütteln, könne dies auf eine fehlende „Einordnung" hinweisen – so ebd., Rn. 47 f. unter Verweis auf VGH Mannheim, NVwZ 2021, S. 168 Rn. 44 f.

[49] Kritisch dazu: *Klaus Ferdinand Gärditz/Astrid Wallrabenstein*, Staatsangehörigkeit in Geiselhaft, Verfassungsblog am 16.6.2019.

[50] BVerfGE 116, 24 (44).

[51] Siehe dazu *Esther Weizsäcker*, Mehrfache Staatsangehörigkeit ermöglichen – Vorschläge zur Umsetzung des Handlungsauftrages im Koalitionsvertrages, ZAR 2022, S. 389 ff.

[52] BGBl. I 3538.

[53] So und dazu im Einzelnen: *Uwe Berlit*, Das Vierte Gesetz zur Änderung des Staatsangehörigkeitsgesetzes, ZAR 2022, S. 54 (54, 59).

[54] Gesetz zur Förderung der gesellschaftlichen Teilhabe und Integration in Nordrhein-Westfalen (TIntG).

[55] Siehe dazu *Anna Kraska*, Teilhabe und Integration – Harmonie oder Zerwürfnis innerhalb eines (noch zeitgemäßen?) Begriffspaares?, ZAR 2021, S. 407 (415 f.).

[56] Partizipations- und Integrationsgesetz *des* Landes Berlin (PartIntG) v. 15.12.2010.

[57] Siehe dazu die Drs. 18/3631 des Berliner Abgeordnetenhauses v. 27.4.2021, https://www.parlament-berlin.de/ados/18/IIIPlen/vorgang/d18-3631.pdf.

Neutralitätsgrundsatz eindeutig zugunsten von Letzterem regelt und sogar in § 2 ein Kopftuchverbot normiert. Nachdem das BAG diese Regelung für verfassungswidrig erachtete[58], rief das Land Berlin das BVerfG an, das die Verfassungsbeschwerde – wohl wegen offensichtlich fehlender Beschwerdeberechtigung – jedoch nicht zur Entscheidung annahm.[59] Einer verfassungsrechtlichen Prüfung unterzogen wurde einige Jahre zuvor auch das Bayerische Integrationsgesetz (BayIntG)[60] – wenngleich auch nicht durch das Bundes-, sondern das bayerische Landesverfassungsgericht.[61] Für verfassungswidrig erachtet wurde neben Art. 11 Abs. 2[62] und Art. 14 Abs. 2 des Gesetzes[63] vor allem die n Art. 13 BayIntG normierte, „auf einen Gesinnungswandel abzielende Pflicht zur Teilnahme an einem Grundkurs über die Werte der freiheitlich demokratischen Grundordnung", da diese „in unverhältnismäßiger Weise in die Freiheit der Meinungsbildung und -äußerung" eingreife.

IV. Die Vergangenheit: Entwicklungspfade des Integrationsrechts

Dieser etwas irritierende Befund unterschiedlicher Signale ist jedoch kein Spezifikum der letzten Jahre. Vielmehr zeigt ein Blick in die jüngere Geschichte[64], dass die Integrationspolitik und, sobald es ein solches gab, auch das Integrationsrecht (zum Begriff noch unter V.) stets unter wechselhaften Einflüssen stand und es sich auch nicht linear bzw. in eine Richtung entwickelte.

1. „Integration auf Zeit": Die Zeit der „Gastarbeiteranwerbung"

Der eingangs (I.) zitierte Ausspruch, dass die Bundesrepublik Deutschland „kein Einwanderungsland" sei, entsprach der Logik der sog. Gastarbeiteranwerbung, die in der jungen Bundesrepublik mit dem deutsch-italienischen Anwerbeabkommen von 1955 ihren Lauf nahm. Das sog. Rotationsprinzip sollte absichern, dass die angeworbenen „Gastarbeiter" nach Ablauf einer bestimmten Dauer wieder in ihre Herkunftsländer zurückkehren sollten. Folglich wurden

---

[58] BAG, Urt. v. 27.8.2020, 8 AZR 62/19.

[59] BVerfG, Beschl. v. 17.1.2023, Az. 1 BVR 1661/21.

[60] Bayerisches Integrationsgesetz v. 13.12.2016, GVBl. S. 335.

[61] Bayerischer Verfassungsgerichtshof, Urt. v. 3.12.2019, Vf. 6 VIII-17 und Vf. 7-VIII-17. Zu verfassungsrechtlichen Zweifeln bereits *Andreas Funke*, Integratives Verwaltungsrecht? Analyse und Kritik des Bayerischen Integrationsgesetzes, 2017, v. a. S. 39 ff. (43 ff.).

[62] In dieser Verpflichtung der Rundfunkanstalten, „Leitkultur" zu vermitteln, sah der Gerichtshof einen Verstoß gegen die Rundfunkfreiheit.

[63] Der hierin normierte zusätzliche Bußgeldkatalog neben dem StGB, verstoße gegen das Rechtsstaatsprinzip.

[64] Siehe dazu *Johannes Eichenhofer*, Begriff und Konzept der Integration, S. 31 ff.; *ders.* (Fn. 19), S. 19 ff.

auch keine größeren Bemühungen um ihre „Integration“ unternommen. Erreicht werden sollte maximal eine „Integration auf Zeit“[65], ohne dass es sich hierbei um ein für den deutschen Staat relevantes Leitbild[66] gehandelt hätte. Andererseits sah das damals geltende „Ausländerrecht“ in Gestalt der Ausländerpolizeiverordnung von 1938 keine größeren Integrationspflichten vor.[67]

2. Integration als Aufenthaltssicherheit und Integrationspfade: Die Ausländergesetze von 1965 und 1990

Nachdem sich im Laufe der 1960er und 1970er Jahre immer weiter abzeichnete, dass sich die Bundesrepublik jedenfalls faktisch immer mehr zu einem Einwanderungsland entwickeln würde und auch der 1973 angeordnete Anwerbestopp keine Wirkungen zeigte[68], wurde die Notwendigkeit einer staatlichen, rechtsförmigen Integrationspolitik immer deutlicher. Auch wenn das AuslG von 1965[69] zwar erstmals eine gesetzliche Grundlage für die Erteilung von Aufenthaltstiteln schuf und eine Reihe dieser Titel einschließlich verschiedener Erteilungsvoraussetzungen normierte, fehlte es ihm doch an einer übergreifenden Konzeption von Integration. Deutlich wird dies in einem Ausspruch *Otto Kimminichs*, der auf dem Deutschen Juristentag von 1980 fragte, „ob ein solches Gesetz überhaupt eine Ausländerpolitik zum Ausdruck bringen kann.“[70]

Eine solche übergreifende Konzeption setzte sich dann mit dem Ausländergesetz von 1990[71] zunehmend durch. Als Kompromisslösung zwischen den befürwortenden und ablehnenden Positionen um den Streit, ob die Bundesrepublik ein „Einwanderungsland“ sei (s. o., I.), stellte sich dabei das Modell der „Aufenthaltssicherheit“[72] dar, das etwa 10–15 Jahre durch die Rechtsprechung zur Aufenthaltsverfestigung in Fällen der Verwurzelung[73] menschenrechtlich

[65] Formulierung nach *Hartmut Esser*, Multikulturelle Gesellschaft als Alternative zu Isolation und Assimilation, in: ders. (Hrsg.), Die fremden Mitbürger, S. 25 (28).

[66] Siehe dazu *Christoph Gusy/Sebastian Müller*, Leitbilder im Migrationsrecht, ZAR 2013, S. 265.

[67] *Astrid Wallrabenstein*, Migration und Integration: Mit und im Recht, in: Gabriele Buchholtz/Johanna Croon-Gestefeld/Andreas Kerkemeyer (Hrsg.), Integratives Recht, S. 51 (57) sieht hierin ein „integrationssteuerungsfreies“, liberales Ausländerpolizeirecht.

[68] Im Gegenteil: Viele „Gastarbeiter“ holten nun ihre Familienangehörigen nach – vgl. zu diesem „Bumerangeffekt“: *Klaus J. Bade*, Von der Arbeitswanderung zur Einwanderungsgesellschaft, ZAR 2010, S. 7 (9).

[69] Ausländergesetz vom 28. April 1965 (BGBl. I 353).

[70] *Otto Kimminich*, Welche rechtlichen Vorkehrungen empfehlen sich, um die Rechtsstellung von Ausländern in der Bundesrepublik angemessen zu gestalten? (Teilgutachten Aufenthaltsrecht, Asyl, Ausweisung, Auslieferung), Gutachten B zum 53. Deutschen Juristentag, S. 15.

[71] Gesetz zur Neuregelung des Ausländerrechts vom 9. Juli 1990, BGBl. I 1354 ff.

[72] Zu diesem Konzept eingehend *Ulrike Davy*, Aufenthaltssicherheit: Ein verlässliches Versprechen?, ZAR 2007, S. 169 (Teil 1) und S. 233 (Teil 2).

[73] Siehe dazu *Daniel Thym*, Menschenrecht auf Legalisierung des Aufenthalts?, EuGRZ 2006, S. 541 ff.

unterlegt wurde. Wer sich über einen längeren Zeitraum im Bundesgebiet aufgehalten und sich hier sozial, wirtschaftlich und kulturell integriert hatte, sollte nicht mehr fürchten müssen, des Landes verwiesen zu werden. Flankiert und verstärkt wurde dieses Konzept durch die Einrichtung sog. „Integrationspfade"[74], d.h. rechtlicher Mechanismen, die es ausländischen Staatsangehörigen – unter der Voraussetzung des Erfüllens ausreichender Integrationsleistungen – erlauben, ein dauerhaftes Aufenthaltsrecht zu erwerben oder sogar eingebürgert zu werden. Dabei sah die Staatsangehörigkeitsnovelle von 1999[75] bis zu einem gewissen Grad die Einführung eines *ius soli* (§ 4 Abs. 3 StAG) vor, die allerdings durch das Optionsmodell (§ 29 StAG) wieder ein ganzes Stück weit relativiert wurde. Nichtsdestotrotz kann festgehalten werden, dass in der Folge Mehrstaatigkeit immer mehr hingenommen wurde.[76]

3. Integration als Chancengleichheit: Das Zuwanderungsgesetz

Genau wie die zur Jahrtausendwende in Kraft getretene Staatsangehörigkeitsreform galt auch das – nach bekanntermaßen zähem Gesetzgebungsverfahren – schließlich am 1.1.2005 in Kraft getretene Zuwanderungsgesetz als klares Bekenntnis zum Einwanderungsland.[77] Aus der Einsicht, jedenfalls faktisch ein solches Einwanderungsland geworden zu sein, wurde sodann die Notwendigkeit von Integration als gesamtgesellschaftlicher Aufgabe abgeleitet – und diese bestand darin, Chancengleichheit für In- und Ausländer herzustellen.[78] Erreicht werden sollte dieses Ziel durch die neu mit dem Zuwanderungsgesetz eingeführten Maßnahmen der Integrationsförderung (§§ 43 ff. AufenthG), namentlich der Integrationskurse, der migrationsspezifischen Beratungsangebote und den sonstigen, im Bundesweiten Integrationsprogramm dargelegten Maßnahmen. Zugleich wurde Integration aber nicht gefördert, sondern auch gefordert, indem nämlich die Erteilung von Aufenthaltstiteln zunehmend an das Erbringen von Integrationsleistungen geknüpft wurde.[79] Zugleich konnte, wer all die geforderten Leistungen erbrachte, grundsätzlich damit rechnen, einen immer besseren Aufenthaltsstatus zu erwerben. Insofern eröffnete das AufenthG praktisch allen rechtmäßig eingereisten ausländischen Staatsangehörigen eine „Einwanderungschance" bei einer gleichzeitigen „Integrationserwartung", wie

[74] Dieser Begriff geht zurück auf *Ulrike Davy*, Einwanderung und Integrationspfade, ZAR 2004, S. 231 ff.

[75] Gesetz zur Reform des Staatsangehörigkeitsgesetzes vom 15.7.1999 (BGBl. I 1618).

[76] Siehe etwa *Thym* (Fn. 46), S. 410, 429.

[77] Vgl. den Bundestagsabgeordneten Josef Philip Winkler (Bündnis 90/Die Grünen), der während der parlamentarischen Debatte am 15.3.2003 feststellte: „Dieses Gesetz markiert einen Paradigmenwechsel hin zu einem Einwanderungsland."

[78] So ausdrücklich der Abschlussbericht der Zuwanderungskommission, S. 200.

[79] Eingehend zu dieser Regelungstechnik: *Eichenhofer* (Fn. 64), S. 156 ff.

es *Jürgen Bast* treffend formuliert hat.[80] Damit verfolgt das Zuwanderungsgesetz den schon weiter oben (II.3.) konstatierten Kompromiss zwischen Steuerungs- und rechtebasiertem Ansatz.

4. Die Folgegesetzgebung

Seit seinem Inkrafttreten ist das Aufenthaltsgesetz als Kernstück des Zuwanderungsgesetzes über 100 mal geändert worden.[81] Es liegt auf der Hand, dass es nicht möglich ist, auf alle Änderungen einzugehen, ohne den Rahmen des vorliegenden Beitrages hoffnungslos zu überschreiten. Mithin will sich dieser auf einige wenige, besonders wichtige, da in gewisser Hinsicht richtungsweise Folgegesetze beschränken. Dazu gehört ohne jeden Zweifel das während der stürmischen Zeit der „Flüchtlingskrise" verabschiedete Integrationsgesetz v. 31.7. 2016.[82] Dieses verbindet verschiedene Maßnahmen der Sprach-, Ausbildungs- und Arbeitsförderung mit neueren Maßnahmen der „Integrationsforderung" wie der sog. Wohnsitzregelung (§ 12a AufenthG). Strukturell bedeutsam ist das Integrationsgesetz, weil mit ihm das „Konzept der frühen Integration"[83] in Kraft gesetzt wurde. Danach sollte für Asylsuchende mit einer „guten Bleibeperspektive" bereits während des Asylerfahrens mit der Integrationsförderung begonnen werden. Hierin ist insofern eine wichtige Richtungsentscheidung zu sehen, als Belange der Integrationsförderung ganz pragmatisch und unter partieller Aufgabe des sonst streng durchgehaltenen Steuerungsdenkens berücksichtigt wurden. Denn bislang wurde in die Integrationsförderung erst einbezogen, wem bereits ein Aufenthaltstitel erteilt wurde.

Von hoher „Symbolwirkung" war schließlich die Verabschiedung des Fachkräfteeinwanderungsgesetzes v. 20.8.2019[84], dem eine lange Debatte um die Notwendigkeit eines Einwanderungsgesetzes vorausgegangen war. Hierdurch wurde das Recht der Arbeitsmarktmigration grundlegend neu gefasst, wenn auch unter Beibehaltung der bisherigen Dogmatik. So wurde einerseits am grundlegenden, steuerungspolitisch inspirierten Ansatz festgehalten.[85] Andererseits konnten sich

[80] *Jürgen Bast*, Aufenthaltsrecht und Migrationssteuerung, S. 3, 218 ff. (220 ff.).

[81] Siehe für einen Überblick: https://www.buzer.de/AufenthG.htm.

[82] BGBl. I 1939. Zu ihm etwa: *Daniel Thym*, Integration kraft Gesetzes? Grenzen und Inhalte des Integrationsgesetzes des Bundes, ZAR 2016, S. 241 ff.; *Eichenhofer* (Fn. 19), S. 257 ff.; *Frederik von Harbou*, Das Integrationsgesetz – Meilenstein oder Etikettenschwindel, NVwZ 2016, S. 1193 ff.

[83] Begriff nach *Langenfeld/Lehner* (Fn. 39), S. 217, die hierzu auf Ziff. 4.3. der Bund-Länder-Beschlüsse vom 24.10.2015 verweisen. Darin heißt es: „Personen mit guter Bleibeperspektive werden künftig bereits frühzeitig die für die Eingliederung in den Arbeitsmarkt erforderlichen Leistungen der aktiven Arbeitsförderung erhalten können." Siehe zu diesem Ansatz auch: *Johannes Eichenhofer*, Die rechtliche Gestaltung der Integration in Zeiten der „Flüchtlingskrise" in: Roman Lehner/Friederike Wapler (Hrsg.), Die herausgeforderte Rechtsordnung, 2018, S. 111 ff.

[84] BGBl. I 1307.

[85] Siehe dagegen für eine Umstellung auf einen an der Rechtsgleichheit orientierten Ansatz: *Bergmann u. a.* (Fn. 32).

auch die Stimmen noch nicht durchsetzen, die das schon vormals geltende, „nachfrageorientierte“ Erwerbsmigrationsrecht durch ein Punktesystem[86] ersetzen wollten. Insgesamt steht das Fachkräfteeinwanderungsgesetz daher symptomatisch für das Auseinanderfallen zwischen großen reformpolitischen Ambitionen und einer eher bescheiden ausfallenden, an der Fortführung bisheriger Ansätze orientierten Umsetzung.

5. Entwicklungspfade und „Pfadabhängigkeiten“

Damit stellt sich die Frage, inwiefern das deutsche Aufenthalts- und Staatsangehörigkeitsrecht spezifischen „Pfadabhängigkeiten“[87] unterliegt. Darunter ist in diesem Zusammenhang das Festhalten an tradierten Regelungsstrukturen zu verstehen. Zwar lassen sich innerhalb der soeben skizzierten Geschichte der Integrationspolitik und des Integrationsrechts immer wieder Innovationen oder „legislative Quantensprünge“ ausmachen: Dies ist zum Einen der Sprung vom außergesetzlichen Leitbild (IV.1.) zum impliziten Konzept (IV.2.) sowie von dort zur Zielbestimmung (IV.3.) und zum Rechtsbegriff. Gleichwohl hat sich der migrationsrechtliche Grundansatz, der Steuerungserwägungen mit einer zeitlich dynamisierten Verbesserung des Rechtsstatus verbindet, seit dem Inkrafttreten des Ausländergesetzes von 1965 praktisch nicht verändert. Dieser lässt sich wahlweise als „Statuswandel“ (*Daniel Thym*) oder als „Prinzip progressiver Inklusion“ (*Anuscheh Farahat*) bezeichnen. Der Sache nach sind damit keine Unterschiede verbunden. Wie erklärt sich nun die unglaubliche Wirkmächtigkeit dieses Ansatzes? Die Antwort ist gerade in seinem Kompromisscharakter zu suchen, der es ermöglicht, auf eine hochkomplexe Interessenlage zu reagieren, wie sie § 1 Abs. 1 AufenthG zum Ausdruck bringt:

> „(1) [1] Das Gesetz dient der Steuerung des Zuzugs von Ausländern in die Bundesrepublik Deutschland. [2] Es ermöglicht und gestaltet Zuwanderung unter Berücksichtigung der Aufnahme- und Integrationsfähigkeit sowie der wirtschaftlichen und arbeitsmarktpolitischen Interessen der Bundesrepublik Deutschland. [3] Das Gesetz dient zugleich der Erfüllung der humanitären Verpflichtungen der Bundesrepublik Deutschland. [4] Es regelt hierzu die Einreise, den Aufenthalt, die Erwerbstätigkeit und die Integration von Ausländern. [...]“

Das AufenthG steht also in einem grundlegenden Spannungsverhältnis zwischen Zuwanderungsbegrenzung und Integrationsförderung.[88] Um einen möglichst

[86] Zu ihm bereits oben, III.1.

[87] Zum Begriff *Laura Münkler*, Pfadabhängigkeiten im Rechtssystem: Außerrechtliche und rechtliche Faktoren, in: Eva Wagner u. a. (Hrsg.), Pfadabhängigkeit hoheitlicher Ordnungsmodelle, Tagungsband der 56. Assistententagung Öffentliches Recht, 2016, S. 49 (52 f.).

[88] Vgl. *Eichenhofer* (Fn. 64), S. 266 ff.; ähnlich *Andrea Kießling*, Der Anspruch Geduldeter auf Gewährleistung des soziokulturellen Existenzminimums, in: Gabriele Buchholtz/Johanna Croon-Gestefeld/Andreas Kerkemeyer (Hrsg.), Integratives Recht, S. 75 (77): „Migrationssteuerung und Integrationsförderung.“

großen Einfluss auf die Zielerreichung geltend machen zu können, wird zunächst ein möglichst weitgehender Steuerungsanspruch formuliert. Dieser Anspruch kann dann dazu genutzt werden, verschiedene migrationspolitische Ziele zu erreichen. Hierbei kann es sich sowohl um die Begrenzung von unerwünschter Zuwanderung als auch die Förderung von erwünschter Zuwanderung handeln. Zu berücksichtigen ist jedoch, dass Maßnahmen, die darauf abzielen, Zu- und Einwanderung zu begrenzen, jedenfalls dann der Integrationsförderung schaden, wenn sie mit einer Schlechterstellung der betroffenen ausländischen Staatsangehörigen einhergehen. Denn jeder Integrationsprozess setzt ein Mindestmaß an sozialen, kulturellen und politischen Rechten voraus – und je mehr sich die Rechtsstellung der ausländischen derjenigen der inländischen Staatsangehörigen annähert, desto höher ist ihre Chance, sich auch nachhaltig integrieren zu können. Zudem deutet gegenwärtig viel darauf hin, dass weder das Ziel der Zuzugsbegrenzung noch das Ziel der Zuwanderungsförderung ernsthaft erreicht werden kann: immer mehr Kriege und immer größere Armut treiben die Zahlen der Geflüchteten in die Höhe, deren Einreise infolge menschenrechtlicher Vorgaben nur begrenzt gesteuert werden kann und gleichzeitig gelingt es nicht in ausreichendem Maße, Fachkräfte für eine Zu- oder sogar Einwanderung nach Deutschland zu gewinnen. Damit ist unweigerlich die Frage nach der Zukunft des Integrationsrechts aufgeworfen.

V. Die Zukunft: Die Integration des Integrationsrechts?

In jüngerer Zeit mehren sich die Bemühungen in der Rechtswissenschaft, ein eigenes Rechtsgebiet namens „Integrations-“[89] oder jedenfalls „Integrationsverwaltungsrecht“[90] auszuloten. Dabei geht es im Kern um eine Gesamtschau all jener Rechtsgebiete, die integrationsrelevante Sachverhalte regeln[91], sodass das neue Rechtsgebiet notwendigerweise zu einem solchen wird, das quer zu tradierten Rechtsgebieten liegt oder diese übergreift und miteinander verzahnt.[92] Zu diesen (Teil-) Rechtsgebieten dürften dann etwa das Aufenthalts- und Staatsangehörigkeitsrecht, das Arbeits- und Sozialrecht, Bildungsrecht oder das Religions(verfassungs)recht zählen.[93] Geht man davon aus, dass sich ein Rechtsgebiet aus gemeinsamen Begriffen, Leitideen und Prinzipien zusammensetzt,

[89] Dazu jüngst: *Fontana* (Fn. 20).

[90] *Martin Burgi*, Das werdende Integrationsverwaltungsrecht und die Rolle der Kommunen, DVBl. 2016, S. 1605 ff.; *Buchholtz* (Fn. 28), S. 407 ff.

[91] So die Definition des „Integrativen Rechts“ von *Gabriele Buchholtz/Johanna Croon-Gestefeld/Andreas Kerkemeyer*, Einleitung, in: dies. (Hrsg.), Integratives Recht, 2021, S. 1.

[92] So etwa *Fontana* (Fn. 20), S. 133, 389 f. („Rechtsgebietsübergreifende Manifestation“), S. 116 („Integration aus rechtsgebietsübergreifender Perspektive“).

[93] So jedenfalls *Thym* (Fn. 28), S. 259 ff.

so stellt sich die Frage, was für ein Integrationsbegriff dabei zugrunde gelegt werden muss (oder ob es gar mehrerer Begriffe bedürfe) und welche Leitideen und Prinzipien das Gebiet prägen sollen. Die Antworten sind dabei jedenfalls im Ansatzpunkt in der Verfassung zu suchen. Die Grundrechte des Grundgesetzes schieben zum einen in ihrer abwehrrechtlichen Dimension jeglicher Form von staatlich erzwungener Assimilation den Riegel vor, während die leistungs- und teilhaberechtlichen Dimensionen – ebenso wie das Sozialstaatsprinzip – den Staat zur aktiven Integrationsförderung aufrufen. Zugleich realisieren beide Grundrechtsdimensionen ein gewisses Maß an Aufenthaltssicherheit, das zudem durch zentrale rechtsstaatliche Prinzipien wie den Vertrauensschutz noch weiter angereichert wird. All diese Bestimmungen beschreiben jedenfalls ein implizites Integrationskonzept, das durch eine explizite Festschreibung jedoch nochmals be- und verstärkt werden sollte.[94] Hiermit wäre die Entwicklung der Bundesrepublik zum „Einwanderungsland" auch auf der verfassungsrechtlichen Ebene explizit anerkannt.

[94] Dazu bereits *Johannes Eichenhofer/Farhad Dilmaghani*, Mehr Integration und Teilhabe. Zwei Vorschläge für rechtliche Neuregelungen, Gutachten im Auftrag der Friedrich-Ebert-Stiftung, 2017, S. 7 ff.

Begrifflichkeiten und deren Kritik im Migrationsrechtskontext

Integration – Migrationshintergrund – Postmigrantisch

Gabriele Buchholtz

I. Einleitung

„Die Grenzen meiner Sprache bedeuten die Grenzen meiner Welt“, schrieb *Ludwig Wittgenstein* 1922 in seinem Tractatus Logico-Philosophicus.[1] Sprache prägt unsere (soziale) Realität. Oder anders gewendet: „Words matter“.[2] Auch für das Recht ist diese Einsicht zentral, da es nur „in Sprache und durch Sprache“ existieren kann.[3]

Besondere Sprachsensibilität ist im Migrationskontext geboten. Wir alle erinnern uns an den Terminus „Flüchtlingswelle“, der seit den Fluchtereignissen im Sommer 2015 in aller Munde war. Dass dahinter mitunter schwere Einzelschicksale stehen, blendet dieser Begriff aus. Vielfach war auch von einer „Flüchtlingskrise“ die Rede, um den Ausnahmezustand des aufnehmenden Staates zu umschreiben. Diese Begrifflichkeit verschleiert indes, dass die Personen, die tatsächlich in einer Krise steckten, die geflüchteten Menschen waren. Die Liste der Negativbeispiele ließe sich weiter fortsetzen. Häufig haben vergleichbare gedankenlos verwendete Ausdrücke zu Recht den Stempel „Unwort des Jahres“ erhalten.[4] Mittlerweile hat man jedoch den Eindruck, dass die Gesellschaft in weiten Teilen sensibler geworden ist. Einige Begriffe befinden sich derzeit im Wandel, andere bedürfen immer noch einer kritischen Hinterfragung und Veränderung. Fest steht, dass Sprache stets im Wandel ist und einer fortlaufenden kritische Prüfung bedarf.

---

[1] *Ludwig Wittgenstein*, Tractatus logico-philosophicus, 1922, Fn. 5.6.

[2] Siehe hierzu z. B.: *Nicola Belbin*, Criminal Law – Words matter: Discouraging Suicide through the Aid of Legislation, Western New England Law Review 44 (2022), S. 183 ff.; *Donna Gabbaccia*, Nations of Immigrants: Do Words Matter?, The Pluralist 5 (2010), S. 5 ff. Siehe zum Einfluss von Sprache auf die Realität(-swahrnehmung) z. B. auch empirische Analysen aus dem medizinischen Bereich: *Cindy Gray u. a.*, Words matter: a qualitative investigation of which weight status terms are acceptable and motivate weight loss when used by health professionals, BMC Public Health 2011, S. 513 ff.

[3] *Wittgenstein* (Fn. 1), Rn. 4.121.

[4] „Anti-Abschiebe-Industrie“ (2018), „Rückführungspatenschaften“ (2020), siehe unter: https://www.unwortdesjahres.net/unwort/das-unwort-seit-1991/2010-2019.

Nun handelt es sich hier um einen juristischen und nicht etwa einen sprachwissenschaftlichen Beitrag. Warum gerade im Kontext des Migrations- und Integrationsrechts die Sensibilität für Begriffe von großer Bedeutung ist, liegt allerdings auf der Hand: Rechtsnormen können als abstrakt-generelle Regelungen nicht jeden Einzelfall adressieren und sind daher auf sprachliche Klassifizierungen angewiesen. Auch Menschen werden dabei über gemeinsame Merkmale als künstliche „Gruppe" erfasst,[5] obwohl sie keineswegs eine „homogene Masse" bilden. Sprachliche Klassifizierungen sind allerdings mit Bedacht zu wählen. Eine klare und umsichtige Sprache schafft nicht nur die notwendige Rechtssicherheit, sie sorgt dafür, dass die Rechte der betroffenen Menschen angemessen berücksichtigt werden.

Im Folgenden werden zwei zentrale Begriffe aus dem migrationsrechtlichen Kontext kritisch beleuchtet: „Integration" und „Menschen mit Migrationshintergrund". Dabei wird auch der Frage nachgegangen, welche Verantwortung der Staat zur Förderung der Integration hat und welche Rolle eine umsichtige Wortwahl dabei spielt.

II. Begriff „Integration"

Näher zu beleuchten ist zunächst die „Integration" – ein schillernder und zugleich umstrittener Begriff. In erster Linie geht es dabei um ein „soziales Phänomen", das existenzielle Fragen nach Zugehörigkeit und Teilhabe eingewanderter Menschen aufwirft.[6] Kurzum: Es geht um die Gelingensbedingungen eines gedeihlichen gesellschaftlichen Zusammenlebens und den stetigen Aushandlungsprozess darüber.[7] Ein einheitliches Begriffsverständnis hat sich bis heute aller-

---

[5] So die Formulierung auch bei *Anne-Kathrin Will*, Anstelle des Migrationshintergrundes Eingewanderte erfassen und für das rassistische Diskriminierungsrisiko Selbstbezeichnungen und selbstwahrgenommene Fremdzuschreibung, RfM-Debatte, Beitrag v. 7.12.2022, siehe: https://rat-fuer-migration.de/2022/12/07/anstelle-des-migrationshintergrundes-eingewanderte-erfassen-und-fuer-das-rassistische-diskriminierungsrisiko-selbstbezeichnungen-und-selbstwahrgenommene-fremdzuschreibung.

[6] Im Folgenden wird das Präfix „ein-" statt „zu-" verwendet, also von „eingewanderten Personen" bzw. „Eingewanderten" gesprochen. Dabei wird jedoch nicht verkannt, dass sich die betreffenden Personen mitunter nur kurz- bis mittelfristig in Deutschland aufhalten. Die Ausführungen unter II. basieren in Teilen auf früheren Veröffentlichungen in *Gabriele Buchholtz*, Die Herausforderungen der „Integrationsverwaltung" im Spiegel der neuen Verwaltungsrechtswissenschaft, Der Staat 57 (2018), S. 407 (432 ff.); *dies.*, Erwartungen an das „Integrative Recht", in: dies./Johanna Croon-Gestefeld/Andreas Kerkemeyer (Hrsg.), Integratives Recht, 2021, S. 7; *dies.*, Möglichkeiten und Grenzen der Integration durch Recht, in: Lando Kirchmair/Gottfried Schweiger (Hrsg.), Gelungene Integration, Archiv für Rechts- und Sozialphilosophie 2021, Beiheft 171, S. 27.

[7] *Gabriele Buchholtz/Johanna Croon-Gestefeld/Andreas Kerkemeyer*, Einleitung, in: dies. (Hrsg.), Integratives Recht, 2021, S. 1.

dings nicht herausbilden können.[8] Trotz der Uneinigkeiten über theoretische Fragen, hat sich der Begriff „Integration" in der Lebenswirklichkeit fest etabliert. Der Begriff ist im gesellschaftlichen, politischen und auch im rechtlichen Diskurs weit verbreitet. Dies ist Grund genug, der Bedeutung und Kritik an diesem Begriff nachzuspüren. Dafür ist es zunächst wichtig, sich über die etymologischen und soziologischen Wurzeln des „Integrationsbegriffs" zu vergewissern.

1. Sozialwissenschaftliche Wurzeln

„Integration" ist ein soziologischer Grundlagenbegriff, der in der lateinischen Vokabel „integrare" wurzelt, die sich mit „wiederherstellen", „ergänzen", „erneuern" oder „wieder aufnehmen" übersetzen lässt.[9] Konsens besteht in den Sozialwissenschaften darüber, dass die „zentrale Funktion der Integration die Verbindung einzelner Teile zu einem Ganzen, einer Einheit, ist".[10] Ausgehend von diesem Verständnis lässt sich „Integration nach einem klassischen soziologischen Modell als zwei ineinandergreifende Vorgänge beschreiben: Die System- und die Sozialintegration.[11] Systemintegration bedeutet den Zusammenhalt eines sozialen Systems als Ganzes, während Sozialintegration die Integration einer Person in dieses Ganze, in die Gesellschaft, meint.[12] Beide Vorgänge wirken wechselseitig aufeinander ein, d.h. bei geringer Systemintegration findet auch nur wenig Sozialintegration statt und umgekehrt.[13]

Die Migrationssoziologie greift die Unterscheidung zwischen System- und Sozialintegration auf.[14] Systemintegration meint in diesem Zusammenhang den Zusammenhalt und ein relativ gleichgewichtiges und weitgehend spannungsfreies Funktionieren der Einwanderungsgesellschaft.[15] Bei der Sozialintegration liegt der Fokus auf der Eingliederung einzelner Mitglieder verschiedener ethnischer Gruppen in die bestehende heterogene Gesamtgesellschaft.[16] Damit

---

[8] Näheres dazu auch bei *Sina Fontana*, Integrationsrecht, 2022, S. 10 f.

[9] Zur deutschen Übersetzung von „integrare" siehe: https://de.langenscheidt.com/latein-deutsch/integrare.

[10] *Silke Hans*, Theorien der Integration von Migranten – Stand und Entwicklung, in: Heinz Ulrich Brinkmann/Martina Sauer (Hrsg.), Einwanderungsgesellschaft Deutschland, 2016, S. 23 (23 f.).

[11] Diese grundlegende Unterscheidung geht zurück auf *David Lockwood*, in: George K. Zollschan/Walter Hirsch (Hrsg.), Explorations in Social Change, 1964, S. 244. Siehe dazu auch: *Buchholtz*, Integratives Recht (Fn. 6), S. 8; *Fontana* (Fn. 8), S. 12.

[12] *Hartmut Esser*, Soziologie. Spezielle Grundlagen. Bd. 2: Die Konstruktion der Gesellschaft, 2002, S. 261 ff.; *Friedrich Heckmann*, Integration von Migranten: Einwanderung und neue Nationalbildung, 2015, S. 70 f.; *David Lockwood*, Sozialintegration und Systemintegration, in: Peter Imbusch/Wilhelm Heitmeyer (Hrgs.), Integration – Desintegration, 2008, S. 36.

[13] *Esser* (Fn. 12), S. 270.

[14] *Hans* (Fn. 10), S. 25; *Heckmann* (Fn. 12), S. 72.

[15] *Esser* (Fn. 12), S. 286.

[16] *Hans* (Fn. 10), S. 25; *Heckmann* (Fn. 12), S. 82.

weist Integration eine kollektive und eine individuelle Dimension auf. Diese Erkenntnis ist zentral für den rechtswissenschaftlichen Diskurs über Integration. Rechtliche Maßnahmen zur Förderung der Integration müssen stets diese beiden Dimensionen im Blick halten.

2. *Begriffskritik*

Ausgangspunkt aller Kritik am Integrationsbegriff ist die Frage, wer denn wo hinein zu integrieren ist. Diese Frage klar zu beantworten, fällt deshalb so schwer, weil die Abgrenzung zwischen dem „Wir" und den „anderen" in einer Einwanderungsgesellschaft naturgemäß nicht gelingen kann. Jeder Versuch einer eindeutigen Antwort wäre eine unzulässige Verkürzung der Einwanderungsrealität. Eine ganzheitliche Betrachtung ist in der Forschung und im gesellschaftlichen Diskurs allerdings lange Zeit nicht erfolgt. Bisher hat man sich überwiegend mit dem Individuum und dessen „Integrationsleistungen" und weniger mit Aspekten der Systemintegration und mit dem erforderlichen Strukturwandel der „Aufnahmegesellschaft" beschäftigt.[17] Bei diesem verkürzten Begriffsverständnis suggeriert „Integration", dass es ein national konnotiertes „Wir" gebe, in das sich die „anderen" zu integrieren hätten.[18] „Integration" unterstellt hierbei gewissermaßen eine „homogene Dominanzgesellschaft", die exkludierend gegenüber eingewanderten Menschen wirken kann.[19] Diese als *Othering* bezeichnete Haltung widerspricht dem Faktum einer pluralen Gesellschaft[20] und ist auch, was noch zu zeigen ist, aus verfassungsrechtlichen Gründen zurückzuweisen.[21] Gerade in den Bereichen „der Kultur, der Religion, der Erziehung und überhaupt der Entwicklung ethischer Vorstellungen" ist staatliche Enthaltsamkeit geboten. Ein Zwang zu „kultureller Homogenität" ist schon aus verfassungsrechtlichen Gründen abzulehnen, denn die Grundfreiheiten garantieren auch das „Recht zum Anderssein".[22] Integration kann und darf gerade nicht die Aufgabe der ethnischen und

---

[17] *Dieter Filsinger*, Bedingungen erfolgreicher Integration – Integrationsmonitoring und Evaluation, 2008, S. 7. Aus empirisch-analytischer Sicht siehe *Hans* (Fn. 10), S. 26.

[18] *Ulrike Lingen-Ali/Paul Mecheril*, Integration – Kritik einer Disziplinierungspraxis, in: Gert Pickel u. a. (Hrsg.), Handbuch Integration, 2020, S. 1 (6 f.).

[19] *Sabine Hess/Jana Binder/Johannes Moser* (Hrsg.), No integration?! Kulturwissenschaftliche Beiträge zur Integrationsdebatte in Europa, 2009.

[20] *Thomas Geisen*, Vergesellschaftung statt Integration. Zur Kritik des Integrations-Paradigmas, in: Paul Mecheril u. a. (Hrsg.), Spannungsverhältnisse, Assimilationsdiskurse und interkulturell-pädagogische Forschung, 2010, S. 13 (25 ff.); *Lingen-Ali/Mecheril* (Fn. 18), S. 6.

[21] Siehe hierzu bereits *Buchholtz*, Integratives Recht (Fn. 6), S. 8.

[22] Grundlegend hierzu siehe: *Ernst-Wolfgang Böckenförde*, Staat, Gesellschaft, Freiheit, 1976, S. 60. So auch: *Uwe-Dietmar Berlit*, Flüchtlingsrecht in Zeiten der Krise, 2017, S. 105 f.; *Jakob Hohnerlein*, Legitime Ziele von Grundrechtseingriffen. Konformitätspflichten zwischen Staatsverständnissen und Dogmatik, Der Staat 56 (2017), S. 227 (253) unter Verweis auf die Differenzierung zwischen politischer Integration und Akkulturation nach *Jürgen Habermas*, Anerken-

kulturellen Identität unter Anpassung an die vermeintlich homogene Kultur der „Aufnahmegesellschaft" bedeuten.[23]

Auch die sozialwissenschaftliche Forschung ist zur Einsicht gelangt, dass die Integration kultureller und religiöser Vielfalt nicht durch Homogenisierung gelingen kann, sondern durch deren Einbindung in das Gemeinwesen.[24] Diese Erkenntnis nimmt das Konzept der „identitätsschonenden Integration" bzw. „partizipatorische Integration" auf, wonach den Eingewanderten nicht die „innere Hinwendung" zum Ankunftsstaat, sondern höchstens eine „Eingliederung in die äußeren Lebensverhältnisse" abverlangt werden kann.[25] Entsprechend handelt es sich bei der Integration um einen wechselseitigen und langfristigen Prozess, im Zuge dessen die Gesellschaft fortwährend um normative Erwartungshaltungen über das gesellschaftliche Zusammenleben ringt.[26] Zuständigkeit und Verantwortung für die Integration erstrecken sich auf alle Beteiligten. Integrationsleistungen müssen also nicht nur von Eingewanderten, sondern auch von der Gesamtgesellschaft erbracht werden.[27] Die Verantwortung des Staates umfasst dabei sowohl die Ebene staatlicher Institutionen als auch die Ebene der heterogenen Gesamtgesellschaft.[28]

Integration stellt sich demnach als ein wechselseitiger Aushandlungsprozess zwischen Staat und Gesellschaft über die Frage dar, wie gesellschaftliches Miteinander gelingen kann. Unter diesen Vorzeichen ist im rechtswissenschaftlichen Diskurs mit guten Gründen am Integrationsbegriff festzuhalten. Die Rede von „Integration" erfasst die Vielschichtigkeit des beschriebenen Phänomens am besten und erweist sich als anschlussfähig für den juristischen Diskurs.[29]

---

nungskämpfe im demokratischen Rechtsstaat, in: Charles Taylor (Hrsg.), Multikulturalismus und Politik der Anerkennung, 1993, S. 147 (183).

[23] *Buchholtz*, Integratives Recht (Fn. 6), S. 10.

[24] *Esser* (Fn. 12), S. 288; *Wilhelm Heitmeyer*, Gesellschaftliche Integration, Anomie und ethnisch-kulturelle Konflikte, in: ders. (Hrsg.), Was treibt die Gesellschaft auseinander?, 1997, S. 628 (641); *Armin Nassehi*, Differenzierungsfolgen, 1999, S. 218.

[25] Definition nach *Christine Langenfeld*, Integration und kulturelle Identität zugewanderter Minderheiten – eine Untersuchung am Beispiel des allgemeinbildenden Schulwesens in der Bundesrepublik Deutschland, 2001, S. 271. Siehe zum Konzept ausführlicher: *Fontana* (Fn. 8), S. 48 ff.

[26] *Ludger Pries*, Teilhabe in der Migrationsgesellschaft: Zwischen Assimilation und Abschaffung des Integrationsbegriffs, IMIS-Beiträge 47 (2015), S. 7 (34 f.).

[27] *Fachkommission Integrationsfähigkeit*, Gemeinsam die Einwanderungsgesellschaft gestalten: Bericht der Fachkommission der Bundesregierung zu den Rahmenbedingungen der Integrationsfähigkeit, 2021, S. 14; *Norbert Gestring*, Was ist Integration?, in: Paul Ganz (Hrsg.), Räumliche Auswirkungen der internationalen Migration, Akademie für Raumforschung und Landesplanung, Leibniz Forum für Raumwissenschaften, 2014, S. 78 (79).

[28] *Fontana* (Fn. 8), S. 9.

[29] Siehe auch: *Buchholtz*, Integratives Recht (Fn. 6), S. 9. Beispielhaft für die Anschlussfähigkeit im Bereich des „Integrationsverwaltungsrechts": *Buchholtz*, Der Staat (Fn. 6), S. 432 ff.

3. Integration durch Recht?

a) Integration in der Rechtswissenschaft

Der Integrationsbegriff ist in der Rechtsordnung nicht definiert, wenngleich er im Zuge des Zuwanderungsgesetzes von 2004[30] Eingang in § 43 Abs. 1 AufenthG gefunden hat.[31] Mit dem Konzept des „Förderns und Forderns“ hat auch die geschilderte Sichtweise von Integration als wechselseitigem Prozess jedenfalls ansatzweise Niederschlag im AufenthG gefunden. So ist es Aufgabe des Staates, „Ausländer“ mit den Lebensverhältnissen im Bundesgebiet vertraut zu machen und ihnen somit eine Teilhabe am wirtschaftlichen, kulturellen und gesellschaftlichen Leben zu ermöglichen (vgl. § 43 Abs. 2 Satz 3 AufenthG). Hierzu gehört die Vermittlung von Sprachkenntnissen und Kenntnissen über die Rechtsordnung, die Kultur und die Geschichte Deutschlands (§ 43 Abs. 2 Satz 1 AufenthG).[32] Auch sollen die Werte der Demokratie und Rechtsstaatlichkeit, Gleichberechtigung, Toleranz und Religionsfreiheit vermittelt werden (vgl. § 43 Abs. 3 Satz 1 AufenthG).[33] Dennoch liegt die Verantwortung zur Integration nach den Vorstellungen des Gesetzgebers weiterhin überwiegend bei den eingewanderten Menschen, die sich entsprechend den Integrationserwartungen zu verhalten haben.[34] Zwar basiert das Integrationsverständnis nicht auf der Vorstellung, dass eine einseitige Anpassung der Neuankömmlinge zu erfolgen habe, gleichwohl ist insbesondere das Aufenthaltsrecht klar darauf ausgerichtet, dass Menschen mit „Migrationshintergrund“ ihre Integrationshindernisse – mit staatlicher „Förderung“ – zu überwinden haben.[35] Insofern kann man über die gesetzgeberische Umsetzung der staatlichen Integrationsverantwortung – insbesondere über die Fokussierung auf den Aspekt des „Forderns“ im AufenthG – streiten.[36]

Weiter im Recht etabliert hat sich der Integrationsbegriff, seitdem einzelne Bundesländer damit begonnen haben, ihre Integrationspolitik in Integrationsgesetzen zu verankern.[37] Die Gesetze adressieren alle dieselben Grundsatzfragen; es geht um das konzeptionelle Verständnis von Integration, um die Möglich-

---

[30] Gesetz über den Aufenthalt, die Erwerbstätigkeit und die Integration von Unionsbürgern und Ausländern im Bundesgebiet v. 30.7.2004, BGBl. I S. 1950.

[31] Siehe bzgl. des Eingangs des Begriffs in die Rechtswissenschaft ausführlich: *Fontana* (Fn. 8), S. 31 ff.

[32] Siehe hierzu ausführlich: *Fontana* (Fn. 8), S. 50.

[33] *Fontana* (Fn. 8), S. 50.

[34] *Fontana* (Fn. 8), S. 54.

[35] *Fontana* (Fn. 8), S. 9, 78.

[36] Kritisch etwa: *Thomas Groß*, Das deutsche Integrationskonzept: vom Fördern zum Fordern?, ZAR 2007, S. 315.

[37] Gesetz zur Förderung der Partizipation in der Migrationsgesellschaft des Landes Berlin (Partizipationsgesetz – PartMigG) vom 5.7.2021, GVBl. S. 842; Gesetz zur Förderung der gesellschaftlichen Teilhabe und Integration in Nordrhein-Westfalen (TIntG NRW) vom 14.2. 2012, GV.NRW S. 97; Partizipations- und Integrationsgesetz für Baden-Württemberg (PartIntG BW) vom 1.12.2015, GBl. S. 1047; Bayerisches Integrationsgesetz (BayIntG) vom 13.12.2016,

keiten und Grenzen rechtlicher Integrationssteuerung, die Aufgabenverteilung zwischen gesellschaftlichen und staatlichen Akteuren (im föderalen System) sowie um allgemeine verwaltungsrechtliche Prinzipien.[38] Die einzelnen Fachverwaltungen haben diese Grundsatzfragen – im Einklang mit verfassungsrechtlichen Grundsätzen – zu klären, damit die Steuerung der Integration ein stimmiger Prozess wird.[39] Aus juristischer Sicht bietet es sich an, die mit der Integration einhergehenden Struktur- und Steuerungsfragen unter dem Rechtsgebiet „Integrationsverwaltungsrecht" zusammenzufassen und fortzuentwickeln.[40] Zum „Integrationsverwaltungsrecht" zählen alle Bereiche des Fachverwaltungsrechts, die „integrationsspezifische Sachverhalte" explizit oder implizit regeln.[41] Das Spektrum der rechtlichen Regelungsgegenstände umfasst – anknüpfend an § 43 Abs. 1 AufenthG – wirtschaftliche, gesellschaftliche und kulturelle Aspekte, wobei es naturgemäß zu Überschneidungen kommt.[42] Um die Steuerungsmöglichkeiten des integrativen Verwaltungsrechts ausloten zu können, werden im Folgenden die verfassungsrechtlichen Direktiven sowie Möglichkeiten und Grenzen der Integration durch Recht erörtert.

b) Verfassungsrechtliche Direktiven

Es besteht Einigkeit darüber, dass die Gesellschaft und der Verfassungsstaat ohne ein Mindestmaß an Integration nicht auskommen.[43] Ebenso herrscht Konsens darüber, dass das Recht – insbesondere das Verfassungsrecht – eine Integrationsfunktion hat. Uneinig ist man sich allerdings darüber, wie das Recht diese Aufgabe erfüllen kann.[44]

Wenngleich das Grundgesetz zur Integration kein Wort verliert, so ist dieser Terminus der Verfassungslehre sehr wohl bekannt.[45] Einen ersten Zugang

---

GVBl. S. 335. Weitere Integrationsgesetze sind in Brandenburg, Niedersachsen, Sachsen-Anhalt, Schleswig-Holstein und Saarland geplant.

[38] Siehe dazu *Buchholtz,* Der Staat (Fn. 6), S. 417; *Andreas Funke,* Integratives Verwaltungsrecht? Analyse und Kritik des BayIntG, 2017, S. 7.

[39] Siehe dazu *Buchholtz,* Der Staat (Fn. 6), S. 417; *Funke* (Fn. 38), S. 7.

[40] Siehe dazu *Buchholtz,* Der Staat (Fn. 6), S. 417. So auch *Fontana* (Fn. 8), S. 78 ff. Skeptisch *Daniel Thym,* Migrationsfolgenrecht, VVDStRL 76 (2017), S. 169 (174); *ders.,* Migrationsverwaltungsrecht, 2010, S. 275. Befürwortend dagegen *Andreas Funke,* Integratives Verwaltungsrecht? Analyse und Kritik des BayIntG, 2017, S. 7; *Jörg Bogumil/Jonas Hafner/André Kastilian,* Verwaltungshandeln in der Flüchtlingspolitik – Vollzugsprobleme und Optimierungsvorschläge für den Bereich der kommunalen Integration, VerwArch 108 (2017), S. 467; *Martin Burgi,* Das werdende Integrationsverwaltungsrecht und die Rolle der Kommunen, DVBl. 2016, S. 1015. Skeptisch, aber nicht abgeneigt *Johannes Eichenhofer,* Integrationsgesetzgebung, ZAR 2016, S. 251; *ders.,* Die „Integration von Ausländern" als Verwaltungsaufgabe, DÖV 2014, S. 776.

[41] Vgl. *Johannes Eichenhofer,* Begriff und Konzept der Integration im Aufenthaltsgesetz, 2013, S. 130 ff.

[42] *Burgi* (Fn. 40), S. 1016.

[43] Grundlegend *Wilhelm Heitmeyer* (Hrsg.), Was treibt die Gesellschaft auseinander?, 1997.

[44] *Buchholtz,* Der Staat (Fn. 6), S. 411.

[45] *Horst Dreier,* Integration durch Verfassung?, in: FS Schneider, 2008, S. 70 (76); *Konrad*

vermitteln die Integrationslehren *Rudolf Smends* und *Hermann Hellers*. In Abkehr vom kelsianischen Positivismus, wonach der Staat mit der Einheit der Rechtsordnung und der „Grundnorm" identifiziert wird,[46] haben *Heller* und *Smend* einen neuen Begründungsansatz gewählt. Nach *Heller* ist die Verfassung „eine Rechtsordnung des organisierten gesellschaftlichen Zusammenwirkens".[47] *Smend* benennt die Integration als den „grundlegenden Lebensvorgang des Staates". Der Staat existiert nach diesem Verständnis nur, „weil und sofern er sich dauernd integriert."[48] Die Verfassung ist demnach „Ausdruck eines Sinn- und Wertesystems, das sich zugleich in ihr und durch sie verwirklicht.[49] *Smend* geht es somit um das Erreichen einer harmonischen Einheit, die zugleich als Wertegemeinschaft fungiert.[50] Entsprechend weist *Smend* den Grundrechten eine Integrationsfunktion zu; sie proklamieren nach seinem Verständnis ein „bestimmtes Kultur-, ein Wertesystem, das der Sinn des von dieser Verfassung konstituierten Staatslebens sein soll".[51]

Die dargestellten Integrationslehren können allerdings nicht ohne Weiteres auf den modernen Staat übertragen werden. *Smends* Ansatz basiert auf der Vorstellung eines staatlichen „Einheitsgefüges", das sich im Wege der „stetigen Harmonisierung" herstellt.[52] Differenz, die in den Grundrechten und in staatsorganisationsrechtlichen Vorschriften angelegt ist, blendet *Smend* in seiner Integrationslehre aus.[53] Sein Integrationsmodell ist in einer interessenpluralen Gesellschaft unangemessen und kann gefährliche Auswirkungen haben.[54] Vielmehr schöpft der moderne Verfassungsstaat seine Legitimation gerade aus den freien, selbstbestimmten Individuen.[55]

Wenn es um die Haltung der Verfassung zur Integration von Eingewanderten Menschen geht, ist weiter zu differenzieren: Zwar trifft das Grundgesetz

---

Hesse, Verfassung und Verfassungsrecht, in: Ernst Benda/Werner Maihofer/Hans-Jochen Vogel, Handbuch des Verfassungsrechts der Bundesrepublik Deutschland, 2. Aufl. 1994, § 1 Rn. 5; *Josef Isensee*, Integration mit Migrationshintergrund: Verfassungsrechtliche Daten, JZ 65 (2010), S. 317 (319); *Werner Kägi*, Die Verfassung als rechtliche Grundordnung des Staates, 1945, S. 41; *Klaus Stern*, Das Staatsrecht der Bundesrepublik Deutschland, Bd. I, 2. Aufl. 1984, S. 90; *Hans Vorländer*, Integration durch Verfassung?, 2002, S. 11.

[46] Grundlegend *Hans Kelsen*, Allgemeine Rechtslehre, 1960; *ders.*, Allgemeine Staatslehre, 1925, S. 7 ff.

[47] *Hermann Heller*, Staatslehre, 1970, S. 228 ff.

[48] *Rudolf Smend*, Verfassung und Verfassungsrecht, in: ders. (Hrsg.), Staatsrechtliche Abhandlungen, 3. Aufl. 1994, S. 127 ff., 138.

[49] *Smend* (Fn. 48), S. 187 ff.

[50] Vgl. *Dreier* (Fn. 45), S. 74.

[51] *Smend* (Fn. 48), S. 265.

[52] *Smend* (Fn. 48), S. 175.

[53] *Fontana* (Fn. 8), S. 26 f.

[54] *Hans Vorländer*, Integration durch Verfassung?, 2002, S. 9, 16.

[55] *Ernst-Wolfgang Böckenförde*, Der säkularisierte Staat: sein Charakter, seine Rechtfertigung und seine Probleme im 21. Jahrhundert, 2007, S. 64; *Stefan Huster*, Die ethische Neutralität des Staates: Eine liberale Interpretation der Verfassung, 2017, S. 18.

keine Aussage darüber, wie die Integration von Eingewanderten erfolgen soll. Es besteht dennoch weitgehend Einigkeit darüber, dass – anders als die Integrationslehre *Smends* – Bezugspunkt von Integration im modernen Staat die gesamte Gesellschaft, unabhängig von Staatsangehörigkeit, sein muss:[56] Der verfassungsrechtliche Integrationsauftrag schöpft seinen materiellen Gehalt aus der Gesamtschau unterschiedlicher Grundrechtspositionen, die jedem Menschen – unabhängig von seiner Staatsangehörigkeit oder dem aufenthaltsrechtlichen Status – zustehen.[57] Insbesondere die freiheits- und vielfaltssichernde Menschenwürdegarantie in Art. 1 Abs. 1 GG als Fundament unserer Verfassung, konturiert den verfassungsrechtlichen Integrationsauftrag. Daneben gibt das allgemeine Persönlichkeitsrecht nach Art. 1 Abs. 1 i. V. m. Art. 2 Abs. 1 GG jedermann ein Recht auf freie Entfaltung der Persönlichkeit. Integration darf – so formuliert es das BVerfG – nicht „auf ein völliges Aufgehen in den deutschen Lebensumständen und -gewohnheiten gerichtet [sein], das die gesamte Persönlichkeit der betroffenen Ausländer ergriffe".[58] Eine zentrale integrative Rolle kommt auch dem staatlichen Erziehungsauftrag nach Art. 7 Abs. 1 GG und dem jüngst vom Bundesverfassungsgericht aus Art. 2 Abs. 1 i. V. m. Art. 7 Abs. 1 GG abgeleiteten Recht auf schulische Bildung zu.[59] Damit ist der Staat dazu angehalten, alle Schüler unabhängig von ihrem Aufenthaltsstatus und ihrer Staatsangehörigkeit in die Schulgemeinschaft zu „integrieren". Art. 3 Abs. 1 GG gebietet darüber hinaus die Gleichbehandlung aller Menschen bei „wesentlich gleichen Sachverhalten", während Art. 3 Abs. 3 GG eine Ungleichbehandlung wegen der Merkmale Geschlecht, Abstammung, Rasse, Sprache, Heimat und Herkunft, Glauben, religiöser oder politischer Anschauungen verbietet. Das ist ein gehaltvolles Schutzversprechen des Staates. Neben einer abwehrrechtlichen und einer gleichheitssichernden Dimension weisen die Grundrechte auch eine leistungsrechtliche Dimension auf; hierbei geht es bekanntermaßen um die Befähigung zur realen Freiheitsentfaltung.[60] Bezogen auf die Integration geht es um die Ermöglichung eines (gleichberechtigten) Zugangs zu zentralen integrationsrelevanten Einrichtungen des wirtschaftlichen, kulturellen und gesellschaftlichen Lebens (vgl. § 43 Abs. 1 AufenthG).[61] Die Leistungsversprechungen werden allerdings durch eine Reihe an Vorbehalten eingeschränkt: So sind etwa

---

[56] *Isensee* (Fn. 45), S. 320.

[57] *Buchholtz*, Integratives Recht (Fn. 6), S. 13.

[58] BVerfGE 76, 1 (53).

[59] Zum Recht auf schulische Bildung aus Art. 2 Abs. 1 i. V. m. Art. 7 Abs. 1 GG siehe jüngst BVerfG, Beschl. v. 19.11.2021 – 1 BvR 971/21, 1 BvR 1069/21, NJW 2022, 167, Rn. 65 ff. – *Bundesnotbremse II.*

[60] Differenzierend zum Freiheitsbegriff in der Grundrechtsdogmatik *Walter Krebs*, Rechtliche und reale Freiheit, in: Detlef Merten/Hans-Jürgen Papier (Hrsg.), HdbGR, 2. Bd., 2006, § 31 Rn. 7 ff.

[61] *Johannes Eichenhofer*, Die rechtliche Gestaltung der Integration in Zeiten der „Flüchtlingskrise" in: Roman Lehner/Friederike Wapler (Hrsg.), Die herausgeforderte Rechtsordnung, 2017,

Sozialleistungen von der staatlichen Finanzlage abhängig.[62] Es bleibt allerdings ein unantastbarer Bereich: Das Grundrecht auf Gewährleistung eines soziokulturellen Existenzminimums (Art. 1 Abs. 1 i. V. m. Art. 20 Abs. 1 GG) sichert ein „Mindestmaß an Teilhabe am gesellschaftlichen und kulturellen Leben" zu und ist „migrationspolitisch nicht zu relativieren"[63].

In ihrer Zusammenschau bilden die genannten Grundrechtspositionen das „Grundrecht auf Integration"[64]: In subjektiv-rechtlicher Hinsicht fördert dieses Grundrecht vor allem die Sozialintegration, weil es das Grundgerüst für die chancengleiche Teilhabe des Individuums an zentralen Bereichen des gesellschaftlichen Lebens darstellt.[65] Gleichzeitig befördert das Grundrecht auf Integration objektiv-rechtlich die Systemintegration, indem sie den Staat verpflichten, Strukturen und verfahrensrechtliche Arrangements zu etablieren, um Integrationshindernisse abzubauen und realiter für gleichberechtigte Teilhabemöglichkeiten zu sorgen.

Das hier erarbeitete Verständnis der staatlichen Integrationspflicht entspricht dem Selbstverständnis eines modernen liberal-republikanischen Verfassungsstaates. Im Sinne von *John Rawls* hat der liberale Staat die Aufgabe, die Basis eines fairen Zusammenlebens zu schaffen. Dazu gehört es insbesondere, die individuellen Entfaltungsmöglichkeiten zu fördern.[66] Daneben besteht – und hierin wird die liberale Prämisse um die „republikanische" Idee ergänzt – allerdings auch ein Gemeinschaftsbezug, weil der Mensch nicht als „ungebundenes Selbst" existiert.[67] Gemeinschaft ist demnach als „gemeinsames und wandelbares Projekt" zu begreifen und individuelle Freiheit als „Partizipationschance".[68] Bei grundrechtsdogmatischer Betrachtung hat dies zur Folge, dass die Rechtfertigung von Eingriffen nicht nur ein objektives Prinzip ist, sondern stets auch ein Recht des Einzelnen. Somit sind Grundrechtseingriffe durch Mehrheitsentscheidungen nur dann legitim, wenn alle Menschen als gleichwertig geachtet werden. An zentraler Stelle schlägt sich dieses Verständnis in Art. 1 Abs. 1 GG nieder, wonach der Mensch einen personalen Eigenwert besitzt und nicht zum „Objekt staatlichen Handelns"[69] herabgewürdigt werden darf.[70] Daran gemes-

S. 111 (116), zum Abbau von Teilhabehindernissen: *Anuscheh Farahat,* Inklusion in der superdiversen Einwanderungsgesellschaft, JöR 66 (2018), S. 337 (348).

[62] Zur (vorläufigen) Absage an ein Ausländerwahlrecht BVerfGE 83, 37 (50 ff.).

[63] BVerfGE 132, 134.

[64] *Buchholtz,* Der Staat (Fn. 6), S. 414. So auch *Wolfgang Kahl,* Sprache als Kultur- und Rechtsgut, VVDStRL 65 (2006), S. 386 (435). Differenzierend *Funke* (Fn. 40), S. 7.

[65] Vgl. auch *Sachverständigenrat deutscher Stiftungen für Integration und Migration,* Einwanderungsgesellschaft 2010. Jahresgutachten 2010 mit Integrationsbarometer, S. 21.

[66] *John Rawls,* Politischer Liberalismus, 2003, S. 81 ff.

[67] *Hohnerlein* (Fn. 22), S. 236 mit Verweis auf *Michael Sandel,* The Procedural Republic and the Unencumbered Self, Polit. Theory 12 (1984), S. 81.

[68] *Hohnerlein* (Fn. 22), S. 238 m. w. N.

[69] Bspw. BVerfGE 9, 89 (95); BVerfGE 27, 1 (6); BVerfGE 45, 187 (228).

[70] *Hohnerlein* (Fn. 22), S. 242 ff.

sen darf eine „kulturelle Selbstvergewisserung" der Mehrheitsgesellschaft kein legitimes Ziel demokratischer Gestaltung sein. Zwar kann von allen Menschen verlangt werden, Gesetze zum Schutz individueller Autonomie zu achten, nicht jedoch die kulturelle Identität zugunsten der Mehrheit aufzugeben.[71] Ein solcher Konformitätszwang widerspräche dem Selbstverständnis des pluralistischen Verfassungsstaates. Somit erweist sich das Grundgesetz als Garant gesellschaftlicher Pluralität, nicht aber „Motor der Homogenität" zum Zwecke des reinen Selbsterhalts.[72]

c) Möglichkeiten und Grenzen der Integration durch Recht

Überzogene Erwartungen an die Integration durch (Verfassungs-)Recht dürfen nach alledem nicht gestellt werden. Die verfassungsrechtliche Integrationsaufgabe besteht im Wesentlichen darin, Integration zu ermöglichen. Im Vordergrund steht dabei einerseits die Aufgabe, die unterschiedlichen Integrationsbedarfe zu erkennen, um dem Einzelnen einen Anspruch auf Zugang zu zentralen Bereichen des gesellschaftlichen Lebens zu verschaffen, insbesondere zu Bildung, Arbeit und Sozialleistungen.[73] In dieser Hinsicht dient das Recht der Sozialintegration. Darüber hinaus muss das Recht – dem verfassungsrechtlichen Integrationsauftrag folgend – auch die Systemintegration in den Blick nehmen.[74] Systemintegrative rechtliche Regelungen sind notwendig, um die sozialintegrativen Maßnahmen zu flankieren und Teilhabechancen realiter sicherzustellen. Was bedeutet das konkret? Zur Sicherstellung faktischer Teilhabe sind Integrationshindernisse zu identifizieren und auszuräumen. Insbesondere gilt es, diskriminierende Strukturen – einschließlich stereotypisierender Gruppenbildungen – zu beseitigen. Integrationsrelevant sind somit nicht nur Rechtsnormen und Rechtsentwicklungen, die das Integrationsziel aktiv fördern, sondern gerade auch die Identifizierung und Beseitigung von Rechtsnormen und Rechtsentwicklungen, die eine integrationshemmende Wirkung haben.[75] Alle juristischen Teildisziplinen stehen gleichermaßen in der Pflicht, das bestehende Regelungsgefüge auf seine integrationsförderliche Wirkung zu überprüfen und entsprechende Vorkehrungen zu treffen, um chancengleiche Teilhabe aller Menschen zu ermöglichen. Beispielhaft zu nennen sind insbesondere das Antidiskriminierungsrecht und das Sozialrecht.[76]

---

[71] *Hohnerlein* (Fn. 22), S. 253.

[72] *Buchholtz,* Integratives Recht (Fn. 6), S. 15.

[73] *Buchholtz,* Integratives Recht (Fn. 6), S. 15; *Buchholtz,* Der Staat (Fn. 6), S. 417.

[74] *Buchholtz,* Der Staat (Fn. 6), S. 417 f.

[75] Letztere können auch solche sein, die durch Recht implizite Differenzierungen schaffen bzw. aufrechterhalten. Siehe zur exkludierenden Wirkung von Rechtsnormen umfassend *Niklas Luhmann*, Theorie der Gesellschaft, Bd. 2, 1997, S. 618 ff.

[76] *Buchholtz,* Integratives Recht (Fn. 6), S. 16.

Hier lässt sich nun der Bogen zur Sprache schlagen: Der verfassungsrechtliche Integrationsauftrag verlangt es dem Gesetzgeber ab, klare Begrifflichkeiten zu wählen, um einerseits den tatsächlichen Integrationsbedarf und zielführende Integrationsmaßnahmen näher zu bestimmen und um andererseits Integrationshemmnisse durch sprachliche Diskriminierung und Stereotypenbildung abzubauen.

III. Begriff „Migrationshintergrund“

1. Begriffshistorie

Zur Quantifizierung des Migrations-Phänomens nutzte man in amtlichen Statistiken und auch im allgemeinen Sprachgebrauch lange Zeit den Begriff des „Ausländers“. Gemeint sind damit – kurz gesagt – Personen ohne deutsche Staatsangehörigkeit. Auch der Gesetzgeber nutzte und nutzt diesen Begriff. Gemäß § 2 Abs. 1 AufenthG sind Ausländer „Personen, die nicht Deutsche im Sinne von Art. 116 Abs. 1 GG sind“. Nach Art. 116 Abs. 1 GG ist Deutscher, „wer die deutsche Staatsangehörigkeit besitzt oder als Flüchtling oder Vertriebener deutscher Volkszugehörigkeit oder als dessen Ehegatte oder Abkömmling in dem Gebiet des Deutschen Reiches nach dem Stand vom 31.12.1937 Aufnahme gefunden hat“. Der Begriff „Ausländer“ umfasst damit Eingewanderte und ihre Nachkommen, soweit sie nicht die deutsche Staatsangehörigkeit haben.

Spätestens mit Steigen der Zuwanderungszahlen der (Spät-)Aussiedler zu Beginn der 1990er Jahre und zahlreicher Einbürgerungen in der Folgezeit[77] erwies sich der Begriff des „Ausländers“ allerdings als untauglich: Immer mehr Menschen mit deutscher Staatsangehörigkeit wiesen eigene oder familiäre Migrationsbezüge auf, so dass eine klare Abgrenzung zwischen „Deutschen“ und „Ausländern“ nicht mehr möglich war. Verstärkt wurde diese Entwicklung mit der Reform des Staatsangehörigkeitsrechts im Jahre 2000, im Zuge derer Einbürgerungsprozesse vereinfacht und die doppelte Staatsbürgerschaft eingeführt wurde. Neben dem Abstammungsrecht wurde das Territorialrecht eingeführt, sodass in Deutschland geborene Kinder von in Deutschland lebenden „Ausländern“ zusätzlich zur Staatsbürgerschaft der Eltern die deutsche Staatsbürger-

---

[77] *Barbara Dietz*, Die Bundesrepublik Deutschland im Fokus neuer Ost-West-Wanderungen, in: Jochen Oltmer (Hrsg.), Handbuch Staat und Migration in Deutschland seit dem 17. Jahrhundert, 2015, S. 999 f.; *Matthias Hell*, Einwanderungsland Deutschland? Die Zuwanderungsdiskussion 1998–2002, 2005, S. 136; *Jochen Oltmer*, „To Live as Germans Among Germans.“ Immigration and Integration of „Ethnic Germans“ in the German Empire and the Weimar Republic, in: Leo Lucassen/David Feldmann/Jochen Oltmer (Hrsg.), Paths of integration: Migrants in Western Europe (1880–2004), 2006, S. 98; *Peter Schimany*, Asylmigration nach Deutschland, in: Stefan Luft/Peter Schimany (Hrsg.), 20 Jahre Asylkompromiss: Bilanz und Perspektiven, 2014, S. 48.

schaft erhalten konnten.[78] Der Begriff des „Ausländers" erwies sich folglich als defizitär: Er konnte die damit verbundenen Migrationserfahrungen nicht mehr hinreichend abbilden.[79] Problematischer noch: Der Begriff „Ausländer" kann überdies dazu beitragen, Menschen aufgrund ihrer Herkunft oder Nationalität zu stigmatisieren oder zu diskriminieren, da dieser Terminus eine Trennung zwischen „uns" und „den anderen" impliziert. So begab man sich auf die Suche nach einer neuen Formulierung, um auch die „Neuen Deutschen" in den amtlichen Statistiken abbilden zu können.[80]

2. Begriffsmerkmale

Um der Kritik am „Ausländerbegriff" zu begegnen, kam Anfang der 2000er der Terminus „Menschen mit Migrationshintergrund" auf. Öffentlich findet sich diese neue Kategorie erstmals in der Datenveröffentlichung zum Mikrozensus 2005.[81] Auch im Nationalen Bildungsbericht nutze man diesen Begriff.[82] Als „Menschen mit Migrationshintergrund" sind solche erfasst, die entweder selbst oder zumindest ein Elternteil die deutsche Staatsangehörigkeit nicht durch Geburt besitzen. Gemeint sind (1) zugewanderte und nicht zugewanderte „Ausländer"; (2) zugewanderte und nicht zugewanderte Eingebürgerte; (3) (Spät-)Aussiedler; (4) mit deutscher Staatsangehörigkeit geborene Nachkommen der drei zuvor genannten Gruppen.[83] Da Vertriebene des zweiten Weltkrieges und ihre Nachkommen mit deutscher Staatsangehörigkeit geboren wurden, sind sie nicht vom Begriff umfasst.[84]

Ein eindeutiger Ausweis der Generationenfolge (erste Generation: selbst eingewandert; zweite Generation: Eltern eingewandert; dritte Generation: Großeltern eingewandert) ist nicht vorgesehen, da Eltern verschiedenen Zuwan-

---

[78] *Heinz Ulrich Brinkmann/Martina Sauer*, Einwanderungsgesellschaft Deutschland: Entwicklung und Stand der Integration, 2016, S. 1; *Hell* (Fn. 77), S. 95 m. w. N.; *Holger Kolb*, Migrationsverhältnisse, nationale Souveränität und europäische Integration: Deutschland zwischen Normalisierung und Europäisierung, in: Jochen Oltmer (Hrsg.), Handbuch Staat und Migration in Deutschland seit dem 17. Jahrhundert, 2015, S. 1031; *Jochen Oltmer*, Deutschland als Einwanderungsland: Historische Perspektiven und aktuelle Problemlagen, in: Roland Löffler (Hrsg.), Nationale Identität und Integration: Herausforderungen an Politik und Medien in Frankreich und Deutschland, 2011, S. 47.

[79] So auch: *Fachkommission Integrationsfähigkeit* (Fn. 27), S. 218.

[80] Siehe zur historischen Entwicklung der Begrifflichkeiten *Will* (Fn. 5).

[81] *Statistisches Bundesamt*, Mikrozensus 2005, Bevölkerung mit Migrationshintergrund, siehe: https://www.destatis.de/DE/Methoden/Qualitaet/Qualitaetsberichte/Bevoelkerung/migrationshintergrund-mikrozensus-2005.pdf?__blob=publicationFile&v=3.

[82] *Bundesministerium für Bildung und Forschung*, Bildung in Deutschland, 2006, siehe: https://www.bildungsbericht.de/de/bildungsberichte-seit-2006/bildungsbericht-2006/pdf-bildungsbericht-2006/gesamtbericht.pdf.

[83] *Statistisches Bundesamt*, Bevölkerung mit Migrationshintergrund: Ergebnisse des Mikrozensus 2010 hochgerechnet auf Basis des Zensus 2011, 2010, S. 4.

[84] *Statistisches Bundesamt* (Fn. 83), S. 4.

derungsgenerationen angehören können, wodurch ihre Kinder nicht eindeutig einer Zuwanderungsgeneration zugeordnet werden können.[85] Mit der Einführung dieser neuen Kategorie fand auch ein Bewusstseinswandel der breiten Öffentlichkeit statt. Die neuen Zahlen belegten, „in welch hohem Maße Migration unsere Gesellschaft bereits geprägt hat und weiter prägen wird".[86] Plötzliche gab es dank der neuen Statistiken hierzulande nicht nur ein Zehntel „Ausländer" sondern ein Fünftel „Menschen mit Migrationshintergrund".[87] Damit brach sich auch die deutsche Selbstwahrnehmung als Einwanderungsland immer breitflächiger Bahn. Rasch löste sich der Begriff von seinen anfangs nur statistischen Zwecken und diente im politischen und gesellschaftlichen Diskurs als Formel zur Erfassung von „ethnischer Vielfalt" und „kulturellen Öffnungsprozessen".[88] Der Begriff „Migrationshintergrund" emanzipierte sich allmählich von seinen statistisch geprägten Wurzeln und erweiterte auch die „Analysemöglichkeiten und die Problemwahrnehmung in Wissenschaft, Öffentlichkeit und Politik, etwa im Hinblick auf Ungleichheiten von Menschen mit und ohne Migrationserfahrungen und ihren Nachkommen".[89] Produktiv nutzte man diese neuen Impulse beispielsweise auch im gemeinsamen Integrationsmonitoring der Länder, das seit 2011 „die Entwicklung von Integration und Teilhabe in den Bundesländern und in Deutschland" regelmäßig dokumentiert.[90]

3. Begriffskritik

Gleichwohl war der neue Begriff erheblicher Kritik ausgesetzt, die dazu führte, dass der Terminus heute nicht mehr in amtlichen Statistiken, Beschlüssen oder Veröffentlichungen auftaucht:[91] Zutreffend verweisen kritische Stimmen auf die

---

[85] *Statistisches Bundesamt* (Fn. 83), S. 6.

[86] *Susanne Worbs*, Sich statistisch blind zu machen, löst keine gesellschaftlichen Probleme, RfM-Debatte 2022, Beitrag vom 26.9.2022, siehe: https://rat-fuer-migration.de/2022/09/26/sich-statistisch-blind-zu-machen-loest-keine-gesellschaftlichen-probleme.

[87] *Ludger Pries*, Die Messung von Zugehörigkeiten in der Migrationsgesellschaft: Ausblenden oder Analysieren systematischer sozialer Ungleichheiten?, RfM-Debatte 2022, Beitrag v. 8.7.2022, siehe: https://rat-fuer-migration.de/2022/07/08/die-messung-von-zugehoerigkeiten-in-der-migrationsgesellschaft-ausblenden-oder-analysieren-systematischer-sozialer-ungleichheiten.

[88] *Erol Yildiz*, Die Debatte über den Migrationshintergrund aus einer postmigrantischen Perspektive weitergedacht, RfM-Debatte 2022, Beitrag v. 23.8.2022, siehe: https://rat-fuer-migration.de/2022/08/23/die-debatte-ueber-den-migrationshintergrund-aus-einer-postmigrantischen-perspektive-weitergedacht.

[89] *Fachkommission Integrationsfähigkeit* (Fn. 27), S. 220.

[90] Webseite des Integrationsmonitorings der Länder, siehe: https://www.integrationsmonitoring-laender.de.

[91] Zum Beschluss, den Begriff „Menschen mit Migrationshintergrund" nicht mehr zu verwenden, die Beschlussniederschrift der Hauptkonferenz der 16. Integrationsministerkonferenz am 29.4.2021, S. 27, siehe: https://www.integrationsministerkonferenz.de/documents/ergebnisprotokoll_16_intmk_2020_bremen_1623323131.pdf.

normativen und analytischen Defizite des Begriffs.[92] Im Kern fußt die Kritik darauf, dass dieser Sammelbegriff zu weit und unspezifisch sei und zugleich eine negative Konnotation aufweise. Etwa „ein Drittel der so Klassifizierten" ist in Deutschland geboren und aufgewachsen. Diese Menschen würden mit der Kategorie des „Migrationshintergrundes" „migrantisiert" und „verausländert".[93] Zu recht heißt es ferner, dass der Begriff im öffentlichen Diskurs eine Defizitorientierung aufweise; Chancen und Potenziale, die in Verbindung mit Migration erwachsen könnten, blieben dagegen ausgeklammert.[94] Der Begriff birgt damit ebenso wie der des „Ausländers" die Gefahr, eine exkludierende Wirkung zu erzeugen.[95] Dies würde, so heißt es weiter, durch die landläufige Gegenüberstellung der „Menschen mit Migrationshintergrund" versus „Menschen ohne Migrationshintergrund" und der damit einhergehenden Trennung zwischen „uns" und „den anderen" verstärkt.[96]

Defizitär ist der Begriff „Menschen mit Migrationshintergrund" auch deshalb, weil er suggeriert, dass es sich bei den so Bezeichneten um eine homogene Gruppe handele. Wie verfehlt diese Annahme ist, liegt angesichts der Komplexität der dahinterstehenden individuellen Schicksale und Migrationserfahrungen auf der Hand.[97] Somit lässt der Begriff auch keine Rückschlüsse auf einen möglichen Integrationsbedarf zu.[98] Weiterhin kritikwürdig ist der Umstand, dass der Begriff die Herkunft und Kultur als Merkmale identifiziert, die soziale Unterschiede begründen, und damit sozioökonomisch bedingter Ungleichheiten ausblendet,[99] die eigentlich im Fokus von Integrationsbestrebungen stehen sollten. Statt Integrationshindernisse zu benennen und auszuräumen, werden stereotypisierende Gruppenbilder reproduziert.

---

[92] Siehe etwa *Worbs* (Fn. 86).

[93] *Will* (Fn. 5).

[94] *Anne-Kathrin Will*, Migrationshintergrund im Mikrozensus: Wie werden Zuwanderer und ihre Nachkommen in der Statistik erfasst?, 2018, S. 111.

[95] So auch *Fachkommission Integrationsfähigkeit* (Fn. 27), S. 221 unter Aufgreifen der Kritik von *Will* (Fn. 94), S. 12. Ebenfalls kritisch: *Martin Kroh/Karolina Fetz*, Wie wird der Migrationsstatus in wissenschaftlichen Befragungen erhoben?, Psych. Med 66 (2010), S. 410 (410).

[96] *Claudio Scarvaglieri/Claudia Zech*, „ganz normale Jugendliche, allerdings meist mit Migrationshintergrund". Eine funktional-semantische Analyse von „Migrationshintergrund", Zeitschrift für Angewandte Linguistik 58 (2013), S. 201 (218 f.); *Will* (Fn. 94), S. 12.

[97] So auch *Anne-Kathrin Will/Magdalene Nowicka*, Der „Migrationshintergrund" und seine Fallstricke: Wie weiter in der interkulturellen Öffnung des öffentlichen Dienstes in Deutschland, WISODirekt 18 (2021), S. 3, die zur Erfassung individueller Erfahrungen und Bedürfnisse insbesondere die Orientierung an positiver Selbstbezeichnung und sogenannter selbstwahrgenommener Fremdzuschreibung befürworten. *Will* (Fn. 94), S. 12 f.

[98] *Jennifer Elrick/Luisa Farah Schwartzman*, From statistical category to social category: organized politics and official categorizations of „persons with a migration background" in Germany, Ethnic and Racial Studies 38 (2015), S. 1539 (1548 ff.); *Anne-Kathrin Will*, 10 Jahre Migrationshintergrund in der Repräsentativstatistik: ein Konzept auf dem Prüfstand, Leviathan 44 (2016), S. 9 (10).

[99] *Scarvaglieri/Zech* (Fn. 96), S. 222 f.

Der Begriff weist auch insofern analytische Schwächen auf, als er nicht zwischen einem „Migrationshintergrund“ durch eigene Migrationserfahrung (d.h. im Ausland geboren) und einem „Migrationshintergrund“ ohne eigene Migrationserfahrung (d.h. in Deutschland geboren) unterscheidet.[100] Ferner bleibt unberücksichtigt, dass die Einwanderung in der Generationenfolge unterschiedlich weit zurückliegen kann, wodurch sich soziostrukturelle Entwicklungen und Implikationen der Integration für die Nachkommen von Eingewanderten anhand des Begriffs „Migrationshintergrund“ nicht sinnvoll analysieren lassen.[101] Ebenso wenig lässt dieser Terminus eindeutige Rückschlüsse auf rassistische Diskriminierungen oder Ausgrenzungen zu: Auch Menschen ohne „Migrationshintergrund“, die aber z.B. keine weiße Hautfarbe haben, können Diskriminierungen erfahren. Gleichzeitig können Personen mit „Migrationshintergrund“, die aber als „weiß“ gelten, von solchen Erfahrungen verschont sein.[102]

4. Weiterentwicklung: „Eingewanderte und ihre (direkten) Nachkommen“

Zur Lösung der genannten Kritikpunkte – insbesondere zur Vermeidung von Stigmatisierungen[103] – schlägt die Fachkommission der Bundesregierung zu den Rahmenbedingungen der Integrationsfähigkeit in ihrem Bericht „Gemeinsam die Einwanderungsgesellschaft gestalten“ vor, künftig das Konzept der „Eingewanderten und ihrer (direkten) Nachkommen“ zu verwenden. Die Definition umfasst alle Menschen, die entweder selbst oder deren beide Elternteile seit 1950 in das heutige Gebiet Deutschlands eingewandert sind. Selbst eingewanderte Personen gehören der ersten Generation an. Die in Deutschland geborenen Nachkommen von Eingewanderten zählen zur zweiten Generation. Personen ab der dritten Generation werden von dieser Definition nicht erfasst. Eine Differenzierung nach der Staatsangehörigkeit soll möglich bleiben, wobei dies kein konstitutives Kriterium der Definition ist.[104]

Die Schöpfer dieser neuen Kategorie sind sich im Klaren darüber, dass auch diese nicht alle Erwartungen erfüllen kann. Insbesondere soll die neue Ka-

---

[100] Zu der Möglichkeit und Notwendigkeit einer hiernach differenzierenden Begrifflichkeit siehe schon: *Statistisches Bundesamt* (Fn. 83), S. 5.

[101] *Fachkommission Integrationsfähigkeit* (Fn. 27), S. 221.

[102] *Hanah Abdullahi Musse Abucar*, Wer ist integrationsbedürftig? Die Konstruktion eines „Anderen“ im Integrationsrecht, in: Gabriele Buchholtz/Johanna Croon-Gestefeld/Andreas Kerkemeyer (Hrsg.), Integratives Recht, 2021, S. 35 (44f.); *Nasiha Ahyoud u.a.*, Wer nicht gezählt wird, zählt nicht. Antidiskriminierungs- und Gleichstellungsdaten in der Einwanderungsgesellschaft – eine anwendungsorientierte Einführung, 2018, S. 11; *Joshua Kwesi Aikins u.a.*, Rassistische Diskriminierung in Deutschland: Erscheinungsformen und menschenrechtliche Verpflichtungen zum Schutz vor rassistischer Diskriminierung, 2015, S. 10; *Will* (Fn. 94), S. 12.

[103] *Statistisches Bundesamt*, Statistischer Bericht – Mikrozensus – Bevölkerung nach Einwanderungsgeschichte – Endergebnisse 2021, 2023.

[104] *Fachkommission Integrationsfähigkeit* (Fn. 27), S. 222ff.

tegorie dazu dienen, der Kritik am Begriff des „Migrationshintergrundes" zu begegnen. Überdies soll die Neufassung hervorheben, dass sich vor allem die eigene Migrationserfahrung bzw. die Migrationserfahrung der Eltern auf die Integration auswirkt.[105] Im statistischen Bericht zur Bevölkerung nach Einwanderungsgeschichte wird die neue Formulierung bereits verwendet.[106] Sie trägt überdies auch zur Anschlussfähigkeit an das internationale Statistikwesen bei[107] (z. B. spricht Eurostat von „foreign born people and their descendants"[108]).

Allerdings gibt es auch Kritik: So heißt es etwa, die neue Kategorie schreibe „die gleichen Probleme in bloß neuen Verpackungen" fort.[109] Diese Einwände sind ernst zu nehmen. So ist der Begriff der „Eingewanderten" insofern unscharf, als er ausblendet, dass nicht jeder Migrationsprozess von dem Wunsch der Einwanderung geprägt ist, sondern teils nur auf Zeit erfolgt. Überdies bleiben ebenso wie beim Begriff des „Migrationshintergrundes" sozioökonomische Faktoren, etwa familiäre Ressourcen und soziale Netzwerke unberücksichtigt, die jedoch den Erfolg eines Integrationsprozesses in hohem Maße beeinflussen können. Ferner können Diskriminierungserfahrungen aufgrund von äußerlichen Merkmalen naturgemäß auch in der dritten Generation immer noch eine Rolle spielen.[110] Bei aller Kritik ist es wichtig, sich klarzumachen, was der Begriff überhaupt leisten kann und soll. Die Kategorie der „Eingewanderten und ihrer Nachkommen" bildet in erster Linie ein „Strukturmerkmal der Bevölkerung" ab, nämlich „die Tatsache, dass in erheblichem Umfang eingewanderte Menschen und ihre Nachkommen in Deutschland leben". Auf einer nachgelagerten Stufe lässt diese Kategorie Rückschlüsse darüber zu, ob die so Bezeichneten im Vergleich zu nicht eingewanderten Menschen und deren Nachkommen andere soziale Bedingungen und Chancen vorfinden. Aussagen über die Ursachen möglicher Ungleichheiten kann diese Kategorie jedoch nicht liefern.[111]

Im Einzelfall kann es also sinnvoll sein, nach weiteren Merkmalen zu fragen, um statistische Erkenntnisse, etwa über Diskriminierungen, zu erlangen. Wie das gelingen soll, ist allerdings ebenfalls umstritten: So wird etwa vorgeschlagen, „die sozioökonomische Herkunft systematisch zu erheben und sie mit freiwil-

---

105 *Fachkommission Integrationsfähigkeit* (Fn. 27), S. 15, 223.

106 *Statistisches Bundesamt* (Fn. 83).

107 *Will* (Fn. 5).

108 *Eurostat*, Foreign born people and their descendants in the EU, siehe: https://ec.europa.eu/eurostat/de/web/products-eurostat-news/-/ddn-20221124-1.

109 *Merih Ateş*, Migrationshintergrund überwinden reicht nicht: ein Appell für mehr Rassismusforschung und bessere Daten zu struktureller Ungleichheit, RfM-Debatte 2022, Beitrag v. 10.8.2022, siehe: https://rat-fuer-migration.de/2022/08/10/migrationshintergrund-ueberwinden-reicht-nicht-ein-appell-fuer-mehr-rassismusforschung-und-bessere-daten-zu-struktureller-ungleichheit.

110 Abweichende Stellungnahmen von *Susanne Worbs* und *Daniel Thym* im Rahmen der *Fachkommission Integrationsfähigkeit* (Fn. 27), S. 226.

111 *Worbs* (Fn. 86).

ligen Selbstauskünften zu Fremdzuschreibungen und Selbstbezeichnungen zu verbinden, um den Zusammenhang zwischen der eigenen sozialen Herkunft und erfahrener Diskriminierung wissenschaftlich sichtbar zu machen".[112] Dem wird jedoch zu recht entgegengehalten, dass die Erhebung von „Fremd- und Selbstzuschreibungen mit spezifischen Herausforderungen einhergeht", so dass wiederum Unschärfen drohen.[113] Insbesondere könnten strukturelle oder institutionelle Diskriminierung nicht hinreichend durch subjektive Selbstauskünfte erfasst werden, weil sie den Befragten häufig unerkannt blieben.[114] Hieran zeigt sich, dass die Debatte längst nicht am Ende ist.

IV. Auftrag an das Recht

Ausgangspunkt der dargestellten Diskussion um die richtige Terminologie ist die Frage, was eine amtliche Statistik leisten kann und soll. Die Begriffe „Ausländer", „Menschen mit Migrationshintergrund" sowie auch „Eingewanderte und ihre direkten Nachkommen" sind für statistische Zwecke geschaffen worden. Die statistischen Kategorien dürfen allerdings zu Recht „nicht mit Erwartungen" überfrachtet werden.[115] „Sie werden immer nur unvollkommene Werkzeuge unserer Erkenntnis der Wirklichkeit sein, das liegt in ihrer Natur. Das, was sie leisten können, sollte aber auch nicht leichtfertig aus der Hand gegeben werden, um damit (vermeintlich) die Gesellschaft zu verbessern."[116]

Was also ist von einer Statistik zu erwarten und welche Folgen hat dies für die Verwendung der Begriffe im Rechtskontext? Statistiken sind zunächst dafür da, soziale Phänomene zu quantifizieren. Dafür ist es erforderlich, Kategorien zu bilden, die allerdings nicht stigmatisieren oder gar diskriminieren dürfen. Auch abstrakt-generell gefasste Rechtsnormen müssen mit Kategorien operieren. Rechtsnormen sollen allerdings mehr leisten als Statistiken. Sie sollen bestimmte Bedarfe adressieren und dabei zugleich für Rechtssicherheit sorgen. So kann es durchaus sinnvoll sein, eine bestimmte Kategorie wie „Menschen mit Migrationshintergrund" oder „Eingewanderte" zu verwenden, wenn damit ein bestimmtes Anliegen verfolgt wird. Eine solche Kategorie kann sich eignen, um Handlungs- und Integrationsbedarfe aufzudecken und sie sichtbar zu machen.[117]

[112] *Ateş* (Fn. 109). So auch *Will* (Fn. 5).

[113] *Ateş* (Fn. 109).

[114] *Thomas Kemper*, Ergänzung, Spezifikation oder Ersatz des „Migrationshintergrundes" und damit verbundene Folgen, RfM-Debatte 2022, Beitrag v. 9.8.2022, siehe: https://rat-fuer-migration.de/2022/08/18/ergaenzung-spezifikation-oder-ersatz-des-migrationshintergrundes-und-damit-verbundene-folgen.

[115] *Worbs* (Fn. 86).

[116] *Worbs* (Fn. 86).

[117] Vgl. auch den Beitrag von *Judith Froese* in diesem Band, S. 229.

Zu denken ist etwa an Maßnahmen der positiven Diskriminierung bzw. Diversity in der öffentlichen Verwaltung; entsprechende Vorgaben finden sich etwa in den Landesintegrationsgesetzen (siehe etwa § 6 TIntG NRW; § 9 PartMigG Berlin). Allerdings ist bei der Verwendung dieser Kategorien Vorsicht geboten. Diese Begriffe und die damit verbundenen Zuschreibungen bergen die Gefahr der Stigmatisierung und der Diskriminierung, was wiederum dem Integrationsziel zuwiderlaufen kann.[118] Die Rechtsordnung sollte „die Vielfalt der Lebensentwürfe in einem Einwanderungsland“ regelungstechnisch nicht als bloße Ausnahmeerscheinungen berücksichtigen, sondern als „Ausdruck des gesellschaftlichen Normalzustandes“.[119]

Da Migration in der deutschen Einwanderungsgesellschaft den Normalzustand bildet, sollten Sonderregelungen für „Menschen mit Migrationshintergrund“ eine Ausnahme bilden und nur dort eingesetzt werden, wo besondere Bedarfe eine Anknüpfung an diesem Merkmal rechtfertigen.[120] Diese Einsicht wird gestützt durch das Konzept der „postmigrantische Gesellschaft“. Damit ist eine Gesellschaft gemeint, die von Migrationserfahrungen geprägt ist. In dieser Gesellschaft ist Migration keine Ausnahmeerscheinung mehr.[121]

V. Fazit

Worte werden immer defizitär sein, weil sie stets nur einen Ausschnitt der Wirklichkeit wiedergeben können. Das entspricht der Natur der Sprache. Diesem Dilemma können Gesellschaft und Recht nicht entkommen, weil sie auf Sprache angewiesen sind. Im Kontext des Migrations- und Integrationsrechts lässt sich dieses Dilemma aber produktiv wenden: Es bedarf einer fortlaufenden Verständigung darüber, ob die jeweils verwendete Kategorie geeignet ist, die Bedarfe der erfassten Merkmalsträger adäquat zu adressieren, ohne dabei über Gebühr zu typisieren. Ferner sind – dem verfassungsrechtlichen Integrationsauftrag folgend – Vorkehrungen zu treffen, um Stigmatisierungen und Diskriminierungen

---

[118] Siehe auch den Beitrag von *Judith Froese* in diesem Band, S. 229.

[119] Siehe auch den Beitrag von *Judith Froese* in diesem Band, S. 213.

[120] Siehe auch den Beitrag von *Judith Froese* in diesem Band, S. 214.

[121] Der Begriff „postmigrantisch“ wurde erstmals von *Gerd Baumann/Thijl Sunier*, Post-Migration Ethnicity. De-Essentializing cohesion, Commitments, Comparisons, 1995 in den Sprachgebrauch eingeführt und anschließend vor allem in der Kunst- und Kulturszene verwendet. In den letzten Jahren wurde er im sozialwissenschaftlichen Kontext insbesondere durch die Soziologin *Naika Foroutan* geprägt, siehe: *Naika Foroutan*, Postmigrantische Gesellschaft, in: Heinz Ulrich Brinkmann/Martina Sauer (Hrsg.), Einwanderungsgesellschaft Deutschland, 2016, S. 227 ff.; *Naika Foroutan*, Die postmigrantische Gesellschaft. Ein Versprechen der pluralen Demokratie, 2019; *Naika Foroutan/Juliana Karakayali/Riem Spielhaus*, Einleitung: Kritische Wissensproduktion zur postmigrantischen Gesellschaft, in: Naika Foroutan/Juliana Karakayali/Riem Spielhaus (Hrsg.), Postmigrantische Perspektiven. Ordnungssysteme, Repräsentationen, Kritik, 2018, S. 9 ff.

auszuschließen. Stets sind Kategorien mit Bedacht zu wählen; regelungstechnisch ist insbesondere dem Umstand Rechnung zu tragen, dass Migration in der deutschen Einwanderungsgesellschaft keine Ausnahmeerscheinung ist, sondern Normalität. Diese Erkenntnis umzusetzen, ist Aufgabe aller juristischen Teildisziplinen.

„Wir-Gefühl“ in einer diversen Gesellschaft

Ferdinand Weber

I. Der Beitrag des Rechts zum Gemeinsamen jenseits des Rechts

Gefühlserkundung ist keine Aufgabe der Rechtswissenschaft. Für die Gesellschaft dürfte sie selbst den Sozialwissenschaften schwerfallen. Auch Infratest Dimap befragt nicht die Gesellschaft, sondern einen Ausschnitt der Bevölkerung. Das ergibt medial wirksame Meinungsbilder, etwa ob die Bundesrepublik weniger Geflüchtete aufnehmen sollte, und mag alles sein, was wir haben. Es ist aber keine Gefühlsäußerung der Gesellschaft.[1]

Die Gesellschaft ist auch kein Rechtssubjekt. Verfassungsrechtlich handelt es sich um eine Chiffre, hinter der freiheitsberechtigte Personen stehen. Das Grundgesetz erwähnt sie in diesem Sinn nur ein Mal (Art. 6 Abs. 5 GG).[2] Deshalb ist es klug, gesellschaftliche Integration als Staatsziel zu begreifen, aber die Offenheit der Mittel und die Ambivalenz demokratischer Entscheidungsprozesse zu betonen.[3] Integration ist staatlich wie europäisch ein Ewigkeitsziel. Es geht stets um *pursuit, not actual attainment*.[4] Diversität macht sie anspruchsvoller, weil soziokulturelle Zugehörigkeits- und Identifikationsangebote zunehmen.[5]

---

[1] Vgl. etwa ARD-Deutschlandtrend, Mai 2023, S. 5, auf der Grundlage einer Befragung von 1.360 Personen, zu den Zahlen S. 17, https://bit.ly/45tsck4.

[2] *Hans Heinrich Rupp*, Die Unterscheidung von Staat und Gesellschaft, in: Josef Isensee/Paul Kirchhof (Hrsg.), Handbuch des Staatsrechts für die Bundesrepublik Deutschland, Bd. II, 3. Aufl. 2004, § 31 Rn. 43: „freiheitssichernde allgemeingültige Spielregeln“ als Gesetzesfunktion zur Gewährleistung gesellschaftlicher Prozesse; zur Unterscheidung von Staat und Gesellschaft *Hans Michael Heinig*, Der Sozialstaat im Dienst der Freiheit, 2008, S. 297–302; im Folgenden wird der territorial radizierten Gesellschaft in der Bundesrepublik ausgegangen, das Problem der Stellung Auslandsdeutscher ausgeklammert.

[3] *Sina Fontana*, in diesem Band, S. 277 ff.; *dies.*, Integrationsrecht, 2022.

[4] Unter Verweis auf Robert Alexy (Optimierungsgebot) *Joris Larik*, Foreign Policy Objectives in European Constitutional Law, 2016, S. 33; Art. 3 Abs. 1 EUV kann als übergreifende Integrationsdirektive einer europäischen Gesellschaft verstanden werden, unter abweichendem Begriffsverständnis, das öffentliche Institutionen der Mitgliedstaaten und der Union einschließt; in diesem Rahmen *Ferdinand Weber*, Die Daseinsberechtigung der Union – Artikel 3 Absatz 1 EUV, in: Armin von Bogdandy/Jürgen Bast (Hrsg.), Unionsverfassungsrecht, 2024, Abschnitt IV.

[5] Hier verstanden als soziokulturelle Vielfalt, s. *Aladin El-Mafalaani*, Das Integrationsparadox: Wandlungsdynamiken, Konfliktlinien und Krisenerscheinungen in der superdiversen Klassengesellschaft, in: Julia Glathe/Laura Gorriahn (Hrsg.), Demokratie und Migration, Leviathan Sonderband 39 (2022), S. 139 (140–143); zu normativen Konzepten *Frank Schorkopf*, Staat und Diversität, 2017.

Sie steht als empirische Kategorie neben rechtlichen Zugehörigkeiten, die selbst differenziert sind. In einem liberalen Verfassungsstaat konnte man schon immer Frankfurterin sein, ohne Deutsche (Art. 116 Abs. 1 GG) sein zu müssen.[6]

Das „Wir-Gefühl" in einer diversen Gesellschaft liegt damit jenseits rechtlicher Geltung und dogmatischer Greifbarkeit. Es bringt die Suche nach einem geteilten Horizont[7] jenseits von Gruppismus und Identitätspolitik[8] auf einen Begriff, der grundlegende Merkmale liberaler Verfassungsstaatlichkeit trägt: die Akzeptanz des Mehrheitsprinzips, die Allgemeinheit des Gesetzes und grundrechtlichen Pluralismus, der „Individualisierung, Fragmentierung und Konflikt"[9] – damit gesellschaftliche Lautstärke – erst gewährleistet. Traditionell sprach man von Verfassungsvoraussetzungen und Verfassungserwartungen,[10] auch in Abgrenzung zur DDR gegen die staatlich verordnete soziale Wärme einer „Solidargesellschaft mit spezifischem Wir-Gefühl"[11]. Heute ist vom Zusammenhalt der Gesellschaft, einer gemeinsamen politischen Kultur oder Werten die Rede. Ältere und andere Analysebegriffe gelten im Sog alternierender wissenschaftlicher Begriffsmoden zuweilen als analytisch verpönt.[12]

Trotzdem laufen sie alle auf dieselbe Frage zu: Wenn von Migranten die Respektierung ‚unserer' Werte eingefordert wird und autochtone Radikale organi-

[6] In Frankfurt a. M. leben z. B. seit 2016 mehr Menschen mit Migrationshintergrund als ohne (zu dieser statistischen Größe *Daniel Thym*, Rassismus und Verfassungsrecht, in: Judith Froese/ders. (Hrsg.), Grundgesetz und Rassismus, 2022, S. 1 (17)); vgl. das Interview mit der Oberbürgermeisterin Nargess Eskandari-Grünberg, *Timo Steppat*, „Sie können Frankfurterin sein, aber müssen dafür nicht Deutsche sein", FAZ v. 4.1.2023, S. 4.

[7] *Daniel Thym*, Verfassungspatriotismus in der Einwanderungsgesellschaft, AöR 145 (2020), S. 40 (65) nennt neben dem „Wir-Gefühl" noch Heimat, Integration und Zusammenhalt als Anlaufsemantiken öffentlicher Debatten, in denen sich widerstreitende verfassungstheoretische und sozialwissenschaftliche Theorienansätze treffen können; *ders.*, in diesem Band, S. 26: Angewiesensein von Zusammenhalt und Demokratie auf etwas, das rechtlich weder konstituiert noch (allein) konserviert werden kann; *Meinhard Schröder*, Der gesellschaftliche Zusammenhalt: ein Thema des Rechts, DÖV 2023, S. 388 (391): Wir-Gefühl als „einigendes Band, das sich aus unterschiedlichen Quellen, insbesondere sozioökonomischer, kultureller und historischer Art speist."

[8] Zur Einordnung kulturessenzialistischer Bewegungen als Reaktion auf „die Hyperkulturen kompetitiver Singularitäten" *Andreas Reckwitz*, Die Gesellschaft der Singularitäten, 3. Aufl. 2017, S. 419; rechtlich *Frank Schorkopf*, Einheit und Vielfalt, Mehrheit und Minderheit, in: Uwe Kischel/Hanno Kube (Hrsg.), Handbuch des Staatsrechts der Bundesrepublik Deutschland, Bd. I, 4. Aufl. 2023, § 14 Rn. 7 f., 21–41; *Judith Froese*, in diesem Band, S. 226.

[9] *Stephan Harbarth*, Der Auftrag des Staates zur Verwirklichung seiner Voraussetzungen als produktives Dilemma, AöR 148 (2023), S. 1 (7 f.).

[10] Im Überblick *Harbarth* (Fn. 9), S. 2–18.

[11] *Josef Isensee*, Solidarität – sozialethische Substanz eines Blankettbegriffs, in: ders. (Hrsg.), Solidarität in Knappheit, 1998, S. 97 (132) zur Charakterisierung der DDR durch ein MdB der PDS.

[12] M. w. N. auch in empirischer Hinsicht *Kai Unzicker*, Gesellschaftlicher Zusammenhalt, DÖV 2022, S. 1018; zur Wertedebatte unter dem Grundgesetz *Ino Augsberg*, Wertordnung, Leitkultur, in: Uwe Kischel/Hanno Kube (Fn. 8), § 9 Rn. 23–30; zu relativer Homogenität *Ferdinand Weber*, Staatsangehörigkeit und Status, 2018, S. 392 ff.; vgl. auch *Schorkopf* (Fn. 5), S. 56–58.

sierte Werteabstinenz unter behördlicher Beobachtung betreiben, geht es stets um die Sorge des Verlusts eines Kerns an Geteiltem, bei aller Diversität um ein Minimum an Homogenität in alle Richtungen.[13] Die Frage nach dem Wir-Gefühl reformuliert das nur. Ein Theorieangebot zu referieren oder unter Rückgriff auf Verfassungsnormen verbindlich machen zu wollen, hilft nicht weiter. Agonale Demokratieverständnisse oder konflikttheoretische Ansätze können Vorgänge in einer Einwanderungsgesellschaft sicher erhellen. Nur fehlt jeder Maßstab für die normativ Vorzugswürdigkeit eines Ansatzes, weshalb auch Rezeptionsvorgänge divers ausfallen.[14]

Schlichter Legalismus wäre ähnlich hilflos. Eine Identitätsnormierung kann mit verfassungsändernder Mehrheit in höchste Rechtsgeltung gesetzt werden, bliebe aber flächendeckend wirkungslos, wäre nicht vollziehbar und wirkt im schlechtesten Fall desintegrierend. Den Mitgliedern einer freiheitlichen Gesellschaft kann ein Wir-Gefühl durch Mehrheitsbeschluss verordnet, aber nicht eingetrichtert werden.[15] Die 2018 erfolgte Ausweisung des jüdischen Staates als „nation state of the Jewish People" löste Desintegrationstendenzen gerade aufgrund der starken Symbolik bei gleichzeitig großer Unsicherheit über konkrete Rechtsfolgen aus.[16] Konstruiert man im Grundgesetz einen so nicht existierenden Textanker, lassen sich ethnische Mehrheitserfordernisse und einwan-

---

[13] *Ernst-Wolfgang Böckenförde*, Biographisches Interview mit Dieter Gosewinkel, in: dies., Wissenschaft, Politik, Verfassungsgericht, 2011, S. 305 (477): „Ich würde immer nur von relativer Homogenität sprechen und dabei unter ‚relativ' einen dicken Strich machen. Solche relative Homogenität muß keine ethnische sein. Sie besteht eher aus gemeinsamen Vorstellungen über die Art des Zusammenlebens. […] In einer politischen Gemeinschaft, die demokratisch organisiert ist, muß ich mich grundsätzlich der Entscheidung der Mehrheit unterwerfen und das akzeptieren. Daß das geschieht, setzt aber schon gemeinsame Vorstellungen und eine gewissen Verbundenheit, eben die relative Homogenität, voraus."

[14] Zur Unergiebigkeit der Berufung auf philosophische Positionen oder höchstrangige Normen zur Entscheidung strittiger Grundsatzfragen, ohne ihre Funktion als Reflexionsreservoir zu negieren, *Thym* (Fn. 7), S. 47, 51; *Ferdinand Weber*, Contested Borders. Migrationsrechtsdenken und Grenzen, ZAR 2023, S. 102 (105, 110 f.); Zsf. von Theorieangeboten bei *Daniel Thym*, Staatsvolk, Migration, Nation, in: Uwe Kischel/Hanno Kube (Fn. 8), § 11 Rn. 66–70; vgl. auch *Christoph Möllers*, Freiheitsgrade, 2020, Ziff. 27 aE: „Die Liberalität liberaler Theorien besteht darin, sich nur mit den notwendigen Bedingungen politischer Vergemeinschaftung zu begnügen, um die hinreichenden der Gemeinschaft selbst zu überlassen."

[15] *Hermann Lübbe*, Identität und Kontingenz, in: Odo Marquard/Karlheinz Stierle (Hrsg.), Identität (Poetik und Hermeneutik, Band VIII), 1979, S. 655 (657): „Identität ist kein normativer, sondern ein deskriptiver Begriff. Handlungen werden normiert; aber wer wir zu sein haben, kann nicht Gegenstand einer Vorschrift sein."

[16] Basic-Law, Israel – The Nation State of the Jewish People (Originally adopted in 5778–2018), https://bit.ly/3P6lew9; zur Debatte, ob und welche Rechtsfolgen sich hieraus ableiten lassen, *Meital Pinto*, The Impact of the Basic Law: Israel as the Nation State of the Jewish People on the Status of the Arabic Language in Israel, Minnesota Journal of International Law 30 (2020), S. 1 (2 ff.); in einer Entscheidung vom 8.7.2021 (HCJ 5555/18) befand Israels Supreme Court das Gesetz für vereinbar mit dem übrigen Verfassungsrecht, englische Zsf. unter https://bit.ly/3OWuUJi.

derungspolitische Rückabwicklungsbefehle, die jeder demokratischen Mehrheit diesseits der Ablösung des Grundgesetzes entzogen sein sollen, herleiten.[17] Der Umstand, dass speziell die deutsche Migrationspolitik im Laufe der Jahrzehnte ein mehrfaches Kontrollversagen erlebte,[18] verführte gerade aufgrund dieser konstitutionellen Leerstelle zur Suche nach Direktiven (und harten Worten) unter Berufung auf die Menschenwürde oder das Demokratieprinzip.[19] Schweigt die Verfassung zur Meta-Frage des Wir und bleibt Politik stumm (und nicht nur vorsichtig),[20] steuert auch die Wissenschaft Supernormen an, um subjektive Präferenzen im Verfassungsrecht zu platzieren.

Die Einwanderungsgesellschaft der Gegenwart steht hier vor einem Déjà-vu-Erlebnis: sie durchläuft dynamische, auch zuwanderungsbedingte Veränderungen und ist – nun in ein supranational aufgehängtes – dysfunktionales Migrationssteuerungssystem eingebunden.[21] Überlegungen nach Haltendem nehmen dann erwartbar zu und werden in Debatten um die Spaltung der Gesellschaft, der Frage nach dem Sinn und der zulässigen Reichweite von Integrationsmaßnahmen und dem Einfluss von Politik und Recht auf gesellschaftliche Veränderungen gespiegelt.[22] Auch die Debatte um ein verpflichtendes Gesellschaftsjahr zählt dazu.[23]

---

[17] *Dietrich Murswiek*, Staatsvolk, Demokratie und Einwanderung im Nationalstaat des Grundgesetzes, JöR N. F. 66 (2018), S. 386 (412 f., 415 ff., 425 ff.).

[18] Vgl. *Daniel Thym*, in diesem Band, S. 10 f.; ähnliche Bilanz einige Jahre nach dem Anwerbestopp bei *Kay Hailbronner*, Ausländerrecht und Verfassung, NJW 1983, S. 2105; *Christian Joppke*, Immigration and the Nation-State, 1999, S. 272: „The German guestworker programme thus turned into *de facto* immigration not because of some general logic of postnational membership, but because the state had failed to be firm and explicit about the temporal limitation of its guestworker recruitment."; *Klaus Ferdinand Gärditz*, Die demokratische Gestaltungsverantwortung durch Recht in einer Einwanderungsgesellschaft, EuGRZ 2020, S. 516: „[...] über Dekaden die Möglichkeit verspielt, Einwanderung demokratisch zu gestalten."

[19] Zu Positionen um ein Ausländerwahlrecht *Ferdinand Weber*, in: Kay Hailbronner u. a., Staatsangehörigkeitsrecht, 7. Aufl. 2022, Grundlagen B. Rn. 140 f., 174 f.; bilanzierend *Matthias Jestaedt*, Radien der Demokratie: Volksherrschaft, Betroffenenpartizipation oder plurale Legitimation?, in: Hans Michael Heinig/Jörg Philipp Terhechte (Hrsg.), Postnationale Demokratie, Postdemokratie, Neoetatismus, 2013, S. 3 (11 Fn. 19), der mit Blick auf Positionen Brydes von „harscher, heute wohl nur noch mit Rücksicht auf die damaligen Auseinandersetzungen in ihrer Schärfe verstehbarer Kritik" spricht; zu ethnisch-kulturalistischen Deutungen *Weber* aaO, Rn. 160–165; *Klaus Ferdinand Gärditz*, Verfassungsidentität und Schutz der Verfassung, in: Klaus Stern/Helge Sodan/Markus Möstl (Hrsg.), Das Staatsrecht der Bundesrepublik Deutschland im europäischen Staatenverbund, Bd. 1, 2. Aufl. 2022, § 11 Rn. 71: „Angriff auf die Menschenwürde, zu der auch die materielle Gleichheit aller Menschen gehört", Nachw. weggelassen.

[20] Zur politischen und kommunikativen Verarbeitung der Migrationspolitik der 1960er bis 1980er-Jahre *Daniel Thym*, in diesem Band, S. 15: „Im juristischen Hinterzimmer wurde pragmatisch auf eine faktische Einwanderung reagiert, nicht jedoch das gesellschaftliche Selbstbild neu verhandelt."

[21] Im Detail *Daniel Thym*, European Migration Law, 2023, S. 47–49, 342–347 und 360–362.

[22] *Jürgen Kaube/André Kieserling*, Die gespaltene Gesellschaft, 2022, S. 165–176, 209–215 und 254–256; *Sophie Schönberger*, Zumutung Demokratie, 2023, S. 16–21; mit Bezug zu Migrationsprozessen *Aladin El-Mafaalani*, Das Integrationsparadox, 3. Aufl. 2018; *Paul Scheffer*, Die Ein-

Lehnt man dichte rechtliche Identitätskonstruktionen mit Verbindlichkeitsanspruch ab, lässt sich der Existenz identitäts*prägender* Normen dennoch nicht ausweichen.[24] Recht „gestaltet Institutionen und ordnet soziale Beziehungen" und ist damit „zentraler Ausdruck der gesellschaftlichen Selbstorganisation und Integration und zugleich ein Instrument derselben."[25] Im Folgenden wird deshalb der Frage nachgegangen, worin der Beitrag des Rechts zu einem Wir-Gefühl der Gesellschaft überhaupt bestehen kann.[26] Schon Debatten über Recht *können* einen solchen Beitrag leisten,[27] weil wechselseitige Einflusspfade zwischen Politik und Recht bestehen, in denen sich gesellschaftliche Prägekräfte entfalten.[28]

Zur Beantwortung der Frage wird zunächst die verhandlungsermöglichende Struktur des Grundgesetzes aufgerufen, indem seine individuellen und kollektiven Elemente als Ausdruck kultureller Praktiken verstanden werden (II.). In dieser Infrastruktur ist ein Beitrag zur gesellschaftlichen „Wir-Verhandlung" an-

---

gewanderten, Neuausgabe 2016; *Jan Plamper*, Das neue Wir: Warum Migration dazugehört, 2019; *Judith Kohlenberger*, Das Fluchtparadox, 2022; zunehmenden Widerspruch gegenüber der Spaltungsthese zsf. *Ferdinand Weber*, Auf der Welle der Deliberative(n). Bürgerräte und repräsentative Demokratie, JöR N. F. 71 (2023), S. 259 (265–270).

[23] Dazu *Winfried Kluth*, Allgemeine und besondere Dienstpflichten aus dem Blickwinkel des Bundes- und Landesverfassungsrechts, NVwZ 2022, S. 1159; *Ferdinand Weber/Christian Richter*, Das Vorhaben eines allgemeinen Gesellschaftsjahres vor dem Verfassungs-, Völker- und Europarecht, AVR 60 (2022), S. 288; breiter *Alexander Dietz*, in: ders./Hartwig von Schubert, Brauchen wir eine allgemeine Dienstpflicht?, 2023, S. 6 ff., 114 f., 174; das Argument, gesellschaftliche Solidarität lasse sich nicht *durch* Recht erzeugen – *Schröder* (Fn. 7), S. 388 (392) – übersieht, dass es um einen Förderversuch *mit* Recht geht, nicht eine Solidaritätsherstellung durch Recht.

[24] Zu ihnen *Christoph Möllers*, Die Möglichkeit der Normen, 2015, S. 34 f., 228 f., 401 f.; hins. der EU *Ulrich Haltern*, Europäische Integration, in: Uwe Kischel/Hanno Kube (Fn. 8), § 3 Rn. 39–41.

[25] *Winfried Kluth*, Ziele und Bedingungen von Integration, in: Arnd Uhle (Hrsg.), Migration und Integration, 2018, S. 89 (101), Zitate; *Thomas Faist*, The Fixed and Porous Boundaries of Dual Citizenship, in: ders. (Hrsg.), Dual Citizenship in Europe, 2007, S. 1 (4): „Institutions can thus be seen as congealed or thickened beliefs and norms. […] In turn, policies and institutions do not simply affect and guide the behaviour of citizens but also constitute the ‚identity' of actors."

[26] Vor einer „Entlastungsformel" des Staates wegen des Böckenförde-Diktums warnt *Paul Kirchhof*, Grundrechtsinhalte und Grundrechtsvoraussetzungen, in: Detlef Merten/Hans-Jürgen Papier (Hrsg.), Handbuch der Grundrechte in Deutschland und Europa, Bd. I, 2004, § 21 Rn. 6; aufgrund von Fehldeutungen von einer „Unterschätzung der Möglichkeiten des Staates" spricht *Christian Walter*, Das Böckenförde-Diktum und die Herausforderungen eines modernen Religionsverfassungsrechts, in: Hermann-Josef Große Kracht/Klaus Große Kracht (Hrsg.), Religion – Recht – Republik. Studien zu Ernst-Wolfgang Böckenförde, 2014, S. 185 (188).

[27] Zum Staatsangehörigkeitsrecht *Kay Hailbronner/Ferdinand Weber*, Das gemeinsame Band, FAZ v. 15.12.2022, S. 6; *Ferdinand Weber*, Vermeidung von Mehrstaatigkeit. Zu einem möglichen Systemwechsel im deutschen Staatsangehörigkeitsrecht, in: Uwe Berlit/Michael Hoppe/Winfried Kluth (Hrsg.), Jahrbuch des Migrationsrechts für die Bundesrepublik Deutschland 2022, 2023, S. 395 (397, 417 ff.); *Daniel Thym*, Fallstricke des „Doppelpasses": rechtliche Inhalte und legitime Symbolik, JZ 78 (2023), S. 539 (548).

[28] Theoretisch unter Berücksichtigung des Mehrebenensystems *Udo Di Fabio*, Herrschaft und Gesellschaft, 2018, S. 221 ff.; im Einwanderungskontext *Daniel Thym*, in diesem Band, S. 12 ff.

gelegt, ohne sie statisch festzulegen. Das wird anhand von vier Beispielen verdeutlicht (III.). Die Funktion von Ordnungserzählungen führt zur Frage nach der Erforderlichkeit einer übergreifenden Anlaufsemantik, also ob eine Einwanderungsgesellschaft von einem außerrechtlichen Identitätsangebot profitiert. Das wird bejaht und ein Konzept aufgegriffen, das in der Lage ist, Altes und Neues zu verbinden (IV.).

Der Zugriff setzt voraus, Grundrechtsschutz und politische Mehrheitsherrschaft als nicht anders praktikable Formen von Selbstbestimmung und – wie immer – partikular vermittelte Form universeller Ideen anzuerkennen.[29] „The particular law that binds a particular people is universal"[30] steht jeder theoretischen Debatte weiter unbeeindruckt als gelebte Praxis in der internationalen Gemeinschaft gegenüber. Der Austausch gesellschaftlicher Kräfte findet innerhalb dieser Struktur statt.[31]

II. Verfassungsrecht als kulturelles Interferenzschema

Die Institutionentheorie, die Rechtswissenschaft und die Rechtsprechung des Bundesverfassungsgerichts (BVerfG) zeigen, dass Gesetzgebung, Rechtsanwendung und rechtlich begründete Institutionen nicht historisch und kulturell indifferent sind.[32] Die Fähigkeit des Rechts, (trotzdem) integrativer Anlaufpunkt für alle Teile der Gesellschaft zu sein, folgt aus seiner Änderbarkeit. Sie enthält

[29] Zur Infragestellung der Grundrechtsauslegung selbst als „Ausdruck der Mehrheitsgesellschaft, die blind für kulturelle Autonomieansprüche" sei, *Schorkopf* (Fn. 5), S. 29 f.; Typologie von Vermittlungselementen bei *Janne Mende*, Der Universalismus der Menschenrechte, 2021, S. 181–183.

[30] *Partha Chatterjee*, I Am The People: Reflections on Popular Sovereignty Today, 2020, S. 27.

[31] *Philip Manow*, Der Geist der Gesetze, Merkur 77 (2023), S. 5 (5): „Die Mehrheit interpretiert – Überraschung – Demokratie eher majoritär. Die Minderheit betont hingegen *checks and balances*, den Schutz von Minderheiten und die Gefahr einer Tyrannei der – Überraschung – Mehrheit. Die Mehrheit möchte durchregieren, die Minderheit möchte das Durchregieren der Mehrheit verhindern." mit der Anm. zur Minderheit ebd.: „Während ihr die Möglichkeit einer *tyranny of the few* im Regelfall keiner weiteren Erwähnung wert erscheint."; *Peter Graf Kielmansegg*, Die Macht der Minderheit, FAZ Nr. 223 v. 23.9.2023, S. 6.

[32] *Gabriele Britz*, Kulturelle Rechte und Verfassung, 2000, S. 193: „Kultur ist umfassend. Was auch immer staatliche Institutionen tun, es ist kulturell relevant. Die Ausdrucksformen staatlicher Institutionen sind – weit über die Sprache im engeren Sinn hinaus – selbst (Mehrheits-)Kultur."; *Samuel Scheffler*, Immigration and the Significance of Culture, Philosophy & Public Affairs 35 (2007), S. 93 (114); *Gert Melville/Hans Vorländer*, Geltungsgeschichten und Institutionengeltung, in: dies. (Hrsg.), Geltungsgeschichten. Über die Stabilisierung und Legitimierung institutioneller Ordnungen, 2002, S. IX; *Hans Vorländer*, Gründung und Geltung, ebd., S. 243 (248–263); *Philip Manow*, (Ent-)Demokratisierung der Demokratie, 2021, S. 169: „Demokratie ist aber an starke institutionelle Rahmungen gebunden, die Gleichheit strukturell garantieren, anstatt sie auf moralische Ansprüche zu reduzieren, die diejenigen privilegiert vortragen können, die dazu besonders ausgebildet worden sind."; vgl. auch *Thym*, Staatsvolk (Fn. 14), § 11 Rn. 75 („Unmöglichkeit kultureller Neutralität").

das Versprechen der Neuprägung, weil Normgebung unter dem Grundgesetz in grundrechtlicher Freiheit erarbeitet wird.[33]

Die praxeologische, d.h. handlungsbezogene Kulturtheorie ist hilfreich, um die kulturelle Grundierung dieses Zusammenhangs aus einer externen Perspektive zu beleuchten. Sie begreift kulturelle Reproduktion und kulturellen Wandel als verbundene Phänomene. Danach ist Kultur als objektivierbare (nicht: ontologische), sich reproduzierende Prägung erkennbar, beeinflusst Aspekte des Verhaltens, stiftet soziale Orientierung und Identität, bleibt durch ihre Handlungsbezogenheit aber immer ein dynamisches Konzept. Zwischen individuellen und kollektiven Handlungen bestehen Interferenzen, die Personen und Gemeinschaften stabilisieren *und* verändern.[34] Beide werden als aktive interpretative Aneignungen „unterschiedlicher, einander ‚überlagernder' Sinn- und Aktivitätselemente, die ganz verschiedener räumlicher und zeitlicher Herkunft sein können"[35], begriffen. Das führt zu einem hybriditätsorientiertem Verständnis kultureller Differenzen, das ihre Handlungsformen auch als kollektive Muster erfassen kann, ohne aufgrund der Anerkennung ihrer Dynamik „zur Reifizierung von Sinngrenzen" zu neigen.[36]

Für die verfassungsrechtliche Infrastruktur lässt sich das fruchtbar machen. Grundrechtliche Freiheitsrechtsausübung bleibt analytisch und verfassungsdogmatisch von demokratischer Selbstbestimmung trennbar, aber *beide* werden klarer als Ausdruck kultureller Handlungsformen erkennbar, die praktisch verbunden sind. Das grundrechtlich geschützte Ausleben kultureller Differenzen schließt die Suche nach einem Wir-Gefühl, dessen Aspekte sich auch in gesellschaftlich kontrovers debattierten demokratischen Mehrheitsentscheidungen abbilden können, nicht aus. Das ist in der Sache bereits in manchem Landesintegrationsgesetz abgebildet.[37]

---

[33] Vgl. *Klaus Ferdinand Gärditz*, Der Bürgerstatus im Lichte von Migration und europäischer Integration, VVDStRL 72 (2013), S. 49 (152 Fn. 345).

[34] Ich knüpfe hier an *Weber* (Fn. 12), S. 407–412 an, dort v.a. unter Rekurs auf *Andreas Reckwitz*, Transformation der Kulturtheorien, 2. Aufl. 2008, S. 636–643, zur Pragmatik S. 641: „Wenn die Kulturtheorie sowohl kulturelle Reproduktion als auch kulturellen Wandel als verständliche Phänomene beschreiben will, wird sie sich in der Grundbegrifflichkeit beide Möglichkeiten offenhalten müssen [...]."; ähnliche Verständnisse bei *Andreas Wimmer*, Ethnic Boundary Making, 2014, S. 79 ff., 195; *Scheffler* (Fn. 32), S. 105, 108, 112 f.

[35] *Andreas Reckwitz*, Kulturelle Differenzen aus praxeologischer Perspektive: Kulturelle Globalisierung jenseits von Modernisierungstheorie und Kulturessentialismus, in: Ilja Srubar/Joachim Renn/Ulrich Wenzel (Hrsg.), Kulturen vergleichen – sozial- und kulturwissenschaftliche Grundlagen und Kontroversen, 2005, S. 100 f.

[36] *Reckwitz* (Fn. 35), S. 94, 102.

[37] Exemplarisch § 1 Abs. 1 Nr. 3 Teilhabe- und Integrationsgesetz NRW v. 25.11.2021 (Auszug): „Integration ist ein Prozess und umfasst nach diesem Gesetz im Einzelnen: 3. (Integration als Gestalten) die Förderung eines umfassenden gesellschaftlichen und politischen Prozesses von Begegnung und Austausch aller Menschen, unabhängig davon, ob und welche Einwanderungsgeschichte gegeben ist, zur Gestaltung und Pflege einer gemeinsamen Identität, Heimat und Erinnerungskultur in Nordrhein-Westfalen sowie zur Förderung demokratischen Handelns".

Demokratische Selbstbestimmung empfängt ohnehin aus der ganzen Gesellschaft Impulse, auch wenn ein verfassungsrechtlich vorausgesetztes Legitimationssubjekt, das kleiner als sie ist, Gesetzgebung legitimiert.[38] Eine Reihe von Grundrechten ist funktional gerade auf eine Einwirkung in die öffentliche Meinungsbildung gerichtet.

Ein demokratisch gestaltbares Monopol auf Freiheitsbeschränkung ist deshalb ein historischer Freiheitsgewinn.[39] Wenn sich das Grundgesetz als Ensemble aus individueller Freiheit und kollektiver Selbstbestimmung beschreiben lässt, sind es die praktischen Verbindungsbrücken zwischen beiden (unten, III. 4.), auf denen die „sehr anspruchsvolle Voraussetzung" der gegenseitigen Anerkennung aller als Teil *einer* Gesellschaft immer wieder verhandelt und austariert wird.[40]

III. Gesellschaftliche Integration. Zum Wir nicht durch, aber mit Recht

Eine Reihe rechtlicher Einrichtungen und Strukturen lässt eine Gemeinsamkeit erkennen: der Bezug zum und teilweise ein Prägeanspruch des gesellschaftlichen Ganzen, ohne demokratischen Prozessen feste Inhalte vorzugeben. Ihnen wird vielmehr die Ausfüllung aufgegeben.

1. Freiheit. Werteabstinenz bei Integration ins „gesellschaftliche Ganze"

Im staatlichen Erziehungsauftrag kommt das am deutlichsten zum Ausdruck. Er ist migrationsindifferent, steht neben dem zweckgebundenen Individualgrundrecht der Eltern aus Art. 6 Abs. 2 S. 1 GG[41] und überwölbt es aufgrund der Integrationsfunktion der Schulpflicht. In der Schule treffen verschiedene Grundrechtspositionen und der staatliche Bildungs- und Erziehungsauftrag

[38] *Gärditz* (Fn. 19), § 11 Rn. 70 aE sieht die Staatsangehörigkeit über den Demokratiebegriff von Art. 20 Abs. 2 iVm Art. 79 Abs. 3 GG vorausgesetzt, „um überhaupt ein demokratisches Legitimationssubjekt bilden zu können, das Staatsgewalt legitimieren kann"; das Legitimationssubjekt ist sowohl bezüglich Nichtstaatsangehöriger als auch nicht wahlberechtigter Staatsangehöriger (Art. 38 Abs. 2 GG, §§ 12 und 13 BWahlG) kleiner als die Gesellschaft im obigen Sinn (Fn. 2).

[39] Klassisch *Niklas Luhmann*, Grundrechte als Institution, 1965, S. 57: „Die Grundrechte werden angesetzt, um die Freiheit gegen den Staat zu sichern; aber das setzt voraus, dass zunächst einmal eine Gegeninstanz, ein Monopol auf Freiheitsbedrohung geschaffen ist, mit deren Bändigung man nicht ins Leere greift, sondern den positiven Erfolg, die Freiheit, wirksam herstellen kann. Der Staat ist, was immer wieder vergessen wird, Vorbedingung der Freiheit."; angesichts der Europäisierung und Internationalisierung öffentlicher Gewalt mit dem Merkmal politischer Herrschaft, in der Sache aber ähnlich *Möllers* (Fn. 14), Ziff. 222 ff.

[40] *Christoph Möllers*, Demokratie. Zumutungen und Versprechen, 2. Aufl. 2009, Ziff. 59, Zitat, weiter: „Demokratische Identitäten sind weder einfach durch Verfahren herzustellen noch sind sie unabänderlich."

[41] Dazu BVerfGE 59, 360 (376 f.). – Schülerberater.

aufeinander.[42] Die Befähigung zum Aushalten von Pluralismus, einer selbstbestimmten Teilhabe an der Gesellschaft und demokratischen Prozessen soll in der Breite vermittelt werden, während die Einforderung einer dichten Werteloyalität ausgeschlossen ist.[43] Das staatliche Schulwesen ist so der erste Ort milieuübergreifender soziokultureller Durchmischung einer Einwanderungsgesellschaft und deshalb ebenso auf eine nachhaltige institutionelle Pflege angewiesen[44] wie auf Teilnahme, was exemplarisch in der Rechtsprechung zum Burkini im Schwimmunterricht zum Ausdruck kommt.[45] Teilweise werden kaum Möglichkeiten für weitere rechtliche Beiträge zum gesellschaftlichen Zusammenhalt gesehen.[46]

Das Bundesverfassungsgericht unterstreicht die Integrationsfunktion der Schule in ein gesellschaftliches Ganzes[47] deshalb womöglich gerade aufgrund der Ablehnung einer allgemeinen Werteloyalität. Zuletzt spiegelte es den Erziehungsauftrag subjektivrechtlich in einem Recht auf schulische Bildung aus Art. 2 Abs. 1 iVm Art. 7 Abs. 1 GG.[48] Der gedankliche Gegenpol, eine dichte mate-

---

[42] Siehe bereits *Christine Langenfeld*, Integration und kulturelle Identität zugewanderter Minderheiten: Eine Untersuchung am Beispiel des allgemeinbildenden Schulwesens in der Bundesrepublik Deutschland, 2001, S. 387 ff.; *Felix Hanschmann*, Staatliche Bildung und Erziehung, 2017, S. 104 f. mit den Beispielen vermehrter Klagen über in Schulräumen angebrachte Symbole, Befreiungswünsche von bestimmten Unterrichtsinhalten, schulischen Veranstaltungen oder an bestimmten Schultagen als Ausdruck neuer Konfliktlagen.

[43] BVerfG, Beschl. v. 24.3.2001, 1 BvQ 13/01, Rn. 24: „Die Bürger sind rechtlich nicht gehalten, die Wertsetzungen der Verfassung persönlich zu teilen. Das Grundgesetz baut zwar auf der Erwartung auf, dass die Bürger die allgemeinen Werte der Verfassung akzeptieren und verwirklichen, erzwingt die Werteloyalität aber nicht. Die Bürger sind daher auch frei, grundlegende Wertungen der Verfassung in Frage zu stellen, solange sie dadurch Rechtsgüter anderer nicht gefährden. Die plurale Demokratie des Grundgesetzes vertraut auf die Fähigkeit der Gesamtheit der Bürger, sich mit Kritik an der Verfassung auseinander zu setzen und sie dadurch abzuwehren."; BVerfGE 124, 300 (320 f.) – Wunsiedel.

[44] Zum Problem der fehlenden Durchlässigkeit des Schulsystems *Emanuel V. Towfigh*, in diesem Band, S. 239; allg. *Otfried Höffe*, Der Gesellschaft droht eine neue Spaltung, FAZ v. 22.6. 2023, S. 6.

[45] BVerwG, NVwZ 2014, S. 81 (83 f. Rn. 16 ff.).

[46] Etwa *Markus Möstl*, Staat – der deutsche Bundesstaat in der EU, in: Klaus Stern/Helge Sodan/ders. (Fn. 19), § 1 Rn. 43.

[47] BVerfGK 1, 141 = NVwZ 2003, S. 1113 zur Pflicht zum Besuch der staatlichen Grundschule: „Dieser Auftrag richtet sich nicht nur auf die Vermittlung von Wissen, sondern auch auf die Heranbildung verantwortlicher Staatsbürger, die gleichberechtigt und dem Ganzen gegenüber verantwortungsbewusst an den demokratischen Prozessen in einer pluralistischen Gesellschaft sollen teilnehmen können."; BVerfGK 8, 151 = FamRZ 2006, S. 1094 (1095).

[48] BVerfGE 159, 355 (383 f. Rn. 50) – Bundesnotbremse II: Die Herausbildung sozialer Kompetenzen durch soziale Interaktion der Schülerinnen und Schüler untereinander und mit dem Lehrpersonal, unterstrich der Erste Senat, erfüllt so auch die Aufgabe, „die elterliche Pflege und Erziehung bei der Förderung und Entwicklung der Kinder zu einer eigenverantwortlichen Persönlichkeit zu ergänzen und durch die Herstellung gleicher Bildungschancen alle Kinder und Jugendlichen zu einer selbstbestimmten Teilhabe an der Gesellschaft zu befähigen."; verfassungstheoretische Grundsatzkritik bei *Martin Nettesheim*, Das Grundrecht auf Unterstützung und Förderung der jugendlichen Persönlichkeitsentwicklung, JZ 77 (2022), S. 525 ff.

rielle Homogenisierung durch Unterordnung unter ein ursprünglich gedachtes Kollektiv und seine Direktiven ist dagegen als Verletzung der Menschenwürde eingestuft worden.[49] Das in der Schulpflicht enthaltene Anliegen ist dagegen ein prozedurales und pluralistisches, gleichwohl ausfüllungsbedürftiges. Die Festlegung ihrer Inhalte, von Lernzielen und didaktischen Strukturen unterliegt dem weiten Gestaltungsspielraum des Staates, damit gewählter Mehrheiten.[50]

2. Dichte. Politisches Mitgliedschaftsangebot in die Gesellschaft

Staatsangehörigkeitsgesetzgebung ist aus verfassungsdogmatischen und symbolischen Gründen „originäre Demokratiepolitik“[51]. Hier befinden, vermittelt über den Wahlakt, Statusinhaber über die Ausgestaltung der Erwerbsbedingungen, die nur an den nichtstaatsangehörigen Teil der Gesellschaft gerichtet sein können.[52] Zugleich findet ein Prozess gesamtgesellschaftlicher Verständigung über die Bedingungen politischer Mitgliedschaft statt.[53] Auch die Ausgestaltung des Migrationsrechts gegenüber Nichtstaatsangehörigen wird auf diesem Weg legitimiert. Der Staatsangehörigkeit bleibt damit jenseits keineswegs neuer Dekonzentrationsmomente, die gerade eine Folge demokratischer Entscheidungen sind, ihre verfassungsdogmatische und symbolische Funktion erhalten.[54]

Materiell setzt sich die für das Grundgesetz anfangs allgemein diagnostizierte „überraschende Gerichtsferne“[55] hier – nach Anpassungen des vorkonstitutionellen Rechts an grundgesetzliche Maßstäbe[56] – gewissermaßen bis heute fort. Das BVerfG hat die Formel vom „verlässlichen Status gleichberechtigter Zugehörigkeit“ geprägt, seine Ausformung aber im Wesentlichen dem Gesetzgeber, damit politischen Entscheidungen überlassen. Viele der von Interessenverbänden und in der Literatur aufgeworfenen Fragen wurden in Karlsruhe nie entschieden.[57]

---

[49] BVerfGE 144, 20 (207) – NPD-Verbotsverfahren II, ebd. weiter: „Die unbedingte Unterordnung einer Person unter ein Kollektiv, eine Ideologie oder eine Religion stellt eine Missachtung des Wertes dar, der jedem Menschen um seiner selbst willen, kraft seines Personseins zukommt. Sie verletzt seine Subjektqualität und stellt einen Eingriff in die Garantie der Menschenwürde dar, der fundamental gegen die freiheitliche demokratische Grundordnung verstößt.“

[50] BVerfGE 159, 355 (384 f. Rn. 53 f.) – Bundesnotbremse II.

[51] *Gärditz* (Fn. 33), S. 49 (155).

[52] Ausdrücklich § 2 Abs. 10 Teilhabe- und Integrationsgesetz NRW v. 25.11.2021: „Die Einbürgerung derjenigen Ausländerinnen und Ausländer, die die Voraussetzungen dafür erfüllen, liegt im Interesse des Landes. Das Land bietet den Einbürgerungsbehörden und den Organisationen von Menschen mit Einwanderungsgeschichte nach § 12 Absatz 2 hierzu eine Zusammenarbeit an.“

[53] Vgl. *Daniel Thym*, Migrationsverwaltungsrecht, 2010, S. 311; *Weber* (Fn. 12), S. 25.

[54] Zur Dekonzentrationserzählung *Weber* (Fn. 19), Grundlagen B. Rn. 146 ff.

[55] *Thym* (Fn. 7), S. 40 (42).

[56] Impulse kamen vor allem aus der Rspr., neben dem BVerfG vom BVerwG, und betrafen Diskriminierungsverbote und Justiziabilitätsfragen, dazu *Weber* (Fn. 12), S. 167–172.

[57] Zu nennen ist die Optionspflicht, strittige Einbürgerungskriterien wie die Einordnung in die deutschen Lebensverhältnisse, die Ausgestaltung der Rücknahme in § 35 StAG oder die Sta-

Unionsrechtliche und konventionsrechtliche Blickwinkel unterstreichen die Bedeutung der Staatsangehörigkeit. Der EuGH schreibt ihr ein „Verhältnis besonderer Verbundenheit und Loyalität" zu.[58] Der EGMR bejaht das Recht der Vertragsparteien, im Staatsangehörigkeitsrecht Loyalitätsanforderungen mit Verfassungsbezug zu formulieren. Loyalität meint dabei offensichtlich nicht vorrechtliche oder regierungsgeneigte Treue, sondern eine verhandelte, in Recht gegossene Vorstellung von demokratischer Mitgliedschaft. Das erfordert eine Festlegung auf für notwendig befundene Gemeinsamkeiten im Einbürgerungsrecht.[59] Der EGMR lässt hier, jenseits der margin-Doktrin, Raum für unterschiedliche „Wirs" der Vertragsparteien und dürfte auf die Einbeziehung betroffener Interessen im parlamentarischen Prozess achten.[60]

Die rechtliche und gesellschaftlich-symbolische Funktion des Status bleibt auch nach der Umsetzung neuer Reformüberlegungen erhalten.[61] Schon die beabsichtigte allgemeine Zulassung von Mehrstaatigkeit wird in den staatlichen Konfliktlagen der Gegenwart völkerrechtliche Schutzverkürzungen der politischen Gemeinschaft für ihre Bürgerinnen und Bürger und innenpolitisches Interventionspotenzial (noch) sichtbarer machen als zuvor.[62] Introvertierte Modernitätssemantik, die soziokulturelle Mehrfachzugehörigkeiten mit der Inha-

---

tusaberkennung aufgrund der Teilnahme an Kampfhandlungen terroristischer Vereinigungen in § 28 Abs. 1 Nr. 2 StAG; zur Gestaltungsverantwortung des Gesetzgebers zuletzt BVerfG, Urt. 23.1.2024, 2 BVB 1/19, Rn. 377.

[58] EuGH, *X gegen Udlændinge- og Integrationsministeriet,* C-689/21, EU:C:2023:626, Rn. 31 f.; eine davon zu trennende Frage sind Überformungen durch die Unionsbürgerschaft in der Rspr., dazu kritisch *Ferdinand Weber*, Competence Fusion Through Citizenship. The Federal Logic in the CJEU's Jurisprudence on Union Citizenship, EPL 28 (2022), S. 397–422.

[59] EGMR, Urt. v. 13.1.2015, Nr. 44230/06, *Petrapavlovskis gegen Lettland*, Rn. 85: „The Court notes that the assessment of loyalty for the purposes of the naturalisation decision in the present case does not refer to loyalty to the government in power, but rather to the State and its Constitution. The Court considers that a democratic State is entitled to require persons who wish to acquire its citizenship to be loyal to the State and, in particular, to the constitutional principles on which it is founded.", ebd. Rn. 84: „The choice of criteria for the purpose of granting citizenship through naturalisation in accordance with domestic law is linked to the nature of the bond between the State and the individual concerned that each society deems necessary to ensure."

[60] Exemplarisch EGMR, Urt. v. 1.7.2014 [GK], Nr. 43835/11, *SAS gegen Frankreich*, Rn. 154 ff.; dazu *Frank Schorkopf*, Staatsrecht der internationalen Beziehungen, 2017, § 9 Rn. 39 f.

[61] Hinsichtlich der Zulassung von Mehrstaatigkeit im Geburtserwerb ist die „Entscheidung für den Doppelpass längst gefallen" (*Thym,* Fallstricke (Fn. 27), S. 544), im Einbürgerungsrecht reflektierte die empirisch überwiegende Hinnahme dagegen die Ausnahmen zugunsten Betroffener, deren Aktivierung von äußeren Umständen abhing, an der Grundentscheidung, Mehrstaatigkeit vermeiden zu wollen, aber nichts änderte; ein konsequenter Abbau bedürfte einer nachgelagerten Optionspflicht für alle Mehrstaater, dazu *Weber* (Fn. 27), S. 426–428 und 439–457; krit. auch *SVR*, Positionspapier zur Weiterentwicklung des Staatsangehörigkeitsrechts, 23.11. 2023, S. 3–5; *Weber*, Stellungnahme vom 8.12.2023, BT Ausschuss-Drs. 20(4)349 J neu, S. 4–13.

[62] Rechtsvergleichender Überblick europäischer Konflikterfahrungen bei *Weber* (Fn. 27), S. 417–423; am Beispiel Ungarns ausf. *Szabolcs Pogonyi*, The passport as means of identity management: making and unmaking ethnic boundaries through citizenship, JEMS 45 (2019), 975 (981–990).

berschaft von Pässen gleichsetzt, erweist sich dann auch als Entscheidung für die Erhöhung latenter Verletzlichkeit, deren innenpolitische Aktivierung fremden Regierungen in die Hände gelegt wird.

3. *Weite. Ein gesellschaftliches Wir ohne demokratische Kongruenz*

Der EGMR ist zugleich die Instanz, die mit Blick auf ihren Bezugspunkt für die Einschränkung von Menschenrechten, die Notwendigkeit in einer „demokratischen Gesellschaft" (*democratic society*, etwa Art. 8 Abs. 2 EMRK) betont hat, dass das Erfordernis des Staatsangehörigkeitserwerbs zur Fortsetzung des Privat- und Familienlebens menschenrechtswidrig sein kann. Ein Bleibenwollen ohne Aufgreifen des politischen Mitgliedschaftsangebots kann, anders formuliert, menschenrechtlichen Schutz genießen.[63]

Das BVerfG leitete bereits Jahrzehnte zuvor einen aufenthaltsrechtlichen Verlängerungsanspruch aus grundrechtlichen Erwägungen ab und wies die kein-Einwanderungsland-These als rechtliches Argument explizit zurück.[64] Gegenüber legitimen Einfügungserfordernissen erkannte es das „mögliche" grundrechtlich geschützte Interesse Betroffener an, „ihre staatsbürgerliche und kulturelle Identität bewahren zu können".[65] Ein Wir-Gefühl ist danach seit langem jenseits einer vorrechtlich gedachten oder rechtlich gesetzten substanziellen Homogenität zu suchen.

Heute reflektieren § 43 Abs. 2 und 3 AufenthG den Anspruch, allen Mitgliedern der Gesellschaft, selbst hilfsbedürftigen deutschen Staatsangehörigen (§ 44 Abs. 4 S. 2 AufenthG), Handlungsfähigkeit in derselben zu vermitteln. Der nicht selten gewählte Verbleib in einem Daueraufenthaltsstatus (etwa § 9 AufenthG) ist dann eine zu respektierende Entscheidung für eine apolitische Dauermitgliedschaft. Ein Auseinanderfallen von Staatsvolk und Bevölkerung ist – die traditionell geringe Einbürgerungsneigung der Unionsbürgerinnen und Unionsbürger nicht einmal eingepreist[66] – angesichts der geltenden Rechtsstruktur gegen demokratietheoretische Problemfolien kein Grund zur Sorge, sondern

---

[63] EGMR, Urt. v. 26.6.2012 [GK], Nr. 26828/06, *Kurić u. a. gegen Slowenien*, Rn. 357.

[64] BVerfGE 49, 168 (183–188) – Aufenthaltserlaubnis, bes. 186: „Für die Ablehnung des Verlängerungsantrags genügt dann nicht mehr die allgemeine Begründung, die Bundesrepublik sei kein Einwanderungsland [...]."; vgl. zuvor im Ausweisungsrecht BVerfGE 35, 382 (399 f.) – Ausländerausweisung; BVerwG, NVwZ 1987, S. 809 (810): „[...] verfestigtes Recht, den Aufenthalt grundsätzlich so lange fortzusetzen, wie es der Ausländer wünscht."; *Hailbronner* (Fn. 18), S. 2109 f.: fortschreitende grundrechtliche Statusverfestigung aus Art. 2 Abs. 1 GG nach mehrfacher Wiedererteilung der Aufenthaltserlaubnis; *Weber* (Fn. 19), Grundlagen B. Rn. 148 f. m. w. N.

[65] BVerfGE 76, 1 (42 f.) – Familiennachzug.

[66] Zur Motivlage *Timo Tonassi/Alex Wittlif*, Motiviert zum Erwerb deutscher Staatsbürgerschaft? Abwägungen zwischen rechtlichen und emotionalen Faktoren von EU- und Drittstaatsangehörigen, ZAR 2023, S. 152 (155 f.); sie war schon unter den ‚Marktbürgern' der Europäischen Wirtschaftsgemeinschaft, vor Einführung der Unionsbürgerschaft gering, vgl. *Weber* (Fn. 64), ebd.

die Folge demokratisch verantworteter Alternativangebote und individueller Statuswahlfreiheit. Informationen über Vorteile des Staatsangehörigkeitserwerbs sind dann ebenso sinnvoll (und wirksam!)[67] wie die freie Entscheidung gegen ihn, etwa in der Rechtsprechung des EGMR, als normativer Abwägungsposten von Belang ist.[68]

4. Übergänge. Grundrechtsausübung in einer diversen Gesellschaft

Auch die Grundrechtsordnung des Grundgesetzes ist historisch und soziokulturell geprägt.[69] Daran ändert sich nichts, wenn man den Staat als „Teilbereich der sich selbst verfassenden Gesellschaft", die mit demokratischen Gesetzen auf sich einwirkt, und das öffentliche Recht als ins „Allgemeine hin verlängertes pluralistisches Gesellschafts- und Vereinsrecht" betrachtet, das „Ausdruck der Würde und Selbstbestimmung des Einzelnen ist".[70] Eingewanderte sind trotzdem erst einmal mit einer neuen, gewachsenen Freiheitsordnung konfrontiert.[71] Ihr dennoch verbindendes Gleichheits- und Freiheitsversprechen liegt im Abstraktionsgrad.[72] Er macht es plausibel, „jede Individualfreiheit [als] ein Stück Freiheit der Gesellschaft"[73] zu begreifen und die Gewährleistung von Freiheitsrechtsausübung gleichzeitig und trotzdem als individuellen Multikulturalismus rekonstruieren zu können.[74] Grundrechtsausübung kann zwar im Tatsächlichen ‚unter sich' bleiben, findet aber immer in einem Rahmen statt, in den sie ein-

[67] Dazu *Ferdinand Weber*, Staatsangehörigkeitsreform als Gesellschaftsreform? Gemeinschaftsbildung als Frage des Rechts und Diskurs der Bürger, ZAR 2019, 401 (411 Fn. 108) m. w. N.

[68] Zuletzt iRv sozialrechtlichen Ungleichbehandlungen am Maßstab von Art. 1 ZP iVm Art. 14 EMRK EGMR, Urt. v. 9.6.2022 [GK], Nr. 49270/11, *Savickis u. a. gegen Lettland*, Rn. 215; für Ausweisung und Abschiebung vgl. *Martin Nettesheim*, in: Jens Meyer-Ladewig/ders./Stefan von Raumer (Hrsg.), Europäische Menschenrechtskonvention, 5. Aufl. 2023, Art. 8 EMRK Rn. 77, 84.

[69] *Thomas Kleinlein*, Grundrechtsföderalismus, 2020, S. 50: „Die Art und Weise, wie Verfassungen die Grundrechte schützen, sind jeweils Ausdruck der Verfassungswerte, der Traditionen und der Rechtskultur."; vgl. auch *Jan Komárek*, Why National Constitutional Courts Should not Embrace EU Fundamental Rights, in: Sybe de Vries/Ulf Bernitz/Stephen Weatherill (Hrsg.), The EU Charter of Fundamental Rights as a Binding Instrument, 2015, S. 75 (85): „‚sub-surface level' of the legal order", das Auslegung und Anwendung über rechtskulturelle Hintergründe speist.

[70] Für diese Perspektive *Isabelle Ley*, Drittwirkung als Erstwirkung? Die Bedeutung der Unterscheidung zwischen öffentlichem Recht und Privatrecht für die Grundrechtstheorie, ARSP 108 (2022), S. 412 (Zitate von 417, 443); strukturell anders *Haltern*, unten Fn. 92.

[71] Zu ihrer zunehmenden, komplexen Verschränkung mit der Grundrechtecharta der Union und der EMRK *Ferdinand Weber*, Europäisierung von Innen?, AöR 147 (2022), S. 361 ff.

[72] *Jannis Lennartz*, Eine Grammatik der Freiheit? Zur gesellschaftspolitischen Dimension der Grundrechtsdogmatik, in: Hans-Michael Heinig/Frank Schorkopf (Hrsg.), 70 Jahre Grundgesetz, 2019, S. 67 (71): „Projektionsfläche für unterschiedliche Vorstellungen von einer guten Ordnung"; *Harbarth* (Fn. 9), S. 1 (14): „Denn in der Abstraktion schwingt das an alle gerichtete Versprechen mit, dass auch die eigene Position in ihr aufzufinden sein könnte."

[73] *Rupp* (Fn. 2), § 31 Rn. 41, ähnl. Rn. 49.

[74] *Christian Joppke*, Is Multiculturalism Dead?, 2017, S. 3, 154 und 161.

gebettet ist.[75] Wenn Integration im Austragen und Verarbeiten gesellschaftlicher Konflikte Gestalt annimmt,[76] ist ein liberales Grundrechtssystem eine gesellschaftliche Integrationsplattform ersten Ranges.

Die Frage nach Freiheitsgrenzen leitet zur demokratischen und institutionellen Dimension der Rahmensetzung über. Selbst der EGMR nimmt und muss Grenzziehungen zwischen der der Bedeutung von Mehrheiten und der Ausübung von Menschenrechten vornehmen.[77] Ihre Festlegung wird in einer diversen und dynamischen Einwanderungsgesellschaft absehbar anspruchsvoller. Die Aufforderung an alle staatlichen Ebenen, die Möglichkeiten gemeinsam stattfindender Freiheitsrechtsausübung auszubauen und so das gesellschaftliche Miteinander erfahrbarer zu machen, lässt sich als Forderung verstehen, bessere Bedingungen für ein Wir-Gefühl zu schaffen.[78] Es geht, wie auch in der Debatte um eine allgemeine Dienstpflicht, darum, was der Staat zum Erleben übergreifender Gemeinschaftlichkeit beitragen kann und sollte.[79] Die Förderung des

---

[75] *David Miller*, Strangers in our Midst, 2016, S. 67: „Obviously, these two forms of culture are not sealed off from one another. A person's private values are likely to influence her public attitude. […] The real issue is about areas in which private culture and public culture intersect – in which it becomes harder to reach agreement on public matters because people approach them on the basis of conflicting and privately held beliefs and values – and with the possible alienating effect of separate and exclusive cultural identities."; *Martin Nettesheim*, Migration im Spanungsfeld von Freizügigkeit und Demokratie, AöR 144 (2019), S. 358 (363).

[76] In diesem Sinne übereinstimmend *Paul Scheffer* (Fn. 22), S. IX; *Aladin El-Mafaalani* (Fn. 22), S. 99–111; *Christoph Möllers* (Fn. 40), Ziff. 64: „Den Prozess der Integration erkennt man am Konflikt."; *Harbarth* (Fn. 9), S. 1 (7 f.): „Dabei gilt es zu betonen, dass die häufig beklagten gesellschaftlichen Fliehkräfte nicht nur Folge innerer und äußerer Krisen sind, sondern auch und insbesondere ein Produkt individualistischer Freiheit […]."; zu Rahmenbedingungen *Nicole Deitelhoff/Cord Schmelzle*, Social Integration Through Conflict: Mechanisms and Challenges in Pluralist Democracies, KZfSS 2023, S. 1 (5 ff.).

[77] Allg. *Frank Schorkopf*, Menschenrechte und Mehrheiten, ZaöRV 82 (2022), S. 19 ff.; vgl. EGMR, Urt. v. 13.7.2021, Nr. 40792/10 u. a., *Fedotova u. a. gegen Russland*, Rn. 52: „It is true that popular sentiment may play a role in the Court's assessment when it comes to the justification on the grounds of social morals. However, there is a significant difference between giving way to popular support in favour of extending the scope of the Convention guarantees and a situation where that support is relied on in order to deny access of a significant part of population to fundamental right to respect for private and family life. It would be incompatible with the underlying values of the Convention, as an instrument of the European public order, if the exercise of Convention rights by a minority group were made conditional on its being accepted by the majority.", Nachw. weggelassen.

[78] *Sophie Schönberger* (Fn. 22), S. 151–155, die alle staatlichen Ebenen anspricht und Parks, öffentliche Plätze, Freibäder, Bibliotheken und „Anthropologische Orte" meint, „die durch ihr Zusammenspiel von räumlich-physischer Existenz und einer Gesamtheit von Möglichkeiten, Vorschriften und Verboten, deren Inhalt sowohl räumlich als auch sozial konnotiert ist, beziehungsstiftend sind und daher das Miteinanderleben in besonderer Weise erfahrbar machen." (S. 152 f.); zur Problematik sozialer Segregation in Städten empirisch *Marcel Helbig*, Hinter den Fassaden. Zur Ungleichverteilung von Armut, Reichtum, Bildung und Ethnie in den deutschen Städten, WZB Discussion Paper P 2023–003, Dezember 2023, bes. S. 56 f.

[79] Fn. 23; Eingriffstiefe und Steuerungsanspruch sind umstritten, vgl. nur *Lennart Pfahler/Zara Riffler*, Ampel-Regierung will Behörden Vielfalt verordnen, WamS v. 10.9.2023, S. 5; *Karl-*

Engagements in gemeinnützigen Vereinen und Ehrenämtern zählt seit Langem hierzu, wird aber als solche offenbar nicht (mehr) für ausreichend gehalten.[80] Einige Beispiele machen das Zusammenspiel von demokratischer Rahmensetzung und individueller Freiheitsrechtsausübung plastisch.

a) Grundrechtsschutz und Rahmensetzung am Beispiel der Glaubensfreiheit

Grundrechte werden durch einfachgesetzliche Ausgestaltung konkretisiert und konturiert,[81] mit Blick auf ältere Normen aber auch durch grundrechtskonforme Auslegung gewährleistet. So sichert die Subsumtion von Moscheen, Synagogen und Stätten von Weltanschauungsgemeinschaften unter die in §§ 2–9 BauNVO genannten Anlagen für „kirchliche“ Zwecke die kollektive Glaubensfreiheit und Weltanschauungsfreiheit (Art. 4 Abs. 1 und 2 GG) als vorbehaltlos gewährleistete Grundrechte ab.[82] Auf diese Weise hält der seit 1962 unveränderte Wortlaut mit der Freiheitsrechtsausübung in einer sich verändernden Gesellschaft Schritt.[83]

Eine Grenze zwischen Grundrechtsreichweite und Rahmensetzung zeigt sich bei religiös veranlassten Feiertagsregelungen. Nach der Karfreitagsentscheidung des BVerfG ist es legitim, wenn in Mehrheitsentscheidungen eine „Prägekraft der Geschichte“ zum Ausdruck kommt und der Gesetzgeber, d. h. änderbare Mehrheiten, an eine „für weite Teile der Bevölkerung bis heute fortdauernde besondere Bedeutung des Christentums“ anknüpft. Diese demokratische Prägebefugnis ist mit einem grundrechtlichen Konfliktausgleichsgebot versehen und beinhaltet kein individuelles Identifkationserfordernis.[84] Von „always the same tired examples“[85] kann in einer Einwanderungsgesellschaft keine Rede sein. Im Gegenteil: in manchen Feiertagsgesetzen der Länder ist inzwischen neben (zum Teil bußgeldbewehrten) Freistellungsansprüchen gegenüber Arbeitgebern über Verordnungsermächtigungen die Möglichkeit angelegt, Feiertage anderer Religionen zu berücksichtigen.[86] Insofern reflektieren die Regelungen Veränderungen in der religiösen Signatur in der Gesellschaft, die sowohl in grundrechtlicher Hinsicht

---

Heinz Ladeur, Das Demokratiefördergesetz ist verfassungswidrig, FAZ Einspruch-Exklusiv v. 17.10.2023.

[80] Zu jüngeren Entwicklungen *Isabelle Ley*, Das Politische der Gemeinnützigkeit: Das Vereinsrecht zwischen Steuerrecht, Gefahrenabwehr und Antidiskriminierung, Die Verwaltung 55 (2022), S. 497 ff.

[81] *Matthias Cornils*, Die Ausgestaltung der Grundrechte, 2005, S. 494 ff.; *Roman Herzog*, Grundrechte aus der Hand des Gesetzgebers, in: FS Zeidler Bd. 2, 1987, S. 1415 (1416 ff.)

[82] Einzelheiten bei *Jürgen Stock*, in: Werner Ernst u. a. (Hrsg.), Baugesetzbuch, 146. Lfg. April 2022, § 4 BauNVO Rn. 80–82.

[83] Siehe BVerwG, NVwZ 1994, S. 282 (284).

[84] Der Senat spricht von einem äußeren Rahmen zur „synchronen Taktung sozialen Lebens“, vgl. BVerfGE 143, 161 (190–193) – Karfreitag, Zitate von 191 und 193.

[85] Diese Einordnung von Feiertagsbeispielen bei *Christian Joppke* (Fn. 74), S. 164.

[86] Hier nur §§ 7 und 10 Abs. 1 Nr. 4 Feiertagsgesetz Brandenburg; ein Überblick bei *Fontana*, Integrationsrecht (Fn. 3), S. 101 f.

als auch durch Normsetzung Berücksichtigung finden und eine zukünftige Abbildung in Parlamentsgesetzen als Möglichkeit ankündigen.

b) Dynamische Austarierung im Einzelfall als Struktur

Neben (neuer) Gesetzgebung findet die Austarierung im Einzelfall durch Gerichte statt. Dafür steht etwa die Rechtsprechung zur Motorradhelmpflicht für Sikhs oder das glaubensgeleitete Schächten von Tieren, das BVerwG und BVerfG zunächst unterschiedlich beurteilten.[87] Solange die Grundeinsicht bleibt, dass die Beanspruchung grundrechtlichen Schutzes ebenso wie die Organisation demokratischer Mehrheiten allen offen stehende Optionen sind, die Erfolg nicht garantieren, sind lautstarke Auseinandersetzungen kein Desintegrationszeichen. Vielmehr zeigt sich, dass eine diverse Gesellschaft weder im Ergebnis noch in der Tonlage über ein harmonisches Wir verhandelt.[88]

Für die Austarierung im Einzelfall hält das Verfassungsrecht keine abstrakten Antworten bereit. Sie wären auf Grundlage verfassungstheoretischer Prämissen zu erarbeiten. Als Reaktion auf die zunehmende Diversität der Gesellschaft kann etwa vorgeschlagen werden, voraussetzungsreicher werdenden demokratischen Mehrheitsentscheidungen, die gerade nicht von klaren soziokulturellen Bevölkerungsmehrheiten getragen werden, mehr normatives Gewicht zu geben[89] und bei kulturell codierten Konflikten Ergebnissen des demokratischen Prozesses den Vorzug zu geben.[90] Gerade für eine Einwanderungsgesellschaft könnte die These Plausibilität gewinnen, dass in gesellschaftlicher Diversität und grundrechtlicher Freiheit erarbeitete Entscheidungen über Freiheitsgrenzen und auch relative Homogenitätsanforderungen im Einbürgerungsrecht legitim sind, um den demokratischen Entscheidungszusammenhang zu stabilisieren und diese Entscheidungen als Ergebnisse einer – stets zeitgebundenen – gesellschaftlichen Debatte auszuweisen.[91]

---

[87] In der genannten Reihenfolge BVerwG, NJW 2019, S. 3466 (3467 Rn. 17 ff.); zum Schächtverbot und Ausnahmen BVerwG, NVwZ 1996, S. 61 (62 f.); BVerfG, NJW 2002, S. 663 (665 f.).

[88] Vgl. *Christoph Möllers* (Fn. 40), Ziff. 66: „Konsens ist nur für Fragen zu haben, die niemandem bewusst sind oder keinen interessieren. Demokratische Identitäten entstehen an Konflikten."; zu Verschiebungen im Grundrechtsschutz *Lino Munaretto*, Das Recht der Singularitäten. Das Allgemeine und das Besondere im Rechtsdenken der Moderne, AöR 148 (2023), S. 351 (387–390, 392–394).

[89] *Martin Nettesheim*, Liberaler Verfassungsstaat und gutes Leben, 2017, S. 60: „Denn in dem gleichen Maße nimmt das Gewicht der Gründe ab, die das Verfassungsgericht dafür anführen kann, sich unter Rückgriff auf Grundrechte über den Willen des Gesetzgebers hinwegzusetzen." und S. 48: „Über Grundrechtsbeschwerden wird regelmäßig so verhandelt, als ob die Antragssteller keine politische Autonomie hätten."

[90] So lässt sich verstehen *Ruud Koopmans*, Assimilation oder Multikulturalismus? Bedingungen gelungener Integration, 2017, S. 212–221.

[91] In diesem Sinne nicht als vorrechtliche Substanzerhaltung, sondern demokratische Aufgabe *Horst Dreier*, Religion und Verfassungsstaat im Kampf der Kulturen, in: ders./Eric Hilgendorf (Hrsg.), Kulturelle Identität als Grund und Grenze des Rechts, ARSP Beiheft 113 (2008),

5. Fazit. Integrative Struktur des Rechts

Die (verfassungs)rechtliche Infrastruktur des Rechts der Bundesrepublik ist in verschiedener Hinsicht auf die Integration eines gesellschaftlichen Ganzen gerichtet, setzt für inhaltliche Anforderungen aber politische Entscheidungen, damit eine Willensbildung aus der Gesellschaft heraus, voraus. Die Zugänglichkeit zu und Freiheit für und gegen politische Mitgliedschaft ist dann entscheidend, um Mehrheitsentscheidungen als legitime rechtliche Rahmensetzungen und Konfliktentscheidungen erster Ordnung einzuordnen, die im Anschluss in Einzelfällen durch Rechtsprechung auf einer zweiten Ebene kleingearbeitet werden und Impulse an Legislative und Verwaltung zurücksenden.

IV. Ordnungserzählungen. Zum Sinn eines modernen Nationsverständnisses

Die Möglichkeit, durch demokratische Entscheidungen kulturelle Präferenzen zum Ausdruck zu bringen, berührt zugleich die symbolische Funktion des Rechts.[92] Daniel Thym hat für die Migrations(rechts)geschichte der alten Bundesrepublik auf semantische Gegenakte und kommunikative Kontrafaktizitäten hingewiesen, mit der politischer Steuerungsausfall durch die Aufrechterhaltung eines kulturellen Nationsverständnisses kompensiert wurde.[93] Diese Akte wären überflüssig, wenn Ordnungserzählungen für die Akzeptanz von in Recht ge-

S. 13 (28): „Ein von Pluralität und Dissens geprägtes Gemeinwesen bedarf für die Erhaltung seiner Handlungs- und Integrationsfähigkeit selbst eines Mindestmaßes an kultureller, sozialer und zivilisatorischer Homogenität.“

[92] Vgl. *Ulrich Haltern*, Was bedeutet Souveränität?, 2007, S. 40 f.: „Der Volkssouverän ist nicht Produkt des Gesellschaftsvertrages, vielmehr ist der Bürger das Produkt des Volkssouveräns. Der Souverän ist gegenüber der Summe der Individuen immer etwas Überschießendes. [...] Ebenso leiten die Institutionen einer politischen Ordnung ihre Autorität und ihre symbolische Bedeutung daraus ab, dass sie Erscheinungen des Souveräns sind; politisches Leben erschöpft sich nicht im Vertrag oder im Zwang.“

[93] *Daniel Thym*, in diesem Band, S. 14; *ders.*, Vom „Fremdenrecht“ über die „Denizenship“ zur „Bürgerschaft“, Der Staat 57 (2018), S. 77 (96): „Gleichzeitigkeit von aufenthalts- und sozialrechtlicher Gleichstellung sowie symbolischer Ausgrenzung“; Außenansichten unterstreichen, wie anderen Rationalitäten folgende Normen die Wahrnehmung zementieren können, s. zu Art. 116 Abs. 1 GG im Vergleich zum regulären Einbürgerungsrecht *Tomas Hammar*, Democracy and the Nation State, 1990, S. 177: „In other words, domicile plus a native membership of the German nation immediately leads to a formal citizenship in the Federal Republic of Germany, while several decades of residence without this membership of the nation does not.“; zur seiner Struktur nach inhärenten Offenheit des RuStAG dagegen *Dietrich Thränhardt*, Allgemeines Wahlrecht und Ausschluß von der Wahlberechtigung: Welche Vorgaben enthält das Demokratieprinzip?, in: Ulrike Davy (Hrsg.), Politische Integration der ausländischen Wohnbevölkerung, 1999, S. 15 (17 aE).

gossenen politischen Entscheidungen irrelevant wären.[94] Ihre Funktion als Akzeptanzvermittler politischer Herrschaft zeigt, dass eine Suche nach inklusiven Formen weiter sinnvoll ist.[95]

Das stärkste intergenerativ verbindende politische Konzept bleibt das der Nation. Missbrauchsmöglichkeiten unterstreichen das nur und sollten Anlass zu seiner Modernisierung sein, um es nicht rechtsidentitärer Vereinnahmung oder selbstgenügsamer Verabschiedung zu überlassen. Sie läge in einer „schrittweise[n] Erweiterung kollektiver Erfahrung",[96] die Altes und Neues verbindet. Das bietet sich an, weil nationale Identität als historisch-kulturelles Selbstverständnis einer politischen Gemeinschaft in Einwanderungsgesellschaften nachgefragt wird[97] und Migration als Kontinuum deutscher Geschichte zu einem ihrer Bestandteile werden kann. Aus dem internationalen politischen Denken verschwindet es ohnehin nicht[98] und wird durch die europäische Integration in gewisser Weise bereits modernisiert.[99] Auch die Union achtet ausdrücklich die

[94] *Christoph Möllers*, Wir, die Bürger(lichen), Merkur 71 (2017), S. 5 (12): „Wenn Politik sich in eine Gemengelage von Rechten, Moral und Fortschrittsglaube auflösen ließe, könnte sie auf nationale Identitäten verzichten."

[95] *Eva Ricarda Lautsch*, Integration durch Recht, 2023, S. 56–77, bes. S. 71: „Doch überzeugende politische Erzählungen sind deshalb weder vage noch ambivalent. Vielmehr beruht ihre Wirkmächtigkeit ähnlich einem Verfassungstext auf der Fähigkeit, notwendige Unschärfen durch starke, assoziationsreiche Begriffe zu binden und auf diese Weise einzuhegen."; *Albrecht Koschorke u. a.*, Der fiktive Staat, 2007, S. 56–58, 353, 383.

[96] *Johannes Masing*, Wandel im Staatsangehörigkeitsrecht vor den Herausforderungen moderner Migration, 2001, S. 76 f., Zitat; *Liav Orgad*, The Cultural Defense of Nations, 2015, S. 63: „Looking at the past (‚who we were') to define the present (‚who we are') is a limited method."

[97] *Cigdem Toprak*, Magisches Deutschsein, Die Welt v. 19.11.2018, S. 2: „Verfassungspatriotismus klingt in der Theorie gut, aber in der Realität reicht der Begriff für eine facettenreiche Nation wie die deutsche nicht aus. Er ist kein Klebstoff, die Gesellschaft zusammenzubringen oder die Leere zu füllen, die in so vielen jungen Menschen herumgeistert, die hier geboren sind, sich aber irgendwie nicht ganz zugehörig fühlen. Die abstrakte Liebe zu unserem Grundgesetz ersetzt nicht das verlorene Band zwischen West- und Ostdeutschland, das ein historisches Trauma zu überwinden versucht. Brauchen wir, gerade in Zeiten, in denen nationalistische populistische Bewegungen in Europa und Deutschland erstarken, eine nationale Identität, die inklusiv gegenüber Migranten ist, um einem ethnisch begründeten Verständnis von Nationalismus entgegenzusteuern? Ich finde: ja. ‚Bist du deutsch?', frage ich oft junge Menschen mit Migrationshintergrund. Sie antworten sehr zögerlich und nachdenklich: ‚Nein.' Und dann kommt ein: ‚Ich kann es nicht. Es geht nicht.' Wenn ich sie aber danach frage, worauf sie stolz sind in Deutschland, schießt es nur so aus ihnen heraus: auf den Wohlstand, die Sicherheit, das Sozialsystem."

[98] Etwa Interview mit Henry Kissinger, Die Zeit v. 25.5.2023, S. 2 (3): „Wenn die europäischen Nationen zu bloßen Gehilfen der USA werden, können sie keine eigenen Konzepte und Vorstellungen von ihrer Rolle in der Welt entwickeln. Aber nur wer eine solche genuin nationale Perspektive hat, wird auch bereit sein, Opfer auf sich zu nehmen. Deutschland stand in der Nachkriegszeit nie vor dieser Aufgabe, Opfer zu bringen, anders als Frankreich und Großbritannien, deshalb ist die Entwicklung in Deutschland gerade im Moment so extrem schwierig."; *Yascha Mounk*, The Great Experiment. How to Make Diverse Democracies Work, 2022, S. 211–215.

[99] *Stefan Korioth*, Europäische und nationale Identität: Integration durch Verfassungsrecht?, VVDStRL 62 (2003), S. 118 (150): „Europäische Einigung modernisiert das nationalstaatliche

nationale Identität ihrer Mitgliedstaaten, geht also von ihrer Existenz aus (Art. 4 Abs. 2 S. 1 EUV). In Nationalmannschaften, zu deren Bezeichnung der DFB nach einem Invisibilisierungsversuch zurückkehrte, liegt im Grunde bereits längst ein Symbol eines reflektierten Nationsverständnisses – weshalb die Äußerung, *Jerome Boateng* nicht zum Nachbarn haben zu wollen, nur als Protest gegen diese Veränderungsprozesse verstanden werden kann.[100]

Bloße Negation, die keinen brauchbaren Ersatz anbieten kann, macht das politische Konzept nicht weniger relevant.[101] Auch Widersprüchen könnte so begegnet werden. Der Konsens, die Shoa als prägendes Ereignis deutscher Geschichte in Zukunft weiter vermitteln zu wollen, wird über ein inklusives und aufgeklärtes Nationsverständnis gestützt, weil es einen intergenerativen Bezug zur Geschichte von Staat und Gesellschaft herstellt. Mit der Unterstützung der Ukraine gegen den russischen Angriffskrieg hilft die Bundesrepublik, ob beabsichtigt oder nicht, zudem nicht nur souveräne Staatengleichheit im Sinne des Völkerrechts zu verteidigen, sondern auch der politischen Selbstbehauptung einer von russischer Seite explizit negierten nationalen Identität – und ihrer weiteren Ausbildung.[102]

Ambivalenzen bleiben Teil des Nationsbegriffs, was jedoch auf alle leistungsfähigen Ordnungserzählung zutreffen wird, die historisch-politische Entwicklungen verarbeiten. Eine breite Verhandlung wird schon für sich eine Öffnung bewirken.[103] Wenn die Zusammensetzung des Staatsvolks – Legitimationssub-

System.“; *Erica Benner/David Miller*, The Idea of the Nation, in: Darian Meacham/Nicolas de Warren (Hrsg.), The Routledge Handbook of Philosophy and Europe, 2021, S. 169 (181): „to make them more likely to understand their identities cultural than in political terms, more likely to adopt inclusive rather than exclusive views of national membership, more likely to orient themselves towards a common future than towards past hostilities, more likely to recognize one another as equals than for the powerful to attempt to dominate the weak, and finally, more likely to accept external moral constraints on their behaviour, in the form, for example, of the rulings of international human rights courts.“

[100] *Saskia Aleythe*, Gauland macht Boateng zum Lieblingsnachbarn der Deutschen, SZ Online v. 30.5.2016; zur Abschaffung der Bezeichnung „Die Mannschaft“ vgl. SZ Online v. 28.7.2022.

[101] *Christoph Möllers* (Fn. 14), Ziff. 97: „Politische Konstruktionen, Nationen, Staaten, Institutionen, haben wegen ihrer Konstruiertheit keinen geringeren Realitätsgehalt. Sie sind unnatürlich, aber wirklich.“; vgl. auch *Stefan Auer*, European Disunion, 2022, S. 6 f.; eine Renaissance – wohl als ‚Primärsemantik‘ – für unwahrscheinlich hält *Thym*, Staatsvolk (Fn. 14), § 11 Rn. 62.

[102] Interview mit Ivan Krastev, Die Zeit v. 17.11.2023, S. 8 (9): „Der Erfolg der Ukraine ist eine riesige Herausforderung für den postnationalen Weg. Denn was man dort sieht, ist nicht nur die Kraft eines starken Nationalgefühls. Vor unseren Augen entsteht ein moderner, demokratischer Nationalstaat. Anders als Putin konnte Wolodymyr Selenskyj seinen Bürgern Opfer abverlangen, weil er selbst eines zu geben bereit war. Wir müssen also keine Angst vor Nationen haben, die Helden verehren. Darin liegt für mich die Kraft der Demokratie.“; Interview mit Timothy Snyder, Die Zeit v. 29.2.2024, S. 15: „Ich habe den Eindruck, die Ukrainer müssen immer wieder aufs Neue beweisen, dass sie wirklich eine Nation sind.“

[103] Differenziert zu politischen Anrufungen und Ambivalenzen *Andreas Fahrmeir*, Die Deutschen und ihre Nation, 2017, S. 177–182; global vergleichend *Liah Greenfeld*, Advanced Introduction to Nationalism, 2016, S. 128–137; für eine Hinwendung aus strategischen Gründen *Her-*

jekt der demokratisch verantworteten Fortschreibung der bundesrepublikanischen Geschichte – längst diverser geworden ist,[104] liegt nicht nur der Hinweis auf dieses Faktum auf der Straße, sondern auch die Anschlussüberlegung, das Selbstverständnis als Nation kommunikativ zu modernisieren.[105] Man muss es nur wollen.

V. Schluss

Mit zunehmender Diversität der Gesellschaft wird eine vorgestellte Gemeinschaft anspruchsvoller als im soziokulturell homogenen Deutschland der 1950er-Jahre. Dass ein Wir-Gefühl weiter wichtig ist, zeigen Forschung und Debatten zum Zusammenhalt der Gesellschaft und ihren Werten heute in einer anderen Lage und mit neuen Überschriften.[106] Das intuitive Gespür, dass hier auch in komplexen Gesellschaften weiter eine Bedingung funktionierender demokratischer Selbstbestimmung liegt, genügt. Eine empirische Gegenprobe muss nicht abgewartet werden.[107] Politische Ideen für eine symbolische Platzierung über-

fried Münkler/Marina Münkler, Die neuen Deutschen, 3. Aufl. 2016, S. 290: „Zweifellos kann man der Auffassung vertreten, die Vorstellung der Nation sei in der Welt des 21. Jahrhunderts antiquiert, und deswegen dafür optieren, den Nationsbegriff völlig aufzugeben und nur mit dem Begriffspaar Staat und Gesellschaft zu operieren. Das hat aber zwei bedenkenswerte Konsequenzen: Erstens überlässt man dann das stark emotional besetzte Nationskonzept anderen, die es politisch nutzen; zweitens verzichtet man auf eine politische Kategorie, die wie kaum eine andere in der Lage ist, Solidarität und gegenseitige Hilfsbereitschaft zu mobilisieren."; *Bernhard Yack*, Nationalism, Popular Sovereignty, and the Liberal Democratic State, in: T. V. Paul/G. John Ikenberry/John A. Hall (Hrsg.), The Nation-State in Question, 2003, S. 29: „The age of liberal democracy is also the age of nationalism."; für unterschiedliche Facetten des Begriffs s. auch *Matthias Friehe*, Staatsangehörigkeit, Staatsvolk in Bund und Ländern, Unionsbürgerschaft, in: Klaus Stern/Helge Sodan/Markus Möstl (Fn. 19), § 7 Rn. 2–11.

104 Dazu mit Zahlen *Weber* (Fn. 14), S. 102 (109).

105 *Rogers Brubaker*, The Manichean Myth: Rethinking the Distinction between „Civic" and „Ethnic" Nationalism, in: Hanspeter Kriesi u. a. (Hrsg.), Nation and national identity, The European Experience in Perspective, 2004, S. 55 (55): „One reason for the ambivalence, of course, is that ‚nation' and ‚nationalism' designate a whole world of different things. To a great extent, the ambivalence reflects not so much competing understandings and evaluations of the same thing, as alternative uses of the same term. Much of the ambivalence, that is, has been rooted in ambiguity. How people have evaluated nationalism has depended on what they have understood it to be."; vgl. weiter *Weber* (Fn. 12), S. 382–391; *Aleida Assmann*, Die Wiedererfindung der Nation, Warum wir sie fürchten und warum wir sie brauchen, 2020, S. 34 ff.; krit. zu verpassten Gelegenheiten einer Modernisierung nach dem Ende der Sowjetunion *Auer* (Fn. 101), S. 144–147.

106 Grundsätzlich kritisch *Jan-Werner Müller*, Verlieren ist auch eine Chance, Die Zeit v. 24.8. 2023, S. 8: „Zusammenhalt, ein Begriff, der in anderen Demokratien kaum eine Rolle spielt, lenkt letztlich ab von realen Problemen wie maroder oder ganz fehlender Infrastruktur, die es Bürgern schlicht schwerer macht zusammenzukommen."; dazu oben, Fn. 78 m. Begleittext.

107 *Paul Scheffer* (Fn. 22), S. XXXII: „Konservatismus kann nie die ganze Antwort sein. [...] Gesucht wird ein neues ‚Wir.' [...] Das Bewusstsein der gegenseitigen Abhängigkeit muss wachsen. Und: Ohne eine vorgestellte Gemeinschaft gibt es keine gemeinsame Verantwortung für das

greifender Identifikationsangebote zeigen aus der hier eingenommenen Perspektive eine wachsende Aufmerksamkeit für diesen Umstand.[108]

Damit ist nichts über die Dichte solcher Vorstellungen gesagt. Ein Wir-Gefühl wird schon deshalb dünn sein, weil seine Funktion sich darin erschöpft, individuelle Lebensgestaltung in grundrechtlicher Freiheit für alle zu gewährleisten. Das funktioniert nur durch gemeinsame Institutionen und die Akzeptanz gemeinsamen Rechts. Dem Leben in einem historisch und soziokulturell geprägtem Raum lässt sich nicht ausweichen. Seine Institutionen ragen in die Gegenwart hinein, aber sind gestaltbar. Ein reflektiertes Nationsverständnis kann als Vergangenheit und Zukunft verbindende Anlaufsemantik eine zukunftsoffene Pflege demokratischer Institutionen stützen. Das bescheidene Verdikt aus rechtswissenschaftlicher Perspektive lautet damit: Das Gefühl reicht. Hierzu leistet das Recht mehr als gedacht.

Wohl und Wehe der Gesellschaft. Aber dieses ‚Wir' wird weiter gefasst sein müssen und auch die Neuankömmlinge von heute mit einbeziehen."

[108] Exemplarisch der Antrag der CDU/CSU-Fraktion, Verfassung und Patriotismus als verbindendes Band stärken – Tag des Grundgesetzes am 23. Mai als Gedenktag aufwerten, BT-Drs. 20/6903 v. 25.3.2023, 1 f.: „Jeder Staat benötigt politische Symbole und Rituale, die den angestammten wie zugewanderten Bürgern Identifikationsmöglichkeiten bieten und ein Zusammengehörigkeitsgefühl stiften. [...] Mit Wirkung zum 23. Mai 2024 sollte der Tag des Grundgesetzes daher als jährlicher nationaler Gedenktag mit einer gemeinsamen Großveranstaltung aller deutschen Verfassungsorgane begangen werden. Im Rahmen dieser Veranstaltung sollte die Bundeskanzlerin bzw. der Bundeskanzler in jedem Jahr eine „Rede zur Lage der Nation" halten. [...] nicht leichtfertig denjenigen überlassen werden, die Patriotismus und Nationalismus nicht zu unterscheiden wissen."

Teil 2

Gebietszugang

Unionsbürgerschaft: föderale Zugehörigkeit oder Migrationsstatus?

Mattias Wendel

I. Einleitung

Mit der Alternativität zwischen föderaler Zugehörigkeit und Migrationsstatus ist die herausgeberseitig gestellte Frage nach dem Wesen des Unionsbürgerstatus auf eine Zuspitzung angelegt: Begründet die Unionsbürgerschaft ihrem Wesen nach eine substanziell besonders ausgeformte, aber letztlich doch nur *graduelle* Unterform eines Migrationsstatus oder legt sie das Fundament einer hiervon *prinzipiell* zu unterscheidenden Zugehörigkeit föderaler Art? Trotz aller Schattierungen und Ambivalenzen, die die Thematik bereithält, möchte der vorliegende Beitrag[1] diese kategoriale Zuspitzung im Grundsatz annehmen und sich dabei auf die Seite der föderalen Deutung stellen. Er rekonstruiert die Unionsbürgerschaft als einen Status föderativer[2] Zugehörigkeit, die in ihrer Integrität als *aliud* zu den unterschiedlichen Migrationsstatūs Drittstaatsangehöriger ausgestaltet ist.

Methodisch konzentrieren sich die folgenden Überlegungen auf eine konzise unionsverfassungsrechtliche Rekonstruktion des Unionsbürgerstatus, der, so wird zu zeigen sein, in seiner Substanz und Finalität kategorial von einem Migrationsstatus zu unterscheiden ist und dem Leitbild[3] einer föderativen Zugehörigkeit folgt. Diese Rekonstruktion erfolgt in drei Schritten und jeweils unter besonderer Würdigung der unionsverfassungsrechtlichen Grundlagen einschließlich der ggf. darauf bezogenen EuGH-Rechtsprechung sowie der darin zum Ausdruck kommenden – keineswegs immer kohärenten – Konzeption des Unionsbürgerstatus. Erstens fokussiert der Beitrag auf die grundlegenden Individualgarantien der Freizügigkeit und Nichtdiskriminierung, deren Verbürgung

[1] Der Text geht in Teilen zurück auf *Mattias Wendel*, Rechte der Unionsbürger, in: Christoph Grabenwarter (Hrsg.), Enzyklopädie des Europarechts II, 2. Aufl. 2022, § 23.

[2] Vgl. begrifflich in Abgrenzung zu dem in Teilen immer noch stark staatsverfassungsrechtlich konnotierten Föderalismusbegriff Art. 23 Abs. 1 S. 1 GG („föderativen Grundsätzen"). Für einen Föderalismusbegriff jenseits des Staates vgl. *Robert Schütze*, From Dual to Cooperative Federalism: The Changing Structure of European Law, 2009, S. 15 ff.

[3] Grundlegend zu Leitbildern der Unionsbürgerschaft *David Rabenschlag*, Leitbilder der Unionsbürgerschaft, 2009, dort S. 82 ff. speziell zur Unionsbürgerschaft als föderale Rechtsbeziehung.

auf den ersten Blick noch am ehesten als spezifische (besonders schutzintensiv ausfallende) Spielart eines Migrationsstatus erscheint, bei näherem Hinsehen indes unionsverfassungsrechtlich bereits deutlich am Leitmotiv einer föderativen Zugehörigkeit ausgerichtet ist (dazu II.). In einem zweiten Schritt wird der Blick auf die Unionsbürgerschaft als Grundlage der demokratischen Mitwirkung und Teilhabe an einer supranationalen politischen Union gerichtet. Hier kommt die *differentia specifica* zu einem Migrationsstatus besonders deutlich zum Ausdruck (dazu III.). Drittens zeigt sich der kategoriale Unterschied auch im Negativen, d.h. in der Verlustdimension, sei es mit Blick auf den individuellen Schutz vor Entzug der Unionsbürgerschaft gegenüber dem Heimatstaat, oder sei es mit Blick auf den vollständigen Statusverlust im Falle des Austritts aus der Union (dazu IV.). Als Fazit ist festzuhalten, dass die Unionsbürgerschaft heute in besonders tiefgehender Weise unionsverfassungsrechtlich als Status föderativer Zugehörigkeit verankert ist, dass gleichwohl aber beachtliche Spielräume für die Judikative sowie v.a. für die politische Ausgestaltung durch die Gesetzgeber auf europäischer und ggf. nationaler Ebene verbleiben. Die konkrete – und wandelbare – rechtliche Ausformung föderativer Zugehörigkeit ergibt sich erst aus dem Wechselspiel zwischen unionsverfassungsrechtlicher Grundlegung und legislativer Konkretisierung (dazu V.).

II. Freizügigkeit und Nichtdiskriminierung

Eine tragende Säule der unionsverfassungsrechtlichen Ausformung des Unionsbürgerstatus sind die Kerngarantien der Freizügigkeit (Art. 21 Abs. 1 AEUV, Art. 45 Abs. 1 GRC) und der Nichtdiskriminierung aus Gründen der Staatsangehörigkeit (Art. 18 Abs. 1 AEUV, Art. 21 Abs. 2 GRC). Beide Garantien scheinen einem Migrationsstatus konzeptionell noch am nächsten zu kommen. Denn aus Perspektive des Aufenthaltsstaates geht es um die Gewährung von Aufenthalt und Inländerbehandlung für „Ausländer", d.h. für Staatsangehörige anderer Staaten. Bei näherem Hinsehen zeigt sich jedoch, dass die unionsverfassungsrechtliche Radizierung[4] beider Garantien am Leitbild einer föderativen Zugehörigkeit ausgerichtet ist, die teleologisch über einen bloßen Migrationsstatus hinausgeht, wie ihn das Unionsrecht in durchaus vielfältigen Varianten etwa im Bereich des internationalen Schutzes (Art. 78 AEUV) oder der Einwanderungspolitik (Art. 79 AEUV) kennt. Beide eng miteinander verklammerten Unionsbürgerrechte, Freizügigkeit und Nichtdiskriminierung, haben sich durch die dynamisch-evolutive EuGH-Rechtsprechung zu einem wesensprägenden Bestand-

[4] Speziell zur verfassungsrechtlichen Dimension der freizügigkeitsrechtlichen Rechtsprechung vgl. bereits *Michael Dougan*, The constitutional dimension to the case law on Union citizenship, ELRev. 2006, S. 613.

teil europäischen Verfassungsrechts entwickelt, wurden zunehmend aber auch durch den Unionsgesetzgeber legislativ ausgestaltet. Insbesondere die Rechtsprechungsentwicklung ist dabei nicht linear im Sinne einer steten Ausweitung des Schutzniveaus verlaufen, sondern zeigte sich in Vergangenheit wie Gegenwart als zuweilen mäandrierender Prozess. Besonders anschauliches Beispiel für die immer wieder vorkommenden Windungen und Akzentverschiebungen sind die unterschiedlichen Phasen der Rechtsprechung zum Zugang zu Sozialleistungen, die rechtsdogmatisch auf der Verklammerung von Art. 18 Abs. 1 AEUV mit Art. 21 Abs. 1 AEUV bzw. dem diese Normen konkretisierenden Sekundärrecht fußt.[5]

1. Allgemeines Freizügigkeitsrecht

Das Unionsrecht gewährt die Freizügigkeit der Unionsbürger*innen[6] zunächst – und historisch bereits länger – mittels der binnenmarktrechtlichen Grundfreiheiten, namentlich der Arbeitnehmer-, Niederlassungs- und Dienstleistungsfreiheit.[7] Losgelöst von der Erbringung einer Erwerbstätigkeit garantiert das Unionsrecht zudem allen Unionsbürgern ein allgemeines Freizügigkeitsrecht im Gebiet der Union. Seinem Wesen nach ist dieses in Art. 21 Abs. 1 AEUV niedergelegte Freizügigkeitsrecht ein den Unionsbürgerstatus substanziell ausformendes, von ökonomischem Funktionalismus gelöstes und genuin an der freien Selbstbestimmung ausgerichtetes Individualrecht. Rechtsdogmatisch wird es häufig als Grundfreiheit klassifiziert,[8] was sich mit Blick auf seine transnationale Wirkrichtung und seinen primären Adressatenkreis, die Mitgliedstaaten, ebenso erklärt wie anhand seiner Subsidiarität gegenüber den binnenmarktrechtlichen Grundfreiheiten. Das allgemeine Freizügigkeitsrecht ist aber zugleich ein Unionsgrundrecht. Positiviert ist diese Grundrechtsdimension in Art. 45 GRCh. Gegen den Grundrechtscharakter lässt sich auch nicht einwenden, dass die Unionsgrundrechte die supranationale Legitimation beträfen, während die Grundfreiheiten auf transnationale Integration gerichtet seien und letztere gerade durch das Frei-

---

[5] Zum Paradigmenwechsel in der jüngeren Rspr. *Daniel Thym*, Die Rückkehr des „Marktbürgers" – Zum Ausschluss nichterwerbsfähiger EU-Bürger von Hartz IV-Leistungen, NJW 2015, S. 130; Daniel Thym (Hrsg.), Questioning EU Citizenship: judges and the limits of free movement and solidarity in the EU, 2020; *Niamh Nic Shuibhne*, Limits rising, duties ascending: The changing legal shape of Union citizenship, CMLRev. 2015, S. 889 (907 ff., 926 ff.); *Thorsten Kingreen*, In love with the single market? Die EuGH-Entscheidung Alimanovic zum Ausschluss von Unionsbürgern von sozialen Grundsicherungsleistungen, NVwZ 2015, S. 1503; *Charlotte O'Brien*, Civis Capitalist Sum: Class as the New Guiding Principle of EU Free Movement Rights, CLMRev. 2016, S. 937 (946 ff.).

[6] Die im Folgenden vorgenommene ausschließliche Verwendung des generischen bzw. geschlechtsunspezifischen Maskulinums („Bürger" bzw. „Unionsbürger") schließt alle Geschlechter bzw. Gender (w/m/d) ein.

[7] Art. 45, Art. 49 und Art. 56 AEUV.

[8] Vgl. *Ferdinand Wollenschläger*, Grundfreiheit ohne Markt, 2007, S. 126 ff. m. w. N.

zügigkeitsrecht gefördert werde.[9] Im unionsbürgerschaftlichen Freizügigkeitsrecht fällt beides zusammen – transnationale Integration *und* supranationale Legitimation.[10]

Das europäische Verfassungsrecht erkennt mit Art. 21 Abs. 1 AEUV und Art. 45 Abs. 1 GRCh allen Unionsbürgern das Recht auf Freizügigkeit als Ausdruck ihrer autonomen Entscheidung zum Ortswechsel innerhalb der föderativ strukturierten Union zu, deren Angehörige sie sind. Anders als bei den (binnenmarktrechtlichen) Grundfreiheiten wird das allgemeine Freizügigkeitsrecht losgelöst von ökonomischer Zweckrationalität gewährt. Durch die Unionsbürgerschaft stellt die EU, so heißt es in der zweiten Präambelerwägung der Grundrechtecharta, „den Menschen in den Mittelpunkt ihres Handelns". In dieser genuin „am Menschen ausgerichteten Betrachtungsweise"[11] liegt der zentrale *teleologische Unterschied* der Unionsbürgerrechte zum funktional konzipierten Binnenmarktrecht, das infolge der sekundärrechtlichen Konkretisierung aufenthaltsrechtlich mitunter sogar weniger voraussetzungsvoll ist als das allgemeine Freizügigkeitsrecht.[12]

Ganz allgemein gesprochen kommt es für das allgemeine Freizügigkeitsrecht nicht auf einen bestimmten Migrationsgrund an, wie etwa die Erfüllung eines bestimmten Tatbestandes der Wirtschaftsmigration oder des internationalen Schutzes. Entscheidend ist dem Grunde nach allein die über die Unionsbürgerschaft erfolgende individuelle Zuordnung des betreffenden Bürgers zur Union, wobei diese Zuordnung akzessorisch zum Vorliegen der Staatsangehörigkeit mindestens eines EU-Mitgliedstaates ist. Die Unionsbürgerschaft ist notwendige und zugleich exklusive Bedingung für die Rechtsgewährung. Drittstaatsangehörigen steht das unionsbürgerschaftliche (und grundrechtliche) Freizügigkeitsrecht aus eigenem Recht nicht zu. Die kategoriale Unterscheidung zwischen Rechten der Unionsbürger und Rechten Drittstaatsangehörigen, die sich auch und gerade im Freizügigkeitsrecht niederschlägt, ist tief in das rechtliche Design der Union eingezogen.[13] Soweit Drittstaatsangehörigen in der Union Freizügigkeit gewährt werden kann, ist dies entweder sachlich stark limitiert, wie z. B. mit Blick auf den Zeitraum kurzfristigen Aufenthalts im Bereich des Visumrechts (Art. 77 Abs. 2 lit. c) AEUV)[14] oder unterliegt einer weiten Gestaltungspräroga-

---

[9] Zu dieser Unterscheidung eingehend *Thorsten Kingreen*, Grundfreiheiten, in: Armin von Bogdandy/Jürgen Bast (Hrsg.), Europäisches Verfassungsrecht, 2. Aufl. 2009, S. 727 ff.

[10] Beide Ansätze der Sache nach zusammenführend auch *Yuri Borgmann-Prebil*, The Rule of Reason in European Citizenship, ELJ 2008, S. 328 (339).

[11] Vgl. Schlussanträge GA *Cosmas*, *Wijsenbeek*, C-378/97, EU:C:1999:144, Rn. 83 ff.

[12] Vgl. namentlich die Differenzierung zwischen Erwerbs- und Nichterwerbstätigen in Art. 7 RL 2004/38 bzgl. des Vorliegens hinreichender Existenzmittel und Krankenversicherung.

[13] Vgl. *Daniel Thym*, European Migration Law, 2023, S. 2, der treffend von „teleological surplus" spricht.

[14] Dazu *Daniel Thym*, in: Eberhard Grabitz/Meinhard Hilf/Martin Nettesheim (Hrsg.), Das Recht der Europäischen Union, 71. EL 2020, Art. 77 AEUV Rn. 32 f.

tive des Unionsgesetzgebers, wie im Bereich der Einwanderungspolitik (Art. 79 Abs. 2 lit. b) AEUV).[15] Insbesondere grundrechtlich wird die Freizügigkeit Drittstaatsangehöriger gerade nicht gewährt. Speziell aus dem unionsbürgerschaftlichen Freizügigkeitsrecht können sich allenfalls derivative, d.h. abgeleitete Aufenthaltsrechte Drittstaatsangehöriger ergeben.[16] Das ist namentlich der Fall, wenn eine Aufenthaltsverweigerung zu einer ungerechtfertigten Beschränkung des Freizügigkeitsrechts bzw. des unionsbürgerrechtlichen Kernbestands führen würde, insbesondere von Unionsbürgerkindern mit drittstaatsangehörigen Eltern.[17] Konzeptioneller Ausgangspunkt ist hier aber stets die (potenzielle) Beeinträchtigung der Rechte der *Unionsbürger* als genuine Rechtsinhaber. Auch hierin wird der prinzipielle und nicht lediglich graduelle Unterschied der Unionsbürgerschaft zu einem (wie auch immer rechtlich ausgestalteten) Migrationsstatus Drittstaatsangehöriger deutlich.

Das Freizügigkeitsrecht ist zwar auch durch den Unionsgesetzgeber sekundärrechtlich konkretisier- und damit auch beschränkbar, darf aufgrund seiner primär- und namentlich grundrechtlichen Gewährleistung aber seinem Grunde nach nicht infrage gestellt werden. Der Passus „vorbehaltlich der in den Verträgen und Durchführungsvorschriften vorgesehenen Beschränkungen und Bedingungen" in Art. 21 Abs. 1 AEUV verweist auf die legislative Beschränkbarkeit der Rechtsausübung, begründet aber keine Bedingbarkeit des *verfassungsrechtlich garantierten Grundbestands* des Freizügigkeitsrechts.[18] Als „grundlegendes Prinzip des Unionsrechts" muss dieses „die Grundregel" darstellen, die nicht ausgehebelt werden darf.[19]

Grundrechtlich konnotiert entfaltet das Freizügigkeitsrecht letztlich eine freiheitsrechtliche Schutzdimension, die auch dem Heimatstaat entgegengehalten werden kann. Art. 21 Abs. 1 AEUV macht jedes staatliche Handeln rechtfertigungsbedürftig, durch welches Unionsbürger von der Wahrnehmung ihrer Freizügigkeit „abgehalten" werden könnten, weil ihnen „Nachteile entstünden, die eine Regelung an diese Wahrnehmung knüpft".[20] Gerade in dieser freiheitsrechtlichen Schutzdimension, die auch transnational mobilen Inländern zugutekommt, liegt

---

[15] Vgl. *Daniel Thym*, in: Eberhard Grabitz/Meinhard Hilf/Martin Nettesheim (Hrsg.), Das Recht der Europäischen Union, 71. EL 2020, Art. 79 AEUV Rn. 30.

[16] Zum Ganzen *Mattias Wendel*, Aufenthalt als Mittel zum Zweck: zu Grund und Grenzen derivativer Aufenthaltsrechte Drittstaatsangehöriger, DÖV 2014, S. 133.

[17] Vgl. EuGH, *Zhu und Chen*, C-200/02, EU:C:2004:639, Rn. 45 f.; EuGH, *Ruiz Zambrano*, C-34/09, EU:C:2011:124, Rn. 42 ff.

[18] Dementsprechend sind die sekundärrechtlich aufgestellten Bedingungen und Beschränkungen ihrerseits am Grundsatz der Verhältnismäßigkeit zu messen bzw. in seinem Lichte auszulegen, vgl. EuGH, *Brey*, C-140/12, EU:C:2013:565, Rn. 70.

[19] Ebd.

[20] St. Rspr. zur Benachteiligung grenzüberschreitender Mobilität seit EuGH, *D'Hoop*, C-224/98, EU:C:2002:432, Rn. 31.

ein kategorialer Unterschied zu den durch einen Migrationsstatus vermittelten Rechten, die sich *per definitionem* nur auf Ausländer beziehen können.

2. Verbot der Diskriminierung aus Gründen der Staatsangehörigkeit

Während das allgemeine Freizügigkeitsrecht mit dem Vertrag von Maastricht vergleichsweise spät in das Primärrecht eingeführt wurde und seine herausragende Bedeutung erst Stück für Stück mit der sich um die Jahrtausendwende intensivierenden EuGH-Rechtsprechung erlangte, war das Verbot der Diskriminierung aus Gründen der Staatsangehörigkeit gem. Art. 18 AEUV bereits seit Beginn des europäischen Integrationsprozesses Teil des Primärrechts.[21] Die textlich seither im Wesentlichen unveränderte Norm trug maßgeblich dazu bei, eine sukzessive Egalisierung von EU-Ausländern mit Inländern herzustellen, d. h. den Fremdenstatus der EU-Ausländer zu überwinden.[22] Dementsprechend wurde das Verbot der Diskriminierung aus Gründen der Staatsangehörigkeit bereits früh und seither wiederholt als „Leitmotiv" der Verträge apostrophiert.[23]

Der Sache nach zeichnete das Verbot der Diskriminierung aus Gründen der Staatsangehörigkeit den Unionsbürgerstatus als „Status der Gleichen" bereits vor, noch bevor dieser mit dem Vertrag von Maastricht begrifflich eingeführt wurde. Diese fundamentale (Vor-)Prägung des Unionsbürgerstatus durch das Diskriminierungsverbot hat auch der EuGH in seiner Leitentscheidung *Grzelczyk* herausgestellt.[24] Danach ist der Unionsbürgerstatus dazu bestimmt, der „grundlegende Status der Angehörigen der Mitgliedstaaten zu sein, der es denjenigen unter ihnen, die sich in der gleichen Situation befinden, erlaubt, unabhängig von ihrer Staatsangehörigkeit und unbeschadet der insoweit ausdrücklich vorgesehenen Ausnahmen die gleiche rechtliche Behandlung zu genießen."[25]

Die Zugehörigkeit zur Union beinhaltet einen den Fremdenstatus durchbrechenden Gleichheitsanspruch, der neben Art. 18 AEUV auch in Art. 21 Abs. 2

[21] Dazu näher *Mattias Wendel*, in: Eberhard Grabitz/Meinhard Hilf/Martin Nettesheim (Hrsg.), Das Recht der Europäischen Union, 2024 i. E., Art. 18 AEUV.

[22] So bereits *von Armin von Bogdandy*, in: Eberhard Grabitz/Meinhard Hilf/Martin Nettesheim (Hrsg.), Das Recht der Europäischen Union, 42. EL 2010, Art. 18 AEUV Rn. 1.

[23] Vgl. schon in Bezug auf den EWG *Ernst Wohlfahrt*, in: Ernst Wohlfahrt u. a. (Hrsg.), EWGV, 1960, Art. 7 Anm. 1 und *Hans Peter Ipsen*, Europäisches Gemeinschaftsrecht, 1972, § 30 Rn. 6, der überdies von „Magna Charta" spricht (ebd., Rn. 2) sowie aus der Kommentarliteratur *Rudolf Streinz*, in: Rudolf Streinz (Hrsg.), EUV/AEUV, 3. Aufl. 2018, Art. 18 AEUV Rn. 2; *Carl-Otto Lenz*, in: ders./Klaus-Dieter Borchardt (Hrsg.), EU-Verträge, 6. Aufl. 2012, Art. 18 AEUV Rn. 1; *Walther Michl*, in: Matthias Pechstein/Carsten Nowak/Ulrich Häde (Hrsg.), Frankfurter Kommentar EUV/GRC/AEUV, 2. Aufl. 2023, Art. 18 AEUV Rn. 3; *Michael Holoubek*; in: Jürgen Schwarze u. a. (Hrsg.), EU-Kommentar, 4. Aufl. 2019, Art. 18 AEUV Rn. 3.

[24] EuGH, *Grzelczyk*, C-184/99, EU:C:2001:458.

[25] EuGH, *Grzelczyk*, C-184/99, EU:C:2001:458, Rn. 31, seither st. Rspr.

GRCh unmittelbar unionsverfassungsrechtlich gewährt wird.[26] Durch ihn wird die Zugehörigkeit zu einem bestimmten Mitgliedstaat zum grundsätzlich unzulässigen Anknüpfungskriterium für die Andersbehandlung durch einen anderen Mitgliedstaat erklärt und so der stets schwelenden „föderalen Gefährdungslage"[27] der Inländerbevorzugung entgegengetreten. Im Anwendungsbereich der Verträge ist die unmittelbare oder mittelbare Differenzierung anhand der Staatsangehörigkeit mindestens rechtfertigungsbedürftig,[28] regelmäßig aber im Ergebnis untersagt.[29] Damit kennt das Unionsrecht einen Sondertatbestand, der trotz der ansonsten weit gefassten menschenrechtlichen Gleichheitsgarantien (Art. 21 Abs. 1 GRCh) Drittstaatsangehörigen nicht offensteht.[30]

Besonders weitreichende Folgen zeitigt das Verbot der Diskriminierung aus Gründen der Staatsangehörigkeit in seiner normativen Verklammerung mit dem Freizügigkeitsrecht. Diese Verklammerung erweiterte seinen sachlichen Anwendungsbereich signifikant im Bugwasser der ausgreifenden Rspr. zu Art. 21 Abs. 1 AEUV. Das anschaulichste Beispiel hierfür ist der auf Art. 18 i. V. m. Art. 21 Abs. 1 AEUV fußende Zugang von Unionsbürgern zu Sozialleistungen des EU-Aufenthaltsstaates. Die diesbzgl. EuGH-Rechtsprechung steht exemplarisch für den nicht-linearen Verlauf der Judikatur zur Unionsbürgerschaft und lässt sich grob in zwei Phasen einteilen. In der ersten, expansiven Phase buchstabierte der Gerichtshof die primärrechtliche Garantie des Art. 18 i. V. m. Art. 21 AEUV als weitreichenden „freizügigkeitsakzessorischen Inländerbehandlungsanspruch"[31] aus. Die von ihrer Freizügigkeit Gebrauch machenden Unionsbürger tragen das Recht auf Inländerbehandlung überall dorthin mit sich, wohin sie die Ausübung ihres Freizügigkeitsrechts trägt. Die enorme Breitenwirkung dieses Rechts resultiert aus dem Umstand, dass der Gerichtshof Art. 21 Abs. 1 AEUV für unmittelbar anwendbar erklärte[32] und keinen sachbereichlichen Beschränkungen unterwarf, d. h. die Norm insbesondere nicht auf unmittelbar migrationsspezifische Aspekte verengte.[33] Bei aller Unschärfe führte die erste Phase unter dem Strich zu einem sichtbaren Bedeutungszuwachs der primärrechtlichen Garantie des Art. 18 i. V. m. Art. 21 Abs. 1 AEUV. Der EuGH legte diese Normen im Sinne

[26] Wegen Art. 52 Abs. 2 GRCh folgen Auslegung und Anwendung des Art. 21 Abs. 2 GRCh umfänglich der Auslegung und Anwendung des Art. 18 AEUV.

[27] Treffend *Thorsten Kingreen*, in: Dirk Ehlers (Hrsg.), Europäische Grundrechte und Grundfreiheiten, 4. Aufl. 2014, § 13 Rn. 3.

[28] Auch offene Diskriminierungen sind nach der Rspr. des EuGH rechtfertigungsfähig, vgl. nur EuGH, *Wood*, C-164/07, EU:C:2008:321, Rn. 15 sowie EuGH, *Wolzenburg*, C-123/08, EU:C:2009:616, Rn. 64.

[29] Vgl., *pars pro toto*, EuGH, *Phil Collins*, verb. Rs. C-92/92 & C-326/92, EU:C:1993:847, Rn. 32 f.; EuGH, *Pastoors*, C-29/95, EU:C:1997:28, Rn. 14 ff.; EuGH, *Österreich/Deutschland (Pkw-Maut)*, C-591/17, EU:C:2019:504, Rn. 41 ff.

[30] Vgl. explizit EuGH, *Préfet du Gers*, C-673/20, EU:C:2022:449, Rn. 78 m. w. N.

[31] *Wollenschläger* (Fn. 8), S. 224.

[32] EuGH, *Baumbast*, C-413/99, EU:C:2002:493, Rn. 84 ff.

[33] Dazu näher *Wendel* (Fn. 1), Rn. 81 ff.

eines weitreichenden Individualrechts auf freizügigkeitsakzessorische Gleichbehandlung aus und überwand hierbei den nicht unerheblichen Widerstand aus den Mitgliedstaaten – und der Rechtswissenschaft.[34] Praktische Auswirkungen hatte die Rechtsprechung vor allem für wirtschaftlich inaktive Unionsbürger, die nicht in den Anwendungsbereich der Grundfreiheiten fielen.[35]

Die zweite, restriktivere Phase der Rechtsprechung zeichnete sich vor allem durch eine stärkere Betonung der sekundärrechtlich gezogenen Schranken des Freizügigkeitsrechts und akzessorisch hierzu auch des Gleichbehandlungsgrundsatzes für wirtschaftlich inaktive Unionsbürger aus.[36] Die aufenthaltsrechtlichen und sozialrechtlichen Unterschiede zwischen wirtschaftlich aktiven und inaktiven Unionsbürgern akzentuierte der EuGH fortan, den Differenzierungen des EU-Gesetzgebers in der RL 2004/38 folgend, ungleich deutlicher als zuvor.[37] Das gilt sowohl für die in der Freizügigkeitsrichtlinie niedergelegten ökonomischen Aufenthaltsvoraussetzungen für Nichterwerbstätige als auch für die ebenfalls dort niedergelegten Ausnahmen vom Grundsatz der Gleichbehandlung.[38]

Kann die zweite Phase einerseits als Abnahme der Durchschlagskraft der individualrechtlichen Unionsbürgerrechte kritisiert werden, so bedeutet sie andererseits eine gesteigerte Rücksichtnahme des EuGH auf die legislative Konkretisierungsprärogative des europäischen Gesetzgebers. Die Rechtsprechung zur Unionsbürgerschaft ist deshalb auch ein anschauliches Beispiel dafür, weshalb die These einer angeblichen „Überkonstitutionalisierung"[39] des Primärrechts für zentrale Felder des modernen Unionsverfassungsrechts nicht zutrifft. Denn sie unterschätzt sowohl Breite als auch Tiefe der sekundärrechtlichen Gestaltung des Unionsrechts durch den EU-Gesetzgeber – auch und gerade im Wirkfeld unmittelbar anwendbarer unionsverfassungsrechtlicher Garantien. Jedenfalls sieht sich der EuGH – es kann hier offen bleiben, ob zu Recht oder nicht – gerade im

[34] Vgl. *Kay Hailbronner*, Die Unionsbürgerschaft und das Ende rationaler Jurisprudenz durch den EuGH?, NJW 2004, S. 2185.

[35] Grdl. EuGH, *Grzelczyk*, C-184/99, EU:C:2001:458; EuGH, *Trojani*, C-456/02, EU:C:2004:488, Rn. 41 ff.

[36] Vgl. nur EuGH, *Dano*, C-333/13, EU:C:2014:2358, Rn. 74, 76, 78; EuGH, *Alimanovic*, C-67/14, EU:C:2015:597 Rn. 49 f., 59 ff.; EuGH, *García-Nieto*, C-299/14, EU:C:2016:114, Rn. 46 ff.; EuGH, *A (Soins de santé publics)*, C-535/19, EU:C:2021:595, Rn. 55 ff. Etwas offener wiederum die Entscheidung EuGH, *CG*, C-709/20, ECLI:EU:C:2021:602, in der zwar der nationale Ausschluss des Zugangs zu Sozialleistungen unionsrechtlich toleriert, unter gewissen Voraussetzungen aber aus Art. 1, 7, 24 Abs. 2 GRCh grundrechtlich die Gewährleistung eines menschenwürdigen Existenzminimums für mittellose Unionsbürger mit Kindern durch den Aufenthaltsstaat eingefordert wird. Dazu *Ferdinand Wollenschläger*, Ein Unionsgrundrecht auf Sicherung des Existenzminimums im Aufnahmemitgliedstaat?, EuZW 2021, S. 795 ff.

[37] Vgl. *Thym*, Die Rückkehr des „Marktbürgers" (Fn. 5), S. 130 ff.

[38] Vgl. EuGH, *Grzelczyk*, C-184/99, EU:C:2001:458; EuGH, *Trojani*, C-456/02, EU:C:2004:488, Rn. 41 ff.

[39] *Dieter Grimm*, Europa ja – aber welches?, 3. Aufl. 2018, S. 41. Ihm folgend *Susanne K. Schmidt*, Extending Citizenship Rights and Losing it All: Brexit and the Perils of ‚Over-Constitutionalisation', in: Daniel Thym (Hrsg.), Questioning EU Citizenship, 2020, S. 17.

Bereich des freizügigkeitsakzessorischen Inländerbehandlungsanspruchs dem Vorwurf ausgesetzt, das unionsverfassungsrechtliche Potenzial der Unionsbürgerschaft nicht hinreichend auszuschöpfen.[40]

Um die konkrete Reichweite und (legislative) Ausformung der unionsbürgerrechtlichen Kerngarantien kann, ja muss gestritten werden. Entscheidend aber bleibt, dass sich der Streit letztlich nicht um das Ob, sondern um die konkrete Gestaltform der föderativen Zugehörigkeit dreht, die für die Staatsangehörigen aller Mitgliedstaaten – und unter Exklusion Drittstaatsangehöriger – in ihren Grundfesten unionsverfassungsrechtlich garantiert und in ihren einzelnen Ausprägungen gesetzlich konkretisiert wird. Es gibt nicht das eine Modell föderativer Zugehörigkeit.

III. Politische Union

Durch die Unionsbürgerschaft werden die Einzelnen zu Subjekten einer politischen Union. In der demokratischen Rückführung der europäischen Hoheitsgewalt auf die Einzelnen kommt das Wesen der Unionsbürgerschaft als föderative Zugehörigkeit noch klarer zum Ausdruck als im Recht auf Freizügigkeit und dem Verbot der Diskriminierung aus Gründen der Staatsangehörigkeit. Die Unionsbürgerschaft begründet einen Status demokratischer Mitwirkung und Teilhabe an der Errichtung und Ausübung supranationaler Hoheitsgewalt. Diese Mitwirkung und Teilhabe ist föderativ strukturiert und in ihrem Kern exklusiv, d. h. allein den Unionsbürgern vorbehalten.[41] Das gilt insbesondere für das Wahlrecht zum Europäischen Parlament.[42]

Es ist kein Zufall, dass der EUV seine grundlegenden Bestimmungen über die demokratischen Grundsätze (Titel II des EUV) mit einer Norm über die Unionsbürgerschaft, Art. 9 EUV, eröffnet. Die demokratische Legitimation der supranationalen Hoheitsgewalt geht im europäischen Verfassungsverbund von den Unionsbürgern aus.[43] Der gescheiterte Verfassungsvertrag hätte diesen Aus-

---

[40] Vgl. etwa die Kritik von *Shuibhne* (Fn. 5), S. 926 ff.; *Anuscheh Farahat*, Solidarität und Inklusion – Umstrittene Dimensionen der Unionsbürgerschaft, DÖV 2016, S. 45; *Dominik Steiger*, Freizügigkeit in der EU und Einschränkungen von Sozialleistungen für EU-Ausländer, EuR 2018, S. 304.

[41] Zum Unterschied zwischen Unionsbürgerrechten im engeren und weiteren Sinne vgl. näher *Wendel* (Fn. 1), Rn. 23.

[42] Vgl. zum früheren Sonderfall der Erstreckung des Europawahlrechts auf sog. „Qualifying Commonwealth Citizens" mit Wohnsitz in Gibraltar EuGH, *Spanien/Vereinigtes Königreich*, C-145/04, EU:C:2006:543, Rn. 78. Umgekehrt darf ein etwaiger Ausschluss von Unionsbürgern von der EP-Wahl (im konkreten Fall mit Wohnsitz auf Aruba) nicht zu einer ungerechtfertigten Diskriminierung führen, vgl. EuGH, *Eman und Sevinger*, C-300/04, EU:C:2006:545, Rn. 55 ff. Zum Ganzen eingehend *Rabenschlag* (Fn. 3), S. 340 ff.

[43] *Ingolf Pernice*, Europäisches und nationales Verfassungsrecht, VVDStRL 60 (2001), S. 148 (166 ff.).

gangspunkt besonders prononciert herausgestellt.[44] Aber auch das symbolisch dahinter zurückstehende Lissabonner Primärrecht bringt die demokratische Rückführung der unionalen Hoheitsgewalt auf die Unionsbürger zum Ausdruck: Das bürgerschaftliche Fundament der europäischen Demokratie wird in Art. 9 S. 1 EUV gelegt, der den Grundsatz demokratischer Gleichheit aller Unionsbürger verbürgt, wenn auch in sprachlich verunglückter Weise.[45] Art. 9 S. 2 EUV, Art. 20 Abs. 1 S. 2 AEUV unterstreichen die *Akzessorietät* des Unionsbürgerstatus zur nationalen Staats*angehörigkeit*, Art. 9 S. 3 EUV, Art. 20 Abs. 1 S. 3 AEUV die bürgerschaftliche *Komplementarität* der Unionsbürgerschaft zur nationalen Staats*bürgerschaft*.[46] Beide Elemente, statusbezogene Akzessorietät und bürgerschaftliche Komplementarität betonen letztlich das spezifisch föderative Element der mit der Unionsbürgerschaft begründeten Zugehörigkeit zur supranationalen politischen Union.

Gemäß der Zentralnorm über die europäische Demokratie, Art. 10 EUV, sind die Unionsbürger zudem unmittelbar im Europäischen Parlament vertreten (Art. 10 Abs. 2 EUV). Sie wirken durch Wahlen direkt an der Begründung bzw. Ausübung unionaler Hoheitsgewalt mit. Zudem haben die Bürger nach Art. 10 Abs. 3 EUV in partizipativer Hinsicht das Recht zur Teilnahme am demokratischen Leben der Union, deren Entscheidungen möglichst offen und bürgernah zu treffen sind.[47] Diese grundlegenden Rechte demokratischer Mitwirkung und Teilhabe der Unionsbürger als Zugehörige einer politischen Union begründen eine kategoriale Differenz zu einem bloßen Migrationsstatus.

Freilich ist der Grundsatz der unmittelbaren Repräsentation der Unionsbürger im Europäischen Parlament (Art. 10 Abs. 2 S. 1 EUV) primärrechtlich nicht im Sinne einer arithmetischen Reinform verwirklicht. Er findet ein deutliches Gegengewicht in den föderativen Abstufungen der Stimmgewichtung bei den Europawahlen und der daraus resultierenden degressiv-proportionalen Sitzverteilung im Europäischen Parlament (Art. 14 Abs. 2 EUV). Diese wird namentlich vom BVerfG kritisiert,[48] muss aber zutreffenderweise als gerechtfertigter

---

[44] Art. I-1 Abs. 1 des Vertrages über eine Verfassung für Europa (VVE) lautete: „Geleitet von dem Willen der Bürgerinnen und Bürger ... begründet diese Verfassung die Europäischen Union ...".

[45] Vgl. *Matthias Ruffert*, in: Christian Calliess/Matthias Ruffert (Hrsg.), EUV/AEUV, 6. Aufl. 2022, Art. 9 EUV Rn. 26 („in eine paternalistische Floskel eingebettet").

[46] Auch der Abgleich mit anderen Sprachfassungen, etwa der englischen und französischen, in denen in S. 2 tatbestandlich an *nationality* bzw. *nationalité* angeknüpft wird, während S. 3 von *national citizenship* bzw. *citoyenneté nationale* die Rede ist, macht deutlich, dass es sich hier um eine bewusste konzeptionelle Differenzierung handelt.

[47] Vgl. zuvor Art. I-46 Abs. 2 und 3 VVE.

[48] Das EP als Bürgervertretung wegen der degressiv-proportionalen Zusammensetzung dekonstruierend indes BVerfGE 123, 267, Rn. 280 ff. – *Lissabon*; sowie BVerfGE 129, 300, Rn. 118 ff. – *Fünf Prozent Sperrklausel*; BVerfGE 135, 259 – *Drei Prozent Sperrklausel*. Kritisch *Christoph Schönberger*, Das Bundesverfassungsgericht und die Fünf-Prozent-Klausel bei der Wahl zum Europäischen Parlament, JZ 2012, S. 80.

föderativer Minderheitenschutz gesehen werden.[49] Auch hier gilt: man kann streiten über das „Wie", z. B. die konkrete Ausgestaltung des Wahlrechts durch den Direktwahlakt[50] oder das konkretisierende Sekundärrecht.[51] Das „Ob" der föderativen Zugehörigkeit zu einer politischen Union aber ist in den grundlegenden Bestimmungen über die demokratischen Grundsätze und die Unionsbürgerschaft unionsverfassungsrechtlich festgeschrieben.

Individualrechtlich konkretisiert wird das europäische Demokratieprinzip durch die sog. „politischen Rechte", d. h. das Wahlrecht der Unionsbürger auf europäischer und kommunaler Ebene (Art. 14 Abs. 3 EUV, Art. 22 und 223 AEUV, Art. 39 und 40 GRC), das Petitionsrecht (Art. 24 UAbs. 2 und 227 AEUV, Art. 44 GRCh) sowie die Bürgerinitiative (Art. 11 Abs. 4 EUV, Art. 24 UAbs. 1 AEUV).[52] Freilich zeigen sich gerade im Wahlrecht zugleich die Grenzen des föderativen Zugriffs: Unionsrechtlich gewährt wird (jenseits des Kommunalwahlrechts) der Zugang zu nationalen Wahlen gerade nicht. Im Verhältnis zu Drittstaaten bedeutsam ist schließlich aber das in Art. 46 GRCh verankerte Recht auf Schutz durch die diplomatischen und konsularischen Einrichtungen anderer EU-Staaten. Es handelt sich um ein auf Auslandsschutz in Drittstaaten gerichtetes, subsidiär ausgestaltetes Recht der Unionsbürger, von den diplomatischen und konsularischen Behörden anderer Mitgliedstaaten so behandelt zu werden, wie deren eigene Staatsangehörige. Auch in diesem auf die Außenbeziehungen zugeschnittene Schutzversprechen, das mittels eines Gleichbehandlungsanspruchs eingelöst wird und vor allem Staatsangehörigen kleinerer Mitgliedstaaten ohne eigene Vertretung in dem betreffenden Drittstaat zugute kommt, spiegelt sich das Element föderativer Zugehörigkeit deutlich wider.

IV. Verlustdimensionen

Schließlich wird die Natur der Unionsbürgerschaft als föderative Zugehörigkeit auch durch die Kontrastfolie ihres Verlusts deutlich. Gerade im Negativen, d. h. in Ansehung des rechtlichen Umgangs mit dem Verlust der Unionsbürgerschaft und den hier vorhandenen spezifisch statusbezogenen Schutzmechanismen zeigen sich qualitative Unterschiede zu einem Migrationsstatus.

---

[49] Zutreffend *Ruffert* (Fn. 45), Rn. 32 f. Näher *Wendel* (Fn. 1), Rn. 153.

[50] Die Zustimmung Deutschlands zum Beschluss 2018/994 des Rates zur Änderung des Direktwahlakts ist Gegenstand zweier derzeit beim BVerfG anhängiger Verfahren (Organstreitverfahren 2 BvE 6/23 und Verfassungsbeschwerde 2 BvR 994/23).

[51] Namentlich Richtlinie 93/109 des Rates v. 6.12.1993 über die Einzelheiten der Ausübung des aktiven und passiven Wahlrechts bei den Wahlen zum Europäischen Parlament für Unionsbürger mit Wohnsitz in einem Mitgliedstaat, dessen Staatsangehörigkeit sie nicht besitzen.

[52] Zur Entstehung der Wahlrechte eingehend *Jo Shaw*, The Transformation of Citizenship in the European Union – Electoral Rights and the Restructuring of the Political Space, 2007, S. 93 ff.

1. Schutz vor rechtlichem Verlust

Stünde der Unionsbürgerstatus in absoluter Akzessorietät zur nationalen Staatsangehörigkeit, dürfte das Unionsrecht keinerlei Aussage über Verleihung oder Verlust der nationalen Staatsangehörigkeit treffen, selbst wenn dies, wie im Regelfall, zugleich Begründung oder Verlust des Unionsbürgerstatus nach sich zieht.[53] Dem Verlust des Unionsbürgerstatus hat der EuGH allerdings – im Ergebnis überzeugend – äußere Grenzen gezogen. In ständiger Rechtsprechung betont der Gerichtshof, dass die Mitgliedstaaten zwar für die Festlegung der Voraussetzungen für Erwerb und Verlust der Staatsangehörigkeit zuständig sind, dass sie diese Zuständigkeit aber unter Beachtung des Unionsrechts ausüben müssen.[54]

Für das Verständnis der Unionsbürgerschaft als Status föderativer Zugehörigkeit bedeutsam ist, dass der EuGH einen mitgliedstaatlichen Entzug bzw. Verlust der Staatsangehörigkeit dem Erfordernis einer Einzelfallprüfung und Verhältnismäßigkeitskontrolle unterwirft, soweit Entzug bzw. Verlust der Staatsangehörigkeit gleichzeitig zum Verlust des Unionsbürgerstatus führen würden.[55] Das Unionsverfassungsrecht gewährt damit einen genuin supranationalen Statusschutz, der von den materiellen Voraussetzungen des nationalen Staatsangehörigkeitsrechts losgelöst ist.[56] In horizontaler Perspektive sind die Mitgliedstaaten zudem verpflichtet, die durch andere Mitgliedstaaten verliehenen Staatsangehörigkeiten für die Zwecke des Unionsrechts grundsätzlich gegenseitig anzuerkennen. Deshalb ist es einem Mitgliedstaat grundsätzlich verwehrt, die Gewährung unionsbürgerschaftlicher Rechte, wie z. B. des Freizügigkeitsrechts, von zusätzlichen Voraussetzungen abhängig zu machen, etwa dass der sich auf das Freizügigkeitsrecht berufende Unionsbürger seinen gewöhnlichen Aufenthalt im Mitgliedstaat seiner Staatsangehörigkeit haben muss.[57]

Durch die unionsverfassungsrechtlichen Grenzen des Verlustes der Unionsbürgerschaft emanzipiert sich die Unionsbürgerschaft in gewissem Umfang von den materiellen Erwerbs- bzw. Verlustvoraussetzungen des nationalen Staatsangehörigkeitsrechts. Zwar bleibt die Unionsbürgerschaft in ihren Statusvoraussetzungen gemäß Art. 9 EUV, Art. 20 AEUV dem Grundsatz nach akzessorisch und konzeptionell stark dezentralisiert ausgestaltet: Das für sie konstitutive Kriterium, die Staatsangehörigkeit eines Mitgliedstaates, wird nicht auf unionaler,

---

[53] Was, wenn die betreffende Person mehr als nur die Staatsangehörigkeit eines Mitgliedstaates besitzt, nicht der Fall wäre.

[54] EuGH, *Micheletti*, C-369/90, EU:C:1992:295, Rn. 10 ff.; EuGH, *Kaur*, C-192/99, EU:C:2001:106, Rn. 19 ff.; EuGH, *Zhu und Chen*, C-200/02, EU:C:2004:639, Rn. 34 ff.; EuGH, *Rottmann*, C-135/08, EU:C:2010:104, Rn. 41 ff.

[55] EuGH, *Rottmann*, C-135/08, EU:C:2010:104, Rn. 48 ff. sowie daran anknüpfend EuGH, *Tjebbes*, C-221/17, EU:C:2019:189, Rn. 40 ff; EuGH, *JY*, C-118/20, EU:C:2022:34, Rn. 51.

[56] Krit. *Ferdinand Weber*, Kompetenzfusion durch Bürgerschaft, Der Staat 2022, S. 297 (307 ff.).

[57] EuGH, *Micheletti*, C-369/90, EU:C:1992:295, Rn. 10 f.

sondern auf nationaler Ebene nach nationalen Kriterien verliehen. Ähnlich wie Art. 4 Abs. 2 S. 1 EUV in Bezug auf die nationale Verfassungsidentität verweist Art. 20 Abs. 1 S. 2 AEUV damit tatbestandlich auf das Recht der Mitgliedstaaten, für dessen Wertungen es grundsätzlich permeabel ist.[58] Ähnlich wie bei Art. 4 Abs. 2 S. 1 EUV ist diese Permeabilität aber nicht grenzenlos,[59] sondern unionsrechtlich gerahmt. Den Unionsbürgern wird ein Mindestmaß an unionsrechtlichem Schutz gewährt, den einmal erlangten Status jedenfalls nicht in unverhältnismäßiger Weise und ohne eine Einzelfallprüfung wieder zu verlieren. Diese Schutzdimension ist auf EU-Ebene angesiedelt und wirkt gegenüber dem Mitgliedstaat, dessen Staatsangehörigkeit die betreffenden Unionsbürger innehaben, worin abermals ein Unterschied zu einem Migrationsstatus liegt.

Freilich unterliegt die Ausübung der Unionsbürgerrechte und namentlich des Freizügigkeitsrechts und des Verbots der Diskriminierung aus Gründen der Staatsangehörigkeit Schranken, die zudem teilweise sekundärrechtlich konkretisiert wurden.[60] Einzelne politische Rechte, wie insbesondere das Wahlrecht, dürfen zudem eingeschränkt bzw. entzogen werden, wenn auch nur unter engsten Voraussetzungen und aufgrund des persönlichen Verhaltens der betreffenden Unionsbürger, etwa im Falle der Verurteilung wegen einer schweren Straftat.[61] Der Status der Unionsbürgerschaft als solcher aber genießt einen spezifischen Schutz.

2. Schutz vor faktischem Verlust: Kernbestandsrechtsprechung

Das Unionsverfassungsrecht schützt die Unionsbürger nicht nur vor dem rechtlichen Verlust der Unionsbürgerschaft. Art. 20 AEUV gewährt in der Auslegung des EuGH zudem auch einen Schutz der faktischen Grundbedingungen für die Inanspruchnahme der Unionsbürgerrechte. Die für diese Schutzdimension grundlegende Judikatur zum sog. „Kernbestand" der Unionsbürgerschaft startete als spektakulärer Versuchsballon mit der *Ruiz-Zambrano*-Entscheidung

---

[58] Zum Begriff der Permeabilität näher *Mattias Wendel*, Permeabilität im europäischen Verfassungsrecht, 2011, S. 7 ff.

[59] Unionsverfassungsimmanente Grenzen dessen, was unter dem Topos nationaler Verfassungsidentität als unionsrechtlich grds. zu achtender Belang einzustufen ist, ergeben sich nach dem EuGH aus den Werten des Art. 2 EUV in ihrer jeweiligen unionsverfassungsrechtlichen Konkretisierung, wie z. B. Art. 19 Abs. 1 UAbs. 2 EUV für das Rechtsstaatsprinzip, vgl. EuGH, *RS*, C-430/21, EU:C:2022:99, Rn. 43; EuGH, *Ungarn/EP und Rat (Konditionalitätsmechanismus)*, C-156/21, EU:C:2022:97, Rn. 232 ff.; EuGH, *Polen/EP und Rat (Konditionalitätsmechanismus)*, C-157/21, EU:C:2022:98, Rn. 263 ff., 280 ff.

[60] Vgl. namentlich Art. 7 und Art. 24 RL 2004/38 sowie die Rspr. des EuGH zur Rechtfertigung von Beschränkungen des Art. 21 AEUV (z. B. EuGH, *Sayn-Wittgenstein*, C-208/09, EU:C:2010:806, Rn. 81 ff. m. w. N.) sowie zur Rechtfertigung von Ungleichbehandlungen i. S. d. Art. 18 AEUV (z. B. EuGH, *Bressol*, C-73/08, EU:C:2010:181, Rn. 47 ff. m. w. N.).

[61] EuGH, *Delvigne*, C-650/13, EU:C:2015:648, Rn. 48 ff.

im Jahr 2011,[62] beflügelte in der Folge Ideen über einen grundrechtlichen Kernbestandsschutz auch jenseits des Anwendungsbereichs der Charta (Art. 51 Abs. 1 GRCh)[63] und wurde vom EuGH, gemessen an den hohen Erwartungen, vergleichsweise hart wieder geerdet. Die Folgerechtsprechung erwies sich jedenfalls als bemerkenswert restriktiv.[64]

Anders als es der Begriff des Kernbestands nahelegt, geht es nicht um den Schutz des (grundrechtlichen) Wesensgehalts der Unionsbürgerrechte,[65] sondern um einen gesonderten, eng gefassten Gewährleistungsgehalt. Weder wird er von den klassischen Unionsbürgerrechten, wie dem Freizügigkeitsrecht, dem Inländerbehandlungsanspruch oder dem Wahlrecht tatbestandlich überhaupt erfasst[66] noch vermittelt er (im Gegensatz zum grundrechtlichen Wesensgehalt) einen abwägungsfesten Schutz.[67] Letztlich schützt die sog. Kernbestandsrechtsprechung die Unionsbürger vor einem *faktischen Zwang zur Ausreise aus dem Gebiet der EU als Ganzes* und damit vor einer Situation, in der den betreffenden Unionsbürgern – insbesondere Unionsbürgerkindern mit drittstaatsangehörigen Sorgeberechtigten – die faktische Grundlage für die Ausübung ihrer Unionsbürgerrechte[68] entzogen würde, weil sie sich mangels Aufenthaltsrechts ihrer Bezugspersonen nicht mehr zusammen mit diesen in der EU aufhalten könnten.[69]

Obgleich bislang auf wenige Fallgestaltungen derivativer Aufenthaltsrechte Drittstaatsangehöriger begrenzt, vermittelt der Kernbestand der Unionsbürgerschaft letztlich ansatzweise ein „Recht auf Heimat“.[70] Er sichert die faktischen Grundbedingungen für die Wahrnehmung der Unionsbürgerrechte ab und fun-

---

[62] EuGH, *Ruiz Zambrano*, C-34/09, EU:C:2011:124, Rn. 42 ff.

[63] Innovativ *Armin von Bogdandy u. a.*, Ein Rettungsschirm für europäische Grundrechte, ZaöRV 2012, S. 45 (67 ff.) im Kontext der ungarischen Mediengesetze.

[64] EuGH, *McCarthy*, C-434/09, EU:C:2011:277, Rn. 49; EuGH, *Iida*, C-40/11, EU:C:2012:691, Rn. 76; EuGH, *O. und S.*, C-356/11 u. a., EU:C:2012:776, Rn. 45 ff.; EuGH, *Ymeraga*, C-87/12, EU:C:2013:291, Rn. 39; EuGH, *Rendón Marín*, C-165/14, EU:C:2016:675, Rn. 81; EuGH, *Secretary of State gegen CS*, C-304/14, EU:C:2016:674, Rn. 34 ff.

[65] Der EuGH prüft die Verletzung des Wesensgehalts i. S. d. Art. 52 Abs. 1 GRC als eigenständigen Punkt vor der Verhältnismäßigkeitsprüfung, vgl. *pars pro toto* EuGH, *Digital Rights Ireland*, verb. Rs. C-293/12 u. C-594/12, EU:C:2014:238, Rn. 38–40. In der Rspr. gewinnt der Wesensgehalt zunehmend an Bedeutung, vgl. etwa EuGH, *Minister for Justice and Equality/LM*, C-216/18 PPU, EU:C:2018:586, Rn. 59 ff., 63 ff. sowie aus der Literatur *Maja Brkan*, The Concept of Essence of Fundamental Rights in the EU Legal Order: Peeling the Onion to Its Core, EuConst 2018, S. 332.

[66] Vgl. *Christoph Schönberger*, in: Eberhard Grabitz/Meinhard Hilf/Martin Nettesheim (Hrsg.), Das Recht der Europäischen Union, 79. EL 2023, Art. 20 AEUV Rn. 57.

[67] Ein Eingriff in den Kernbestand kann nach dem EuGH gerechtfertigt werden, vgl. EuGH, *Rendón Marín*, C-165/14, EU:C:2016:675, Rn. 81 ff. sowie EuGH, *Secretary of State gegen CS*, C-304/14, EU:C:2016:674, Rn. 34 ff.

[68] Jedenfalls der zentralen Garantien.

[69] Instrumentell wirkt sich die Kernbestandsrechtsprechung bislang ausschließlich auf derivative Aufenthaltsrechte aus.

[70] Treffend *Nikolaus Graf Vitzhum*, Die Entdeckung der Heimat der Unionsbürger, EuR 2011, S. 550.

giert damit in gewissem Sinne zugleich als Schutz der föderativen Zugehörigkeit zur Union. Auch diese zugegebenermaßen bislang sehr eng gefasste Schutzdimension entfaltet sich gegenüber dem Heimatstaat und greift ganz unabhängig von einem grenzüberschreitenden Bezug, wie er namentlich für das Freizügigkeitsrecht zwingend erforderlich ist.

3. Schutz der Integrität der Unionsbürgerschaft

Spiegelbildlich zu den unionsverfassungsrechtlichen Grenzen des rechtlichen bzw. faktischen Verlustes der Unionsbürgerschaft, stellt sich jüngst mit vermehrter Dringlichkeit die Frage, inwieweit das Unionsrecht auch der Verleihung der Staatsangehörigkeit Grenzen ziehen muss, namentlich wenn durch sie die Integrität der Unionsbürgerschaft untergraben werden könnte. Zum Schutz der Unionsbürgerschaft vor missbräuchlicher Verleihung, etwa im Fall sog. „goldener Pässe", liegt bislang noch keine Rechtsprechung vor.[71] Allerdings ist ein Vertragsverletzungsverfahren gegen Malta anhängig, da dieser EU-Mitgliedstaat die Verleihung seiner Staatsangehörigkeit zum Geschäftsmodell gemacht hat, d.h. die maltesische Staatsangehörigkeit u.a. auch als Gegenleistung für Investitionen vergibt, sodass Personen, die sonst keinerlei tatsächliche Verbindung zu Malta aufweisen, in den Genuss der Unionsbürgerschaft gelangen.[72] Die Kommission beruft sich im Rahmen des Vertragsverletzungsverfahrens überzeugend darauf, dass ein derartiges Regime „goldener Pässe" den Wesensgehalt und die Integrität der Unionsbürgerschaft (Art. 20 AEUV) untergraben und den Grundsatz der loyalen Zusammenarbeit (Art. 4 Abs. 3 EUV) verletzen könne.[73] Zum Schutz der Integrität der Unionbürgerschaft und der gegenseitigen Anerkennung der Staatsangehörigkeiten der Mitgliedstaaten untereinander (horizontal) muss jedenfalls eine Verleihung der Staatsangehörigkeit, bei der es an einer tatsächlichen Verbindung zum betreffenden Mitgliedstaat fehlt, bzw. ggf. sogar ein zweckwidriger Missbrauch vorliegt (Staatsangehörigkeit gegen Geld, Umgehung von Sanktionsregimen etc.), unionsrechtlich unterbunden werden.

4. Kontrollüberlegung Brexit: Kollektiver Statusverlust bei souveränem Austritt

Die Verlustdimension wird schließlich auch durch eines der traurigsten Kapitel der Geschichte der europäischen Integration illustriert, den Austritt Großbri-

[71] Zum Problem vgl. *Peter Hilpold*, Die verkaufte Unionsbürgerschaft, NJW 2014, S. 1071; *Julien Berger*, Staatsbürgerschaft als Ware, ZaöRV 2021, S. 1033 ff.; *Ayelet Shachar*, in: Ayelet Shachar/Rainer Bauböck/Irene Bloemraad/Maarten Vink (Hrsg.), The Oxford Handbook of Citizenship, 2017, S. 789 ff.

[72] Anhängige Rs. C-181/23.

[73] Ebd.

tanniens aus der EU (Brexit) zum 31. Januar 2020.[74] In dieser Abrissgeschichte spiegelt sich das Wesen der Unionsbürgerschaft als föderative Zugehörigkeit in besonderer Weise, nämlich in Form ihrer äußersten Grenzen. Verlässt ein Mitgliedstaat qua souveräner Entscheidung die Union und löst damit die Bänder, die ihn und seine Staatsangehörigen mit der Union, den anderen EU-Staaten und deren Staatsangehörigen bis dato verbanden, so endet die föderative Zugehörigkeit seiner Staatsangehörigen zur Union automatisch.[75] Dementsprechend haben durch den Austritt alle britischen Staatsangehörigen, die nicht noch eine weitere Staatsangehörigkeit eines EU-Mitgliedstaates besaßen oder eine solche neu erwarben, den Status als Unionsbürger verloren und sind zu Drittstaatsangehörigen geworden.[76] Dieser kollektive Statusverlust ist in der Geschichte der Europäischen Union bislang einzigartig.

Vom Brexit in besonderer, obgleich nicht alleiniger Weise betroffen sind und waren zum einen die in der (Rest-)EU aufhältigen bzw. dort tätigen Briten[77] sowie zum anderen die im Vereinigten Königreich aufhältigen bzw. dort tätigen Staatsangehörigen der EU-27.[78] Die Rechtsstellung dieser beiden Personengruppen und ihrer Familienangehörigen war ein zentraler Punkt der Austrittsverhandlungen und wurde in dem Austrittsabkommen[79] in einem eigenen Abschnitt geregelt.[80] Die zentralen Regelungen sollten im Kern aufenthaltsrechtliche Kontinuität und Nichtdiskriminierung für Personen und deren Familienangehörigen gewährleisten, die vor Ende des an den Austritt anschließenden Übergangszeitraums[81] ihr Freizügigkeitsrecht in der EU-27 bzw. dem Vereinigten Königreich in Anspruch genommen hatten und im Anschluss dort wohnen bleiben bzw. ihre wirtschaftliche Tätigkeit als Grenzgänger weiter ausüben wollten.[82] Zentrale politische Rechte, wie insbesondere das Wahlrecht zum Europäischen Parlament und das Kommunalwahlrecht, sollten indes bereits während der Übergangszeit nicht mehr zur Anwendung gelangen.[83]

---

[74] Der Austritt erfolgte am 31. Januar 2020 um 24:00 h mitteleuropäischer Zeit und um 23:00 h britischer Zeit.

[75] EuGH, *Préfet du Gers*, C-673/20, EU:C:2022:449, Rn. 53 ff.

[76] Ebd., Rn. 56.

[77] Diese Personengruppe umfasste zum Zeitpunkt des Brexits ca. 1 Mio. Personen.

[78] Diese Personengruppe umfasste zum Zeitpunkt des Brexits ca. 3 Mio. Personen.

[79] *Abkommen über den Austritt* des Vereinigten Königreichs Großbritannien und Nordirland aus der Europäischen Union und der Europäischen Atomgemeinschaft, ABl. 2020 L 29, 7, nicht zu verwechseln mit dem *Abkommen über Handel und Zusammenarbeit* zwischen der Europäischen Union und der Europäischen Atomgemeinschaft einerseits und dem Vereinigten Königreich Großbritannien und Nordirland andererseits, ABl. 2020, L 444, 14, das am 1.1.2021 vorläufig und am 1.4.2021 regulär in Kraft trat.

[80] Zweiter Teil („Rechte der Bürger"), Art. 9 ff. des Austrittsabkommens.

[81] Vgl. Art. 126 des Austrittsabkommens.

[82] Vgl. im Einzelnen Art. 10 ff. des Austrittsabkommens.

[83] Vgl. Art. 127 Abs. 1 lit. b des Austrittsabkommens: Art. 11 Abs. 4 EUV (Bürgerinitiative),

In seiner Grundsatzentscheidung *Préfet du Gers*, die die Situation einer seit 1984 in Frankreich wohnenden Britin betraf, stellte der EuGH fest, dass britische Staatsangehörige infolge des Austritts zum 1.2.2020 als Drittstaatsangehörige anzusehen seien und der damit automatisch einhergehende Verlust der Unionsbürgerschaft auch in seinen konkreten Folgen für Einzelpersonen *keiner* Verhältnismäßigkeitsprüfung standhalten müsse.[84] Damit stand der Klägerin des Ausgangsverfahrens das ihr zuvor qua Unionsrecht gewährte Kommunalwahlrecht in Frankreich nicht mehr zu. Daran änderte auch der Umstand nichts, dass die Klägerin wegen des langjährigen Aufenthalts in Frankreich das Kommunalwahlrecht in Großbritannien verloren hatte.[85] Der EuGH entschied ausdrücklich, dass die Rechtsprechung zu den unionsrechtlichen Grenzen des Verlusts der Unionsbürgerschaft und insbesondere zum Erfordernis einer Verhältnismäßigkeitsprüfung[86] nicht auf den Fall des souveränen Austritts eines Staates aus der Union übertragbar sei.[87] Auch aus dem Verbot der Diskriminierung aus Gründen der Staatsangehörigkeit ergab sich dem EuGH zufolge nichts anderes, da dieses Verbot gerade nicht zugunsten von Drittstaatsangehörigen greife.[88]

Der Gerichtshof unterscheidet somit zwischen dem individuellen Schutz vor Verlust der föderativen Zugehörigkeit unter der Prämisse des Fortbestehens der EU-Mitgliedschaft (und damit der politischen Union) einerseits und der Akzeptanz des kollektiven und automatischen Statusverlusts unter der Prämisse der souveränen Aufkündigung der EU-Mitgliedschaft andererseits. Im Normalfall, d.h. dem Fortbestand der EU-Mitgliedschaft, besteht ein unionsrechtlich eigenständiger (Mindest-)Schutz vor dem individuellen Verlust dieser föderativen Zugehörigkeit. Dagegen endet diese föderative Zugehörigkeit vollständig, wo die politischen, rechtlichen und ökonomischen Bindungen mit der EU gekappt werden. Dann ist eine Lösung für die Betroffenen nur im Wege der Einbürgerung oder über (migrationsrechtliche) Garantien des nationalen Rechts zu suchen.

Art. 20 Abs. 2 lit. b, Art. 22 AEUV und Art. 39 f. GRC (Wahlrecht) sowie Art. 24 Abs. 1 AEUV (Petitionsrecht).

[84] EuGH, *Préfet du Gers*, C-673/20, EU:C:2022:449, Rn. 61 f.

[85] Die Klägerin des Ausgangsverfahrens war nirgends mehr wahlberechtigt, da sie aufgrund einer britischen 15-Jahre-Regel auch bei den Wahlen im Vereinigten Königreich nicht mehr abstimmen durfte, vgl. EuGH, *Préfet du Gers*, C-673/20, EU:C:2022:449, Rn. 35.

[86] Namentlich EuGH, *Rottmann*, C-135/08, EU:C:2010:104, Rn. 42; EuGH, *Tjebbes u.a.*, C-221/17, EU:C:2019:189, Rn. 48.; EuGH, *Wiener Landesregierung (Widerruf einer Einbürgerungszusicherung)*, C-118/20, EU:C:2022:34, Rn. 74.

[87] EuGH, *Préfet du Gers*, C-673/20, EU:C:2022:449, Rn. 62.

[88] Ebd., Rn. 78.

V. Fazit und Ausblick

Die Unionsbürgerschaft ist eine der zentralen Errungenschaften des europäischen Integrationsprozesses. Bereits vor ihrer begrifflichen Einführung durch den Vertrag von Maastricht zeichnete sich primärrechtlich ab, dass die Überwindung des Fremdenstatus zwischen den Staatsangehörigen der Mitgliedstaaten in ihrer Finalität letztlich auf die sukzessive Errichtung einer föderativen Zugehörigkeit gerichtet war.

Mit der Verbürgung des EU-weiten, auch vor Behinderungen durch den Heimatstaat schützenden Freizügigkeitsrechts, der unionsverfassungsrechtlichen Gewährung grundlegender Rechte demokratischer Mitwirkung und Teilhabe an der Ausübung unionaler Hoheitsgewalt sowie dem spezifischen Schutz vor dem rechtlichen und faktischen Verlust der Unionsbürgerschaft, ggf. komplettiert um einen Schutz der Integrität der Unionsbürgerschaft im Falle zweckwidriger oder missbräuchlicher Verleihung, ist diese föderative Zugehörigkeit heute in besonders tiefgehender Weise unionsverfassungsrechtlich verankert und geschützt. Konnten die Bestimmungen über die Unionsbürgerschaft zu Beginn noch in ihrer Tragweite belächelt oder gar als zynische PR-Maßnahme der Vertragsparteien gewertet werden,[89] sind sie heute zu einem tragenden Strang des Unionsverfassungsrechts erstarkt.

Dabei ist das Leitbild föderativer Zugehörigkeit, an dem die Unionsbürgerschaft konzeptionell ausgerichtet ist, kein monolithisches oder unverrückbares. Vielmehr eröffnen die unionsverfassungsrechtlichen Grundlagen beachtliche Spielräume für die Judikative sowie vor allem für die politische Ausgestaltung durch die Gesetzgeber auf europäischer und ggf. nationaler Ebene. Erst in diesem Wechselspiel zwischen unionsverfassungsrechtlichen Fundamentalgarantien und legislativer Konkretisierung lässt sich die Unionsbürgerschaft als föderative Zugehörigkeit in ihrer konkreten Gestaltform erfassen.

[89] So *Joseph H.H. Weiler*, European Citizenship and Human Rights, in: Jan A. Winter u.a. (Hrsg.), Reforming the Treaty on European Union, 1996, S. 57 (65). Kritische Bewertung u.a. auch bei *Síofra O'Leary*, The Relationship between Community Citizenship and the Protection of Fundamental Rights in Community Law, CMLRev. 1995, S. 519 (519 f.).

Zur Legitimität und Legitimierung von Ungleichbehandlungen im Migrationsrecht

Jonas Bornemann

I. Einleitung

Ungleichheit ist ein „Markenzeichen des europäisierten Migrationsrechts“[1]. Dies betrifft nicht nur die Unterscheidung zwischen Staats- und Nichtstaatsangehörigen, die für das Migrationsrecht konstitutiv ist, sondern auch die Selektivität, mit der Einwanderung und Aufenthalt der letztgenannten Personen rechtlich reguliert werden. Forderungen nach Gleichbehandlung erscheinen vor diesem Hintergrund beinah als „Widerspruch in sich“[2] – als naive Tagträumereien, die mit Blick auf die harte Realität des Migrationsrechts weder angebracht noch realisierbar sind. Dieser Befund ist allerdings kein Anlass zu intellektuellem Schulterzucken. Ganz im Gegenteil. In der wissenschaftlichen Auseinandersetzung werden Ungleichbehandlung im Migrationsrecht zunehmend adressiert und in Frage gestellt.[3]

In gewisser Weise ähnelt dies einem Kampf gegen Windmühlen. Das Recht der Einreise und des Aufenthalts von Nichtstaatsangehörigen ist von Bestimmungen und Mechanismen durchdrungen, die Ungleichbehandlungen als inhärentes Charakteristikum des Migrationsrecht anerkennen und diese folglich als grundsätzlich gerechtfertigt ansehen. Diesen Mechanismen und den ihnen zugrundeliegenden Legitimitätsverständnissen widmet sich der vorliegende Beitrag. Er untersucht die Argumentationslinien und rechtlichen Strukturen, die es dem Migrationsrecht ermöglichen, Ungleichbehandlungen als grundsätzlich legitimes Markenzeichen aufrechtzuerhalten. Insbesondere vor dem Hintergrund jüngerer Entwicklungen im europäischen Migrationsrecht, vor allem in Folge des Kriegs in der Ukraine, soll die Tragfähigkeit dieses Legitimitätsverständnisses überprüft werden.

---

[1] *Daniel Thym*, Ungleichheit Als Markenzeichen Des Migrationsrechts, Zeitschrift für öffentliches Recht 74 (2019), S. 905 (906).

[2] Treffend, *Jürgen Bast/Frederik von Harbou/Janna Wessels*, Human Rights Challenges to European Migration Policy. The REMAP Study, 2. überarbeitete Aufl. 2022, S. 98.

[3] Vgl. etwa *Jean-Baptiste Farcy*, Equality in Immigration Law: An Impossible Quest?, Human Rights Law Review 20 (2020), S. 725; *Cathryn Costello/Michelle Foster*, (Some) Refugees Welcome: When Is Differentiating between Refugees Unlawful Discrimination?, International Journal of Discrimination and the Law 22 (2022), S. 244.

Der vorliegende Beitrag nimmt diejenigen verfassungsrechtlichen und legislativen Strukturen des Migrationsrechts in den Blick, durch die Ungleichbehandlungen zwischen Nichtstaatsangehörigen als rechtlich zulässig qualifiziert werden. Daneben untersucht er insbesondere die Auswirkung bestimmter Legitimitätsverständnisse in der Rechtsprechungspraxis europäischer Gerichte. Thematisch liegt der Schwerpunkt des vorliegenden Beitrags auf Ungleichbehandlungen zwischen Nichtstaatsangehörigen, die im Rahmen der Einreise oder des Aufenthalts auftreten. Vor diesem Hintergrund wird die für das Migrationsrecht konstitutive Unterscheidung zwischen Staats- und Nichtstaatsangehörigen an dieser Stelle nicht schwerpunktmäßig behandelt.[4] Darüber hinaus werden ebenfalls Fragen der sozialrechtlichen Gleichbehandlung nur am Rande thematisiert, etwa im Rahmen der Rechtsprechung des Europäischen Gerichtshofs für Menschenrechte (EGMR).[5] Mit Blick auf unterschiedliche Formen der Ungleichbehandlung untersucht der vorliegende Beitrag sowohl Unterscheidungen, die unmittelbar an die Staatsangehörigkeit anknüpfen, als auch solche die weitestgehend herkunftsneutral formuliert sind, zugleich aber bestimmte Personengruppen nachteilig betreffen.

Die vorliegende Untersuchung ist in fünf Schritte gegliedert. Zunächst soll der Blick auf Legitimitätsstrukturen geschärft werden, die der Rechtsprechung nationaler sowie europäischer Gerichte zugrunde liegen können (II.). In einem zweiten Schritt werden diejenigen Mechanismen und Argumentationslinien dargestellt, mittels derer Ungleichbehandlungen im europäischen Migrationsrecht als grundsätzlich gerechtfertigt charakterisiert werden (III.). In einem dritten Schritt werden sodann die Folgen dieser Mechanismen in der Praxis anhand jüngerer Beispiele diskutiert (IV.). Auf dieser Grundlage lassen sich, viertens, einige Schlussfolgerungen für das Verhältnis von legitimen und rechtmäßigen Unterscheidungspraktiken im Migrationsrecht ziehen (V.), die zuletzt in einer Schlussbetrachtung überblickhaft wiedergegeben werden (VI.).

II. Legitimitätsstrukturen und Rechtsprechungspraxis

Rechtswissenschaftliche Analysen sind standesgemäß damit vertraut, Aussagen über die Rechtmäßigkeit einer Maßnahme zu treffen. Hier liegt ihre Expertise. Die Legitimität (im Gegensatz zur Legalität) einer Maßnahme ist allerdings aus einer rein rechtwissenschaftlichen Perspektive wesentlich schwerer zu erfassen.

---

[4] Zu dieser Ausprägung der Ungleichheit im Migrationsrecht, s. etwa *Kees Groenendijk*, Citizens and Third Country Nationals. Differential Treatment or Discrimination, in: Jean-Yves Carlier/Elspeth Guild (Hrsg.), L'avenir de la libre circulation des personnes dans l'U.E., 2006, S. 79.

[5] S. hierzu etwa *Anuscheh Faharat*, Discrimination Inside: Non-Discrimination as a Tool of Migrant Integration, American Journal of International Law 2021, S. 350.

Hellman bringt diesen Befund treffend auf den Punkt, wenn sie schreibt, dass „einige Dinge moralisch falsch, aber rechtlich aus guten Gründen nicht verboten sind. [...] Andere Dinge wiederum, die rechtlich untersagt sind, sind jenseits der Tatsache, dass sie das Recht brechen, moralisch unbedenklich."[6] Die Legitimität einer Maßnahme korrespondiert daher nicht nur mit dem rechtlich Erlaubten, sondern wird gleichermaßen durch die in ihr zum Ausdruck kommende Moral und soziale Akzeptanz bestimmt.[7] Legalitätsverdikte allein sind kein Siegel legitimen Handelns.

Andersherum können Legitimitätsverständnisse oft auf die Bewertung der Rechtmäßigkeit von Ungleichbehandlungen durchschlagen. Ohne die weitverzweigte (verfassungsrechtliche) Diskussion des Zusammenspiels dieser beiden Aspekte im Einzelnen zu beleuchten,[8] ist mit Blick auf das Gleichbehandlungsrecht festzuhalten, dass die Legalität einer Maßnahme regelmäßig davon abhängt, ob diese ein Ziel verfolgt, das als legitim angesehen wird. In diesem Zusammenhang erlangen Legitimitätsverständnisse bei der Bewertung der Rechtmäßigkeit einer Maßnahme Bedeutung. Richter*innen kommt in diesem Zusammenhang die Aufgabe zu, eine Entscheidung zu fällen, ob eine Ungleichbehandlung im konkreten Fall vorliegt und ob diese sodann als rechtmäßig anzusehen ist oder nicht.

In der Rechtspraxis geht diese Aufgabe mit einem gewissen Maß richterlicher Entscheidungsautonomie einher. Erstens gehen Gerichte regelmäßig davon aus, dass eine rechtswidrige Ungleichbehandlung lediglich anhand einer qualifiziert vergleichbaren Situation festzustellen ist.[9] Entsprechend wird Richter*innen ein Entscheidungsspielraum eingeräumt, wann eine bestimmte Situation als qualifiziert vergleichbar anzusehen ist. Sofern davon ausgegangen wird, dass in einer bestimmten Konstellation eine Ungleichbehandlung vorliegt, müssen Gerichte sodann, zweitens, bestimmen, inwiefern dies zu rechtfertigen ist. Obwohl Ungleichbehandlungen regelmäßig durch sachliche Gründe und legitime Zielsetzungen rechtfertigbar sind, können Gerichte dennoch bestimmte Formen der Ungleichbehandlung von vornherein als unakzeptabel und somit unrechtmäßig

---

[6] *Deborah Hellman*, When Is Discrimination Wrong?, 2008, S. 5, Übersetzung des Autors: „Some things that are morally wrong are not legally prohibited and for good reasons [...] And some things are legally prohibited that are not morally wrong, except to the extent that it is wrong to break the law."

[7] S. *Richard Fallon*, Legitimacy and the Constitution, Harvard Law Review 118 (2005), S. 1787 (1803 ff.).

[8] S. etwa *Or Bassok*, The Schmittelsen Court: The Question of Legitimacy, German Law Journal 21 (2020), S. 131, mit weiteren Nachweisen, sowie die Diskussion zwischen Positivisten und Anti-Positivisten, s. *David Dyzenhaus*, The Legitimacy of Legality, University of Toronto Law Journal, 46 (1996), S. 129, ebenfalls mit weiteren Nachweisen.

[9] Für eine theoretische Diskussion und Kritik dieser komparativen Herangehensweise, s. *Denise Réaume*, Dignity, Equality, and Comparison, in: Deborah Hellman/Sophia Moreau (Hrsg.), Philosophical Foundations of Discrimination Law 2013, S. 7.

ansehen. Drittens obliegt es Gerichten, die Intensität ihrer Kontrolle zu bestimmen. Eine reduzierte Kontrollintensität liegt etwa dann vor, wenn Richter*innen lediglich überprüfen, ob eine Ungleichbehandlung „offensichtlich" ungerechtfertigt ist oder bestimmte Rechtfertigungsgründe ohne intensivere Prüfung akzeptiert werden. Mit Blick auf europäische Gerichte wird die Frage der Kontrolldichte zudem durch andere Überlegungen überlagert, etwa durch ihr Verhältnis zu nationalen Entscheidungsträger*innen, insbesondere mit Blick auf Entscheidungen, denen komplexe oder politische Abwägungen zugrundeliegen.[10]

III. Ungleichbehandlung im Europäischen Migrationsrecht – im toten Winkel des Gleichbehandlungsrechts?

Gleichbehandlungsgarantien entfalten im Migrationsrecht traditionell nur begrenzte Wirkkraft. Zwar sind auf diesem Rechtsgebiet Ungleichbehandlungen an der Tagesordnung – etwa aufgrund der Staatsangehörigkeit und des Einreise- oder Aufenthaltsstatus einer Person – zugleich werden diese in aller Regel aber nicht als rechtswidrige Diskriminierungen angesehen. Das Migrationsrecht liegt somit gewissermaßen im toten Winkel des Gleichbehandlungsrecht. Unterschiedliche Mechanismen und Praktiken haben sich ausgeprägt, um das Migrationsrecht von den verfassungs- und gleichheitsrechtlichen Entwicklungen anderer Rechtsgebiete abzuschirmen. Derartige Praktiken lassen sich einerseits in der Rechtsprechung europäischer Gerichte identifizieren, die mit Blick auf migrationsrechtliche Ungleichbehandlungen eine erstaunliche Zurückhaltung an den Tag legen (1.). Daneben wird das Migrationsrecht weitestgehend aus völkerrechtlichen und supranationalen Gleichbehandlungsbestimmungen ausgeklammert (2.).

1. Weite Rechtfertigungsspielräume und reduzierte Kontrollintensität

Europäische Gerichte sind in vielen Lebensbereichen als Vorreiter im Kampf gegen Diskriminierungen aufgetreten. Der Europäische Gerichtshofs für Menschenrechte etwa hat sich in einer Reihe an Urteilen gegen diskriminierende Praktiken gegenüber Roma hervorgetan,[11] und der EuGH nimmt seinerseits eine historische Vorreiterrolle mit Blick auf die Gleichbehandlungen von Frauen und Männern am Arbeitsplatz sowie, in jüngerer Vergangenheit, bei der Altersdis-

[10] S. *Janneke Gerards*, Intensity of Judicial Review in Equal Treatment Cases, Netherlands International Law Review 2004, S. 135.

[11] S. *James Golston*, The Struggle for Roma Rights: Arguments That Have Worked, Human Rights Quarterly 32 (2010), S. 311.

kriminierung ein.[12] Im Migrationsrechts sieht die Situation allerdings anders aus. Mit Blick auf Ungleichbehandlungen im Rahmen der Einreise und des Aufenthalts von Nichtstaatsangehörigen ist die Rechtsprechung europäischer Gerichte wesentlich zurückhaltender.

Diese judizielle Zurückhaltung lässt sich anschaulich anhand der Rechtsprechung des EGMR verdeutlichen, die mit Blick auf Ungleichbehandlungen in anderen Rechtsgebieten sehr ausgeprägt ist. Grundsätzlich betont das Straßburger Gericht mit Blick auf Ungleichbehandlungen, die einzig an die Staatsangehörigkeit einer Person anknüpfen, dass diese lediglich durch besonders schwerwiegende Gründe („very weighty reasons") zu rechtfertigen seien.[13] Im Kontext der Einreise und des Aufenthalts einer Person – mithin dem Migrationsrecht im engeren Sinne – büßt dieser strenge Kontrollmaßstab allerdings einiges an Schärfe ein.[14] Anders als bei sozialrechtlichen Ungleichbehandlungen von Nichtstaatsangehörigen,[15] steht für den EGMR regelmäßig die souveräne Entscheidungskompetenz der Vertragsstaaten im Vordergrund.[16] Entsprechend ist davon auszugehen, dass der Gerichtshof seine Kontrolle mit Blick auf Entscheidungen, die zu Ungleichbehandlungen im Rahmen der Einreise oder des Aufenthalts einer*s Nichtstaatsangehörigen führt, reduziert.[17]

Obwohl Ungleichbehandlungen, die unmittelbar an die Staatsangehörigkeit einer Person anknüpfen, nicht gänzlich verschwunden sind, bestehen sie im europäischen Migrationsrecht nur noch vereinzelt fort. Unterscheidungen zwischen Nichtstaatsangehörigen werden heutzutage typischerweise auf Grundlage des Migrations- bzw. des Aufenthaltsstatus einer Person getroffen. Zwar müssen sich derartige statusorientierte Unterscheidungen ebenfalls anhand des europäischen Gleichbehandlungsrechts messen lassen, allerdings unterliegen sie – anders als staatsangehörigkeitsbasierte Unterscheidungen – nicht der anspruchsvollen Rechtfertigungsdogmatik „besonders schwerwiegender Gründe"[18].

Ungleichbehandlungen aufgrund des Migrationsstatus müssen ein legitimes Ziel verfolgen und verhältnismäßig sein. Insbesondere mit Blick auf die Legitimität des Zieles einer nationalen Maßnahme räumt die Rechtsprechung des

[12] S. etwa *Colm O'Cinneide*, The Uncertain Foundations of Contemporary Anti-Discrimination Law, International Journal of Discrimination and the Law 11 (2011), S. 7 (15 ff.).

[13] S. *Janneke Gerards*, The Discrimination Grounds of Article 14 of the European Convention on Human Rights, Human Rights Law Review 13 (2013), S. 99 (113 ff.).

[14] S. *Karin De Vries*, Integration at the Border: The Dutch Act on Integration Abroad and International Immigration Law, 2013, S. 307.

[15] EGMR, Urt. v. 8.4.2014, Nr. 17120/09, *Dhahbi gegen Italien*, Rn. 40 f., mit weiteren Verweisen.

[16] EGMR, Urt. v. 28.5.1985, Nr. 9214/80, 9473/81, 9474/81, *Abdulaziz, Cabales und Balkandali gegen Vereinigtes Königreich*, Rn. 67; EGMR, Urteil v. 18.2.1991, Nr. 12313/86, *Moustaquim gegen Belgien*, Rn. 49.

[17] *De Vries* (Fn. 14), S. 307, mit weiteren Nachweisen.

[18] EGMR, Urt. v. 27.9.2011, Nr. 56328/07, *Bah gegen Vereinigtes Königreich*, Rn. 47.

EGMR jedoch in der Regel einen weiten Rechtfertigungsspielraum ein. In diesem Rahmen beschränkt er seine Kontrolle häufig auf die Frage, ob die nationale Entscheidung „offensichtlich einer vernünftigen Grundlage entbehrt."[19] Zwar lässt sich in der Rechtsprechung europäischer Gerichte auch jenseits des Migrationsrechts eine reduzierte Kontrolldichte nachweisen,[20] allerdings hat dieser stark reduzierte Kontrollmaßstab in der Literatur Kritik hervorgerufen. Die Überprüfung der Legitimität der Zielsetzung einer Maßnahme verkomme im Migrationsrechtskontext auf diese Weise zu einer „rhetorischen und künstlichen Behauptung, die nichts mit den eigentlichen Entscheidungsgründen eines Falles zu tun haben."[21]

2. *Verfassungsrechtliche und legislative Ausklammerungen*

Die begrenzte Wirkkraft verfassungs- und gleichheitsrechtlicher Entwicklungen im Migrationsrecht spiegelt sich auch im supranationalen Recht wider. So betont der EuGH in seiner Rechtsprechung, dass Artikel 18 AEUV und dessen grundrechtliches Abbild, Artikel 21 Grundrechtecharta, nicht auf Unterscheidungen zwischen Drittstaatsangehörigen Anwendung fände.[22] In ähnlicher Weise klammert auch das sekundärrechtliche Gleichbehandlungsrecht derartige Unterscheidungen aus.[23] Die Antirassismusrichtlinie etwa greift nicht bei Ungleichbehandlungen aus Gründen der Staatsangehörigkeit und lässt Bestimmungen über die Einreise und Aufenthalt von Drittstaatsangehörigen unberührt.[24] Diese „Leerstelle" des supranationalen Gleichbehandlungsrechts lässt sich historisch durch die Tatsache erklären, dass die zentralen migrationsrechtlichen Bestimmungen zur Zeit der Annahme der supranationalen Gleichbehandlungsrichtlinien noch im Wesentlichen im nationalen Recht niedergelegt waren.[25] Das supranationale Migrationsrecht wurde erst kurz darauf – nach der Vergemeinschaftung dieses Politikfeldes durch den Amsterdamer Vertrag – aus der Taufe gehoben. Darüber

[19] Ibid., Rn. 37, die Übersetzung des Autors von „manifestely without reasonable foundation".

[20] S. *Gerards* (Fn. 10).

[21] Zitiert von *Farcy* (Fn. 3), S. 739, die Übersetzung des Autors von „a rhetorical and artificial assertion that has nothing to do with the issues truly deciding the case".

[22] Zuletzt EuGH, *X*, C-930/19, EU:C:2021:657, Rn. 51; kritisch zu diesem Punkt, s. *Evelien Brouwer/Karin De Vries*, Third-Country Nationals and Discrimination on the Ground of Nationality: Article 18 TFEU in the Context of Article 14 ECHR and EU Migration Law: Time for a New Approach, in: Marjolein van den Brink/Susanne Burri/Jenny Goldschmidt (Hrsg.), Equality and human rights: nothing but trouble? Liber amicorum Titia Loenen, 2015, S. 123 (140 ff.).

[23] S. *Elise Muir*, Enhancing the Protection of Third-Country Nationals Against Discrimination: Putting EU Anti-Discrimination Law to the Test, Maastricht Journal of European and Comparative Law 1–2 (2011), S. 136 (138 ff.).

[24] Artikel 3 Abs. 2 Richtlinie 2000/43/EG; eine Einschränkung des Anwendungsbereichs, die sich verbatim ebenfalls im Kontext der Nichtdiskriminierung am Arbeitsplatz findet, Artikel 3 Abs. 2 Richtlinie 2000/78/EG.

[25] Für diese Erklärung, s. *Muir* (Fn. 23), S. 141.

hinaus entspricht diese Auslassung völkerrechtlichen Gleichbehandlungsinstrumenten, etwa dem Internationalen Übereinkommen zur Beseitigung jeder Form von rassistischer Diskriminierung (ICERD), dessen Anwendungsbereich sich nur bedingt auf Unterscheidungen aufgrund der Staatsangehörigkeit erstreckt.[26]

Trotz dieser Leerstelle erzeugt das EU-Recht kein diskriminierungsrechtliches Vakuum. Ungleichbehandlungen im Migrationsrecht müssen anhand des allgemeinen Gleichheitssatzes in Artikel 20 der Grundrechtecharta gemessen werden.[27] Erstaunlicherweise hat diese Norm in der migrationsrechtlichen Praxis bisher kaum Wirkung entfaltet.[28] Vor diesem Hintergrund scheint diese grundrechtliche Gleichheitsgarantie durchaus unausgeschöpftes Potenzial zu besitzen. Der Anwendungsbereich dieser Norm ist sehr weit und umfasst Unterscheidungen aufgrund der Staatsangehörigkeit sowie des Migrationsstatus gleichermaßen. Obwohl etwaige Ungleichbehandlungen in diesem Rahmen vergleichsweise leicht durch „objektive Gründe" gerechtfertigt werden können, zeigt sich hier doch ein primärrechtlicher Angriffspunkt für eine bissfestere Überprüfung von Ungleichbehandlungen im supranationalen Migrationsrecht.

IV. Folgen für Ungleichbehandlungen im Migrationsrecht

Im europäischen Migrationsrecht haben sich unterschiedliche Mechanismen ausgeprägt, durch die eine gleichheitsrechtliche Durchdringung dieses Rechtsgebietes bisher weitestgehend verhindert wurde. Dies zeitigt Folgen in der Praxis. Anhand ausgewählter Beispiele soll im Folgenden dargelegt werden, wie sich diese Besonderheit des Migrationsrecht in der jüngeren Praxis auswirkt. Im Visarecht bestehen Ungleichbehandlungen bis heute fort, die unmittelbar an die Staatsangehörigkeit anknüpfen und jüngst die Frage aufwarfen, inwiefern eine solche Selektionspraxis mit gleichheitsrechtlichen Gewährleistungen des Unionsrechts vereinbar sein können (1.). Daneben ist dem supranationalen Migrationsrecht insbesondere der Vorwurf gemacht worden, Formen versteckter Diskriminierungen nicht als solche zu erkennen und entsprechend gutzuheißen (2.). Eine gleichheitsrechtliche Leerstelle besteht letztlich auch mit Blick auf strukturell bedingte Benachteiligungen, deren Auswirkungen bisher nicht rechtlich adressiert werden können (3.).

[26] Artikel 1 Abs. 2 und 3 ICERD, sowie *CERD*, General Recommendation XXX, I.4.

[27] S. *Thym* (Fn. 1), S. 919. Zur Möglichkeit der Beschränkung dieses Grundrechts allgemein, s. *Mark Bell*, Equality before the Law, in: Steve Peers u. a. (Hrsg.), The EU Charter of Fundamental Rights: A Commentary, 2014, S. 563 (573 ff.).

[28] Eine Ausnahme in diesem Zusammenhang: EuGH, *X*, C-930/19, EU:C:2021:657, Rn. 55–90.

1. Unhinterfragte Kontinuitäten und rudimentäre Konstitutionalisierung des Visarechts

Die begrenzte Wirkkraft des Gleichbehandlungsrecht im europäischen Migrationsrecht folgt historischen Kontinuitäten. Dies lässt sich bis heute insbesondere anhand des supranationalen Visumsrechts veranschaulichen. Die Visapolitik bewegt sich klassischerweise an der Schnittstelle zwischen Migrationsrecht und dem auswärtigen Handeln der Mitgliedstaaten. Institutionell kommt dies noch heute dadurch zum Ausdruck, dass Visa in der Regel durch Konsulate und Botschaften der Mitgliedstaaten ausgestellt werden und nicht durch Migrationsbehörden im engeren Sinne.[29] Darüber hinaus wird das Visumsrecht traditionell als ein Bereich angesehen, in dem rechtliche Bindungswirkungen gegenüber staatlichem Handeln schwächer ausgeprägt sind als bei innerstaatlichen Entscheidungskonstellationen. Entscheidungsträger*innen werden in diesem Bereich regelmäßig weitreichende Spielräume eingeräumt.

Die Vergemeinschaftung des Visarechts hat an dieser strukturellen Nähe zum auswärtigen Handeln nicht gerüttelt. Vielmehr kann die Europäisierung in diesem Bereich als ein Phänomen der Konsolidierung nationaler Ermessensspielräume angesehen werden.[30] Den Heijer legt in diesem Zusammenhang überzeugend dar, dass Ungleichbehandlungen als ein Relikt intergouvernementaler Entscheidungsprozesse angesehen werden sollten, die trotz der Supranationalisierung des Schengenrechts fortbestehen (a)).[31] Neben diesen historischen Kontinuitäten lassen sich in jüngerer Zeit zudem Beispiele für ein verstärktes Auftreten von Ungleichbehandlungen feststellen, die ausdrücklich aufgrund der Staatsangehörigkeit getroffen werden. Der kontrovers diskutierte Einreisebann gegen Russ*innen in Folge des Ukrainekriegs kann als prominentes Beispiel hierfür dienen (b)).

a) Relikte intergouvernementaler Integration

Das supranationale Visumsrecht ist eines derjenigen Teilgebiete des europäischen Migrationsrechts, in dem Ungleichbehandlungen, die explizit an die Staatsangehörigkeit einer Person geknüpft sind, fortbestehen. Dies gilt insbesondere mit Blick auf Visaliberalisierungen, die Staatsangehörige bestimmter Staaten von der Visumspflicht befreien. Demgegenüber unterliegen Drittstaatsangehörige, deren Heimatstaaten im Rahmen der EU-Visapolitik auf der sogenannten

---

[29] Artikel 4 Verordnung (EG) Nr. 810/2009 über einen Visakodex der Gemeinschaft (Visakodex).

[30] S. *Galina Cornelisse*, What's Wrong With Schengen? Border Disputes and the Nature of Integration in the Area Without Internal Borders, Common Market Law Review 51 (2014), S. 1 (23 ff.).

[31] S. *Maarten den Heijer*, Visas and Non-Discrimination, European Journal of Migration and Law 20 (2018), S. 470 (480).

„schwarzen Liste" stehen, weiterhin einer Visumspflicht.[32] Jenseits der Kritik an dieser Begriffswahl[33] führt dies zu Ungleichbehandlungen zwischen Drittstaatsangehörigen, die im Lichte des europäischen Gleichbehandlungsrechts rechtfertigungswürdig sind.[34]

Auf nationaler Ebene ist die Entscheidung über Visaliberalisierungen in aller Regel durch einen weiten gesetzgeberischen Entscheidungsspielraum geprägt. Vor diesem Hintergrund ist es nicht überraschend, dass sich ein ähnliches Arrangement auch im Unionsrecht wiederfindet. In diesem Kontext werden Visaliberalisierungsentscheidungen durch den Rat getroffen, der in diesem Zuge einen weiten Beurteilungsspielraum besitzt.[35] Ursprünglich waren die Kriterien, die dieser Entscheidung zugrunde liegen, lediglich in der Präambel der entsprechenden Verordnung festgelegt.[36] In Zuge späterer Reformen wurde diese sodann in den rechtsverbindlichen Teil der Verordnung integriert und materiellrechtlich präzisiert, allerdings ohne den weiten Beurteilungsspielraum des Rates effektiv einzuhegen. In der aktuellen Fassung der Verordnung heißt es zur Bewertung, ob ein Drittstaat der Visumspflicht unterliegt, dass diese auf einer „fallweise gewichteten Bewertung mehrerer Kriterien" zu treffen ist, die

> „unter anderem die illegale Einwanderung, die öffentliche Ordnung und Sicherheit, die wirtschaftlichen Vorteile [...] sowie die Außenbeziehungen der Union zu den entsprechenden Drittländern betreffen, wobei insbesondere Erwägungen in Bezug auf die Menschenrechte und die Grundfreiheiten und die regionale Kohärenz und der Grundsatz der Gegenseitigkeit zu berücksichtigen sind."[37]

Dies verdeutlicht, dass der Rat im Rahmen der Visaliberalisierung unterschiedliche Zielsetzungen verfolgen kann und seine Entscheidungen keinen strengen sekundärrechtlichen Maßstäben unterliegen.

Im Lichte des primärrechtlichen Gleichbehandlungsrechts wirft diese annähernde Entscheidungsfreiheit allerdings Fragen auf. Sind Ungleichbehandlungen, die unmittelbar an die Staatsangehörigkeit einer Person anknüpfen, in diesem Rahmen stets zulässig? Einerseits ist davon auszugehen, dass einige der genannten Kriterien durch den EuGH durchaus als objektive Rechtfertigungsgründe im Sinne von Artikel 20 Grundrechtecharta angesehen werden würden. So ist es gemeinhin anerkannt, dass Visaliberalisierungen als politischer Anreiz

---

[32] S. *Bernd Martenczuk*, Migration Policy and EU External Relations, in: Loïc Azoulai/Karin De Vries (Hrsg.), EU Migration Law: Legal Complexities and Political Rationales, 2014, S. 69 (92 ff.).

[33] S. *Henk van Houtum*, Human Blacklisting. The Global Apartheid of the EU's External Border Regime, in: France Winddance Twine/Bradley Gardener (Hrsg.), Geographies of Privilege, 2013, S. 161.

[34] S. *Bast/von Harbou/Wessels* (Fn. 2), S. 158.

[35] S. *den Heijer* (Fn. 31), S. 480.

[36] S. ibid.

[37] Artikel 1 Verordnung (EU) 2018/1806.

und Druckmittel gegenüber Drittstaaten dienen können, und dieses durch das einschlägige Recht erlaubt ist.[38] Andererseits legt Den Heijer anschaulich dar, dass zahlreiche Einträge in der derzeitigen „blacklist" seit ihrer erstmaligen Aufführung in dieser nicht mehr überprüft wurden und so der Möglichkeit einer ausreichenden Rechtfertigung entzogen geblieben sind.[39]

Vor dem Hintergrund der in dieser Sache besonders ausgeprägten Rechtsprechung des EGMR ist zudem fraglich, inwiefern jene pauschale Ungleichbehandlungen im Visumsrecht durch „besonders schwerwiegende" Gründe gerechtfertigt sein können. Politisch wäre eine Überprüfung bestehender Visaliberalisierungen im Lichte des Gleichbehandlungsrechts vor diesem Hintergrund sicherlich opportun. Rechtspraktisch erscheint eine Beschränkung des Gestaltungsspielraum des Rates im Lichte des Gleichbehandlungsrechts in dieser Sache allerdings als äußerst unwahrscheinlich. Im Rahmen der Rechtfertigung werden Gerichte in aller Regel die Ungleichbehandlung, die aus einer selektiven Visaliberalisierungspolitik resultiert, weiterhin als legitim hinnehmen. Dies verdeutlicht, wie bestehende Legitimitätsstrukturen die Bewertung der Rechtmäßigkeit von Ungleichbehandlungen im Migrationsrecht beeinflussen können.

*b) Ungleichbehandlungen als Vergeltungsmaßnahme? „Visa bans" gegen Russ*innen*

Während primärrechtliche Gleichbehandlungsgarantien in anderen Rechtsgebieten zunehmende Bedeutung erlangten,[40] blieb insbesondere das Visumsrecht von dieser Entwicklung weitestgehend ausgenommen.[41] So hebt der EU-Visakodex erst seit dem Jahr 2019 explizit die Selbstverständlichkeit hervor, dass dieser im Einklang mit der Charta der Grundrechte anzuwenden sei.[42] Bis vor Kurzem war diese rudimentäre verfassungsrechtliche Durchdringung des supranationalen Visumsrechts allerdings bestenfalls Gegenstand von Diskussionen unter Migrationsrechtsexpert*innen. Dies änderte sich jedoch schlagartig mit der russischen Invasion der Ukraine im Februar 2022. In der Folge sahen sich mehrere Mitgliedstaaten veranlasst, ein generelles Einreiseverbot gegen

[38] S. *Salvatore Fabio Nicolosi*, Refashioning the EU Visa Policy: A New Turn of the Screw to Cooperation on Readmission and to Discrimination?, European Journal of Migration and Law 4 (2020), S. 467 (471 ff.).

[39] S. *den Heijer* (Fn. 31), S. 488 ff.

[40] S. *Mark Bell*, EU Anti-Discrimination Law: Navigating Sameness and Difference, in: Paul Craig/Gráinne de Búrca (Hrsg.), The Evolution of EU Law, 3. Aufl. 2021, S. 652 (666 ff.).

[41] Im Gegensatz auch zu anderen Teilgebieten des Europäischen Migrationsrecht, in denen insbesondere die Rechtsprechung des EuGH zunehmend grundrechtlich inspiriert wurde, s. *Francesca Ippolito*, Migration and Asylum Cases before the Court of Justice of the European Union: Putting the EU Charter of Fundamental Rights to Test?, European Journal of Migration and Law 17 (2015), S. 18.

[42] Diese Änderung wurde durch Verordnung (EU) 2019/1155 vorgenommen und findet sich heute in Artikel 1 Abs. 4 Visakodex.

Russ*innen auszusprechen, das rechtlich in Grenzschließungen und pauschalen Visumsablehnungen Ausdruck fand.[43]

Dies führte unter anderem zu politischen wie auch wissenschaftlichen Auseinandersetzungen, ob eine solche, der Logik der Vergeltung folgende, Maßnahme legitim und rechtmäßig sein könne.[44] Das stärkste Argument, das gegen die Rechtmäßigkeit einer pauschalen Visumssperre spricht, findet sich im Sekundärrecht. Im Visakodex wird ein Einzelfallerfordernis ausformuliert, das einer pauschalen Ablehnung von Anträgen, die von Russ*innen gestellt wurden, widerspricht.[45] Nationalen Visabehörden ist im Rahmen des supranationalen Visumsrechts somit eine Pflicht zur gründlichen Überprüfung jedes einzelnen Antrags auferlegt.[46] Anträge von Russ*innen können nicht pauschal – das heißt: ohne jedwede Prüfung – abgelehnt werden.[47]

Dies verdeutlicht, dass der „visa ban" gegen Russ*innen, sofern er mit den Vorgaben des Unionsrecht in Einklang stehen soll, eher einer typisierten Einzelfallabwägung als einer pauschalen Ablehnungsanordnung gleicht.[48] Ausnahmen, etwa aus humanitären Gründen oder zur Gewährleistung des Familienlebens, müssen weiterhin möglich bleiben.[49] Dies entspricht auch der Ansicht der Europäischen Kommission, die in zwei Mitteilungen eine „generelle Vorgehensweise bei der Ausstellung von Visa" für Russ*innen skizzierte.[50] Zwar bleibt das Einzelfallerfordernis in diesem Rahmen zwingend, zugleich propagiert die Kommission aber einen „expansiven" Ansatz bei der Festlegung jener Kriterien, mittels derer eine Person als eine potenzielle Gefahr für die internationalen Beziehungen eines Mitgliedsstaats eingestuft werden kann.[51] In der Praxis werden nationale

---

[43] Letztere beruhen auf einer expansiven Interpretation von Artikel 6 des Schengener Grenzkodex, dessen Interpretation „in engem Zusammenhang" mit dem Visakodex steht, EuGH, *E. P.*, C- 380/18, EU:C:2019:609, Rn. 36.

[44] Exemplarisch insbesondere die Debattenbeiträge zu dem Thema auf dem Verfassungsblog, s. https://verfassungsblog.de/category/debates/european-visa-for-russian-tourists-debates/. In der Literatur ist darüber hinaus argumentiert worden, dass die supranationale Visapolitik in jüngerer Zeit eine generelle Hinwendung zu einem punitiven Ansatz erfahren habe, s. *Nicolosi* (Fn. 38), S. 485 ff.

[45] S. *Jonas Bornemann*, The Guises of and Guidance to Administrative Discretion in the European Court of Justice's Interpretation of EU Immigration Law, Review of European Administrative Law 2019, S. 119.

[46] Artikel 32 Abs. 1 Visakodex; EuGH, *Koushkaki*, C-84/12, EU:C:2013:862, Rn. 65 f.

[47] So auch *Sarah Ganty/Dimitry Kochenov/Suryapratim Roy*, Nationality-Based Bans from the Schengen Zone: Dissecting a Populist Proposal and Its Unlawful Implementation by Poland and the Baltic States, Compas Working Paper 2022, S. 16.

[48] So auch *Jonas Bornemann*, Heated Tempers and Legal Ambiguities. Some (Second) Thoughts on an All-out Schengen Ban of Russians, Verfassungsblog am 17.8.2022.

[49] Was die jeweiligen nationalen Regierungen auch anerkannten, s. Joint statement of the prime ministers of Poland, Estonia, Latvia, Lithuania, abrufbar unter: https://www.gov.pl/web/eu/joint-statement-of-the-prime-ministers-of-estonia-latvia-lithuania-and-poland.

[50] *Europäische Kommission,* Mitteilung C(2022) 6596 final vom 9.9.2022 sowie Mitteilung C(2022) 7111 final vom 30.9.2022.

[51] *Europäische Kommission,* Mitteilung C(2022) 6596 final vom 9.9.2022, Punkt 29.

Entscheidungsträger*innen somit davon ausgehen, dass bestimmte Kategorien russischer Antragssteller*innen „sehr wahrscheinlich“ als eine solche Gefahr anzusehen sind, was regelmäßig zu einer Ablehnung des Visaersuchens führt.[52]

Kritik an einer solchen Praxis ist aber auch aus der Perspektive des Gleichbehandlungsrechts formuliert worden.[53] Auf den ersten Blick scheint es sich hierbei um einen vergleichsweisen klaren Fall pauschaler und ungerechtfertigter Ungleichbehandlung aufgrund der Staatsangehörigkeit zu handeln. Es ist allerdings nicht von vornherein davon auszugehen, dass eine typisierte Ablehnungspraxis, die einzig Russ*innen trifft, als rechtswidrige Diskriminierungen anzusehen sind. Artikel 14 EMRK, auf der einen Seite, ist nur einschlägig, sofern die Ablehnung eines Visumsantrages zugleich ein korrespondierendes Grundrecht berührt. Dies ist nicht zwingend immer der Fall. Schengenvisa werden für Kurzaufenthalte vergeben, die unterschiedlichen Zwecken dienen können. Sofern ein Visum aber nicht lediglich für touristische Zwecke vergeben wird, sondern zum Beispiel dem Besuch von Familienmitgliedern oder einem Jobinterview dient, können durchaus andere Konventionsrechte berührt werden, etwa das Recht auf Familienleben in Artikel 8 EMRK. In letzterem Fall greift die Rechtsprechung des EGMR, inklusive der strengen Rechtfertigungsdogmatik der „besonders schwerwiegenden Gründe“. Wenn den Aussagen der betreffenden Mitgliedstaaten Glauben geschenkt werden darf, sieht der „travel ban“ zwar genau für solche Situationen Ausnahmen vor. Auf diese Weise können die betreffenden Mitgliedstaaten ohne Weiteres die rechtswidrige Diskriminierung abstellen. Inwiefern dies jedoch in der Praxis der betreffenden Mitgliedstaaten beherzigt wird, bleibt fraglich.[54]

Unabhängig davon, ob zugleich ein anderes Grundrecht berührt wird, ist im Unionsrecht bei derartigen Ungleichbehandlungen insbesondere Artikel 20 Grundrechtecharta einschlägig. In diesem Rahmen kann jedoch nicht von vornherein ausgeschlossen werden, dass der EuGH die im Visakodex erwähnte Rechtfertigung jener Ungleichbehandlung, nämlich die Vermeidung einer potenziellen Gefahr für die internationalen Beziehungen eines Mitgliedsstaats, womöglich akzeptiert.[55] Einerseits ist diese Rechtfertigung für eine beinah pauschale Ablehnungspraxis durchaus kritikwürdig. Sie öffnet Tür und Tor für nationale Praktiken, die eine Einzelfallabwägung lediglich auf dem Papier durchführen. Andererseits gibt die Rechtsprechung des EuGH jenseits von Mutmaßungen kaum Aufschluss darüber, ob eine solche Praxis mit dem Unionsrecht vereinbar sein könnte.[56]

---

[52] Ibid., Punkt 28.

[53] S. etwa *Ganty/Kochenov/Roy* (Fn. 47), S. 30.

[54] In der Literatur wird in diesem Zusammenhang darauf hingewiesen, dass einige der betreffenden Staaten einen vergleichsweise schwachen „track-record“ im Umgang mit allem Russischen an den Tag legten, ibid., S. 26.

[55] S. *Bast/von Harbou/Wessels* (Fn. 2), S. 159.

[56] Zur Unsicherheit des Extrapolierens von Rechtsprechung in diesem Zusammenhang,

2. Versteckte Diskriminierungen

Ungleichbehandlungen, die an die Staatsangehörigkeit oder den Migrationsstatus einer Person anknüpfen, werden dogmatisch in aller Regel als Formen unmittelbarer Diskriminierung überprüft. Solche Unterscheidungen sind analytisch leicht zu identifizieren, da sie im Gesetzes- oder Verordnungstext explizit angelegt sind. Korrekterweise wird in der Literatur allerdings darauf hingewiesen, dass trotz ausdrücklicher Unterscheidungsmerkmale die wahren Beweggründe und Motive, die einer Ungleichbehandlung zugrunde liegen, verschleiert sein können.[57] Dogmatisch sind derartige Ungleichbehandlungen zutreffend als unmittelbare Diskriminierung zu charakterisieren.[58] Es ist davon auszugehen, dass in der Praxis insbesondere jene Ungleichbehandlungen verschleiert werden, die aufgrund rassistischer Zuschreibungen getroffen werden.[59] In einem solchen Fall dient die formale Anknüpfung an den Migrationsstatus oder die Herkunft einer Person lediglich als justifikatorisches Feigenblatt, das andere, unakzeptable, Motive verbergen soll. Die rechtlichen Konturen und Folgen derartiger „versteckter" Diskriminierung werden jedoch bisher weder in der Rechtsprechung noch in der Literatur einheitlich gehandhabt und geben weiterhin Anlass zu lebhaften Diskussionen.[60]

Im Rahmen des europäischen Migrationsrecht wurde das Phänomen „versteckter Diskriminierung" jüngst prominent im Rahmen der erstmaligen Aktivierung der Massenzustrom-Richtlinie als Reaktion auf Fluchtbewegungen aus der Ukraine erörtert. Im Kontrast zu früheren Immigrationsbewegungen, die ihren Ursprung außerhalb Europas hatten, wurde dies als ein Indiz supranationaler Doppelmoral und „versteckter" rassistischer Diskriminierung gewertet. Obwohl einige Gründe gegen die Annahme sprechen, dass die Aktivierung der Richtlinie an sich als eine Form der „versteckten" rassistischen Diskriminierung anzusehen ist (a)), kann doch nicht ausgeschlossen werden, dass sie nationale Praktiken legitimierte, die im Lichte des Gleichbehandlungsrechts unzulässig sind (b)).

---

s. *Daniel Thym*, Border Closure and Visa Ban for Russians: Geopolitics Meets EU Migration Law, EU Immigration and Asylum Law and Policy am 11.10.2022.

[57] S. *Mathias Möschel*, The Strasbourg Court and Indirect Race Discrimination: Going Beyond the Education Domain, The Modern Law Review 80 (2017), S. 125, mit Verweis auf die Concurring Opinion von Richter Pinto de Albuquerque in *Biao*.

[58] So *Cengiz Barskanmaz*, Recht und Rassismus. Das menschenrechtliche Verbot der Diskriminierung aufgrund der Rasse, 2019, S. 217.

[59] S. *David Fennelly/Clíodhna Murphy*, Racial Discrimination and Nationality and Migration Exceptions: Reconciling CERD and the Race Equality Directive, Netherlands Quarterly of Human Rights 39 (2021), S. 310; ähnlich auch *Bast/von Harbou/Wessels* (Fn. 2), S. 153 und *den Heijer* (Fn. 31), S. 478 ff.

[60] S. *Bast/von Harbou/Wessels* (Fn. 2), S. 149 ff.

a) Zur (Nicht-)Aktivierung der Massenzustrom-Richtlinie: Ausdruck supranationaler Doppelmoral?

Es ist eine Binsenweisheit, dass gut gemeint nicht immer auch gut gemacht bedeutet. In gewissem Maße kann diese Einsicht auch auf das europäische Migrationsrecht übertragen werden. Gelegentlich resultieren Ungleichbehandlungen nämlich aus dem Wunsch, bestimmten Personengruppen aus humanitären Gründen eine privilegierte Einreise und Aufenthalt zu gewähren.[61] Eine solche Form der Privilegierung verfolgt durchaus noble Motive. So ermöglicht sie etwa, dass besonders vulnerable Personen bevorzugt Schutz zuteilwird. Allerdings können derartige Privilegierungen zu Ungleichbehandlungen zwischen Migrant*innengruppen führen, die im Lichte des europäischen Gleichbehandlungsrechts zumindest rechtfertigungswürdig sind.[62]

Die Aktivierung der sogenannten Massenzustrom-Richtlinie stellt ein besonders bemerkenswertes Beispiel selektiver Bevorteilung dar.[63] Im Zusammenspiel mit der Visaliberalisierung für ukrainische Staatsangehörige ermöglicht sie die spontane Einreise in das Staatsgebiet der EU-Mitgliedstaaten und bietet sodann einen privilegierten Schutzstatus, der weitreichende Rechte begründet. Nicht nur die freie Wahl des Aufenthaltsstaates, ein Recht, dass Asylsuchenden anderweitig im Rahmen des Dublinverfahrens verwehrt bleibt,[64] sondern auch privilegierte Bestimmungen zur sozialen Absicherung sowie dem Arbeitsmarktzugang werden durch die Richtlinie begründet.[65] Begünstigten der Massenzustrom-Richtlinie wird somit eine bessere rechtliche Stellung angediehen als etwa Asylsuchenden.[66]

Der privilegierte Zugang und Aufenthalt, der Ukrainer*innen in dieser Weise zuteil wurde, entfachte eine intensiv geführte Debatte, die sich im Kern um die

---

[61] Zugegebenermaßen stellen bei der Entscheidung, ob ein solches privilegierendes Regime aktiviert wird, „geopolitische Überlegungen“ ebenfalls eine Rolle; s. etwa *Achilles Skordas*, Temporary Protection and European Racism, in: Sergio Carrera/Meltem Ineli-Ciger (Hrsg.), EU Response to the Large-Scale Refugee Displacement from Ukraine. An Analysis on the Temporary Protection Directive and its Implications for the Future EU Asylum Policy, 2023, S. 419 (428 ff.).

[62] S. *Bast/von Harbou/Wessels* (Fn. 2), S. 159.

[63] Durchführungsbeschluss (EU) 2022/382 des Rates.

[64] S. *Gamze Ovacik*, The Right to Choose Country of Asylum: The 1951 Convention and the EU's Temporary Protection Directive, in: Sergio Carrera/Meltem Ineli-Ciger (Hrsg.), EU Response to the Large-Scale Refugee Displacement from Ukraine. An Analysis on the Temporary Protection Directive and its Implications for the Future EU Asylum Policy, 2023, S. 121 (128 ff.).

[65] Artikel 12 Richtlinie 2001/55/EG (Massenzustrom-Richtlinie) erlaubt den Mitgliedstaaten allerdings, den Arbeitsmarktzugang „[a]us Gründen der Arbeitsmarktpolitik“ eigenen Staatsangehörigen einen Vorrang einräumen.

[66] S. *Julia Kienast/Nikolas Feith Tan/Jens Vedsted-Hansen*, Preferential, Differential or Discriminatory? EU Protection Arrangements for Persons Displaced from Ukraine, in: Sergio Carrera/Meltem Ineli-Ciger (Hrsg.), EU Response to the Large-Scale Refugee Displacement from Ukraine. An Analysis on the Temporary Protection Directive and its Implications for the Future EU Asylum Policy, 2023, S. 383 (392 ff.).

Frage drehte, inwiefern eine solche Privilegierung als Form unrechtmäßiger Diskriminierung gegenüber anderen Migrant*innengruppen zu werten sei.[67] In diesem Rahmen sah sich die EU insbesondere dem Vorwurf der Doppelmoral ausgesetzt.[68] Die beispiellose Aufnahmebereitschaft gegenüber Menschen, die aus der Ukraine fliehen, steht nämlich im starken Kontrast zu Reaktionen auf Migrationsbewegungen aus Regionen außerhalb der geographischen Grenzen Europas. In letzterem Rahmen fand die Richtlinie keine Anwendung, obwohl vielfach die Meinung vertreten wurde, dass es sich durchaus um vergleichbare Fluchtphänomene handelte.[69] Dies weckte insbesondere den Eindruck, dass diese unterschiedlichen politischen Reaktionen durch rassistische Beweggründe motiviert seien.[70]

Um diesen Vorwurf nachzugehen kann zunächst der Blick auf die Richtlinie selbst und die dort festgelegten Voraussetzungen für die Aktivierung des temporären Schutzstatus gerichtet werden. Die Richtlinie setzt in diesem Zusammenhang tatbestandlich die Existenz eines „Massenzustroms" voraus. Dies deutet darauf hin, dass nicht jede Migrationsbewegung umfasst ist, sondern lediglich solche „Zuströme", die eine große Anzahl von Personen betreffen.[71] Darüber hinaus müssen diese „aus einem bestimmten Land oder einem bestimmten Gebiet" stammen[72] und aus diesem „vertrieben" worden sein.[73] Jenseits dieser vagen Eingrenzung trifft die Richtlinie allerdings keine weiteren Maßgaben, wie der unbestimmte Rechtsbegriff des „Massenzustroms" in operationalisierbare Kriterien zu übersetzen wäre. Somit kann geschlussfolgert werden, dass die Aktivierung der Massenzustrom-Richtlinie weitestgehend im Ermessen des Rates (sowie der Kommission im Rahmen ihres Initiativrechts) liegt.

---

[67] Stellvertretend, s. *Janine Prantl/Ian Matthew Kysel*, Generous, but Equal Treatment? Anti-Discrimination Duties of States Hosting Refugees Fleeing Ukraine, EJIL:Talk! am 2.5.2022.

[68] S. *Meltem Ineli-Ciger*, Reasons for the Activation of the Temporary Protection Directive in 2022: A Tale of Double Standards, in: Sergio Carrera/Meltem Ineli-Ciger (Hrsg.), EU Response to the Large-Scale Refugee Displacement from Ukraine. An Analysis on the Temporary Protection Directive and its Implications for the Future EU Asylum Policy, 2023, S. 59.

[69] Jüngst unter anderem durch die zuständige Kommissarin Johansson, zitiert von *Alexandra Brzozokowski*, EU Should Have Used Temporary Protection Directive before Ukraine, Says Johansson, EURACTIV am 26.4.2023.

[70] S. *Dora Kostakopoulou*, Temporary Protection and EU Solidarity: Reflecting on European Racism, in: Sergio Carrera/Meltem Ineli-Ciger (Hrsg.), EU Response to the Large-Scale Refugee Displacement from Ukraine. An Analysis on the Temporary Protection Directive and its Implications for the Future EU Asylum Policy, 2023, S. 436; und das Gegenargument bei *Skordas* (Fn. 61).

[71] S. *Nuria Arenas-Hidalgo*, The Eternal Question: What Does „Mass Influx" Really Mean? Reflections After the First Activation of the Temporary Protection Directive 2001/55, in: Sergio Carrera/Meltem Ineli-Ciger (Hrsg.), EU Response to the Large-Scale Refugee Displacement from Ukraine. An Analysis on the Temporary Protection Directive and its Implications for the Future EU Asylum Policy, 2023, S. 86.

[72] Artikel 2 lit. d. Massenzustrom-Richtlinie.

[73] So *Skordas* (Fn. 61), S. 426.

Der persönliche Geltungsbereich des Durchführungsbeschlusses erstreckt sich auf drei Kategorien von Personen, denen zwingend Schutz geboten werden muss: Ukrainer*innen, Drittstaatsangehörigen, die internationalen Schutz in der Ukraine genossen sowie die Familienangehörigen dieser Personen. Darüber hinaus können die Mitgliedstaaten den temporären Schutz auch auf andere Drittstaatsangehörige ausweiten, insbesondere jene Personen, die nicht sicher und dauerhaft in ihr Herkunftsland zurückkehren können.[74] Vor diesem Hintergrund ist also anzunehmen, dass es sich um eine Form der Ungleichbehandlung handelt, die – zumindest formal – an die (ukrainische) Staatsangehörigkeit oder den Migrationsstatus der Person anknüpft. Zwar muss eine solche Ungleichbehandlung durch objektive Gründe gerechtfertigt sein, allerdings lassen sich solche Gründe vergleichsweise leicht in der Richtlinie finden.[75] So dient die Aktivierung dieser unter anderem der Sicherstellung der Funktionsfähigkeit der Asylsysteme in den Aufnahmestaaten in einer gespannten Lage, insbesondere im Zuge großer Fluchtbewegungen. In diesem Sinne können die Vertreibungen aus der Ukraine aufgrund der russischen Invasion als ein Paradebeispiel für die gerechtfertigte Anwendung der Richtlinie angesehen werden.[76] Die große Zahl Fliehender, der unmittelbare kausale Zusammenhang zwischen der russischen Invasion und der Vertreibung jener Personen sowie das geopolitische Eintreten zugunsten der Ukraine sprachen für die Aktivierung der Richtlinie.[77]

Daneben ist wiederholt die Ansicht vertreten worden, dass die Anwendung dieser ebenfalls durch die Tatsache bedingt ist, dass Ukrainer*innen – anders als etwa Menschen aus Syrien, Afghanistan, Tunesien, Libyen oder dem Irak – Europäer*innen seien.[78] Im Lichte des europäischen Gleichbehandlungsrechts wäre eine solche Begründung problematisch. Einerseits ist nicht auszuschließen, dass das Argument der geographischen Nähe durch den Text der Richtlinie legitimiert wird, der von „Vertriebenen“ spricht, die ihr „Herkunftsland oder ihre Herkunftsregion haben verlassen müssen“.[79] Vor diesem Hintergrund argumentiert Skordas, dass Personen, die in einem anderen Staat in ihrer Herkunftsregion Zuflucht gefunden haben, nicht unter die Richtlinie fielen.[80] Andererseits ist recht offensichtlich, dass eine solche Argumentation Gefahr läuft, als Deckmantel für rassistisch oder religiös motivierte Diskriminierungen zu fungieren.[81] Die geo-

---

[74] Artikel 2 Durchführungsbeschluss (EU) 2022/382.

[75] S. *Prantl/Kysel* (Fn. 67).

[76] S. *Ineli-Ciger* (Fn. 68), S. 72 ff.

[77] So auch *Prantl/Kysel* (Fn. 67).

[78] S. *Ineli-Ciger* (Fn. 68), S. 69, mit weiteren Verweisen.

[79] Artikel 2 lit. c. Massenzustrom-Richtlinie.

[80] S. *Skordas* (Fn. 61), S. 426; der Wortlaut der Richtlinie betont allerdings, dass eine Person ihr Herkunftsland *oder* ihre Herkunftsregion habe verlassen müssen. Die Konjunktion „oder“ anstelle von „und“ suggeriert, dass Personen „Vertriebene“ im Sinne der Richtlinie sein können, wenn sie entweder ihren Herkunftsstaat oder ihre Herkunftsregion verlassen mussten.

[81] S. *Arenas-Hidalgo* (Fn. 71), S. 89.

graphische Nähe zur Ukraine korrespondiert mit einer ähnlichen ethnischen und religiösen Gesellschaftszusammensetzung wie jenen in den Aufnahmestaaten. Vor diesem Hintergrund scheint das Argument der geographischen Nähe geeignet, unmittelbare Diskriminierungen aufgrund der Rasse oder der Religion zu kaschieren.[82]

Aus rechtstheoretischer Sicht kann in diesem Zusammenhang argumentiert werden, dass Gerichten mindestens die Aufgabe obliegt, die Motivlagen einer solchen Entscheidung eingehend zu untersuchen.[83] Insbesondere hätte der EuGH mit Blick auf zukünftige Fluchtbewegungen aus Regionen jenseits der geographischen Grenzen Europas zu überprüfen, ob die Nichtaktivierung der Massenzustrom-Richtlinie durch rassistische Motive begründet ist. Ein solches Szenario erscheint allerdings eher unwahrscheinlich. Zum einen folgt die Rechtsprechung des EuGH im Migrationsrecht einem „administrativen Mindset", in dessen Rahmen sekundärrechtliche Strukturen, wie etwa das weite Ermessen, das die Richtlinie mit Blick auf die Aktivierung des temporären Schutzes zugesteht, nicht grundlegend in Frage gestellt werden.[84] Zum anderen ist nicht auszuschließen, dass die Rechtsprechung anderer internationaler Gerichte den EuGH dazu veranlassen könnte, von einer eingehenderen Überprüfung der Gründe für eine Ungleichbehandlung abzulassen, sofern diese oberflächlich durch die Staatsangehörigkeit oder den Migrationsstatus einer Person motiviert ist. Insbesondere der Internationale Gerichtshof hatte in diesem Sinne jüngst in *Qatar v. Vereinigte Arabische Emirate* entschieden,[85] dass Ungleichbehandlungen aufgrund der aktuellen Nationalität nicht als eine Form unmittelbarer oder mittelbarer rassistischer Diskriminierung angesehen werden können.[86]

b) Europarechtliche Legitimierung diskriminierender nationaler Praktiken?

Neben der Frage, inwiefern Ungleichbehandlungen im Migrationsrecht als legitim betrachtet werden können, ist ebenfalls nicht auszuschließen, dass der

---

[82] S. *Rodrigo Bueno Lacy/Henk van Houtum*, Europe's Selective Dehumanisation: The Revival of Geographical Determinism as Rationalisation to Justify the Preferential Protection of Ukrainian Refugees in the EU, in: Sergio Carrera/Meltem Ineli-Ciger (Hrsg.), EU Response to the Large-Scale Refugee Displacement from Ukraine. An Analysis on the Temporary Protection Directive and its Implications for the Future EU Asylum Policy, 2023, S. 446.

[83] S. *Brandon Garrett*, Unconstitutionally Illegitimate Discrimination, Virginia Law Review 2018, S. 1483.

[84] Für dieses Phänomen, s. *Daniel Thym*, Between „Administrative Mindset" and „Constitutional Imagination": The Role of the Court of Justice in Immigration, Asylum and Border Control Policy, European Law Review 44 (2019), S. 139.

[85] IGH, Urt. v. 4.2.2021, *Katar gegen Vereinigte Arabische Emirate*, Rn. 101.

[86] Die Ansicht, dass dieses Urteil auch die Rechtsprechung des EuGH beeinflussen könnte, vertritt etwa *Skordas* (Fn. 61), S. 424. Zu der ausgeprägten Kritik an diesem Urteil, s. etwa *William Thomas Worster*, Discrimination on the Basis of Nationality Under the Convention on the Elimination of Racial Discrimination, Pace International Law Review 35 (2022), S. 41.

bestehende Rechtsrahmen zu diskriminierenden Praktiken anregt. Dies betrifft also weniger die Frage der Legitimität solcher Ungleichbehandlungen, sondern deren Legitimierung durch bestehende Strukturen des Rechts. Auch dieses Phänomen lässt sich anhand der Aktivierung der Massenzustrom-Richtlinie veranschaulichen.

In gewissem Maße gestattet der Ratsbeschluss den Mitgliedstaaten, den Kreis der Begünstigten selbst festzulegen. Dies betrifft insbesondere diejenigen Drittstaatsangehörigen, die sich zum Zeitpunkt ihrer Vertreibung zwar rechtmäßig in der Ukraine aufhielten, aber nicht in der Lage sind, sicher und dauerhaft in ihr Herkunftsland zurückzukehren.[87] Dieses Arrangement war der politische Preis für eine Strategie der Einstimmigkeit, mit der der Durchführungsbeschluss getroffen wurde. Obwohl verfahrensrechtlich eine qualifizierte Mehrheit genügt hätte, entschied die Kommission, eine solch weitreichende Entscheidung solle im Rat einstimmig ergehen, was durch ein Maß an mitgliedstaatlicher Flexibilität bei der Festlegung des persönlichen Geltungsbereiches des temporären Schutzes erkauft werden musste.[88]

Politisch mag dies zweckdienlich gewesen sein. Rechtlich warf dieses Arrangement allerdings die Frage auf, inwiefern der Spielraum, der den Mitgliedsstaaten in der Folge zugestanden wurde, als Legitimation für diskriminierende Praktiken auf nationaler Ebene diente.[89] Dies betraf insbesondere die Ungleichbehandlung zwischen ukrainischen Staatsangehörigen und anderen Drittstaatsangehörigen und Staatenlosen, die sich zuvor rechtmäßig in der Ukraine aufhielten. Obwohl es den Mitgliedstaaten *qua* Sekundärrecht explizit erlaubt wurde, die letztgenannten Personen vom temporären Schutz auszuschließen, operieren die Mitgliedstaaten in diesem Rahmen nicht in einem diskriminierungsrechtlichen Vakuum. In der Ausfüllung dieses Spielraumes müssen sie Gleichbehandlungsgrundsätze beherzigen und unterliegen in diesem Zusammenhang auch der vollumfänglichen Kontrolle des EGMR.[90]

Nichtsdestotrotz kann die Ansicht vertreten werden, dass dieser Rechtsrahmen als Legitimation für nationale Maßnahmen fungierte, die als diskriminierend zu werten sind. In diesem Zusammenhang ist insbesondere auf die Ablehnung des temporären Schutzes von nicht-europäischen Drittstaatsangehörigen und Roma hingewiesen worden.[91] Tatsächlich spricht einiges dafür,

---

[87] Artikel 2 Abs. 2 Durchführungsbeschluss (EU) 2022/382.

[88] S. *Sergio Carrera u. a.*, The EU Grants Temporary Protection for People Fleeing War in Ukraine: Time to Rethink the Unequal Solidarity in EU Asylum Policy, in: Sergio Carrera/Meltem Ineli-Ciger (Hrsg.), EU Response to the Large-Scale Refugee Displacement from Ukraine. An Analysis on the Temporary Protection Directive and its Implications for the Future EU Asylum Policy, 2023, S. 2 (18 f.), die diese Praxis als Fehlverhalten („malpractice") kritisieren.

[89] So etwa *Prantl/Kysel* (Fn. 67).

[90] EGMR, Urt. v. 30.6.2005, Nr. 45036/98, *Bosphorus gegen Irland*, Rn. 157.

[91] S. *Daniela Vitiello*, The Nansen Passport and the EU Temporary Protection Directive:

dass derartige Praktiken durch rassistische Beweggründe motiviert waren.[92] Sofern davon ausgegangen wird, dass es sich dabei lediglich um eine Ungleichbehandlung aufgrund der Staatsangehörigkeit bzw. des Migrationsstatus einer Person handelte, bliebe jedenfalls zu überprüfen, inwiefern eine solche Differenzierung – jenseits der dahingehenden sekundärrechtlichen Autorisierung des Ratsbeschluss – gerechtfertigt ist. Anders als mit Blick auf die Aktivierung der Massenzustrom-Richtlinie finden sich im Ratsbeschluss allerdings keine „sachlichen" Hinweise darauf, warum diese Personen vom temporären Schutz ausgeschlossen werden können.

Dies kann insofern in doppelter Hinsicht als eine „versteckte" Diskriminierung angesehen werden. Zum einen ist es wahrscheinlich, dass dem Ausschluss dieser Personengruppen rassistische Motive zugrunde lagen, die lediglich durch einen Verweis auf die sekundärrechtliche Flexibilität des Ratsbeschlusses kaschiert werden sollten. Zum anderen sind derartige diskriminierende Praktiken aus Sicht des Unionsrechts insofern „versteckt", als dass sie lediglich im nationalen Recht auftreten. Sofern solche Maßnahmen als rechtswidrig anzusehen sind, tritt diese Rechtswidrigkeit nicht auf Ebene des Unionsrechts selbst auf, sondern ist lediglich eine Sache nationaler Gerichte beziehungsweise des EGMR.

3. Struktureller Rassismus als menschenrechtliche Leerstelle

Es entspricht einem paradigmatischen Verständnis liberaler Einwanderungsregime, dass herkunftsorientierte durch fähigkeitsorientierte Selektionspraktiken ersetzt werden.[93] Von derartigen fähigkeitsorientierten Einwanderungsregimen profitieren in der Regel jene Personen, deren Ausbildung, Einkommen oder Fertigkeiten vergleichsweise hoch sind. Idealtypisch sind Selektionsregime dieser Art vor „versteckter" Diskriminierung gefeit und knüpfen genuin an die Fähigkeit einer Person an. Auch das supranationale Migrationsrecht folgt – trotz des vereinzelten Fortbestehens herkunftsorientierter Unterscheidungen – weitestgehend dieser Hinwendung zu einem fähigkeitsorientierten Einwanderungsrecht.[94] Korrekterweise wird in der Literatur allerdings darauf hingewiesen, dass selbst unter der (nicht unbedingt realitätsnahen[95]) Annahme, dass solche Unterscheidungen gänzlich unabhängig von der ethnischen Herkunft oder vermeintlichen Rasse einer Person getroffen würden, diese sich dennoch häufig

Reflections on Solidarity, Mobility Rights and the Future of Asylum in Europe, European Papers Insight 2022, S. 15 (18 ff.).

[92] S. *Kienast/Feith Tan/Vedsted-Hansen* (Fn. 66), S. 391, mit weiteren Nachweisen.

[93] S. *Antje Ellerman/Augustin Goenaga*, Discrimination and Policies of Immigrant Selection in Liberal States, Politics & Society 2019, S. 87. Solche Einwanderungsregime können treffend als meritokratisch bezeichnet werden, s. *Lehner*, in diesem Band.

[94] S. *Farcy* (Fn. 3), S. 730 ff.

[95] In diesem Sinne auch *Barskanmaz* (Fn. 58), S. 364 ff.

entlang ethnischer, religiöser oder rassistischer Trennlinien auswirken. Sofern dies der Fall ist, kann von einer Form des „strukturellen Rassismus" gesprochen werden.[96]

Mit Blick auf solche, strukturell bedingten, Ungleichheiten bleiben gleichheitsrechtliche Gewährleistungen im europäischen Migrationsrecht weitestgehend wirkungslos.[97] Sofern fähigkeitsorientierte Migrationsregime nicht lediglich als Vorwand für „versteckte" Diskriminierung fungieren, wird eine derartige Selektionspraxis durch europäische Gerichte bestenfalls als mittelbare Diskriminierung geprüft. Der EGMR hat das Konzept der mittelbaren Diskriminierung im Urteil *D.H. et al. v. the Czech Republic* anerkannt,[98] und das Unionsrecht buchstabiert dieses sogar legislativ aus. Demnach liegt eine mittelbare Diskriminierung vor, wenn eine „dem Anschein nach neutrale [Maßnahme]" die „Personen, die einer Rasse oder ethnischen Gruppe angehören, in besonderer Weise benachteilig[t]" und hierfür keine sachlichen Rechtfertigungsgründe vorliegen.[99]

Dies verdeutlicht, dass mittelbare Ungleichbehandlungen grundsätzlich gerechtfertigt werden können.[100] Zugleich hat aber der EGMR in seiner Rechtsprechung hervorgehoben, dass Ungleichbehandlungen, die ausschließlich oder in einem entscheidenden Maße an die ethnische Herkunft einer Person anknüpfen, als nicht gerechtfertigt anzusehen sind.[101] In *Biao* verlangte der EGMR vor diesem Hintergrund daher, dass die mittelbare Ungleichbehandlung zu Ungunsten von dänischen Staatsangehörigen anderer ethnischer Herkunft durch zwingende oder sehr schwerwiegende Gründe gerechtfertigt sein müsse, die nicht an die ethnische Herkunft anknüpfen. Diese Kontrollpraxis kann als eine Art „Umgehungsverbot" gedeutet werden, wonach es dem Normgeber obliegt, nachzuweisen, dass eine Maßnahme nicht insgeheim rassistische oder ethnische Motive verfolgt.[102] Im konkreten Fall war die dänische Regierung den Nachweis solcher Gründe allerdings schuldig geblieben ist. Somit entschied das Straßburger Gericht, dass die betreffende nationale Regelung mit Artikel 14 EMRK unvereinbar sei.[103]

Eine fähigkeitsbasierte Selektionspraxis wird im Lichte dieser Rechtsprechung in aller Regel gerade aber nicht „ausschließlich oder maßgeblich" ethnisch oder rassistisch motiviert sein. Es handelt sich formal – und idealtypisch – um eine

---

[96] S. *Karin De Vries/Thomas Spijkerboer*, Race and the Regulation of International Migration. The Ongoing Impact of Colonialism in the Case Law of The European Court of Human Rights, Netherlands Quarterly of Human Rights 39 (2021), S. 305.

[97] So auch *Farcy* (Fn. 3), S. 734.

[98] EGMR, Urt. v. 13.11.2007, Nr. 57325/00, *D.H. und andere gegen die Tschechische Republik*, Rn. 175.

[99] Artikel 2 Abs. 2 lit. b) Richtlinie 2000/43/EG.

[100] So auch EGMR, Urt. v. 25.3.2014, Nr. 38590/10, *Biao gegen Dänemark*, Rn. 91.

[101] Ibid., Rn. 114.

[102] Für diese Sichtweise, *Daniel Thym*, Einführung Und Kontextualisierung, in: Judith Froese/Daniel Thym (Hrsg.), Grundgesetz und Rassismus, 2022, S. 26 (26).

[103] EGMR, Urt. v. 25.3.2014, Nr. 38590/10, *Biao gegen Dänemark*, Rn. 138 f.

in diesem Sinne neutrale Maßnahme. Sofern sich diese dennoch zu Ungunsten von Personen bestimmter ethnischer Herkunft auswirkt, wird dies bestenfalls als Form mittelbarer Ungleichbehandlung überprüft, die in aller Regel jedoch als durch legitime Ziele gerechtfertigt angesehen sein wird. Die Rechtsfertigungshürde liegt hier vergleichsweise niedrig. In einem jüngeren Urteil akzeptierte der EGMR beispielsweise die Ziele der Migrationskontrolle und der Wahrung der finanziellen Interessen der Vertragsparteien als legitime Rechtfertigungsgründe für Ungleichbehandlungen.[104] Eine fähigkeitsbasierte Unterscheidungspraxis genügt einer solchen Rechtfertigung ohne größere Probleme.

Dies verdeutlicht die beschränkte Fähigkeit des Rechts, tradierte Konstellationen struktureller oder institutioneller Benachteiligung aufzubrechen.[105] Es bedürfte einer grundlegenden Neuordnung der Rechtfertigungsdogmatik bei mittelbaren Ungleichbehandlungen, um jene Formen der Benachteiligung rechtlich abbilden und adressieren zu können.[106] Der derzeitige Rechtsrahmen, mitsamt der ihn konkretisierenden Rechtsprechung europäischer Gerichte, konsolidiert jedoch ein Einwanderungs- und Aufenthaltsregime, in dem strukturelle Ungleichheiten tradiert und reproduziert werden. Zumindest mit Blick auf derartige strukturelle Benachteiligungen zementiert das Gleichbehandlungsrecht den migrationsrechtlichen *status quo*.[107]

V. (Il-)Legitimität migrationsrechtlicher Ungleichbehandlungen

Die vorstehenden Überlegungen verdeutlichen, dass Ungleichbehandlungen im europäischen Migrationsrecht grundsätzlich als legitim erachtet werden. Dieses vorherrschende Verständnis wird durch den Rechtsrahmen sowie die Rechtsprechungspraxis europäischer Gerichte konsolidiert. So haben sich verschiedene Mechanismen und Rechtfertigungsstrukturen ausgeprägt, durch die Ungleichbehandlungen regelmäßig als rechtmäßig angesehen werden können. Als Folge sind Ungleichbehandlungen im Migrationsrecht entweder von vornherein von gleichbehandlungsrechtlichen Gewährleistungen ausgeschlossen oder – sofern sie von diesen Entwicklungen erfasst werden – vergleichsweise leicht zu rechtfertigen. Entsprechend bleiben Ungleichbehandlungen ein prominenter Wesenszug des europäischen Migrationsrechts.

[104] Das Urteil bezog sich auf die Ungleichbehandlung zwischen Flüchtlingen und subsidiär Schutzberechtigten mit Blick auf das Recht zur Familienzusammenführung; EGMR, Urt. v. 20.10.2022, Nr. 22105/18, *M. T. gegen Schweden*, Rn. 117.

[105] S. *Fennelly/Murphy* (Fn. 59), S. 327.

[106] Ibid., S. 312 und *Costello/Foster* (Fn. 3), S. 253.

[107] Für eine theoretische Untersuchung dieses Phänomens, s. *Damian Kukovec*, Taking Change Seriously: The Rhetoric of Justice and the Reproduction of the Status Quo, in: Dimitry Kochenov/Gráinne de Búrca/Andrew Williams (Hrsg.), Europe's Justice Deficit?, 2015, S. 319.

1. Legitimitätsstrukturen migrationsrechtlicher Ungleichbehandlung

Zugleich kann die Ansicht vertreten werden, dass die prominent diskutierten Beispiele migrationsrechtlicher Ungleichbehandlungen, insbesondere als Reaktion auf den Krieg in der Ukraine, die dem Migrationsrecht zugrundeliegenden Legitimitätsstrukturen in Frage stellen. Die in der Wissenschaft prominent geäußerte Kritik an derartigen Maßnahmen deutet zumindest auf ein gestiegenes Problembewusstsein hin.[108] Vor diesem Hintergrund erscheint es notwendig, bisher unhinterfragte Ungleichbehandlungen im europäischen Migrationsrecht einer kritischen Überprüfung zu unterziehen.[109] Zugleich wäre es allerdings verfrüht, diesen Wandel legitimatorischer Strukturen als eine eindimensionale Entwicklung darzustellen, die letztlich auf die graduelle Abstellung von Ungleichbehandlungen im Migrationsrecht ziele. Eine solche Darstellung ignorierte, dass Ungleichbehandlungen auch zur Sicherstellung der Handlungsfähigkeit des Migrationsrechts, insbesondere in Krisensituationen, als zweckdienlich und somit legitim erachtet werden können.[110]

Die diskutierten Beispiele verdeutlichen zudem, dass der aktuelle Rechtsrahmen als Legitimierung für Praktiken und Maßnahmen diente, die Ungleichbehandlungen im Migrationsrecht forcierten. Mit Blick auf den „visa ban“ gegen Russ*innen wurde dieses Anliegen durch eine typisierte Einzelfallabwägung auf administrativer Ebene operationalisiert. Mit Blick auf die Möglichkeit, bestimmte Personengruppen vom temporären Schutz für Personen, die aus der Ukraine flohen, auszuschließen, diente nationalen Gesetzgebern der ihnen zugestandene Spielraum im supranationalen Recht dazu, derartige Maßnahmen einzuführen. Dies verdeutlicht, dass neben den Legitimitätsstrukturen, die dem Migrationsrecht zugrunde liegen, dieses auch als Legitimierung dienen kann, Ungleichbehandlungen zu konsolidieren oder einzuführen.

2. Vorreiter im Trippelschritt? Zur Kontrollpraxis europäischer Gerichte

Auch die Rechtsprechung europäischer Gerichte ist mit Blick auf Ungleichbehandlungen von Drittstaatsangehörigen von Zurückhaltung geprägt. Die zentralen Anknüpfungspunkte für Ungleichbehandlungen im Migrationsrecht – Staatsangehörigkeit und Migrationsstatus – unterliegen in der Regel keiner strengen gerichtliche Kontrolle. Dennoch lassen sich in der Rechtsprechung einige Entwicklungen identifizieren, die auf eine intensivierte Kontrollpraxis hindeuten oder zumindest Potenzial dafür besäßen. Einerseits wird dies das Mi-

108 S. etwa *Jaya Ramji-Nogales*, Ukrainians in Flight: Politics, Race, and Regional Solutions, AJIL Unbound 2022, S. 150.

109 S. *den Heijer* (Fn. 31), S. 474.

110 So etwa *Tamara Kortukova* u. a., Peculiarities of the Legal Regulation of Temporary Protection in the European Union in the Context of the Aggressive War of the Russian Federation Against Ukraine, International Journal for the Semiotics of Law 2023, S. 667.

grationsrecht nicht in seinen Grundfesten erschüttern, da auch im Lichte dieser Rechtsprechung Ungleichbehandlung weiterhin regelmäßig als gerechtfertigt angesehen werden können. Andererseits setzt eine solche Rechtsprechung das Migrationsrecht zumindest unter Rechtfertigungsdruck.

Insbesondere die jüngere Rechtsprechung des EGMR verdeutlicht, dass menschenrechtliche Verbote im Migrationsrecht in der Praxis an Bedeutung gewonnen haben. Mit Blick auf mittelbare Diskriminierungen geraten formal neutrale Unterscheidungspraktiken im europäischen Migrationsrecht unter Rechtfertigungsdruck.[111] Indem nationalen Regierungen die Pflicht auferlegt wird,[112] sachliche Gründe für Maßnahmen anzuführen, die Ungleichbehandlungen zementieren oder hervorrufen, ist es nicht unrealistisch, dass dies zu einer erhöhten Sensibilität mit Blick auf mittelbare Ungleichbehandlungen führt. Das kann als eine judikative Aufforderung zur legislativen Überprüfung bisher unhinterfragter und gegebenenfalls zur Behebung ungerechtfertigter Ungleichbehandlung angesehen werden.[113]

In der Rechtsprechung des EuGH hat sich eine solche intensivierte Kontrollpraxis bisher nicht ausgeprägt. Insbesondere mit Blick auf Artikel 20 der Grundrechtecharta bestünde hierzu allerdings ein primärrechtlicher Ankerpunkt. Zwar bestehen in diesem Zusammenhang weite Rechtfertigungsspielräume, allerdings ließe sich auch diese grundrechtliche Bestimmung dazu nutzen, Druck auf bisher unhinterfragte Ungleichbehandlungen auszuüben. Vor diesem Hintergrund wäre es wohl verfrüht, von europäischen Gerichten als Vorreiter im Kampf gegen Diskriminierungen im Migrationsrecht zu sprechen. Zumindest die punktuelle Intensivierung der Kontrollpraxis des EGMR zeugt aber von einem gewissen Problembewusstsein. Ohne die Schwachstellen dieser Rechtsprechung zu ignorieren, vor allem mit Blick auf strukturell bedingte Ungleichbehandlungen, kann dies als ein erster Schritt zu einer gesteigerten Wirkkraft menschenrechtlicher Gleichbehandlungsgewährleistungen im Migrationsrecht gedeutet werden. Sofern europäische Gerichte als Vorreiter auftreten, so tun sie dies nicht im Galopp, sondern im Trippelschritt.

VI. Schlussbetrachtung

Mit Bezug auf die Einreise und den Aufenthalt von Nichtstaatsangehörigen ist im europäischen Migrationsrecht ein Verständnis vorherrschend, das Ungleichbehandlungen als grundsätzlich legitim akzeptiert. Anders als in anderen Rechtsgebieten bestehen unterschiedliche Mechanismen und Praktiken fort, durch die

[111] So auch *Möschel* (Fn. 57), S. 131.

[112] EGMR, Urt. v. 25.3.2014, Nr. 38590/10, *Biao gegen Dänemark*, Rn. 114.

[113] Für ein derartiges Leitbild der Statusangleichung plädieren etwa *Bast/von Harbou/Wessels* (Fn. 2), S. 173.

Ungleichbehandlungen als regelmäßig rechtmäßig angesehen werden können. In diesem Sinne geht das Migrationsrecht einen gleichheitsrechtlichen Sonderweg.[114] Dies kann zutreffend als Markenzeichen des Migrationsrechts bezeichnet werden. Die Selektivität, die diesem Rechtsgebiet innewohnt, bestärkt ein Verständnis von Ungleichbehandlungen zwischen Migrant*innen als grundsätzlich gerechtfertigt.

Zugleich werden die diesem Befund zugrunde liegenden Legitimitätsstrukturen zunehmend in der Wissenschaft und – zumindest ansatzweise – auch in der Rechtsprechung in Frage gestellt. Einerseits hat diese Entwicklung nicht zu einer grundsätzlichen Restrukturierung des Migrationsrechts geführt. Ungleichbehandlungen werden auch weiterhin in aller Regel in diesem Rechtsgebiet als legitim und gerechtfertigt angesehen. Zugleich kann andererseits insbesondere in der Rechtsprechung des EGMR eine Tendenz ausgemacht werden, die eine Überprüfung bestehender Ungleichbehandlungen zur Folge haben kann. Auf diese Weise ist nicht auszuschließen, dass Ungleichbehandlungen, die bisher ohne Weiteres unhinterfragt als rechtmäßig angesehen wurden, legitimatorisch entstaubt werden müssen. Dies wird in erster Linie eine gesetzgeberische Aufgabe sein, die jedoch im Zweifelsfall durch europäische Gerichte eingefordert werden kann.

---

[114] S. *Elise Muir*, EU Equality Law: The First Fundamental Rights Policy of the EU, 2018, S. 133 ff.

Meritokratie und Zuwanderungskontrolle

Roman Lehner

I. Der sozialphilosophische Kontext: Vom satirischen Kunstbegriff zum politischen Slogan

Der Begriff der Meritokratie ist im Ursprung ein polemischer. Es handelt sich um einen literarischen Kunstbegriff,[1] der dem futuristisch-dystopischen Satireroman „The rise of the meritocracy" des britischen Labour-Politikers und Soziologen *Michael Young* aus dem Jahr 1958 entstammt.[2] Die Erzählung spielt im Jahr 2034 und in dieser wird geradezu genussvoll das Szenario einer Gesellschaft entfaltet, in welcher der soziale Status eines jeden nach dem individuellen IQ-Wert zugeordnet wird. Strikte Humankapitalorientierung, optimale Förderung der individuellen Begabungen, Ausschaltung aller sozialen Herkunftsdeterminanten und beständiger Leistungswettbewerb sind Kennzeichen und Selbstanspruch dieser Gesellschaft. Das Ergebnis ist bei *Young* allerdings ein überaus düsteres: Die Klassengegensätze werden verstärkt, das freie, chancengleiche und begabungsfördernde Gesellschaftskonzept führt zu einer faktischen Herrschaft der Hochqualifizierten und befördert am Ende ein soziales Aufbegehren der Wettbewerbsverlierer. *Youngs*' hochpointierte und in Teilen prophetische[3] Satire ist vor dem Hintergrund soziologischer Debatten um die Funktionalität sozialer Ungleichheit in den 50er Jahren zu verstehen und einzuordnen.[4] Die soziale Architektur der meritokratischen Gesellschaft, wie sie bei *Young* ge- bzw. überzeichnet wird, lässt sich auf einen klaren und schlichten Punkt bringen: „Die Perfektionierung der Hierarchie gemäß reinen Leistungskriterien zerstört die Gesellschaft."[5] *Youngs* schillernder Kunstbegriff „Meritokratie" hat in der zweiten Hälfte des 20. Jahrhunderts eine erstaunliche Erfolgsgeschichte in der realen

[1] Vgl. zu *Youngs* Werk auch *Gabriele Mordt/Reinhard Kreckel*, „Young, Michael. Es lebe die Ungleichheit. Auf dem Weg zur Meritokratie, in: Sven Papcke/Georg W. Osterdieckhoff (Hrsg.), Schlüsselwerke der Soziologie, 2001, S. 535 ff.; *Michael J. Sandel*, The Tyranny of Merit. What's Become of the Common Good?, 2020, S. 116 ff.

[2] *Michael Young*, The Rise of the Meritocracy, 1958. Zur Entstehungsgeschichte vgl. *Asa Briggs*, The Labour Party as Crucible, in: Geoff Dench (Hrsg.), The Rise and Rise of Meritocracy, 2006, S. 17 ff.

[3] Hierzu *Sandel* (Fn. 1), S. 30 f.

[4] Siehe *Mordt/Kreckel* (Fn. 1), S. 535.

[5] *Daniel Binswanger*, Gegen die Meritokratie, Republik am 6.2.2022.

politischen Welt absolviert. Meritokratisch ausgerichtete Sozialprogrammatik spielt vor allem eine zentrale Rolle in der Phase des Übergangs in die spät- bzw. postindustrielle Gesellschaft und im Zusammenhang mit der liberalen (USA) bzw. sozialdemokratischen (Westeuropa) Erneuerung in den 1980er und 1990er Jahren, wie *Frank Walter* und *Stine Marg*[6] sowie *Michael J. Sandel*[7] ausführlich herausgearbeitet haben. Beispielhaft stehen hier die politischen Programmsätze des (späteren) britischen Premierministers *Tony Blair* (1996): „New Labour is commited to meritocracy".[8] Die Umwidmung des sozialdemokratischen Projekts in Richtung eines Kampfes für Leistungsgerechtigkeit hat dabei stets einen egalitaristischen Grundzug aufgewiesen: „We believe that people should be able to rise by their talents, not by their birth or the advantages of privilege."[9] *Michael Young* hat sich von der, für ihn überraschenden, Positivbesetzung des Begriffs später klar distanziert. In einem Gespräch mit dem britischen Soziologen *Geoff Dench* hat er das Erfolgsmodell „Meritokratie" vor dem Hintergrund seiner dystopischen Warnung aus den 50er Jahren wie folgt beschrieben: „Not only has it come out as I feared it would, but it hasn't been taken as a warning but been taken as sort of blessing. Very bad luck."[10]

Chancengleichheit und soziale Durchlässigkeit gelten als Schlüsselkonzepte und Kernbegriffe meritokratischer Politikentwürfe, Bildungsexpansion und Arbeitsmarktflexibilisierung gehören als operative Basisinstrumente in den meritokratischen Werkzeugkasten.[11] Die Meritokratiekritik, für die etwa zuletzt der politische Philosoph *Michael J. Sandel* steht, verweist demgegenüber auf die Tendenz zur Aufspaltung der Gesellschaft in Gewinner und Verlierer und die Unversöhnlichkeit, ja Brutalität dieses Antagonismus infolge der Vorstellung, dass soziale Ungleichheiten – idealtypisch, d. h. nach Umsetzung des meritokratischen Programms – verdient und damit hinzunehmen (und nicht mehr zu überwinden) seien.[12] Die Kritik sieht für die USA in dem Aufkommen

---

[6] *Franz Walter/Stine Marg*, Von der Emanzipation zur Meritokratie, 2013, S. 95 ff. Vgl. auch *dies.*, I+E=Lw. Meritokratie: Die Alltagsutopie der neuen Mitte, in: INDES. Zeitschrift für Politik und Gesellschaft, 2012, abrufbar unter: https://www.ifdem.de/content/uploads/2012/06/Marg_Walter_Indes_meritokratie.pdf.

[7] *Sandel* (Fn. 1), S. 20 f., 51 f., 152 f.

[8] Nw. bei *Sandel* (Fn. 1), S. 152.

[9] Nw. *Sandel* (Fn. 1), S. 152.

[10] *Michael Young*, Looking Back on Meritocracy (interviewed by Geoff Dench on 22 March 1994), in: Geoff Dench (Hrsg.), The Rise and Rise of Meritocracy, 2006, S. 73 (77).

[11] Zur Rolle von Chancengleichheit und Bildungsaufstiegsversprechen insbes. auch *Sandel* (Fn. 1), S. 85 ff.; *Walter/Marg* (Fn. 6), I+E=Lw, S. 13 ff.

[12] Prägnant und m. w. N. *Walter/Marg* (Fn. 6), I+E=Lw, S. 15: „Denn in der Meritokratie gelten Bildungsabständige als ‚gerecht' gescheitert, weil sie im ‚fairen Chancenwettbewerb' versagt haben, also selbst für ihr negatives Schicksal verantwortlich sind; genauer: gemacht werden." Eindrückliche Beschreibung des Phänomens bei *Sonja Fehr*, in: Kai Marquadsen (Hrsg.), Armutsforschung, 2022, V. 5.: „Empirische Studien belegen eine weitreichende Anerkennung der liberalen Logik meritokratisch legitimierter Gesellschaften in der Bevölkerung: Handelnde

des Populismus ein deutliches Zeichen für den Abstieg der meritokratischen Dominanz; für die liberale Mitte deswegen eine Überraschung, weil sie die dunkle Seite[13] des meritokratischen Programms systematisch unterschätzt habe: „The populist backlash caught them by surprise. They did not see the insult implicit in the meritocratic society they were offering."[14]

Auch losgelöst von solch dezidiertem und auf soziale Differenzierung geradezu abzielenden Meritokratismus und unabhängig von dem spezifischen Topos haben verdienstorientierte Argumentationsfiguren schon immer ihren Platz im Rechts- und Staatsdenken gehabt. Im Justinianischen *Corpus Juris Civilis* heißt es bereits: „Die Grundsätze des Rechts sind folgende: Anständig leben, niemanden verletzen, *Jedem das seine zukommen lassen* [Hervorh. d. Verf.]." (*Institutiones*, 1,1,3),[15] ein Grundsatz, der als ideengeschichtliche Basis des allgemeinen Gleichheitssatzes (Art. 3 Abs. 1 GG) gilt.[16] In seiner modernen Ausprägung als Rechtssatz ist allerdings formal besehen nur das Gebot der differenzierenden Behandlung an sich angesprochen[17] und nicht automatisch gesagt, dass ausgerechnet Talent und Leistung die vor allem entscheidenden Differenzierungskriterien sein sollten. Es erscheint fraglich, weshalb gerade diese Kriterien zentral darüber Auskunft geben sollen, was dem Einzelnen jeweils „das seine" sei. Kritiker des meritokratischen Ansatzes bemängeln vor allem, dass sich sozialphilosophisch kein valider Grund dafür finden lasse, warum unter allen denkbaren Kriterien Talent und Leistung das maßgebliche soziale Differenzierungskriterium bilden sollten.[18] Gleichzeitig ist in der modernen gleichheitsrechtlichen Dogmatik anerkannt, dass Befähigungs- und Leistungsbewertungen durchaus auch als taugliche Differenzierungsgründe herangezogen werden können,[19] Art. 33 Abs. 2 GG setzt dies sektorspezifisch sogar voraus, indem mit der Trias „Eignung, Be-

---

Akteure stehen für die Folgen ihrer Entscheidungen selbst ein. Gründe des Verfehlens von Statusansprüchen werden individuellen Entscheidungen, nicht gesellschaftlichen Strukturen zugerechnet."

[13] *Sandel* spricht insofern von „Meritocracy's Dark Side", *ders.* (Fn. 1), S. 114 ff.

[14] *Sandel* (Fn. 1), S. 153; vgl. auch ebd., S. 71 ff. Ähnlich *Walter/Marg* (Fn. 6), I+E=Lw, S. 14: „Der europäische Rechtspopulismus war eine direkte Folge der meritokratisch bedingten Spaltung der arbeitnehmerischen Linken."

[15] Corpus Juris Civilis, Übersetzung von *Carl Eduard Otto*, *Bruno Schilling* und *Carl Friedrich Ferdinand Sintenis*, 1830. Im Original (Iustiniani Institutiones, hrsg. von *Paulus Krueger*, 3. Aufl. 1908): „Iuris praecepta sunt haec: honeste vivere, alterum non laedere, suum cuique tribuere."

[16] Hierzu und zu weiteren klassischen Quellen des Satzes „Jedem das Seine" *Angelika Nußberger*, in: Michael Sachs (Hrsg.), Grundgesetz, 9. Aufl. 2021, Art. 3 Rn. 6 m. w. N.

[17] Zum Ungleichbehandlungsgebot als besonderer Ausprägung des Gleichheitssatzes statt vieler *Sigrid Boysen*, in: Ingo von Münch/Philip Kunig (Hrsg.), Grundgesetz, 7. Aufl. 2021, Art. 3 Rn. 66; für die Kritik am Eigenstand dieser Sonderausprägung etwa *Philipp Reimer*, Allgemeiner Gleichheitssatz, in: Klaus Stern/Helge Sodan/Markus Möstl (Hrsg.), Das Staatsrecht der Bundesrepublik Deutschland im europäischen Staatenverbund, 2. Aufl. 2022, § 128 Rn. 4, 64 ff.

[18] Hierzu *Sandel* (Fn. 1), S. 122 ff.

[19] So müssen sich im Prüfungsrecht Leistungsbewertungen am Maßstab von Art. 3 Abs. 1 GG messen lassen, vgl. etwa BVerfGE 84, 34 (50); BVerfG NVwZ 2011, S. 486 (488). Das bedeutet

fähigung und fachliche Leistung“ explizit Talent- und Leistungsgesichtspunkte als Selektionskriterien für den Zugang zu öffentlichen Ämtern vorgegeben sind (sog. Eignungsprinzip).[20] Und auch der klassische Anwendungsfall für das allgemeine gleichheitsrechtliche Gleichbehandlungsverbot[21] aus Art. 3 Abs. 1 GG ist meritokratisch rekonstruierbar: Die Gleichbehandlung von Arbeitnehmern bei der Gewährung von Zusatzversorgungsleistungen ungeachtet der ganz unterschiedlichen Zeiträume von Betriebszugehörigkeiten verstieß gegen den allgemeinen Gleichheitssatz.[22] Geboten ist stattdessen, dass ein Zusatzversorgungssystem „die Höhe der jeweils erdienten Zusatzversorgung angemessen berücksichtigt“,[23] man könnte auch sagen, leistungsangemessen differenziert. Die im Willkürverbot gespeicherte „suum cuique“-Formel ist freilich gegenüber allen möglichen sachlichen Gründen für Differenzierungen offen,[24] meritokratisch codierte Gründe sind hier nur einzelne unter vielen. Insofern ist der allgemeine rechtliche Gleichheitsgedanke vom politischen Gleichheitsdenken scharf abzugrenzen, zumal die meritokratische Färbung des letzteren als spätmodernes Geistesphänomen keinen zeitlichen und inhaltlichen Bezug zu den Gleichheitsverbürgungen des Grundgesetzes aufweist. Art. 33 Abs. 2 GG erscheint demgegenüber eher ‚zufällig‘ meritokratisch und verweist in der Bezugnahme auf Befähigung und Leistung auf eine für den öffentlichen Dienst und seine Funktionsfähigkeit rechtlich bedeutsame, aber gerade nicht auf alle Gesellschaftssysteme ohne weiteres übertragbare Sonderkonstellation.

II. Meritokratie und Recht: Lässt sich (auch) das Migrationsrecht meritokratisch rekonstruieren?

1. Gang der Argumentation

Es lohnt sich an dieser Stelle, kursorisch einige Felder abzustecken, auf welchen meritokratische Annahmen und Wertungsmuster für den Rechtsetzer eine entscheidende Rolle spielen. Dabei geht es zunächst darum, sich des Umstands zu vergewissern, dass meritokratische Wertungen im Recht nicht ungewöhnlich sind, dabei in der Regel mit den spezifischen Wertungslogiken des jeweiligen Rechtsgebiets in Verbindung stehen. Vor dieser Verständnisfolie kann dann im Nachfolgenden nachgezeichnet werden, ob und in welchem Umfang auch das

im Umkehrschluss, dass sich bei Leistungsunterschieden auch diese hinreichend abbildende Bewertungsergebnisse ergeben müssen, mithin eine leistungsgerechte Differenzierung erfolgt.

[20] Vgl. dazu und zu den einzelnen Ausformungen der drei Merkmale statt vieler *Michael Kloepfer*, Verfassungsrecht II, 2010, § 59 Rn. 156 f.

[21] Fn. 17.

[22] BVerfGE 98, 365 ff.

[23] BVerfGE 98, 365 (387).

[24] Auch hier statt vieler *Kloepfer* (Fn. 20), Rn. 80 m. zahlr. Nw. aus der Rspr.

Migrationsrecht, hier konzentriert auf den Aspekt der Einwanderungskontrolle, aus seiner normativen Logik heraus meritokratisch rekonstruiert werden kann. Zwei unterschiedlich stark meritokratisch eingefärbte Normenkomplexe sollen für den ersten Schritt besonders hervorgehoben werden. Zum einen soll exemplarisch die ausbildungsbezogene Teilhaberechtsdogmatik herangezogen werden, zum anderen auf die – vordergründig nicht ganz leicht erkennbare – meritokratische Ausrichtung des Antidiskriminierungsrechts referenziert werden. Das Gebiet des Antidiskriminierungsrechts ist in diesem Zusammenhang auch deswegen von besonderem Interesse, weil die Phase seiner besonders dynamischen Entwicklung ab den 1990er Jahren zeitlich parallel zur „Boomzeit" allgemeiner meritokratischer Politikentwürfe liegt und auch inhaltlich gewisse Berührungspunkte bestehen. Für den zweiten Schritt soll dann, im Anschluss an diese kursorische normative Vergewisserung, der Blick auf das Migrationsrecht in seiner Funktion eines Systems zur Regulierung des Gebietszugangs zu einem politischen Gemeinwesen gelenkt und hierbei gefragt werden: *Erweist sich das Migrationsrecht als meritokratischer Anwendungsfall?*

2. Meritokratische Grundierung der ausbildungsbezogenen Teilhaberechtsdogmatik

Sofern im Recht Anknüpfungen an Talent und – vor allem – hieraus resultierende individuelle Leistung vorgenommen werden, kann dies zumeist auf eine – bewusste oder unbewusste – Entscheidung des Gesetzgebers zurückgeführt werden. Die Meriten als Anknüpfungspunkt für rechtliche Differenzierung erweisen sich als offenes und ausfüllungsbedürftiges Konzept, da, je nach sozioökonomischen Rahmenbedingungen, ganz unterschiedliche Leistungsbewertungsmechanismen zum Tragen kommen können. Die Ausfüllung des materiellen Maßstabs zur Beurteilung dessen, was ein Gesellschaftsmitglied ‚verdient', obliegt dabei dort, wo politische Steuerung möglich ist, dem demokratischen Gesetzgeber. Man denke etwa an das sozialrechtliche Bedürftigkeitsprinzip, das Sozialleistungen i. S. v. Fürsorgeleistungen nach der sozialgesetzgeberischen Konzeption, wenn auch verfassungsrechtlich rückbindbar,[25] an die fehlende Eigenleistungsfähigkeit knüpft und insofern auch zumutbare Eigenanstrengungen verlangt.[26] Man denke an die Festlegung des Höchststeuersatzes[27] im Einkommenssteuerrecht, über den vorgegeben wird, welche Leistungsanteile dem Einzelnen nach

[25] Vgl. BVerfGE 152, 68 (116): „Das Grundgesetz verwehrt dem Gesetzgeber jedoch nicht, die Inanspruchnahme sozialer Leistungen zur Sicherung der menschenwürdigen Existenz an den Nachranggrundsatz zu binden, also nur dann zur Verfügung zu stellen, wenn Menschen ihre Existenz nicht vorrangig selbst sichern können […]."

[26] Vgl. etwa §§ 9 und 10 SGB II zu den Grundsätzen der Bedürftigkeit und der Zumutbarkeit von Arbeitsaufnahme zur Überwindung derselben.

[27] § 32a Abs. 1 S. 2 Nr. 5 EStG.

Abschöpfung durch den Fiskus verbleiben. Man denke an die jüngst vorgeschlagene Absenkung des Spracherfordernisses bei Einbürgerungen für Menschen im Rentenalter,[28] womit die „Lebensleistung" der sog. Gastarbeitergeneration prämiert werden soll.[29] In all diesen Fällen hat sich der Gesetzgeber entschieden, nach bestimmten Parametern zu bemessende Leistungen als zentrales Kriterium für die rechtliche Beurteilung einer Situation, mithin für die Konturierung eines gesetzlichen Tatbestands heranzuziehen.

Mitunter, wenn auch selten, sind meritokratische Wertungen aber auch bereits auf Verfassungsebene angelegt. Neben der bereits erwähnten Vorschrift des Art. 33 Abs. 2 GG kann auf die ausbildungsbezogene Teilhaberechtsdogmatik verwiesen werden: Als ein derivatives Leistungsrecht (Teilhaberecht) mit Blick auf die Vergabe staatlich monopolisierter Ausbildungsplätze zielt Art. 3 Abs. 1 i. V. m. Art. 12 Abs. 1 i. V. m. Art. 20 Abs. 1 GG von vornherein auf eine chancengleiche und leistungsgerechte Zugangsermöglichung.[30] Die Allokation der Zulassungschancen hat sich nach den Grundsätzen des Bundesverfassungsgerichts „am Gerechtigkeitsgedanken" zu orientieren, weswegen die Studienplatzvergabe nach leistungsbezogenen „Eignungs"-Kriterien grundsätzlich zulässig ist.[31] Die mit der Studienplatzvergabe einhergehende „Verteilung von Lebenschancen"[32], von der das Bundesverfassungsgericht in diesem Zusammenhang spricht, taugt dabei nicht nur als Formel zur Beschreibung der fundamentalen Bedeutung von Zulassungsentscheidungen bei staatlich monopolisieren Ausbildungsgängen. Ohne es auszusprechen, wird zugleich das meritokratische Fernziel sichtbar gemacht: Der Ausbildungserfolg wird idealiter über die Möglichkeiten der Lebenschancenverwirklichung entscheiden, gerade deswegen muss auch der Zugang zur Ausbildung selbst chancen- und leistungsgerecht erfolgen. In der sog. Bundesnotbremse-II-Entscheidung betont das Bundeverfassungsgericht wiederholt, dass aus dem Persönlichkeitsrecht von Schülern (Art. 2 Abs. 1 GG) ein Recht auf chancengerechte Bildungsteilhabe folgt und der staatliche Erziehungsauftrag (Art. 7 Abs. 1 GG) diesem Anspruch gerecht

[28] Nach § 10 Abs. 4 S. 3 StAG-E. soll es für einen Ausländer, der bis 1974 aufgrund eines Anwerbeabkommens eingereist ist, anstelle des an sich für die Anspruchseinbürgerung in Abs. 1 S. 1 Nr. 6 vorgesehenen Erfordernisses ausreichender Deutschkenntnisse genügen können, wenn er sich „ohne nennenswerte Probleme im Alltagsleben in deutscher Sprache mündlich verständigen kann". Infolge der Ausgestaltung der Absenkungsregelung als Härtefallklausel sind allerdings noch weitere Zusatzvoraussetzungen erforderlich (u. Fn. 108).

[29] Entwurf eines Gesetzes zur Modernisierung des Staatsangehörigkeitsrechts (BR-Drs. 438/23), S. 2, 16, 20.

[30] Grundlegend BVerfGE 43, 291 – *Numerus clausus I*; vgl. auch BVerfGE 147, 253 – *Numerus clausus III*. Speziell zum Eignungskriterium als Selektionskriterium insbes. bei Bewerberüberhängen *Christine Langenfeld*, Recht auf Bildung, in: Oliver Dörr/Rainer Grote/Thilo Marauhn (Hrsg.), EMRK/GG, Konkordanzkommentar zum europäischen und deutschen Grundrechtsschutz, 3. Aufl. 2022, Kap. 23, Rn. 38 ff.

[31] Siehe BVerfGE 43, 291 (313 ff.).

[32] BVerfGE 43, 291 (314).

werden muss.[33] Jedenfalls die berufsausbildungsbezogene Teilhabedogmatik erweist sich, ohne dies umfänglich zu explizieren, als in gewisser Weise meritokratisch kontextualisiert und zwar nicht nur in dem Sinne, dass die Wahrnehmung von Teilhaberechten selbst an Vorleistungen geknüpft wäre (wie dies beim Hochschulzugang der Fall ist), sondern darüber hinaus auch dergestalt, dass die gleiche Leistungsteilhabe zu Chancengleichheit führen und damit gleiche Optionen zur Herstellung von Ergebnisungleichheit vermitteln soll. Ohne Ergebnisungleichheit ist Chancengleichheit im Grunde sinnlos, denn wozu sollte chancengleicher Wettbewerb garantiert werden, wenn die Wettbewerbsergebnisse keine Anerkennung finden könnten? Chancengleichheit bedeutet nun gerade in meritokratischen Konzepten „soziale Aufstiegschancen für Menschen gleicher Begabung"[34], Chancengleichheit soll hier also durchaus „legitime Ungleichheit" (ebd.) produzieren helfen, nicht soziale Gleichheit.[35] In diesem Sinne kann eine nicht nur semantische, sondern auch wertungsmäßige Nähe einzelner teilhaberechtsdogmatischer Argumentationsfiguren zu meritokratischen Grundannahmen nicht von der Hand gewiesen werden. Jedenfalls berufsbezogene Ausbildungsgleichheit bedeutet in beiden Bezugsformen in erster Linie die Eröffnung realer Möglichkeiten zur Herstellung von Inegalität mit den Mitteln der Egalität. Das meritokratische Gleichheitsparadoxon ist demnach in gewisser Weise dem Anspruch auf chancengleichen Zugang zu knappen Ausbildungsressourcen eingeschrieben: Das chancengleiche, in erster Linie auf Begabung und Leistung setzende Zugangsrecht wäre praktisch wertlos, wenn mit ihm nicht die legitime Option zum sozialen Aufstieg, mithin zur Realisierung sozialer Ungleichheit verbunden wäre.[36]

---

[33] Vgl. BVerfGE 159, 355 (386), wobei hier – anders als beim chancengleichen Zugangsrecht zu staatlichen Ausbildungsgangen – das Persönlichkeitselement im Vordergrund steht: „Recht auf chancengleiche schulische Bildung als [...] Grundbedingung für die Entwicklung der Kinder und Jugendlichen zu einer eigenverantwortlichen Persönlichkeit in der Gemeinschaft". Es geht also nicht in erster Linie um Chancengleichheit zur Erzielung schulischer Leistungen bzw. eines Bildungserfolgs im Wettbewerb, sondern vielmehr um ‚Entfaltungsgleichheit'. Nichtsdestoweniger dient schulischer Erfolg als Basis für etwa berufliche Lebenschancenverwirklichung, sodass schulische Chancengleichheit rein faktisch immer auch dazu führt, dass ungleiche soziale Erfolge im späteren Leben als tendenziell legitim aufgefasst werden.

[34] *Mordt/Kreckel* (Fn. 1), S. 536.

[35] Siehe *Mordt/Kreckel* (Fn. 1), S. 536. Dezidiert auch *Sandel* (Fn. 1), S. 122: „Is the inequality that results from meritocratic competition justified? Defenders of meritocracy say yes; provided everyone competes on a level playing field, the outcome is just."

[36] Pointiert zum meritokratischen Erfolgsdenken infolge der Bildungsexpansion der 1970er Jahre *Walter/Marg* (Fn. 6), I+E=Lw, S. 14: „In der Chancengesellschaft verstehen sich die mittlerweile Chancenbefähigten aus der ersten Bildungsreform nicht wie Jahrzehnte zuvor als kollektive Akteure, sondern als individuelle Jäger um die Beute des sozialen Aufstiegs, des Prestigegewinns, der materiellen Zusatzgratifikation."

3. *Meritokratie als heimliches Agens des Antidiskriminierungsrechts?*

Auch Art. 3 Abs. 3 S. 1 GG und darauf aufbauend dem Antidiskriminierungsrecht insgesamt eignet, auf den ersten Blick vielleicht überraschend, ein dezidiert meritokratischer Grundzug: Grundsätzlich sollen soziale Differenzierungen zulässig (mitunter sogar geboten) sein, wenn sie auf solche Merkmale zurückzuführen sind, welche der Einzelne im Sinne einer Eigenleistung beeinflussen und kontrollieren kann.[37] Die rechtlich verpönten Diskriminierungsmerkmale markieren demgegenüber solche individuellen Eigenschaften, die für den Einzelnen nicht (z. B. Ethnie) oder nicht in zumutbarer Weise (z. B. Religion) verfügbar sind,[38] sie bilden *deswegen* keinen zulässigen Maßstab für Differenzierungen, anhand ihrer soll, in der staatlichen wie ggf. der sozialen Sphäre[39], niemals festgelegt werden dürfen, was der Einzelne „verdient" hat.[40] Der zentrale meritokratische Glaubenssatz besagt, dass nur bei Chancengleichheit faktische Ungleichheiten zu rechtfertigen sind und ferner, dass umgekehrt ungleiche Ergebnisse auch zwingend anerkannt (und nicht etwa überwunden oder eingeebnet) werden müssen, um chancengleiche Wettbewerbserfolge adäquat prämieren zu können.[41] Das moderne Antidiskriminierungsdenken konkretisiert dieses Dogma in gewisser Weise und dahingehend, dass nur bestimmte individuelle Eigenschaften über auch soziale Chancenwahrnehmungen sollen entscheiden dürfen, andere dagegen aus kategorischen Gründen nicht. Notwendige Gleichheit in diesem Sinne bedeutet: „Die Optionen sind äquivalent und die unterschiedlichen Fähigkeiten der Menschen, sie wahrzunehmen, sind durch Gründe bedingt, für die die Individuen zu Recht selbst verantwortlich zu machen sind."[42] Antidiskriminierungsrechtliche Regelungen beinhalten so einen meritokratischen Zug, da es um die Verpönung all jener Differenzierungsgründe geht, für die der Betroffene – faktisch oder normativ – nicht verantwortlich gemacht werden kann.

Mit der Feststellung, dass das moderne Antidiskriminierungsrecht einen meritokratischen Zug aufweist, ist nicht gesagt, dass nicht auch andere, rechtlich sogar bedeutsamere Wertungszusammenhänge für das Verständnis – grund-

---

[37] Hierzu *Sandel* (Fn. 1), S. 24.

[38] Siehe *Susanne Baer/Nora Markard*, in: Hermann von Mangoldt/Friedrich Klein/Christian Starck (Hrsg.), Grundgesetz, 7. Aufl. 2018, Art. 3 Rn. 439.

[39] Zur privatrechtlichen Dimension insbes. von Art. 3 Abs. 3 S. 1 umfassend *Roman Lehner*, Zivilrechtlicher Diskriminierungsschutz und Grundrechte, 2013.

[40] Zu diesem Zusammenhang bereits *Lehner* (Fn. 39), S. 172, 178 f., 181 f.

[41] Vgl. pointiert *Sandel* (Fn. 1), S. 119, wonach das Ziel meritokratischer Politikversprechen darin bestehe, „[to] enable all citizens, whatever their race or ethnicity, gender or class, to compete on equal terms and to rise as far as their efforts and talents will take them."

[42] *Richard J. Arneson*, Gleichheit und gleiche Chancen zur Erlangung des Wohlergehens, in: Axel Honneth, Pathologien des Sozialen, 1994, S. 330 (341). Hierzu bereits *Lehner* (Fn. 39), S. 177, Fn. 712.

wie einfachrechtlicher – Diskriminierungsverbote zu berücksichtigen sind. Im Gegenteil: Art. 3 Abs. 3 S. 1 GG ist durch einen engen systematischen Bezug zur Menschenwürdegarantie (Art. 1 Abs. 1 GG) sowie zum allgemeinen Persönlichkeitsrecht (Art. 2 Abs. 1 i. V. m. Art. 1 Abs. 1 GG) gekennzeichnet, der dem Diskriminierungsverbot sein spezifisches normatives Gepräge verleiht; Ungleichbehandlungen, die an ein Diskriminierungsmerkmal anknüpfen, lassen sich so unter Umständen (auch) als Angriffe auf das Persönlichkeitsrecht des Diskriminierten konzeptualisieren.[43] Als striktes Gleichbehandlungsgebot fordert Art. 3 Abs. 3 S. 1 GG überdies ein besonders hohes Maß an Handlungsrationalität von staatlichen Akteuren, dies als Ausdruck der Erfahrung, dass der staatliche Machtapparat bei Zugriff auf die identitätsprägenden Merkmale eines Individuums ein spezifisches Gefährdungspotenzial für den – egalitaristisch zu begründenden – Achtungsanspruch des Einzelnen in sich trägt. Die normative Erfassung des Art. 3 Abs. 3 S. 1 GG als Gleichheitsrecht wäre aber unvollständig, ließe man die mit dem modernen Antidiskriminierungsdenken in Verbindung stehenden Gerechtigkeitsvorstellungen bei der Analyse außen vor. Das Diskriminierungsverbot wird in der modernen Dogmatik heute eher als eine umfassende Gerechtigkeitsnorm verstanden, welche in einem umfassenden Sinne auf die Überwindung diskriminierungsmerkmalsbezogener Ungleichheiten, also letztlich auch struktureller Diskriminierungen, zielt.[44] Ungleichheiten, die normativ als ‚unverdient' zu gelten haben, sollen damit umfassend beseitigt werden. Soziale Ungleichheit als solche ist kein unmittelbares Problem des Art. 3 Abs. 3 S. 1 GG,[45] muss aber unter Zugrundelegung eines meritokratisch fundierten Antidiskriminierungsdenkens ‚diskriminierungsfrei' zustande gekommen sein. M. a. W.: Sozialen Ungleichheiten dürfen danach keine merkmalsbezogenen strukturellen Ungleichheiten zugrunde liegen, umgekehrt erscheint soziale Ungleichheit diskriminierungsrechtlich umso legitimer, je stärker die Beseitigung struktureller Ungleichheiten bereits gelungen ist. Für die Meritokratiekritik erscheint Antidiskriminierungsdenken dementsprechend als gerechtigkeitsideologisch ambivalent, da dieses nicht nur ein Gleichheits-, sondern auch ein Selektionsversprechen beinhaltet. Insbesondere Antidiskriminierungspolitiken betreffend den Zugang zu Bildungseinrichtungen bedeuten aus Sicht der Meritokratiekritik auch, dass „Bildung als soziales Selektionskriterium noch effizienter, noch legitimer, noch unangreifbarer"[46] wird.

---

[43] Vgl. ausf. *Lehner* (Fn. 39), S. 165 ff., 226 ff.

[44] Deutlich etwa bei *Baer/Markard* (Fn. 38), Rn. 409 f.; vgl. auch *Nußberger* (Fn. 16), Rn. 236 f. unter dem Rubrum „flankierender Freiheitsschutz"; etwas enger angelegt bei *Christine Langenfeld*, in: Günter Dürig/Roman Herzog/Rupert Scholz (Hrsg.), Grundgesetz-Kommentar, 100. EL Januar 2023, Art. 3 Abs. 3 Rn. 17 f.

[45] Sehr treffende Analyse bei *Baer/Markard* (Fn. 38), Rn. 504.

[46] *Binswanger* (Fn. 5).

4. Migrationsrecht: ein meritokratischer Anwendungsfall?

a) Problemaufriss

Auf Grundlage der soeben entspannten Begriffs- und Verständnisfolie stellt sich nun die Frage, ob auch das Migrationsrecht, also das aus nationalen und europäischen Regelungen konstituierte migrationsrechtliche Normengefüge sich als meritokratischer Anwendungsfall rekonstruieren lässt. Werden also, um die entscheidende Frage zu formulieren, das territoriale Zugangsrecht, in unserem Fall zum deutschen bzw. europäischen Raum, sowie daran ggfs. anschließende Aufenthalts- und Bleiberechte vom Rechtsetzer über die Erfüllung von „Verdienst"-Kriterien vermittelt? Man könnte diese Frage sodann weiterführen und insbesondere auf das Aufenthaltsverfestigungsregime, also die Regelungen zur Verleihung eines unbefristeten, d.h. mit einer im Regelfall dauerhaften Bleibeperspektive verbundenen Aufenthaltsrechts (Niederlassungserlaubnis)[47] ausdehnen. Schließlich wären auch die die endgültige Zugehörigkeit zum politischen Gemeinwesen vermittelnden Regelungen zum Staatsangehörigkeitserwerb in den Blick zu nehmen.[48] Derartige, dezidiert auf Langfristperspektive bzw. auf Vollinklusion hin angelegte Regime weisen zweifelsohne einen meritokratischen Kern auf, da sie, geradezu gespickt mit Integrationsvoraussetzungen, in gesteigertem Maße auf ökonomische und kulturelle Integrationsleistungen setzen. Überhaupt würde eine diese Regelungskomplexe umfassende Analyse rasch zu dem Befund gelangen, dass der in diesem Zusammenhang besonders wichtige Begriff der „Integrationsleistung"[49] zwar kein gesetzlich vorgesehener, aber doch ein politischer Leitterminus ist, der spezifische Performanzerwartungen an die Betroffenen heranträgt.

Weniger eindeutig zu beantworten und gleichzeitig hier von Interesse ist die Frage, ob und inwieweit auch *Migrationszugangsregimen* eine meritokratische Teleologie zu eigen ist. Unter Migrationszugangsrecht soll hier der Inbegriff all jener Regelungen verstanden werden, welche die territoriale Zugangskontrolle an sich determinieren. Es geht als um Zuwanderungsnormen, die, gemäß der allgemeinen Zwecksetzungsbestimmung des § 1 Abs. 1 S. 1 AufenthG, einem staatlichen Steuerungs- und Begrenzungsanspruch[50] unterliegen und nach S. 2

---

[47] § 9 AufenthG. Hier ist in § 9 Abs. 2 AufenthG ein insbesondere ökonomisch durchaus anspruchsvolles Integrationserwartungsprogramm zu finden.

[48] Zu nennen sind hier v.a. der Anspruchseinbürgerungstatbestand aus § 10 StAG und die wiederum nach Abs. 2 für die Anspruchsentstehung zu erbringenden Integrationsleistungen. Zu den diskursiven Anfechtungen gerade des Staatsangehörigkeitsrechts aus der Perspektive von Diskriminierungs- und Rassismuskritik vgl. die kritischen Ausführungen bei *Ferdinand Weber*, Contested borders. Migrationsrechtsdenken und Grenzen, ZAR 2023, S. 102 ff.

[49] Zum Begriff *Johannes Eichenhofer*, Integration, in: Berthold Huber/Johannes Eichenhofer/Pauline Endres de Oliveira, Aufenthaltsrecht, 2017, C., Rn. 981 ff.

[50] Aus dem klassischen Begriffspaar von Steuerung und Begrenzung wird allerdings fortan ein Einzelgänger. Durch Art. 1 Nr. 1a des Gesetzes zur Weiterentwicklung der Fachkräfteein-

hierbei die „Aufnahme- und Integrationsfähigkeit" und die „wirtschaftlichen und arbeitsmarktpolitischen Interessen der Bundesrepublik Deutschland in den Blick nehmen. Für die weitere Betrachtung außen vor sollen die Migrationstatbestände bleiben, die zuvörderst „der Erfüllung der humanitären Verpflichtungen" des deutschen Staats dienen (S. 3), mithin v. a. die asyl- und flüchtlingsrechtlichen Zugangsregelungen, die im allgemeinen Sprachgebrauch[51] auch selten nur als „Zuwanderungs"-Regelungen bezeichnet und verstanden werden. Die Aussparung dieses wichtigen Migrationssegments im hiesigen Analysekontext rechtfertigt sich damit, dass es sich dabei um einen stark menschenrechtlich überformten Bereich handelt,[52] in welchem staatliche Steuerungsinteressen als solche allenfalls indirekt zur Geltung kommen können. Politisch formulierte Steuerungs- und vor allem Begrenzungspostulate werden hier auch gerade nicht entlang meritokratisch rekonstruierbarer Kriterien aufgestellt. Vielmehr geht es auf der Asylzugangsebene regelmäßig um die Diskussion zahlenmäßiger Begrenzungen[53] und/oder um die Möglichkeiten der ‚Wegsteuerung' von Fluchtmigrationsströmen durch Verstärkung internationaler Kooperations- und Lastenteilungsmechanismen[54] und, damit zusammenhängend, durch eine asylpolitische Fokussierung auf jene Schutzbedürftige, die nicht auf einen (sicheren) Drittstaat verwiesen werden können. Eine wie auch immer geartete Formulierung von Integrationserwartungen oder eine operative Wirkung integrationshonorierender[55] Normen lässt sich auf dieser Ebene an sich nicht beobachten. Erst nachgelagert, wenn es um Bleiberechtsfragen insbesondere in Fällen abgelehnter Asylbewerber geht, spielen meritokratisch gefärbte Regelungsregime dann mitunter eine Rolle, sie werden nachfolgend kursorisch angesprochen werden.

Konzentrieren soll sich die nachfolgende Kurzanalyse daher auf zwei genuine Zuwanderungsregime, die gewissermaßen zum ‚klassischen' Migrationsrecht

---

wanderung vom 16. August 2023 (BGBl. 2023 I Nr. 217) ist das Wort „Begrenzung" in § 1 Abs. 1 S. 1 AufenthG gestrichen worden. Durch die Streichung soll „ein klares Zeichen für mehr Offenheit" gesetzt werden (BT-Drs. 20/7394, S. 24). Da über das Gesetzesziel der Steuerung auch „Maßnahmen gefasst werden [können], die begrenzenden Charakter haben" (ebd.), soll sich durch diese Änderung inhaltlich nichts ändern. Das Aufenthaltsrecht soll offenkundig einfach nur „freundlicher" wirken.

[51] Zum Verhältnis der Begriffe Migration, Zu- und Einwanderung zueinander vgl. *Christine Langenfeld/Roman Lehner*, Migration (Rechtswissenschaft) in: Staatslexikon der Görres-Gesellschaft, Bd. 3, 8. Aufl. 2019, Ziff. 1.

[52] Insbesondere Art. 3 EMRK ist hier als normativer Dreh- und Angelpunkt aller Rechtsfragen betreffend das Verhältnis von Grenzkontrolle und Schutzgewährung zu nennen.

[53] Die Genese von hierfür prägnanten Begriffen scheint eine besondere Fähigkeit bayerischer Ministerpräsidenten zu sein. Was bei *Horst Seehofer* 2015 die „Obergrenze" war, heißt im Jahr 2023 bei seinem Amtsnachfolger *Markus Söder* „Integrationsgrenze".

[54] Zu diesen Aspekt vgl. noch näher den Beitrag von *Pauline Endres de Oliveira* in diesem Band.

[55] Grundlegend für Begriff und Konzept der „Integrationshonorierung" *Johannes Eichenhofer*, Begriff und Konzept der Integration im Aufenthaltsgesetz, 2013, S. 181 ff.

zählen: das Erwerbsmigrationsrecht und das Familiennachzugsrecht. Es wird zu zeigen sein, dass meritokratische Zwecksetzungen der starken Begrenzungs- und Steuerungslogik der einschlägigen Migrationsrechtsnormen zum Trotz im Kern nicht nachweisbar sind. Dieser Befund ist insofern bedeutsam, als sich der staatliche Anspruch auf generelle Zugangskontrolle, der für das hergebrachte Verständnis des Migrationsrechts so prägend ist, im öffentlichen und wissenschaftlichen Diskurs bisweilen unter enormen Rechtfertigungsdruck gesetzt sieht. Territoriale Grenzziehung und territorialstaatliche Begrenzungsansprüche, zumal solche, hinter denen der Selbstbestimmungsanspruch des jeweiligen Staatsvolks stehen, müssen sich zunehmend Diskriminierungs-, ja gar Rassismusvorwürfen ausgesetzt sehen.[56] § 1 Abs. 1 S. 1 und S. 2 AufenthG könnten in derart kritischer Lesart selbst als Inbegriff eines institutionalisierten Rassismus gedeutet werden, ein Verdikt, welches sich noch intensivieren ließe, könnte man den maßgeblichen Akteuren der Migrationsrechtsordnung, namentlich dem demokratisch legitimierten Gesetzgeber, nachweisen, über meritokratische Zwecksetzungen in den zugangsvermittelnden Normen zwischen „verdienstvollen" und „verdienstlosen", gleichsam zwischen „guten" und „schlechten" Migranten zu unterscheiden.

b) Skizzierung der grund- und menschenrechtlichen Rahmenbedingungen

Die für das Migrationsrecht maßgebliche Grundrechtsebene setzt sich von den im ersten Teil des Beitrags aufgeführten außermigrationsrechtlichen Beispielsfällen insoweit ab, als sich hier, jedenfalls mit Blick auf Zuwanderungs-, Aufenthalts- oder Bleiberechte an sich, also außerhalb des Migrationsfolgenrechts[57], praktisch kaum leistungs- oder teilhaberechtlichen Fragen stellen. Nach klassischer Doktrin spielen insbesondere Gleichheitserwägungen sowie andere Aspekte von Verteilungsgerechtigkeit für die migrationsrechtliche Zugangskontrolle an sich keine zentrale Rolle.[58] In der Rechtssache *Abdulaziz*[59] hat der EGMR

[56] Vgl. besonders scharf und prägnant bei *E. Tendayi Achiume*, Racial Borders, Georgetown Law Journal 110 (2022), S. 445 (insbes. 464 ff.). Intersektional ist der Blick auf den staatlichen Steuerungsanspruch bei *Antje Ellermann*, Discrimination in migration and citizenhip, Journal of Ethnic and Migration Studies 45 (2020), S. 2463 (2465 ff.). Vgl. zum Themenfeld auch den Beitrag von *Jonas Bornemann* in diesem Band.

[57] Zum Begriff *Daniel Thym*, Migrationsverwaltungsrecht, 2010, S. 11 f.

[58] Zur allgemeinen Zurückhaltung des EGMR bei der Annahme von (mittelbaren) Diskriminierungen wegen Ethnie oder Nationalität durch migrationsrechtliche Regelungen etwa *Heiko Sauer*, in: Ulrich Karpenstein/Franz C. Mayer (Hrsg.), EMRK, 3. Aufl. 2022, Art. 14 Rn. 25; *Roman Lehner*, in: Jens Meyer-Ladewig/Martin Nettesheim/Stefan von Raumer (Hrsg.), EMRK, 3. Aufl. 2023, Art. 14 Rn. 29. Überblick über die migrationsrechtsbezogenen Leitentscheidungen zu Art. 14 EMRK bei *Simon Letsche/Julian Rössler*, in: Andreas Decker/Johann Bade/Peter Kothe (Hrsg.), BeckOK-Migrations- und Integrationsrecht, 16. Edition 15.07.2023, Art. 14 EMRK, Rn. 5 ff.

[59] EGMR, Urt. v. 28.5.1985, Nr. 9214/80 u. a., *Abdulaziz u. a. gegen Vereinigtes Königreich.*

bereits im Jahr 1985 die bis heute maßgeblichen Grundsätze für die diskriminierungsrechtliche Beurteilung von Zuwanderungsregelungen im Anwendungsbereich von Art. 8 i. V. m. Art. 14 EMRK abgesteckt. Der EGMR stellte hier fest, dass neutral formulierte Einwanderungsbedingungen, die nicht nach einzelnen Ethnien differenzieren,[60] auch dann keinen diskriminierenden Charakter aufweisen, wenn zahlenmäßig Migranten aus einer bestimmten Herkunftsregion besonders häufig betroffen sind.[61] Deutlich betont der Gerichtshof auch, dass ein generelles Migrationsbegrenzungsanliegen, etwa aus arbeitsmarktpolitischen Gründen, ein legitimes Ziel staatlichen Handelns in diesem Zusammenhang darstellt.[62] In einer ebenfalls prominenten Entscheidung in der Rechtssache *Bah* hat der EGMR sozialrechtliche Differenzierungen anhand des Aufenthaltsstatus in den Blick genommen und hierbei befunden, dass eine einfache Verhältnismäßigkeitsprüfung bei Vorliegen eines anerkennenswerten öffentlichen Ziels derartige Unterscheidungen rechtfertigen kann, wobei der staatliche Einschätzungsspielraum („margin of appreciation") besonders betont und auch folgerichtig über ein Zurückfahren der gerichtlichen Kontrolldichte zur Anwendung gebracht worden ist.[63] Die dogmatischen und theoretischen Fragen zur diskriminierungsrechtlichen Beurteilung migrationsrechtlicher bzw. migrationsstatusbezogener Ungleichbehandlungen als solche sind nicht Gegenstand dieses Beitrags,[64] die angeführten Entscheidungen dienen hier allein der Darlegung des klassischen, konventionsrechtlich rückgebundenen Migrationsrechtsdenkens, wonach migrationsrechtliche Selektionsmechanismen für sich gesehen im Regelfall keine Diskriminierungen darstellen.

Im Fall *Bah* hat der EGMR sich im Übrigen nicht mit der Frage nach dem Vorliegen einer Diskriminierung wegen der „Rasse", sondern, in Hinblick auf

[60] Das war der entscheidende Gesichtspunkt in der früheren EKMR-Entscheidung „Ostafrikanische Asiaten" (Nr. 4403/70) aus dem Jahr 1973 betreffend britische Einwanderungsregeln für die Bewohner früherer Kolonien (hier allerdings sogar Verstoß gegen Art. 3 EMRK); hierzu instruktiv *Anne Peters/Tilmann Altwicker*, in: Oliver Dörr/Rainer Grote/Thilo Marauhn (Hrsg.), Konkordanzkommentar GG-EMRK, 3. Aufl. 2022, Kap. 21, Rn. 162.

[61] EGMR, Urt. v. 28.5.1985, Nr. 9214/80 u. a., *Abdulaziz u. a. gegen Vereinigtes Königreich*, Rn. 85: „That the mass immigration against which the rules were directed consisted mainly of would-be immigrants from the New Commonwealth and Pakistan, and that as a result they affected at the material time fewer white people than others, is not a sufficient reason to consider them as racist in character: it is an effect which derives not from the content of the 1980 Rules but from the fact that, among those wishing to immigrate, some ethnic groups outnumbered others." Kritisch hierzu *Achiume* (Fn. 56), S. 491 f.

[62] EGMR, Urt. v. 28.5.1985, Nr. 9214/80 u. a., *Abdulaziz u. a. gegen Vereinigtes Königreich*, Rn. 85: „As the Court has already accepted, the main and essential purpose of the 1980 Rules was to curtail ‚primary immigration' in order to protect the labour market at a time of high unemployment. This means that their reinforcement of the restrictions on immigration was grounded not on objections regarding the origin of the non-nationals wanting to enter the country but on the need to stem the flow of immigrants at the relevant time."

[63] EGMR, Urt. v. 27.9.2011, Nr. 56328/07, *Bah gegen Vereinigtes Königreich.*

[64] Siehe hierzu den Beitrag von *Jonas Bornemann* in diesem Band.

die streitgegenständliche sozialrechtliche Differenzierung nach Aufenthaltsstatus, allein mit der hierin liegenden Ungleichbehandlung wegen eines „sonstigen Status" beschäftigt.[65] Dass der EGMR hier seine Kontrolldichte reduziert und im Grunde eine einfache Rationalitätskontrolle genügen lässt, ist dann nur folgerichtig. Zudem lag eine migrationsfolgenrechtliche Fallgestaltung der Entscheidung zugrunde, was die Aussagekraft für die virulente Frage nach etwaigen diskriminierungsrechtlichen Grenzen migrationssteuernder Politiken begrenzt erscheinen lässt. Im Fall *Abdulaziz* hat der EGMR in Hinblick auf die Rüge einer Diskriminierung wegen der „Rasse" bereits das Vorliegen eines entsprechenden Diskriminierungstatbestands verneint.[66] Überdies, auch das ist wichtig, handelte es sich um eine Bleiberechtskonstellation, stand also gerade nicht die Frage nach territorialer Zugangsermöglichung im Raum. Abgesehen vom Sonderfall der Herstellung der Familieneinheit, der hier allerdings einschlägig war, wäre andernfalls Art. 8 EMRK als notwendiges Eingangstor für die im Konventionsrecht nur akzessorisch mögliche Diskriminierungsprüfung gar nicht eröffnet gewesen. In diesem Zusammenhang hervorzuheben ist überdies, dass eine Diskriminierung wegen der „Nationalität" i. S. d. Art. 14 EMRK nicht schon im Vorhandensein migrationsrechtlicher Regelungen gesehen werden kann. Dass Nichtvorhandensein einer Diskriminierung ergibt sich schon daraus, dass Migrationsrecht von vornherein „immigrants from all parts of the world" betrifft,[67] wie der EGMR in der Rechtssache *Abdulaziz* in Hinblick auf das Diskriminierungsmerkmal „Rasse" ausführte; eine Ungleichbehandlung wegen der Nationalität wurde erst gar nicht geprüft. Es würde auch dem Wesen des Ausländerrechts widersprechen, wollte man aus seiner prinzipiellen Anwendungsbeschränktheit einen diskriminatorischen Charakter mit Blick auf das Merkmal der Nationalität ableiten.[68] Ebenfalls keine allgemeinen Rückschlüsse auf eine gesteigerte diskriminierungsrechtliche Relevanz von Zuwanderungsregelungen lässt sich schließlich aus der Entscheidung des EGMR in der Rechtssache *Biao* ziehen, wo der Gerichtshof die sog. 28-Jahre-Regelung in Dänemark als unzulässige mittelbare Diskriminierung aus ethnischen Gründen einstufte.[69] Nach dieser Regelung war der Familiennachzug zu einem Dänen unter erleichterten Bedingungen möglich, wenn der Stammberechtigte bereits bei Vollendung des

---

[65] EGMR, Urt. v. 27.9.2011, Nr. 56328/07, *Bah gegen Vereinigtes Königreich*, Rn. 46 ff.

[66] EGMR, Urt. v. 28.5.1985, Nr. 9214/80 u. a., *Abdulaziz u. a. gegen Vereinigtes Königreich*, Rn. 84 ff.

[67] EGMR, Urt. v. 28.5.1985, Nr. 9214/80 u. a., *Abdulaziz u. a. gegen Vereinigtes Königreich*, Rn. 85.

[68] Vgl. zur ausländerrechtlichen bzw. ausländerrechtsbezogenen Judikatur zum Merkmal „Nationalität", die im Wesentlichen Diskriminierungsfälle im Sozialrecht betrifft, *Lehner* (Fn. 58), Rn. 29 m. w. N. Relevanz entfaltet das Merkmal allerdings, wenn das Ausländerrecht für Angehörige unterschiedlicher Staaten, wie etwa im Visumrecht, unterschiedliche Vorgaben macht; dazu näher der Beitrag von *Bornemann* in diesem Band.

[69] EGMR, Urt. 24.5.2016, Nr. 38590/10, *Biao gegen Dänemark.*

28. Lebensjahres die dänische Staatsangehörigkeit besaß. Hierin sah der EGMR zu Recht eine unzulässige Bevorzugung gebürtiger gegenüber eingebürgerten Dänen.[70] Es handelt sich hier um einen der seltenen Fälle, wo allgemeine ausländerrechtliche Vorgaben nur scheinbar allgemeiner Natur sind. Genau genommen lag auch gar nicht eine Diskriminierung von Nachzugswilligen und somit von (potenziellen) Migranten vor, sondern eine Ungleichbehandlung innerhalb der Gruppe der dänischen Staatsangehörigen, die sich auch außerhalb des Migrationsrechts ereignen könnte.

Tatsächlich ist das Migrationsrecht in seiner basalen Ausprägung als gebietsbezogenes Aufenthaltsrecht nach klassischer Betrachtung durch einen weitgehenden diskretionären Spielraum des Gesetzgebers gekennzeichnet, da die Entscheidung über die Gebietszulassung als Inbegriff staatlicher Souveränität gilt.[71] Außerhalb von Familienzusammenführungskonstellationen operieren Zuwanderungspolitiken grundsätzlich außerhalb des Anwendungsbereichs von Art. 8 EMRK oder anderer freiheitsrechtlicher Konventionsgarantien.[72] Bleiberechtsfälle sind von vornherein in ein anderes grund- und menschenrechtliches Setting eingebettet, weil hier, je nach Grad der „Verwurzelung" oder anderer schutzbereichsrelevanter Aktivitäten während des Aufenthalts, rechtlich schützenswerte Bleibeinteressen anerkannt werden können bzw. müssen.[73] In Hinblick auf die staatliche Zugangskontrolle wiederum ist der Familiennachzug gegenüber dem sonstigen Zuwanderungsrecht, also namentlich gegenüber dem Wirtschaftsmigrationsrecht, durch eine Sonderstellung gekennzeichnet, weil hier der staatliche Steuerungs- und Begrenzungsanspruch durch abwehrrechtliche Gegenpositionen limitiert ist; also in der kanonisierten *Bast*'schen Terminologie: Steuerung vs. Steuerungsbegrenzungsrechte[74]. Auch hier bestehen indes keine mit dem staatlichen Steuerungsanspruch etwaig konfligierenden Teilhaberechtsansprüche: Das Bundesverfassungsgericht hat die grundrechtliche Relevanz aufenthaltsrechtlicher Normen, die den Familiennachzug nach

[70] Hierzu näher *Lehner* (Fn. 58), Rn. 24.

[71] Hierzu etwa – mit jeweils unterschiedlichen Akzentuierungen – *Winfried Kluth*, Einreise, in: ders./Ulrike Hornung/Andreas Koch, Handbuch Zuwanderungsrecht, 3. Aufl. 2020, § 3 Rn. 1 ff.; *Astrid Wallrabenstein*, Einwanderungsrecht und Asyl, in: Reiner Schulze/André Janssen/Stefan Kadelbach (Hrsg.), Europarecht, 4. Aufl. 2020, § 41 Rn. 1; *Timo Tohidipur*, Europäisches Migrationsverwaltungsrecht, in: Jörg Philipp Terhechte (Hrsg.), Europäisches Verwaltungsrecht, 2. Aufl. 2022, § 32 Rn. 43. Grundlegend auch EGMR, [GK], Beschl. v. 15.11.1996, Nr. 22414/93 u. a., *Chahal u. a. gegen Vereinigtes* Königreich, Rn. 73: „[...] Contracting States have the right, as a matter of well-established international law and subject to their treaty obligations including the Convention, to control the entry, residence and expulsion of aliens."

[72] Zur Relevanz von Art. 8 EMRK für die Familienzusammenführung statt vieler *Julian Nusser*, in: Jan Bergmann/Klaus Dienelt (Hrsg.), Ausländerrecht, 14. Aufl. 2022, Art. 8 EMRK Rn. 24 f. m. zahlr. Nw. aus der Rspr.

[73] Grundlegend EGMR, Urt. v. 2.8.2001, Nr. 54273/00, *Boultif gegen Schweiz*; EGMR, Urt. v. 18.10.2006, Nr. 46410/99, *Üner gegen Niederlande.*

[74] *Jürgen Bast*, Aufenthaltsrecht und Migrationssteuerung, 2011, S. 108 f.

Deutschland beschränken, aus gutem Grund abwehrrechtlich bzw. objektivrechtlich angelegt.[75] Einen Nachzugsanspruch vermittelt Art. 6 GG danach gerade nicht, das Familiennachzugsrecht ist somit auch von Grundrechts wegen nicht als Leistungs- oder Verteilungsregime ausgestaltet.[76] Dass das Erwerbsmigrationsrecht dann erst recht gegenüber Fragestellungen derivativer Gleichheitsgerechtigkeit indifferent sein muss, liegt auf der Hand. Zulassungsversagungen berühren hier regelmäßig nicht einmal den abwehrrechtlichen Gehalt von Grundrechten.[77] Die hier interessierenden Kerngebiete des Zuwanderungsrechts, Erwerbsmigrations- und Familiennachzugsrecht, unterliegen mithin unterschiedlichen grund- und menschenrechtlichen Einbettungen. In beiden Fällen scheidet eine teilhaberechtliche Fundierung aus. Zuwanderungspolitik versteht sich in klassischer Betrachtung nicht als Verteilungspolitik. Ein Rechtsregime aber, das sich nicht primär als Verteilungsregime versteht, müsste an sich meritokratischen Wertungen eher ablehnend, bestenfalls neutral gegenüberstehen. Dass gerade das Erwerbsmigrationsrecht sowie die Regelungen zum Familiennachzug durchweg mit Leistungsanforderungen an Migranten bzw. Migrationswillige operieren, wie sogleich zu zeigen sein wird, erscheint vor diesem Hintergrund im Sinne eines fachrechtlichen Spezifikums überraschend, jedenfalls erklärungsbedürftig.

c) Meritokratieindifferenz des Erwerbsmigrationsrechts: Ökonomisierung ohne sozialphilosophischen Überbau

Das Erwerbsmigrationsrecht zeichnet sich durch ein hohes Maß der Ökonomisierung aus. Infolge der Fokussierung auf die wirtschaftlichen Bedürfnisse Deutschlands (vgl. §§ 1 Abs. 1 S. 2, 18 Abs. 1 AufenthG) erscheint das erwerbsbezogene Einwanderungsrecht unweigerlich als dezidiertes Ausleseregime. Auf den ersten Blick drängt sich der Eindruck eines hochgradig meritokratisch durchprägten Rechtsgebiets auf, da Talente, Qualifikationen, Leistungserfolge – auch

---

[75] Vgl. grundlegend BVerfGE 74, 1 (41) für die Beurteilung einer dreijährigen Ehebestandszeit für die Gewährung des Ehegattennachzugs: „Art. 6 GG stellt Ehe und Familie unter den besonderen Schutz der staatlichen Ordnung; er enthält neben dem Grundrecht als Abwehrrecht im klassischen Sinne eine Institutsgarantie sowie eine wertentscheidende Grundsatznorm [...]. Hinsichtlich der dreijährigen Ehebestandszeit ist der aus dieser Verfassungsbestimmung folgenden Pflicht zu Schutz und Förderung von Ehe und Familie nicht hinreichend Rechnung getragen worden; [...]."

[76] Das kann freilich rechtlich anders zu beurteilen sein, wenn in Hinblick auf eine bestimmte Gruppe aufenthaltsberechtigter Personen der Nachzug von Familienangehörigen nicht nur an Voraussetzungen gebunden, sondern darüber hinaus auch kontingentiert wird, wie dies bei § 36a AufenthG betreffend den Nachzug zu subsidiär Schutzberechtigten der Fall ist.

[77] Grund- und menschenrechtliche Ansprüche von Ausländern auf inländischen Arbeitsmarktzugang kommen dagegen, dogmatisch dann in abwehrrechtlicher Form, nach längerem Gebietsaufenthalt in Betracht, hierzu näher *Roman Lehner*, in: Kay Hailbronner (Hrsg.), Ausländerrecht, 130. EL April 2022, § 18 AufenthG, Rn. 5 ff.

schon in Hinsicht auf den Zielstaat (konkretes Arbeitsplatzangebot, vgl. § 18 Abs. 2 Nr. 1 AufenthG) – sowie (neuerdings, vgl. § 6 BeschV[78]) Arbeitsmarkterfahrungen als zentrale Zulassungskriterien fungieren. Bei näherem Hinsehen erweist sich der meritokratische Wertungsrahmen als Beschreibungsmodell für das Erwerbsmigrationsrecht gleichwohl als kaum überzeugend, da diesem im Grunde keine tiefergehenden Gerechtigkeitsvorstellungen zugrunde liegen. Vielmehr zielt es allein auf eine effektive Zuwanderungssteuerung mit Blick auf die ökonomische Verwertbarkeit am hiesigen Arbeitsmarkt, sodass typologisch eher eine Nähe zum Wirtschaftsrecht[79] attestiert werden kann. Ein sozialphilosophischer Überbau ist dem Erwerbsmigrationsrecht tendenziell fremd. In zwei Hinsichten lassen sich indes meritokratische Überlegungen auch für das Wirtschaftsmigrationsrecht im weiteren Sinne bzw. für dessen migrationsphilosophische Einbettung fruchtbar machen.

Das betrifft zum einen den Wechsel in das Erwerbsmigrationsrecht (sog. Spurwechsel)[80] von Personen, die erfolglos einen Asylantrag gestellt oder diesen vorzeitig zurückgenommen haben. Dass denjenigen, die die Zeit des Asylverfahrens für eine erfolgreiche Arbeitsmarktintegration genutzt haben, nun der direkte Wechsel in das Regime der §§ 18 ff. AufenthG grundsätzlich verwehrt sein soll, wird rechtspolitisch zunehmend unter Rückgriff auf meritokratische Argumentationsmuster in Frage gestellt (Stichwort: Abschiebung gut Integrierter?). Auch spurwechselähnliche Regelungsansätze wie das Chancen-Aufenthaltsrecht (§ 104c AufenthG) wollen die Möglichkeit eröffnen, sich ein Aufenthaltsrecht in Deutschland doch noch ‚verdienen' zu können. Der Gesetzgeber will hiermit „ein modernes Einwanderungsrecht" bereitstellen, welches „Chancen auch für diejenigen, die ausreisepflichtig sind, sich aber erfolgreich in unsere Gesellschaft

[78] Neugefasst durch die Verordnung zur Weiterentwicklung der Fachkräfteeinwanderung vom 30. August 2023 (BGBl. 2023 I Nr. 233).

[79] Das Öffentliche Wirtschaftsrecht bezieht sich auf „die staatliche Wirtschaftseinwirkung durch staatliche Einheiten" und bezeichnet so „die Summe der Normen, mit denen der Staat den rechtlichen Rahmen für das Wirtschaften setzt oder wirtschaftliche Prozesse determiniert und deren Einhaltung er selbst überwacht und durchsetzt", siehe *Utz Schliesky*, Öffentliches Wirtschaftsrecht, 4. Aufl. 2014, S. 3. In Bezug auf die Setzung der Rahmenbedingungen für die Fach- und Arbeitskräftegewinnung aus dem Ausland fehlt es allerdings am Überwachungs- und Durchsetzungselement im engeren Sinne.

[80] Zu nennen sind hier v. a. die Regelungen zur Ausbildungsduldung bzw. -erlaubnis und zur anschließenden Aufenthaltsregularisierung, die 2015/16 als sog. „3+2"-Regelung eingeführt wurden (inzwischen normiert in: §§ 60c, 19d Abs. 1a AufenthG; vgl. nunmehr: § 16g AufenthG) und seither für Asylbewerber, die während des Asylverfahrens eine Berufsausbildung beginnen, die Möglichkeit eröffnet, im Fall des erfolgreichen Abschlusses der Ausbildung ungeachtet des Ausgangs des Asylverfahrens eine Bleibeperspektive zu erhalten. Durch das Gesetz zur Weiterentwicklung der Fachkräfteeinwanderung vom 16. August 2023 (BGBl. 2023 I Nr. 217) wird mit Wirkung ab dem 1. März 2024 bei Rücknahme des Asylantrags, allerdings nur für Altfälle (Einreise bis zum 29. März 2023), der Wechsel in bestimmte Aufenthaltstitel für Fach- bzw. Arbeitskräfte ermöglicht (§ 10 Abs. 3 S. 4 AufenthG n. F.).

integrieren und sich rechtstreu verhalten"[81], bieten. Auch die Anschlusstitelnormen (§§ 25a und b AufenthG) sind explizit leistungsorientiert angelegt, so ist nach § 25a Abs. 1 S. 1 Nr. 2 AufenthG etwa der erfolgreiche Schulbesuch Titelerteilungsvoraussetzung, was nach allgemeiner Auffassung z. B. bei Schulabbruch grundsätzlich nicht der Fall sein kann.[82] Nach § 25b Abs. 1 S. 2 Nr. 3 AufenthG ist die überwiegende Lebensunterhaltssicherung durch Erwerbsarbeit als zentrale Bleiberechtsvoraussetzung aufgestellt, eine Vorgabe, die sich zwanglos in meritokratische Gerechtigkeitsvorstellungen einfügt. Neben individuellen Spurwechselregelungen sind auch Konzepte, man könnte sagen, kollektiver Spurverlagerung leistungsorientiert angelegt. Die Logik der Westbalkanregelung aus § 26a Abs. 2 BeschV besagt, dass die Angehörigen dieser – zu sicheren Herkunftsstaaten erklärten – Staaten einen zwar qualifikationsunabhängigen Zuwanderungspfad beschreiten können, vorausgesetzt ist aber auch hier der Leistungserfolg am hiesigen Arbeitsmarkt durch Vorweisenkönnen eines konkreten Arbeitsplatzangebots i. S. d. § 18 Abs. 2 Nr. 1 AufenthG. Die vorgenannten Regelungen verkörpern beschäftigungsbezogene Regularisierungsoptionen für abgelehnte Asylbewerber oder ausreisepflichtige Ausländer, die aus tatsächlichen oder rechtlichen Gründen (vorübergehend) nicht abgeschoben werden können, bzw. legale Ausweichpfade für Personen aus Staaten, aus denen in der Vergangenheit aus überwiegend wirtschaftlichen Gründen Asylmigration nach Deutschland stattgefunden hat. Anders als im eigentlichen Erwerbsmigrationsrecht, wo es um die genuine Zuwanderung zum Zweck der Ausübung einer Erwerbstätigkeit in Deutschland geht, fungiert im Regularisierungs- und Spurwechselrecht die (erfolgreiche) Beschäftigungsausübung als vertypter Integrationsnachweis. Dass hier, wo es um die rechtlichen Möglichkeiten des Verbleibs abgelehnter Asylbewerber bzw. ausreisepflichtiger Ausländer unter Ansehung bereits erfolgter Arbeitsmarktintegration (sowie anderer Integrationsleistungen) geht, Verdienstargumente dem Recht geradezu eingeschrieben sein müssen, liegt auf der Hand, dient aber für sich gesehen nicht als Beleg für eine generell meritokratische Ausrichtung des Erwerbsmigrationsrechts.

Zum anderen bewegen sich sozialphilosophische Diskussionen um ein umfassendes globales ‚Recht auf Migration', dessen Anerkennung mit einer Zurückdrängung der staatlichen Steuerungsbefugnis einherginge,[83] regelmäßig auf

[81] So die Begründung zur Einführung des neuen Instituts in BT-Drs. 20/3717, S. 1.

[82] *Kay Hailbronner/Roman Lehner*, in: Kay Hailbronner, Ausländerrecht, 130. EL April 2022, § 25a AufenthG Rn. 19.

[83] Zugunsten einer prinzipiellen Offenheit staatlicher Grenzen i. S. eines freien Individualrechts auf Migration *Joseph Carens*, Aliens and Citizens: The Case for Open Borders, The Review of Politics 49 (1987), S. 251; *Andreas Cassee*, Globale Bewegungsfreiheit, 2016. Einen guten Überblick über die unterschiedlichen philosophischen Positionen hierzu liefert *Angelika Siehr*, Der Staat als Personalverband: Staatsangehörigkeit, Unionsbürgerschaft und Migration, in: Matthias Herdegen u. a. (Hrsg.), Handbuch des Verfassungsrechts, 2021, § 9 Rn. 155–157.

meritokratisch gefärbten Argumentationspfaden. Dass allein der Ort der individuellen Herkunft über die weiteren Lebensaussichten entscheide und nicht das individuelle Talent und Leistungsvermögen, wird in diesem Zusammenhang als quasi-feudales Gerechtigkeitsproblem markiert,[84] in dessen Zusammenhang der staatliche Steuerungsanspruch als rechtfertigungsbedürftiges bzw. kaum noch zu rechtfertigendes Konzept erscheinen muss. Im Kern zielen solche Ansätze auf eine – mehr oder weniger – vollständige Liberalisierung v.a. der globalen Wirtschaftsmigration. Es ist hier nicht der Ort einer umfassenden Auseinandersetzung mit dieser Debatte. Ihr Vorhandensein zeigt indes, dass Meritokratie und Wirtschaftsmigration auf einer übergeordneten, migrationsphilosophischen Ebene durchaus Berührungspunkte aufweisen, wenn auch nicht dergestalt, dass konkrete Zuwanderungsregime in Hinblick auf die Normierung ganz bestimmter Zuwanderungsvoraussetzungen unter meritokratischen Gesichtspunkten kritisch betrachtet würden. Unter Kritik steht vielmehr der staatliche Anspruch der (Wirtschafts-)Migrationssteuerung an sich, also das Beharren insbesondere westlicher Industriestaaten darauf, autonom und grundsätzlich nur sich selbst gegenüber verantwortlich über den Zugang von Wirtschaftsmigranten entscheiden zu können. Nicht eine meritokratische Ausrichtung des Zuwanderungsrechts wird also kritisiert, vielmehr basiert die Kritik an Zuwanderungsregimen zumindest auch auf meritokratischer Argumentation. Vor dem Hintergrund der für diesen Beitrag skizzierten Grundannahmen meritokratischer Gerechtigkeitsvorstellungen, im Sinne einer talent- und leistungsgerechten und auf Zurückdrängung von Geburtsprivilegien[85] abzielenden Gesellschaftsausrichtung ist allerdings zu bemerken, dass es sich hierbei um sozialphilosophische Ideen handelt, die sich auf konkrete, d.h. in irgendeiner Weise politisch konstituierte Gemeinschaften beziehen. Es ist jedenfalls nicht naheliegend, dass sozialphilosophische Theorien, die die Rolle des Einzelnen in einer Gesellschaft und die Aushandlung oder Aushandlungsbedingungen eines Gesellschaftsvertrags zum Gegenstand haben, geradezu zwanglos auf die Menschheit als Ganzes übertragen werden können.[86] Bei einem solchen Übertragungsakt handelt es sich zumindest

[84] *Carens* (Fn. 83), S. 252: „Citizenship in Western liberal democracies is the modern equivalent of feudal privilege – an inherited status that greatly enhances one's life chances. Feudal birthright privileges, restrictive citizenship is hard to justify when one thinks about it closely."

[85] An dieser Stelle berühren sich meritokratische Kritik und der Vorwurf eines durch den staatlich-territorialen Souveränitätsanspruch institutionalisierten Rassismus, vgl. *Achiume* (Fn. 56), S. 464: „[...] these borders effect mobility and migration as a racial privilege structured to a significant extent by white supremacy."

[86] Das gilt insbesondere auch für den berühmten „Schleier des Nichtwissens" in der Gerechtigkeitstheorie *John Rawls'*, wo es um die Festlegung allgemeiner Gerechtigkeitsprinzipien auf Basis natürlicher Gleichheit und somit im Zustand des Nichtwissens über die künftige „Stellung in der Gesellschaft" geht, siehe *John Rawls*, Theorie der Gerechtigkeit, 14. Aufl. 2005, S. 29. Dass es sich bei *Rawls'* Theorie um eine auf eine Gesellschaft bezogene handelt, wird bei *Carens* nicht geleugnet, vgl. *Carens* (Fn. 83), S. 257: „I gladly concede that I am using the original position in a way that Rawls himself does not intend, but I think that this extention is warranted by the

um ein konzeptionell gewagtes Unterfangen, denn dem für eine global-kontraktualistische Theorie notwendigen ‚Welturzustand'[87] mangelt es letztlich an einem konsistenten Bezugspunkt, jedenfalls dann, wenn man Gesellschaftsverträge als ideelle Fluchtpunkte zur Herrschaftslegitimierung und – spätestens seit *John Locke* – auch Herrschaftsbegrenzung versteht.[88] Sind Gesellschaftsvertragstheorien aber in erster Linie Herrschaftstheorien,[89] scheint die Indienstnahme sozialvertraglicher Prinzipien zur Begründung eines an Maßstäben der Verteilungsgerechtigkeit auszurichtenden ‚Weltmigrationsrechts' konstruktiv zweifelhaft,[90] da eine globale Herrschaftsordnung, innerhalb derer kontraktualistisch argumentiert werden könnte, als solche nicht existiert.

Von der, letztlich auf meritokratischer Grundlage argumentierenden Kritik am staatlichen Anspruch auf Zugangskontrolle, welcher als Ausdruck eines territorial radizierten Geburtsrechts quasi-feudalen Zuschnitts gebrandmarkt wird, ohnehin zu unterscheiden ist die Frage, ob ein Migrationsrechtsregime seinerseits auf meritokratischen Prämissen beruht. Es erscheint allerdings besonders wenig plausibel, gerade die Migrationszulassung aus ökonomischen Gründen verteilungsethisch, etwa meritokratisch zu rekonstruieren, da hier das staatliche Steuerungsanliegen nicht auf die Bewertung von Verdiensten an sich

---

nature of the questions I am addressing and the virtues of Rawls' approach as a general method of moral reasoning." *Rawls* hat aus guten Gründen seine Theorie später nur insoweit ‚internationalisiert', als er sie auf das Verhältnis der Völker zueinander bezogen hat: *John Rawls*, The Law of Peoples, 1999.

[87] Vgl. die Übertragung vertragstheoretischer Annahmen auf die Welt unter Bezugnahme auf einen „globalen Urzustand" *Cassee* (Fn. 83), S. 251 ff.

[88] Siehe statt aller *Wolfgang Kersting*, Die politische Philosophie des Gesellschaftsvertrags, 2005, S. 133 unter Bezugnahme auf *John Locke*.

[89] Es geht bei allen Gesellschaftsvertragstheorien um die „dem ursprünglichen Kontrakt zugedachte Funktion, Herrschaft durch die Normierung der grundlegenden Bedingungen ihrer Ausübung zu legitimieren", so präzise *Niels Petersen*, Europäische Verfassung und europäische Legitimität – Ein Beitrag zum kontraktualistischen Argument in der Verfassungstheorie, ZaöRV 2004, S. 429 (435), der zu Recht annimmt, dass heute die Verfassungsidee diese Funktion übernommen hat. Eine Differenzierung zwischen Herrschafts- und Gesellschaftsvertrag findet sich bei *Oliver Hidalgo*, Gesellschaftsvertrag, in: Staatslexikon der Görres-Gesellschaft, Bd. 2, 8. Aufl. 2019, in dem Sinne, dass zwischen der vertraglichen Bildung einer Gesellschaft und der Einsetzung eines Herrschers differenziert werden kann. In beiden Fällen ist aber das politische Gemeinwesen der Bezugspunkt.

[90] Vgl. pointiert und m. w. N. zu diesem Argumentationsmuster *Weber* (Fn. 48), S. 111: „Grenzen ermöglichen auch der bundesrepublikanischen Politik erst, überhaupt Ressourcen- und Verteilungsentscheidungen zu treffen, denen sich mit ‚entkörperten Schattenfiguren' hinter einem migrationspolitischen Schleier des Nichtwissens nicht ausweichen lässt." Dass mit der Zurückweisung des staatlichen Gebietsanspruchs im Grunde auch eine Infragestellung demokratischer Staatlichkeit und des Selbstbestimmungsrechts einer politischen Gemeinschaft einhergehen muss, wird von Seiten der Fundamentalkritik nicht einmal geleugnet, vgl. *Achiume* (Fn. 56), S. 490 f.: „Within domestic liberal-democratic legal frameworks nationality within immigration regimes remains a mostly bulletproof mechanism for racialized exclusion and differentiation." Dass eine radikale Inklusion nur um den Preis der Aufgabe der „domestic liberal-democratic legal frameworks" möglich wäre, wird hier also durchaus gesehen.

zielt, sondern vielmehr schlicht wirtschaftliche Bedürfnisse befriedigen helfen will. Ein so verstandenes Wirtschaftsmigrationsrecht erweist sich dann, selbst bei dezidierter Fähigkeitsorientierung, als insgesamt intrinsisch meritokratie-indifferent. Die ökonomische Selbstbezüglichkeit dieses Migrationsrechtsgebiets findet ihren logischen Ausgangspunkt im souveränen Anspruch des Staats zur territorialen Zugangskontrolle. Auf dem Feld der Wirtschaftsmigration kann dieser Anspruch gewissermaßen ‚ungestört' walten, weil gegenläufige Individualrechte dogmatisch nicht in Anschlag gebracht werden können. Die so erklärbare ökonomische Ausrichtung des Wirtschaftsmigrationsrechts lässt sich nicht ohne Weiteres durch allgemeine Erwägungen einer globalen Gerechtigkeitstheorie überspielen; m. a. W.: Über einen sozialphilosophischen Überbau im Sinne einer gesellschaftsbezogenen Gerechtigkeits- und Verteilungsidee verfügt das staatliche (wie das europäische) Wirtschaftsmigrationsrecht weder aus sich heraus, noch kann ein solcher ‚von außen' herangetragen werden. Für meritokratische Aneignungen oder Rekonstruktionen eignet es sich daher nicht.

Interessanterweise operiert allerdings gerade das fachkräftebezogene Zuwanderungsrecht durchgehend und zunehmend mit dezidiert leistungsorientierten Kriterien. Über das neue Punktesystem (Chancen-Karte, §§ 20a, b AufenthG n. F.)[91] wird diese Tendenz noch verstärkt. Paradoxerweise erscheinen rein angebotsbasierte Steuerungsmodelle, die gegenüber den im deutschen Recht traditionell dominierenden nachfragebasierten Ansätzen allgemein als „progressiv" gelten, in Hinblick auf ihre stringente Humankapitalorientierung im konzeptionellen Zugriff sogar noch stärker meritokratisch eingefärbt.[92] Das Punktesystem verkörpert geradezu prototypisch ein leistungswettbewerbliches System der Zuwanderungssteuerung. Dass die Leistungsausrichtung hier aber gleichwohl nicht als Ausdruck eines meritokratischen Politikentwurfs zu verstehen ist, zeigt sich ganz konkret und beispielhaft daran, dass innerhalb des neuen Punktesystems im deutschen Recht mitunter auch Kriterien prämiert werden, die außerhalb der Beeinflussbarkeit des Einzelnen liegen, wie das individuelle Alter (vgl. § 20b Abs. 1 Nrn. 7 und 8 AufenthG n. F.). Meritokratische Argumentationsmuster basieren dagegen immer auf einer individualisierten Autonomie- und Steuerungsannahme.[93] Die besondere Prämierung eines jungen Alters findet in § 18 Abs. 2 Nr. 5 AufenthG eine gewisse Entsprechung für die nachfragebasierte Zuwanderung, diese Norm verkörpert das Prinzip der „sozialversicherungsrechtlichen Nach-

---

[91] Eingeführt mit Wirkung ab dem 1. Juni 2024 durch das Gesetz zur Weiterentwicklung der Fachkräfteeinwanderung vom 16. August 2023 (BGBl. 2023 I Nr. 217).

[92] Man kann dies insoweit als Fortschritt sehen, als nicht mehr askriptive kollektive und somit durch den Einzelnen nicht beeinflussbare, sondern individuelle Selektionskriterien greifen, siehe zu dieser Deutungsmöglichkeit *Ellermann* (Fn. 56), S. 2463 f. m. w. N. und insbes. m. Vw. auf *Christian Joppke*, Selecting by Origin. Ethnic Migration in the Liberal State, 2005, S. 2 f.

[93] Siehe *Sandel* (Fn. 1), S. 24: „Central to the case for the meritocratic ethics is the idea that we do not deserve to be rewarded, or held back, based on factors beyond our control."

haltigkeit“[94], indem sichergestellt werden soll, dass bis zum Renteneintritt noch genug Zeit ist, um Rentenanwartschaften über dem Grundsicherungsniveau aufbauen zu können. Hier geht es also nicht um Leistungsprämierung, sondern um die kriteriologische Abbildung einer bestimmten Vorstellung von (erwartbarer) Leistungsfähigkeit. Auch der Umstand, dass für das Vorhandensein eines qualifizierten Ehegattens (§ 20b Abs 1 Nr. 10 AufenthG n. F.) ein weiterer Punkt vergeben werden soll, zeigt, dass das Fachkräftezuwanderungsrecht Eigenlogiken aufweist, die sich meritokratischen Deutungen vollständig entziehen, vielmehr von Effizienzerwägungen oder, wie hier, integrationsprognostischen Annahmen[95] geprägt ist, welche für den bei Fachkräften politisch gerade gewünschten Langfristverbleib (vgl. § 18c AufenthG) von besonderer Bedeutung sind.[96] Insofern geht es um den Grundsatz der „Integrationsnachhaltigkeit“, welcher als grundlegendes Prinzip in §§ 1 Abs. 1 S. 2, 18 Abs. 1 S. 3 AufenthG v. a. für die wirtschaftsbezogene Zuwanderung Direktionswirkung entfalten soll.[97] Im Ergebnis zeigen sich also signifikante Eigenlogiken im Wirtschaftsmigrationsrecht, indem zwar mitunter leistungsorientierte Anforderungen formuliert werden, dies aber nicht geschieht, weil es einer bestimmten Gerechtigkeitsvorstellung entspräche, sondern allein, weil diese Anforderungen – nach Auffassung des Gesetzgebers – den hiesigen Arbeitsmarktbedürfnissen entsprechen.

d) Familiennachzugsrecht: meritokratisches Regime oder Integrationsprognoserecht?

Auch beim Familiennachzugsrecht liegt der Gedanke einer meritokratischen Deutung vordergründig nahe. Das betrifft weniger die oft kritisierte Unterscheidung zwischen dem Familiennachzug zu Deutschen und jenem zu Ausländern, für die es einen verfassungsrechtlichen Grund gibt.[98] Die gewisse Eigenleistungen der stammberechtigten Person implizierenden Voraussetzungen des § 29 Abs. 1 AufenthG zeigen indes für den Nachzug zu Ausländern deutlich, dass der Gesetzgeber klare Vorstellungen von den notwendigen Integrationserfolgen des Stammberechtigten hat und diese auch gegenüber den grund- und menschenrechtlichen Interessen (v. a. Art. 6 GG, Art. 8 EMRK) an Herstellung

---

94 *Lehner* (Fn. 77), Rn. 18.

95 Vgl. zum Partnerkriterium BT-Drs. 20/6500, S. 97: „positive Auswirkung auf einen Integrationserfolg“.

96 Zu diesem Aspekt staatlicher Zulassungsentscheidungen *David S. FitzGerald u. a.*, Can you become one of us? A historical comparison of legal selection of ‚assimilable‘ immigrants in Europe and the Americas, Journal of Ethnic and Migration Studies 44 (2018), S. 27 (28): „[...] liberal nation-states have strong incentives to admit only individuals that they accept as potentially permanent members of society.“

97 Siehe *Lehner* (Fn. 77), Rn. 36.

98 Anders als ein ausländischer Stammberechtigter kann ein Deutscher infolge von Art. 11 GG grundsätzlich nicht auf die Herstellung der Familieneinheit im Ausland verwiesen werden, siehe BVerwG, Urt. v. 4.9.2012, 10 C 12.12, Ls. 2.

der Familieneinheit für prinzipiell mindestens gleichrangig erachtet. Eine an meritokratischen Gerechtigkeitsvorstellungen ausgerichtete Gesamtkonzeption lässt sich dagegen nicht ausmachen. Gerade der (frühere) Streit um das Vorliegen basaler Deutschkenntnisse der nachzugswilligen Person beim Ehegattennachzug (§ 30 Abs. 1 S. 1 Nr. 2 AufenthG), der ebenso für den Nachzug zu Deutschen gilt (§ 28 Abs. 1 S. 5 AufenthG), zeigt vielmehr, dass der Gesetzgeber auch bei der Formulierung ‚leistungsbezogener' Voraussetzungen von integrationsprognostischen Erwägungen ausgeht,[99] über deren Plausibilität und verhältnismäßige Ausgestaltung dann trefflich gestritten werden kann.[100] Umgekehrt kann nicht bezweifelt werden, dass über die Fokussierung auf konkrete Integrationsvoraussetzungen mit Leistungsbezug (v. a. Lebensunterhaltssicherung und Sprache) deren Erfüllung zu dem entscheidenden Zuzugskriterium im Sinne von „markers of belonging"[101] erklärt wird. Derartige Integrationsanforderungen fungieren nach kritischer Lesart als aus der Perspektive der (oberen) Mittelschicht formulierte Auslesekriterien und bergen die Gefahr einer „class-based stratification in immigrants' access to family reunion and permanent residence".[102] Das ist ein interessanter Gesichtspunkt, weil auch die allgemeine Meritokratiekritik ein Kernproblem in der institutionalisierten „Diskriminierung der Niedrigqualifizierten" sieht.[103] Insbesondere zuzugsbedingende Integrationsanforderungen („pre-arrival integration tests") stehen dabei in Verdacht, „subtle forms of ethnic selection of permament immigrants" zu bewirken.[104] Umso wichtiger ist es hervorzuheben, dass das Recht auf derartige Problemlagen auch durch Einzelfallorientierungsgebote und Härtefallklauseln reagiert, so etwa beim besagten Spracherfordernis.[105] Paradoxerweise wird hier allerdings erst über das Vorhandensein einer Härtefallklausel eine meritokratische Wertung an eine ansonsten integrationsprognostische Erteilungsvoraussetzung herangetragen, da es nun auch auf die Frage ankommt, ob die betreffende Person das konkret Zumutbare an individuellen Spracherwerbsleistungen erbracht hat oder nicht.[106] Insofern zeigt sich gerade eine auf be-

[99] Vgl. BT-Drs. 16/5065, S. 173.

[100] Europarechtlich geklärt durch EuGH, *Dogan*, C-138/13, EU:C:2014:2066; EuGH, *K. und A.*, C-153/14, EU:C:2015:453. Vgl. die Bewertung und Einordnung bei *Roman Lehner*, Die *Dogan*-Rechtsprechung des EuGH zum Spracherfordernis bei Ehegattennachzug: eine Herausforderung für den Gesetzgeber, RdJB 2016, S. 100 (109 ff.).

[101] *Ellermann* (Fn. 56), S. 2467.

[102] Ebd.

[103] Siehe *Binswanger* (Fn. 5).

[104] Siehe *FitzGerald u. a.* (Fn. 96), S. 37.

[105] Durch das Gesetz zur Neubestimmung des Bleiberechts und der Aufenthaltsbeendigung wurde, im Gefolge zur o. g. EuGH-Rechtsprechung, die allgemeine Härtefallklausel des § 30 Abs. 1 S. 2 Nr. 6 AufenthG eingefügt.

[106] Was das konkret bedeutet, wird sehr deutlich bei VG Berlin, Urt. v. 19.4.2018, 34 K 239.15 V, Rn. 35: „Dass der Spracherwerb bei Analphabetismus mit besonderen Schwierigkeiten und Anstrengungen verbunden ist, rechtfertigt es nicht, Bemühungen um diesen von vornherein

sondere soziale Schwierigkeiten oder Lebenslagen Rücksicht nehmen wollende Klausel zur Dispensermöglichung als unfreiwillige Emanation einer allgemeinen Erscheinung, wie sie von Kritikern meritokratischer Politikentwürfe auf dem Feld zeitgenössischer Sozialpolitik ausgemacht wird: „Es ist uns inzwischen eine Selbstverständlichkeit geworden, dass auch die Bedürftigen ihre Meriten haben müssen: Hilfe bekommt, wer sie verdient."[107] So erhält auch den Dispens vom Spracherfordernis bei Fokussierung auf die individuelle Zumutbarkeit am Ende nur, wer ihn ‚verdient'.[108]

III. Resümee: Meritokratisches Instrumentarium ohne meritokratische Grundausrichtung

Das Migrationsrecht bedient sich an vielen Stellen eines (scheinbar) meritokratischen Instrumentariums, indem leistungsbezogene Kriterien in Hinblick auf Zulassung und Bleiberechtserteilung für maßgeblich erklärt werden. Anders als im Bereich grundrechtlicher Teilhaberechtsdogmatik steht das primär abwehrrechtlich ausgerichtete Migrationsrecht aber nicht in einem übergeordneten Begründungszusammenhang, welcher auf festen Gerechtigkeitsvorstellungen aufbaute. Vielmehr spielen fachrechtliche Eigenlogiken eine zentrale Rolle, die zwischen Effizienzsteuerung und Integrationsprognose oszillieren. Insofern ist bemerkenswert, dass im politischen Raum Verdienstargumente die Migrationsdebatte seit jeher prägen, man denke an die berühmt-berüchtigte *Beckstein*'sche Unterscheidung zwischen Ausländern, „die uns nützen" und denen, „die uns ausnützen."[109] *Walter* und *Marg* haben aus politikwissenschaftlicher Perspektive mustergültig herausgearbeitet, dass sich zum Ende des 20. Jahrhunderts ein

zu unterlassen." Den Dispens erhält danach nur, wer bei Besitz eines internetfähigen Telefons dieses auch für Deutsch-Online-Kurse verwendet, ebd., Rn. 36.

[107] *Binswanger* (Fn. 5).

[108] Das gilt im Übrigen auch für die Absenkung des Spracherfordernisses bei der Anspruchseinbürgerung für frühere ‚Gastarbeiter' in durchaus meritokratischer (Prämierung der ‚Lebensleistung') Zielrichtung (oben II.2). Sah der BMI-Entwurf (abrufbar unter: https://www.bmi.bund.de/SharedDocs/gesetzgebungsverfahren/DE/Downloads/referentenentwuerfe/VII5/gesetz-zur-modernisierung-des-staatsangehoerigkeitsrechts.pdf?__blob=publicationFile&v=6) noch vor, die Absenkung des Spracherfordernisses für vor 1974 aufgrund eines Anwerbeabkommens eingereiste Ausländer generell abzusenken (Art. 1 Nr. 6e), ist in der finalen Entwurfsfassung (BR-Drs. 438/23) die Absenkung nur als Härtefallklausel ausgestaltet, die voraussetzt, dass der Ausländer „nachweist, dass ihm der Erwerb ausreichender Kenntnisse der deutschen Sprache […] trotz ernsthafter und nachhaltiger Bemühungen nicht möglich ist oder ihm dauerhaft wesentlich erschwert ist."

[109] Wörtlich sagte der damalige bayerische Innenminister *Günther Beckstein* im Interview mit der Welt vom 11.7.2000: „Wir sagen deutlich: Wir wollen nicht, dass mehr Menschen ins Land kommen, sondern wir fordern ein spürbares Umsteuern, damit weniger kommen, die uns ausnützen, und mehr, die uns nützen.", https://www.welt.de/print-welt/article522532/Weniger-die-uns-ausnuetzen-und-mehr-die-uns-nuetzen.html.

„utopisches Versprechen [...] fest im Zentrum der neuen sozialdemokratischen Mitte eingenistet“ habe: „Es ist die Utopie der meritokratischen Gesellschaft“.[110] Die in dieser Utopie zentrale „Chancengesellschaft“[111] ist im realen Erleben aber auch als harte und mitunter unbarmherzige Leistungsgesellschaft spürbar. Insofern ließe sich die im politischen Raum regelmäßig anzutreffende Formulierung immer weiterer Leistungsanforderungen an Migranten als, nicht selten ressentimentbeladene, Externalisierungsstrategie verstehen: Wenn schon „wir“, die schon Hier-Seienden, uns ständig dem Leistungswettbewerb mit seinen Ausleseprozessen stellen müssen, dann sollen „die“, die Noch-Kommen-Wollenden, diesen Anforderungen genauso unterworfen sein. Das Migrationsrecht erscheint für solche Strategien als ideale Projektionsfläche, obgleich es in seinen dogmatischen Grundannahmen stärker regulativen Eigenlogiken verpflichtet ist, die sich in aller Regel nicht meritokratisch rekonstruieren lassen. Einzig für den Bereich der Aufenthaltsregularisierung liegt ein anderer Befund auf der Hand, welcher allerdings noch eigenständiger und vertiefter Analyse bedürfte. Für den hier interessierenden Bereich der migrationsrechtlichen Zugangskontrolle lässt sich kein wirksamer meritokratischer Wertungsrahmen nachweisen und das, obwohl der migrationspolitische Diskurs bisweilen von meritokratischen Postulaten, wie von deren empörten Widerlegungen, geprägt ist. Es gehört zu den Aufgaben der Migrationsrechtswissenschaft, die Eigenlogiken der staatlichen Zuwanderungskontrolle, die zwischen Ökonomisierung und Integrationsprognostik oszillieren, in ihrem Eigenstand herauszuarbeiten und zu verteidigen. Für Verdienstdiskurse eignet sich das Zuwanderungsrecht jedenfalls nicht.

[110] Siehe insgesamt *Walter/Marg* (Fn. 6), Von der Emanzipation zur Meritokratie, S. 95.
[111] *Walter/Marg* (Fn. 6), Von der Emanzipation zur Meritokratie, S. 110.

Steuerung der Asylmigration innerhalb der Europäischen Union

Status Quo, Reformperspektiven und eigener Vorschlag

Winfried Kluth

I. Prolog: Zum Verständnis von Migrationssteuerung durch Politik und Recht

1. Der spezifische Steuerungsanspruch des Rechts

Staatliches Recht ist durch einen anspruchsvollen Steuerungsanspruch gekennzeichnet, der sich auf das staatliche Gewaltmonopol stützt und Ausdruck des staatlichen Souveränitätsanspruchs ist.[1] Seine sachliche Reichweite ist normativ durch die Grund- und Menschenrechte[2] sowie praktisch die begrenzten Kapazitäten vor allem der Verwaltungsbehörden[3] und Gerichte[4] begrenzt.

Im Bereich der Asylmigration wirken beide Begrenzungen zusammen und erzeugen den Eindruck einer gewissen Machtlosigkeit von Staat und Recht.[5] Die sprichwörtliche normative Kraft des Faktischen ist in vielen Bereichen eine schwer zu leugnende Realität. Die Sekundäremigration innerhalb des Schengenraumes sowie die geringen Rückführungsquoten von vollziehbar ausreispflichtigen Drittstaatsangehörigen[6] sind dafür die bekanntesten Beispiele.

---

[1] Zur Verankerung des Steuerungsanspruchs des Rechts in der Souveränität siehe nur *Albrecht Randelzhofer*, in: Josef Isensee/Paul Kirchhof (Hrsg.), Handbuch des Staatsrechts, Bd. I, 3. Aufl. 2003, § 17, Rn. 35 ff.

[2] Dazu am Beispiel von Einreise und Zurückweisung und mit weiteren Nachweisen *Winfried Kluth*, Zurückweisung von Drittstaatsangehörigen an der Grenze aus dem Blickwinkel der Rechtsprechung des EGMR und des Unionsrechts, ZAR 2023, S. 303; *Dana Schmalz*, Menschenrechtliche Einlassgebote. Die aktuelle Rechtsprechung des EGMR zu widerrechtlichen Zurückweisungen an der Grenze, ZAR 2021, S. 360; *Thomas Groß*, Grund- und menschenrechtliche Grenzen der Migrationssteuerung, JZ 2019, S. 327.

[3] In vielen Rechtsbereichen halten Bund und Länder nur vergleichsweise wenig Person für die Rechtsaufsicht und Rechtsdurchsetzung vor mit der Folge, dass vor allem aufwendige Verfahren der Rechtsdurchsetzung vernachlässigt werden. Das gilt etwa für den Bereich der Geldwäsche.

[4] Neben den in einigen Bereichen überlasteten Gerichten sind vor allem die Arbeitskapazitäten der Staatsanwaltschaften ein Nadelöhr der Rechtsdurchsetzung.

[5] Wobei das Recht durch die Vollzugsbehörden nicht selten an die schwierige Lage „angepasst" wird. Dazu anschaulich *Tobias Eule u. a.*, Hinter der Grenze, vor dem Gesetz, 2020.

[6] Laut Angaben der EU-Kommission verließen im Jahr 2019 29 Prozent der Personen ohne

In Bezug auf die Sekundärmigration werden als Ursachen aber auch die Interessenkonflikte zwischen den Mitgliedstaaten und die Unzufriedenheit mit den Zuständigkeitsregeln der Dublin-III-VO angeführt.[7] Denn diese weist mit dem Hauptkriterium der Zuständigkeit des Staates der ersten Einreise die Hauptlast der Verfahren und der Aufnahme den Mittelmeerstaaten zu, während die Mehrzahl der Flüchtlinge ein Verfahren bzw. einen Aufenthalt in den weiter nördlich gelegenen Staaten, vor allem in Deutschland aber auch in Schweden anstreben. Das führt zu vielfältigen Formen der Obstruktion sowohl bei der Registrierung als auch bei der Rücknahme im Rahmen von Dublin-Überstellungen.[8] Der formale Steuerungsanspruch der durch das Unionsrecht etablierten Zuständigkeitsordnung läuft damit im Ergebnis weitgehend leer.

2. Erfassung der Thematik in Dichotomien

Um die deutliche Divergenz zwischen den normativen Erwartungen und der behördlichen Praxis zu vermindern, wird in der politischen und rechtswissenschaftlichen Debatte seit einiger Zeit verstärkt versucht, die Wechselbezüglichkeit von „Solidarität und Verantwortung" als Rahmen des Interessenausgleichs zwischen den Mitgliedstaaten zu betonen. Konkret geht es darum, anknüpfend an Art. 80 AEUV i. V. m. Art. 4 Abs. 2 EUV das Verständnis von Solidarität dahingehend zu erweitern, dass es nicht nur um die Aufnahme und Verteilung von Schutzsuchenden zwischen den Mitgliedstaaten geht. Vielmehr wird darauf verwiesen, dass die Beachtung der bestehenden Pflichten im Rahmen der Dublin-III-VO sowie zur Vermeidung von illegalen Einreisen und Aufenthalten die Basis für weitergehende solidarische Maßnahmen im Sinne einer gegenseitigen Unterstützung und Lastenteilung darstellen. Die bislang freiwilligen Unterstützungsmechanismen in Fällen der Überlastung einzelner Mitgliedstaaten durch die Übernahme von Schutzsuchenden durch andere Mitgliedstaaten (relocation / resettlement) und eine finanzielle Unterstützung durch die EU sollen in diesem Sinne erst an letzter Stelle in Anspruch genommen werden können.

Aufenthaltsrecht die EU, während die Quote im Jahr 2021 bei 21 Prozent lag; EU-Strategie für mehr Rückführungen, ZAR 2023, S. 92.

[7] Zu Entwicklung und Einzelheiten *Thomas Groß*, § 20 Die Zuständigkeit für den internationalen Schutz, in: Ferdinand Wollenschläger (Hrsg.), Europäischer Freizügigkeitsraum – Unionsbürgerschaft und Migrationsrecht, 2021, S. 699 ff.; *Daniel Thym*, European Migration Law, 2023, S. 357 ff.

[8] *Groß* (Fn. 7), Rn. 99 ff. Im Vergleich zur GFK hat die Regelung aber immerhin den Vorteil, dass eine Zuständigkeit und damit auch Verantwortlichkeit für Flüchtlinge begründet und so der Status eines „refugee in orbit" vermieden wird.

II. Kriterien und Instrumente der Asylmigrationssteuerung innerhalb der Europäischen Union

1. Der Status quo und seine Historie

Das GEAS basiert auf einer bewussten Steuerungsentscheidung des europäischen Gesetzgebers, die materiell-rechtlich auf der Genfer Flüchtlingskonvention und der EMRK basiert, wie es u. a. in Art. 78 Abs. 1 AEUV[9] sowie Art. 18 und 19 der EU GRCh[10] zum Ausdruck kommt, die durch Art. 80 AEUV i. V. m. Art- 4 Abs. 2 EUV[11] flankiert wird.

Sekundärrechtlich hat sich der europäische Gesetzgeber neben den materiellen und verfahrenssteuernden Regelungen[12] in der Dublin-III-VO[13] für eine Zuständigkeitsordnung entschieden, die – gut nachvollziehbar – grundsätzlich an den ersten Übertritt der EU-Außengrenze und damit auch den ersten Kontakt zum GEAS anknüpft, soweit nicht ein besonderer Bezug zu einem Mitgliedstaat besteht.[14] Dass damit je nach geografischer Lage der Hauptfluchtrouten ganz unterschiedliche Lastenverteilungen bewirkt werden, ist einem solchen Regelungsansatz immanent und hat im Laufe der Geltung zu Schwerpunktverlagerungen geführt. Die überwiegende Belastung der Mittelmeerstaaten, wie sie seit 2015 zu beobachten ist[15] und erst 2022 durch die nicht von der Dublin-III-VO erfassten Flüchtlinge aus der Ukraine überlagert wird, war dabei nicht immer prägend.[16]

Im Rahmen der Geltung des Dublin-Systems haben sich die am stärksten belasteten und aus historischen Gründen[17] am wenigsten darauf vorbereiteten Staaten dadurch „Erleichterungen" verschafft, indem sie Anerkennungsverfah-

---

[9] Dazu näher *Daniel Thym*, in: Winfried Kluth/Andreas Heusch (Hrsg.), BeckOK AuslR, 38. Ed. 2023, Art. 78 AEUV Rn. 2 ff.

[10] *Matthias Rossi*, in: Christian Calliess/Matthias Ruffert (Hrsg.), EUV/AEUV, 6. Aufl. 2022, Art. 18 GRCh Rn. 5 ff.

[11] *Thym* (Fn. 9), Art. 80 AEUV Rn. 3 ff.

[12] Sämtlich kommentiert in: *Daniel Thym/Kay Hailbronner*, EU Immigration and Asylum Law, 3. Aufl. 2022.

[13] Zu Einzelheiten der Entwicklung *Groß* (Fn. 7); *Thym (Fn. 7)*; zum spezifischen Aspekt des subjektiven Rechts auf Einhaltung der Fristen bei der Überführung und der dazu ergangenen Rechtsprechung des EuGH *Anna Lübbe*, Prinzipien der Zuordnung von Flüchtlingsverantwortung und Individualrechtsschutz im Dublin-System, ZAR 2015, S. 125; *Constantin Hruschka*, Fristen in Dublin-Verfahren, ZAR 2018, S. 281.

[14] Das ist etwa bei einem Aufenthalt von Familienangehörigen der Fall. Siehe näher *Groß* (Fn. 7), Rn. 26 ff.

[15] *Groß* (Fn. 7), Rn. 103 der einen Verstoß gegen den Solidaritätsgrundsatz sieht.

[16] Die Entwicklung wird durch das BAMF fortlaufend dokumentiert. Siehe https://www.bamf.de/DE/Themen/Statistik/Asylzahlen/AktuelleZahlen/aktuellezahlen-node.html.

[17] Vor allem Griechenland war nie ein Einwanderungsland und verfügte deshalb nicht über entsprechende Behörden- und Aufnahmestrukturen.

ren verschleppt oder erst gar nicht durchgeführt[18] und Schutzsuchende zur Weitereise meist in Richtung Mittel- und Nordeuropa „veranlasst" oder jedenfalls nicht daran gehindert haben.[19] So hat sich innerhalb des Systems ein latenter Ausgleichsmechanismus etabliert, der durch die vorgesehenen Überstellungsmechanismen zunächst de facto und dann auch de iure[20] nicht wieder korrigiert werden konnte. Bei einem System, das keine ausreichenden Entlastungsmechanismen vorsieht, war eine solche Entwicklung sicher vorhersehbar und insoweit letztlich auch ein Bestandteil der Steuerungsentscheidung.

Die entscheidende Frage ist deshalb, ob eine auf der partiellen Nichtbeachtung von auf Recht basierende Steuerung hinnehmbar ist, wenn das gewollte Steuerungsergebnis faktisch nicht realisierbar[21] ist und wie die Divergenz zwischen normativen Vorgaben und tatsächlichem Geschehen verkürzt werden kann.

Ein sozialwissenschaftlich informiertes Steuerungsmodell[22], das auf eine Lastenverteilung durch eine Zuständigkeitsordnung abzielt, sollte basierend auf dem Respekt vor menschenrechtlichen Garantien einen transparenten und effektiven Interessenausgleich zwischen den Interessen der Schutzsuchenden und den Interessen der aufnehmenden Gesellschaften insgesamt sowie den unterschiedlich betroffenen Mitgliedstaaten ermöglichen und deshalb auf zwei Ebenen operieren und so die Ausnutzung von Interessengegensätzen minimieren.

Eine zentrale Frage in Bezug auf den Steuerungsansatz ist in diesem Zusammenhang, auf welcher Ebene und mit welcher Verbindlichkeit die entscheidenden Kriterien in Bezug auf die Aufnahmekapazitäten und die Lastenverteilung getroffen werden (sollen). Für die interne Lastenverteilung in Deutschland verwendet § 45 Asyl ein starres Modell, das aber auf einem starken politischen Konsens basiert, den es innerhalb der Europäischen Union in dieser Form (noch[23])

---

[18] Das führte zu systemischen Schwachstellen, die nach Art. 3 Abs. 2 UAbs. 2 Dublin-III-VO auch Überführungen in diese Länder entgegenstehen. Dazu näher *Lisa-Marie Lührs*, Überstellungsschutz und gegenseitiges Vertrauen, 2021.

[19] *Groß* (Fn. 7), Rn. 100 ff.

[20] Durch die Aufnahme der durch die Rechtsprechung entwickelten Sperre der systemischen Mängel (dazu *Anna Lübbe*, Das Verbindungsprinzip im fragmentierten europäischen Asylraum, EuR 2015, S. 351.) bzw. Schwachstellen in Art. 3 Abs. 2 UAbs. 2 Dublin-III-VO.

[21] Die fehlenden Verwaltungskapazitäten in Griechenland sind seit Jahrzehnten bekannt. Griechenland ist historisch kein Einwanderungsland und hatte deshalb auch nie Anlass, eine funktionierende Ausländer- und Asylverwaltung aufzubauen und mit dem Wandel der Verhältnisse entsprechend überfordert.

[22] Siehe exemplarisch *Martin Wagner/Jimy Permuduan/Paul Baumgartner*, Secondary Movements. CEASEVAL Research on the Common European Asylum System Nr. 34, 2019.

[23] *Europäische Kommission*, Vorschlag für eine Verordnung des Europäischen Parlaments und des Rates über Asyl- und Migrationsmanagement und zur Änderung der Richtlinie (EG) 2003/109 des Rates und der vorgeschlagenen Verordnung (EU) XXX/XXX [Asyl- und Migrationsfonds], 23.9.2020, COM(2020) 610 final in seiner geänderten Fassung vom 8.6.2023 sieht in Art. 44k (Distribution key) eine vergleichbare Lastenverteilungsregelung vor.

nicht gibt. Zudem sind die Unterschiede zwischen den Mitgliedstaaten deutlich größer als zwischen den Bundesländern.

Effektiver erscheint auf den ersten Blick ein Modell, das nur auf der Basis von möglichst klaren, einfach anwendbaren und rechtssicheren Kriterien eine gerechte Lastenverteilung bewirkt und dabei zugleich nicht in deutlichem Gegensatz zu fundamentalen und legitimen Interessen der Schutzsuchenden stehen, die Umgehungsstrategien provozieren. Da dafür aber auch eine politische Zustimmung der Mitgliedstaaten gewonnen werden muss, die auf die eigene Belastung lieber „auf Sicht" reagieren wollen, gibt es auch gute Gründe für einen flexiblen Mechanismus, um die Zustimmungsfähigkeit zu erhöhen.

Es geht vor allem darum, die faktische Handhabung des Dublin-Mechanismus, die zu großen Teilen auf der Nichtbeachtung von Rechtsregeln basiert, durch einen dies ermöglichenden normierten Mechanismus zu ersetzen.

2. *Reformvorschläge und darin enthaltene neue Steuerungsinstrumente*

Aus diesem Blickwinkel sind auch die Reformvorschläge der Europäischen Kommission ab dem Jahr 2015 einzuordnen, die zuletzt in Bezug auf die Position des Rates durch den Beschluss der Innenminister vom 8. Juni 2023 für einige der zentralen zu reformierenden Rechtsakte aktualisiert wurden.[24]

Als allgemeine Zielsetzung der GEAS-Reform haben Kommission und Rat die folgenden Eckpunkte bestimmt[25]:

- Es soll ein gemeinsamer Rahmen geschaffen werden, der zu einem umfassenden Ansatz („comprehensive approach") für das Asyl- und Migrationsmanagement beiträgt.
- Das System soll effizienter werden und dem Migrationsdruck („migratory pressure") besser standhalten können.
- Die Sogfaktoren sowie die Sekundärmigration sollen unterbunden werden.
- Der Missbrauch des Schutzmechanismus soll bekämpft werden und die am stärksten betroffenen Mitgliedstaaten sollen besser unterstützt werden (Solidaritätsmechanismus).

Für den vorliegend relevanten Bereich der Asylmigration innerhalb der Europäischen Union[26], stehen zwei Aspekte der Reform im Vordergrund der Aufmerksamkeit: die Regelungen zum Zuständigkeitsverteilung sowie zur Korrektur von

[24] Überblick bei *Constantin Hruschka*, EU-Asylrecht. Scheinkompromiss oder historische Einigung?, ZRP 2023, S. 175.

[25] Der Stand der Reform wird dokumentiert unter: https://www.consilium.europa.eu/de/policies/eu-migration-policy/eu-asylum-reform/#proposals.

[26] Zu den weiteren Aspekten siehe die Beiträge in *Daniel Thym*, Reforming the Common European Asylum System, 2022; *Hruschka* (Fn. 24); *Katrin Lehmann*, Deutschland sollte der GEAS-Reform nicht zustimmen, ZAR 2023, S. 275.

Sekundärmigration. Diese befinden sich in de, Vorschlag für eine Asyl-Management-Verordnung, die die Dublin-III-Verordnung ablöst und zusätzlich erstmalig einen komplexen Solidaritätsmechanismus[27] regelt.

Das Verfahren an den Außengrenzen, bei dem durch das Asylgesuch in den allermeisten Fällen der Zugang erst eröffnet wird (Art. 14 I 2 SGK), soll durch ein erweitertes sog. Screening-Verfahren[28] in Bezug auf Personen, die irregulär[29] einreisen, neu gestaltet werden. Dabei geht es um eine umfassende Informationsgewinnung (Identitätsprüfung, Gesundheitscheck, Sicherheitsanalyse) die als Grundlage für eine Entscheidung zwischen Zugang zu einem Asylverfahren, einer Rückführung und einer Einreiseverweigerung dienen soll.[30] Damit Rückführungen und Einreiseverweigerung effektiver durchgeführt werden können, soll die Möglichkeit der Verweisung auf einen sicheren Drittstaat verpflichtend eingeführt und die Zusammenarbeit mit den relevanten Staaten durch Migrationsabkommen verbessert werden.[31] Davon erwartet man eine Entlastung der Mitgliedstaaten in Bezug auf die Aufnahme von Flüchtlingen.

Für die EU-interne Asylmigration ist die Weiterentwicklung der Zuständigkeitsregeln von Bedeutung. Von der ursprünglich angekündigten grundlegenden Reform ist allerdings nicht viel übrig geblieben.[32], Die Asyl- und Migrationsmanagement-Verordnung (AMM-VO-E)[33] soll die Dublin-III-VO ersetzen und hält am bisherigen Steuerungskonzept fest, nach dem der Staat des ersten Kontakts auch für das Verfahren zuständig ist (Art. 21 AMM-VO-E), soweit keine

---

[27] Zu diesem *Winfried Kluth*, Solidarität im Flüchtlingsrecht. Von den Erwartungen der GFK zum komplexen Solidaritätsmanagement im Entwurf der Asyl-Management-Verordnung, ZAR 2023, S. 328 (331 ff.).

[28] Dazu *Europäische Kommission*, Vorschlag für eine Verordnung des Europäischen Parlaments und des Rates zur Einführung des Screenings von Drittstaatsangehörigen an den Außengrenzen und zur Änderung der Verordnungen (EG) Nr. 767/2008, (EU) 2017/2226, (EU) 2018/1240 und (EU) 2019/817, COM(2020) 612 final. Siehe auch *Ralf Lesser/Ann-Sophie Nienhoff/Nora Schmidt*, Der New Pact on Migration and Asylum, ZAR 2021, S. 139 (140).

[29] Also nicht mit einem Visum oder visumfrei bzw. ohne die erforderlichen Dokumente wie den gültigen Reisepass.

[30] Die Einzelheiten dazu sollen in einer neuen Verfahrens-Verordnung geregelt werden. *Europäische Kommission*, Geänderter Vorschlag für eine Verordnung des Europäischen Parlaments und des Rates zur Einführung eines gemeinsamen Verfahrens zur Gewährung internationalen Schutzes in der Union und zur Aufhebung der Richtlinie 2013/32/EU, 23.9.2020, COM(2020) 611 final.

[31] Überblick bei *Wolfgang Weiß*, in: Rudolf Streinz (Hrsg.), EUV/AEUV, 3. Aufl. 2018, Art. 79 AEUV Rn. 42 ff.

[32] So auch *Francesco Maiani*, Into the Loop: The Doomed Reform of Dublin and Solidarity in the New Pact, in: Thym (Fn. 26), S. 43 (44 f.).

[33] *Europäische Kommission,* Vorschlag für eine Verordnung des Europäischen Parlaments und des Rates über Asyl- und Migrationsmanagement und zur Änderung der Richtlinie (EG) 2003/109 des Rates und der vorgeschlagenen Verordnung (EU) XXX/XXX [Asyl- und Migrationsfonds], 23.9.2020, COM(2020) 610 final. Zu diesem Entwurf gibt es Änderungs- und Ergänzungsvorschläge des Rats vom 8.6.2023, die aber vor allem den neu eingefügten Solidaritätsmechanismus betreffen.

speziellere Zuständigkeitsregelung anwendbar ist (Art. 15 bis 19 AMM-VO-E). Änderungen sind vorgesehen u. a. in Gestalt eines erweiterten Verständnisses des Familienverbundes durch die Einbeziehung von Geschwistern (Art. 18, 24 AMM-VO-E) sowie die Vereinfachung von Überführungen auf der Basis von Notifikationen (Art. 29 ff. AMM-VO-E) innerhalb von zwei Monaten nach der Registrierung. Der Fristablauf schließt die Rücknahmepflicht nicht mehr aus (Art. 31 I 2 AMM-VO-E).

Hinzu kommt als neues Element die Übernahme von Personen im Rahmen der Resettlementmaßnahmen des neuen Solidaritätsmechanismus (Art. 57 f. AMM-VO-E). Danach können Mitgliedstaaten, die nach den diesbezüglichen neuen Kriterien unter einer Überlastung leiden, einen Antrag auf Übernahme von Schutzsuchenden durch andere Mitgliedstaaten stellen. Der Verordnungsentwurf sieht vor, dass jährlich mindestens in der Größenordnung von 30.000 Schutzsuchenden Übernahmen ermöglicht werden sollen (Art. 7c II AMM-VO). Das liegt deutlich oberhalb der im Rahmen der freiwilligen Solidaritätsmaßnahmen in den vergangenen Jahren übernommenen Personen.

In Bezug auf die Sekundärmigration nach einer Erstregistrierung sieht der Vorschlag neben der bereits erwähnten vereinfachten Überführung in den zuständigen Mitgliedstaat u. a. vor, dass alle Fristen neu zu laufen beginnen. Vor allem aber sieht Art. 10 AMM-VO-E vor, dass ab dem Zeitpunkt der Notifikation der Überführungsentscheidung auf die von der Aufnahmerichtlinie vorgesehenen Leistungen nur im zuständigen Mitgliedstaat ein Anspruch besteht was umgekehrt bedeutet, dass die unzuständigen Mitgliedstaaten jedenfalls sekundärrechtlich nicht zu entsprechenden Leistungen verpflichtet sind. In Bezug auf Deutschland sind hier aber die verfassungsrechtlichen Vorgaben zu beachten, die auch in diesen Fällen greifen.

Da die Änderungsvorschläge zunächst noch mit dem Parlament abgestimmt werden müssen, das u. a. einen starren und keinen flexiblen Verteilungsmechanismus bevorzugt, ist es auch schwierig, die praktische Wirksamkeit des neuen Steuerungsrahmens in Bezug auf die Sekundärmigration einzuschätzen.

Feststellen lassen sich aber eine ganze Reihe von Effekten, die durch die Reformvorschläge im Falle ihrer Umsetzung nicht korrigiert werden und als Teil der aktuellen Problemlage zu identifizieren sind.

Erstens bleibt es dabei, dass die Mitgliedstaaten der Erstregistrierung an den stark frequentierten Außengrenzen im Mittelmeerraum auch in Zukunft am stärksten belastet sein dürften.

Das hat zweitens zur Folge, dass auch die unerwünschte und irreguläre Sekundärmigration unter anderem nach Deutschland als praktisches Phänomen bestehen bleiben wird. Unklar ist insoweit allerdings, wie sich der neue Sanktionsmechanismus, das vereinfachte Überführungsverfahren sowie der Solidaritätsmechanismus auswirken werden.

Drittens hat beides zur Folge, dass viele Schutzsuchende einen langen Zeitraum in einem rechtlich ungeklärten Zustand verbringen werden, der für ihre Integration und persönliche Entwicklung hinderlich ist und bei den Behörden einen hohen Aufwand versursacht.

Schließlich ist viertens zu erwarten, dass sich der Eindruck einer fehlenden Steuerung des Migrationsgeschehens in der Öffentlichkeit weiter verfestigt mit der Folge, dass die Akzeptanz von humanitären Aufnahmen weiter zurückgeht.

Vor diesem Hintergrund sollen im Folgenden Überlegungen zur einem alternativen Steuerungsmodell skizziert werden, wobei klar ist, dass die Wahrscheinlichkeit einer politischen Umsetzung gering ist. Aber nur dort, wo Paradigmenwechsel intensiv und detailliert diskutiert werden, besteht überhaupt eine Aussicht auf einen Wandel.

III. Identifikation der Hauptprobleme als Rahmen für eine Prioritätensetzung einer Weiterentwicklung der Steuerungsinstrumente

1. Begrenzung eines weiteren Anstiegs bzw. Absenkung der jährlichen Antragszahlen

Das Gemeinsame Europäische Asylsystem ist in seiner DNA von Beginn an durch einen großzügigen Regelungsansatz geprägt gewesen, der ausgehend vom Bekenntnis zur Genfer Flüchtlingskonvention und der EMRK eine menschenrechtsbasierte Schutzgewährung mit einer starken verfahrensrechtlichen Absicherung etabliert hat. Zwar ist der Anspruch auf eine individuelle Prüfung eines Schutzanspruchs im Ansatz bereits im Non-Refoulement-Verbot angelegt und durch das Verbot von Kollektivausweisungen verstärkt worden. Beides wurde aber durch die sekundärrechtlichen Ausgestaltungen weiter konkretisiert und im Zusammenhang mit der Umsetzung in den Mitgliedstaaten effektiver umgesetzt als dies zuvor der Fall war. Das gilt auch für Deutschland, dessen Rechtsrahmen im Bereich des Asylrechts durch das Sekundärrecht deutlich verändert wurde.[34] Insgesamt hat das GEAS zu einer erheblichen Anhebung der rechtsstaatlichen und menschenrechtlichen Standards im Bereich des Flüchtlingsrechts in allen Mitgliedstaaten geführt.[35]

Die Ausrichtung des Asylsystems korrespondiert direkt mit den rechtlichen Orientierungen, die für die Europäische Union nach innen gelten und als ihre

[34] Die Namensänderung vom Asylverfahrensgesetz zum Asylgesetz, die durch die Umsetzung der Qualifikationsrichtlinie veranlasst wurde, ist u. a. Ausdruck davon.

[35] Exemplarisch zum Bereich der Rückführung *Winfried Kluth*, Die Entwicklung des Rechts der Ausweisung und Rückführung im Zeitraum 1980 bis 2020 als Ausdruck der Konstitutionalisierung des Ausländerrechts, ZAR 2020, S. 326 und VGH Kassel, ZAR 2021, S. 215 (216 ff.).

Werte ausgewiesen sind (Art. 2 EUV). Ein Kurswechsel im Bereich des GEAS steht deshalb immer auch in einem Spannungsverhältnis zu diesem Selbstverständnis der Europäischen Union.

Das bedeutet allerdings nicht, dass sich das GEAS der Thematik der Lastenverteilung sowie der Begrenzung und Steuerung von Migrationsströmen nicht widmen darf. Im Gegenteil ist es bereits eine Einsicht der Genfer Flüchtlingskonvention gewesen, dass es zu Überlastungen kommen kann und diesen solidarisch begegnet werden muss.[36]

Vor dem Hintergrund der angesichts der bestehenden Konflikte und schlechten wirtschaftlichen Entwicklungsperspektiven dauerhaft zu erwartenden hohen Zugangszahlen vor allem über die Mittelmeerrouten erweisen sich Mechanismen zur Begrenzung eines weiteren Anstiegs der jährlichen Antragszahlen sowohl in Bezug auf die am stärksten belasteten Mitgliedstaaten als auch die Europäische Union insgesamt ein zentrales und unerlässliches Element einer überzeugenden Reform.

Höchst bedeutsam ist dabei, die Zwecke und die Maßstäbe der angestrebten Begrenzung zu verdeutlichen, den in den politischen Diskursen werden vergleichbare Maßnahmen aus ganz unterschiedlichen Motiven postuliert. So geht es auf der Basis der Werte der Union nicht darum, die Aufnahme von Schutzsuchenden aus rassistisch, kulturpolitisch oder ethnisch motivierten Abwehrreflexen zu begründen, die sie in der Politik einiger Mitgliedstaaten inzwischen eine Rolle spielen, wenn die Aufnahme von Flüchtlingen als Bedrohung der etablierten nationalen Kultur und Identität markiert und deshalb abgelehnt wird. Die Ablehnung einer solchen Motivation von Forderungen nach Begrenzungen der Aufnahme bedeutet umgekehrt nicht, dass es kein legitimes und anerkennungswürdiges Interesse gibt, etablierte kulturelle Tradition zu wahren und zu beschützen. Dies kann in einer demokratischen Gesellschaft aber nur im Rahmen von Toleranz und Offenheit auch für andere Sichtweisen geschehen, wobei die Toleranz und die Achtung in Bezug auf die aufnehmende Gesellschaft auf von den Migranten zu verlangen ist. Das ist Gegenstand von Integrationskonzepten.

Forderungen nach Begrenzung sollten deshalb vor allem daran ausgerichtet sein, einen Rahmen zu achten und zu gewährleisten, in dem die aufnehmenden Gesellschaften nicht überfordert und für die Schutzsuchenden angemessene Instrumente der Aufnahme und Integration bereitgestellt werden können. Daraus folgt, dass es bei dem Ziel der Begrenzung vor allem darum geht, Massenzuströme zu vermeiden und durch die Orientierung an jährlichen Aufnahmekapazitäten die Qualität und den geordneten Ablauf von Aufnahmen zu sichern. Dies entspricht auch dem Steuerungsansatz in der AMM-VO, die die Mitgliedstaaten nicht nur zu jährlichen Prognosen und Planungen verpflichtet, sondern

[36] Dazu näher *Kluth* (Fn. 27).

auch zum „capacity building“ verpflichtet, d.h. zum Aufbau und Vorhalten angemessener personeller und infrastruktureller Ressourcen für die Aufnahme von Schutzsuchenden in einem Umfang, der einer vernünftige Relation zwischen der zu erwartenden Nachfrage und den vorhandenen Ressourcen entspricht (Art. 7b und 44d AMM-VO-E).

Der Verordnungsentwurf enthält „verpackt“ in einer Verfahrenspflicht eine bedeutsame materielle Aussage, die die Grundorientierung des Reformkonzepts verdeutlicht. Sie besagt, dass das zu erwartende Migrationsgeschehen den Maßstab für die zu ergreifenden Maßnahmen bildet. Sie besagt aber weiter, dass der Umfang der Maßnahmen durch die Leistungsfähigkeit begrenzt ist. Auch das kann man nur indirekt herauslesen, denn der Verweis auf die Leistungsfähigkeit ist an einer anderen Stelle verstreckt (Art. 44k AMM-VO-E) und bezieht sich formal auf die Lastenverteilung (Distribution key). Eine vertiefende Betrachtung macht aber deutlich, dass nicht nur das Bruttoinlandsprodukt, sondern auch konkret fassbare Kriterien wie die Verfügbarkeit von Wohnraum sowie von Fachpersonal zu angemessenen Betreuung von Schutzsuchenden als „harte“ Kriterien zur Bestimmung der Aufnahmekapazität herangezogen werden müssen. Auch diese Kriterien sind im AMM-VO-E verankert und zwar bei den Instrumenten des Solidaritätsmechanismus (Art. 44a II c und Art. 44j AMM-VO-E) die zur Unterstützung angeboten werden können.

Damit lässt sich aus dem Verordnungsentwurf ein normatives Konzept ableiten, das in Bezug auf jeden Mitgliedstaat von einer begrenzten Aufnahmefähigkeit ausgeht. Wird die Belastungsgrenze erreicht, so soll durch den Solidaritätsmechanismus und nicht durch einen Aufnahmestopp reagiert werden. Dadurch wird das System einerseits flexibel, ist andererseits aber weiterhin von der Kooperationsbereitschaft der weniger belasteten Mitgliedstaaten abhängig. Eine Aufnahmebegrenzung in Bezug auf die gesamte Europäische Union lässt sich daraus nur dann ableiten, wenn die Mehrzahl der Mitgliedstaaten an die Grenze ihrer Aufnahmekapazität gelangen.

2. Aufnahme- und Integrationskapazitäten berechnen und als Steuerungsinstrument einsetzen

Ausgangspunkt einer solchen Strategie muss eine transparente Berechnung und Bekanntgabe von Aufnahme- und Integrationskapazitäten vor allem der Hauptzielstaaten sein, aus denen jährliche Zugangskontingente abgeleitet werden. In diese Richtung geht der Verordnungsvorschlag, wenn er die Mitgliedstaaten und die Union zu einer jährlichen Berichterstattung und darauf basierenden Planung verpflichten will (Art. 7a, 7b AMM-VO-E).

Diese Planungen sollen dazu beitragen, angemessene Kapazitäten für zügige Anerkennungsverfahrens durchzuführen und so vor allem die Verweildauer in Aufnahmeeinrichtungen zu verkürzen. Da eine Sekundärmigration die Verfahren in die Länge zieht, sind die bereits erwähnten Sanktionsmechanismen sowie die Vereinfachung von Überführungen in die zuständigen Mitgliedstaaten vorgesehen.

Soweit durch die Grenzverfahren Zurückweisungen und Rückführungen in sichere Drittstaaten ermöglicht werden, kann es auch zu einer Entlastung der Mitgliedstaaten und einer Verringerung der Sekundärmigration kommen, da während der Grenzverfahren die Pflicht zum Aufenthalt in den Aufnahmeeinrichtungen bestehen soll.[37]

3. Schwächen des Reformvorschlags

Die Reformvorschläge enthalten vor allem in ihrer letzten, auf den Beschlüssen vom 8. Juni 2023 beruhenden Fassung zahlreiche neue Orientierungen, Kriterien, Verfahren und Instrumente die grundsätzlich als geeignet erscheinen, den Prozess der Lastenverteilung aus der bisherigen politischen Blockade in einen funktionierenden administrativen Alltagsvorgang zu überführen. Auch in Bezug auf die Feststellung von Kapazitäten und Belastungsgrenzen sind Fortschritte im Sinne von mehr Transparenz und Objektivität zu erwarten.

Die zentrale Ursache der Sekundärmigration, das Auseinanderfallen der rechtlich etablierten Zuständigkeitsordnung sowohl mit den Präferenzen der Schutzsuchenden als auch mit den Aufnahmekapazitäten und -bereitschaften der zuständigen Mitgliedstaaten, die erstens zu der Weiterwanderung in die Hauptzielstaaten und zweitens die geringe Bereitschaft der zuständigen Mitgliedstaaten und der Transitstaaten zur Durchsetzung der Zuständigkeitsordnung und damit zur Dysfunktionalität des Dublin-Systems führen, wird nicht beseitigt. Auch der reformierte Rechtsrahmen erzeugt sowohl für die Verwaltungen der Mitgliedstaaten einen hohen Verwaltungsaufwand und für die betroffenen Schutzsuchenden, die sich irregulär in einen anderen Mitgliedstaaten bewegt haben, für eine deutliche Verlängerung der rechtlichen und faktischen Gewissheit über ihren weiteren Aufenthalt.[38]

Es ist zwar zutreffend, dass Flüchtlinge zu Beginn ihres Fluchtweges oft nicht genau wissen, welches Ziel sie genau anstreben und sich die Präferenzen auch auf der Grundlage zusätzlicher Informationen im Laufe der Zeit ändern. Und es ist auch davon auszugehen, dass die meisten nicht vom Sozialstaat als solchem angezogen werden.[39] Die Chance auf Beschäftigung aber auch die Möglichkeit

---

[37] Auf eine kritische rechtliche Würdigung dieses Konzepts wird hier verzichtet. Siehe dazu *Winfried Kluth*, GEAS-Reformvorschlag enthält problematische Instrumente, ZAR 2023, S. 233 (233 f.).

[38] Zur Bedeutung von Zeit im Migrationsrecht siehe *Winfried Kluth*, „Sein und Zeit" im Spiegel des Migrationsrechts, ZAR 2023, S. 16.

[39] Dazu näher *Thym* (Fn. 26), S. 129 (133).

zu einem Leben in einer vertrauten Community haben in der Regel ein sehr viel größeres Gewicht.[40]

Will man die Anreize für ein regeltreues Verhalten (compliance, siehe auch Art. 10 AMM-VO-E) erhöhen und den Aufwand zur Sanktionierung von Regelverstößen deutlich vermindern, so muss das bestehende Delta zwischen Ist und Soll in Bezug auf die letztendliche Zuständigkeit bzw. den Aufenthalt der Schutzsuchenden verkleinert werden. Das gelingt aber nur, wenn unterhalb einer Free-Choice-Konzeption eine auf leicht erfassbaren Kriterien basierende Steuerung etabliert wird, die auf positive Verbindlichkeit setzt. Darunter wird ein Modell verstanden, das bei allen Beteiligten eine größtmögliche Zustimmung erzeugt und nicht in erster Linie auf Abschreckung von Migranten[41] setzt.

Ein solcher weitergehender Reformschritt ist trotz der nun vorliegenden und positiv zu bewertenden Weiterentwicklungen des Steuerungsmechanismus durch den AMM-VO-E erforderlich, weil dessen Mechanismen weiterhin sehr stark von der Mitwirkungs- und Kooperationsbereitschaft der Mitgliedstaaten abhängig sind. Hinzu kommt, dass durch die unveränderte primäre Zuständigkeitsordnung der Hauptanreiz für die Sekundärmigration bestehen bleibt und deshalb mit einem hohen Verwaltungsaufwand für Überführungen oder andere Unterstützungsmaßnahmen gerechnet werden muss, die angesichts der ohnehin erreichten Belastungsgrenzen der Migrationsverwaltungen in den Mitgliedstaaten vermieden werden sollten.

IV. Eckpunkte eines auf positiver Verbindlichkeit basierenden Steuerungsmodells

1. Grundlagen

Zunächst ist genauer zu erläutern, was hier unter einer „positiven Verbindlichkeit“ verstanden wird, da es sich dabei nicht um einen etablierten Ausdruck handelt. Gemeint ist dabei ein Steuerungskonzept, das auf den grundlegenden Werten der Europäischen Union und des internationalen Flüchtlingsrechts basiert und damit die Voraussetzungen für eine allseitige Zustimmungsfähigkeit enthält. Damir wird es als Gegenmodell einer auf Abschreckung basierenden Konzeption verstanden, bei der explizit oder implizit die Belange der Schutzsuchenden zurückgewiesen oder negiert werden. Zugleich verlangt das Modell aber auch die allseitige Anerkennung der Grundregeln, die u.a. im Global Compact on

[40] *Thym* (Fn. 26), S. 129 (143).

[41] Dass Schleuser abgeschreckt und bekämpft werden müssen, ist auch für dieses Modell selbstverständlich.

Safe and Regular Migration[42] niedergelegt sind. Dazu gehört unter anderem die Forderung einer jederzeit geklärten Identität der Migranten.[43]

Eine solche Ausrichtung steht nicht nur im Einklang mit den grundlegenden Werten der Europäischen Union im Allgemeinen und in Bezug auf die Asylpolitik im Besonderen, sondern sie dürfte auf längere Sicht auch die praktisch wirksamere Variante sein. Der Migrationsdruck, der von den „jungen" und wirtschaftlich sowie infrastrukturell weniger gut entwickelten Staaten in Afrika und im Orient ausgeht, wird sich auf Dauer durch eine Politik der Abschottung nicht in gewaltfreien Bahnen steuern lassen.

Im Rahmen dieses Beitrags ist es nicht möglich, ein alternatives Steuerungskonzept in allen Einzelheiten zu entfalten und zu begründen. Es kann deshalb nur darum gehen, es in seinen Eckpunkten zu skizzieren und in weiteren Arbeiten schrittweise zu entfalten, wobei die Weiterentwicklung des GEAS sowie der weiteren rechtlichen und politischen Rahmenbedingungen zu berücksichtigen sein werden.

2. Zielstaatswahlmöglichkeiten bei der Registrierung an der EU Außengrenze

Veränderungen des Steuerungskonzepts in Bezug auf die Asylmigration innerhalb der Europäischen Union müssen, damit sie eine ausreichende praktische Wirkung erzeugen, bei der Ausgestaltung der primären Zuständigkeitsordnung ansetzen. Die Divergenz zwischen der formalen Zuständigkeit nach der Dublin-III-VO und dem angestrebten und späteren tatsächlichen Aufenthalt einschließlich der Durchführung des Anerkennungsverfahrens (unabhängig von dessen Ausgang) ist aus rechtlicher Perspektive der Hauptgrund für die umfangreiche irreguläre Sekundärmigration.

Da eine strikte Durchsetzung der Zuständigkeitsordnung nur dann legitim und gerecht wäre, wenn damit auch eine faire Lastenverteilung verbunden wäre[44], was aber weder intendiert noch in der Sache der Fall ist und letztlich auch durch das Solidaritätskonzept des neuen Entwurf der AMM-VO anerkannt wird, sprechen viele gute Gründe dafür, diese Zuständigkeitsordnung so zu verändern. Nur so kann die Sekundärmigration vermindert und gleichzeitig das Ziel einer fairen Lastenverteilung besser erreicht werden.

---

[42] *VN Generalversammlung*, Global Compact on Safe and Regular Migration, A/CONF.231/3. Dazu näher *Michael Griesbeck*, Von der New Yorker Erklärung über den Sutherland-Report zum Global Compact for Migration. Zur Vorgeschichte des Migrationspaktes und den Erkenntnissen für die Diskussion, ZAR 2019, S. 85; *Jürgen Bast*, Der Global Compact for Migration und das internationale Migrationsregime, ZAR 2019, S. 96; *Daniel Thym*, Viel Lärm um Nichts? Das Potential des UN-Migrationsrechts zur dynamischen Fortentwicklung der Menschenrechte, ZAR 2019, S. 131.

[43] Ziel Nr. 4: Sicherstellung dessen, dass alle Migranten über den Nachweis einer rechtlichen Identität und ausreichende Dokumente verfügen.

[44] So auch *Groß* (Fn. 7), Rn. 103.

Ein Steuerungsmodell, das auch auf eine faire Lastenverteilung abzielt, kann kein reines Free-Choice-Modell sein.[45] Das bedeutet aber nicht, dass die Präferenzen der Schutzsuchenden[46] in Bezug auf den Staat, der Schutz gewähren soll, gar keine Rolle im Zuweisungsmechanismus spielen. Bereits die Zuständigkeitsregelungen der Dublin-III-VO gehen ausgehend vom Grundsatz der Familieneinheit in Art. davon aus, dass insoweit auch eine entsprechende Interessenpräferenz besteht. Diese soll im Rahmen von Art. 18, 24 AMM-VO-E auf Geschwister erweitert werden.

Die entscheidende und herausfordernde Frage ist deshalb, welche weiteren Kriterien geeignet sind, einen Verteilungsmechanismus zu etablieren, der anknüpfend an Präferenzen der Schutzsuchenden auch eine faire Verteilung erzeugt. Es muss sich dabei um Kriterien handeln, die eine Auswahl ohne allzu hohen Aufwand ermöglichen.

Geht man davon aus, dass nicht alle Schutzsuchenden die gleichen örtlichen Präferenzen haben[47], so dürfte durch die Einräumung einer Auswahlmöglichkeit ein erster Verteilungseffekt eintreten. Diese lässt sich empirisch auch anhand der bisherigen tatsächlichen Wanderbewegungen (einschließlich der irregulären Sekundärmigration) grob einschätzen. Da auch auf diese Weise noch keine faire Verteilung erreicht werden kann, müssen weitere Kriterien ergänzt werden.

Ein solches Kriterium kann darin bestehen, dass die Möglichkeit der Entscheidung für einen Zielstaat, der nicht der Staat der ersten Registrierung ist, Personen vorbehalten wird, deren Identität geklärt ist, die also vor allem über gültige Ausweispapiere verfügen. Damit ist für die Zielstaaten der Vorteil verbunden, dass nach einem negativen Ausgang des Anerkennungsverfahrens eine Rückführung erheblich erleichtert wird. Zugleich wird der Anreiz, die Identität zu verschleiern, abgesenkt.

Zu diskutieren ist, ob dieses grundsätzliche Wahlrecht allen Schutzsuchenden zuerkannt werden soll, oder ob Personen aus sicheren Herkunftsstaaten und sonstigen Personengruppen mit einer schlechten Bleibeperspektive ausgenommen werden sollen. Dadurch würde der Anreiz der Einreise mit geklärter Iden-

[45] So aber *Thomas Groß*, Wie solidarisch ist das europäische Asylrecht?, ZFlucht 2017, S. 72 (83); *Anuscheh Farahat/Nora Markard*, Recht an der Grenze. Flüchtlingssteuerung und Schutzkooperation in Europa, JZ 2017, S. 1088 (1097). Die dort vorgeschlagenen finanziellen Transferleistungen reichen vor allem bei hohen Zahlen von Schutzsuchenden nicht aus, da die personellen, infrastrukturellen und gesellschaftlichen Belastungen dadurch nicht gemindert werden.

[46] Dass diese nicht immer eindeutig sind und sich ändern können, wird hier nicht in Frage gestellt. Siehe dazu *Thym* (Fn. 26), S. 129 (133).

[47] Ein Hauptmotiv für die Wahl eines bestimmten Mitgliedstaats sind neben kulturell-sozialen Rahmenbedingungen (Anwesenheit von Personen aus der eigenen Herkunftsregion) vor allem die dortigen Beschäftigungsmöglichkeiten. Welche Rolle die Höhe von Sozialleistungen im Verhältnis dazu spielt, ist sozialwissenschaftlich umstritten. Zur Komplexität der Thematik (in Bezug auf Afrika) siehe *Thomas Faist/Tobias Gehring/Susanne Schulz*, Mobilität statt Exodus. Migration und Flucht in und aus Afrika, 2021, S. 9 ff.

tität verringert. Denkbar ist auch eine differenzierende Handhabung, wonach nur bei nicht ausgeschöpften Kapazitäten (dazu 2.) ein Wahlrecht eingeräumt wird.

3. Ergänzende Steuerung durch halbjährliche Kapazitätsausweisungen

Auch die Kombination beider Kriterien dürfte u.a. in Bezug auf Deutschland weiter dazu führen, dass es zu einer Überlastung der Aufnahmekapazitäten kommen kann.[48] Deshalb wäre ergänzend darüber nachzudenken, halbjährliche oder jährliche Aufnahmekapazitäten auszuweisen, die im Rahmen einer solchen Verfahrens genutzt werden können.[49]

Durch die Ausweisung von Kapazitäten oder Kontingenten wird nicht das Ziel verfolgt, den Schutzanspruch zu begrenzen, sondern die Qualität der Rahmenbedingungen für das Anerkennungsverfahren und die Aufnahme sowie die langfristige Akzeptanz des Schutzmechanismus zu sichern. Da ein großer Teil der Schutzsuchenden nicht vor einer akuten (neuen) Gefahr flieht, sondern sich einer strukturell langfristigen Gefährdung entziehen will, erscheint eine solche Vorgehensweise auch angemessen und zumutbar. Dafür spricht auch. Dass völkerrechtlich grundsätzlich keine Pflicht zur unbegrenzten Aufnahme durch einen einzelnen Staat besteht. Es sind schließlich nicht die besonderen Vorgaben aus dem Grundsatz der Familieneinheit zu beachten, die der vorübergehenden Aussetzung und anschließenden Kontingentierung des Familiennachzugs in § 36a AufenthG entgegengehalten werden und überdies begrenzte Wartezeiten grundsätzlich zulassen.[50]

Die an den individuellen Präferenzen ausgerichtete Zuweisung erfolgt unter Berücksichtigung der von den Mitgliedstaaten gemeldeten halbjährlichen Aufnahmekontingente, die im Rahmen der jährlichen Berichterstattung und Planung (siehe Art. 7a AMM-VO-E) bestimmt werden.

Damit von der Kontingentierung eine Steuerungswirkung ausgeht, sollte über die Kontingente und deren Ausschöpfung im Zeitverlauf transparent und öffentlich über eine leicht auffindbare Informationsseite der Europäischen Union im Internet (Dashboard) informiert werden[51], so dass die zeitliche Planung der Schutzsuchenden beeinflusst werden kann.

---

[48] Zu den Gründen für die Anziehungskraft von Deutschland siehe bereits *Antonia Scholz*, Warum Deutschland? Einflussfaktoren bei der Zielstaatensuche von Asylbewerber, 2013.

[49] Für die Ausweisung von großzügig bemessenen Aufnahmekapazitäten spricht sich auch *Ruud Koopmanns* aus: Ausschussdrucksache 20(4)197 B, Stellungnahme Prof. Dr. Ruud Koopmans, Humboldt-Universität zu Berlin, Reform des Gemeinsamen Europäischen Asylsystems sowie BT-Drucksachen 20/684, 20/681 und 20/2582, 27.3.2023.

[50] Dazu näher *Klaus Dienelt*, in: Jan Bergmann/ders. (Hrsg.), Ausländerrecht, 14. Aufl. 2022, § 36a AufenthG Rn. 11 ff.

[51] Der Zugang ist heute auch bei Flüchtlingen gegeben, da das Mobiltelefon das wichtigste Hilfsinstrument auf der Flucht geworden ist.

Denkbar wäre auch, ein visaähnliche digitale Voranmeldesystem mit Hilfe einer entsprechenden App einzuführen, das bereits frühzeitig darüber informiert, ob in einem Halbjahr eine Chance auf Zugang zum gewünschten Zielstaat besteht.

Es ist Aufgabe einer empirischen Studie zu prognostizieren, wieviel Prozent der jährlich eintreffenden Flüchtlinge auf diese Weise den einzelnen Mitgliedstaaten zugewiesen werden können und welche Lastenverteilung so zustande kommt. Da sich die Zuweisungen an den Aufnahmekapazitäten orientieren, kommt es durch dieses Verfahren jedenfalls nicht zu einer Überlastung von einzelnen Mitgliedstaaten.

4. Zuordnung der Personen ohne Wahlrecht

Da durch das skizzierte, an den individuellen Präferenzen und den Aufnahmekapazitäten orientierte Zuweisungsverfahren nicht alle ankommenden Schutzsuchenden erfasst und zugeordnet werden können, muss für die übrigen Personen, zu denen auch diejenigen mit ungeklärter Identität gehören, eine weitere Zuständigkeitsregelung etabliert werden.

Insoweit sind ebenfalls verschiedene Lösungen denkbar. Erstens wäre anknüpfend an den rechtlichen Status Quo die Beibehaltung der Zuständigkeit des Mitgliedstaates der ersten Registrierung möglich. Da nach den bisherigen Erkenntnissen davon auszugehen ist, dass diese Staaten bei Einführung des Wahlmodus nicht überlastet sein werden[52], widerspricht es auch nicht von vorneherein dem Grundsatz der fairen Lastenverteilung, diese Zuordnung vorzunehmen.

Allerdings sollte auch in diesem Modell der in der AMM-VO-E vorgesehene Solidaritätsmechanismus zur Anwendung kommen, wenn eine Überlastung droht oder eingetreten ist. Dadurch würden vor allem diejenigen Mitgliedstaaten in Anspruch genommen, deren Aufnahmekapazitäten noch nicht ausgeschöpft sind.

Zweitens wäre ein Modell denkbar, das auch innerhalb der verbleibenden Gruppe eine Berücksichtigung von individuellen Präferenzen ermöglicht, aber nur in Bezug auf solche Mitgliedstaaten, deren Aufnahmekapazitäten noch nicht erschöpft sind bzw. im letzten Halbjahr nicht erschöpfend nach dem ersten Verfahrensschritt ausgenutzt wurden. Es würde also ähnlich wie einem Numerus-Clausus-Verfahren eine beschränkte Wahlmöglichkeit eingeräumt. Dieses Verfahren könnte auch auf Personen mit geklärter Identität beschränkt werden.

---

[52] Auch derzeit ist zwischen der Zahl der ankommenden und der verbleibenden Flüchtlinge zu unterscheiden. In Bezug auf die zweite Größe dürfte etwa Italien nicht zu den überlasteten Mitgliedstaaten gehören, wenn man die Faktoren Bevölkerungsgröße und Wirtschaftskraft (Art. 44k AMM-VO-E) zugrunde legt.

Insgesamt führt aber eine derart gestufte Lösung zu einer Verbesserung der Lastenverteilung und gleichzeitig zu einer deutlichen Verringerung der unerwünschten Sekundärmigration und damit zu einer deutlichen Entlastung der Behörden, die sich stärker auf das Anerkennungs- und Aufnahmeverfahren konzentrieren können.

5. Vereinfachte Überführungen in EU-Aufnahme- und Transferzentren bei Regelverstößen

Auch ein stärker an den Präferenzen der Schutzsuchenden ausgerichtetes Zuständigkeitsmodell wird eine Sekundärmigration vollständig verhindern können, so dass auch über eine effektivere Ausgestaltung der Reaktions- und Sanktionsmechanismen nachzudenken ist.

Im Rahmen der GEAS-Reformdebatte sollen durch die AMM-VO-E vor allem die Vereinfachung der Überführungen und die ausschließliche Inanspruchnahme von Sozialleistungen im zuständigen Mitgliedstaat als Neuerungen eingeführt werden. Ob in diesem Rahmen Obstruktionen der zuständigen Mitgliedstaaten ausbleiben und das europäische und nationale Recht einen völligen Ausschluss von staatlichen existenzsichernden Leistungen im aktuellen Aufenthaltsstaat zulassen, ist jedoch fraglich.[53]

Denkbar wäre eine alternative Ausgestaltung, die zwar mit erheblichem Aufwand verbunden wäre, dafür aber auch eine höhere Wirksamkeit entfalten könnte. Der Vorschlag sieht vor, dass der Asylagentur selbst die Aufgabe zugewiesen wird, in mehreren Mitgliedstaaten mit geringer Auslastung ihrer Aufnahmekapazität Aufnahme- und Transferzentren zu unterhalten, in die Personen überführt werden, die gegen die Aufenthaltsbestimmungen verstoßen haben. Deren Verfahren würden dort im Rahmen einer Wohnsitzpflicht durchgeführt und in Falle eines negativen Ausgangs des Verfahrens auch die Rückführungen vorgenommen.

Voraussetzung dafür ist eine entsprechende Kooperationsvereinbarung der Asylagentur mit den betroffenen Mitgliedstaaten. Deren Engagement würde als Solidarbeitrag verrechnet und die faire Lastenverteilung fördern. Sichergestellt würden eine schnelle Überführung und die Einhaltung der Verfahrensstandards.

---

[53] Zu den verfassungsrechtlichen Anforderungen im Überblick *Thomas Spitzlei*, Asylbewerberleistungsrecht und grundgesetzliches Existenzminimum, JA 2017, S. 165; *Andreas Dietz*, Leistungseinschränkungen nach § 1 a AsylbLG für Asylbewerber aus sicheren Herkunftsstaaten, DÖV 2015, S. 727.

6. Das anzustrebende neue Narrativ

Die Steuerung von Migration ist noch stärker als die Steuerung in anderen Politikfeldern auf möglichst klare und eindeutige Narrative angewiesen. Derzeit dürfte das GEAS-Narrativ auf die zwei Kernaussagen reduziert sein, dass es darauf ankommt, eine europäische Außengrenze zu erreichen und sich anschließend in den angestrebten Zielstaat „durchzuschlagen".

Für ein nach den vorstehend vorgeschlagenen Eckpunkten reformiertes GEAS müsste das Narrativ weiterentwickelt und etwas komplexer werden.[54] Ergänzt werden müsste die „Botschaft", dass eine Wahl des Zielstaates möglich ist, wenn die Identität geklärt ist. Diese Botschaft muss die Flüchtlinge möglichst bereits in ihrer Heimat erreichen, da die zur Klärung der Identität erforderlichen Dokumente oft auf der Flucht vernichtet oder durch Schleuser eingezogen werden. Die weiteren Informationen zu den Sanktionen in Fällen der Sekundäremigration können im Rahmen der Einreise und Antragstellung vermittelt werden, da sie erst zu diesem Zeitpunkt praktisch relevant wird.

Weitergehende Informationen, wie etwa zu Kontingenten, setzen die Etablierung einer entsprechenden Informationsplattform und die ergänzende Einführung von digitalen Applikationen voraus, die eine zeitliche Steuerung der Flüchtlingsströme innerhalb der Aufnahmekapazitäten ermöglichen sollen.

V. Bewertung des Vorschlags aus dem Blickwinkel der Akteursinteressen

Abschließend soll der Vorschlag einem Akzeptanztest aus dem Blickwinkel der verschiedenen Akteure unterzogen werden um zu prüfen, ob er hinreichend zustimmungsfähig ist.

1. Perspektive der Schutzsuchenden

Durch die Eröffnung der Möglichkeit, das Anerkennungsverfahren in einem Mitgliedstaat eigener Präferenz mit der Perspektive eines späteren Aufenthalts durchzuführen, wird bei Schutzsuchenden ein starker positiver Anreiz etabliert, auf der Grundlage einer geklärten Identität einzureisen und überdies ein zusätzlicher Anreiz etabliert, Regelverstöße durch Sekundärmigration zu vermeiden. Schutzsuchende mit ungeklärter Identität haben einen Anreiz, die Identität zu klären.

---

[54] Nicht einbezogen wurde hier die vorgeschlagene Reform der Grenzverfahren mit der Möglichkeit der Verweisung auf sichere Drittstaaten. Dadurch würde der erste Teil des bestehenden Narrativ in Frage gestellt.

Mit einer geklärten Identität ist zwar auch das Risiko verbunden, dass die Wahrscheinlichkeit einer erfolgreichen Rückführung in Fällen eines negativen Ausgangs des Ausgangsverfahrens erfolgt. Die Abwägung zwischen diesem Risiko und den Vorteilen einer geklärten Identität muss aber auch bereits heute getroffen werden, da auch die bestehenden Regelungen mit einer ungeklärten Identität Nachteile verbinden.

2. *Perspektive der Hauptzielstaaten*

Für die Hauptzielstaaten bedeutet das vorgeschlagene Steuerungsregime, dass sie grundsätzlich nur im Rahmen ihrer Aufnahmekapazität belastet werden und zudem ganz überwiegend Schutzsuchende mit geklärter Identität aufnehmen, die im Falle eines negativen Ausgangs des Anerkennungsverfahrens leichter zurückgeführt werden können. Zudem ist wird die Überführung von Personen, für die andere Mitgliedstaaten zuständig sind, erleichtert. Damit dürften die Effekte überwiegend positiv sein.[55]

3. *Perspektive der Haupteinreisstaaten*

Für die Haupteinreisestaaten kommt es zunächst insoweit zu einer Entlastung, weil diejenigen Schutzsuchenden, denen eine Wahlmöglichkeit eröffnet wird, unmittelbar nach der Einreise und Registrierung in den gewünschten Zielstaat weiterreisen können. Dadurch sind die Erstaufnahmeeinrichtungen deutlich weniger belastet.

In Bezug auf die übrigen Personen kommt es darauf an, welchen Modus der Zuständigkeit am wählt. Insoweit ist aber zu beachten, dass ein Schutz vor Überlastung durch den vorgeschlagenen Solidaritätsmechanismus im AMM-VO-E zu erwarten ist.[56]

Denkbar wäre es, den Wahlmechanismus insoweit als Benachteiligung der Ersteinreisestaaten zu interpretieren, als ihnen überwiegend Personen mit ungeklärter Identität zugewiesen werden. Dazu ist zu entgegnen, dass die Orientierung an den Präferenzen weitgehend dem derzeitige irregulären Verteilungsprozessen durch die Sekundärmigration entspricht, so dass die Belastungen sich jedenfalls nicht spürbar zu Lasten der Erstaufnahmestaaten verändern dürften.

4. *Perspektive der übrigen Mitgliedstaaten*

Die übrigen Mitgliedstaaten, also diejenigen, die bislang nur in geringem Umfang und unterhalb ihrer theoretischen Aufnahmekapazität bzw. faire Lasten-

---

[55] Das gilt zumindest in Bezug auf die bisherigen faktischen Verhältnisse.

[56] Dazu *Kluth* (Fn. 27), S. 331 ff.

anteile Flüchtlinge aufnehmen, sind durch die Neuordnung der Verteilung höhere Belastungen zu erwarten. Allerdings hat die Erfahren mit der Ukraine-Krieg gezeigt, dass es jeden einmal treffen kann, so dass die Mehrlasten im Zusammenhang mit dem neuen Solidaritätsmechanismus durchaus akzeptabel erscheinen sollten.

5. Perspektive der Europäischen Union

Für die Europäische Union und namentlich die Asylagentur ist der Vorschlag mit einer Mehrbelastung verbunden. Diese besteht vor allem in der Errichtung und dem Betreiben der Aufnahme- und Transferzentren im Zusammenhang mit der Sanktionierung von Sekundärmigration.

VI. Ausblick

Die vorstehenden Überlegungen haben eine geringe Realisierungschance, wie die meisten Vorschläge der Wissenschaft. Sie sollen aber daran erinnern, dass die Gestaltungs- und Steuerungsmöglichkeiten im Rahmen des GEAS noch nicht ausgeschöpft sind und es sich lohnt, weiter darüber nachzudenken und an Modellen und Instrumenten zu arbeiten, die eine langfristige Akzeptanz eines wirksamen Flüchtlingsschutzes ermöglichen. Politische und praktische Untätigkeit in Bezug auf die derzeitige Lage dürfte das Risiko eines grundlegenden Politikwechsels zum Nachteil von Schutzsuchenden mit sich bringen. Deshalb müssen sich vor allem diejenigen, die die hohen Schutzstandards des GEAS erhalten wollen, auch um dessen Reform kümmern.

Mittelbare Zugangskontrolle durch Drittstaatskooperationen auf europäischer Ebene

Typologie und Entwicklungsperspektiven für eine internationale Verantwortungsteilung im Flüchtlingsschutz

Pauline Endres de Oliveira

I. Einleitung

Migration und Flucht sind grenzüberschreitende Phänomene, die globale Ursachen und globale Folgen haben. Weltweit sind über 108 Menschen auf der Flucht.[1] Um dem weltweiten Schutzbedarf gerecht zu werden und der Überforderung einzelner Aufnahmestaaten entgegenzuwirken, bedarf es internationaler Zusammenarbeit zur Verantwortungsteilung. Internationale Zusammenarbeit kann im Wege von Drittstaatskooperationen erfolgen, die im Migrationskontext auch immer Ausdruck einer zumindest mittelbaren Kontrolle über den Gebietszugang eines Staates sind. Vor diesem Hintergrund befasst sich dieser Beitrag mit den Regelungen und der Relevanz von Drittstaatskooperationen im migrationsrechtlichen Kontext der EU.

Je nach Ausgestaltung können Drittstaatskooperationen dazu beitragen die internationale Verantwortungsteilung für den Flüchtlingsschutz zu vermeiden, auszulagern oder zu stärken. Die unterschiedlichen Ausgestaltungsmöglichkeiten von Drittstaatskooperationen im migrationsrechtlichen Kontext werfen rechtliche und praktische Fragen auf, die nachfolgend diskutiert werden. Nach einer Begriffsklärung und Erläuterung rechtlicher Rahmenbedingungen auf EU-Ebene (II.), unterscheidet der Beitrag drei Arten von Drittstaatskooperationen im Kontext der Asyl- und Migrationspolitik der EU anhand ihrer Auswirkungen auf die internationale Verantwortung für den Flüchtlingsschutz (III). Dabei werden sowohl der Status quo als auch aktuelle Reformvorschläge des Gemeinsamen Europäischen Asylsystems (GEAS) berücksichtigt. Die Typologisierung dient dazu, zentrale rechtliche Problemfelder herauszuarbeiten, um in einem Fazit schließlich Entwicklungsperspektiven für die EU aufzuzeigen (IV.). Insgesamt zeigt sich, dass Drittstaatskooperationen, deren übergeordnetes Ziel nicht die Verantwortungsvermeidung oder -auslagerung ist, sondern die internationale

---

[1] Siehe *UNHCR*, Global Trends Report 2022, https://www.unhcr.org/global-trends-report-2022.

Verantwortungsteilung für den Flüchtlingsschutz, eine Möglichkeit der *unmittelbaren* statt nur mittelbaren Zugangskontrolle bieten, sofern sie eine Legalisierung des Zugangs in die EU durch humanitäre Aufnahmen vorsehen.

II. Drittstaatskooperationen – Begriffsklärung und rechtliche Grundlagen

Nach einer Begriffsklärung (1.) geht dieser Abschnitt auf relevante Rechtsgrundlagen für Drittstaatskooperationen auf EU-Ebene ein (2.), wobei insbesondere die sogenannte EU-Türkei-Erklärung[2] als Referenz herangezogen wird.

1. Begriffsklärung

Drittstaatskooperationen werden nachfolgend als eine Form der internationalen Zusammenarbeit zwischen der EU oder einzelner EU-Mitgliedstaaten mit außereuropäischen Drittstaaten verstanden, also Staaten, die nicht zur EU oder zum Europäischen Wirtschaftsraum (EWR) gehören.[3] Eine Kooperation kann grundsätzlich sowohl zwischen einzelnen Mitgliedstaaten und einem oder mehreren Drittstaaten bestehen, als auch zwischen einem (oder mehreren) Drittstaat(en) und der EU. Drittstaatskooperationen beruhen auf bilateralen oder multilateralen Absprachen, Abkommen oder gegenseitigen Absichtserklärungen. Sie setzen immer den gegenseitigen Kooperationswillen der beteiligten Staaten voraus.

Charakteristisch für migrationspolitische Drittstaatskooperationen ist die Kopplung von Migrations- und Entwicklungspolitik. Drittstaaten erhalten von der EU finanzielle Hilfen, oder Importe in die EU werden erleichtert, um im Gegenzug stärkere Grenzkontrollen oder den Ausbau der Asylaufnahmesysteme durch die jeweiligen Staaten zu fordern. So entwickelte die EU das Konzept der sogenannten „Mobilitätspartnerschaften" mit Drittstaaten, „die sich zu aktiver Zusammenarbeit mit der EU bei der Steuerung der Migrationsströme, einschließlich der Bekämpfung illegaler Migration, verpflichten und die den Bürgern ihres Landes einen sicheren Zugang zum Hoheitsgebiet der EU gewährleisten wollen".[4] Entsprechende Drittstaatskooperationen sind Beispiele für sogenannte (negative

---

[2] *Europäischer Rat*, Pressemitteilung v. 18.3.2016 (EU-Türkei-Erklärung), http://www.consilium.europa.eu/de/press/press- releases/2016/03/18-eu-turkey-statement/.

[3] Zum Verhältnis zwischen der EU und EU-Mitgliedstaaten im Hinblick auf die Kompetenz zum Abschluss von Drittstaatskooperationen siehe *Marion Panizzon*, Readmission Agreements of EU Member States: A case for EU Subsidiarity or Dualism?, Refugee Survey Quarterly 31 (2012), S. 101.

[4] Siehe Mitteilung der Kommission an das Europäische Parlament, den Rat, den Europäischen Wirtschafts- und Sozialausschuss und den Ausschuss der Regionen, Zirkuläre Migration und Mobilitätspartnerschaften zwischen der Europäischen Union und Drittstaaten, KOM(2007) 248, S. 3.

oder positive) Konditionalisierung, also Maßnahmen, die zum Ziel haben das Verhalten eines Staates zu beeinflussen.[5] Dabei kann das Verhalten durch positive Anreize, wie etwa Visaerleichterungen oder Entwicklungszusammenarbeit beeinflusst werden, oder auch durch Sanktionen, wie Visarestriktionen oder Kürzung von Entwicklungszusammenarbeit. Letztere Beispiele zeigen, dass Drittstaatskooperationen nicht unbedingt eine Kooperation „auf Augenhöhe" voraussetzen. Vielmehr sind sie häufig Ausdruck einer asymmetrischen Staatenbeziehung, wobei neben Legitimitätsfragen die Effektivität negativer Konditionalisierung im Rahmen von Drittstaatskooperationen in Frage steht.[6]

Konkrete Beispiele aus der Praxis sind neben der EU-Türkei-Erklärung etwa jüngst das Abkommen zwischen der EU und Tunesien, zur Stärkung des tunesischen Grenzschutzes, insbesondere der Küstenwache.[7] Ein weiteres Beispiel ist das Abkommen zwischen der EU und Jordanien, das die Stärkung des dortigen Aufnahmesystems und einen besseren Zugang von Schutzsuchenden zum Bildungssystem und Arbeitsmarkt durch umfassende Finanzhilfen zum Ziel hat. Im Gegenzug wurde Jordanien der Import von Waren in die EU erleichtert, sofern dadurch neue Beschäftigungsmöglichkeiten in Jordanien entstehen.[8] Bei all diesen Beispielen steht die Frage der Rechtsgrundlage für entsprechende Kooperationen im Raum.

2. Relevante Rechtsgrundlagen auf EU-Ebene

Auf EU-Ebene enthält der Vertrag über die Arbeitsweise der Europäischen Union (AEUV) mehrere relevante Rechtsgrundlagen für Übereinkommen der EU mit Drittstaaten. So steckt Art. 78 Abs. 2 lit. g AEUV[9] den Ermächtigungsrahmen für Partnerschaften und Zusammenarbeit mit Drittstaaten in Bezug auf das GEAS. Art. 79 Abs. 3 AEUV[10] betrifft Rückführungsübereinkünfte der Union mit Dritt-

[5] *David Kipp/Nadine Knapp/Andrei Meier*, Negative Sanktionen und auswärtige EU-Migrationspolitik: „Less for less" führt nicht zum Ziel, Stiftung Wissenschaft und Politik, SWP Aktuell 54 (2020), S. 2.

[6] Ibid., S. 4.

[7] *Europäische Kommission*, The European Union and Tunisia: political agreement on a comprehensive partnership package, Statement/23/3881, 16.7.2023, https://ec.europa.eu/commission/presscorner/detail/en/statement_23_3881.

[8] Siehe etwa der Pakt zwischen der EU und Jordanien, *Rat der EU,* Pressemitteilung v. 20.12.2016, https://www.consilium.europa.eu/de/press/press-releases/2016/12/20/eu-jordan-partnership-priorities-and-compact/.

[9] Art. 78 Abs. 1 lit. g AEUV lautet: „Für die Zwecke des Absatzes 1 erlassen das Europäische Parlament und der Rat gemäß dem ordentlichen Gesetzgebungsverfahren Maßnahmen in Bezug auf ein gemeinsames europäisches Asylsystem, das Folgendes umfasst: [...] Partnerschaft und Zusammenarbeit mit Drittländern zur Steuerung des Zustroms von Personen, die Asyl oder subsidiären beziehungsweise vorübergehenden Schutz beantragen."

[10] Art. 79 Abs. 3 AEUV lautet: „Die Union kann mit Drittländern Übereinkünfte über eine Rückübernahme von Drittstaatsangehörigen in ihr Ursprungs- oder Herkunftsland schließen,

staaten. Sofern Visaregelungen zum Gegenstand internationaler Vereinbarungen werden, ist Art. 77 Abs. 2 lit a AEUV von Relevanz. Die Verbandskompetenz der Union für den Abschluss völkerrechtlich bindender Übereinkünfte mit Drittstaaten ergibt sich aus Art. 3 Abs. 2 und Art. 216 AEUV, wobei das entsprechende Verfahren in Art. 218 AEUV geregelt ist.[11] So muss etwa das Europäische Parlament nach Art. 218 Abs. 10 AEUV in allen Phasen des Verfahrens unterrichtet werden und in den in Art. 218 Abs. 6 AEUV geregelten Fällen auch seine Zustimmung erteilen.

Trotz dieser umfassenden primärrechtlichen Grundlagen für internationale Übereinkünfte der EU mit Drittstaaten, beziehen sich Drittstaatskooperationen zur Steuerung des Gebietszugangs nicht immer auf diese formalen rechtlichen Grundlagen, sondern erscheinen regelmäßig als informelle und unverbindliche politische Absichtserklärungen, die auf intransparenten Verhandlungen der EU mit den jeweiligen Drittstaaten beruhen. Ein prominentes Beispiel dafür ist die EU-Türkei-Erklärung von März 2016. Wesentlicher Inhalt der entsprechenden Vereinbarungen zwischen Mitgliedern des Europäischen Rats und Vertretenden der Türkei war die Rückführung irregulär eingereister Personen, die Griechenland über die Ägäis erreichen, wobei für jede zurückgeführte syrische Person eine andere syrische Person aus der Türkei in der EU neuangesiedelt werden sollte (sog. „1 zu 1"-Vereinbarung).[12] Weitere Vereinbarungen betrafen den Visaliberalisierungsprozess, die Zollunion sowie die EU-Beitrittsverhandlungen und finanzielle Zahlungen.[13] Nach Angaben des Europäischen Rats im Verfahren um eine Nichtigkeitsklage eines afghanischen Schutzsuchenden vor dem Gericht der Europäischen Union (EuG) gegen die EU-Türkei-Erklärung, sei diese lediglich „die Frucht eines internationalen Dialogs zwischen den Mitgliedstaaten und der [Republik] Türkei und sollte angesichts ihres Inhalts und der Absicht ihrer Urheber weder rechtliche Bindungswirkungen entfalten noch eine Übereinkunft oder einen Vertrag darstellen".[14] Der EuG hat sich dieser Sichtweise angeschlossen und für unzuständig erklärt, da es sich bei der EU-Türkei-Erklärung um eine Pressemitteilung und nicht um einen Vertrag zwischen der Europäischen Union und der Republik Türkei im Sine von Art. 218 AEUV handele.[15] Damit hat der Gerichtshof die jeweiligen Vereinbarungen, für die es ihrem Inhalt nach im

---

die die Voraussetzungen für die Einreise in das Hoheitsgebiet eines der Mitgliedstaaten oder die Anwesenheit oder den Aufenthalt in diesem Gebiet nicht oder nicht mehr erfüllen."

[11] Auf einem solchen formalen Verfahren beruht etwa der Beschluss des Rates vom 26.6.2012 (2012/499/EU) über die Unterzeichnung des Abkommens zwischen der Europäischen Union und der Republik Türkei über die Rückübernahme von Personen mit unbefugtem Aufenthalt im Namen der der Europäischen Union, ABl. 2012 L 244, S. 4.

[12] EU-Türkei-Erklärung (Fn. 2), Nr. 2.

[13] Ibid, Nr. 5, 6, 7, und 8.

[14] Siehe EuG, *NG gegen Europäischer Rat,* T-193/16, EU:T:2017:129, Rn. 28.

[15] Ibid., Rn. 71.

EU-Recht sowohl verbindliche Kompetenzregeln als auch Verfahrensweisen gibt, aufgrund rein formaler Erwägungen einer rechtsstaatlichen Kontrolle entzogen.[16]

Eine derart formalistische Betrachtung, die europäische Kompetenz- und Verfahrensregelungen konterkariert, ist nicht nur rechtsstaatlich problematisch. Sie perpetuiert zudem die grundsätzliche Gefahr der Vereitelung individuellen Rechtsschutzes durch informelle Drittstaatskooperationen.[17] Auch von Seiten der Staaten können die Vereinbarungen aufgrund ihres unverbindlichen Charakters ohne weitere Konsequenzen unbeachtet bleiben. So scheitern viele Drittstaatskooperationen am mangelnden Kooperationswillen und fehlenden Möglichkeiten einer Durchsetzung der Vereinbarungen.[18] Schließlich sind Drittstaatskooperationen ohne rechtsverbindliche Grundlage auch verfassungsrechtlich bedenklich, da sie keine demokratische Rückkopplung an parlamentarische Gesetzgebungsprozesse ermöglichen.[19]

III. Drittstaatskooperationen und die internationale Verantwortung für den Flüchtlingsschutz – Widerspruch oder Notwendigkeit?

Nachfolgend werden Drittstaatskooperationen im Rahmen staatlicher Kontrolle um Gebietshoheit in drei Kategorien eingeteilt, die sich nach den jeweiligen Auswirkungen auf die internationale Verantwortung für den Flüchtlingsschutz richten. Bei dieser Typologisierung geht es nicht darum, Drittstaatskooperationen auf bestimmte staatliche Zielsetzungen zu reduzieren. Drittstaatskooperationen

[16] Dazu *Jürgen Bast*, Scharade im kontrollfreien Raum: Hat die EU gar keinen Türkei-Deal geschlossen?, Verfassungsblog am 3.3.2017; ebenso kritisch *Rainer Hofmann/Adela Schmidt*, „EU-Türkei-Deal" ohne Beteiligung der EU? – Die Beschlüsse des EuG zur Erklärung EU-Türkei vom 18. März 2016, EuGRZ 44 (2017), S. 317–327; a. A. *Fernández Arribas*, The EU-Turkey statement, the treaty making process and competent organs. Is the statement an international agreement?, European Papers 2 (2017), S. 303 (308 f.), wobei das Argument hier könne es sich nicht um ein rechtlich bindendes Übereinkommen handeln, darauf gestützt wird, dass dem Europäische Rat keine konkrete Kompetenz übertragen wurde, eine verbindliche völkerrechtliche Vereinbarung zwischen der EU und der Türkei zu schließen.

[17] Siehe dazu im Hinblick auf die EU-Türkei-Erklärung die Stellungnahme des Deutschen Instituts für Menschenrechte (DIMR), Die EU-Türkei-Vereinbarung vom 18. März 2016: Umsetzung und Konsequenzen aus menschen- und flüchtlingsrechtlicher Perspektive Empfehlungen an die Bundesregierung Berlin, 20.6.2016.

[18] Siehe etwa *Refugee Support*, Presseerklärung v. 6.2.2023, mit dem Hinweis, dass es seit 2020 keine Überstellungen mehr aufgrund der EU-Türkei-Erklärung in die Türkei gab, https://rsaegean.org/en/greek-council-of-state-turkey-as-a-safe-third-country/.

[19] So auch *Jonas Rohländer*, EU-Türkei-Erklärung – Saubere Lösung oder schmutziger Deal, Kritische Justiz 50 (2017), S. 81 (87); aus internationaler Perspektive siehe, *Natasja Reslow*, Human rights, domestic politics, and informal agreements: parliamentary challenges to international cooperation on migration management, Australian Journal of International Affairs 73 (2019), S. 546–563.

spiegeln in der Regel Motivbündel und verfolgen damit mehrere Zwecke gleichzeitig, aber nicht unbedingt gleichrangig. Bei den nachfolgenden Kategorien geht es jeweils um den übergeordneten Zweck, der maßgeblich für den Effekt ist, den ausgewählte Arten von Drittstaatskooperationen auf die internationale Verantwortung für den Flüchtlingsschutz haben. Im Fokus stehen dabei zunächst Drittstaatskooperationen, die aufgrund ihres übergeordneten Ziels der Vermeidung des Gebietszugangs von Schutzsuchenden zu einer *Vermeidung* flüchtlingsrechtlicher Verantwortung führen (1.). Anschließend werden Kooperationen in den Blick genommen, die durch Ausschluss der materiellen Prüfung des Schutzgesuches von Personen, die bereits in der EU sind, und daran anschließende (Rück-)Überstellungen in einen Drittstaat, dem Zweck der *Auslagerung* der flüchtlingsrechtlichen Verantwortung dienen. (2.). Im Gegensatz zu diesen ersten beiden Kategorien stehen schließlich Drittstaatskooperationen, deren übergeordneter Zweck die *Teilung* der internationalen Verantwortung für den Flüchtlingsschutz ist (3.).

1. Drittstaatskooperationen zur Verantwortungsvermeidung

Dieser Abschnitt nimmt Drittstaatskooperationen in den Blick, die vorrangig dazu dienen, den Gebietszugang von Schutzsuchenden effektiv zu verhindern und damit eine flüchtlingsrechtliche Verantwortung zu vermeiden. Nach einem Überblick entsprechender Drittstaatskooperationen der EU und einer grundsätzlichen Kritik aufgrund des Widerspruchs dieser Kooperationen zu internationaler Verantwortungsteilung (a)), geht dieser Abschnitt auf menschenrechtliche Bedenken ein, die solche Kooperationen im Hinblick auf die Wahrung individueller Rechte von Schutzsuchenden aufwerfen (b)).

a) Drittstaatskooperationen als Maßnahmen der externalisierten Migrations- und Grenzkontrolle der EU

Drittstaatskooperationen, deren Ziel die Verhinderung des Gebietszugangs ist, stellen Maßnahmen der Externalisierung der Migrations- und Grenzkontrolle dar.[20] Dazu gehören insbesondere Kooperationen, die von den jeweiligen Drittstaaten einfordern, durch verstärkten eigenen Grenzschutz Weiterwanderungen in die EU zu verhindern und dafür Gegenleistungen vorsehen. Beispiele sind Kooperationen der EU mit Ländern wie Ägypten, Libyen, Niger, Tschad oder Tunesien, die vorsehen, dass der jeweilige nationale Grenzschutz durch finan-

---

[20] Dazu grundsätzlich *Daniel Thym*, Europäische Zuständigkeitsregeln für Asylverfahren: Intentionale Externalisierung und unbeabsichtigte Pfadabhängigkeit, Journal of Modern European History, 20 (2022), S. 24–28.

zielle Unterstützung, Ausrüstung oder Ausbildung unterstützt wird.[21] Durch solche Maßnahmen wird nicht nur verhindert, dass Personen, die keinerlei Anspruch auf Schutz oder einen sonstigen Grund für einen Aufenthalt in der EU haben, gar nicht erst in der EU ankommen und dann ggf. in ihren Herkunftsstaat oder einen anderen aufnahmebereiten Staat (rück-)überstellt werden müssen. Sie führen auch dazu, dass eine flüchtlings- und menschenrechtliche Verantwortung für Schutzsuchende mit einem legitimen Schutzanspruch gar nicht erst ausgelöst wird, da hierfür grundsätzlich ein territorialer Kontakt notwendig ist.[22] Da sich die Mehrheit der Schutzsuchenden weltweit in Ländern außerhalb der EU aufhält, haben solche Kooperationen zur Folge, dass die Hauptverantwortung für den Flüchtlingsschutz weiterhin von Ländern des globalen Südens getragen wird.[23] Solche Drittstaatskooperationen stehen demnach nicht im Zeichen einer solidarischen Verantwortungsteilung für den Flüchtlingsschutz auf internationaler Ebene.

b) Menschenrechtliche Risiken der Externalisierung von Migrationskontrolle durch Drittstaatskooperationen

Drittstaatskooperationen als Maßnahmen der Externalisierung der Migrations- und Grenzkontrolle werfen zudem zahlreiche menschenrechtliche Bedenken auf, insbesondere wegen möglicher Verstöße gegen internationale Flüchtlings- oder Menschenrechte im Rahmen externalisierter Grenzschutzmaßnahmen.[24] So können Kooperationen, die das Sichern der Grenzen des jeweiligen Drittstaats zur Vermeidung irregulärer Einreisen in die EU zur Bedingung machen, unter anderem zu Verstößen gegen die EU-Grundrechtecharta (GRC), die Europäische Menschenrechtskonvention (EMRK) sowie die die Genfer Flüchtlingskonvention (GFK)[25] führen, an die alle EU-Mitgliedstaaten gebunden sind.[26] Dazu zählen Verstöße gegen das Verbot der unmenschlichen oder erniedrigenden Behandlung (Art. 4 GRC, Art. 3 EMRK), das Verbot der Kollektivauswei-

[21] Siehe etwa die Pressemitteilung der *Europäischen Kommission* zur Zusammenarbeit der EU mit afrikanischen Partnern im Bereich Migration, 12.12.2022, https://ec.europa.eu/commission/presscorner/detail/de/ip_22_7540.

[22] Dazu *Pauline Endres de Oliveira*, Sicherer Zugang zum Schutz in der EU – Zur Gretchenfrage im Flüchtlingsrecht, Kritische Justiz 2016, S. 167.

[23] Über 80 Prozent der Schutzsuchenden weltweit halten sich in Ländern außerhalb der EU auf, siehe *UNHCR*, Global Trends Report 2022 (Fn. 1).

[24] Grundsätzlich dazu *Thomas Gammeltoft-Hansen/James C. Hathaway*, Non-Refoulement in a World of Cooperative Deterrence, Columbia Journal of Transnational Law 53 (2015), S. 235 (248–257).

[25] Abkommen über die Rechtsstellung der Flüchtlinge (BGBl. 1953 II 559, 560) sowie das dazugehörige Protokoll über die Rechtsstellung der Flüchtlinge vom 31.1.1967 (BGBl. 1969 II 1293, 1294).

[26] Dazu auch *Adela Schmidt*, Das Rückübernahmeabkommen der EU mit der Türkei: Ein Modell für die Zukunft der Migrationspolitik?, Asylmagazin 2015, S. 67.

sung (Art. 4 EMRK-Protokoll Nr. 4), das Gebot des Non-Refoulement (Art. 33 GFK, Art. 3 EMRK), oder auch das in Art. 12 Abs. 1 des Internationalen Paktes für bürgerliche und politische Rechte (IpbPR) verankerte „Recht auf Ausreise“.[27] So können im Rahmen von Grenzschutzmaßnahmen in Drittstaaten Menschenrechtsverletzungen etwa durch illegale Festnahmen oder „Pullbacks“[28] durch das jeweilige Grenzschutzpersonal eines Drittstaats begründet werden, da dieser aufgrund der entsprechenden internationalen Vereinbarungen gehalten ist, eine Weiterwanderung in Richtung EU zu verhindern.[29] Das Erfordernis, menschenrechtliche Standards im Rahmen von Drittstaatskooperationen zu wahren, gilt nicht nur für einzelne EU-Mitgliedstaaten, sondern auch für die EU, sofern Drittstaatsabkommen durch Organe der EU verhandelt werden. Auch diese sind im Rahmen von Drittstaatskooperationen nach Art. 6 Abs. 1 des Vertrags über die Europäische Union (EUV) i. V. m. Art. 51 Abs. 1 GRC an die in der Charta verankerten fundamentalen Rechte gebunden. Häufig ergibt sich aus den auf Drittstaatskooperationen folgenden Menschenrechtsverletzungen aber ein Zurechnungsproblem.

Die unklare Rechtsnatur von Drittstaatskooperationen macht es zu einer Einzelfallfrage, wie die Nichteinhaltung der zwischenstaatlichen Vereinbarung von Seiten der Staaten, sowie mögliche Rechtsverstöße von Seiten der von den jeweiligen Maßnahmen betroffenen Schutzsuchenden, rechtlich geltend gemacht werden können. Handelt es sich um menschenrechtliche Verstöße durch das jeweilige Grenzschutzpersonal, beispielsweise die libysche Küstenwache oder etwa tunesische Sicherheitskräfte, dann stehen diese zwar in der direkten menschenrechtlichen Verantwortung.[30] Daneben stellt sich die Frage einer Mitverantwortung der EU-Staaten bzw. der Union, durch Forderung oder gar Förderung entsprechender Grenzschutzmaßnahmen. Das gilt insbesondere bei Kooperationen mit Staaten, die offenkundig gegen Menschenrechte von Schutzsuchenden verstoßen. So hat etwa die EU ihre Absichtserklärungen für ein „Migrationsabkommen“ mit Tunesien Mitte Juli 2023 abgegeben,[31] obwohl zuvor bekannt geworden war, dass tunesische Sicherheitskräfte Anfang Juli 2023 Hunderte Mi-

---

[27] Siehe dazu *Nora Markard*, Das Recht auf Ausreise zur See: Rechtliche Grenzen der europäischen Migrationskontrolle durch Drittstaaten, Archiv des Völkerrechts 52 (2014), S. 449.

[28] Dazu *Lena Riemer*, From push-backs to pull-backs: The EUs new deterrence strategy faces legal challenge, Forced Migration Studies Blog am 16.6.2018

[29] Siehe etwa Amnesty International, Positionspapier: Menschenrechtsrisiken und Menschenrechtsstandards bei Migrationskooperationen der EU mit Afrikanischen Staaten, September 2019, https://www.amnesty.de/sites/default/files/2019-09/Positionspapier-Migrationskooperationen-EU-AFRIKA-2019.pdf.

[30] Zur Menschenrechtssituation von Asylsuchenden und Migrierenden in Libyen, siehe *United Nations Support Mission in Libya/Office of the High Commissioner for Human Rights*, Desperate and Dangerous: Report on the human rights situation of migrants and refugees in Libya, 20.12.2018, https://www.ohchr.org/sites/default/files/Documents/Countries/LY/LibyaMigrationReport.pdf.

[31] *Europäische Kommission*, Statement/23/3881 (Fn. 7).

grierende in der Wüste ausgesetzt haben.[32] Und im Falle der Unterstützung der libyschen Küstenwache durch Italien ist beim EGMR die Frage anhängig inwieweit diese Kooperation eine menschenrechtliche Verantwortung Italiens für die schwerwiegenden Menschenrechtsverletzungen auslöst, denen Schutzsuchende in Libyen ausgesetzt sind.[33] Gammeltoft-Hansen und Hathaway sprechen bei derartigen Drittstaatskooperationen von kooperationsbasierenden Zugangsverhinderungspraktiken („cooperation-based non-entrée practices").[34] Unter Berufung auf die „Artikelentwürfe für eine Verantwortlichkeit von Staaten für völkerrechtswidriges Handeln"[35] argumentieren sie überzeugend, dass eine Kooperation mit Drittstaaten, die im Rahmen ihrer Grenzschutzmaßnahmen offenkundig gegen internationale Menschenrechte verstoßen, selbst einen Verstoß gegen das in Art. 16 festgeschriebene Verbot der „Hilfe oder Unterstützung bei der Begehung eines völkerrechtswidrigen Handelns" darstellt.[36] Diese Beispiele werfen nur ein kurzes Schlaglicht auf die menschenrechtlichen Fragen, die sich aus Drittstaatskooperationen ergeben, die zum Ziel haben, den Gebietszugang zu verhindern und damit die internationale Verantwortung für den Flüchtlingsschutz zu vermeiden. Sie sind zu unterscheiden von Kooperationen, die der Verantwortungsauslagerung dienen, die im nächsten Abschnitt diskutiert werden.

2. Drittstaatskooperationen zur Verantwortungsauslagerung

Von Drittstaatskooperationen zur Externalisierung der Migrationskontrolle sind Kooperationen zu unterscheiden, die eine (Rück-)Übernahme von Schutzsuchenden zum Ziel haben, die bereits in der EU angekommen sind, deren Anträge auf internationalen Schutz[37] aber aufgrund der Anwendung des Konzepts der „sicheren Drittstaaten" in der EU nicht materiell geprüft werden. Diese Kooperationen erscheinen in Gestalt von Rückführungsvereinbarungen und dienen vorrangig dazu, die unionsrechtlich in Art. 78 Abs. 1 S. 1 AEUV iVm Art. 18 GRC verankerte und durch den Gebietskontakt bereits ausgelöste flüchtlingsrechtliche Verantwortung (wieder) an einen kooperierenden Drittstaat auszula-

---

[32] Siehe dazu die Meldung in der Zeit: *Yassin Musharbash*, „Wer zurückblieb, blieb zurück", Zeit v. 18.8.2023.

[33] EGMR, Urt. v. 26.6.2019, Nr. 21660/18, *S. S. und andere gegen Italien*; dazu ausführlich *Dana Schmalz*, Menschenrechte im Mittelmeer: Der Fall S. S. und andere gg. Italien, Verfassungsblog am 27.11.2019.

[34] *Thomas Gammeltoft-Hansen/James C. Hathaway*, Non-Refoulement in a World of Cooperative Deterrence, Columbia Journal of Transnational Law 2015, S. 253 (269).

[35] *International Law Commission (ILC)*, Draft articles on Responsibility of States for internationally wrongful acts, Resolution 56/83, 12.12.2001, http://eydner.org/dokumente/darsiwaev.PDF.

[36] *Gammeltoft-Hansen/Hathaway* (Fn. 34), S. 279.

[37] „Antrag auf internationalen Schutz" bezeichnet nach Art. 2 lit. b der EU-Asylverfahrensrichtlinie (RL 2013/32/EU) einen Antrag auf Zuerkennung der Flüchtlingseigenschaft oder Gewährung subsidiären Schutzes nach der EU-Anerkennungsrichtlinie (RL 2011/95/EU).

gern. Es geht dabei um die Rückführung von Personen, die sowohl im Hinblick auf die EU als auch auf das Zielland der Rückführung als Drittstaatsangehörige anzusehen sind, im Gegensatz zu völkerrechtlich geregelten Rückführungen von Staatsangehörigen eines bestimmten Herkunftsstaates.[38] Seit Einführung sogenannter „Migrationspartnerschaften" Ende der 2000er Jahre sind Drittstaatskooperationen ein gängiges Steuerungsinstrument der Migrationspolitik der EU, um Rückführungen abgelehnter Asylsuchender oder irregulär eingereister Personen zu erleichtern.[39] Abkommen zur Rückführung von Drittstaatsangehörigen in einen bestimmten Drittstaat, der nicht Herkunftsstaat ist, sind für die entsprechende Rückführungspflicht konstituierend, da es für den Drittstaat keine völkerrechtliche Verpflichtung zur (Rück-)Übernahme gibt.[40] Diese Art der Drittstaatskooperation steht regelmäßig im Zusammenhang mit der Anwendung des Konzepts „sicherer Drittstaaten", welches nachfolgend im Hinblick auf die EU skizziert wird (a)), um sodann auf zwei zentrale rechtliche Problemfelder in diesem Zusammenhang einzugehen: Die Frage nach einer notwendigen Verbindung zwischen der zu überstellenden Person und dem jeweiligen Drittstaat (b)), sowie die Frage nach dem dortigen Schutzniveau (c)).

a) Das Konzept der sicheren Drittstaaten im Gemeinsamen Europäischen Asylsystem

Bestimmte Staaten als sicher zu erklären, um sodann auf eine dortige Schutzmöglichkeit zu verweisen, verstößt nicht grundsätzlich gegen das Völkerrecht.[41] Das Konzept ist zwar nicht in der GFK vorgesehen, wird aber auch nicht explizit untersagt. Bei einer rechtlichen Bewertung des Konzepts sicherer Drittstaaten geht es daher nicht um die Frage *ob* das Konzept angewendet werden kann, sondern *wie* die Voraussetzungen für dessen Anwendung zu regeln sind, um rechts-

---

[38] Ein Überblick über verschiedene Rückführungsabkommen der EU mit Herkunft- und Transitländern seit 2003 findet sich hier https://eur-lex.europa.eu/DE/legal-content/summary/readmission-agreements-between-the-eu-and-certain-non-eu-countries.html. Siehe auch *Deutscher Bundestag*, Fachbereich Europa, Rückübernahmeabkommen sowie Vereinbarungen über die Rückführung und Rückübernahme zwischen der Europäischen Union und Drittstaaten, PE 6 – 3000 – 116/19, 30.1.2020.

[39] *Kipp/Knapp/Meier* (Fn. 5), S. 2.

[40] Dazu *Meike Riebau*, Rückübernahmeabkommen und partnerschaftliche Steuerungsinstrumente: Menschenrechte als wirtschaftliche Tauschware auf dem politischen Tableau?, ZAR 2015, S. 61; *Kay Hailbronner*, Rückübernahme eigener und fremder Staatsangehöriger – Völkerrechtliche Verpflichtungen der Staaten, 1996, S. 77, der trotz Fehlen einer entsprechenden Staatenpraxis allerdings eine völkergewohnheitsrechtliche Pflicht bei Förderung oder Duldung der irregulären Weiterwanderung durch den Drittstaat bejaht.

[41] So auch *Michelle Foster*, Protection Elsewhere: The Legal Implications of Requiring Refugees to Seek Protection in Another State, Michigan Journal of International Law 28 (2007), S. 223 (237); zur Entwicklung des Konzepts in der EU siehe *Berfin Nur Osso*, Unpacking the Safe Third Country Concept in the European Union: B/orders, Legal Spaces, and Asylum in the Shadow of Externalization, International Journal of Refugee Law 35 (2023), S. 273 (285).

verbindliche Standards zu wahren. In der EU wird das Konzept der sicheren Drittstaaten bisher nach Art. 38 der Asylverfahrensrichtlinie (RL 2013/32/EU)[42] im Rahmen der Zulässigkeitsprüfung nach nationalem Recht geprüft, wobei ein Antrag auf internationalen Schutz bei Vorliegen der Voraussetzungen als unzulässig abgelehnt werden kann. Hierbei geht es in Abgrenzung zum Konzept des ersten Asylstaats,[43] welches ebenso im Rahmen der Zulässigkeitsprüfung eine Rolle spielen kann, um eine mögliche Überstellung in einen Staat, der der betroffenen Person zuvor noch keinerlei Schutz zur Verfügung gestellt hat. Um eine Überstellung der betreffenden Person in den als sicher erklärten Drittstaat dann aber tatsächlich durchführen zu können, bedarf es einer entsprechenden Kooperation mit dem jeweiligen Drittstaat. Nach den Ratsvorschlägen im Rahmen der Reform des GEAS können Drittstaatskooperationen umgekehrt auch die Anwendung des sicheren Drittstaatskonzepts begründen.[44] Insgesamt können Drittstaatskooperationen also sowohl eine notwendige Bedingung für die *Anwendung* oder – häufiger – zumindest für die effektive *Durchführung* von Überstellungen im Rahmen von sicheren Drittstaatskonzepten sein. Denn ohne die Mitwirkung des als sicher erklärten Drittstaats besteht keine tatsächliche Möglichkeit der Rückführung, womit die Anwendung des Konzepts der sicheren Drittstaaten ins Leere liefe.

So ist ein mangelnder (Wieder-)Aufnahmewille eines Drittstaats eine der Hauptursachen für das Scheitern des Konzepts in der Praxis. Ein prominentes Beispiel ist die oben erwähnte EU-Türkei-Erklärung, auf dessen Grundlage Griechenland die Türkei als sicheren Drittstaat eingestuft hat, um Asylanträge bestimmter Personen, die irregulär über die Türkei einreisen, als unzulässig ablehnen zu können.[45] Die jeweiligen Personen sollen dann ohne inhaltliche Prüfung ihrer Asylanträge wieder in die Türkei zurücküberstellt werden. Da die Türkei abgelehnte Schutzsuchende aus Griechenland bereits seit 2020 nicht wieder aufnimmt, bedeutet die Anwendung dieser Regelung vor allem, dass Schutzsuchende ohne inhaltliche Antragsprüfung an den Grenzen der EU ver-

---

[42] Richtlinie 2013/32/EU des Europäischen Parlaments und des Rates vom 26.6.2013 zu gemeinsamen Verfahren für die Zuerkennung und Aberkennung des internationalen Schutzes (Neufassung). Dazu, *Deutscher Bundestag*, Das Konzept der sicheren Drittstaaten und sicheren europäischen Drittstaaten in der Asylverfahrensrichtlinie, EU 6 – 3000 – 046/23 (23.10.2023). Im Rahmen der GEAS-Reform soll die Asylverfahrensrichtlinie durch eine Asylverfahrensverordnung ersetzt werden, zum letzten Verhandlungsstand siehe *Rat der Europäischen Union*, Proposal for a Regulation of the European Parliament and of the Council establishing a common procedure for international protection in the Union and repealing Directive 2013/32/EU – Letter to the Chair of the European Parliament Committee on Civil Liberties, Justice and Home Affairs (LIBE) (6375/24), 9.2.2024.

[43] Das Konzept des ersten Asylstaats ist in Art. 35 RL 2013/32/EU geregelt.

[44] Siehe die Vorschläge des *Rates der Europäischen Union* vom 13.6.2023 (10444/23) zu Art. 45 Asylverfahrensverordnungsentwurf, https://data.consilium.europa.eu/doc/document/ST-10444-2023-INIT/de/pdf.

[45] EU-Türkei-Erklärung (Fn. 2).

harren, bis von der Anwendung des Konzepts wegen mangelnder Durchführbarkeit abgesehen wird.[46]

b) Das Verbindungskriterium bei Überstellungen in einen Drittstaat

Bei jeder Zwangszuordnung einer flüchtlingsrechtlichen Zuständigkeit besteht die grundsätzliche Frage nach einer Verbindung der betreffenden Person zu dem jeweiligen Drittstaat. Die aktuelle Fassung der EU-Asylverfahrensrichtlinie (Richtlinie 2013/32/EU) sieht in Art. 38 Abs. 2 lit. a vor, dass die nationalen Regeln zur Bestimmung eines sicheren Drittstaats eine Verbindung zwischen der antragstellenden Person und dem Drittstaat verlangen, aufgrund derer es „vernünftig" erscheint, dass die betreffende Person sich in den jeweiligen Staat begibt. Im Gegensatz dazu schlug die Kommission vor, eine Verbindung zu verlangen, aufgrund derer es „sinnvoll" wäre, dass die Person sich in den jeweiligen Staat begibt. Letzteres könne auch schon im Falle eines Transits durch den Drittstaat gegeben sein, sofern dieser sich geografisch in der Nähe des Herkunftslandes befinde.[47] Das Europäische Parlament betonte hingegen das Erfordernis eines früheren Wohnsitzes oder Aufenthaltes in dem jeweiligen Drittstaat. Zudem müsse vernünftigerweise erwartet werden können, dass die betreffende Person in dem jeweiligen Staat Schutz suchen und dieser sie auch aufnehmen könne.[48] In den Reformverhandlungen setzte sich letztendlich die Ratsposition durch, nach der eine Verbindung ausreiche, aufgrund derer es „zumutbar" wäre, dass sich die betreffende Person in den jeweiligen Drittstaat begebe.[49]

Die unterschiedlichen Positionen von Kommission, Parlament und Rat in den GEAS-Reformverhandlungen spiegeln die grundsätzlichen Standpunkte in der Frage um ein Verbindungskriterium im Rahmen von Drittstaatsüberstellungen wider. Grundsätzlich steht dabei die Frage im Raum, ob das Erfordernis einer Verbindung der antragstellenden Person zum (wieder-)aufnehmenden Drittstaat

---

[46] Dazu *Beeke Wattenberg,* Die ägäischen Inseln: von Räumen des Transits zu Räumen der Immobilisierung, Bundeszentrale für Politische Bildung am 5.5.2022; die Frage der Rechtmäßigkeit der Einstufung angesichts mangelnder Kooperation der Türkei ist beim EuGH anhängig, siehe EuGH, *Elliniko Symvoulio gia tous Prosfyges,* C-134/23.

[47] Siehe Art. 45 Abs. 3 lit. a des Entwurfs der Europäischen Kommission für eine neue Asylverfahrensverordnung von 2016, COM(2016) 467 final – 2016/0224 (COD). Der EuGH hat zur bisherigen Rechtslage entschieden, dass allein der Transit oder die Einreise durch einen bestimmten Drittstaat nicht ausreichend für die Annahme einer Verbindung sein kann, s. EuGH, *LH/Bevándorlási és Menekültügyi Hivatal,* C-564/18, EU:C:2020:218, Rn. 49 f.; EuGH, *Országos Idegenrendészeti Főigazgatóság Dél-alföldi Regionális Igazgatóság,* C-924/19 PPU & C-925/19 PPU, EU:C:2020:367, Rn. 157 ff.; EuGH, *Kommission/Ungarn,* C-821/19, EU:C:2021:930, Rn. 38 ff.

[48] Siehe Art. 45 Abs. 3 lit. a des Parlamentsvorschlags vom 22.5.2018 (A8-0171/2018), https://www.europarl.europa.eu/doceo/document/A-8-2018-0171_DE.pdf.

[49] Siehe Art. 60 Abs. 5 lit. b des konsolidierten Verordnungsentwurfs vom 9.2.2024 (Fn. 42); siehe auch die Vorschläge des Rates der Europäischen Union (Fn. 44) zu Art. 45 Abs. 2b lit. b Asylverfahrensverordnungsentwurf.

menschenrechtlich geboten ist.[50] Da die GFK hierzu schweigt, geht UNHCR in einer Stellungnahme von 2018 davon aus, dass das Erfordernis einer Verbindung völkerrechtlich nicht zwingend sei.[51] Wie auch UNHCR weiter ausführt, ist die Berücksichtigung von Individualinteressen aber jedenfalls ein wichtiges rechtspolitisches Kriterium, um Weiterwanderungen und damit „refugees in orbit"-Situationen zu vermeiden.[52] Beispiele für Drittstaatskooperationen, die jegliches Verbindungskriterium außer Acht lassen, sind die Überstellungen von Schutzsuchenden aus Australien auf die Insel Nauru, eine Praxis die zudem im Hinblick auf den dort nicht vorhandenen Zugang zu grundlegenden Menschenrechten und Verfahrensgarantien problematisch ist.[53] Eine ähnliche Zielrichtung hatte das Vorhaben der Regierung Großbritanniens, Asylsuchende ohne inhaltliche Antragsprüfung nach Ruanda abzuschieben. Erste Überstellungen sollten aufgrund eines Memorandums of Understanding von April 2022 zwischen Großbritannien und Ruanda erfolgen,[54] warfen aber menschenrechtliche Bedenken auf.[55] Der EGMR stoppte im Wege einer einstweiligen Verfügung im Juni 2022 den ersten Abschiebeflug nach Ruanda, nachdem ein Asylsuchender wegen drohender Gefahr einer Verletzung von Art. 3 EMRK gegen seine Abschiebung vorgegangen war.[56] Die Gefahr einer Verletzung von Art. 3 EMRK wurde auch vom

[50] Dazu grundlegend *Anna Lübbe*, Allokation von Flüchtlingsverantwortung, Jahrbuch für Recht und Ethik 25 (2017), S. 103.

[51] Siehe *UN High Commissioner for Refugees (UNHCR)*, Legal considerations regarding access to protection and a connection between the refugee and the third country in the context of return or transfer to safe third countries, April 2018, Rn. 6, https://www.refworld.org/docid/5acb33ad4.html; zum menschenrechtlichen Gehalt eines Verbindungserfordernisses mit dem Beispiel familiärer Bindungen im verweisenden Staat und fehlender Bindungen im Drittstaat siehe *Anna Lübbe*, Expertise für die Sachverständigenanhörung zur GEAS-Reform, *Deutscher Bundestag*, Ausschussdrucksache 19(4)26 D, April 2018, S. 16, https://www.bundestag.de/resource/blob/550412/cc6b27f4e54376ffc874d2e1869ca3e9/A-Drs-19-4-26-D-data.pdf.

[52] Ebenso *Daniel Thym*, Mindestanforderungen des EU Primärrechts und des Flüchtlingsvölkerrechts an sekundärrechtliche Regelungen, die vorsehen, Asylanträge mit Blick auf Schutz- und Unterkunftsmöglichkeiten in dritten Staaten (Transitstaaten, sonstige Staaten) oder einzelnen Teilgebieten solcher Staaten ohne Sachprüfung abzulehnen, Gutachterliche Stellungnahme für das Bundesministerium des Innern, 19.1.2017, S. 30.

[53] Dazu *Susan Kneebone*, The Pacific Plan: The Provision of „Effective Protection"?, International Journal of Refugee Law 18 (2006), S. 696.

[54] Memorandum of Understanding between the Government of the United Kingdom of Great Britain and Northern Ireland And The Government of the Republic of Rwanda for the provision of an asylum partnership arrangement to strengthen shared international commitments on the protection of refugees and migrants, 14.4.2022, https://www.gov.uk/government/publications/memorandum-of-understanding-mou-between-the-uk-and-rwanda.

[55] Dazu *UNHCR*, Analysis of the Legality and Appropriateness of the Transfer of Asylum-Seekers under the UK-Rwanda arrangement, 8.6.2022, https://www.unhcr.org/uk/media/unhcr-analysis-legality-and-appropriateness-transfer-asylum-seekers-under-uk-rwanda.

[56] EGMR, Einstweilige Verfügung v. 14.6.2022, Nr. 28774/22, *N.S.K. gegen das Vereinigte Königreich (zuvor K.N. gegen das Vereinigte Königreich)*; für eine kritische Kontextualisierung dieser Entscheidung siehe *Lena Riemer*, The Costs of Outsourcing: How the UK's policy of

britischen Supreme Court in einer Entscheidung gegen die Überstellung von Schutzsuchenden aus Großbritannien nach Ruanda angeführt.[57] Eine vom Maßstab her vergleichbare Entscheidung zu innereuropäischen Überstellungen nach Griechenland stützte der EGMR im Jahr 2011 ebenso auf Art. 3 EMRK.[58] Ähnlich hat im selben Jahr der EuGH im Hinblick auf Überstellungen nach Griechenland entschieden und dabei Art. 4 GRC als Maßstab im Falle sogenannter systemischer Mängel des Asyl- und Aufnahmeverfahrens im Zielstaat der Überstellung herangezogen.[59] Im Hinblick auf die Einstufung von Serbien als sicheren Drittstaat durch Ungarn betonte der EGMR zudem im Jahr 2019, dass Zugang und Effektivität des Asylsystems in dem jeweiligen Drittstaat bei der Anwendung des Konzepts sorgfältig zu überprüfen sind.[60]

Menschenrechtliche Bedenken aufgrund der Lebensbedingungen in den jeweiligen Drittstaaten stellen in jedem Fall Gründe für Abschiebungsverbote bei Überstellungen dar und müssen unabhängig von einer inhaltlichen Asylantragsprüfung berücksichtigt werden. Daneben stellt sich bei Überstellungen unter Anwendung des Konzepts sicherer Drittsstaaten aber noch die Frage, welche Anforderungen an das Schutzniveau im Zielstaat der Überstellung zu stellen sind.

c) Anforderungen an das Schutzniveau im Drittstaat: Der „wirksame Schutz“

Bei der Frage nach dem Schutzniveau, das im Rahmen von Überstellungen in einen bestimmten Drittstaat gelten sollte, geht es vor allem darum, ob dort Schutz nach der GFK gewährleistet sein muss, oder ob ein niedrigeres Schutzniveau ausreicht. Sofern das Schutzniveau nach der GFK gefordert wird, ist die GFK-Ratifikation regelmäßig ein Indiz für das Vorliegen eines solchen Schutzes, sodass bei einer Nicht-Ratifikation die Prüfung der Gewährleistung der Standards besonders sorgfältig ausfallen müsste.[61] Ebenso muss bei einer GFK-Ratifikation die tatsächliche Lage im Drittstaat sorgfältig geprüft werden, da eine Überstellung sonst gegen das flüchtlings- und menschenrechtlich verankerte Refoulement-Verbot verstoßen könnte. Bei der Frage nach dem Schutzniveau nach der GFK spielt jedoch nicht nur das Refoulement-Verbot eine Rolle. So enthält die GFK neben dem Refoulement-Schutz zwar kein „Recht auf Asyl“, regelt aber die „Rechte im Asyl“ und sieht dabei eine nach Aufenthaltsstatus gestaffelte Rechtstellung vor. So erwirbt die schutzsuchende Person nach Einreise und Zuerkennung der Flüchtlingseigenschaft im Laufe ihres Aufenthaltes gra-

---

outsourcing their asylum obligations violates human rights, perpetuates the country's ECHR skepticism, and expands dangerous precedence, Verfassungsblog am 5.7.2022.

[57] UK Supreme Court, Entscheidung v. 15.11.2023, [2023] UKSC 42.

[58] EGMR, Urt. v. 21.1.2011, Nr. 30696/09, *M.S.S. gegen Belgien und Griechenland.*

[59] EuGH, *N.S und M.E*, C-411/10 & C-493/10, EU:C:2011:865.

[60] EGMR, Urt. v. 21.11.2019, Nr. 47287/15, *Ilias and Ahmed gegen Hungary*, Rn. 139.

[61] So auch *Thym* (Fn. 52), S. 16; zur Beurteilung der Sicherheit von Drittstaaten nach Art. 16a Abs. 2 GG s. BVerfG, 2 BvR 1938/93, 2 BvR 2315/93, Rn. 170.

duell mehr und mehr Rechte, bei denen es sich überwiegend um Teilhaberechte handelt. Langfristig ermöglichen diese Rechte eine Inklusion in die Gesellschaft des schutzbietenden Staates als neuen Heimatstaat der geflüchteten Person.[62] Damit sieht die GFK neben dem Refoulement-Schutz auch eine langfristige Perspektive im Aufnahmestaat vor, sofern eine Person dauerhaft nicht mehr in ihren ursprünglichen Heimatstaat zurückkehren kann.[63]

Vor diesem Hintergrund wird unter dem englischen Begriff der „effective protection" auf internationaler Ebene diskutiert, welches Mindestschutzniveau neben dem Refoulement-Verbot bei Verweis auf „effektiven Schutz" in einem Drittstaat („protection elsewhere") grundsätzlich erforderlich ist, sofern ein Staat die GFK nicht ratifiziert hat.[64] Die GFK schweigt zu dieser Frage, die nun auch im Rahmen der GEAS-Reformvorschläge zum sichere Drittstaatskonzept relevant geworden ist. Ausgangspunkt der europäischen Verhandlungen um das Schutzniveau in Drittstaaten ist die im Juni 2017 erfolgte Forderung des Europäischen Rates, „den Kommissionsvorschlag für die Asylverfahrensverordnung in Bezug auf das Konzept des sicheren Drittstaats an die tatsächlichen Anforderungen anzugleichen, die sich aus der Genfer Konvention und dem EU-Primärrecht ergeben."[65]

Bisher sieht die entsprechende Norm der Asylverfahrensrichtlinie (Art. 38 Abs. 1 lit. e der RL 2013/32/EU) vor, dass die Möglichkeit bestehen muss, in dem jeweiligen Drittstaat einen Antrag auf und Zuerkennung der Flüchtlingseigenschaft zu stellen und Schutz *gemäß der GFK* zu erhalten, wozu neben dem Refoulement-Schutz auch die Statusrechte zählen. Die GEAS-Reformen bringen wesentliche Änderungen mit sich. So schlug die Kommission in Art. 45 Abs. 1 lit. e AsylverfVO-E vor, dass die Möglichkeit zur Erlangung von Schutz im Einklang mit der GFK *oder* eines *ausreichenden Schutzes* im Sinne von Art. 44 Abs. 2 bestehen müsse, der ein ähnlich hohes Schutzniveau wie das der GFK vorsieht.[66]

Ähnlich waren die Anforderungen, die das Europäische Parlament in seinem Vorschlag für eine neue Asylverfahrensverordnung stellte (siehe die Vorschläge in Art. 45 Abs. 1 lit. ea bis eg).[67] Danach müsse im Drittstaat die Möglichkeit zur

[62] Siehe auch *Lübbe* (Fn. 51), S. 6.

[63] Dazu umfassend *James Hathaway/Michelle*, The Law of Refugee Status, 2014, S. 21; siehe auch The Michigan Guidelines on Protection Elsewhere, 3.1.2007, https://www.refworld.org/pdfid/4ae9acd0d.pdf; sowie *Foster* (Fn. 41), S. 67 f.; *Lübbe* (Fn. 51), S. 7.

[64] Dazu *Stephen Legomsky*, Secondary Refugee Movements and the Return of Asylum Seekers to Third Countries: the Meaning of Effective Protection, IJRL 15 (2003), S. 567 (570); *Foster* (Fn. 41), S. 228.

[65] *Europäischer Rat*, Schlussfolgerungen, EUCO 8/17 v. 23.6.2017, Rn. 23.

[66] Siehe die Vorschläge der *Europäischen Kommission* für eine neue EU-Asylverfahrensverordnung COM(2016) 467 final – 2016/0224 (COD), 13.7.2016; und COM(2020) 611 final – 2016/0224 (COD), 23.9.2020.

[67] *Europäisches Parlament*, Bericht über den Vorschlag für eine Verordnung des Europäischen Parlaments und des Rates zur Einführung eines gemeinsamen Verfahrens zur Gewährung inter-

Beantragung des Flüchtlingsstatus und Erhalt von Schutz im Einklang mit der GFK bestehen, ohne geografische Beschränkung, *oder* eine Möglichkeit zur Beantragung und zum Erhalt *wirksamen Schutzes* („effective protection"). Dieser deckt sich weitgehend mit dem von der Kommission vorgeschlagenen und dem GFK-Schutz ähnlichen Konzept des *ausreichenden Schutzes*, wobei der Parlamentsvorschlag zusätzlich vorsah, dass der jeweilige Drittstaat internationalen Flüchtlings- und grundlegenden Menschenrechtsinstrumenten beigetreten ist und diese Standards in der Praxis auch erfüllt. Im Gegensatz zu Kommission und Parlament senkte der Rat die Anforderungen an den *wirksamen Schutz* erheblich ab und setzte sich in den Verhandlungen überwiegend durch. So sieht der konsolidierte Art. 58 Abs. 2 AsylverfVO-E lediglich vor, dass der jeweiligen Person *erlaubt* wird, im Hoheitsgebiet des Drittstaats zu verbleiben, bei Zugang zu ausreichenden Existenzmitteln zur Sicherung eines der Gesamtsituation des aufnehmenden Drittstaats angemessenen Lebensstandards, sowie Zugang zu Bildung und Gesundheitsversorgung unter den in dem jeweiligen Drittstaat allgemein üblichen Bedingungen, wobei dieser Schutz verfügbar bleiben muss, bis eine dauerhafte Lösung gefunden werden kann.[68]

Derart herabgestufte Anforderungen an das Schutzniveau im Rahmen von Überstellungen nach Unzulässigkeitsentscheidungen widersprechen dem Sinn und Zweck der Verantwortungsallokation für einen umfassenden Schutz nach der GFK. Die Anwendung dieses Maßstabs unterscheidet nicht ausreichend zwischen Überstellungen *ohne* inhaltliche Antragsprüfung und Überstellungen *nach* inhaltlicher Antragsprüfung. Bei jeder Überstellung sind unabhängig von den Gründen für die zugrundeliegende Aufenthaltsbeendigung (Unzulässigkeit oder Unbegründetheit des Schutzantrags) in jedem Fall menschenrechtliche Abschiebungsverbote zu beachten. Bei Menschen, deren Antrag auf internationalen Schutz als unbegründet abgelehnt wurde, handelt es sich aber – anders als bei den von Drittstaatenregelungen betroffenen Personen – nicht um (potentielle) GFK-Flüchtlinge. Für eine Abschiebung gilt somit zwar immer ein menschenrechtlicher Maßstab, aber kein erhöhtes Maß an Schutz im Zielstaat der Abschiebung.

Mangels eines internationalen Menschenrechts auf Einreise zur Asylantragstellung in einen bestimmten Staat, sind Schutzsuchende regelmäßig auf irreguläre Zugangswege angewiesen und teilen sich ihre Fluchtrouten mit anderen migrierenden Personen in sog. „gemischten Migrationsströmen".[69] So treffen Maßnahmen der Externalisierung von Migrationskontrolle, sowie die Überstellung von Personen ohne inhaltliche Prüfung ihres Schutzbedarfs, regelmäßig

---

nationalen Schutzes in der Union und zur Aufhebung der Richtlinie 2013/32/EU, A8-0171/2018, 22.5.2018, https://www.europarl.europa.eu/doceo/document/A-8-2018-0171_DE.pdf.

[68] Siehe der konsolidierte Verordnungsentwurf vom 9.2.2024 (Fn. 42).

[69] Zu dem Begriff „gemischter Migrationsströme" siehe die Informationen des Migrationsdatenportals, https://www.migrationdataportal.org/de/themes/gemischte-migration.

auch GFK-Flüchtlinge. Migrationsrechtliche Regelungen, wie das Konzept sicherer Drittstaaten, die keine oder kaum Differenzierungen nach einem möglichen flüchtlingsrechtlichen Schutzbedarf ermöglichen, sind flüchtlingsrechtlich problematisch.[70] Sofern ein kooperierender Drittstaat kein der GFK entsprechendes Schutzniveau bietet, würde im Falle der Überstellung eines GFK-Flüchtlings letztendlich kein Staat die völkerrechtliche Verantwortung nach der GFK übernehmen, die neben dem Refoulement-Schutz auch eine perspektivische Teilhabe von Flüchtlingen in die neue Aufnahmegesellschaft vorsieht. Eine Herabsetzung des Schutzniveaus im Rahmen sicherer Drittstaatskonzepte unterhalb des GFK-Schutzes würde demnach dem Ziel und Zweck der GFK widersprechen und damit auch einer Treu und Glauben entsprechenden Vertragsauslegung im Sinne von Art. 31 Abs. 1 des Wiener Übereinkommens des Rechts der Verträge entgegenstehen.[71]

3. Drittstaatskooperationen zur internationalen Verantwortungsteilung

Der letzte Teil dieses Beitrags befasst sich mit Drittstaatenkooperationen als Instrumente der internationalen Verantwortungsteilung für den Flüchtlingsschutz. Dazu wird zunächst auf rechtliche Rahmenbedingungen auf internationaler Ebene eingegangen (a)), um sodann die Rolle von Drittstaatskooperationen für die humanitäre Aufnahme von Schutzsuchenden in den Fokus zu stellen (b)).

a) Der internationale Rechtsrahmen zur Verantwortungsteilung im Flüchtlingsschutz

Anders als die in den ersten beiden Teilen dieses Beitrags geäußerte Kritik an Drittstaatskooperationen vermuten lässt, sind Drittstaatskooperationen keinesfalls nur problematisch im Hinblick auf den internationalen Flüchtlingsschutz. Im Gegenteil, internationale Zusammenarbeit ist der Grundstein einer internationalen Verantwortungsteilung. So setzt die GFK in ihrer Präambel eine internationale Zusammenarbeit zur Verantwortungsteilung voraus, ohne dabei jedoch konkrete Vorgaben zu machen. Zentrale internationale Dokumente zur Förderung internationaler Kooperation in Flucht- und Migrationsfragen sind

---

[70] Weiterführend *siehe Lama Mourad/Kelsey P Norman,* Transforming refugees into migrants: institutional change and the politics of international protection, European Journal of International Relations 26 (2000), S. 687; siehe auch *Alexander Betts,* From persecution to deprivation: how refugee norms adapt at implementation, in: Alexander Betts/Phil Orchard (Hrsg.), Implementation and World Politics: How International Norms Change Practice, 2014, S. 28–49.

[71] So auch *Foster* (Fn. 41), S. 270; *Lübbe* (Fn. 51), S. 6; *Reinhard Marx,* Rechtsgutachten zur Vereinbarkeit der von der Kommission der Europäischen Union vorgeschlagenen Konzeption des Ersten Asylstaates sowie der Konzeption des sicheren Drittstaates mit Völker- und Unionsrecht, 7.3.2018, S. 4 f.; im Ergebnis ebenso, *Legomsky* (Fn. 64), S. 645; a. A. *Thym* (Fn. 52), S. 18 ff.

der Globale Flüchtlingspakt[72] und der Globale Migrationspakt der Vereinten Nationen (VN)[73] von 2018. Deren Bekenntnis zur internationalen Zusammenarbeit wurde von der internationalen Staatengemeinschaft bereits durch die den Pakten zugrundeliegende New Yorker Erklärung von 2016 bekräftigt.[74] Der VN-Migrationspakt schreibt erstmals gemeinsame staatliche Grundsätze und Ziele zur internationalen Zusammenarbeit in Migrationsfragen fest und beruht auf „der Erkenntnis, dass die Herausforderungen von Migration von keinem Staat allein bewältigt werden können.[75] Wesentlich ist dabei der komplementäre Charakter der beiden Pakte: So verdeutlicht die Existenz eines gesonderten Paktes für Flüchtlinge die besondere Rechtsstellung und den speziellen Schutzbedarf von Flüchtlingen nach der GFK. Letztere sind aus dem Anwendungsbereich des VN-Migrationspaktes aber nicht ausgenommen. Während das internationale Schutzsystem die Statusfrage mit der GFK im Blick hat, wird ein Bekenntnis zu den Menschenrechten von Migrierenden, die noch keinen Asylantrag gestellt oder gar einen Schutzstatus erhalten haben, erstmals durch den VN-Migrationspakt festgeschrieben, wodurch das internationale Schutzsystem in sinnvoller Weise ergänzt wird.[76]

Dabei sind die Pakte zwar rechtlich nicht bindend, sie beruhen jedoch auf rechtsverbindlichem Völkerrecht und bekräftigen den internationalen Staatenwillen zur Wahrung der Menschenrechte und internationaler Verantwortungsteilung. Hier weisen die internationalen Zahlen von UNHCR auf eine Schieflage hin, da sich über 80 Prozent der eingangs erwähnten über 108 Mio. Schutzsuchenden weltweit noch in oder nahe ihrer Herkunftsregionen befinden, und damit überwiegend in Staaten des Globalen Südens aufhalten.[77] Ein wesentlicher Grund für diese ungleiche weltweite Verteilung von Schutzsuchenden liegt im Fehlen legaler Zugangswege, die eine sichere Einreise zur Schutzerlangung in der EU ermöglichen.[78] Verstärkt wird diese Verteilung zusätzlich durch restriktive Maßnahmen der Grenz- und Migrationskontrolle, einschließlich Externalisierungsmaßnahmen, wie den oben diskutierten Drittstaatskooperationen

---

[72] Bericht des *Hohen Flüchtlingskommissars der Vereinten Nationen*, Globaler Pakt für Flüchtlinge, A/73/12 (Part II), Dezember 2018, https://www.unhcr.org/dach/wp-content/uploads/sites/27/2018/11/GCR_final_GER.pdf.

[73] *Vereinte Nationen,* Resolution der Generalversammlung, Globaler Pakt für eine sichere, geordnete und reguläre Migration, A/73/L.66, Dezember 2018, https://www.un.org/Depts/german/gv-73/band1/ar73195.pdf.

[74] *Vereinte Nationen,* Resolution der Generalversammlung, New Yorker Erklärung für Flüchtlinge und Migranten, A/RES/71/1, September 2016, Rn. 17 ff.; https://www.un.org/depts/german/gv-71/band1/ar71001.pdf.

[75] Siehe VN-Migrationspakt (Fn. 73), Rn. 5.

[76] Weiterführend *Jürgen Bast/Pauline Endres de Oliveira/Janna Wessels*, Enhancing the Rights of Protection-Seeking Migrants through the Global Compact for Migration: The Case of EU Asylum Policy, International Journal of Refugee Law 2024 (im Erscheinen).

[77] Siehe *UNHCR* (Fn. 1).

[78] Dazu umfassend *Pauline Endres de Oliveira*, Safe Access to Asylum in Europe, 2024.

zur Vermeidung und Auslagerung der flüchtlingsrechtlichen Verantwortung.[79] Im Gegensatz dazu stehen Instrumente internationaler Zusammenarbeit, die eine Verantwortungsteilung zum Ziel haben. Sowohl der VN-Flüchtlingspakt als auch der VN-Migrationspakt benennen als zentrale Instrumente internationaler Verantwortungsteilung sichere Zugangswege, wie etwa das UNHCR-Neuansiedlungsverfahren Resettlement oder humanitäre Visa.[80] Dabei nimmt der VN-Migrationspakt auch Situationen von Schutzsuchenden in den Blick, die nicht unter die enge Definition des GFK-Flüchtlingsbegriffs fallen, sondern beispielsweise aufgrund von Naturkatastrophen auf der Flucht sind.[81] Vor diesem Hintergrund widmet sich der nächste Abschnitt sicheren Zugangswegen als wesentlichen Bausteinen von Drittstaatskooperationen zur internationalen Verantwortungsteilung.

b) Drittstaatskooperationen zur Verantwortungsteilung: Die Rolle sicherer Zugangswege

Grundsätzlich gibt es zwei Möglichkeiten der internationalen Zusammenarbeit zur Verantwortungsteilung: Erstens, die finanzielle Unterstützung der Asyl- und Aufnahmesysteme in Drittstaaten, oder zweitens, die eigene Aufnahme von Schutzsuchenden aus Drittstaaten. Als dritte Möglichkeit wird in der politischen Diskussion immer wieder der Vorschlag der Durchführung von Asylverfahren in Drittstaaten eingebracht, wie jüngst die Idee Italiens, Asylverfahren in Albanien durchzuführen.[82] In dieselbe Stoßrichtung gehen die Vorschläge sogenannter „Anlandezentren" („disembarkation platforms") auf EU-Ebene.[83] Zum einen bestehen zahlreiche rechtliche und praktische Bedenken gegen solche Vorschläge, von Bedenken im Hinblick auf die Zuständigkeiten und Kompetenzen zur Durchführung von Asylverfahren auf ausländischem Territorium, über logistische Fragen der Aufnahme und Einhaltung menschenrechtlicher Aufnahmestandards, zu Fragen nach der Verantwortung für den Vollzug und den Rechtsschutz im Falle einer Ablehnung.[84] Schließlich würden derartige extraterritoriale Asylverfahren für eine internationale Verantwortungsteilung ebenso ein System der internationalen Aufnahme der in diesen Verfahren anerkannten Schutzsuchenden erfordern, wie beispielsweise über Resettlement oder humanitäre Aufnahme, auf die im Folgenden der Fokus gelegt wird.

---

[79] Siehe oben, Teile III.1. und III.2.

[80] Siehe VN-Flüchtlingspakt (Fn. 72), Rn. 90–96.

[81] Siehe VN-Migrationspakt (Fn. 73), Ziel 5 lit. g.

[82] Siehe dazu etwa die Meldung in der Süddeutschen Zeitung: *Marc Beise,* Die Lücken und Tücken in Melonis Albanien-Deal, Süddeutsche Zeitung v. 9.11.2023.

[83] Siehe dazu das Non-Paper der *Europäischen Kommission* von 2018, https://home-affairs.ec.europa.eu/system/files/2018-07/20180724_non-paper-regional-disembarkation-arrangements_en.pdf.

[84] Umfassend dazu *Pauline Endres de Oliveira/Tan F.Nikolas,* External Processing: A tool to expand protection or a further restriction to territorial asylum?, Februar 2023.

Bei Resettlement handelt es sich um ein von UNHCR geleitetes und von aufnahmebereiten Staaten quotiertes Verfahren zur Neuansiedlung von besonders vulnerablen Schutzsuchenden aus Erstaufnahmestaaten, in denen die Schutzsuchenden keine dauerhafte Perspektive haben.[85] Neben Resettlement gibt es zahlreiche weitere humanitäre Aufnahmeprogramme auf nationaler Ebene in verschiedenen EU-Mitgliedstaaten.[86] Ob Resettlement oder humanitäre Aufnahme, es handelt sich immer um Visaverfahren, die einen entsprechenden humanitären Titel nach Einreise vorsehen. Diese Verfahren haben regelmäßig Ausnahmecharakter und sind in der Regel sowohl temporär als auch auf bestimmte Herkunftsstaaten oder Konfliktsituationen begrenzt. In Deutschland wurden beispielsweise im Rahmen humanitärer Aufnahmeprogramme auf Bund- und Länderebene ab 2013 über 40.000 humanitäre Visa an Schutzsuchende aus Syrien erteilt.[87] Auch Schutzsuchende aus Afghanistan reisen nicht erst seit 2021 über humanitäre Aufnahmeprogramme ein.[88] Die Begünstigten erhalten nach Einreise direkt eine Aufenthaltserlaubnis, je nach Aufnahmeprogramm gem. § 23 Absatz 1 oder 2 AufenthG, oder auch nach § 22 AufenthG. In jedem Fall müssen sie kein Asylverfahren mehr durchlaufen und erhalten direkt Zugang zum Arbeitsmarkt und zu Teilhaberechten. Ein wesentlicher Unterschied besteht jedoch im Hinblick auf das Recht auf Familienzusammenführung, das nur im Falle einer Einreise über ein Resettlement-Programm und einer anschließenden Aufenthaltserlaubnis nach § 23 Abs. 4 AufenthG dem GFK-Flüchtlingsstatus gleicht und damit auch nur dann privilegiert erfolgen kann.[89] Dieser wichtige Unterschied in der Rechtsstellung kann dazu führen, dass Schutzsuchende nach einer regulierten humanitären Einreise einen Asylantrag stellen, um ihren Status zu verbessern. Um eine doppelte Inanspruchnahme staatlicher Strukturen zu vermeiden, sollte sich bei einer derartigen Ausgestaltung des Gebietszugangs der Status nach dem Schutzbedarf und nicht nach der Art der Einreise richten.[90]

---

[85] Zu Resettlement siehe *UNHCR*, Resettlement Handbuch, https://www.unhcr.org/resettlement-handbook/.

[86] Für eine Übersicht der europäischen Staatenpraxis siehe *Marie Holst*, Visa für Schutzsuchende – Extraterritoriale Migrationssteuerung im Lichte der Menschenrechte, 2022, S. 186 ff.

[87] Siehe dazu die umfassenden Informationen des Bundes, https://www.bmi.bund.de/DE/themen/migration/asyl-fluechtlingsschutz/humanitaere-aufnahmeprogramme/humanitaere-aufnahmeprogramme-node.html.

[88] Siehe dazu die Informationen des Bundesamtes für Migration und Flüchtlinge (BAMF) zur Aufnahme afghanischer Ortskräfte und Evakuierungsmaßnahmen, https://www.bamf.de/DE/Themen/AsylFluechtlingsschutz/ResettlementRelocation/AufnahmeAfghanOrtskraefte/aufnahme-afghanische-ortskraefte-node.html.

[89] Im Falle einer humanitären Aufnahme nach den §§ 22, 23 Abs. 1 und 23 Abs. 2 AufenthG ist der Familiennachzug grundsätzlich nur bei Vorliegen völkerrechtlicher oder humanitärer Gründe oder politischer Interessen Deutschlands möglich, § 29 Abs. 3 S. 1 AufenthG.

[90] Dazu umfassend *Pauline Endres de Oliveira*, Humanitarian Admission to Germany – Access vs. Rights?, in: Luc Leboeuf/Marie-Claire Foblets (Hrsg.), Humanitarian Admission to Europe, The Law Between Promises and Contraints, 2020, S. 199–224.

Auf EU-Ebene gibt es bisher keine gemeinsamen Regelungen zu Resettlement oder humanitärer Aufnahme, allerdings enthalten die GEAS-Reformvorschläge einen Entwurf für eine Resettlement-Verordnung, die eine Harmonisierung in diesem Bereich vorsieht.[91] Historisch viel zitierte Beispiele internationaler Kooperation zur Verantwortungsteilung im Flüchtlingsschutz sind das sogenannte Orderly Departure Program der USA und der Comprehensive Plan of Action for Indochinese Refugees, bei dem nach 1979 tausende Schutzsuchende aus Vietnam und Laos nach einer vorübergehenden Aufnahme in der Region in die USA aufgenommen wurden.[92] Internationale Beispiele aus jüngerer Vergangenheit sind etwa das Protection Transfer Arrangement (PTA), bei dem 2016 bis 2018 Schutzsuchende von UNHCR aus Honduras, El Salvador und Guatemala nach Costa Rica gebracht wurden, um von dort in die USA, sowie nach Kanada, Australien und Uruguay umgesiedelt zu werden.[93] Ein ähnliches Verfahren wurde 2021 zum Zwecke der Evakuierung von Schutzsuchenden aus Afghanistan unter anderem über Albanien durchgeführt.[94]

Resettlement und humanitäre Aufnahmeprogramme bieten Schutzsuchenden einen sicheren und regulären Einreiseweg in die EU und stehen im Zeichen einer internationalen Verantwortungsteilung für den Flüchtlingsschutz. Vor allem aber bieten sie Staaten die Möglichkeit, den Zugang zu ihrem Territorium zu regulieren – und zwar nicht nur mittelbar, sondern unmittelbar. So können im Rahmen entsprechender Visaverfahren Sicherheitsüberprüfungen durchgeführt und administrative Strukturen für die Ankunft von Schutzsuchenden vorbereitet werden. Aufnahmeverfahren erfordern dabei immer eine Kooperation mit Drittstaaten, in denen sich die aufzunehmenden Schutzsuchenden vor der Einreise in die EU aufhalten. So wirft auch diese Art der Drittstaatenkooperation tatsächliche und rechtliche Fragen auf. Schutzsuchende müssen in den jeweiligen Drittstaaten temporären Aufenthalt finden, bevor sie über Resettlement oder humanitäre Programme aufgenommen werden; je nach Land müssen sie

---

[91] Vorschlag für eine Verordnung des Europäischen Parlaments und des Rates zur Schaffung eines Neuansiedlungsrahmens der Union und zur Änderung der Verordnung (EU) Nr. 516/2014 des Europäischen Parlaments und des Rates, COM/2016/0468 final – 2016/0225 (COD); ausführlich zum EU-Resettlement-Framework, *Janine Prantl*, The legal framework for refugee resettlement to the European Union with lessons from the American model, 2023.

[92] Dazu *Alexander Casella*, Managing the ‚Boat People' Crisis: The Comprehensive Plan of Action for Indochinese Refugees, October 2016; siehe auch *Riona Moodley*, Rethinking „Regional Processing": Could the Lessons Learned from the Comprehensive Plan of Action for Indochinese Refugees (CPA) Offer a Roadmap for International Cooperation in Response to ‚Regional' Refugee Situations?, UNSW Law Research Paper Nr. 22–4, Januar 2022.

[93] Dazu umfassend *UNHCR*, Evaluation of effectiveness of the Protection Transfer Arrangement in Central America, Evaluation Report, Dezember 2018, https://www.unhcr.org/fr-fr/en/media/evaluation-effectiveness-protection-transfer-arrangement-central-america.

[94] Siehe dazu *Deutscher Bundestag*, Wissenschaftliche Dienste, Die Aufarbeitung der Afghanistan-Evakuierung durch die Truppen stellenden Nationen der Resolute Support Mission und ihr Umgang mit afghanischen Ortskräften, WD 2 – 3000 – 092/22, S. 20 ff.

zudem eine Ausreisegenehmigung zur Weiterreise erhalten.[95] Teilweise sind Aufnahmeangebote als Entlastungsangebot an den Erstaufnahmestaat an Gegenleistungen geknüpft, wie beispielsweise eine Verstärkung des Grenzschutzes oder eine Rückübernahme irregulär in die EU eingereister Personen, wie im Rahmen des „1 zu 1"-Mechanismus der EU-Türkei-Erklärung vorgesehen.[96] Bei der Bewertung, ob es sich bei der jeweiligen Drittstaatskooperation um ein Instrument der Verantwortungsauslagerung oder der Verantwortungsteilung handelt, kommt es daher vor allem auf die konkrete Ausgestaltung in der Praxis an. Solange die Einhaltung internationaler Menschenrechtsstandards gewahrt bleibt und die humanitäre Aufnahme den Schwerpunkt der Kooperation bildet, sind solche Vereinbarungen eine sinnvolle Ergänzung zum territorialen Asyl und ein wichtiges Instrument der Verantwortungsteilung auf internationaler Ebene.

IV. Fazit und Ausblick

Internationale Zusammenarbeit ist ein wesentliches Element der internationalen Verantwortungsteilung für den Flüchtlingsschutz, denn kein Staat allein kann dem hohen weltweiten Schutzbedarf gerecht werden. Auf EU-Ebene ist internationale Zusammenarbeit in Form von Drittstaatskooperationen ein zentrales Mittel zur Steuerung der Migration und damit zur Kontrolle um die Gebietshoheit der Mitgliedstaaten. Dieser Beitrag hat drei Arten von Drittstaatskooperationen je nach Auswirkung auf die internationale Verantwortung für den Flüchtlingsschutz in den Blick genommen: Verantwortungsvermeidung, Verantwortungsauslagerung oder Verantwortungsteilung. Dabei wurden wesentliche Rechtsfragen und mögliche menschenrechtliche Bedenken je nach Kooperationsart thematisiert. In Form internationaler Vereinbarungen stellen Drittstaatskooperationen im Kontext der Grenz- und Migrationskontrolle migrations- und flüchtlingsrechtliche Fragen in den Fokus der Außenpolitik. Dabei ist die Rechtsnatur von Drittstaatskooperationen nicht immer eindeutig und kann variieren. Drittstaatskooperationen der EU erscheinen regelmäßig als informelle politische Absichtserklärungen ohne klare Rechtswirkung und beruhen vielfach auf intransparenten Entstehungsprozessen, die keine Rückkopplung an demokratische Legitimationsprozesse zulassen. Der fehlende rechtliche Bezugsrahmen schwächt die Verbindlichkeit von Drittstaatskooperationen auf internationaler Ebene und schließt Rechtsschutzmöglichkeiten für betroffene Schutzsuchende aus. So riskieren Schutzsuchende zu Objekten von Aushandlungsprozessen zu werden und Staaten begegnen sich nicht auf „Augenhöhe".

[95] *Endres de Oliveira/Tan* (Fn. 84), S. 21 f.
[96] EU-Türkei-Erklärung (Fn. 2), Nr. 2.

Aus menschenrechtlicher Perspektive sind Drittstaatskooperationen im Kontext von Migration dennoch nicht grundsätzlich problematisch, sondern vielmehr notwendig. Schließlich kann es sich bei solchen Kooperationen um sinnvolle Arten der internationalen Verantwortungsteilung für den Flüchtlingsschutz handeln, insbesondere wenn ein Aufnahmestaat in seinen Kapazitäten bereits überlastet ist. Bei der Frage der völkerrechtlichen Zulässigkeit solcher Drittstaatskooperationen kommt es aber auf die konkreten Kooperationsinhalte und deren rechtliche und tatsächliche Ausgestaltung an. Sofern Drittstaatskooperationen ihren Fokus auf eine Externalisierung von Grenzkontrollen an Drittstaaten legen, führen sie zu einer Verantwortungs*vermeidung* im Hinblick auf den internationalen Flüchtlingsschutz. Drittstaatskooperationen, die eine Aufnahme oder Wiederaufnahme von Schutzsuchenden durch Drittstaaten vorsehen, nachdem die Schutzsuchenden bereits in der EU angekommen sind und ein Schutzgesuch geäußert haben, führen wiederum zu einer Verantwortungs*auslagerung* an Staaten außerhalb der EU. Neben den grundsätzlichen Auswirkungen auf die internationale Verantwortung für den Flüchtlingsschutz, sind je nach Art der Drittstaatskooperation zudem weitere Rechtsfragen zentral, insbesondere unmittelbare oder mittelbare Menschenrechtsverletzungen im Kontext solcher Kooperationen. Dieser Beitrag hat den Fokus auf drei rechtliche Problemfelder gelegt: Flüchtlings- und menschenrechtliche Bedenken gegen Grenzschutzmaßnahmen in Drittstaaten, die im Rahmen von Drittstaatskooperationen durch die EU und ihre Mitgliedstaaten gefordert oder gefördert werden; die Frage nach der Berücksichtigung von individuellen Rechten und Interessen im Rahmen von Überstellungen, die auf Drittstaatskooperationen beruhen; sowie die Anforderungen an das Schutzniveau im jeweiligen Drittstaat, wenn aufgrund von Drittstaatskooperationen Überstellungen von Schutzsuchenden in diesen Staat erfolgen. Im Sinne einer internationalen Verantwortung für den Flüchtlingsschutz und Wahrung individueller Rechte, gilt es hier bei der Frage nach dem Schutzniveau in den betreffenden Drittstaaten die entsprechenden Standards der GFK sowie ergänzend internationaler Menschenrechte als Maßstab für entsprechende Drittstaatskooperationen anzulegen. Insgesamt sind Drittstaatskooperationen, die einen Schwerpunkt auf die Vermeidung oder Auslagerung der internationalen Verantwortung für den Flüchtlingsschutz legen, aus menschen- und flüchtlingsrechtlicher Sicht problematisch. Zudem stehen sie internationaler Solidarität und Verantwortungsteilung auf zwischenstaatlicher Ebene entgegen. Schließlich scheitern solche Drittstaatskooperationen in der Praxis regelmäßig am Kooperationswillen der Drittstaaten. Letztere sind in der Regel Staaten des Globalen Südens, in denen sich bereits die Mehrheit der Schutzsuchenden weltweit befinden.

Im Gegensatz dazu stehen Drittstaatskooperationen, die im Zeichen einer internationale Verantwortungsteilung für den Flüchtlingsschutz stehen. Dazu zählen die finanzielle Unterstützung der humanitären Versorgung von Schutzsuchenden in Drittstaaten, die Stärkung und der Ausbau menschenrechtsbasierter Asyl- und Aufnahmesysteme vor Ort sowie insbesondere die humanitäre Aufnahme von Schutzsuchenden aus Erstaufnahmestaaten. Schließlich werfen aber auch diese Drittstaatskooperationen rechtliche und praktische Fragen auf. Dazu zählen die Berücksichtigung von Individualinteressen und Rechten im Rahmen international vereinbarter humanitärer Aufnahme sowie die Frage nach der Legitimität einer Kopplung von humanitärer Aufnahme und Forderungen verstärkter Grenzkontrollen durch den jeweiligen Drittstaat im Rahmen entsprechender Kooperationen. Drittstaatskooperationen, die einer internationalen Verantwortungsteilung dienen, legen nach ihrer Zielsetzung einen Fokus auf internationale Flüchtlings- und Menschenrechte. Dennoch bedürfen sie einer eindeutigen Rechtsnatur, um die Geltendmachung individueller Rechte durch betroffene Schutzsuchende zu ermöglichen. Dazu zählen auch transparente Aushandlungsprozesse, klare rechtliche Bezugsrahmen, einschließlich eines deutlichen Bekenntnisses zu internationalen Flüchtlings- und Menschenrechten, sowie Monitoring durch unabhängige Akteure. Solche Standards stellen Mindestvoraussetzungen für eine erfolgreiche internationale Zusammenarbeit zur Verantwortungsteilung im Flüchtlingsschutz und eine menschenrechtsbasierte unmittelbare Zugangskontrolle dar.

Teil 3

Gleichheit

„Einheit in der Vielfalt" zwischen Individuen, Gruppen und Gemeinwesen

Judith Froese

I. „Einheit in der Vielfalt" – ein produktives Spannungsverhältnis

Die Formulierung „Einheit in der Vielfalt" bringt ein Spannungsverhältnis auf den Begriff. Einheit ist einerseits ein Ideal und zugleich Gelingensbedingung für den demokratischen Verfassungsstaat. Um das berühmte Diktum *Ernst-Wolfgang Böckenfördes* aufzugreifen: Der freiheitliche Staat lebt von der Voraussetzung der Einheit, die er selbst nicht garantieren kann.[1] Andererseits begegnen Bestrebungen zur Einheitsbildung Bedenken, weil sie Assoziationen zur Einebnung individueller Unterschiede und damit zur Herstellung von Homogenität wecken.

Der Gegenspieler der Einheit, die „Vielfalt", ist einerseits ein tatsächlicher Befund, der die Pluralität der Gesellschaft beschreibt und andererseits ein normatives Ideal in dem Sinne, dass der freiheitliche Verfassungsstaat diese Pluralität zu schützen, ermöglichen oder gar zu fördern hat.

Einheit und Vielfalt erscheinen auf den ersten Blick als kaum miteinander zu vereinbarende Gegensätze. In der Formulierung einer „Einheit in der Vielfalt" werden sie aber nicht als unversöhnliche Gegenpole betrachtet, sondern als produktives Spannungsverhältnis, als anzunehmende Herausforderung, Einheit nicht gegen oder trotz, sondern eben *in* der Vielfalt herzustellen. Ein solches Spannungsverhältnis zwischen Einheit und Vielfalt lässt sich auf verschiedenen Ebenen ausmachen: Im Bundesstaat[2] mit dem föderalen Prinzip der „Vielfalt in staatlicher Einheit"[3] bzw. der „Einheit in der Vielfalt"[4], das einerseits föderale Vielfalt, andererseits gleichwertige Lebensverhältnisse gewährleisten soll; auf

---

[1] *Ernst-Wolfgang Böckenförde*, Die Entstehung des Staates als Vorgang der Säkularisation, 1967, in: ders. (Hrsg.), Staat, Gesellschaft, Freiheit, 1976, S. 92 (113 f.).

[2] Das Spannungsverhältnis zwischen Vielfalt und Einheit kann diesbezüglich als Spannung zwischen Pluralismus ermöglichendem Föderalismus und gesellschaftlichem Einheitsstreben auf eine lange Tradition verweisen, die bis zur Reichsgründung 1871 zurückreicht. Siehe *Brun-Otto Bryde*, Recht und Vielfalt. Zusammenleben in Vielfalt – der verfassungsrechtliche Rahmen, in: Klaus Barwig/Stephan Beichel-Benedetti/Gisbert Brinkmann (Hrsg.), Gerechtigkeit in der Migrationsgesellschaft. Hohenheimer Tage zum Ausländerrecht 2015, 2016, S. 31 (32).

[3] *Josef Isensee*, Der Föderalismus und der Verfassungsstaat in der Gegenwart, AöR 115 (1990), S. 248 (252).

[4] *Armin Dittmann*, Föderalismus in Gesamtdeutschland, in: Josef Isensee/Paul Kirchhof (Hrsg.), Handbuch des Staatsrechts, Bd. IX, 1. Aufl. 1997, § 205 Rn. 2.

supranationaler Ebene in Gestalt des Zusammenschlusses der Mitgliedstaaten in der Europäischen Union. „Einheit in Vielfalt“ ist seit dem Jahr 2000 das Motto der Europäischen Union und „zielt darauf ab, gemeinsame Werte wie Freiheit, Frieden und Solidarität in einer aus unterschiedlichen Kulturen und Sprachen zusammengesetzten Union zu verteidigen“[5]. Was „Einheit in der Vielfalt“ ausdrücken soll, wird hier besonders deutlich: Gemeinsame Werte bilden die Grundlage für den Zusammenschluss der Europäer. Zugleich stellen die in den Mitgliedstaaten bestehenden Unterschiede Bereicherungen dar, sollen also nicht eingeebnet, sondern erhalten bleiben.

Jenseits der Organisation der staatlichen Ordnung ist die Herstellung von „Einheit in Vielfalt“ anzustrebendes Ziel für das Gemeinwesen und betrifft damit auch die Individuen und gesellschaftlichen Gruppen. Im freiheitlichen Verfassungsstaat garantieren zuvörderst die Grundrechte, dass ein jeder nach seiner Façon leben kann. Je unterschiedlicher die Lebensentwürfe der in einem Gemeinwesen lebenden Menschen sind, desto konfliktträchtiger ist das Zusammenleben potentiell. Dass die Lebensentwürfe heutzutage sehr unterschiedlich sind, kann teilweise auf die Einwanderung zurückgeführt werden, erschöpft sich aber nicht hierin. Hinzu kommt eine zunehmende Individualisierung bzw. Singularisierung[6] der Gesellschaft, die zu einem Verlust der „Selbstverständlichkeit“[7] der eigenen Vorstellungen vom guten und richtigen Leben führen.

Das Zusammentreffen unterschiedlicher religiöser (einschließlich areligiöser) Anschauungen, kultureller Praktiken und Traditionen fordern den Staat, der auf ein gewisses Maß an Einheit angewiesen ist, heraus. Genannt seien hier nur die staatliche Bestimmung von Feiertagen, das Händeschütteln[8] als Begrüßungsform und die Gleichberechtigung der Geschlechter. Kann es in einem freiheitlichen, pluralen Gemeinwesen so etwas wie eine Einheit jenseits des Verständnisses darüber, dass ein jeder in seiner Verschiedenheit anzuerkennen ist, überhaupt geben? Darf der Staat kulturell geprägte Vorgaben für eine superdiverse Einwanderungsgesellschaft machen oder ist er zur Neutralität in einem umfassenden Sinne verpflichtet? Lässt sich eine sinnstiftende Einheitsvorstellung, die einerseits überkommene Homogenitätsvorstellungen hinter sich lässt und andererseits nicht in Beliebigkeit aufgeht, überhaupt bilden? Diesen Fragen will ich im Folgenden nachspüren, indem zunächst die verfassungsrechtlichen Anhaltspunkte zur Vielfalt und sodann die einheitsbildenden Angebote des Verfassungsrechts ergründet werden. Eine einfache Antwort wird nicht möglich sein. Das ist aber kein Grund, zu resignieren, sondern vielmehr sich einer fortdauernden

---

[5] https://cordis.europa.eu/article/id/27389-unity-in-diversity/de.

[6] *Andreas Reckwitz*, Die Gesellschaft der Singularitäten, 2017.

[7] *Isolde Charim*, Ich und die Anderen. Wie die neue Pluralisierung uns alle verändert, 2018, insbes. S. 49.

[8] VGH Mannheim, Urt. v. 20.8.2020, 12 S 629/19 zur Verweigerung des Handschlags mit Frauen als Einbürgerungshindernis.

Herausforderung unseres Gemeinwesens anzunehmen: Die nachzuweisende These lautet, dass das Spannungsverhältnis zwischen Einheit und Vielfalt produktiv zu gestalten und fortwährend auszutarieren ist und dass eben hierin auch ein integratives Potential liegt.[9]

II. Verfassungsrechtliche Ermöglichung, Gewährleistung und Förderung von Vielfalt

1. Vielfalt als Befund

Die liberale Demokratie denkt vom Menschen her. Ausgehend hiervon ist der Befund der Vielfalt so zutreffend wie trivial:[10] Jeder Mensch hat individuelle Eigenschaften, Interessen und Belange, die ihn von anderen unterscheiden. In Köln sagt man auch: „Jeder Jeck ist anders."

Wie groß die Vielfalt in einer Gesellschaft ist, lässt sich allerdings von einem rein individualistischen Standpunkt nicht bemessen. Ist ein jeder individuell, so ist die Vielfalt so groß wie die Anzahl der in einem Land lebenden Menschen. Vielfalt ist aber ein relationaler Begriff, der erst durch Anlegung einer gruppenbezogenen Perspektive sichtbar wird.[11] Begreift man Individuen als Angehörige von Gruppen und stellt man die verschiedenen Gruppen in einer Gesellschaft gegenüber, so ergibt der Begriff der Vielfalt Sinn. Es lässt sich dann etwa unterscheiden zwischen Männern und Frauen, zwischen Muslimen und Christen, zwischen West- und Ostdeutschen, zwischen alten und jungen Menschen und zwischen Menschen mit Migrationshintergrund und Menschen ohne einen solchen. Die Anzahl der Gruppen lässt sich beliebig erweitern; insbesondere können durch Überschneidungen[12] von Zugehörigkeiten zusätzliche Gruppen entstehen.

---

[9] Zum integrativen Potential des Dissenses für den gesellschaftlichen Zusammenhalt jüngst *Stephan Harbarth*, Der Auftrag des Staates zur Verwirklichung seiner Voraussetzungen als produktives Dilemma, AöR 148 (2023), S. 1.

[10] Vgl. *Thomas Duve*, Die Justiz vor den Herausforderungen der kulturellen Diversität – rechtshistorische Annäherungen, Einführung in die Ringvorlesung des LOEWE-Schwerpunkts „Außergerichtliche und gerichtliche Konfliktlösung", WS 2013/2014, FB 01 Rechtswissenschaft der Goethe-Universität, Working Paper 7, 18.3.2013, S. 2.

[11] *Duve* (Fn. 10).

[12] Derlei Überschneidungen firmieren bekanntlich unter dem Stichwort der Intersektionalität, zurückgehend auf *Kimberlé Crenshaw*, Demarginalizing the Intersection of Race and Sex: A Black Feminist Critique of Antidiscrimination Doctrine, Feminist Theory and Antiracist Politics, The University of Chicago Legal Forum 1989, S. 139; grundlegende Kritik an dem Konzept der Intersektionalität: *Tristan Garcia*, Wir, 2018, S. 91 ff.; näher zur juristischen Diskussion: *Judith Froese*, Der Mensch in der Wirklichkeit des Rechts. Zur normativen Erfassung des Individuums durch Kategorien und Gruppen, 2022, S. 154 ff.; *Julia Zinsmeister*, Mehrdimensionale Diskriminierung, 2007.

Auf der gruppenbezogenen Basis lassen sich dann die Individualisierung[13] von Lebensentwürfen wie auch die Zuwanderung von Menschen als Vielfaltssteigerungen betrachten.

2. *„Recht auf Verschiedenheit"*

Vielfalt ist aber mehr als ein bloßer Befund, der den Zustand postmoderner Gesellschaften auf den Begriff bringt. Vielfalt hat auch eine normative Dimension. Das Verfassungsrecht gewährleistet und ermöglicht Vielfalt durch unterschiedliche Elemente. Mit Ausnahme des öffentlichen Rundfunks, bei dem das Bundesverfassungsgericht die Gewährleistung der Vielfalt verlangt,[14] wird Vielfalt im Übrigen bloß ermöglicht: Das Zusammenleben in Vielfalt wird vom Grundgesetz ermöglicht und diejenigen, die sich auf die vielfaltsermöglichenden Rechte berufen und diese ausüben, werden geschützt. Dies betrifft zuvörderst die Individuen: Die einzelnen Menschen haben – gewährleistet durch die Grundrechte – ein „Recht auf Verschiedenheit"; einheitsherstellende Maßnahmen müssen sich vor den Individualgrundrechten rechtfertigen lassen. Gruppenbezogenen Minderheitenschutz gewährt das Grundgesetz eingewanderten Minderheiten demgegenüber nicht, was seine liberale Ausrichtung an individuellen Freiheiten zeigt.

Vielfalt in diesem Sinne wird – und das ist wichtig – nicht personenbezogen (als Zusammensetzung der Bevölkerung) verstanden, sondern verhaltensbezogen ermöglicht. Etwa dahingehend, sein Leben am eigenen Glauben auszurichten, das Familienleben nach eigenen Überzeugungen zu gestalten oder eine von der Mehrheitsauffassung verschiedene Meinung zu äußern. Steht einem jeden ein „Recht auf Verschiedenheit" zu, so sind Konflikte unausweichlich. Entsprechend bildet die Toleranz, die jedem Einzelnen abverlangt wird, die Kehrseite der Vielfalt.[15] Sie verlangt, die Freiheitsausübung durch die anderen zu ertragen und hierin liegen mitunter Zumutungen für den Einzelnen.[16] Ein jeder bekommt vorgeführt, dass seine Lebensform nicht „selbstverständlich"[17] ist. Aus diesem Verständnis der Grundrechte als Rechte auf Verschiedenheit ergibt sich auch ein Recht auf „Abweichung" von den Lebensformen der Mehrheitsgesellschaft, von deren sogenannter „Normalität". Geschützt ist indes auch das Recht, sich mehrheitskonform zu verhalten und gerade keine Verschiedenheit in Anspruch zu nehmen.

---

[13] *Reckwitz* (Fn. 6).

[14] BVerfGE 12, 205 (261 f.).

[15] *Stefan Haack*, Verfassungswandel durch Migration, JZ 2017, S. 213 (219); *Bryde* (Fn. 2), S. 33.

[16] Zu den Zumutungen, die die Demokratie den Bürgern auferlegt, indem sie die Begegnung mit und das Aushalten der „Anderen" verlangt: *Sophie Schönberger*, Zumutung Demokratie. Ein Essay, 2023, passim.

[17] Zur Selbstverständlichkeit: *Charim* (Fn. 7), insbes. S. 49 f.

Das „Recht auf Verschiedenheit" hat in erster Linie den Charakter eines Abwehrrechts: Es richtet sich gegen staatliche Vorgaben betreffend die Gestaltung des eigenen Lebens, insbesondere im familiären, kulturellen und religiösen Bereich. Die allgemeinen, für alle Rechtsunterworfenen geltenden Regeln, erfahren durch das „Recht auf Verschiedenheit" nicht unerhebliche Relativierungen. Dies betrifft zuvörderst den religiösen Bereich; prominente Beispiele sind die religiöse Knabenbeschneidung, der koedukative Schulsport und das sog. Schächten. Die allgemeingültigen Regelungen werden wegen des Rechts auf Verschiedenheit zwar nicht geändert, sie werden aber durch die deshalb zu gewährenden Ausnahme- und Befreiungsmöglichkeiten relativiert.[18] Das ist in zweierlei Hinsicht nicht unproblematisch: Zum einen wird auf diese Art und Weise die Allgemeinverbindlichkeit des Rechts partiell in Frage gestellt. Zum anderen berücksichtigt die Rechtsordnung die Vielfalt der Lebensentwürfe in einem Einwanderungsland mit der genannten Regelungstechnik als bloße Ausnahmeerscheinungen und nicht als Teil der gesellschaftlichen „Normalität". Darauf wird noch zurückzukommen sein.[19]

Das „Recht auf Verschiedenheit" spiegelt sich auch in der Integrationsdebatte. Integration wird nicht mehr allein als Anforderung an Einwanderer gestellt (sog. soziale Integration), sondern sie betrifft alle gesellschaftlichen Akteure.[20] Ausnahmen von den für alle geltenden Regeln werden aber mitunter auch versagt und das „Recht auf Verschiedenheit" beschränkt. Im Einwanderungskontext fungiert insbesondere das Ziel der Integration als eine bedeutende Schranke zulässiger Abweichung. Als Beispiel sei hier die Ablehnung des Händeschüttelns mit Frauen durch einen Einbürgerungsbewerber genannt; der VGH Mannheim sah die Einordnung in die deutschen Lebensverhältnisse (§ 10 Abs. 1 S. 1 Hs. 2 StAG) in diesem Fall nicht als gewährleistet an.[21] Das „Recht auf Verschiedenheit" sah sich daher durch das Integrationsziel zurückgedrängt.

---

[18] *Astrid Wallrabenstein*, Recht auf Vielfalt – verfassungsdogmatische Ansätze, in: Klaus Barwig/Stephan Beichel-Benedetti/Gisbert Brinkmann (Hrsg.), Gerechtigkeit in der Migrationsgesellschaft. Hohenheimer Tage zum Ausländerrecht 2015, 2016, S. 39 (41): „Abstrakt formuliert verlangen Freiheitsrechte nach Ausnahmen von den Regeln, aber sie ändern die Regeln nicht."

[19] Siehe hierzu: *Wallrabenstein* (Fn. 18), S. 39 ff.; *Daniel Thym*, Verfassungspatriotismus in der Einwanderungsgesellschaft, AöR 145 (2020), S. 40 (53).

[20] Siehe auch: *Daniel Thym*, Migrationsverwaltungsrecht, 2010, S. 261; *Sina Fontana*, Integrationsrecht, 2022, insbes. S. 137 f.; *Klaus Ferdinand Gärditz*, Die demokratische Gestaltungsverantwortung durch Recht in einer Einwanderungsgesellschaft, EuGRZ 44 (2017), S. 516 (519 ff.).

[21] VGH Mannheim, Urt. v. 20.8.2020, 12 S 629/19. Nach dem Gesetz zur Modernisierung des Staatsangehörigkeitsrechts (Gesetzentwurf der Bundesregierung, BT-Drs. 20/9044), das Anfang 2024 von Bundestag und Bundesrat beschlossen wurde, wird die Voraussetzung der Einordnung in die deutschen Lebensverhältnisse, die 2019 in das StAG aufgenommen wurde, gestrichen. Stattdessen werden konkrete Ausschlussgründe für die Einbürgerung normiert.

3. *Vielfalt als Ziel bzw. als Ideal*

Die Grundrechte gewährleisten den Individuen ein „Recht auf Verschiedenheit“. Darin erschöpft sich die aktuelle Vielfaltsdiskussion indes nicht. Vielfalt bzw. Diversität ist kein bloßer Befund. Sie wird zunehmend als Ideal, als erstrebenswertes Ziel für das Gemeinwesen, aber auch für private Akteure (bspw. Unternehmen; Stichwort: „diversity management“) angesehen.[22] Von Diversität sollen nicht nur die einzelnen Gruppen, sondern die Gesamtgesellschaft profitieren.[23]

Dieses Verständnis von Vielfalt als Ideal hat andere Bezugspunkte und Inhalte als das „Recht auf Verschiedenheit“: Es setzt erstens nicht bei den Individuen an, sondern bei einzelnen gesellschaftlichen Gruppen. Zweitens geht es über den abwehrrechtlichen Charakter hinaus und verlangt umfassende Teilhabe und Repräsentation aller gesellschaftlichen Gruppen, wobei das Augenmerk darauf liegt, strukturell benachteiligte Gruppen einzubeziehen. Anknüpfungspunkt ist weniger das Verhalten von Individuen, sondern verstärkt deren gruppenbezogene Identität.

In einem solchen gruppenbezogenen Sinn soll Vielfalt nicht nur ermöglicht, sondern gewährleistet werden. Als Mittel der Vielfaltsgewährleistung lassen sich insbesondere sog. positive Maßnahmen, darunter Vorschläge zur Einführung von Quotenregelungen identifizieren, die im Einwanderungskontext zumeist an den sog. Migrationshintergrund oder die Migrationsgeschichte einer Person anknüpfen sollen.[24] Hierdurch soll gewährleistet werden, dass diese Personengruppe in allen gesellschaftlichen und staatlichen Bereichen entsprechend ihres Anteils an der Bevölkerung teilhat und repräsentiert wird – etwa in den Bundesbehörden und den Parlamenten. Für unsere Zwecke gilt es zunächst festzuhalten, dass das Grundgesetz grundsätzlich keine solche gruppenbezogene Perspektive anlegt, sondern Vielfalt im Sinne des geschilderten „Rechts auf Verschiedenheit“ ermöglicht, d. h. als verhaltensbezogenes Individualgrundrecht ausgestaltet.

III. Einheitsbildende Angebote des Verfassungsrechts

Bei Anerkennung und Förderung der individuellen und gruppenbezogenen Verschiedenheiten bedarf das Gemeinwesen aber einer gewissen Einheit. Worin

---

[22] Für Diversitätsbestrebungen in der Rechtswissenschaft siehe: *Michael Grünberger u. a.*, Diversität in Rechtswissenschaft und Rechtspraxis, NJW 2021, S. 1799.

[23] Näher: *Froese* (Fn. 12), S. 34.

[24] Siehe insbesondere den Vorschlag zur Einführung eines Bundespartizipationsgesetzes; Entwurf der Bundeskonferenz der Migrantenorganisationen abrufbar unter: http://s890498910.online.de/wp-content/uploads/2021/11/Gesetzentwurf_Bundespartizipationsgesetz_V4b_Nov 2021.pdf; siehe hierzu auch (befürwortend): *Thomas Groß*, Die Verfassungskonformität einer Quote für Eingewanderte, JZ 76 (2021), S. 880.

kann diese in einer diversen oder gar „superdiversen"[25], postmigrantischen Gesellschaft liegen? Einheit kann allein schon wegen der verfassungsrechtlichen Ermöglichung von Vielfalt nicht erzwungen werden. Daher ist im Folgenden von bloßen einheitsbildenden Angeboten des Verfassungsrechts die Rede.

Tendenziell auf Einheit gerichtet sind Maßnahmen, die der Integration dienen. Denn Integration ist ein Vorgang der Einheitsbildung. Die Einheitsbildung unter dem Grundgesetz erfolgt aber nicht im Sinne einer strikten Assimilation oder mit dem Ziel der Herstellung von Homogenität. Sie ist in mehrfacher Hinsicht begrenzt: Erstens ist Integration keine einseitige Anforderung an Einwanderer, sondern richtet sich auch an jeden Einzelnen, die Gesellschaft als Ganze und den Staat.[26] Grenzen der Einheitsbildung ergeben sich zweitens aus der Garantie von Pluralismus, aus der Freiheit und Gleichheit der Individuen. Insbesondere die Grundrechte gewährleisten Individualität, Abweichung von Mehrheitsvorstellungen und die Wahrung der eigenen kulturell geprägten Identität – kurzum ein „Recht auf Verschiedenheit". Aus diesen Begrenzungen der Einheitsbildung ergibt sich notwendigerweise, dass die Einheitsbildung im Verfassungsstaat sich nicht in einen Gegensatz zur Vielfalt setzen, sondern nur in Vielfalt erfolgen kann.

Das Grundgesetz enthält nur wenige und zudem allgemeine Anknüpfungspunkte für die Gewährleistung einer „Einheit in der Vielfalt", die sich aus einer Zusammenschau von Staatszielprinzipien und Grundrechten herleiten lassen. Insbesondere adressiert das Grundgesetz die Herausforderungen der Einwanderung nicht direkt und enthält auch keine explizite Bestimmung zur Gewährleistung von Vielfalt.[27]

Zwischen Einheitsbildung und Vielfaltsgewährleistung besteht ein ambivalentes Verhältnis, ein Spannungsverhältnis, das sich nicht vollständig auflösen lässt, sondern das vielmehr als produktives Spannungsverhältnis ausgehalten werden muss. Die fortdauernde Herausforderung, der es sich immer wieder neu zu stellen gilt, lautet: Wie kann es gelingen, die Diversität der Identitäten zu berücksichtigen, ihnen gerecht zu werden, zugleich aber ein gewisses Maß an Einheit herzustellen? Das Grundgesetz hält einzelne Angebote zur Einheitsbildung bereit: Diese sind einerseits personenbezogen ausgestaltet und setzen bei den Einwanderern an (Zugehörigkeit zum Staatsvolk), andererseits adressieren sie

[25] Begriffsprägend: *Steven Vertovec*, Super-diversity and its implications, Ethnic and Racial Studies 30 (2007), S. 1024 ff.; siehe ferner: *Anuscheh Farahat*, Inklusion in der superdiversen Einwanderungsgesellschaft, JöR N. F. 66 (2018), S. 337 (345 f.).

[26] Zur Unterscheidung zwischen Sozial- und Systemintegration: *Fontana* (Fn. 20), S. 14 f. m. w. N.; siehe dazu auch: *Gabriele Buchholtz*, Begrifflichkeiten und deren Kritik im Migrationskontext: Integration – Migrationshintergrund – postmigrantisch, in diesem Band, S. 51 (53 f.).

[27] Es finden sich neben der hier betonten Funktion der Grundrechte als „Recht auf Verschiedenheit" einzelne Vielfaltsgewährleistungen, insbesondere: Art. 5 GG (öffentlich-rechtlicher Rundfunk), Art. 36 GG (föderale Vielfalt); siehe im Einzelnen: *Anna Leisner-Egensperger*, Vielfalt – ein Begriff des öffentlichen Rechts, 2004, passim; *Froese* (Fn. 12), S. 33 ff., 434 ff.

den Staat (Neutralitätsvorgaben) oder sie haben einen inhaltlichen Bezugspunkt (Verfassungspatriotismus, Gemeinwohl). Quer zu diesen drei Bereichen liegt das Ziel der Integration: Es adressiert sowohl die Einwanderer wie auch den Staat, die Gesellschaft als Ganze und jeden Einzelnen der sog. Mehrheitsgesellschaft.

1. Personelle Anknüpfungspunkte

a) Zugehörigkeit zum Staatsvolk

Das primäre personelle Angebot zur Einheitsbildung ist die Zugehörigkeit zum Staatsvolk. Der Erwerb der deutschen Staatsangehörigkeit bildet den Zugang zum Wahlrecht für die Landtage und den Deutschen Bundestag.[28] Mit der Integration in das Staatsvolk werden statusrechtliche Differenzierungen aufgehoben; es erfolgt eine Vollintegration. Weil es ein dauerhaftes Auseinanderfallen von Aufenthalt und Zugehörigkeit zum Staatsvolk zu vermeiden gilt, kann man in dem Erwerb der Staatsangehörigkeit mehr als ein bloßes Angebot erblicken. Die weitgehende Identität von Wohnbevölkerung und Staatsvolk stellt ein wünschenswertes, rechtlich aber nicht erzwingbares Ideal dar. Hier lässt sich freilich weiter danach fragen, welche Anforderungen an die Zugehörigkeit zum Gemeinwesen gestellt werden sollten, d. h. unter welchen Voraussetzungen eine Einbürgerung erfolgt und wie sich die Rechtsordnung zur Mehrstaatigkeit verhält. Der Gesetzgeber verfügt diesbezüglich über Gestaltungsspielräume.

b) Zugang zum Wahlrecht, oder: Wahlen als Integrationsvorgang

Die Integration lässt sich aber auch prozesshaft denken, als Integration innerhalb des demokratischen Prozesses. Die Wahlen können als Integrationsvorgang bei der politischen Willensbildung des Volkes begriffen werden. Solange die Staatsangehörigkeit aber Voraussetzung für die politische Teilhabe ist, besteht ein Defizit in Bezug auf in Deutschland lebende Ausländer. Teils wird daher ein Zugang zum Wahlrecht unabhängig von der Staatsangehörigkeit gefordert (sog. Ausländerwahlrecht).[29] In der Konzeption des Bundesverfassungsgerichts stellt die Zugehörigkeit zum Staatsvolk indes bekanntlich die einzige Möglichkeit dar, politische Teilhabe zu ermöglichen, weil diese notwendige Voraussetzung für die politischen Teilhaberechte ist.

c) Politische Gleichheit jenseits von Staatsangehörigkeit und Wahlrecht

Auch jenseits von Staatsangehörigkeit und Wahlrecht bestehen Angebote, die als der Einheitsbildung dienend verstanden werden können. Eine politische

---

[28] Bei den Kommunalwahlen sind Unionsbürger, die die deutsche Staatsangehörigkeit nicht besitzen, gem. Art. 28 Abs. 1 S. 3 GG wahlberechtigt.

[29] *Farahat* (Fn. 25), S. 354 ff.

Gleichheit kann auch auf anderem Wege gewährleistet werden als durch die Zugehörigkeit zum Staatsvolk oder die Möglichkeit, an nationalen Wahlen teilzunehmen.[30] Man kann insofern von einem Polypolitanismus sprechen und die Vielzahl der Zugehörigkeiten von Einwanderern akzentuieren. Politisches Gehör können sich Einwanderer – als Polypoliten – auch auf anderen Wegen als durch nationale politische Institutionen verschaffen, beispielsweise auf kommunaler Ebene, durch das Engagement in einer Partei oder einer Gewerkschaft.[31] Ungeachtet der Staatsangehörigkeit garantiert das Grundgesetz das Recht, die eigene Meinung zu äußern und hierüber an öffentlichen, politischen Meinungsbildungsprozessen teilzuhaben und wenngleich die Versammlungsfreiheit als Deutschen-Grundrecht gewährleistet wird, steht dieses in besonderem Maße demokratische Recht bekanntlich auch Nicht-Deutschen zu.[32] Damit verfügen auch Menschen, die in Deutschland leben ohne die deutsche Staatsangehörigkeit zu haben, über durchaus gewichtige Möglichkeiten der Teilhabe am Diskurs. In anderem Zusammenhang formuliert das Bundesverfassungsgericht bekanntlich, dass das Grundgesetz auf die „Kraft der freien Auseinandersetzung“ vertraut und verweist zudem auf das „bürgerschaftliche Engagement im freien politischen Diskurs“ und die „staatliche Aufklärung und Erziehung in den Schulen gemäß Art. 7 GG“[33]. Damit sind zugleich zentrale Elemente der gesellschaftlichen Einheits- und Konsensbildung benannt.

2. Anforderungen an den Staat

Angebote zur Einheitsbildung können zweitens vom Staat ausgehen, wenn dieser bestimmten Anforderungen gerecht wird. Hier lässt sich zunächst danach fragen, welche Rückwirkungen die gesellschaftliche Vielfalt auf den Staat als „Heimstatt aller Staatsbürger“[34] hat und ob und wie er sich zu den unterschiedlichen Lebensentwürfen positionieren darf (Neutralität). Es lassen sich zudem gewisse Mindestanforderungen identifizieren, die der Staat für die Freiheit und Gleichheit der Individuen zu gewährleisten hat.

a) (Kulturelle) Neutralität des Staates

Teils wird verlangt, der Staat müsse angesichts der Diversität der Gesellschaft und der Vorstellungen vom guten Leben weitestgehend neutral sein. In der (kul-

---

[30] *Danielle Allen*, Politische Gleichheit, 2020, S. 181 ff.

[31] *Allen* (Fn. 30), S. 188.

[32] Der personelle Schutzbereich des Art. 8 GG wird teils entsprechend ausgelegt oder der Schutz erfolgt über Art. 2 Abs. 1 GG als allgemeine Handlungsfreiheit. Auf einfach-rechtlicher Ebene gewährleisten das Versammlungsgesetz des Bundes und die Versammlungsgesetze der Länder jedermann das Recht, sich zu versammeln; siehe nur § 1 Abs. 1 S. 1 VersG.

[33] BVerfGE 124, 300 (320).

[34] BVerfGE 108, 282 (299).

turellen) Neutralität des Staates wird also gewissermaßen eine Voraussetzung für und Ermöglichung von Einheitsbildung gesehen. Diese Form der Neutralität soll über die Anforderungen hinausgehen, die der Staat im religiösen Bereich zu beachten hat und sich auf alle kulturell geprägten Aspekte beziehen.

Diese Anforderung begegnet in zweierlei Hinsicht Bedenken. Erstens erscheint es bereits zweifelhaft, ob der Staat sich in einem umfassenden, kulturellen Sinne neutral verhalten kann.[35] Nahezu jede rechtliche Regelung ist in irgendeiner Weise kulturell imprägniert, beispielsweise die Festlegung des Sonntags als Ruhetag oder des Karfreitags als stillen Feiertag. Begründet werden diese Bestimmungen heutzutage zwar nicht mehr mit christlichen Bezügen, sondern u.a. mit den Zwecken der Ruhe und Einkehr und der synchronen Taktung des gesellschaftlichen Lebens.[36] Sie wurzeln aber ohne Zweifel in kulturellen Gegebenheiten. Noch deutlicher wird dies bei Bestimmungen wie dem Verbot der sog. Auschwitzlüge (§ 130 Abs. 3 StGB), der Ausnahme vom Verbot des Sonderrechts für nationalsozialistische Äußerungen (§ 130 Abs. 4 StGB)[37] und dem Verständnis der menschlichen Würde. All diese Positionierungen sind nicht neutral, sondern erklären sich erst aus den historischen Gegebenheiten eines partikularen Gemeinwesens.

Ein Weg zu einer möglichst starken Enthaltung des Staates ist es, jegliche kulturelle Sinndeutungen in den privaten Raum zu verweisen. In einem umfassenden Sinne beträfe diese Verbannung ins Private nicht allein religiöse Bekundungen und Zeichen, sondern kulturelle Bezugnahmen und Ausdrucksformen in einem weiten Sinne.[38] Dazu zählen aber auch alltägliche Formen des Miteinanders wie die Art, sich zu grüßen und das Handschütteln. Im Kontext der rechtlichen und gesellschaftlichen Diskussion um das sichtbare Tragen religiöser Zeichen (etwa: Kopftuch) zeigt sich bereits, dass sich die individuelle Freiheit des einzelnen Grundrechtsträgers nicht trennscharf in eine private und eine gesellschaftliche Sphäre unterteilen lässt. Zur Freiheit aus Art. 4 Abs. 1, Abs. 2 GG gehört schließlich „auch das Recht des Einzelnen, sein gesamtes Verhalten an den Lehren seines Glaubens auszurichten und seiner inneren Glaubensüberzeugung gemäß zu handeln“[39].

---

[35] Für eine „Unmöglichkeit der Neutralität“: *Daniel Thym*, Volk, Migration, Nation, in: Uwe Kischel/Hanno Kube (Hrsg.), Handbuch des Staatsrechts, Bd. I, 4. Aufl. 2023, § 11 Rn. 75; in diese Richtung auch bereits *Christoph Möllers*, Pluralität der Kulturen als Herausforderung an das Verfassungsrecht?, in: Horst Dreier/Eric Hilgendorf (Hrsg.), Kulturelle Identität als Grund und Grenze des Rechts, 2008, S. 223, der auf die Ambivalenz der Begriffe „Kultur“ und „kulturelle Differenzen“ hinweist; innerhalb des Rechtssystems lasse sich nicht mehr unterscheiden zwischen kulturell imprägnierten und anderen Normen (S. 231).

[36] Vgl. BVerfGE 143, 161, Rn. 60.

[37] BVerfGE 124, 300, Rn. 64 ff.

[38] Zur Neutralität in einem allgemeinen Sinne: *Stefan Huster*, Die ethische Neutralität des Staates, 2002, passim.

[39] BVerfGE 108, 282.

Selbst wenn man unterstellte, dass eine Unterscheidung zwischen kulturell imprägnierten und neutralen Vorgaben möglich wäre, so ist es dem Staat nicht verwehrt, sich durch sein Recht kulturell zu positionieren.[40] Dabei liegt die Betonung auf der Art und Weise der kulturellen Positionierung: Diese darf ausschließlich durch das Recht erfolgen, denn dann geht es nicht um ein „gefühltes", nicht beeinflussbares Kulturverständnis, sondern um normativ verankerte Grundsätze, auch wenn diese mitunter deutungsoffen und auslegungsbedürftig sind. So ist beispielsweise die (2019 in das StAG eingefügte und kürzlich gestrichene) Einbürgerungsvoraussetzung, dass die Einordnung in die deutschen Lebensverhältnisse gewährleistet sein muss (§ 10 Abs. 1 S. 1, Hs. 2 StAG), eine rechtlich normierte Voraussetzung, die das Ziel der Integration verfolgt. Wenn diese Voraussetzung als nicht erfüllt angesehen wird, weil ein Einbürgerungsbewerber das Händeschütteln mit Frauen ablehnt,[41] dann wird kein „gefühltes" Recht durchgesetzt, sondern ein normatives – durchaus auslegungsbedürftiges – Tatbestandsmerkmal auf einen konkreten Fall angewandt. Der Gesetzgeber hat bei einer ethisch imprägnierten Gesetzgebung selbstredend die Grenzen der Grundrechte zu achten.

b) Gewährleistung von Freiheit und Gleichheit

Was der Staat aber zu gewährleisten hat, sind die Grundbedingungen dafür, dass sich die Menschen – nicht nur, aber eben auch im Einwanderungskontext – als Freie und Gleiche begegnen können.[42] Hinsichtlich der Freiheit wird dies dadurch gewährleistet, dass das Grundgesetz das „Recht auf Verschiedenheit" individualgrundrechtlich schützt. Bezüglich der Gleichheit ist im Einwanderungskontext insbesondere Art. 3 Abs. 3 S. 1 GG relevant, der (Un-)Gleichbehandlungen in Anknüpfung an die aufgeführten Merkmale verbietet. Hiervon geschützt sind zwar alle Menschen,[43] besondere Relevanz erlangen insbesondere die Diskriminierungsverbote wegen der „Rasse" und des Glaubens indes im Einwanderungskontext.[44] Dieser Grundbestand an Freiheits- und Gleichheitsrech-

---

[40] *Martin Nettesheim*, Liberaler Verfassungsstaat und gutes Leben, 2017, S. 32 f.; auch *Liav Orgad*, The Cultural Defense of Nations. A Liberal Theory of Majority Rights, 2. Aufl. 2015, hält es für legitim, dass der Staat partikulare Prinzipien und Werte privilegiere, sieht in Normalitätsbezügen im Recht allerdings eine verdeckte Strategie der Universalisierung von Mehrheitsinteressen und schlägt die Einführung von Rechten der Mehrheit vor.

[41] VGH Mannheim, Urt. v. 20.8.2020, 12 S 629/19.

[42] Dazu zählt nach *Anna Katharina Mangold*, Demokratische Inklusion durch Recht, 2021, insbes. S. 421 ff. der reaktive Diskriminierungsschutz, der die Begegnung als Freie und Gleiche ermögliche.

[43] Siehe nur *Judith Froese*, in: Karl-Heinrich Friauf/Wolfram Höfling (Hrsg.), Berliner Kommentar zum Grundgesetz, Lfg. 1/2023, Art. 3 (2. Teil) Rn. 59; *Simon Kempny/Philipp Reimer*, Die Gleichheitssätze, 2012, S. 36 f.

[44] Das Merkmal der Sprache ist in diesem Kontext hingegen regelmäßig nicht einschlägig; hierdurch geschützt werden sollen insbesondere Angehörige nationaler Minderheiten, siehe

ten umfasst jedoch keine Gruppenrechte und erfordert auch keine proaktiven Maßnahmen wie bspw. Quotenregelungen zugunsten von nach Deutschland eingewanderten Menschen. Dieser Grundbestand an Gewährleistungen bleibt insofern defizitär, als hieraus keine politischen Rechte für Ausländer erwachsen (s. o.). Soweit es um die politische Gleichheit geht, bedarf es anderer einheitsbildender Angebote in personeller Hinsicht wie insbesondere der bereits genannten Zugehörigkeit zum Staatsvolk.[45]

3. *Inhaltliche Bezugspunkte*

In inhaltlicher Hinsicht lassen sich zwei zentrale einheitsbildende Angebote des Verfassungsrechts[46] identifizieren: Erstens, der Verfassungspatriotismus, der sich in eine große Zahl von Einzelgewährleistungen untergliedern lässt und zweitens die regulative Idee des Gemeinwohls. Beide können als Angebote verstanden werden, sich mit dem Gemeinwesen zu identifizieren und ein Wir-Gefühl zu schaffen – erzwingen können sie dies freilich nicht.

a) Verfassungspatriotismus als Identifikationsangebot

Als gemeinsamer Bezugspunkt wird bereits seit geraumer Zeit das Grundgesetz beschworen. Unter dem – bekanntlich durch Dolf Sternberger geprägten – Begriff des Verfassungspatriotismus[47] sollen die im Grundgesetz, insbesondere in den Grundrechten verkörperten Werte und Ziele Bezugspunkte für den gesellschaftlichen Zusammenhalt darstellen. Es wäre jedoch ein Fehlschluss, die Ver-

---

nur: *Froese* (Fn. 43), Art. 3 (2. Teil) Rn. 117 m. w. N. Nach der Rechtsprechung des BVerfG liegt in der Verwendung der deutschen Sprache als Gerichtssprache keine (mittelbare) Benachteiligung von Ausländern; Art. 3 Abs. 3 GG verpflichte nicht zum „Ausgleich sprachbedingter Erschwernisse, die im Tatsächlichen auftreten" – BVerfGE 64, 135 (157). Dass im Einbürgerungsverfahren Kenntnisse der deutschen Sprache verlangt werden, stellt nach der Rechtsprechung des BVerwG wie auch des BVerfG keine Benachteiligung von Ausländern dar. Bei Nichterfüllung der aufenthaltsrechtlichen Voraussetzungen knüpfe die Versagung des Aufenthaltstitels nicht daran an, „dass der Ausländer eine bestimmte Sprache spricht, sondern dass er nicht über einfache Kenntnisse der deutschen Sprache verfügt", BVerwGE 136, 231 Rn. 55, bestätigt (ohne ausdrückliche Bezugnahme auf Art. 3 Abs. 3 S. 1 GG) durch BVerfG, Beschl. v. 25.03.2011, 2 BvR 1413/10. Hingegen erblickte das BVerfG in der Auferlegung von Dolmetscherkosten eine Benachteiligung wegen der Sprache i. S. v. Art. 3 Abs. 3 S. 1 GG, BVerfG, Beschl. v. 07.10.2003, 2 BvR 2118/01.

[45] Siehe oben III. 1. a).

[46] Zum außerrechtlichen Angebot für die Entstehung eines „Wir-Gefühls" unter Verweis auf die entsprechenden kulturwissenschaftlichen Vorschläge (u. a.: *Aleida Assmann*, Die Wiederentdeckung der Nation, 2020, passim; *Herfried Münkler/Marina Münkler*, Die neuen Deutschen: ein Land vor seiner Zukunft, 2016); *Ferdinand Weber*, „Wir-Gefühl" in einer diversen Gesellschaft, in diesem Band S. 71 ff.; in diese Richtung auch bereits: *Froese* (Fn. 12), S. 328 ff. (Kategorien als Basis für das Entstehen von „groupness").

[47] Begriffsprägend: *Dolf Sternberger*, Verfassungspatriotismus, FAZ v. 23.5.1979; ausführlicher: *Dolf Sternberger*, Verfassungspatriotismus, 1982; *Jan-Werner Müller*, Verfassungspatriotismus, 2010; spezifisch im Einwanderungskontext: *Thym* (Fn. 19), S. 40 ff.

einnahmung des Grundgesetzes von praktisch allen Seiten bereits als gelungene Einheitsbildung zu deuten. Einigkeit besteht gemeinhin darin, sich auf das Grundgesetz zu beziehen, seine Werte und Errungenschaften zu preisen. Dass in der Deutung der einzelnen Bestimmungen des Grundgesetzes gerade in Anbetracht polarisierender Fragen im Kontext von Einwanderung und Integration vielfach unterschiedliche, gar konträre und nicht miteinander zu vereinbarende Sichtweisen auf das Grundgesetz existieren, kann dann allzu schnell aus dem Blick geraten. Der Bezugspunkt der Einheit ist nämlich keineswegs statisch, weil das Grundgesetz als „living constitution“ einer dynamischen Auslegung zugänglich ist, die vom Bundesverfassungsgericht auch regelmäßig praktiziert wird.

Die mögliche gemeinsinnstiftende und einheitsbildende Funktion des Verfassungspatriotismus zeigt sich schließlich darin, dass das Grundgesetz immer wieder Projektionsfläche gesellschaftlicher Debatten ist und symbolisch aufgeladen werden soll – im hiesigen Kontext etwa durch eine Vielfaltsbestimmung (Vorschlag zur Einfügung eines Art. 20b GG) oder durch die Aufnahme zusätzlicher Diskriminierungsmerkmale in den Katalog des Art. 3 Abs. 3 GG.

Ob die normativen Grundlagen einer Gemeinschaft inkludierend wirken können, wird auch von ihrer Ausgestaltung abhängen, konkret, ob sich der Einzelne mit seinen Vorstellungen vom guten Leben hierin wiederfindet. Entscheidend hierfür ist nicht allein, ob eine Art zu leben von der Rechtsordnung toleriert wird. Es spielt auch eine Rolle, auf welche Art und Weise die Rechtsordnung die unterschiedlichen Vorstellungen vom guten Leben in sich aufnimmt. Kurzum: Behandelt die Rechtsordnung Einwanderung als Normalität? Wie bereits im Kontext des „Rechts auf Verschiedenheit“ dargestellt, führt Verschiedenheit grundsätzlich nicht zu einer Änderung der Regelungsstrukturen, sondern zur Gewährung von Ausnahmen und Befreiungen von den allgemeinen Regeln – und zwar zumeist durch die Rechtsprechung oder auf Initiative der Rechtsprechung hin.[48] Das ist in zweierlei Hinsicht problematisch: Zum einen werden die allgemeinverbindlichen Regeln hierdurch in nicht unerheblicher Weise relativiert.[49] Zum anderen basiert eine solche Regelungstechnik auf einem

---

[48] So im Fall der Teilnahme muslimischer Schülerinnen am koedukativen Schwimmunterricht: Das BVerwG stellte 2013 praktische Konkordanz zwischen der allgemeinen Schulpflicht und der Religionsfreiheit der Schülerinnen her: Die Teilnahme sei in einer Badebekleidung, die muslimischen Bekleidungsvorschriften entspricht (Burkini), zumutbar, BVerwGE 147, 362. Eine vergleichbare Möglichkeit zur Herstellung praktischer Konkordanz sah das BVerwG hingegen nicht im Falle eines Sikhs, der aus religiösen Gründen einen Turban trägt und daher eine Befreiung von der Pflicht, beim Motorradfahren einen Schutzhelm zu tragen (§ 21a Abs. 2 S. 1 StVO), begehrte; ein Anspruch auf Befreiung bestehe – auch vor dem Hintergrund des Art. 4 GG – nicht, BVerwGE 166, 125. Anders beurteilt wurde wiederum das Verbot des Schlachtens warmblütiger Tiere ohne Betäubung (§ 4a Abs. 1 TierschG); nach einem Urteil des BVerfG sind die betreffenden Normen des TierSchG im Lichte von Art. 2 Abs. 1 i. V. m. Art. 4 Abs. 1, Abs. 2 GG so auszulegen, dass muslimische Metzger eine Ausnahmegenehmigung für das sog. Schächten erhalten können, BVerfGE 104, 337.

[49] Dies hat Implikationen für die Akzeptanz der politischen Mehrheit und ihrer Entscheidun-

zu hinterfragenden Normalitätsverständnis: So gehen bspw. Neutralitätsvorgaben (Stichwort: Kopftuch), die Pflicht zum Tragen eines Schutzhelms beim Motorradfahren (Stichwort: turbantragender Sikh), die Festlegung von Feiertagen oder die Regelungen zur allgemeinen Schulpflicht implizit davon aus, dass es im „Normalfall" nicht zu einer unangemessenen Einschränkung individueller Freiheit kommt. Die Normen nehmen einen Interessenausgleich vor zwischen den öffentlichen Belangen und den individuellen Grundrechten, der im Regelfall angemessen ist. Dass sich dieser Interessenausgleich in manchen Fällen – gerade im Einwanderungskontext – als unangemessen darstellen kann, behandelt das Recht im religiösen Bereich teilweise als Ausnahme von der „Normalität". Das ist nicht per se illegitim. Denn das Recht darf und muss in einem gewissen Maße von einer Normalität im Sinne einer statistischen Regelhaftigkeit ausgehen; es stellt damit nicht zwangsläufig Erwartungen an die Individuen, dieser Normalität gerecht zu werden.[50] Weil Recht aber auf ein Sollen gerichtet ist, kann es nie rein deskriptiv sein. Das bedeutet nicht, dass rechtlich gesetzte Normalität stets hierarchisierende oder ausgrenzende Effekte hätte und die Lebensform der Mehrheit als Normalität kaschierte und privilegierte.[51] Der Normalitätsbereich wird für unterschiedliche Vorstellungen vom guten Leben zwar durch Grundrechtsauslegung zunehmend dynamisiert und flexibilisiert. Damit erfolgt jedoch allenfalls ein zögerliches Eingeständnis in die Realität der Einwanderung mit all ihren Folgen. Mit Blick auf das Ideal eines Gemeinsinns in einer pluralen Gesellschaft wäre zu erwägen, Regelungsstrukturen zu hinterfragen und ggfs. proaktiv mit Blick auf die Herausforderungen im Einwanderungskontext abzuändern – in dem Sinne, dass die Belange von Einwanderern regelungstechnisch nicht bloß als Ausnahmen verarbeitet, sondern ausdrücklich Teil des rechtlichen Normalitätsbereichs würden.[52] Einwanderung wäre – wie auch Klimaschutz, Digitalisierung, Nachhaltigkeit oder Geschlechtergerechtigkeit – als Querschnittsmaterie[53] zu begreifen und im Sinne eines „Mainstreaming" systematisch in das Recht einzuarbeiten. Ein Beispiel hierfür ist die Aufrechterhaltung der allgemeinen Schulpflicht und die Schaffung einer grundrechtsschonenden Ausgestaltung (Stichwort: Burkini) für Schülerinnen muslimischen Glaubens. Die Herstellung praktischer Konkordanz erfolgte hier freilich erst durch die Rechtsprechung.[54]

---

gen, siehe: *Frank Schorkopf*, Einheit und Vielfalt, Mehrheit und Minderheit, in: Uwe Kischel/Hanno Kube (Hrsg.), Handbuch des Staatsrechts, Bd. I, 4. Aufl. 2023, § 14 Rn. 32; *ders.*, Menschenrechte und Mehrheiten, ZaöRV 82 (2022), S. 19 (20).

[50] Zu den unterschiedlichen Deutungsmöglichkeiten von „Normalität": *Froese* (Fn. 12), S. 230 ff.

[51] Näher: *Froese* (Fn. 12), S. 260 ff.

[52] In diese Richtung auch: *Thym* (Fn. 19), S. 52.

[53] Zur Integration als Aufgabe mit Querschnittscharakter: *Daniel Thym*, Migrationsfolgenrecht, VDStRL 76 (2017), S. 169 (174).

[54] BVerwGE 147, 362.

Jenseits des religiösen Bereichs finden sich aber auch andere Regelungstechniken: Die Verschiedenheit der Identitäten und der Lebensentwürfe verändert hier den Bereich des Allgemeinen bzw. des „Normalen":[55] So haben gleichgeschlechtliche Partnerschaften eine zunehmende Angleichung an verschiedengeschlechtliche Partnerschaften erfahren und können seit Einführung der sog. Ehe für alle[56] im Jahr 2017 gleichermaßen die bürgerlich-rechtliche Ehe schließen. Der Normalitätsbereich der geschlechtlichen Identität wurde durch die Anerkennung von Trans- und Intergeschlechtlichkeit erweitert.[57] Diese Regelungsbereiche haben zwar Fragen der Identität zum Gegenstand; einen näheren Bezug zum Einwanderungskontext weisen sie indes nicht auf. Die dort relevanten Fragen betreffen in weiten Teilen den religiösen Bereich, in dem vielfach mit Ausnahme- und Befreiungsregelungen gearbeitet wird.

Auch mit Blick auf Teilhabemöglichkeiten sind einerseits Regelungen denkbar, die die Belange von Einwanderern als „Sonderrecht" adressieren und andererseits solche, die sie in das allgemeine Recht integrieren. Ersteres ist der Fall, wenn gesetzliche Bestimmungen auf den Migrationshintergrund einer Person abstellen. Ein aktuelles Beispiel ist der Vorschlag für ein Partizipationsgesetz, das den Anteil von Personen mit Migrationshintergrund in den Bundesbehörden erhöhen soll und zu diesem Zweck auf die sog. Migrationsgeschichte abstellt.[58] Mit Blick auf Teilhabemöglichkeiten lassen sich demgegenüber auch Maßnahmen entwickeln, die nicht spezifisch den Migrationshintergrund adressieren, sondern bspw. für eine Tätigkeit in der öffentlichen Verwaltung bestimmte Fremdsprachenkenntnisse verlangen.[59]

Einwanderung als Querschnittsmaterie zu behandeln und systematisch in alle Bereiche des Rechts zu integrieren, bedeutet nicht, dass der Staat jegliche Belange adressieren und berücksichtigen müsste; es besteht durchaus ein großer politischer Gestaltungsspielraum. Einwanderung und ihre Begleiterscheinungen nicht als bloße Ausnahme zu begreifen, würde aber einerseits der Realität Deutschlands als Einwanderungsland[60] gerecht und hat andererseits auch Potentiale für die Identifikation von Einwanderern mit dem Gemeinwesen und seiner Rechtsordnung.

---

[55] Näher zu den hier genannten und weiteren Bereichen unter dem Aspekt der Normalität: *Froese* (Fn. 12), S. 292 ff. m. w. N.

[56] Gesetz zur Einführung des Rechts auf Eheschließung für Personen gleichen Geschlechts vom 20.7.2017, BGBl. I Nr. 52, S. 2787.

[57] Zur sog. dritten Option siehe BVerfGE 147, 1.

[58] Entwurf der Bundeskonferenz der Migrantenorganisationen abrufbar unter: http://s890498910.online.de/wp-content/uploads/2021/11/Gesetzentwurf_Bundespartizipationsgesetz_V4b_Nov2021.pdf.

[59] Siehe *Constanze Janda/Milena Herbig*, Positive Maßnahmen für mehr Vielfalt in der öffentlichen Verwaltung. Ein Rechtsgutachten, Friedrich-Ebert-Stiftung, 2022, S. 30.

[60] Siehe dazu *Daniel Thym*, Deutschlands langer Weg zum Einwanderungsland, in diesem Band, S. 1 ff.

Zudem gilt es zu bedenken, dass der Normalitätsbereich dynamisch ist und sich u. a. durch Einwanderung verändern kann. Wenn der zunächst atypische Fall – bspw. kopftuchtragende Schülerinnen, Lehrerinnen und Rechtsreferendarinnen oder turbantragende Sikhs – immer häufiger auftritt oder gar zur Regel wird,[61] kann dies die allgemeine Regelung in Frage stellen. Die entsprechenden Regelungen (betreffend das äußere Erscheinungsbild bzw. das Tragen eines Schutzhelms) stellen wohl keine Typisierungen dar, sind jene doch gekennzeichnet vom Ziel einer Verwaltungsvereinfachung durch Ausblendung des atypischen Falls und dementsprechend vor allem im Steuer- und Sozialrecht anzutreffen.[62] Es dürfte sich vielmehr um eine jeder Rechtsnorm innewohnende Generalisierung handeln, die vom konkreten Fall abstrahiert: „Gesetzgeben heißt verallgemeinern"[63]. Der Gesetzgeber „gewinnt aus dem Anschauungsmaterial, das ihm das zu regelnde Substrat liefert, im Wege der Abstraktion das begriffliche Abbild des Tatbestandes – farbloser, inhaltsärmer, starrer als sein Vorbild; aber gerade damit geeignet, eine Fülle künftiger Individualfälle zu ergreifen und einem Ordnungsziel zu unterwerfen"[64]. Die einmal vorgenommene Abstraktion von der Vielzahl der Lebenserscheinungen kann brüchig werden, wenn sie nur noch einen kleinen Teil der Lebenswirklichkeit zutreffend erfasst.

b) Die regulative Idee des Gemeinwohls als Identifikationsangebot

aa) Einheitsstiftende Wirkung der regulativen Idee des Gemeinwohls

Einheitsstiftende Wirkungen können auch von der regulativen Idee des Gemeinwohls ausgehen. Das Bundesverfassungsgericht weist dem Staat die Aufgabe zu, „Hüter des Gemeinwohls gegenüber Gruppeninteressen"[65] zu sein. Josef Isensee versteht die regulative Idee des Gemeinwohls dahingehend, dass in ihr „die Ei-

[61] Gemeint ist eine Normalität im quantitativen Sinne (d. h. einer statistischen Häufigkeit) und nicht im qualitativen Sinne. Eingehend zu den unterschiedlichen Normalitätsverständnissen und ihrer Herleitung: *Froese* (Fn. 12), S. 238 ff. m. w. N.

[62] Zur Typisierung: *Josef Isensee*, Die typisierende Verwaltung. Gesetzesvollzug im Massenverfahren am Beispiel der typisierenden Betrachtungsweise des Steuerrechts, 1976; *Lerke Osterloh*, Gesetzesbindung und Typisierungsspielräume bei der Anwendung der Steuergesetze, 1992; *Sebastian Müller-Franken*, Maßvolles Verwalten: Effiziente Verwaltung im System exekutiver Handlungsmaßstäbe am Beispiel des maßvollen Gesetzesvollzugs im Steuerrecht, 2004; *Stefan Huster*, Rechte und Ziele. Zur Dogmatik des allgemeinen Gleichheitssatzes, 1993, S. 245 ff.; ferner für den Bereich der gesetzlichen Unfallversicherung: *Thomas Spitzlei*, Die Gesetzgebungstechnik der Pauschalierung und ihre verfassungsrechtliche Bewertung: Dargestellt am Beispiel der gesetzlichen Unfallversicherung des SGB VII, 2016; Typisierungen kommen indes auch „jenseits der Regelung von Vorgängen der Massenverwaltung" in Betracht, BVerfGE 151, 101, 5. Leitsatz; zu Typisierungen im Bereich personaler Identität: *Gabriele Britz*, Einzelfallgerechtigkeit versus Generalisierung: Verfassungsrechtliche Grenzen statistischer Diskriminierung, 2008.

[63] *Paul Kirchhof*, Allgemeiner Gleichheitssatz, in: Josef Isensee/Paul Kirchhof (Hrsg.), Handbuch des Staatsrechts, Bd. VIII, 3. Aufl. 2010, § 181 Rn. 126.

[64] *Isensee* (Fn. 62), S. 96.

[65] BVerfGE 33, 125 (159).

gen- und Sonderbelange aufgehoben [werden] in der dreifachen Bedeutung des Wortes: – in ihrer ursprünglichen Form außer Kraft gesetzt, – auf eine höhere Ebene gehoben, – aufbewahrt und gesichert“[66]. Gemeint ist hiermit, dass in ihr „alle Ziele, die das gute Leben des Gemeinwesens ausmachen, und alle Belange, von denen es abhängt, als Einheit gedacht werden, in der alle gemeinschaftsbezogenen Normen zusammenfließen: die Regel der Regeln“[67]. Sie kann einheitsstiftend wirken, weil sie sich auf das ganze Gemeinwesen bezieht und nicht bloß auf einzelne Belange seiner Glieder – der Individuen und Gruppen.

bb) Das Dilemma des Gemeinwohls

Das Gemeinwohl ist indes mit einem Dilemma behaftet: Als hoch abstrakte, ausfüllungsbedürftige Idee wird es zwar als unentbehrlich für jede Gemeinschaft angesehen. Die Begriffsbestimmung bereitet jedoch größte Schwierigkeiten und wird daher nicht selten als Leerformel abqualifiziert. Dass das Gemeinwohl nicht in der „Summe der individuellen Interessen der wahlberechtigten Staatsbürger“ aufgehen kann, versteht sich nahezu von selbst: Was für den einen vorteilhaft ist, kann für den anderen mit Nachteilen verbunden sein.[68] Zwischen den divergierenden Interessen ist im Verfassungsstaat praktische Konkordanz herzustellen.

Das Gemeinwohl ist notwendigerweise offen für unterschiedliche Deutungen und einem Wandel zugänglich. Jenseits der Ewigkeitsgarantie des Art. 79 Abs. 3 GG enthält das Grundgesetz keine statischen Vorgaben und Bindungen hinsichtlich der Vorstellungen vom guten Leben bzw. dem Gemeinwohl. Das Gemeinwohl bedarf der Konkretisierung, die maßgebend durch den demokratischen Gesetzgeber erfolgt und damit von den jeweiligen politischen Mehrheitsverhältnissen abhängig ist. Damit wird gerade auch anerkannt, dass die Möglichkeit, sich weiterzuentwickeln und zu verändern, zu jeder Kultur zählt.[69]

Der Inhalt des Gemeinwohls kann immer nur innerhalb der jeweiligen Gemeinschaft festgelegt werden und steht nicht ein für alle Mal fest. Er ist wandelbar und jeder Einzelne ist nicht nur befugt, sondern dazu berufen, an der Konkretisierung des Gemeinwohls mitzuwirken. Auf diese Weise können die eigenen partikularen Anschauungen, die Eigen- und Sonderinteressen Eingang finden

---

[66] *Josef Isensee*, Konkretisierung des Gemeinwohls (2004), in: Otto Depenheuer (Hrsg.), Staat und Verfassung, 2018, S. 33 (42).

[67] *Josef Isensee*, Gemeinwohl im Verfassungsstaat, in: Josef Isensee/Paul Kirchhof (Hrsg.), Handbuch des Staatsrechts, Bd. IV, 3. Aufl. 2006, § 71 Rn. 17.

[68] Siehe nur die jüngst in den Sozialwissenschaften geführte Auseinandersetzung um die Frage nach dem Gemeinwohl zwischen *Christian Blum*, Wessen Wohl ist denn nun das Gemeinwohl? Eine (späte) Antwort auf Claus Offe, Leviathan 51 (2023), S. 3 (mit Beispielen zur Corona-Pandemie) und *Claus Offe*, Das Gemeinwohl auf der Kippe, Leviathan 51 (2023), S. 30.

[69] Siehe *François Jullien*, Es gibt keine kulturelle Identität. Wir verteidigen die Ressourcen einer Kultur, 2017, S. 47 ff.; *Jeremy Waldron*, MJLR 25 (1992), S. 751; *Kwame Anthony Appiah*, The Lies That Bind. Rethinking Identity. Creed, Country, Colour, Class, Culture, 2018, S. 205 ff.

in das, was ein Gemeinwesen unter dem Gemeinwohl versteht, an dem es sein Handeln ausrichtet.

cc) Vielfalt als Bestandteil des Gemeinwohls?

Auch die Vielfalt kann Teil des Gemeinwohls sein – insofern als sie nicht bloß den Interessen partikularer Gruppen, sondern der Allgemeinheit, sprich dem allgemeinen Wohl dient.[70] Eine hiervon zu unterscheidende Frage ist, wie das Recht Vielfalt ermöglicht und mitunter fördert und gewährleistet. Ansätze, die Vielfalt gruppenbezogen auszugestalten suchen– wie bspw. eine sog. Migrantenquote – haben ambivalente Wirkungen. Anders als Gruppenbildungen, die im gesellschaftlichen Raum von den Individuen ausgehen, droht eine staatlicherseits vorgenommene Gruppenbildung Identitäten zu essentialisieren.[71] Dies betrifft nicht allein den Einwanderungskontext, hier stellt sich aber die besonders anspruchsvolle Frage, wie die Rechtsordnung die betreffenden Personen adressieren kann. Die Staatsangehörigkeit ist insofern nicht mehr das relevante Kriterium. Zugehörigkeitsfragen stellen sich jenseits dieses formalen Bandes. So werden derartige Zugehörigkeitsfragen mitunter auch unter dem Begriff des Rassismus verhandelt. Ein Versuch, sie konkret zu adressieren, erfolgt über das Merkmal des Migrationshintergrunds oder der Migrationsgeschichte. Einerseits helfen diese Kriterien, etwas auf den Begriff zu bringen, das sich rein formal nicht recht fassen lässt. Denn auch Personen, deren Vorfahren schon lange Zeit in Deutschland leben und die deutsche Staatsangehörigkeit besitzen, können von der Mehrheitsgesellschaft als „Fremde“ wahrgenommen werden und Benachteiligungen erfahren. Andererseits ist ein solches Kriterium zu weit, weil es auch Personen erfasst, die kaum Integrationshürden begegnen und die in der Regel keine nennenswerten Diskriminierungserfahrungen machen, wie beispielsweise Schweizer Studentinnen, die nach Deutschland kommen. Andererseits können hierdurch Selbst- und Fremdzuschreibungsprozesse verstärkt werden: Die eigene Wahrnehmung als eine von der Mehrheitsgesellschaft verschiedene Person und die Wahrnehmung durch andere als eine solche. Daneben birgt eine gruppenbezogene Reinterpretation des Gemeinwohls die Gefahr, dessen einende Potentiale zu vernachlässigen.

---

[70] In diesem Sinne bzgl. der Gewährleistung kultureller Diversität: EGMR, Urt. v. 13.11.2007, Nr. 57325/00, *D.H. u.a. gegen Tschechien*, Rn. 176; auch die Diversität der Belegschaft von Unternehmen, Behörden und Hochschulen („diversity management“) wird als (wirtschaftlicher) Erfolgsfaktor angesehen und dient insofern einem übergeordneten Interesse; näher: *Froese* (Fn. 12), S. 434 ff.

[71] Näher zur Essentialisierung: *Froese* (Fn. 12), insbes. S. 220 ff.; sowie *Emanuel V. Towfigh*, „Dilemma der Differenz“: verfassungsrechtliche und gesellschaftspolitische Perspektiven, in diesem Band, S. 231 ff.

dd) Gleichsetzung des Gemeinwohls mit den (partikularen) Interessen der Mehrheit?

Dass das Gemeinwohl deutungsoffen ist und sich sein Verständnis dynamisch entwickelt, bedeutet nicht, dass es schlicht identisch ist mit den (partikularen) Interessen der Mehrheit oder dass es gar ein Taschenspielertrick wäre, der die partikularen Interessen der Mehrheitskultur durch sein universales Antlitz kaschiert. Liav Orgad sieht hierin und in anderen Bereichen eine Technik des „universalizing the particular" und schlägt stattdessen vor, solche partikularen Interessen offen als Rechte der Mehrheit („majority rights") auszuflaggen, sie seien nämlich durchaus legitim.[72]

Das Recht muss sich indes gegen eine solche Entlarvung des Gemeinwohls als partikular wenden, um der regulativen Idee, auf die die staatliche Gemeinschaft essentiell angewiesen ist, nicht verlustig zu werden.[73]

IV. Potentiale von Spannungen und Streit

Den vorgestellten einheitsbildenden Angeboten des Verfassungsrechts liegen die Prämissen zugrunde, dass ein gewisses Maß an Einheit trotz der Verschiedenheit der Individuen und Gruppen erstens möglich ist und dass hierin zweitens nicht per se eine kaschierte Privilegierung der Mehrheit liegt. Während die Ermöglichung von Vielfalt insbesondere durch die Individualgrundrechte erfolgt, findet eine Einheitsbildung über das Gemeinwesen, sprich: den Staat, statt: Personell durch die Zugehörigkeit zum Staatsvolk, sachlich-inhaltlich durch die Mitwirkung an der Herausbildung des Gemeinwohls.

„Einheit in der Vielfalt" zu begreifen bedeutet in der Konsequenz, dass es sich um einen offenen und dynamischen Prozess handelt, dessen Ziel nur in Ansätzen feststeht. So wie der Begriff der Integration nicht das Ziel benennt (Integration wohin?), steht auch die Einheit in der Vielfalt für einen offenen Prozess. Ein solcher offener Prozess bringt – und auch dies ist in dem Begriff angelegt – Spannungen und Streit mit sich. Hierin lässt sich aber durchaus ein produktiver Charakter erkennen, der der „offenen Gesellschaft der Verfassungsinterpreten"[74] Gestaltungsspielräume eröffnet. Damit der Streit um die „Einheit in der Vielfalt" produktiv geführt werden kann, müssen gewisse Voraussetzungen gegeben sein. In institutioneller Hinsicht bedarf es eines weiten politischen Gestaltungsspiel-

---

[72] *Orgad* (Fn. 40), passim; Kritik an dieser Konzeption bei *Christian Joppke*, Majorities Need No Rights, Verfassungsblog am 17.02.2016; *Christian Joppke*, Is Multiculturalism Dead?, 2017, insbes. S. 153 ff.; *Nettesheim* (Fn. 40), S. 37 f.

[73] *Froese* (Fn. 12), S. 518.

[74] *Peter Häberle*, Die offene Gesellschaft der Verfassungsinterpreten: Ein Beitrag zur pluralistischen und „prozessualen" Verfassungsinterpretation, JZ 1975, S. 297.

raums, der die widerstreitenden Positionen einem Ausgleich zuführt und politische Akzente setzen kann.[75] Dies impliziert eine gewisse Zurückhaltung der Gerichte, zumal des Bundesverfassungsgerichts. Denn Spannungen und Streit (um Einheit und Vielfalt) entstehen im politischen Raum und können dort ihre produktive Wirkung entfalten. Demgegenüber setzt die (Verfassungs-)Rechtsprechung verbindliche Entscheidungen an die Stelle des politischen Austarierens; durch verfassungsrechtliche Verankerung stellt sie Werte und Positionen tendenziell außer Streit.[76] In inhaltlicher Hinsicht verlangt eine Debatte, die das Einende in den Blick nimmt, Konflikte als Ausdruck von Interessengegensätzen und nicht als Konflikte von Identitäten im Sinne eines „Wir" gegen „die Anderen" zu begreifen. Kommunikation und Konflikt sind hiernach nicht als Gegensätze zu betrachten. Konflikte werden vielmehr kommunikativ ausgetragen und können produktiv gestaltet werden, wenn abweichende Meinungen als prinzipiell legitim anerkannt werden und politische Streitfragen nicht zu moralischen Grundsatzfragen (nicht selten unter Berufung auf das Grundgesetz oder die Grundrechte) erklärt werden. Auf dieser Basis kann ein konstruktiver, durchaus produktiver Streit über den richtigen Weg geführt werden, der ein ständiges Neuaushandeln des Gemeinsamen erfordert.[77]

V. Fazit

„Einheit in der Vielfalt" drückt keinen Gegensatz aus, sondern ein produktives Spannungsverhältnis. Es ist fortdauernde Aufgabe des Gemeinwesens wie auch der Individuen, dieses Spannungsverhältnis auszuhalten und nach Formen der Einheitsbildung zu suchen, die eine Identifikation mit dem Gemeinwesen ermöglichen, ohne dabei die partikularen Besonderheiten einzuebnen. Den Boden dafür bietet das Grundgesetz, das trotz seiner textlichen Starrheit eine dynamische Grundlage bildet, die sich jede Generation diskursiv aneignen muss.

Inwieweit es einer Rechtsordnung gelingt, als Basis der Einheitsbildung zu dienen, hängt nicht zuletzt von ihrer konkreten Ausgestaltung ab. Bedenken bestehen insofern hinsichtlich solcher Regelungstechniken, die jeweils eine Art „Sonderrecht" für einzelne gesellschaftliche Gruppen schaffen oder an personenbezogene Merkmale wie dasjenige des Migrationshintergrunds anknüpfen. Regelungen, die möglichst allgemein formuliert sind und alle Normadressaten einbeziehen, sind solchen Regelungen vorzuziehen, die die Belange unterschiedlicher gesellschaftlicher Gruppen gesondert ausweisen. Ein (fiktives) Negativbei-

---

[75] Siehe auch *Thym* (Fn. 19), S. 53 f.

[76] Vgl. *Nettesheim* (Fn. 40).

[77] In diese Richtung auch *Frank Schorkopf*, Staat und Diversität – Agonaler Pluralismus für die liberale Demokratie, 2017, S. 46 f.; zur Konfliktermöglichung und -bewältigung durch Recht: *Harbarth* (Fn. 9), S. 14 ff.

spiel in diesem Sinne wäre beispielsweise eine Regelung zur Schutzhelmpflicht beim Motorradfahren, die in ihren einzelnen Absätzen Ausnahmen für unterschiedliche Gruppen vorsähe, also etwa in Absatz 2 eine Ausnahme für kopftuchtragende Muslima, in Absatz 3 für turbantragende Sikhs etc. Demgegenüber vorzuziehen sind Regelungen wie diejenigen in den Beamtengesetzen, die sich allgemein auf das Erscheinungsbild von Beamtinnen und Beamten beziehen.[78] Freilich bedarf es je nach Fallkonstellation einer exakteren Festlegung, die sich dann mitunter stärker auf die betroffene Personengruppe bezieht. Ein Beispiel hierfür ist die Ausnahmeregelung des § 4a Abs. 2 Nr. 2 TierSchG, die auf die Bedürfnisse von Angehörigen bestimmter Religionsgemeinschaften abstellt, denen zwingende Vorschriften ihrer Religionsgemeinschaft das Schächten vorschreiben oder den Genuss von Fleisch nicht geschächteter Tiere untersagen. Der Gesetzgeber sollte aber bei der Rechtssetzung stets versuchen, die Einwanderung und die durch sie bedingten Herausforderungen mitzubedenken und möglichst allgemein gehaltene Regelungstechniken wählen, die alle ansprechen.

Eine Kategorie wie diejenige des Migrationshintergrunds kann zwar durchaus geeignet sein, um Handlungsbedarfe in einem ersten Schritt überhaupt erst zu erkennen und sichtbar zu machen. Um sie zum Anknüpfungspunkt für rechtliche Regelungen zu machen und als handhabbares Kriterium in der Rechtsanwendung heranzuziehen, bedürfte sie einer deutlichen Konturschärfung. Dies birgt jedoch die Gefahr der Essentialisierung und Zuschreibung von Merkmalen, was wiederum dem Ziel einer Einheitsbildung entgegenstehen kann.

Einwanderung gilt es als Querschnittsmaterie zu begreifen, die potentiell alle rechtlichen Bereiche tangiert und herausfordert. Auf diese Weise können der Gesetzgeber wie auch die rechtsanwendenden Gewalten zur Einheitsstiftung beitragen.

---

[78] Siehe etwa § 45 HBG im Fall des sog. Kopftuchverbots für Rechtsreferendarinnen, BVerfGE 153, 1.

„Dilemma der Differenz“: verfassungsrechtliche und gesellschaftspolitische Perspektiven eines diverseren Rechtsstaats

Emanuel V. Towfigh

I. Einleitung

„Deutschland als Einwanderungsland“. Diese Feststellung des Titels dieser Tagung ist Grundlage und Ausgangspunkt dieses Beitrags, denn eine der sichtbarsten Folgen dieser Einwanderung ist die wachsende Diversität unserer Gesellschaft. Die Zusammensetzung der Gesellschaft ist heterogen – in Deutschland leben Menschen unterschiedlichster Herkünfte, Hautfarben, Religionen, sexueller Orientierungen, Bildungsgrade oder sozio-ökonomischen Status. Diversität ist ein sozialer Fakt. In der Herren-Fußballnationalmannschaft spielen Niclas Füllkrug und Matthias Ginter, Emre Can und Serge Gnabry; sie unterscheiden sich nicht nur in ihren Frisuren.

Gleichzeitig gibt es gesellschaftliche Bereiche, die diese gesellschaftliche Diversität nur in geringem Maße widerspiegeln. Im Jahr 2022 haben nur die Vorstände von drei Dax-Unternehmen ein ausgewogenes Geschlechterverhältnis, mehr als die Hälfte der 160 an der Frankfurter Börse notierten Unternehmen hat überhaupt noch kein weibliches Vorstandsmitglied.[1] Es gibt zahlreiche Dax-Vorstände mit ausländischem Pass, einen „klassischen“ Migrationshintergrund sucht man hingegen vergeblich. Mit Cem Özdemir hat die Bundesregierung erst seit 2021 – zum ersten Mal in der Geschichte der Bundesrepublik Deutschland – einen Minister, dessen Eltern als sog. Gastarbeiter nach Deutschland gekommen sind. Und auch das Rechtswesen hat in Sachen Diversität sowohl in der juristischen Praxis als auch in der Rechtswissenschaft Nachholbedarf.[2] In einem viel beachteten offenen Brief wiesen Rita Süssmuth und Macit Karaahmetoğlu darauf hin, dass es unter 456 Bundesrichter*innen niemanden gibt, dessen Name prima facie auf eine Einwanderungsgeschichte hindeute.[3]

---

[1] Bericht der *ALLBRIGHT-Stiftung*, Kampf um die besten Köpfe: Die Konkurrenz um Vorständinnen nimmt zu, September 2022.

[2] *Michael Grünberger u. a.*, Diversität in Rechtswissenschaft und Rechtspraxis, 2021.

[3] *Rita Süssmuth/Macit Karaahmetoğlu*, Integration in der Justiz. Mehr Einwanderungsgeschichte für Bundesgerichte, Spiegel v. 18.1.2023.

Seriöse, empirisch fundierte Antworten auf die sich aufdrängende Frage, warum das so ist, gibt es praktisch nicht. Die Sorge, dieses vermeintlich „heikle", politisch und identitätsideologisch aufgeladene Thema anzugehen, stehen einer sachlichen Debatte oft im Wege. Und es gibt eine Reihe handfester methodischer Schwierigkeiten, die uns unmittelbar in diverse Dilemmata führen. Eines dieser Dilemmata ist zum Beispiel die Frage, ob Cem Özdemir denn nun ein türkischstämmiger oder schwäbischer Bundesminister ist. Sein Name legt einen anderen Schluss nahe als der Geburtsort und der unüberhörbare schwäbische Zungenschlag. In welche Kategorie lässt er sich einordnen? Worauf soll es ankommen und wer entscheidet das eigentlich? Wie ist ein Konflikt zwischen Selbst- und Fremdwahrnehmung aufzulösen? Und braucht es überhaupt eine Kategorisierung?

Auf diese Konflikte und Fragen soll im Folgenden nachgegangen und gleichsam aus der Vogelperspektive die juristische Praxis (Justiz, Verwaltung, Anwaltschaft) und das universitäre Studium betrachtet werden. Trotz aller Vorbehalte und Herausforderungen ist es zwingend notwendig, sich diesen Diskussionen zu stellen, sie konstruktiv anzugehen und sich um (mehr) Diversität zu bemühen.

II. Worüber sprechen wir bei Diversität?

1. Verfassungsrechtliche Dimension

Verfassungsrechtliche Grundpfeiler wie das Rechtsstaatsprinzip und die Grundrechte verpflichten das Rechtssystem, die dem Recht unterworfenen Menschen in all ihrer Vielfalt gleich zu behandeln.[4] Das Grundgesetz schafft mit den Gleichheitsgrundrechten einen Rechtsrahmen, der sich der Vielfalt öffnet und Exklusion und Diskriminierung grundsätzlich ausschließt.[5] Es etabliert den Staat als „Heimstatt aller Bürger".[6]

Art. 3 GG ist – nach heute vorherrschender Lesart: formaler – Ausdruck dieser Verpflichtung und verpflichtet zunächst einmal den Staat, Gleiches gleich und Ungleiches ungleich zu behandeln. Der allgemeine Gleichheitssatz des Art. 3 Abs. 1 GG wird dabei in Art. 3 Abs. 3 GG um ein umfassendes Diskriminierungsverbot ergänzt, welches Ungleichbehandlungen wegen eines der dort genannten besonderen Merkmale (Geschlecht, Abstammung, „Rasse", Sprache, Heimat und Herkunft, Glauben, religiöse oder politische Anschauung, Behinderung) ver-

---

[4] *Ute Sacksofsky*, § 19 Gleichheitsrechte, in: Matthias Herdegen u. a. (Hrsg.), Handbuch des Verfassungsrechts, 2021, S. 1229 Rn. 15.

[5] *Nina Althoff*, Das Diskriminierungsverbot im nationalen deutschen Recht, in: Albert Scherr/Aladin El-Mafaalani/Gökçen Yüksel (Hrsg.), Handbuch Diskriminierung, 2017, S. 239 (244).

[6] BVerfGE 108, 282 (298).

bietet. Darüber hinaus enthält Art. 3 Abs. 2 GG neben einem Diskriminierungsverbot ein Gleichstellungsgebot und ist Grundlage eines Förderungsauftrags zu Herstellung der Gleichberechtigung im Sinne einer individuellen Chancengleichheit. Das Schutzniveau des Diskriminierungsverbots aus Art. 3 Abs. 3 GG ist hoch: Die Ausgestaltung als absolutes Anknüpfungsverbot verlangt für die Rechtfertigung unmittelbarer Diskriminierungen ein Gesetz, das kollidierendes Verfassungsrecht konkretisiert und in der Abwägung verarbeitet.[7]

2. *Gesellschaftliche Dimension*

Bis vor nicht allzu langer Zeit lag der Fokus bei Diversität vor allem auf der Geschlechtervielfalt. Es wurden verschiedenste Gleichstellungsmaßnahmen entwickelt und eingesetzt, um der Unterrepräsentanz von Frauen in den verschiedensten gesellschaftlichen Bereichen entgegenzuwirken. Inzwischen hat sich der Diversitätsbegriff erweitert, und es werden in Anknüpfung an die Diskriminierungsmerkmale des Grundgesetzes und des Allgemeinen Gleichstellungsgesetzes weitere marginalisierte Gruppen einbezogen. Zu diesen Diskriminierungsmerkmalen gehören klassischerweise „Rasse“, ethnische Herkunft bzw. Abstammung, Sprache, Geschlecht, Glaube (also Religion bzw. Weltanschauung), Behinderung, Alter und sexuelle Identität.[8] Aber auch der sozio-ökonomische Status gewinnt zunehmend als Diversitätsmerkmal an Bedeutung.[9]

Diese verschiedenen Aspekte von Diversität dürfen nicht gegeneinander ausgespielt werden. Mit Diversität verhält es sich wie mit einer Box von Kleenex-Tüchern: Mit jedem Papiertuch, das der Box entnommen wird, wird ein weiteres mit hinausgezogen. Auch die unterschiedlichen Aspekte der Diversität sind eng miteinander verwoben. *Intersektionalität* ist typisch für Diskriminierung[10] und daher beachtenswert bei der Befassung mit Diversität. Die verschiedenen Diversitätsmerkmale überschneiden sich, in der Regel lässt sich niemand nur einer Gruppe zuordnen, verschiedene Diversitätsmerkmale und Zuschreibungen treffen kumulativ zusammen.[11] Eine Person kann Kölner Frau, Muslima und Arbeiterkind sein, eine andere Person ist im Senegal geborener, männlicher Christ, beide vereinen in ihrer Person verschiedene Gruppenzugehörigkeiten.

---

[7] *Susanne Baer/Nora Markard,* in: Hermann v. Mangoldt/Friedrich Klein/Christian Starck, Grundgesetz, Art. 3 GG Rn. 433.

[8] *Anna Katharina Mangold/Mehrdad Payandeh,* Antidiskriminierungsrecht – Konturen eines Rechtsgebiets, in: dies., Handbuch Antidiskriminierungsrecht, 2022, S. 3 Rn. 77.

[9] *Mangold/Payandeh* (Fn. 8), Rn. 78.

[10] *Mangold/Payandeh* (Fn. 8), Rn. 91.

[11] *Baer/Markard* (Fn. 7), Rn. 442; *Nora Markard,* Die andere Frage stellen: Intersektionalität als Analysekategorie im Recht, KJ 2009, S. 353; *Anna Katharina Mangold,* Mehrdimensionale Diskriminierung – Potentiale eines materialen Gleichheitsverständnisses, Rechtsphilosophie 2016, S. 152; *Emanuel V. Towfigh/Christian Traxler/Andreas Glöckner,* Geschlechts- und Herkunftseffekte bei der Benotung juristischer Staatsprüfungen, ZDRW 2018, S. 115.

Diversitätsfragen bedürfen daher eines holistischen Ansatzes – anstatt verschiedene Diversitätsmerkmale gegeneinander auszuspielen oder sie zu hierarchisieren,[12] insbesondere wenn man davon ausgeht, dass Verbesserungen für eine Gruppe zu einer Verbesserung der Situation aller marginalisierter Gruppen führen können.

III. Warum ist es so schwer, über Diversität zu sprechen?

1. Kategorisierungen

Die eingangs en passant vorgenommene Einordnung aufgrund äußerer Merkmale wie der Hautfarbe oder des Namens von Fußballspielern und Bundesministern in Kategorien ist, wie angesprochen, aus verschiedenen Gründen problematisch. Die Kategorisierung von Diversitätsmerkmalen stellt uns im Diskurs vor Herausforderungen und Dilemmata, die sich nicht ohne Weiteres überwinden lassen. So haben wir es bei diesen Merkmalen teilweise mit problematischen Konzepten und Attributen zu tun:[13] Der Begriff der „Rasse" ist höchst umstritten, der Begriff „Migrationshintergrund" einerseits zwar eindeutig definiert, andererseits aber untauglich, verallgemeinerbare Aussagen über derart attribuierte Personen zu treffen, oder als Stellvertretermerkmal etwa bei Erhebungen zu rassistischer Diskriminierung zu dienen.[14]

Jede Kategorisierung stößt unweigerlich an Grenzen, vor allem, wenn die Intersektionalität der Merkmale nicht ignoriert werden soll. Daneben ist eine Kategorisierung von Menschen jedenfalls in Deutschland historisch problematisch. Bis heute gibt es etwa unter Sintizze und Romnja große Vorbehalte gegenüber der staatlichen Erfassung einer Gruppenzugehörigkeit,[15] und nicht ohne Grund gelten personenbezogene Daten,

> „aus denen die rassische und ethnische Herkunft, politische Meinungen, religiöse oder weltanschauliche Überzeugungen oder die Gewerkschaftszugehörigkeit hervorgehen, sowie die Verarbeitung von genetischen Daten, biometrischen Daten zur eindeutigen Iden-

---

[12] *Susanne Baer*, Das Kategorienproblem und die Herausbildung eines postkategorialen Antidiskriminierungsrechts, in: Anna Katharina Mangold/Mehrdad Payandeh (Hrsg.), Handbuch Antidiskriminierungsrecht, 2022, S. 246.

[13] *Linda Supik*, Statistik und Diskriminierung, in: Albert Scherr/Aladin El-Mafaalani/Gökçen Yüksel (Hrsg.), Handbuch Diskriminierung, 2017, S. 191 (194).

[14] Vgl. hierzu die ausführliche Auseinandersetzung mit diesem Konflikt bei *Gabriele Buchholtz*, Begrifflichkeiten und deren Kritik im Migrationsrechtskontext, in diesem Band; außerdem *Naika Foroutan*, Postmigrantische Gesellschaften, in: Heinz Ulrich Brinkmann/Marina Sauer (Hrsg.), Einwanderungsgesellschaft Deutschland, 2016, S. 227; *Anne-Kathrin Will*, Migrationshintergrund im Mikrozensus. Wie werden Zuwanderer und ihre Nachkommen in der Statistik erfasst?, 2018.

[15] *Supik* (Fn. 13), S. 197 ff.

tifizierung einer natürlichen Person, Gesundheitsdaten oder Daten zum Sexualleben oder der sexuellen Orientierung einer natürlichen Person“

gem. Art. 9 DS-GVO, als besonders schutzwürdig.[16]

Dass wie im US-Bundesstaat Virginia bei bußgeldbewehrten Verkehrsverstößen automatisch und ungefragt die „Rasse“ des Verkehrssünders im Protokoll aufgenommen wird, ist in Deutschland mit Blick auf die rassistische, auf der Kategorisierung und Abwertung von Menschen beruhenden Vernichtungspolitik der Nationalsozialisten undenkbar.[17]

Erschwerend kommt hinzu, dass die Zuordnung von Diversitätsmerkmalen unter Umständen Fremdzuschreibungen enthält, die nicht nur für eine derart beschriebene Person unpassend oder unzutreffend sein, sondern darüber hinaus stigmatisierende Wirkung entfalten können, da sie ihrerseits auf Stereotypen beruhen bzw. diese perpetuieren.[18]

2. Dilemma der Differenz und Essentialisierung

Diversitätsfragen lassen sich allerdings nur diskutieren, wenn der Blick auf Unterschiede gerichtet wird und eine Differenzierung anhand solcher Merkmale erfolgt, die gerade nicht Gegenstand einer Ungleichbehandlung sein dürfen. Das führt unweigerlich in das sog. „Dilemma der Differenz“:[19] Um über Diversität bzw. fehlende Diversität sprechen zu können, um empirisch belastbare Erkenntnisse gewinnen zu können, müssen gerade jene Differenzierungsmerkmale identifiziert werden, die überwunden werden sollen. Mangelnde Geschlechterdiversität wird nur erkennbar, wenn das Geschlecht als Differenzierungskriterium herangezogen wird. Dass damit gerade die Vorstellung eines Unterschieds zwischen den Geschlechtern perpetuiert und die Differenz herausgestellt wird, die überwunden werden soll, ist ein Dilemma, das sich nicht auflösen lässt.[20]

Ein weiteres Problem ist, dass die Fokussierung auf bestimmte Merkmale die Gefahr birgt, essentialistischem Denken Vorschub zu leisten, demzufolge Menschen sich anhand „natürlicher“ Merkmale unterscheiden lassen. Es findet eine Reduzierung auf Label oder Attribute statt, als wären sie essenziell, eindeutig

[16] Vgl. *David Kampert*, Art. 9 DS-GVO, in: Gernot Sydow/Nikolaus Marsch (Hrsg.), DS-GVO BDSG, 3. Aufl. 2022.

[17] *Supik* (Fn. 13), S. 197.

[18] *Emanual V. Towfigh*, Der Umgang mit Empirie beim Nachweis von Diskriminierung, in: Anna Katharina Mangold/Mehrdad Payandeh (Hrsg.), Handbuch Antidiskriminierungsrecht, 2022, S. 759 (761).

[19] *Baer* (Fn. 12), S. 235; *Elisabeth Holzleithner*, Rechtskritik der Geschlechterverhältnisse, KJ 2008, S. 250 (252); *Ulrike Lembke/Doris Liebscher*, Postkategoriales Antidiskriminierungsrecht? – Oder: Wie kommen Konzepte der Intersektionalität in die Rechtsdogmatik?, in: Simone Philipp u. a. (Hrsg.), Intersektionelle Benachteiligung und Diskriminierung, 2014, S. 261 (261 ff.).

[20] *Towfigh* (Fn. 18), S. 760.

bestimmbar und identitätsstiftend. Eine Vorstellung von einer in dieser Eindeutigkeit nicht bestehenden klaren Trennung von und eindeutigen Zuordnung zu Gruppen wird verstärkt.

So lässt sich in der Genetik beobachten, dass die Diversität innerhalb einer vermeintlich homogenen Gruppe häufig größer ist als zwischen verschiedenen Gruppen.[21] Die meisten genetischen Unterschiede in der DNA-Sequenz des Menschen finden sich innerhalb einer geografischen Population. Die genetischen Unterschiede zwischen geografischen Populationen machen demgegenüber nur einen sehr geringen Teil aus.[22]

Blickt man auf Religionsgemeinschaften und ihre Debatten zu gesellschaftlichen Kontroversen wie Sterbehilfe, Schwangerschaftsabbruch oder gleichgeschlechtliche Partnerschaften, so zeigt sich, dass innerhalb der Religionsgemeinschaften liberale, konservative und orthodoxe Gläubige um Antworten ringen; über die Grenzen der Gemeinschaften hinweg zeigen sich aber zwischen liberalen, konservativen und orthodoxen Strömungen große Gemeinsamkeiten. In allen Religionsgemeinschaften gibt es Auslegungen der Lehre, die man themenspezifisch als „liberal", „konservativ" oder „orthodox", als „wortlautgetreues Verständnis" oder dem „Geist der Schrift folgend", als „intuitiv" oder „rationalisiert" bezeichnen könnte – und diese Perspektiven auf eine religiöse Lehre stehen sich über die Grenzen konkreter Gemeinschaften, über Zeitläufte, Regionen oder Kontexte hinweg oftmals näher als divergierende Perspektiven innerhalb einer Gemeinschaft.[23]

Der Diversitätsdiskurs bedarf einer Differenzierung nach Merkmalen, der Einordnung von beobachtbaren sozialen Phänomenen in Kategorien und Gruppen. Das Dilemma der Differenz kann in diesen Fällen also nicht aufgelöst werden. Der Ausweg aus diesem Dilemma kann jedenfalls zurzeit nicht darin bestehen, auf Kategorisierungen oder einer Gruppenzuordnung insgesamt zu verzichten. Dies würde die (wissenschaftliche) Befassung mit Fragen der Diversität oder die Suche nach den Ursachen fehlender Diversität unmöglich machen. Voraussetzung ist daher immer das Wissen um dieses Dilemma und das Bemühen um eine sachliche und vorurteilsfreie Differenzierung. Das Bewusstsein für diesen Konflikt kann dazu beitragen, Kategorien und Merkmale umsichtig zu wählen, vorschnelle Fremdzuschreibungen zu vermeiden und stattdessen Selbstzuschreibungen und Selbstkategorisierungen Raum zu geben.[24] Wenn dann noch der Versuchung widerstanden wird, sich unbotmäßiger und zu Unterkomplexität führender Vereinfachung hinzugeben, ist für den Diskurs viel gewonnen.

---

[21] Vergleiche etwa *Ulrich Kattmann,* Reflections on „race" and science and society in Germany, Journal of Anthropological Sciences 95 (2017), S. 1 (6); *David Serre/Svante Pääbo,* Evidence for Gradients of Human Genetic Diversity Within and Among Continents, Genome Res. 14 (2004), S. 1679 (1683).

[22] *David Serre/Svante Pääbo* (Fn. 21), S. 1683.

[23] *Towfigh* (Fn. 18), S. 762; *ders.,* Kann im Lebensrecht Religion rechtlich wirksam werden?, Zeitschrift für Lebensrecht 2017, S. 2 (5); vgl. auch *Jonathan Haidt,* The Righteous Mind. Why Good People are Divided by Politics and Religion, 2012.

[24] *Supik* (Fn. 13), S. 196.

Neben diese methodischen Schwierigkeiten tritt die starke Ideologisierung von Diversitätsfragen. Die Versuchung ist groß, durch Kategorisierung und Gruppenbildung ein „Ingroup“/„Outgroup“-Szenario zu kreieren, in dem sich „wir“ und „die“ vermeintlich unversöhnlich gegenüberstehen.

IV. Wer fehlt und warum?

1. Diversitätsdefizit in der juristischen Praxis

Eine unmittelbare Folge der beschriebenen Herausforderungen bei der Befassung mit Fragen der Diversität und des Dilemmas der Differenz ist eine allgemein lückenhafte Datengrundlage. Wie bereits ausgeführt führen unter anderem die starken Vorbehalte gegenüber einer Erfassung von Daten, die an Merkmale wie „Rasse“ oder „ethnische Herkunft“ anknüpft dazu, dass es nur wenig empirische Forschung zu diesen Fragen gibt.[25] Für den juristischen Kontext ist man (noch) darauf angewiesen, allgemeine Erkenntnisse etwa aus der Elitenforschung zu übertragen.

Hierzu zählen etwa die Ergebnisse des Forschungsprojekt „Soziale Integration ohne Eliten?“, welches Ausmaß, Wahrnehmung und Folgen personeller Unterrepräsentation in den Eliten untersuchte und eine nur geringe Repräsentation von Menschen mit Migrationshintergrund in Elite-Positionen ermittelte: Obwohl ihr Anteil in den entsprechenden Alterskohorten, die typischerweise Führungspositionen bekleiden, etwa 20 % betrug (23,4 % bei den 45–55jährigen und 17,3 % bei den 55–65jährigen)[26], hatten sie nur 9,2 % der Führungspositionen inne.[27] Es ist plausibel, dass sich diese Unterrepräsentation auch in der juristischen Praxis niederschlägt.

Zwar gibt es auch für die Anwaltschaft keine systematische Datenerhebung, im Jahr 2016 befragte aber das online-Karriereportal azur-online.de mehr als 200 Wirtschaftskanzleien nach der Anzahl der Berufsträger*innen mit Migrationshintergrund – 64 Kanzleien reagierten auf die Umfrage, es ergab sich ein Anteil von 7,7 %. Im Jahr 2017 waren es dann 9 % (bei einem migrantischen Bevölkerungsanteil von damals ca. 22 %[28]). Dabei muss man einen selection bias vermuten, also annehmen, dass sich nur solche Kanzleien zurückmelden, die sich als besonders divers verstehen.

---

[25] *Supik* (Fn. 13), S. 191 ff., passim.

[26] Statistisches Bundesamt, Bevölkerung und Erwerbstätigkeit, Ergebnisse des Mikrozensus 2019, 2020, S. 36 (eigene Berechnung).

[27] *Lars Vogel/Sabrina Zajak*, Teilhabe ohne Teilnahme? Wie Ostdeutsche und Menschen mit Migrationshintergrund in der bundesdeutschen Elite vertreten sind, DeZIM Research Notes 4/20 v. 7.10.2020, S. 4.

[28] Siehe *Destatis*, Migration und Integration. Bevölkerung nach Migrationshintergrund und Geschlecht, https://www.destatis.de/DE/Themen/Gesellschaft-Umwelt/Bevoelkerung/Migration-Integration/Tabellen/liste-migrationshintergrund-geschlecht.

Auch für die Richterschaft gibt es keine belastbaren neueren Daten über soziale Herkunft oder Migrationsgeschichte von Richter*innen.[29] Während sich zwischen 1960 und 1980 die Justizforschung mit der sozialen Herkunft und dem Geschlechterverhältnis der Richter*innen befasste,[30] werden Daten zum Migrationshintergrund der Richter*innen heute nicht erhoben. Die Einschätzung, dass der Anteil von Richter*innen mit Migrationshintergrund weit unter dem Migrant*innenanteil in der Gesamtgesellschaft zurückbleibt – eine Schätzung des Deutschen Richterbundes aus dem Jahr 2011 geht davon aus, dass etwa 8 bis 9 % der Richter*innen über einen Migrationshintergrund verfügen –, ist aber ebenfalls plausibel.[31] Unter den 456 Bundesrichter*innen gibt es niemanden, dessen Namen auf eine familiäre Einwanderungsgeschichte schließen lässt.[32]

Eine Rolle spielt dabei wohl auch, dass das Jurastudium im Fächervergleich besonders sozialexklusiv ist. Die „Bildungsvererbung" ist hier besonders hoch: Sind schon die Eltern Jurist*innen, so ist die Wahrscheinlichkeit hoch, dass die Kinder dieses Studium ergreifen und im Studium von dieser Herkunft profitieren.[33] Sie verfügen, anders als ihre Kommiliton*innen niedrigerer sozialer Herkunft über intellektuelle und habituelle Kenntnisse, die den Zugang zum Studienfach erleichtern.[34] Diese Exklusivität setzt sich in der Gruppe der Juraprofessor*innen fort, 79 % von ihnen stammen aus höheren sozialen Schichten, nur 21 % aus statusniedrigeren Herkunftsgruppen.[35] Dass bei Studierenden der Migrationshintergrund stark mit einem niedrigen sozio-ökonomischen Status korreliert,[36] verstärkt den Effekt, den die soziale Exklusivität des Studiums auf die Diversität der Studierendenschaft hat.

2. Exklusionsmechanismen

Die Gründe für diese Unterrepräsentation sind vielschichtig und liegen vielfach in sozialen Mechanismen begründet, die sich nicht selten unbewusst und zum Teil nur schwer wahrnehmbar negativ auf verschiedene Gruppen auswirken.[37]

---

[29] *Andreas Maisch*, Migranten in Roben, 2019, S. 11.

[30] Nachweise bei *Susanne Baer*, Rechtssoziologie, 4. Aufl. 2021, S. 173 ff.; *Manfred Rehbinder*, Rechtssoziologie, 8. Aufl. 2014, S. 136 f.

[31] *Maisch* (Fn. 29), S. 46 ff.; *Süssmuth/Karaahmetoğlu* (Fn. 3).

[32] *Süssmuth/Karaahmetoğlu* (Fn. 3).

[33] *Anja Böning/Ulrike Schultz*, Juristische Sozialisation, in: Christian Boulanger/Julika Rosenstock/Tobias Singelnstein (Hrsg.), Interdisziplinäre Rechtsforschung, 2019, S. 193 (199).

[34] *Grünberger u. a.* (Fn. 2), S. 30.

[35] *Anja Böning*, Zur sozialen Situation der Assistent*innen im Öffentlichen Recht – Explorative Erkenntnisse aus einer Online-Erhebung, in: Sebastian Bretthauer u. a. (Hrsg.), Wandlungen im Öffentlichen Recht, FS zu 60 Jahren Assistententagung – Junge Tagung Öffentliches Recht, S. 253 (254).

[36] Sachverständigenrat deutscher Stiftungen für Integration und Migration, Allein durch den Hochschuldschungel, 2017, S. 6.

[37] *Grünberger u. a.* (Fn. 2), S. 36 ff.

Fehlende Diversität ist in hohem Maße pfadabhängig, strukturelle Hindernisse wie etwa die fehlende Durchlässigkeit des deutschen Schulsystems sind wichtige Einflussfaktoren. In der erziehungswissenschaftlichen Forschung sind benachteiligende Mechanismen im Schul- und Bildungswesen breit dokumentiert,[38] die wesentliche Auswirkungen auf den Bildungserfolg von Schüler*innen und damit letztlich auf die Voraussetzungen, ein Jurastudium ergreifen zu können, haben.

Neben diesen bereits in der Schullaufbahn wirksam werdenden Exklusionsmechanismen, gibt es eine Reihe weiterer Faktoren, die dazu führen, dass bestimmte Gruppen auch in der juristischen Praxis systematisch unterrepräsentiert sind.

Da wären zunächst die Auswirkungen des gatekeeping zu nennen, welches dazu führt, dass insbesondere bei Einstellungen die Wahl (unbewusst) auf diejenigen Kandidat*innen fällt, die mit Blick auf den Habitus aber auch die Herkunft, das Alter, die Ausbildung, vielleicht sogar der Freizeitaktivitäten, den auswählenden „Gatekeepern“ möglichst ähnlich sind.[39] Dieses in der Wirtschaft als „Thomas-Kreislauf“ bezeichnete Phänomen (benannt nach der Beobachtung, dass sich deutsche CEOs am liebsten mit Spiegelbildern ihrer selbst umgeben[40]) wird in der Kognitions- und Sozialpsychologie als ingroup bias bezeichnet und beschreibt die negativen Auswirkungen, die unbewusste Vorurteile und stereotype Vorstellungen von Menschen, die als „anders“ wahrgenommen werden auf das Verhalten ihnen gegenüber haben kann.[41] Ebenso werden Bewerber*innen mit tatsächlichem oder vermutetem Migrationshintergrund signifikant seltener zu einem Vorstellungsgespräch eingeladen.[42] Zwar fehlt es an spezifischer Forschung für die juristische Praxis, aber es gibt auch kein valides Argument, warum diese und weitere allgemeine Erkenntnisse aus der Arbeitsmarktforschung nicht auf den juristischen Arbeitsmarkt übertragbar sein sollen.

---

[38] *Alisha M.B. Heinemann/Paul Mecheril*, Erziehungswissenschaftliche Diskriminierungsforschung, in: Albert Scherr/Aladin El-Mafaalani/Gökçan Yüksel (Hrsg.), Handbuch Diskriminierung, 2017, S. 117; *Merle Hummrich*, Diskriminierung im Erziehungssystem, in: Albert Scherr/Aladin El-Mafaalani/Gökçan Yüksel (Hrsg.), Handbuch Diskriminierung, 2017, S. 337.

[39] *Lizzie Barmes/Kate Malleson*, The Legal Profession as Gatekeeper to the Judiciary: Design Faults in Measures to Enhance Diversity, Modern Law Review 74 (2011), S. 245; *David B. Wilkins/Mitu Gulati*, Why Are There So Few Black Lawyers in Corporate Law Firms? An Institutional Analysis, California Law Review 84 (1996), S. 493; *Christopher Williams*, Gatekeeping the Profession, Equal Rights & Social Justice 26 (2020), S. 171; *Michael Hartmann*, Der Mythos von den Leistungseliten, 2002, S. 81 ff.

[40] Bericht der *AllBright-Stiftung*, Ein Ewiger Thomas-Kreislauf? Wie deutsche Börsenunternehmen ihre Vorstände rekrutieren, März 2017.

[41] *Marc Bendick/Ana P. Nunes*, Developing the research basis for controlling bias in hiring, Journal of Social Issues 68 (2012), S. 238 (240 f.); *Wilkins/Gulati* (Fn. 39), S. 557 ff.; *Deborah L. Rhode*, From Platitudes to Priorities: Diversity and Gender Equity in Law Firms, Georgetown Journal of Legal Ethics 2011, S. 1041 (1050 ff.).

[42] *Christian Imdorf*, Diskriminierung in der beruflichen Bildung, in: Albert Scherr/Aladin El-Mafaalani/ Gökçan Yüksel (Hrsg.), Handbuch Diskriminierung, 2017, S. 353.

Durch dieses Gatekeeping entsteht ein Teufelskreis – die fehlende Diversität wird perpetuiert und zukünftigen Absolvent*innen fehlt es aufgrund der Unterrepräsentation an Vorbildern.

Das birgt die Gefahr von Rückkopplungseffekten: Personen, die sich einer Gruppe zugehörig fühlen, die nicht repräsentiert ist, ziehen aus ihrer Zugehörigkeit zu einer unterrepräsentierten, benachteiligten Gruppe Schlüsse über die eigenen Fähigkeiten und Chancen (sog. „Andorra-Effekt"[43]) und werden unter Umständen im Sinne einer self-fulfilling prophecy in ihrer Leistungsfähigkeit beeinflusst:[44] Das weit verbreitete Vorurteil, Frauen seien schlechter in Mathematik als Männer und die daraus resultierende Befürchtungen von Frauen, schlechter zu sein, beeinträchtigt tatsächlich ihre mathematischen Leistungen (stereotype threat).[45] Eine Jurastudentin, die der Presse entnommen hat, Frauen schnitten in den juristischen Staatsprüfungen schlechter ab als Männer, antizipiert eine Benachteiligung und wendet besondere kognitive Ressourcen auf, diesen Effekt in der Prüfung auszugleichen – etwa indem sie ihr Verhalten an habituelle Erwartungen anpasst – um den Preis, dass sie in der Situation nicht ihr vollständiges Potenzial auf die Prüfungsaufgabe konzentrieren kann und möglicherweise tatsächlich weniger leistungsstark erscheint.

Sichtbar werden diese Exklusionsmechanismen in sog. „leaky pipelines". Mit diesem Begriff wird der mit fortschreitender akademischer Qualifizierung sinkende Anteil von Frauen in der Wissenschaft bezeichnet. Während weltweit mehr als die Hälfte der Bachelor- und Masterstudierenden Frauen sind, sind nur etwa 48 % der Doktorand*innen und 45 % des akademischen Personals weiblich, in der Professorenschaft sinkt der Anteil auf 29 %, an besonders forschungsstarken Universitäten gar auf 24 %.[46] Der gleiche Mechanismus lässt sich beobachten für andere Attribute, etwa den sozio-ökonomischen Status oder den Migrationshintergrund. Auf dem Karriereweg geht viel Potential verloren.

[43] *Towfigh* (Fn. 18), S. 764.

[44] *Robert K. Merton,* Die self-fulfilling prophecy, in: ders., Soziologische Theorie und soziale Struktur, S. 399; *Carl O. Word/Mark P. Zanna/Joel Cooper,* The nonverbal mediation of self-fulfilling prophecies in interracial interaction, Journal of Experimental Social Psychology 10 (1974), S. 109; *Supik* (Fn. 13), S. 204; *Wiebke Fröhlich/Indra Spiecker genannt Döhmann,* Können Algorithmen diskriminieren?, Verfassungsblog am 26.12.2018.

[45] *Steven J. Spencer/Claude M. Steele/Diane M. Quinn,* Stereotype Threat and Women's Math Performance, Journal of Experimental Social Psychology 35 (1999), S. 4; *Lester Lusher/Doug Campbell/Scott Carrell,* TAs like me, Journal of Public Economics 159 (2018), S. 203.

[46] https://www.umultirank.org/press-media/press-releases/umultirank-gender-monitor-2022/.

V. Warum ist das ein Problem?

1. Gleichheitsversprechen des Rechtsstaats

Das Recht, der Rechtstaat und insbesondere die Justiz ziehen ihre Legitimation unter anderem aus dem sie umgebenden Nimbus von Neutralität und Objektivität. Justitia ist (in der Theorie) blind.[47] Sie richtet ohne Ansehen der Person, objektiv und auf dem Boden des Gesetzes. Der Rechtsstaat schützt alle Bürger*innen gleichermaßen, vorurteilsfreie Rechtsstaatlichkeit im Sinne des grundgesetzlichen Gleichheitsversprechens ist eine seiner wichtigsten Säulen. Dieser Grundgedanke ist neben dem Verfassungsrecht auch dem Europarecht zu entnehmen, die Europäische Union führt nicht ohne Grund das Motto „In Vielfalt geeint“[48] und die gemeinschaftsrechtlichen Vorgaben in den europäischen Verträgen, der EU-GRCh und den Gleichbehandlungsrichtlinien sind ihre Werkzeuge, dieses Ideal zu verwirklichen.[49]

Ein wichtiger Baustein in dem Bemühen, diese Einheit herzustellen, ist die Überwindung struktureller Diskriminierung.[50] Es ist die Aufgabe des Rechtsstaats, einen rechtlichen Rahmen zu schaffen, der Ausgrenzung und Diskriminierung verhindert. Ausgehend von verfassungsrechtlichen Vorgaben wie der vorurteilsfreien Rechtsstaatlichkeit und den Menschenrechten muss die Rechtsordnung das Versprechen einlösen, die dem Recht unterworfenen Menschen in ihrer Vielfalt gleich zu behandeln, den Nexus zwischen Differenz und Exklusion zu durchschlagen und Einheit in Vielfalt herzustellen. Die Diversität des realen Lebens muss sich im Recht und seiner Anwendung widerspiegeln („Diversitätsprinzip“).

2. Akzeptanz des Rechtsstaats

Dabei ist Diversität aus der Perspektive des Rechtsstaats nicht bloßer Selbstzweck, es geht nicht um Diversität um der Diversität willen. Sie ist vielmehr ein oft unterschätzter Faktor für die Legitimation des Rechtsstaats. Ohne Diversität in der Rechtspraxis steht die Rechtsanwendung vor einem grundsätzlichen Problem: Unterscheidet sich die Alltagsrealität der den Rechtsstaat vertretenden Akteur*innen grundlegend von der jener Menschen und Situationen, auf die sie in ihrer Rolle etwa als Richter*innen, Statsanwält*innen, aber auch Verwaltungs-

[47] *John Paul Wilson/Nicholas O. Rule*, Facial Trustworthiness Predicts Extreme Criminal-Sentencing Outcomes, Psychological Science 26 (2015), S. 1325–1331.

[48] https://european-union.europa.eu/principles-countries-history/symbols/eu-motto_de.

[49] Vgl. Art. 20 GRCh, Richtlinie 2000/43/EG v. 29.6.2000 (Richtlinie zur Anwendung des Gleichbehandlungsgrundsatzes ohne Unterschied der Rasse oder der ethnischen Herkunft).

[50] *Mathias Hong*, Grundwerte des Antidiskriminierungsrechts: Würde, Freiheit, Gleichheit und Demokratie, in: Anna Katharina Mangold/Mehrdad Payandeh (Hrsg.), Handbuch Antidiskriminierungsrecht, 2022, S. 67 Rn. 149 ff.

beamt*innen und Polizist*innen das Recht anwenden, entsteht ein gegenseitiges Fremdheitsgefühl. Sie sind möglicherweise (unbewusst) nicht hinreichend sensibel für die Interessen und Probleme von Menschen in einer strukturell schwächeren sozialen Position oder für die Diskriminierung, der diese ausgesetzt sein können. Sie können einem sog. self-serving bias erliegen, der dazu führt, dass Diskriminierung gegenüber Gruppen, denen man sich selbst zugehörig fühlt, typischerweise überschätzt wird, während Diskriminierung gegenüber Gruppen, denen man sich nicht zugehörig fühlt, als nicht stark ausgeprägt empfunden wird.[51]

Dies führt zu einer Entfremdung bestimmter gesellschaftlicher Gruppen vom Rechtssystem, es entsteht wieder ein In-Group/Out-Group-Szenario, welches unmittelbare Folgen für die Akzeptanz des Rechtsstaats nach sich zieht: Wenn bestimmten Gruppen der Zugang zum Recht strukturell und systematisch erschwert wird, wenn sie im Rechtssystem unterrepräsentiert oder gar unsichtbar sind, wenn sie sich selbst und ihre Interessen nicht anerkannt und verstanden fühlen, gerät die Akzeptanz unserer demokratischen Ordnung – die von Haus aus eine „riskante Ordnung"[52] ist – ins Wanken. Der Rechtsstaat ist darauf angewiesen, dass ihn alle beteiligten Akteur*innen anerkennen und seinen Mechanismen vertrauen.

Aber auch jenseits der persönlichen Begegnung in Gerichts- oder Verwaltungsverfahren ist insbesondere die Anwendung und Auslegung des Rechts in Praxis und Wissenschaft bei aller professioneller Sachlichkeit immer auch Ausdruck der persönlichen Sozialisation und Anschauungen der Rechtsanwender*innen – und von gesellschaftlichen Überzeugungen und ihrem Wandel beeinflusst.[53] Nicht ohne Grund haben sich Begriffe wie „gute Sitten"[54] oder „öffentliche Ordnung"[55] in den vergangen Jahrzehnten gewandelt; auch die einfachgesetzliche Konkretisierung der verfassungsrechtlich gewährleisteten Gleichberechtigung von Frau und Mann durchlief Wandlungsprozesse – in den 1950er Jahren erlaubte das BGB noch die Kündigung des Arbeitsverhältnisses einer Ehefrau durch den Ehemann, wenn ihr Arbeitsverhältnis die (seine) ehelichen Interessen beeinträchtigte;[56] die Vergewaltigung in der Ehe wurde erst 1997 strafbar.[57] Vergleichbaren Einfluss wird im Sinne einer Stärkung der Akzeptanz des Rechts auch die gesellschaftliche Diversität auf das Recht und seine Auslegung haben. Dies kann aber nur erreicht

---

[51] *Paul Heidhues/Botond Köszegi/Philipp Strack,* Overconfidence and prejudice, 2019, S. 2, Preprint arXiv:1909.08497v1.

[52] *Horst Dreier*, Der freiheitliche Verfassungsstaat als riskante Ordnung, RW 2010, S. 11.

[53] *Maisch* (Fn. 29), S. 45.

[54] *Heinz-Peter Mansel*, in: Othmar Jauernig (Hrsg.), BGB, 19. Aufl. 2023, § 138 Rn. 6 ff.

[55] *Kurt Graulich*, Das Handeln von Polizei- und Ordnungsbehörden zur Gefahrenabwehr in: Matthias Bäcker/Erhard Denninger/Kurt Graulich (Hrsg.), Handbuch des Polizeirechts, 7. Aufl. 2021, S. 341 (389).

[56] § 1358 BGB a. F. (Fassung 1900–1958).

[57] BT-Drs. 13/7324 v. 21.3.1997.

werden, wenn die Gesellschaft in ihrer Breite an solchen Stellen vertreten ist, die diesen Einfluss tatsächlich haben – in Jurisprudenz und Rechtswissenschaft.

Darüber hinaus besteht bei fortschreitender Exklusion größerer Gruppen der Gesellschaft die reale Gefahr der Entwicklung von Paralleljustizsystemen und einer weiteren Polarisierung. Es entsteht eine Disjunktion, das Gefühl des „die da oben und wir hier unten“ verstärkt sich und gefährdet die Legitimation des Rechtsstaats, wenn sich der Eindruck nicht-gleichberechtigter Teilhabe aller gesellschaftlichen Gruppen verfestigt.

Im weiteren Sinne führt ein diverses Rechtssystem also zu einer größeren Akzeptanz der Verfassungsordnung und damit letztlich zu einer größeren Bereitschaft, sich freiwillig an Rechtsnormen zu halten – die Grundlage des Rechtsstaates.[58]

VI. Was können wir tun?

1. Diversitätsfragen ernst nehmen

Akteur*innen in der Praxis und in den juristischen Fakultäten müssen für Diversitätsfragen sensibilisiert werden. Das kann etwa durch entsprechende Fortbildungen geschehen, aber auch bewährte Mittel der Gleichstellungspolitik können Ansatzpunkte bieten. In der Sozialpsychologie ist etabliert, dass der erste Schritt zur Überwindung kognitiver Verzerrungen das Bewusstsein über die Existenz dieser Effekte ist.[59] Das Wissen um den Thomas-Kreislauf kann bei der nächsten Einstellungsrunde für studentische Hilfskräfte dazu beitragen, dass eben nicht „Thomas“ eingestellt wird.

Auch Veröffentlichungen wie die Studie zu (Geschlechter-)Rollenstereotypen in juristischen Ausbildungsfällen[60] sind wichtig, um die Aufmerksamkeit auf Fragen der Diversität zu lenken. Es entspricht nicht der Lebensrealität der Studierenden, wenn 80 Prozent der Protagonisten in Übungsfällen männlich sind,[61] oder Personen, deren Darstellung auf einen Migrationshintergrund schließen lässt, ganz überwiegend in der Rolle der Kriminellen, aber nie als Anwält*innen auftreten. Maßnahmen wie etwa der Leitfaden des Gleichstellungsteams der juristischen Fakultät Göttingen zu geschlechter- und diversitätssensibler Gestaltung von Übungsfällen[62] sind da hilfreich, diversitätssensible Lehre ist ein wich-

[58] *Tom R. Tyler*, Psychological Perspectives on Legitimacy and Legitimation, Annual Review of Psychology 57 (2006), S. 375–400.

[59] *Towfigh* (Fn. 18), S. 794.

[60] *Dana Valentiner*, (Geschlechter)Rollenstereotype in juristischen Ausbildungsfällen – eine hamburgische Studie, 2017.

[61] *Valentiner* (Fn. 60), S. 21.

[62] https://uni-goettingen.de/de/document/download/ca5d26f320fca734635b98ba5c61532a.pdf/Leitfaden%20STEREO.pdf.

tiger Baustein, diesem Diversitätsdefizit entgegenzuwirken. Neben den Berufsträger*innen sind es vor allem die zukünftigen Generationen von Jurist*innen, auf die es für einen diversen Rechtsstaat ankommt. Es muss also grundlegend überdacht werden, wie die juristische Ausbildung – auf allen Ebenen, von der akademischen Lehre an den juristischen Fakultäten bis hin zur Weiterbildung aller Organe der Rechtspflege (Richter*innen, Verwaltungsangestellte und Anwält*innen) – zu einem Instrument zur Förderung der Diversität im Rechtssystem werden kann.[63] Über das „Wie", die geeigneten Wege und Maßnahmen lässt sich trefflich diskutieren, das „Ob" steht außer Frage.

2. *Empirische Forschung initiieren und rezipieren*

Um das Diversitätsdefizit aktiv angehen zu können ist es unerlässlich, den zu Grunde liegenden Ursachen systematisch auf den Grund zu gehen. Dafür brauchen wir die empirische Forschung. Mit ihrem Fokus auf statistische Evidenz kann empirische Forschung Ursachen von Diversitätsdefiziten identifizieren, Zusammenhänge erklären und in einem weiteren Schritt Blaupausen für gezielte Maßnahmen liefern, diese Defizite im Interesse eines starken Rechtsstaats auszugleichen und Chancengleichheit herzustellen – und darüber hinaus zu einer Versachlichung der Diskurse beitragen.[64]

Es ist vor allem bei der Frage, wer warum fehlt, deutlich geworden, dass es insbesondere an solcher empirischer Forschung mangelt, die sich spezifisch mit den Bildungs- und Karrierewegen von Jurist*innen befasst. Das Dilemma der Differenz sollte dabei kein unüberwindbares Hindernis darstellen, sondern die Wissenschaft anspornen, im Bewusstsein dieses Dilemmas bei der Auswahl der Kategorien bzw. der Zuschreibung von Merkmalen umsichtig zu agieren, Essentialisierungen zu vermeiden, Raum für Selbstzuschreibung und Selbstkategorisierung zu lassen und vor allem der Versuchung unbotmäßiger und zu Unterkomplexität führender Vereinfachung zu widerstehen.

Einfache Erklärungen für komplexe Probleme sind in der Regel falsch. Es ist wenig plausibel, schlechteres Abschneiden von Frauen und Kandidat*innen mit Migrationshintergrund in den Staatsprüfungen damit zu erklären, dass Frauen und/oder Jurist*innen mit Migrationshintergrund nun mal weniger intelligent oder weniger geeignet für dieses anspruchsvolle Studium seien.[65] (Das lässt sich auch aus dem Umstand ableiten, dass der Effekt weniger ausgeprägt ist,

---

[63] Die im übrigen schon deshalb zwingend ist, weil seit einigen Jahren die Studierendenzahlen zurück gehen und der allgegenwärtige Fachkräftemangel sich ebenfalls bei den Jurist*innen manifestiert, *Julia Ossen*, Immer weniger junge Menschen studieren Jura, azur-online v. 27.4.2023.

[64] *Towfigh* (Fn. 18), S. 797.

[65] So aber *Thomas Hinz/Hans Christian Röhl*, Geschlechterunterschiede in der Ersten juristischen Prüfung- Befunde und Hypothesen, JZ 2006, S. 874 (879), die empirische Sorgfalt und Zurückhaltung vermissen lassen und Stereotype und strukturelle Diskriminierung perpetuieren.

wenn mindestens eine Frau Mitglied der Prüfungskommission ist.) Solche oberflächlichen „Erklärungsversuche“ sind vielmehr selbst Ausdruck struktureller Diskriminierung.[66]

Für die Rezeption empirischer Forschung bedarf es großer Sorgfalt. Rechtswissenschaftler*innen und Praktiker*innen müssen in der Lage sein, die grundsätzliche Konzeption empirischer Studien zu verstehen, um gute von schlechter Empirie unterscheiden zu können, Schwachstellen – wie etwa unberücksichtigte Variablen – zu erkennen und nicht in Fallen wie Scheinkorrelationen hineinzutappen.[67] Dann gelingt es, die richtigen Schlüsse aus diesen Studien zu ziehen und zu erkennen, an welchen Stellen Bedarf für weitere Forschung besteht.

VII. Fazit

Die juristische Praxis und das juristische Studium sind wenig divers. Es manifestieren sich auf allen Ebenen des Bildungsweges von Jurist*innen Exklusionsmechanismen, die dazu führen, dass etwa Menschen mit Migrationshintergrund in sämtlichen Bereichen der juristischen Praxis unterrepräsentiert sind. Weder in Justiz, Verwaltung oder Wissenschaft entspricht ihr Anteil auch nur annähernd ihrem Anteil an der Gesamtbevölkerung. „Einfache“ Erklärungsversuche für dieses Defizit, wie der Verweis auf die Sprachlastigkeit des Jura-Studiums, werden dieser Entwicklung in keinster Weise gerecht. Die Ursachen sind hierfür sind vielmehr vielschichtig und in großem Maße struktureller Art. Sie zu ermitteln und aktiv anzugehen ist eine wichtige Aufgabe, derer sich die Akteur*innen in Justiz, Verwaltung und Universität annehmen müssen um vorurteilsfreie Rechtsstaatlichkeit im Sinne des grundgesetzlichen Gleichheitsversprechens gewährleisten zu können. Fehlende Diversität in jenen Gruppen, die maßgeblich den Staat und seine Einrichtungen repräsentieren, stellt unmittelbar eine Gefahr für den Rechtsstaat dar, der durch Populismus und Polarisierung ohnehin unter Druck steht.

Die Bedeutung von Repräsentation als unmittelbares Werkzeug für Akzeptanz des und Zugehörigkeit zum durch den Staat etablierten Gemeinwesens ist nicht zu unterschätzen. Eine diversere Justiz und Verwaltung deren Repräsentanten Spiegelbild der tatsächlichen gesellschaftlichen Diversität sind, reduziert das Risiko einer Abkehr ganzer Gruppen von diesem Gemeinwesen, Paralleljustizsysteme und Parallelgesellschaften haben es sehr viel schwerer sich zu etablieren, wenn sich heute noch marginalisierte Gruppen nicht mehr aus der „Mehrheitsgesellschaft“ ausgeschlossen fühlen. Die Diversität des realen Lebens muss sich im Recht und seiner Anwendung widerspiegeln („Diversitätsprinzip“).

---

[66] *Towfigh/Traxler/Glöckner* (Fn. 11), S. 117.

[67] Ausführlich zu diesen Fragen *Towfigh* (Fn. 18), S. 765.

So paradox es auf den ersten Blick klingen mag: Diversität kann damit gerade das Gegenmittel für Populismus sein. Statt der Angst vor vermeintlicher Über-Fremdung kann sie zur Ent-Fremdung marginalisierter Gruppen beitragen, die Akzeptanz staatlichen Handelns innerhalb dieser Gruppen aber auch darüber hinaus stärken und einen echten Beitrag zu mehr sozialem Frieden leisten.

Territorialitätsprinzip als Grundlage sozialer Rechtsgewährleistung

Entwicklungslinien und theoretische Implikationen

Constanze Janda

In einer mobilen Welt mit internationalen Lebensentwürfen und Erwerbsbiografien müssen die Voraussetzungen des Zugangs zu sozialen Rechten klar definiert werden. Hintergrund ist, dass die Ausgestaltung des Sozialrechts Angelegenheit der Nationalstaaten ist. Diese erlassen Kollisionsnormen, die die Anknüpfungsmomente der nationalen Rechtsordnung regeln. Teilweise wird aus einem Missverständnis des Konzepts der social citizenship eine Anknüpfung an die Staatsangehörigkeit, zumindest aber eine besondere Verantwortung des Sozialstaats für die eigenen Staatsangehörigen, nahelegt. Eine solche personale Anknüpfung stünde jedoch im Widerspruch zu grund- und menschenrechtlichen Verbürgungen und würde Mobilität behindern. Typischerweise wird daher auf den Aufenthalt oder die Ausübung einer Beschäftigung in einem Staat und damit auf einen territorialen Bezug abgestellt.

Der Beitrag setzt sich zunächst mit der Bedeutung der Staatsgrenzen für die Konturierung der Solidargemeinschaft auseinander (I.). Er analysiert die Verankerung des Territorialprinzips im deutschen Sozialrecht (II.), bevor er sich dem europäischen koordinierenden Sozialrecht zuwendet (III.). Nach einem Blick in das Völkerrecht (IV.) werden die Grenzen sozialer Ungleichbehandlung – die zwangsläufig an aufenthaltsrechtliche Kategorien anknüpft – ausgelotet und Zugangskriterien abseits territorialer Bezüge diskutiert (V.).

I. Staatsgrenzen als Grenzen der Solidargemeinschaft?

(Soziale) Gleichheit ist ein universeller Wert, die Absicherung gegen die Wechselfälle des Lebens und der Schutz vor Armut werden dagegen als territorial gebundene Aufgaben verstanden. Dies erschließt sich erst auf den zweiten Blick, denn der Sozialstaat wird durch die Solidargemeinschaft konstituiert. Erst die Mitgliedschaft in dieser vermittelt ein Recht auf soziale Gleichheit. Wer Zugang zur Solidargemeinschaft erhält, ist Ergebnis gesellschaftlicher Aushandlungsprozesse und politischer Kompromisse. Die bloße Einreise in einen Sozialstaat genügt jedenfalls nicht, wird sich die Inlandsgesellschaft doch regelmäßig über die Reichweite ihrer Verantwortung gegenüber „Fremden“ verständigen wollen. Es liegt folglich in der Natur der Sache, dass nicht alle Menschen, die sich auf dem Territorium eines Staates aufhalten, die gleichen sozialen Rechte haben.

1. Sozialversicherung vs. soziale Hilfen

Dass sich die Solidargemeinschaft als Mitgliedschaftsrecht erweist, ist in der Sozialversicherung Bismarckscher Prägung augenfällig. Pflichtversichert gegen die Wechselfälle des Lebens sind – Ausnahmen bestimmen die Regel! – alle, die im Geltungsbereich des Sozialgesetzbuchs einer Erwerbstätigkeit nachgehen, § 3 SGB IV.[1] Sie entrichten Beiträge auf ihr Erwerbseinkommen, aus denen die Leistungen für Versicherte finanziert werden, die von einem sozialen Risiko – verstanden als Umstand, der den Einzelnen an der Sicherung seines Lebensunterhalts durch Erwerbseinkommen hindert – betroffen sind. Die Mitgliedschaft in der Sozialversicherung beruht auf dem Gedanken Solidarität der Beitragszahler als „organisierte Vielheit“[2] und beinhaltet das Versprechen auf soziale Sicherheit, wobei sich die Höhe der Geldleistungen am vormaligen Einkommen orientiert. Aufgrund des eigenen finanziellen Beitrags genießt dieses Versprechen als Anwartschaftsrecht eigentumsähnlichen Schutz.[3] Der Mitgliedschaftsgedanke findet nicht zuletzt in den Sozialwahlen seinen Ausdruck: die Versichertengemeinschaft bestimmt über die Zusammensetzung der Selbstverwaltungsorgane der Sozialversicherungsträger, §§ 43 ff. SGB IV. Der scheinbar personale Bezug der Gemeinschaft sozialversicherungspflichtig Beschäftigter wird jedoch durch einen territorialen Bezug überformt, denn es genügt nicht die Erwerbstätigkeit als solche, sondern sie muss im Inland ausgeübt werden.

Im Gegensatz dazu zielen die sozialen Hilfen auf die Sicherung einer menschenwürdigen Existenz und dienen nicht der Aufrechterhaltung des während der Erwerbstätigkeit innegehabten Lebensstandards. Die Leistungen werden aus dem allgemeinen Steueraufkommen finanziert, setzen also keinen eigenen Beitrag voraus, und sind in ihrer Höhe pauschaliert. Grund des Leistungsversprechens ist die bloße Hilfebedürftigkeit; dass sich der Sozialstaat zu deren Linderung verpflichtet sieht, gründet im Menschsein und dem diesem immanenten Achtungsanspruch der Menschenwürde aus Art. 1 Abs. 1 GG. Der Kreis der Leistungsberechtigten ist damit weniger klar umrissen als der der Sozialversicherten. Grundsätzlich kommt es auf den Aufenthalt im Inland an, an dessen rechtliche Verfestigung freilich unterschiedliche Anforderungen gestellt werden.[4]

---

[1] Dazu ausführlicher unter II.2.a).
[2] BVerfGE 11, 105 (112).
[3] Vgl. nur BVerfGE 53, 257 (289 f.); BVerfGE 58, 81 (109); BVerfGE 64, 87 (97).
[4] Dazu ausführlicher unter II.2.b) und c).

2. Das Territorium als konstitutives Element des (Sozial)Staats

Die Zuerkennung sozialer Rechte ist im Kontext des Sozialgesetzbuchs folglich territorial gebunden. Das Territorium bildet nach der Jellinek'schen Drei-Elemente-Lehre neben Staatsvolk und Staatsgewalt eines der konstitutiven Elemente des Nationalstaats. Es umfasst den „Raum, auf dem die Staatsgewalt ihre spezifische Tätigkeit, die des Herrschens, entfalten kann" mit der Folge, dass „alle auf dem Gebiet befindlichen Personen der Staatsherrschaft unterworfen sind".[5] Dies gelte für Staatsangehörige und „Fremde" gleichermaßen,[6] wiewohl ein subjektives Recht auf positive Leistungen des Staates nach Jellineks Vorstellung nur die „Volksgenossen" hatten: Erst die „Mitgliedschaft im Volk begründe eine rechtliche Zugehörigkeit zum Staat, die Voraussetzung für Ansprüche gegen diesen sei; im Übrigen könne man im Wege eines Rechtsreflexes von staatlichen Leistungen profitieren, als „Empfänger seiner Gaben, aber nicht immer als Berechtigte".[7]

Soziale Rechte, namentlich Ansprüche auf existenzsichernde Leistungen, waren noch nicht Gegenstand dieser Überlegungen, bildete sich der Gedanke sozialer Grundrechte doch erst ab dem beginnenden 20. Jahrhundert heraus.[8] Der dem deutschen Recht inhärente, starke Menschenwürdebezug der Grundrechte ist Konsequenz der menschenverachtenden und todbringenden Diktatur des Nationalsozialismus. Die universelle Geltung und Unantastbarkeit der Menschenwürde prägen das Grundgesetz. Dass sie sich auch in existenzsichernden Leistungen für Migranten materialisieren muss, hat das BVerfG erst in den 2010er Jahren dezidiert festgestellt – und dabei auf den Aufenthalt im Inland abgestellt.[9] Die Überlegung, dass die Grenzen eines Staates die Grenzen seiner Souveränität und die Reichweite seiner Gesetzgebung und Rechtsprechung markieren, gilt jedenfalls noch heute[10], gerade auch im Sozialrecht.

Dass der Wohlfahrtsstaat mit dem Nationalstaat („Who says welfare state, says nation state."[11]) und der Solidarverband mit der „Nation" gleichgesetzt wird,

---

[5] *Georg Jellinek*, Das Recht des modernen Staates, Erster Band: Allgemeine Staatslehre, 2. Aufl. 1905, S. 881.

[6] *Jellinek* (Fn. 5), S. 883.

[7] *Jellinek* (Fn. 5), S. 407 verweist insofern etwa auf Polizei und Strafrecht sowie auf die Verwaltungstätigkeit des Staates.

[8] *Eberhard Eichenhofer*, Soziale Menschenrechte im Völker-, europäischen und deutschen Recht, 2012, S. 74 ff.

[9] BVerfGE 132, 134 (159): „Das Grundrecht auf Gewährleistung eines menschenwürdigen Existenzminimums ergibt sich aus Art. 1 Abs. 1 GG in Verbindung mit Art. 20 Abs. 1 GG. Art. 1 Abs. 1 GG begründet diesen Anspruch als Menschenrecht. [...] Als Menschenrecht steht dieses Grundrecht deutschen und ausländischen Staatsangehörigen, die sich in der Bundesrepublik Deutschland aufhalten, gleichermaßen zu."

[10] *Robert E. Goodin*, If people were money ..., in: Brian Barry/Robert Goodin (Hrsg.), Free Movement. Ethical Issues in the transnational migration of people and of money, 1992, S. 6.

[11] *Anthony Giddens*, Jenseits von Links und Rechts, 3. Aufl. 1999, S. 189.

führt zu keiner anderen, insbesondere nicht zu einer personalen Anknüpfung sozialer Rechtegewährung. Das Staatsvolk, verstanden als durch die Staatsangehörigkeit vermittelte Vollmitgliedschaft[12], bildet lediglich einen Teil der Solidargemeinschaft. Die Verantwortung des Sozialstaats in einer mobilen Gesellschaft auf das eigene Volk zu beschränken, wäre anachronistisch. Damit würde nicht nur die freiwillige Migration, die auch im eigenen (wirtschaftspolitischen oder demografischen) Interesse der Zielstaaten liegt, beeinträchtigt,[13] sondern auch das Schutzversprechen gegenüber Verfolgten entwertet. Da das Territorialprinzip auch den „Anspruch des neuzeitlichen Staates [beschreibt] ..., auf seinem Territorium für Frieden, Sicherheit und sozialen Ausgleich zu sorgen"[14] sind der Solidargemeinschaft auch „fremde" Personen zugehörig, die sich auf dem Staatsgebiet aufhalten. Die Voraussetzungen des diese Zugehörigkeit begründenden und legitimierenden Aufenthaltsstatus sind stark durch Unions- und Völkerrecht determiniert.

II. Das Territorialitätsprinzip im deutschen Sozialrecht

Nach § 30 SGB I gilt das Sozialgesetzbuch für alle Personen, die ihren Wohnsitz oder gewöhnlichen Aufenthalt in seinem Geltungsbereich haben. Diese Regel wird in den einzelnen Büchern des Sozialgesetzbuchs präzisiert, teilweise auch überformt. Dies liegt einerseits am System des Sozialrechts, das zwischen Leistungen der Sozialversicherung, sozialen Hilfen, sozialer Förderung und sozialer Entschädigung differenziert, die jeweils spezifischerer Anknüpfungsmomente bedürfen. Zum anderen zielt der Gesetzgeber bei den steuerfinanzierten Sozialleistungen auf den Abbau vermeintlicher Zuwanderungsanreize. Die soziale Rechtegewährung ist damit gleichermaßen durch systematische wie rechtspolitische Erwägungen geprägt.

1. lex loci domicilii als Grundregel

Die schnörkellose Aussage des § 30 SGB I führt nur zu einer vermeintlich klaren Zuordnung von Sachverhalten zum inländischen Sachrecht. Für die Begründung des Wohnsitzes genügt nicht die – vergleichsweise leicht zu erlangende – melderechtliche Anmeldung eines Wohnsitzes, sondern dieser erfordert das tatsächliche Innehaben einer Wohnung „unter Umständen [...], die darauf schließen lassen, daß [die betreffende Person] die Wohnung beibehalten und benutzen wird", § 30 Abs. 3 Satz 1 SGB I. Der gewöhnliche Aufenthalt ist gekennzeichnet

[12] *Thorsten Kingreen,* Sozialrechtliche Zugehörigkeit, in: Liv Jaeckel/Benno Zabel/Ralph Zimmermann (Hrsg.), Grundrechtspolitik und Rechtswissenschaft, 2015, S. 78.
[13] *Constanze Janda,* Migranten im Sozialstaat, 2012, S. 7.
[14] *Kingreen* (Fn. 12), S. 78.

durch Umstände, die nicht lediglich auf einen vorübergehenden Aufenthalt an einem Ort oder in einem Gebiet hindeuten, § 30 Abs. 3 Satz 2 SGB I.

Dass es für die Anwendbarkeit des SGB nicht allein auf den Wohnsitz ankommt, sondern auch der gewöhnliche Aufenthalt ausreicht, sorgt für eine grundsätzliche Migrationsoffenheit des deutschen Sozialrechts. Denn die (dauerhafte) Verlagerung des Wohnsitzes in einen anderen Staat ist nicht in jedem Fall Ziel oder Endpunkt einer individuellen Wanderungsbewegung.[15] Die zirkuläre Legaldefinition in § 30 Abs. 3 Satz 2 SGB I wirft jedoch Fragen auf. Unklar ist etwa, ob Ausländer über einen bestimmten Aufenthaltstitel verfügen müssen, damit sich ihr Aufenthalt als nicht lediglich vorübergehend erweist. Die vormals vertretene Einfärbungslehre,[16] wonach die konkrete rechtliche Bedeutung des gewöhnlichen Aufenthalts aus dem Zusammenhang der Normen abzuleiten ist, die den Begriff verwenden, hat das BSG inzwischen aufgegeben. Die Abgrenzung ist im Einzelfall schwierig, fehlt es im Sozialrecht doch an eindeutig subsumierbaren Vorgaben wie etwa im Steuerrecht, wonach ein „zeitlich zusammenhängender Aufenthalt von mehr als sechs Monaten Dauer" „stets und von Beginn an" als gewöhnlicher Aufenthalt anzusehen ist, § 9 Satz 2 AO. Erforderlich ist vielmehr eine objektive Zukunftsoffenheit des Aufenthalts in dem Sinne, dass die Entscheidung über einen längerfristigen Verbleib im Bundesgebiet im Wesentlichen in der Hand der betreffenden Person liegt. Diese fehlt beim rechtswidrigen Aufenthalt, da dieser die Ausreisepflicht zur Folge hat (§ 50 AufenthG), die unter den Voraussetzungen der §§ 58 ff. AufenthG zwangsweise durchgesetzt werden kann.

2. Variationen der territorialen Anknüpfung

Wohnsitz oder gewöhnlicher Aufenthalt allein genügen in der Regel nicht, um Rechte nach dem Sozialgesetzbuch geltend machen zu können. Die besonderen Teile des SGB sehen teilweise andere Anknüpfungsmomente vor, teilweise eine Kombination aus unterschiedlichen Anknüpfungen, aber auch Ausnahmen, bei deren Vorliegen trotz Wohnsitz oder gewöhnlichem Aufenthalt keine Leistungsberechtigung besteht.

a) lex loci laboris

Das Sozialversicherungsrecht folgt der lex loci laboris. Es ist anwendbar auf Personen, die gewöhnlich innerhalb der Bundesrepublik eine Beschäftigung ausüben, § 3 SGB IV. Bereits die Abgrenzung zwischen dem sozialversicherungsrechtlichen Beschäftigungsverhältnis, also der abhängigen Beschäftigung (§ 7

[15] *Jürgen Boeckh*, Migration und soziale Ausgrenzung, in: Ernst-Ulrich Huster/Jürgen Boeckh/Hildegard Mogge-Grothjahn (Hrsg.), Handbuch Armut und Soziale Ausgrenzung, 3. Aufl. 2017, S. 541.

[16] BSGE 57, 93 (95); BSGE 60, 262 (264); BSGE 62, 67 (71).

SGB IV), und der selbstständigen Tätigkeit ist schwierig.[17] Zusätzlich sind die einkommens- oder zeitabhängigen Grenzen der geringfügigen Beschäftigung (§ 8 SGB IV) zu überwinden.

Das Beitrags- und Leistungsrecht der einzelnen Sozialversicherungszweige sieht eine vollständige Gleichbehandlung aller Versicherten vor, ungeachtet ihrer Staatsangehörigkeit. Unionsbürgern ist kraft Art. 45 AEUV, Drittstaatsangehörigen mit Aufenthaltserlaubnis grundsätzlich nach § 4a AufenthG die Ausübung einer Beschäftigung im Inland erlaubt. Zwar erlegt § 4a Abs. 5 AufenthG Arbeitgebern ein Beschäftigungsverbot für Personen ohne Aufenthaltstitel auf.[18] Indes ist der aufenthaltsrechtliche Status für die formale Zuordnung zur Sozialversicherung irrelevant, denn ein Arbeitsvertrag ist infolge dieses Verbots nicht per se nichtig. Vielmehr beruht die Versicherungspflicht allein auf der Schutzbedürftigkeit der Beschäftigten. Gestützt wird dies durch § 7 Abs. 4 SGB IV, wonach das Bestehen des Beschäftigungsverhältnisses auch bei fehlender Erlaubnis für einen gewissen Zeitraum vermutet wird. Als problematisch erweist sich in diesen Konstellationen freilich die Realisierung erworbener Anwartschaften und Ansprüche, da diese zwangsläufig mit der Aufdeckung des Aufenthalts und damit kurz- oder mittelfristig mit dessen Beendigung einhergehen.

b) Anknüpfung an den rechtmäßigen Aufenthalt

Das Bürgergeld setzt nach § 7 Abs. 1 Satz 1 Nr. 4 SGB II den gewöhnlichen Aufenthalt des Leistungsberechtigten voraus. Dies gilt uneingeschränkt jedoch nur für deutsche Staatsangehörige. Ausländer müssen über einen rechtmäßigen Aufenthalt verfügen und – sofern sie nicht erwerbstätig sind – eine dreimonatige Wartefrist erfüllen. Erst nach fünfjährigem gewöhnlichem[19] Aufenthalt erfolgt die Inländergleichbehandlung.

aa) Unionsbürger

Diese Regelung wirkt sich vor allem auf nichterwerbstätige Unionsbürger aus. Sie beruht auf Art. 24 Abs. 2 RL 2004/38/EG, der eine enge Verquickung zwischen Aufenthaltsrecht und sozialhilferechtlicher Gleichbehandlung bewirkt.

So findet etwa die dreimonatige Wartefrist ihre Rechtfertigung in dem Umstand, dass der Aufenthalt in den ersten drei Monaten voraussetzungslos möglich ist, Art. 6 RL 2004/38/EG. Wer sich ohne den Nachweis hinreichender Mittel zum Lebensunterhalt in einem Mitgliedstaat aufhalten darf, kann – so der EuGH – dort keine existenzsichernden Leistungen in Anspruch nehmen.[20]

---

[17] Vgl. dazu nur *Stephan Rittweger*, in: BeckOK SozR, § 7 SGB IV Rn. 3 ff.

[18] Dazu *Oliver Maor*, in: BeckOK AuslR, § 4a AufenthG Rn. 32 ff.

[19] Zu den Inkonsistenzen des § 7 Abs. 1 SGB II ausführlich *Constanze Janda*, Steuerfinanzierte Sozialleistungen für Unionsbürger – Wer prüft das Aufenthaltsrecht?, ZESAR 2022, S. 407 (408).

[20] EuGH, *Garcia Nieto*, C-299/14, EU:C:2016:114.

Die Wartefrist gilt nicht für Personen, die über ein Aufenthaltsrecht aufgrund der (früheren[21]) Ausübung einer abhängigen oder selbstständigen Erwerbstätigkeit im Inland verfügen. Dies setzt jedoch voraus, dass die Tätigkeit keinen „so geringen Umfang [hat], dass sie sich als vollkommen untergeordnet und unbeachtlich darstellen“[22] würde. Wo die Grenze zu ziehen ist, ist unklar. Einigkeit besteht darüber, dass das Einkommen aus der Tätigkeit den Lebensunterhalt nicht vollständig sichern muss;[23] „Aufstockern“ ist folglich der Zugang zum Bürgergeld eröffnet. Über den erforderlichen zeitlichen und einkommensmäßigen Umfang gibt es inzwischen zahlreiche Entscheidungen.[24] Das BSG stellt zudem darauf ab, ob das Beschäftigungsverhältnis missbräuchlich eingegangen wird, um sich daraus ein Aufenthaltsrecht zu verschaffen.[25] Besteht das Aufenthaltsrecht allein zum Zweck der Arbeitsuche, finden sich darüber hinaus also keine sonstigen Rechtsgrundlagen, die den Aufenthalt legitimieren,[26] besteht nach § 7 Abs. 1 Satz 2 Nr. 2b SGB II kein Anspruch auf Leistungen. Dies ist nach der Rechtsprechung des EuGH von Art. 24 Abs. 2 RL 2004/38/EG gedeckt.[27]

bb) Flüchtlinge

Drittstaatsangehörige erwerben ihr Aufenthaltsrecht mit der Erteilung eines Aufenthaltstitels. Rechtsfragen wirft insofern vor allem die Zuerkennung der Flüchtlingseigenschaft auf, ist diese nach der Systematik der GFK doch lediglich deklaratorischer Natur. Eine Person ist folglich als Flüchtling anzusehen, solange nicht feststeht, dass sie die Flüchtlingseigenschaft nicht aufweist.[28]

Nach der Systematik des deutschen Sozialrechts besteht der für den Bürgergeldanspruch maßgebliche rechtmäßige Aufenthalt jedoch nicht im Asylverfahren, sondern Inhaber einer Aufenthaltsgestattung (§ 55 AsylG) erhalten Leistungen nach dem AsylbLG, § 1 Abs. 1 Nr. 1 AsylbLG.[29] Eine Gleichstellung mit Inländern erfolgt erst nach Erteilung der Aufenthaltserlaubnis nach § 25 Abs. 2 AufenthG. Indes vermittelt auch die Aufenthaltsgestattung ein gesetzliches Aufenthaltsrecht,[30] das den Aufenthalt im Inland während der Prüfung des Schutz-

---

[21] Dies gilt aber nur, wenn die Erwerbstätigkeit wegen Erwerbsminderung infolge Krankheit oder Unfall, wegen Aufnahme einer einschlägigen Berufsausbildung oder wegen unfreiwilliger Arbeitslosigkeit endet, § 2 Abs. 3 FreizügG/EU.

[22] EuGH, *Levin*, C-53/81, EU:C:1982:105, Rn. 17; EuGH, *Ninni Orasche*, C-413/01, EU:C:2003:600, Rn. 13.

[23] EuGH, *Levin*, C-53/81, EU:C:1982:105, Rn. 15.

[24] Siehe den Überblick bei *Janda* (Fn. 19), S. 409.

[25] BSG, Urt. v. 27.1.2021, B 14 AS 25/20 R, Rn. 32 ff.

[26] EuGH, *JD/Jobcenter Krefeld*, C-181/19, EU:C:2020:794.

[27] EuGH, *Alimanovic*, C-67/14, EU:C:2015:597.

[28] *Constantin Hruschka*, Die europäische Dimension von Leistungseinschränkungen im Sozialrecht für Asylsuchende, ZIAS 2020, S. 113 (128).

[29] Dazu ausführlicher unter II.2.d).

[30] *Kathleen Neundorf*, in: BeckOK AuslR, § 55 AsylG Rn. 1.

gesuchs legitimiert. Das formale Abstellen auf die Titelerteilung legt die Zuerkennung sozialer Rechte in die Hände der zuständigen Behörden und knüpft diese faktisch an die Dauer des Asylverfahrens. Zu Bedenken ist jedoch, dass die lediglich deklaratorische Wirkung der Flüchtlingsanerkennung auch nach der Systematik der GFK nicht dazu führt, dass Flüchtlingen von Anfang an alle Rechte im Aufenthaltsstaat zustehen. Vielmehr sieht die GFK einen abgestuften Zugang zu den Konventionsrechten vor. Teilweise knüpfen diese allein an die Flüchtlingseigenschaft an (etwa das Verbot der ungleichen Behandlung wegen des Herkunftslandes, Art. 3 GFK), teilweise an die physische Anwesenheit (refoulement-Verbot, Art. 33 GFK), den gewöhnlichen Aufenthalt (Recht auf Prozesskostenhilfe, Art. 17 Abs. 2 GFK), die rechtmäßige Präsenz (Ausübung einer selbstständigen Tätigkeit, Art. 18 GFK) oder den rechtmäßigen Aufenthalt (Recht auf Fürsorge, Art. 23 GFK).[31] Eine Abgrenzung der unterschiedlichen Ausprägungen des Aufenthalts nimmt die GFK nicht vor, sodass sie dem nationalen Recht des Aufenthaltsstaates zukommt.[32] Im Grunde setzt ein rechtmäßiger Aufenthalt aber eine Überprüfung des Vorliegens der Flüchtlingseigenschaft voraus,[33] nach deutschem Recht mithin die Erteilung des Aufenthaltstitels nach § 25 Abs. 2 AufenthG.

c) Anknüpfung an den rechtmäßigen Aufenthalt mit Arbeitsmarktbezug

Auch das Kindergeldrecht knüpft die Leistungsberechtigung an den Wohnsitz oder gewöhnlichen Aufenthalt im Inland (§ 62 Abs. 1 Satz 1 Nr. 1 EStG); zusätzlich kann sich diese aus der unbeschränkten Einkommenssteuerpflicht im Inland (§ 62 Abs. 1 Satz 1 Nr. 2 EStG) ergeben. Für Unionsbürger gelten nach § 62 Abs. 1a EStG vergleichbare Anforderungen wie im Bürgergeldrecht; lediglich die vormals auch dort enthaltene dreimonatige Wartefrist ist vom EuGH mit Art. 24 Abs. 2 RL 2004/38/EG für unvereinbar erklärt worden.[34]

Für Drittstaatsangehörige muss der rechtmäßige Aufenthalt gemäß § 62 Abs. 2 EStG eine besondere Qualität aufweisen. Leistungsberechtigt sind Inhaber eines Daueraufenthaltsrechts oder einer Blauen Karte EU, ICT-Karte, Mobiler-ICT-Karte oder einer Aufenthaltserlaubnis, vermöge derer sie für mindestens sechs Monate zur Ausübung einer Erwerbstätigkeit berechtigt sind. Für die Inhaber

---

[31] *Marina Sharpe*, The 1951 Refugee Convention's Contingent Rights Framework and Article 26 of the ICCPR: Fundamental Incompatibility?, Refuge 30 (2014), S. 5 (7); *James A. Hathaway*, The Rights of Refugees under International Law, 2010, S. 154; *Constanze Janda*, in: Hruschka, GFK, 2022, Art. 2121 Rn. 21 ff.

[32] *Daniel Thym*, Mindestanforderungen des Primärrechts und des Flüchtlingsvölkerrechts, Gutachten 2017, https://papers.ssrn.com/sol3/papers.cfm?abstract_id=3163015, S. 23; *Hathaway* (Fn. 31), S. 173 ff.

[33] *Hathaway* (Fn. 31), S. 180 fordert eine „affirmative verification of refugee status"; *Thym* (Fn. 32), S. 22; vermittelnd *Janda* (Fn. 31), Rn. 25.

[34] EuGH, *Familienkasse Niedersachsen-Bremen*, C-411/20, EU:C:2022:602.

humanitärer Aufenthaltstitel präzisiert § 62 Abs. 2 Nr. 3 EStG, dass sie eine Erwerbstätigkeit tatsächlich ausüben oder aber Elternzeit wahrnehmen oder Geldleistungen nach dem SGB III beziehen. Alternativ genügt ein rechtmäßiger, gestatteter oder geduldeter Voraufenthalt im Inland seit mindestens 15 Monaten (§ 62 Abs. 2 Nr. 4 EStG). Überdies wird Kindergeld an Inhaber einer Beschäftigungsduldung (§ 62 Abs. 2 Nr. 5 EStG, § 60d AufenthG) erbracht. Letztere fällt aus dem Rahmen, birgt sie doch gerade kein formales Aufenthaltsrecht, sondern lediglich die Aussetzung der Abschiebung.

d) Anknüpfung an den tatsächlichen Aufenthalt

Der tatsächliche Aufenthalt, also die bloße physische Präsenz, leitet die Anknüpfung anderer sozialer Hilfen. Dies betrifft das AsylbLG, das im Vergleich zum SGB II ein eingeschränktes Leistungsniveau – niedrigere Regelsätze, Sachleistungsvorrang, Notversorgung im Krankheitsfall – gewährleistet. Der personelle Anwendungsbereich erfasst Inhaber einer Aufenthaltsgestattung oder einer Duldung, vollziehbar Ausreisepflichtige, aber auch die Inhaber einiger humanitärer Aufenthaltstitel.

Auch im Sozialhilferecht (§ 23 SGB XII) genügt der tatsächliche Aufenthalt, geht aber mit eingeschränkten Rechtsansprüchen einher. Personen ohne Aufenthaltsrecht – vorausgesetzt sie fallen nicht in den Anwendungsbereich des AsylbLG – erhalten nach § 23 Abs. 3 Satz 3 SGB XII zeitlich begrenzte Überbrückungsleistungen, die lediglich das physische Existenzminimum decken.

Dass im Unterschied zur Grundregel des § 30 SGB I die bloße Anwesenheit im Inland ausreicht, um existenzsichernde Leistungen erhalten zu können, erweist sich insofern als Privilegierung, die um den Preis fehlender Inländergleichbehandlung gewährt wird.

III. Das Territorialitätsprinzip im europäischen koordinierenden Sozialrecht

Die einseitigen Kollisionsnormen des nationalen internationalen Sozialrechts stoßen in einer mobilen Gesellschaft an ihre Grenzen. Widersprechen sich die Kollisionsnormen verschiedener Rechtsordnungen, sind Sicherungslücken, aber auch Doppelsicherungen nicht ausgeschlossen, etwa wenn ein Staat für den Zugang zur Sozialversicherung der lex loci laboris, ein anderer dagegen der lex loci domicilii folgt. Es bedarf daher höherrangiger Regelungen, um solche Normenkonflikte aufzulösen. Diese hält das auf Arbeitskräftemobilität aufbauende (Art. 48 AEUV) europäische koordinierende Sozialrecht bereit.

1. lex loci laboris *als Grundregel*

Die Koordinierungsverordnung (EG) 883/2004 lässt die grundlegende Befugnis der Mitgliedstaaten zur Ausgestaltung ihres Sozialrechts unberührt, ordnet in grenzüberschreitenden Fällen aber die lex loci laboris für Erwerbstätige als supranationale Kollisionsnorm an, Art. 11 Abs. 3 lit. a) VO (EG) 883/2004. Ziel ist, dass stets ein – aber auch nur ein – Staat zu deren sozialer Absicherung berufen ist. Der internationale Anwendungsbereich nationalen Sozialrechts wird folglich vereinheitlicht.[35] Dies betrifft nicht nur Unionsbürger, sondern auch Flüchtlinge und Staatenlose sowie Drittstaatsangehörige, die sich rechtmäßig in einem Mitgliedstaat aufhalten.[36]

Es genügt eine geringfügige Beschäftigung. Im Falle der Zeitgeringfügigkeit, wenn die Beschäftigung lediglich während eines begrenzten Zeitraums im Jahr ausgeübt wird, bleibt die Zuständigkeit des Beschäftigungsstaates daher auch in Perioden der Nichtbeschäftigung bestehen und geht nicht auf den Wohnstaat über.[37] Dies kann durchaus zu Schutzlücken führen, etwa wenn die geringfügige Beschäftigung im zuständigen Staat nicht der Sozialversicherungspflicht unterliegt. Der Wohnstaat ist in diesem Fall nicht verpflichtet, die Lücke im Sachrecht des Beschäftigungsstaats durch eigene Leistungen auszugleichen, da die Sozialrechtskoordinierung nicht gewährleiste, dass die innereuropäische Mobilität sozialrechtlich neutral sei.[38]

Abgrenzungsschwierigkeiten können sich beim mobilen Arbeiten ergeben. Ist der Beschäftigungsort üblicherweise durch die Ausübung der Tätigkeit beim Arbeitgeber determiniert, stellt sich hier die Frage, ob sich das Sozialversicherungsstatut durch die Arbeit am heimischen Küchentisch ändert.[39] Auch bei Mehrfachbeschäftigten, die in mehreren Mitgliedstaaten einer Erwerbstätigkeit nachgehen, ist der zuständige Staat nicht immer eindeutig zu bestimmen. Art. 13 VO (EG) 883/2004 sieht insofern eine Sonderanknüpfung vor, die neben der Beschäftigung auf den Wohnstaat des Arbeitnehmers oder den Wohn- bzw. Sitzstaat des Arbeitgebers abstellt.

[35] *Anuscheh Farahat,* Solidarität und Inklusion, DÖV 2016, S. 45 (47); *Herwig Verschueren,* The role and limits of European social security coordination in guaranteeing migrants social benefits, EJSS 22 (2020), S. 390 (392); *Eberhard Eichenhofer,* Die EU schafft transnationale soziale Rechte, EuR 2023, S. 42 (45).

[36] Art. 1 VO (EU) 1231/2010.

[37] EuGH, *Franzen, Giesen, van den Berg,* C-382/13, EU:C:2015:261, Rn. 50 ff.

[38] EuGH, *van den Berg, Giesen und Franzen,* C-95/18 und C-96/18, EU:C:2019:767, Rn. 58 ff.; kritisch *Verschueren* (Fn. 35), S. 393.

[39] Dabei kommt es auf den Umfang der Telearbeit an. Ein multilaterales Rahmenübereinkommen ermöglicht den Mitgliedstaaten den Abschluss von Vereinbarungen über das anwendbare Recht bei grenzüberschreitendem mobilen Arbeiten nach Maßgabe des Art. 16 VO (EG) 883/2004.

2. lex loci domicilii

Für die „wirtschaftlich Inaktiven" ordnet Art. 11 Abs. 3 lit. d) VO (EG) 883/2004 die lex loci domicilii an. Dies hat bereits zu einer Vielzahl von Entscheidungen des EuGH geführt, in denen zu klären war, ob für den Wohnsitz der Lebensmittelpunkt genügt oder ob die Mitgliedstaaten zusätzlich den rechtmäßigen Aufenthalt zur Leistungsvoraussetzung machen dürfen. Für ersteres spricht der personelle Anwendungsbereich der Verordnung, der auf die Unterworfenheit unter das Sozialrecht eines Mitgliedstaats abstellt, Art. 2 Abs. 1 VO (EG) 883/2004. Art. 1 lit. j) VO (EG) 883/2004 definiert als Wohnort den Ort des gewöhnlichen Aufenthalts, der nach Art. 11 VO (EG) 987/2009 den „Mittelpunkt der Interessen" der Person ausmacht, also auch die Wohnsituation oder familiäre und soziale Bindungen berücksichtigt.

Der EuGH stellt dies nicht generell infrage, ist aber der Auffassung, dass sich zumindest bei der Gewährung existenzsichernder Leistungen auf den koordinierungsrechtlichen Gleichbehandlungsanspruch aus Art. 4 VO (EG) 883/2004 nur berufen kann, wer über ein Aufenthaltsrecht nach der RL 2004/38/EG verfügt.[40] Diese Rechtsprechung ist Folge ungeklärter Überschneidungen zwischen Unionsbürgerrichtlinie und Koordinierungsverordnung. Erstere ermöglicht Leistungsausschlüsse in der Sozialhilfe für Menschen ohne Aufenthaltsrecht (Art. 24 Abs. 2 RL 2004/38/EG), während letztere Inländergleichbehandlung auch für sogenannte besondere beitragsunabhängige Geldleistungen vorsieht (Art. 4, 70 VO (EG) 883/2004), die sowohl Elemente der sozialen Sicherheit im Falle der Verwirklichung eines sozialen Risikos als auch Elemente der Existenzsicherung aufweisen. Ein und dieselbe Leistung kann – wie das Bürgergeld – beide Tatbestände erfüllen. Dass der EuGH diese Überschneidung auflöst, indem er den einen Rechtsakt unter den Vorbehalt des anderen stellt, ist systematisch nicht nachvollziehbar,[41] zumal im koordinierenden Sozialrecht keine Verbindung zu aufenthaltsrechtlichen Normen angelegt ist.

Eindeutig geklärt ist inzwischen immerhin, dass dieser Konnex nur innerhalb der Binnensystematik der Unionsbürgerrichtlinie gilt. Aufenthaltsrechte aus anderen Quellen – einschließlich nationalen Rechts[42] – können einem Leistungsausschluss auf der Grundlage von Art. 24 Abs. 2 RL 2004/38/EG nicht

---

[40] Siehe nur EuGH, *Dano*, C-333/13, EU:C:2014:2358; EuGH, *Alimanovic*, C-67/14, EU:C:2015:597.

[41] Vgl. nur *Gijsbert Vonk*, The EU (non) co-ordination of minimum subsistence benefits: What went wrong and what ways forward?, EJSS 22 (2020), S. 138 (143): „Lack of inner logic"; *Maxime Tecqmenne*, Migrant Jobseekers, Right of Residence and Access to Welfare Benefits: One Step Forward, Two Steps Backwards?, E. L. Rev. 46 (2021), S. 765 (768); *Farahat* (Fn. 35), S. 51.

[42] EuGH, *CG/The Department for Communities in Northern Ireland*, C-709/20, EU:C:2021:602.

legitimieren.[43] Der Ermächtigung kommt folglich kein „super-norm status"[44] zu, der die sozialrechtlichen Folgen der Freizügigkeit abschließend regelt. Besondere Bedeutung hat insofern Art. 7 VO (EU) 492/2011, wonach Arbeitnehmer in anderen Mitgliedstaaten die gleichen sozialen und steuerlichen Vergünstigungen genießen wie inländische Arbeitnehmer. Das Verhältnis der verschiedenen Sekundärrechte zueinander ist weiterhin unklar, und zwar sowohl in ihren sozial- als auch in ihren aufenthaltsrechtlichen[45] Dimensionen.[46]

3. *Sonstige territoriale Weiterungen der Sozialrechtskoordinierung*

Über die Bestimmung des zuständigen Staates hinaus finden sich im koordinierenden Sozialrecht verschiedene territoriale Weiterungen der sozialen Rechtegewährleistung. Dies betrifft insbesondere Familienleistungen. Art. 67 VO (EG) 883/2004 beinhaltet eine Wohnsitzfiktion des die Leistungsberechtigung vermittelnden Kindes. Der Beschäftigungsstaat der Eltern darf die Gewährung von Familienleistungen daher nicht vom Aufenthalt des Kindes in diesem Staat abhängig machen, sondern hat dieses so zu behandeln, als lebte es im zuständigen Staat. Aus diesem Grund hat der EuGH auch der Indexierung von Familienleistungen, also deren Anpassung an die Lebenshaltungskosten im Wohnstaat des Kindes, eine Absage erteilt.[47] Dies steht im Einklang mit dem Prinzip der Tatbestandsgleichstellung (Art. 5 VO (EG) 883/2004) und der Zusammenrechnung von Versicherungs-, Wohn- und Wartezeiten nach Art. 6 VO (EG) 883/2004. Sozialleistungsträger des zuständigen Staates haben danach alle Ereignisse und Umstände sowie sozialrechtlich relevante Zeiten, die auf dem Gebiet anderer Mitgliedstaaten eingetreten oder zurückgelegt worden sind, so zu behandeln, als hätten sie sich im zuständigen Staat ereignet.[48] Auch damit wird der Territorialitätsgrundsatz erweitert.

Arbeiten oder leben beide Eltern in unterschiedlichen Staaten, gelten zudem Antikumulierungsregeln, mit denen ein Aufaddieren der Leistungen aus verschiedenen Mitgliedstaaten verhindert werden soll, Art. 68 VO (EG) 883/2004. Eine weite „territoriale Streuung" des Familienlebens führt folglich nicht zu einem Zuwachs an Leistungen.

---

[43] EuGH, *JD/Jobcenter Krefeld*, C-181/19, EU:C:2020:794.

[44] *Tecqmenne* (Fn. 41), S. 767; siehe auch *Vonk* (Fn. 41), S. 144.

[45] Der EuGH leitet etwa aus dem Recht auf Schulbesuch für Kinder von Wanderarbeitern (Art. 10 VO (EU) 492/2011) ein Aufenthaltsrecht der nicht mehr erwerbstätigen Elternteile her, die für ihre schulpflichtigen Kinder sorgen, EuGH, *Baumbast*, C-413/99, EU:C:2002:493, Rn. 75; EuGH, *Teixeira*, C-480/08, EU:C:2010:83, Rn. 61; EuGH, *JD/Jobcenter Krefeld*, C-181/19, EU:C:2020:794, Rn. 39.

[46] *Tecqmenne* (Fn. 41), S. 766.

[47] EuGH, bereits EuGH, *Pinna I*, C-41/84, EU:C:1986:1; EuGH, *Kommission/Österreich*, C-328/20, EU:C:2022:468.

[48] Ausführlich *Eichenhofer* (Fn. 35), S. 47 f.

IV. Das Territorialitätsprinzip im Völkerrecht

Das Völkerrecht begründet zwar keine Rechtsansprüche auf Sozialleistungen, sondern beinhaltet lediglich Rechtssetzungsaufträge oder Prinzipienerklärungen, mit denen Fürsorge und soziale Sicherheit als Menschenrechte ausgestaltet werden. Auch wenn ihm in der Systematik der deutschen Rechtsordnung nur der Rang eines einfachen Gesetzes zukommt, leitet das Völkerrecht die Interpretation sämtlichen nationalen Rechts, einschließlich der Grundrechte. Darüber hinaus nimmt das Unionsrecht an verschiedener Stelle Bezug auf Rechtsakte des Völkerrechts, etwa wenn in Art. 6 Abs. 2 EUV der Beitritt der Union zur EMRK erklärt, in Art. 52 Abs. 3 GRC die Auslegung der Unionsgrundrechte im Einklang mit denen der EMRK vorgegeben oder in Art. 79 Abs. 1 AEUV die europäische Asylpolitik an die Standards der GFK[49] gebunden wird.

In völkerrechtlichen Verträgen – den bi- und multilateralen Sozialversicherungsabkommen – wird in der Regel auf die lex loci laboris abgestellt. Hintergrund ist, dass die Abkommen, die historisch dem koordinierenden Sozialrecht vorausgingen, die Arbeitskräftemobilität zwischen den vertragsschließenden Staaten fördern sollen, sodass sich diese Anknüpfung als einzig schlüssige erweist.

Art. 1 EMRK fordert die Achtung der Menschenrechte für alle der Hoheitsgewalt eines Staates unterstehenden Personen. Dies ist bei allen Personen der Fall, die sich im Hoheitsgebiet dieses Staates aufhalten.[50] Art. 14 EMRK ordnet ein akzessorisches Diskriminierungsverbot an; dieses gilt also nicht universell, sondern setzt den Bezug zu einem der Konventionsrechte voraus.[51] Der EGMR hat entschieden, dass das Diskriminierungsverbot auch im Sozialrecht zur Anwendung kommt, da sowohl beitrags-[52], als auch steuerfinanzierte Sozialleistungen[53] als geschütztes Eigentum i. S. v. Art. 1 4. ZP-EMRK anzusehen seien. Er verneinte eine besondere Verantwortung der Konventionsstaaten für die soziale Absicherung ihrer eigenen Staatsangehörigen und stellte fest, dass eine Ungleichbehandlung aufgrund der Staatsangehörigkeit konventionswidrig ist. Wer also – abgesehen von der Staatsangehörigkeit – sämtliche Anspruchsvoraussetzungen für eine Sozialleistung erfüllt, wird durch einen Leistungsausschluss diskriminiert.

Selbst in den Rechtsakten, in denen sozialrechtliche Gleichbehandlung einen rechtmäßigen Aufenthalt voraussetzt, führt dies nicht zu völliger Schutzlosigkeit.

---

[49] Dazu II.2.b)bb).

[50] *Martin Nettesheim*, in: HK-EMRK, Art. 1 Rn. 27. Ausnahmsweise gilt dies auch außerhalb des Hoheitsgebiets eines Staates, sofern dessen Organe dort Hoheitsgewalt ausüben, vgl. etwa EGMR, Urt. v. 23.2.2012 [GK], Nr. 27765/09, *Hirsi Jamaa gegen Italien.*

[51] *Roman Lehner*, in: HK-EMRK, Art. 14 Rn. 5.

[52] EGMR, Urt. v. 16.9.1996, Nr. 17371/90, *Gaygusuz gegen Österreich*, Rn. 42 ff.

[53] EGMR, Urt. v. 30.9.2003 [GK], Nr. 40892/98, *Koua Poirrez gegen Frankreich*, Rn. 37; EGMR, Urt. v. 6.7.2005, Nr. 65731/02, *Stec und andere gegen Vereinigtes Königreich*, Rn. 47 ff.

So verpflichtet etwa Art. 1 EFA den Aufenthaltsstaat zur Gewährung von Fürsorgeleistungen an Angehörige anderer Vertragsstaaten, die sich erlaubt auf seinem Territorium aufhalten. Als erlaubt gilt der Aufenthalt aber nicht nur bei Bestehen eines Aufenthaltstitels, sondern so lange, bis eine „Anordnung zum Verlassen des Landes wirksam wird, sofern nicht ihre Durchführung ausgesetzt ist", Art. 11 lit. b) EFA. Existenzsichernde Leistungen müssen unter der Ägide des EFA also so lange erbracht werden, bis der Aufenthalt tatsächlich beendet worden ist.[54]

V. Territorialitätsprinzip als Garant sozialer Gleichbehandlung?

Die kurze Bestandsaufnahme des nationalen wie des Unions- und Völkerrechts zeigt, dass die Mitgliedschaft in der Solidargemeinschaft wesentlich durch den Aufenthalt auf dem Gebiet eines Staates determiniert ist; der Sozialstaat ist weniger „Personal- [als] Territorialverband".[55] Dies entspricht einer inzwischen langen Tradition, die mit der Etablierung des Rechts des Unterstützungswohnsitzes ihren Ausgang nahm, welches das vormalige Heimatprinzip, d. h. einer durch die Geburt vermittelten personalen Zugehörigkeit, ablöste.[56]

1. Aufenthaltsrecht vs. Ausreisepflicht

Die große Vielfalt der Anknüpfungsmomente im deutschen Sozialrecht zeigt, dass nicht jeder Sachverhalt, der sich im Inland ereignet, die gleichen sozialrechtlichen Wirkungen entfaltet. Es kommt teilweise auf die Ausübung einer Erwerbstätigkeit (Sozialversicherung), teilweise auf deren Umfang (nicht lediglich „untergeordnet und völlig unbeachtlich"), die Motivation des Beschäftigten (missbräuchliche Verschaffung des Arbeitnehmerstatus), seine frühere Erwerbstätigkeit (bei Erwerbsminderung, Berufsausbildung oder unfreiwilliger Arbeitslosigkeit) und deren Dauer, den Aufenthaltszweck (Arbeitsuche) oder den aufenthaltsrechtlichen Status (Kindergeld für Drittstaatsangehörige) an. Diese Aufzählung ist keineswegs vollständig, macht aber die zahlreichen Querverbindungen zwischen Sozialrecht und Migrationsrecht und die Vorgreiflichkeit aufenthalts- bzw. freizügigkeitsrechtlicher Fragen für die territoriale Bindung an den Sozialstaat deutlich.

Dieses Band ist nach dem Willen des Gesetzgebers so eng geknüpft, dass es nicht einmal auf den formalen Bestand des Aufenthaltsrechts ankommen soll. Das Problem stellt sich vor allem im Hinblick auf Unionsbürger. Nach § 6 Frei-

---

[54] *Vonk* (Fn. 41), S. 140.

[55] *Daniel Thym,* Paradigmen der Sesshaftigkeit und der Universalität im deutschen Migrationsrecht, in: Frederik von Harbou/Jekaterina Markow (Hrsg.), Philosophie des Migrationsrechts, 2020, S. 45.

[56] *Janda* (Fn. 13), S. 29 f.; *Kingreen* (Fn. 12), S. 77.

zügG/EU geht das Freizügigkeitsrecht nicht automatisch verloren, wenn eine Person dessen Voraussetzungen nicht (mehr) erfüllt, sondern es bedarf einer expliziten Verlustfeststellung durch die Ausländerbehörde. Im Kindergeldrecht hat der Gesetzgeber jedoch eine eigenständige Prüfungsbefugnis der Kindergeldstelle angeordnet (§ 62 Abs. 1a Satz 4 EStG), im Bürgergeldrecht legen Wortlaut und Gesetzesmaterialien ebenfalls eine eigenständige Prüfung durch die Träger nahe, ohne dass dies freilich der Systematik und dem Sinn und Zweck der Leistungen entspricht.[57] Zu konstatieren sind auch widersprüchliche Tendenzen in der RL 2004/38/EG selbst. Sie knüpft einerseits das Aufenthaltsrecht an eine Erwerbstätigkeit oder eigenständige Lebensunterhaltssicherung und erlaubt den Mitgliedstaaten sozialhilferechtliche Leistungsausschlüsse für Nichterwerbstätige. Andererseits regelt sie unmissverständlich, dass der Sozialhilfebezug allein keinen Grund für den Verlust des Freizügigkeitsrechts bildet – von terminologischen Unklarheiten über die „Unangemessenheit" der Inanspruchnahme von Sozialhilfeleistungen für kurzfristige Aufenthaltsrechte nicht zu sprechen.[58] Wiewohl eine Inzidentprüfung des Freizügigkeitsrechts durch die Sozialleistungsträger damit die Wertungen der RL 2004/38/EG konterkariert, sieht sich der Gesetzgeber insofern nicht zuletzt durch die restriktive Rechtsprechung des EuGH im Recht.[59]

Ob die betreffende Person zum Verlassen des Bundesgebiets verpflichtet ist, ist aus dieser Perspektive irrelevant.[60] Es ist daher denkbar, dass der Aufenthalt einer Person hingenommen wird, ihr aber gleichwohl keine existenzsichernden Leistungen gewährt werden. Das BSG leitet aus der Möglichkeit und Zumutbarkeit der Rückkehr ins Herkunftsland eine sozialrechtliche Selbsthilfeobliegenheit ab,[61] sieht also die Betreffenden in der Pflicht, die Anwendbarkeit der an den Aufenthalt im Territorium anknüpfenden sozialrechtlichen Kollisionsnorm zu beenden. Damit ignoriert es nicht nur das klassische Verständnis der sozialhilferechtlichen Selbsthilfe als Nutzung „bereiter Mittel" zur Unterhaltssicherung, also etwa den Einsatz von Vermögen oder die Geltendmachung von familienrechtlichen Unterhaltsansprüchen. Es blendet auch aus, dass die menschenwürdige Existenz im „Jetzt und Hier" sicherzustellen ist.[62] Das Verlassen des

---

[57] *Janda* (Fn. 19), S. 411.

[58] *Sandra Mantu/Paul Minderhoud*, Struggles over social rights: Restricting access to social assistance for EU citizens, EJSS 25 (2023), S. 3 (6). *Dominik Steiner*, Freizügigkeit in der EU und Einschränkungen von Sozialleistungen für EU-Ausländer, EuR 2018, S. 304 (316) spricht daher von einem „indirekten Recht auf Aufenthalt", wenn die Ausweisung wegen Hilfebedürftigkeit in der RL 2004/38/EG engen Voraussetzungen unterworfen wird.

[59] *Mantu/Minderhoud* (Fn. 58), S. 9.

[60] Kritisch BSG, Urt. v. 20.1.2016, B 14 AS 35/15 R, Rn. 41 ff.

[61] BSG, Urt. v. 29.3.2022, B 4 AS 2/21 R, Rn. 38 = BSGE 134, 45: „In entsprechender Weise darf der Gesetzgeber Unionsbürger regelmäßig darauf verweisen, die erforderlichen Existenzsicherungsleistungen durch die Inanspruchnahme von Sozialleistungen im Heimatstaat als Ausprägung der eigenverantwortlichen Selbsthilfe zu realisieren." Dezidiert dagegen LSG Darmstadt, Beschl. v. 31.10.2022, L 4 SO 133/22 B ER, Rn. 19.

[62] Dazu BVerfGE 132, 134 (172).

Territoriums dient damit weniger der Beendigung der Hilfebedürftigkeit als der Beendigung der Zuständigkeit der deutschen Sozialleistungsträger.[63]

2. *Mitgliedschaft in der Solidargemeinschaft*

Wie bereits erwähnt führt das Fehlen des Aufenthaltsrechts nicht zu vollkommener Schutzlosigkeit. Nichtfreizügigkeitsberechtigten oder ausschließlich arbeitsuchenden Unionsbürgern werden für die Dauer von einem Monat innerhalb von zwei Jahren Überbrückungsleistungen – beschränkt auf die Sicherung der physischen Existenz – gewährt. Als Mitglieder der Solidargemeinschaft werden sie gleichwohl nicht gesehen, wie die Annahme einer sozialrechtlichen Ausreiseobliegenheit belegt.

a) Vorübergehender vs. längerfristiger Aufenthalt

Anders stellt es sich bei Drittstaatsangehörigen dar. Mit dem AsylbLG hat der Gesetzgeber ein „Sondersozialhilferecht"[64] für Personen geschaffen, denen er einen lediglich vorübergehenden Inlandsaufenthalt zuschreibt.[65] Es genügt die tatsächliche Anwesenheit im Inland, um Leistungen, wenn auch in reduziertem Umfang, zu erhalten. Das BVerfG hat bereits verfassungsrechtliche Bedenken an der gesetzgeberischen Annahme eines kurzfristigen Aufenthalts geäußert, da diese offensichtlich nicht der tatsächlichen Situation der leistungsberechtigten Personen entspreche.[66] Der Gesetzgeber wäre folglich gehalten, seine Annahme zu verifizieren und neben den rechtlichen Dimensionen des territorialen Bezugs auch dessen tatsächliche Intensität und Dauer zu würdigen.

Zweifellos ist die Bindung einiger der in § 1 AsylbLG genannten Gruppen an die Inlandsgesellschaft und damit auch an die Solidargemeinschaft geringer – evident ist dies bei vollziehbar ausreisepflichtigen Personen oder bei Personen, denen bereits in einem anderen Staat internationaler Schutz gewährt worden ist, sodass sich ihre Einreise in die Bundesrepublik nicht als menschenrechtlich geboten erweist. Letztere werden in § 1 Abs. 4 AsylbLG vom Leistungsbezug ausgeschlossen und erhalten lediglich Überbrückungsleistungen für einen Zeitraum von zwei Wochen. Der Gesetzgeber geht davon aus, dass sie jederzeit ohne größeren Aufwand in den schutzgewährenden Staat zurückkehren können.[67] Auch dieser Personenkreis steht damit außerhalb der Solidargemeinschaft. Ausreisepflichtige, die trotz Möglichkeit und Zumutbarkeit der Ausreise im Inland verbleiben oder die Unmöglichkeit der zwangsweisen Aufenthaltsbeendigung

---

[63] *Hruschka* (Fn. 28), S. 128.
[64] Dazu *Janda* (Fn. 13), S. 287.
[65] BT-Drs. 13/2746, S. 11.
[66] BVerfGE 132, 134 (171 f.).
[67] BT-Drs. 19/10047, S. 51.

zu vertreten haben, sind dagegen grundsätzlich leistungsberechtigt, wenn auch nach §§ 1 Abs. 1 Nr. 5, 1a Abs. 3 AsylbLG Leistungseinschränkungen unterworfen.[68] Gedeckt wird lediglich das physische Existenzminimum, jedoch so lange, bis der Aufenthalt tatsächlich beendet ist.

Neben der Frage, wem der Gesetzgeber einen nur kurzfristigen Inlandsaufenthalt zuschreibt, erweist sich die Tragfähigkeit der Differenzierung in der Bedarfsdeckung anhand des aufenthaltsrechtlichen Status als problematisch. Hintergrund sind die unterschiedlichen Regelsätze und die erheblichen Unterschiede in der Gesundheitsversorgung zwischen AsylbLG und SGB II. Das BVerfG erteilt im Existenzsicherungsrecht nicht jedweder Differenzierung eine Absage, sondern hat keine grundsätzlichen Bedenken, „Art und Umfang von Sozialleistungen an Ausländer grundsätzlich von der voraussichtlichen Dauer ihres Aufenthalts in Deutschland abhängig zu machen".[69] Der Gesetzgeber darf jedoch nicht pauschal nach dem Aufenthaltsstatus differenzieren, sondern muss die Besonderheiten der betreffenden Personengruppen würdigen, sodass eine Differenzierung in den Bedarfssätzen nur zulässig ist, wenn sich die Bedarfe je nach der prognostizierten Aufenthaltsdauer tatsächlich signifikant unterscheiden.[70]

In diesem Kontext sei darauf hingewiesen, dass der Gesetzgeber nach dem völkerrechtswidrigen Angriff Russlands auf die Ukraine den personellen Anwendungsbereich des AsylbLG geändert hat. Inhabern einer Aufenthaltserlaubnis nach § 24 AufenthG, die zunächst ebenfalls eine nur vorübergehende Aufenthaltsperspektive vermittelt, werden seither von Beginn an Leistungen nach dem SGB II gewährt. Dies wurde unter anderem damit begründet, dass den aus der Ukraine Geflüchteten die bessere Gesundheitsversorgung des Grundsicherungsrechts zuteilwerden solle.[71] Dies beruhte auf einer (in jeder Hinsicht begrüßenswerten) rechtspolitischen Entscheidung, nicht aber auf einem tragfähigen empirischen Nachweis unterschiedlicher Bedarfslagen im aufenthaltsrechtlichen Status.

b) Mittellosigkeit vs. eigenständige Lebensunterhaltssicherung

Auch für Unionsbürger resultiert der territoriale Bezug lediglich in einem abgestuften System sozialer Gleichheit, in dem jene privilegiert sind, die eine Erwerbstätigkeit ausüben oder ihren Lebensunterhalt anderweitig selbst sichern können. Erst der Erwerb des Daueraufenthaltsrechts nach fünfjährigem recht-

---

[68] Zu diesen kritisch, da zumindest teilweise migrationspolitische Zielsetzungen verfolgt werden, *Claudius Voigt*, Gesetzlich minimierte Menschenwürde, Asylmagazin 2020, S. 12 (passim), sowie aus unionsrechtlicher Sicht *Hruschka* (Fn. 28), S. 113.

[69] BVerfGE 116, 229 (239); siehe auch BVerfGE 111, 160 (167); BVerfGE 111, 176 (185).

[70] BVerfGE 132, 134 (164).

[71] BT-Drs. 20/1768, S. 25; Zum „Rechtskreiswechsel" eingehend *Constanze Janda*, Geflüchtete aus der Ukraine im System des Migrations(sozial)rechts – Legitime Differenzierung oder unzulässige Ungleichbehandlung?, ZAR 2023, S. 8.

mäßigem Aufenthalt überwindet diese ökonomische Differenzierung.[72] Vorher stehen mittellose Unionsbürger aufenthaltsrechtlich auf der gleichen Stufe wie mittellose Drittstaatsangehörige: ihnen fehlt die Legitimation zum Inlandsaufenthalt, § 4 FreizügG/EU, § 5 Abs. 1 Nr. 1 AufenthG. Sozialrechtlich erfahren sie jedoch eine Schlechterstellung, da ihnen nur Überbrückungsleistungen nach § 23 Abs. 3 Satz 3 SGB XII gewährt werden, ihr Lebensunterhalt also nicht bis zur tatsächlichen Aufenthaltsbeendigung gesichert wird.[73] Hinzu kommt, dass die Ausländerbehörden diese typischerweise auch nicht aktiv betreiben.

Paradoxerweise hat diese Trennlinie, mit der sich die Zugehörigkeit nach der Verfügbarkeit finanzieller Mittel und ausreichendem Krankenversicherungsschutzes richtet, ihren Ausgangspunkt in der Einführung der Unionsbürgerfreizügigkeit durch den Vertrag von Maastricht im Jahr 1992, deren „Beschränkungen und Bedingungen“ (Art. 21 Abs. 1 AEUV) zunächst in einzelnen Richtlinien für Studierende, Rentner und Nichterwerbstätige, später in der RL 2004/38/EG konkretisiert wurden. Die Rechtsprechung, nach der aus dem Dreiklang von Unionsbürgerschaft (Art. 20 AEUV), Unionsbürgerfreizügigkeit (Art. 21 AEUV) und dem Verbot der Diskriminierung aus Gründen der Staatsangehörigkeit (Art. 18 AEUV) ein soziales Teilhaberecht folge, solange eine Person eine „tatsächliche Bindung“ zu einem Mitgliedstaat aufweist,[74] hat der EuGH nach Inkrafttreten der Unionsbürgerrichtlinie aufgegeben. Die Unionsbürgerfreizügigkeit sollte gerade eine Abkehr von der Marktbürgerschaft ermöglichen und damit auch den Menschen Bewegungsfreiheit in allen Mitgliedstaaten verschaffen, die keiner Erwerbstätigkeit nachgehen. Den primärrechtlichen Schrankenvorbehalt[75] füllt die Unionsbürgerrichtlinie zweifelsohne aus; es stellt sich aber die Frage, ob die „Rückkehr des Marktbürgers“[76] so in das Primärrecht selbst Eingang gefunden hätte.[77] Das Versprechen, mit der RL 2004/38/EG die Wahrnehmung der Freizügigkeit zu erleichtern (ErwG 4), hat sich jedenfalls nicht erfüllt.[78] Vielmehr wird dem Schutz der finanziellen Interessen der Aufnahmestaaten und der Abwehr vermeintlichen Sozialtourismus’ erhebliches Gewicht zugemessen.[79]

---

[72] *Mantu/Minderhoud* (Fn. 58), S. 4.

[73] *Vonk* (Fn. 41), S. 146.

[74] EuGH, *D'Hoop*, C-224/98, EU:C:2002:432, Rn. 28; EuGH, *Collins*, C-138/02, EU:C:2004:172, Rn. 63; EuGH, *Ioannidis*, C-258/04, EU:C:2005:559, Rn. 22; zur Entwicklung der Rechtsprechung *Stamatia Devetzi,* Die „Verbindung“ zu einem (Sozial-)Staat: Wann ist der Bund stark genug?, EuR 2014, S. 638; *Steiner* (Fn. 58), S. 311 ff.

[75] *Winfried Kluth*, in: Christian Calliess/Matthias Ruffert, AEUV, Art. 21 Rn. 23.

[76] *Daniel Thym*, Die Rückkehr des „Marktbürgers“ – Zum Ausschluss nichterwerbsfähiger EU-Bürger von Hartz IV-Leistungen, NJW 2015, S. 130.

[77] *Steiner* (Fn. 58), S. 332 ff. und *Tecqmenne* (Fn. 41), S. 766 äußern daher Zweifel am Verhältnis der Unionsbürgerrichtlinie zum Primärrecht.

[78] *Steiner* (Fn. 58), S. 330.

[79] *Verschueren* (Fn. 35), S. 394. Dass sich die „Welfare Magnet Theory“ nicht belegen lässt, zeigen *Dorte Sindbjerg Martnsen/ Benjamin Werner,* No welfare magnets – free movement and

Das Unbehagen beruht vor allem auf dem Widerspruch des in Art. 24 Abs. 2 RL 2004/38/EG angelegten Leistungsausschlusses zum Gleichbehandlungsgebot des koordinierenden Sozialrechts. Dieses gründet in der Arbeitnehmerfreizügigkeit (Art. 48 AEUV), wie auch dessen sachlicher Anwendungsbereich (Art. 3 VO (EG) 883/2004) auf soziale Risiken und damit auf Ereignisse rekurriert, die den Einzelnen an der Sicherung des Lebensunterhalts durch Erwerbseinkommen hindern. Der Bezug zu einer wirtschaftlichen Tätigkeit ist dem Koordinierungsrecht damit weiterhin immanent,[80] wiewohl der personelle Anwendungsbereich (Art. 2 VO (EG) 883/2004) im Unterschied zur Vorgängerverordnung (EWG) 1408/71 nicht mehr auf die Arbeitnehmereigenschaft abstellt. Die territoriale Bindung an die Solidargemeinschaft eines Mitgliedstaats wird folglich nicht länger (nur) durch Erwerbstätigkeit vermittelt.

Die Einbeziehung der besonderen beitragsunabhängigen Geldleistungen in die Sozialrechtskoordinierung (Art. 70 VO (EG) 883/2004) nimmt auf leistungsrechtliche Entwicklungen in den Mitgliedstaaten Bezug, mit denen erreicht werden sollte, dass auch in Systemen sozialer Sicherheit ein Mindestleistungsniveau gewährt wird. Sie führt aber zu (methodisch) kaum lösbaren Konflikten,[81] da Rat und Kommission sich 2004 – am Vorabend der EU-Osterweiterung – offensichtlich außerstande sahen, eine konsistente Lösung für Aufenthaltsrecht und Sozialrechtskoordinierung zu finden. Bewältigen lässt sich das Problem wohl nur durch eine Rechtsänderung. Die Kommission hat bereits 2016 eine Neufassung des Art. 4 VO (EG) 883/2004 vorgeschlagen, mit der die Gleichbehandlung für besondere beitragsunabhängige Geldleistungen auf Personen mit rechtmäßigem Aufenthalt beschränkt wird.[82] Bislang sind die Mitgliedstaaten aber zu keiner Einigung gelangt.

3. *Migrationsrecht vs. Sozialrecht*

Dass nicht jeder Grenzübertritt die Zugehörigkeit zur Solidargemeinschaft vermitteln kann, ergibt sich nicht zuletzt daraus, dass Solidarität eine Verständigung über den Willen zur Übernahme sozialrechtlicher Verantwortung gegenüber unterschiedlichen Personengruppen erfordert. Wie eine Gemeinschaft die Zugehörigkeit zu ihr definiert, prägt maßgeblich deren Identität.[83]

Nach der geltenden Systematik kommt dem Aufenthalts- bzw. Freizügigkeitsrecht eine Art Türsteher-Funktion für den Zugang zu sozialen Rechten zu,[84]

---

cross-border welfare in Germany and Denmark compared, JEPP 26 (2019), S. 637 auch am Beispiel Deutschlands.

[80] *Kingreen* (Fn. 12), S. 84; *Mantu/Minderhoud* (Fn. 58), S. 4.

[81] *Steiner* (Fn. 58), S. 322; *Vonk* (Fn. 41), S. 141 f.

[82] Dazu *Eberhard Eichenhofer*, Vorschläge der Kommission vom 13. Dezember 2016 zur Revision der VO (EG) 883/2004 und 987/2009, SGb 2017, S. 605 (607).

[83] *Kingreen* (Fn. 12), S. 73.

[84] Vgl. *Thym* (Fn. 55), S. 46; *Kingreen* (Fn. 12), S. 81 und 85.

während das Sozialrecht (auch) vom Gedanken der sozialen Gleichheit geprägt ist. Das BVerfG hat der Verfolgung aufenthaltsrechtlicher Ziele im Existenzsicherungsrecht eine Absage erteilt: „Die in Art. 1 Abs. 1 GG garantierte Menschenwürde ist migrationspolitisch nicht zu relativieren.“[85]

a) Migrationssteuerung durch Sozialrecht?

Statt den Zugang zum Territorium zu steuern, wird zuweilen vorgeschlagen unmittelbar am Zugang zur Solidargemeinschaft anzusetzen. Unter der Devise „Build a wall around the welfare state, not around the country“ wird vertreten, dass Einwanderern steuerfinanzierte Sozialleistungen erst nach mehrjähriger legaler Beschäftigung im Inland gewährt werden sollen.[86] Rekurriert wird dabei auch auf den vermeintlichen Zusammenhang zwischen wohlfahrtsstaatlichen Leistungen und Arbeitsethos.[87] Der Ausschluss aus der Solidargemeinschaft sei einfacher zu kontrollieren als die Landesgrenzen, könne die öffentliche Einstellung zu Migration verbessern und würde den Staatshaushalt entlasten.[88]

In eine ähnliche Richtung – wenngleich ohne das grundlegende Misstrauen in den Sozialstaat als solchen[89] – weisen Beobachtungen, dass die Gewährung sozialer Rechte ein Kernelement der Einwanderungspolitik bildet, da sie nicht nur Einkommen, Produktivität und Teilhabe von Arbeitsmigranten beeinflusse, sondern wahlweise hoch- oder geringqualifizierte Zuwanderung fördern oder reduzieren könne.[90] Die Zuerkennung umfassender sozialer Rechte sei geeignet, zur Zuwanderung von Hochqualifizierten beizutragen,[91] wohingegen die gleichen Rechte für geringqualifizierte Personen zwar Arbeitsmigration befördern möge, aber zu höheren Kosten des Aufnahmestaates führe. Ökonomisch rational sei es daher, niedrigqualifizierten Arbeitskräften kein Recht auf existenzsichernde Leistungen einzuräumen. Solche Beschränkungen sollten jedoch zeitlich be-

[85] BVerfGE 132, 134 (173).

[86] So *William A. Niskanen*, Build a Wall around the Welfare State, Not around the Country, Cato Policy Report September/October 2006, S. 2, der darüber hinaus fordert, die Sozialleistungsberechtigung an die Entrichtung von Steuern und fehlende Straffälligkeit zu knüpfen.

[87] *Niskanen* (Fn. 86), S. 2 schreibt den zu Beginn des 20. Jahrhunderts in die USA Eingewanderten zu, sie seien „work-oriented and family-oriented, were not a burden to others, and, within a generation, were fully assimilated Americans“, da es damals an jedweden wohlfahrtsstaatlichen Leistungen gefehlt habe.

[88] *Niskanen* (Fn. 86), S. 2; *Alex Nowrasteh/ Sophie Cole*, Building a Wall around the Welfare State, Instead of the Country, Policy Analysis 732 (2013), S. 1 (2).

[89] *Nowrasteh/Cole* (Fn. 88), S. 16: „we should turn our energy toward reforming welfare, making it less accessible to all, eliminating it altogether, or lowering the benefit levels.“

[90] *Martin Ruhs/Philip Martin*, Numbers vs. Rights: Trade-Offs and Guest Worker Programs, IMR 42 (2008), S. 249 (252 f.); *Martin Ruhs*, The price of rights. Regulating international labor migration, 2013, S. 80 ff.

[91] Dies gelte insbesondere bei Nachfrageüberschuss, wenn viele Staaten um wenige Hochqualifizierte konkurrieren, *Ruhs/Martin* (Fn. 90), S. 254.

schränkt sein; erfolge nach Ablauf einer Wartefrist keine Gleichstellung mit Inländern, müsse der Aufenthalt beendet werden.[92]

b) Personale statt territorialer Anknüpfung?

Beide Ansätze laufen im Ergebnis auf eine Stärkung personaler Anknüpfungsmomente in dem Sinne hinaus, als nur eigene Staatsangehörige stets in den umfassenden Genuss sozialer Rechte kommen sollten.[93] Die Beobachtungen zu sozialrechtlichen Steuerungsansätzen in der Migrationspolitik unterschiedlicher Staaten beinhalten freilich kein normatives Gebot.[94] Sie als generelles Prinzip zu verankern, wäre weder sinnvoll noch mit geltendem Recht vereinbar.

Zum einen verschließt dieser Ansatz die Augen vor den Folgen sozialer Exklusion – oder nimmt aber die Verelendung einzelner Personengruppen hin.[95] Zum anderen ist die feste, im Lebenslauf unveränderliche soziale Zuordnung zu einem Staat historisch überwunden. Das noch vor dem Aufkommen des Nationalstaats entstandene Heimatprinzip, das die armenrechtliche Fürsorge an den Geburtsort knüpfte, erwies sich als Mobilitätshindernis. Es wurde daher im 19. Jahrhundert durch das Recht des Unterstützungswohnsitzes abgelöst.[96] Auch das koordinierende Sozialrecht stellt im Interesse der Mobilität gerade nicht auf die Staatsangehörigkeit, sondern auf den Beschäftigungs- oder den Wohnort ab. Eine weltweite Zuständigkeit des Staats der Staatsangehörigkeit wäre jedenfalls kaum praktikabel. Art und Umfang der sozialen Hilfen sind stark an die sozio-ökonomischen Umstände des jeweiligen Staates gebunden, weshalb ihre Gewährung traditionell den Inlandsaufenthalt voraussetzt.[97] Im Falle einer uneingeschränkten Einstandspflicht für die eigenen Staatsangehörigen ungeachtet ihres Aufenthaltsorts wären die Lebenshaltungskosten für viele Staaten der Welt ermitteln – ein kaum zu bewältigender Verwaltungsaufwand!

Eine an den ökonomischen Interessen der Zielstaaten orientierte Sozialpolitik findet ihre Grenze zudem im Völker- und Unionsrecht. Dieses ist nicht lediglich Auslöser eines „moralische[n] Dilemma[s]“[98], seine Einhaltung nicht bloße

---

[92] *Martin Ruhs,* The rights of migrant workers: Economics, politics and ethics, ILR 2016, S. 283 (288).

[93] *Nowrasteh/Cole* (Fn. 88), S. 5.

[94] *Ruhs* (Fn. 90), S. 128 und 199; nochmals betont bei *Ruhs* (Fn. 92), S. 283.

[95] Immerhin sehen *Ruhs/Martin* (Fn. 90), S. 255 „soziale Kosten“, die durch große Gruppen von „second class residents“ entstehen können.

[96] *Janda* (Fn. 13), S. 36.

[97] Vgl. etwa § 24 Abs. 1 SGB XII, wonach Deutsche im Ausland nur dann Sozialhilfe erhalten, wenn sie sich in einer außergewöhnlichen, unabwendbaren Notlage befinden und ihnen die Rückkehr ins Inland aus abschließend aufgezählten Gründen nicht möglich ist. Auch im koordinierenden Sozialrecht ist ein Export besonderer beitragsunabhängiger Geldleistungen nicht vorgesehen, Art. 70 Abs. 4 VO (EG) 883/2004.

[98] So offenbar *Ruhs* (Fn. 92), S. 294.

„Schlüsselkomponente [der] nationalen Identität"[99] der Zielstaaten, sondern verbindliche Norm. Insbesondere lassen sich die Überlegungen über eine Stärkung personaler Anknüpfungen nicht als Folie für erzwungene Migration heranziehen;[100] sie stünden im Widerspruch zu Art. 23 GFK, Art. 29, 30 RL 2011/95/EG sowie Art. 17, 19 RL 2013/33/EG. Aber auch in der Arbeitsmigration verbietet sich eine Anknüpfung an die Staatsangehörigkeit. Dies gilt für Unionsbürger bereits kraft Primärrechts, Art. 45 Abs. 2, Art. 18 AEUV. Zwar mag die Aussage, der „Unionsbürgerstatus [sei] dazu bestimmt, der grundlegende Status der Angehörigen der Mitgliedstaaten zu sein, der es [...] erlaubt, unabhängig von ihrer Staatsangehörigkeit [...] die gleiche rechtliche Behandlung zu genießen"[101] auf einen personalen, eher als einen territorialen Zugehörigkeitsbegriff hindeuten.[102] Die Unionsbürgerschaft entfaltet ihre volle Wirkung aber erst im grenzüberschreitenden Kontext, ihr Mehrwert zeigt sich damit erst und vor allem in der territorialen Bindung des Einzelnen an andere Mitgliedstaaten. Auch das koordinierende Sozialrecht schafft durch die Verknüpfung des Sozialrechts der Mitgliedstaaten transnationale Rechtsansprüche, die zwar im nationalen Recht gründen, aber durch das Unionsrecht territorial und staatsangehörigkeitsübergreifend erweitert worden sind.[103] Darüber hinaus sieht das Sekundärrecht auch für Drittstaatsangehörige allein das Abstellen auf die Ausübung einer Beschäftigung in einem EU-Mitgliedstaat vor – wenngleich die sozialen Rechte durchaus abgestuft sind, je nach Art der Beschäftigung bzw. Qualifikation der Beschäftigten.[104]

Vor diesem Hintergrund liegt die sozialrechtliche Bedeutung der Staatsangehörigkeit vor allem in dem Versprechen, dass die Rückkehr in den Herkunftsstaat jederzeit möglich ist, und zwar auch im Falle der Bedürftigkeit.[105] Zwingend ist diese jedoch nicht, sondern Unions- wie Völkerrecht ermöglichen in vielen Konstellationen den Zugang zu Sozialleistungen im Aufenthaltsstaat.

5. Fazit

Das Territorialprinzip bietet eine auf den ersten Blick eindeutige Zuordnung von Sachverhalten zum nationalen Sozialrecht. Die Eindeutigkeit ist jedoch eine scheinbare, denn nicht alle Sachverhalte, die sich auf dem Territorium eines Staates ereignen, werden sozialrechtlich gleichbehandelt. Vielmehr existiert eine nur schwer zu systematisierende Vielfalt von Anknüpfungsregeln, die durchaus

[99] *Ruhs/Martin* (Fn. 90), S. 255.
[100] Die Untersuchung von *Ruhs* bezieht sich dezidiert nur auf die Arbeitsmigration.
[101] EuGH, *Grzelczyk*, C-184/99, EU:C:2001:458, Rn. 31.
[102] Vgl. *Kingreen* (Fn. 12), S. 84.
[103] *Eichenhofer* (Fn. 35), S. 52.
[104] Dazu unter Einbeziehung der insofern ergangenen EuGH-Rechtsprechung *Herwig Verschueren*, Equal treatment as an instrument of integration, EJSS 25 (2023), S. 1 (passim).
[105] Eine Ausnahme bildet wiederum die Fluchtmigration, bei der der Staat der Staatsangehörigkeit das Schutzversprechen gerade nicht einlöst.

sozialrechtliche Ungleichheiten hervorbringt.[106] Der Sozialstaat kann sich seiner sozialrechtlichen Einstandspflicht nicht entziehen – dies gilt auch für Personen ohne formales Aufenthaltsrecht, deren Präsenz der Staat hinnimmt.[107] Das Unionsrecht überlässt die Steuerung der Einreise bzw. des Verbleibs Mittelloser der Kontrolle der Mitgliedstaaten.[108] Wenn sie diese aufenthaltsrechtliche Aufgabe in einem Raum offener Binnengrenzen nicht wahrnehmen,[109] können sie diese nicht dem Sozialrecht überlassen: Es scheint paradox, in einem auf Steuerung (§ 1 Abs. 1 AufenthG!) gerichteten Rechtsgebiet wie dem Migrationsrecht die Hoffnung darauf zu setzen, dass sich unerwünschte Umstände – die Anwesenheit „fremder" Mittelloser – gleichsam von selbst auflösen.[110] Die Einstandspflicht endet erst mit der Aufenthaltsbeendigung,[111] diese muss der Staat gegebenenfalls aktiv herbeiführen.

Die Solidargemeinschaft ist divers. Die Diversität ist jedoch kein Wert als solcher, sondern oft Ausdruck von Angst und Misstrauen gegenüber „Fremden".[112] Gleichheit ist dagegen ausweislich der Präambel des EUV ein universeller Wert der Europäischen Union. Ein universelles Verständnis von Gleichheit verbietet es, deren sozialrechtliche Umsetzung an Prinzipien der „finanziellen Fairness"[113] auszurichten, die vor allem die wirtschafts- bzw. haushaltspolitischen Interessen der Aufenthaltsstaaten zum Ausgangspunkt nehmen. Vielmehr muss dieses am Menschsein selbst anknüpfen.[114] Die vollständige Gleichheit der Rechte und Pflichten wird erst im Falle der Vollmitgliedschaft in einem Staat erreicht, die durch die Zuerkennung sämtlicher bürgerlicher, politischer und sozialer Rechte gekennzeichnet ist.[115] Soziale Gleichheit erfordert jedoch nicht die Einebnung

[106] *Thym* (Fn. 55), S. 46.

[107] BSG, Urt. v. 20.1.2016, B 14 AS 35/15 R, Rn. 42.

[108] Vgl. *Mantu/Minderhoud* (Fn. 58), S. 7 f.

[109] Die Migrationssteuerung gerät hier tatsächlich an ihre Grenzen, ist die Wiedereinreise doch jederzeit möglich, *Verschueren* (Fn. 35), S. 395.

[110] Da Unionsbürger oftmals nicht ausreisen, wenn sie formal kein Aufenthaltsrecht haben, und die Ausländerbehörden untätig bleiben, bilden sich prekäre, von Verelendung und Obdachlosigkeit geprägte Lebenswelten inmitten der Bundesrepublik aus, dazu etwa die Beiträge von *Marie-Therese Haj Ahmad*, *Claudia Engelmann* und *Monika Slobodzian/Svenja Ketelsen*, in: Deutscher Verein (Hrsg.), Hilfe für Unionsbürger/innen trotz Leistungsausschlüssen?, Archiv für Wissenschaft und Praxis der sozialen Arbeit 2023, S. 40, 48 und 56.

[111] Vgl. *Kingreen* (Fn. 12), S. 81; dafür auch *Vonk* (Fn. 41), S. 146.

[112] Zu den „Bildern von Fremden" im medialen Diskurs insofern instruktiv *Thomas Kunz*, Bilder von Fremden, in: Ernst-Ulrich Huster/Jürgen Boeckh/Hildegard Mogge-Grothjahn (Hrsg.), Handbuch Armut und Soziale Ausgrenzung, 2017, S. 298. Zum Einfluss wohlfahrtsstaatlicher Leistungen auf die Migrationsentscheidung *Anna Diop-Christensen/Lanciné Eric Diop*, What Do Asylum Seekers Prioritise – Safety or Welfare Benefits? The Influence of Policies on Asylum Flows in the EU15 Countries, J. Refug. St. 35 (2021), S. 849 (865 f.).

[113] *Verschueren* (Fn. 35), S. 399 f.

[114] *Goodin* (Fn. 10), S. 7, siehe auch S. 17: „while self-interest makes their position comprehensible, it hardly makes it moral".

[115] *Thomas H. Marshall*, Bürgerrechte und soziale Klassen, 1992, S. 40 und 67.

jedweder Unterschiede, sondern sie soll vor allem den Gebrauch von Freiheit ermöglichen, in dem sie das Dasein des Einzelnen sichert. Es geht folglich um die Abwendung elementarer Ungleichheit, um die Verhinderung sozialer Exklusion.[116]

Abstufungen in den Anknüpfungsregeln des Sozialrechts sind damit durchaus legitim, können aber nie schematisch erfolgen. Die vom BVerfG für das Recht existenzsichernder Leistungen vorgegebene Differenzierung anhand der Bedarfe[117] trägt den unterschiedlichen Erscheinungsformen von Migration – vorübergehend vs. dauerhaft, erzwungen vs. freiwillig, individuell vs. kollektiv[118] – Rechnung und erlaubt ein graduell abgestuftes Hineinwachsen in die Solidargemeinschaft. Diese wird nicht erst mit der „Sesshaftigkeit" oder gar dem Erwerb der Staatsangehörigkeit erreicht, sondern muss im Einzelfall früher ansetzen.[119] Diesen Gedanken reflektiert der EGMR, wenn er feststellt, dass Staaten keine besondere soziale Verantwortung für ihre eigenen Staatsangehörigen zukomme.[120] Eine „ethnische Schließung des Sozialstaats"[121] lassen die Menschenrechte nicht zu. Es gibt somit – auch im Interesse des sozialen Friedens – keine taugliche Alternative zum Territorialprinzip.

---

[116] *Eberhard Eichenhofer*, Sozialrecht, 12. Aufl. 2021, S. 9.

[117] BVerfGE 132, 134 (164).

[118] *Boeckh* (Fn. 15), S. 540 f.

[119] Dieser Zwischenstatus wird als denizenship bezeichnet, *Jürgen Bast*, Denizenship als rechtliche Form der Inklusion in eine Einwanderungsgesellschaft, ZAR 2013, S. 353 (passim).

[120] EGMR, Urt. v. 16.9.1996, Nr. 17371/90, *Gaygusuz gegen Österreich*, Rn. 42 ff.; EGMR, Urt. v. 30.9.2003 [GK], Nr. 40892/98, *Koua Poirrez gegen Frankreich*, Rn. 37; EGMR, Urt. v. 6.7.2005, Nr. 65731/02, *Stec und andere gegen Vereinigtes Königreich*, Rn. 47 ff.

[121] *Boeckh* (Fn. 15), S. 566.

Teil 4

Demokratie

Verfassungsrechtliches Integrationsziel

Dogmatische Grundlagen, begrenzte Prägekraft und inhaltliche Ausrichtung

Sina Fontana

Ein verfassungsrechtliches Integrationsziel war von Beginn an im Grundgesetz angelegt und wird durch die Entwicklung der Bundesrepublik zum Einwanderungsland im Migrationskontext geprägt. Ausgerichtet ist das verfassungsrechtliche Integrationsziel auf Teilhabe, einschließlich demokratischer Integration im Sinne demokratischer Mitbestimmung. Zu dessen Verwirklichung sind sämtliche demokratische Räume in den Blick zu nehmen und etwaige Integrationshemmnisse auszuräumen.

In dem Zusammenspiel dieser demokratischen Räume verwirklicht sich die Integrationsfunktion des demokratischen Prozesses. Dieser offenbart zugleich Integrationsambivalenzen. Zwar entsteht ein integrativer Diskursraum für verschiedene gegebenenfalls konfligierende Meinungen und Interessen, einschließlich solcher von Menschen mit Migrationsgeschichte. Soweit nicht die Verfassung konkrete Vorgaben macht, wird aber die Entscheidung über die Zugehörigkeit durch die demokratische Mehrheit getroffen. Das betrifft neben der Zugehörigkeit zum Staatsvolk die integrative Öffnung der Rechtsordnung sowie die Formulierung wechselseitiger Integrationserwartungen. Bei alldem ist die Integration einschließlich der demokratischen Integration ein Prozess und Zustand, der nicht allein durch das Recht geregelt werden kann, sondern sich vielfach schlicht innerhalb gesellschaftlicher Freiräume vollzieht. Auf gesamtgesellschaftlicher Eben entsteht so ein Raum für ein Zusammenleben in Vielfalt.

I. Integrationsoffenheit der Verfassung

Während der Gebietszugang von Ausländern innerhalb der grund- und menschenrechtlichen Bindungen[1] weiterhin der souveränen Entscheidung des Staates obliegt,[2] entfaltet sich nach Gebietszugang mit dem bedingungslosen

[1] *Marcel Kau*, Ein Recht auf Migration?, in: Arnd Uhle (Hrsg.), Migration und Integration, 2017, S. 19 (30); vgl. *Florian Becker*, Gebiets- und Personalhoheit des Staates, in: Josef Isensee/Paul Kirchhof (Hrsg.), Handbuch des Staatsrechts, Bd. XI, 3. Aufl. 2013, § 230 Rn. 57.

[2] *Alfred Verdross/Bruno Simma*, Universelles Völkerrecht, 3. Aufl. 1984, § 1210; *Matthias*

Geltungsanspruch der Verfassung dessen Integrationsoffenheit. Aus dieser Integrationsoffenheit lässt sich ein verfassungsrechtliches Integrationsziel ableiten.

1. Demokratische Gleichheit

Es widerspricht der im Demokratieprinzip angelegten demokratischen Gleichheit,[3] wenn Menschen zwar dauerhaft dem Recht unterworfen, aber gleichzeitig von der Mitwirkung an der Rechtssetzung ausgeschlossen sind.[4] Sofern das Wahlrecht deutschen Staatsangehörigen vorbehalten ist,[5] ist dem Auseinanderfallen von Staatsvolk und Wohnbevölkerung[6] im Wege des Staatsangehörigkeitsrechts zu begegnen.[7] In diesem Sinne ist der Integrationsprozess bei fortdauerndem Verbleib im Bundesgebiet langfristig auf die Einbürgerung als Vollintegration[8] ausgerichtet.[9] Dieses Integrationsangebot des Staates kann seine Integrationswirkung als „Zeichen staatlicher Hinwendung"[10] nur dann erfüllen, wenn die Erfüllung der Einbürgerungsvoraussetzungen tatsächlich ermöglicht wird. Das gebietet zunächst eine entsprechende Ausgestaltung des Staatsangehörigkeitsrechts, aber auch die Schaffung eines fördernden Integrationsangebots, wie es insbesondere in Gestalt der Integrationskurse[11] im Aufenthaltsgesetz erfolgt ist.

Auf diese Weise kommt der Staat nicht nur dem verfassungsrechtlich begründeten Individualinteresse von Menschen mit Migrationsgeschichte auf gleichberechtigte Teilhabe nach, sondern nimmt zugleich eine Fürsorgepflicht für

---

Herdegen, Völkerrecht, 21. Aufl. 2022, § 27 Rn. 2; *Karl Doehring*, Völkerrecht, 2. Aufl. 2004, Rn. 853.

[3] *Hans Kelsen*, Vom Wesen und Wert der Demokratie, 2. Aufl. 1929, S. 10; *Ernst Wolfgang Böckenförde*, Demokratie als Verfassungsprinzip, in: ders. (Hrsg.), Staat, Verfassung, Demokratie, 1991, S. 327; *Günter Dürig*, Die Menschenauffassung des Grundgesetzes, JR 1952, S. 259 (262).

[4] Hierauf hinweisend bereits *Kelsen* (Fn. 3), S. 16 f.

[5] Zu einer entsprechenden Auslegung des Volksbegriffs in Art. 20 Abs. 2 S. 2 GG, BVerfGE 83, 37 (51); BVerfGE 83, 60 (71); *Karl-Peter Sommermann*, in: Hermann von Mangoldt/Friedrich Klein/Christian Starck (Hrsg.), Grundgesetz, Bd. 2, 7. Aufl. 2018, Art. 20 Rn. 148; *Helmut Quaritsch*, Staatsangehörigkeit und Wahlrecht, DÖV 1983, S. 1 (3).

[6] Zu den demokratietheoretischen Bedenken *Christoph Möllers*, Demokratie – Zumutungen und Versprechen, 2008, S. 77; *Alexander Somek*, The Darling Dogma of Bourgeois Europeanists, European Law Journal 20 (2014), S. 688 (700 f.).

[7] BVerfGE 83, 37 (52); *Böckenförde* (Fn. 3), S. 314; *Stephan Hobe*, Das Staatsvolk nach dem Grundgesetz, JZ 1994, S. 191 (194).

[8] *Julia Niesten-Dietrich*, Integration und Staatsangehörigkeit, ZAR 2012, S. 85 (86).

[9] Von dieser Zielsetzung ausgehend sind die Voraussetzungen für die Einbürgerung formuliert und erleichtert worden; vgl. Gesetzentwurf von Abgeordneten, Entwurf eines Gesetzes zur Reform des Staatsangehörigkeitsrechts, BT-Drs. 14/533, S. 18.

[10] Gesetzentwurf von Abgeordneten, Entwurf eines Gesetzes zur Reform des Staatsangehörigkeitsrechts, BT-Drs. 14/533, S. 18.

[11] Vgl. §§ 43 ff. AufenthG.

das Gemeinwesen in einer funktional-differenzierten Gesellschaft wahr.[12] Er ebnet den Weg zur demokratischen Gleichheit aller Rechtsunterworfenen, mit der Folge, dass die Meinungen und Interessen aller Mitglieder der Gesellschaft in den politischen Entscheidungsprozess Einzug finden und am Abwägungsprozess teilhaben.[13] Nur auf die Weise kann der demokratische Prozess seine Integrationsfunktion[14] vollumfänglich erfüllen, nicht hingegen, wenn Meinungen und Interessen bestimmter Personen und Personengruppen dauerhaft gänzlich ausgeschlossen sind.

2. *Grundrechtliche Zugehörigkeit*

Darüber hinaus erfolgt über die integrative Grundrechtsordnung[15] eine demokratische Integration, die ihrerseits durch den Staat zu fördern ist. Auf der Grundlage freiheitlicher Selbstbestimmung, obliegt es der Entscheidung der Individuen, ob und auf welche Weise[16] sie von den Grundrechten Gebrauch machen. Durch das Gebrauchmachen von Grundrechten erfahren diese eine stetige Aktualisierung, welche zur Wahrung des Anspruchs auf Dauerhaftigkeit des Verfassungsstaats[17] unerlässlich ist. Denn als zeitlose Ordnung[18] kann das Grundgesetz nur wirken, wenn es Geist seiner Zeit ist,[19] und unter wandelnden gesellschaftlichen Voraussetzungen alle Rechtsunterworfenen unter sich vereint.

---

[12] *Christine Langenfeld*, Integration und kulturelle Identität zugewanderter Minderheiten, 2001, S. 374.

[13] Vgl. *Konrad Hesse*, Verfassung und Verfassungsrecht, in: Ernst Benda/Werner Maihofer/Hans-Jochen Vogel (Hrsg.), Handbuch des Verfassungsrechts, 2. Aufl. 1994, § 1 Rn. 5; *Reinhold Zippelius/Thomas Würtenberger*, Deutsches Staatsrecht, 33. Aufl. 2018, § 10 Rn. 7.

[14] *Hesse* (Fn. 13), Rn. 5.

[15] Dazu umfassend *Sina Fontana*, Integrationsrecht, 2022, S. 205 ff., 220 ff., 230 ff.

[16] Zum Selbstverständnis als maßgebliches Kriterium BVerfGE 24, 236 (248); BVerfGE 104, 337 (355); BVerfGE 108, 282 (298 f.); *Hans Michael Heinig*, Öffentlich-rechtliche Religionsgesellschaften, 2003, S. 61; *Ute Sacksofsyk*, Religiöse Freiheit als Gefahr?, VVDStRL 68 (2008), S. 17.

[17] *Arnd Uhle*, Freiheitlicher Verfassungsstaat und kulturelle Identität, 2004, S. 355 ff.; *ders.*, Innere Integration, in: Josef Isensee/Paul Kirchhof (Hrsg.), Handbuch des Staatsrechts, Bd. IV, 3. Aufl. 2006, § 82 Rn. 48, spricht in diesem Kontext von einem Staatsziel auf Vitalität und Dauerhaftigkeit des Verfassungsstaates.

[18] *Herrmann Heller*, Staatslehre, 1934, S. 250; *Ulrich Scheuner*, Konsens und Pluralismus als verfassungsrechtliches Problem, in: Joseph Listl/Wolfgang Rüfner (Hrsg.), Staatstheorie und Staatrechts, 1978, S. 163 f.; *Wolf-Rüdiger Schenke*, Verfassung und Zeit, AöR 103 (1978), S. 566 (570).

[19] *Christian Hillgruber/Uwe Volkmann*, Verfassungsrecht zwischen normativem Anspruch und politischer Wirklichkeit, VVDStRL 67 (2008), S. 86; *ders.*, Geltungsanspruch und Wirksamkeit des Grundgesetzes, in: Josef Isensee/Paul Kirchhof (Hrsg.), Handbuch des Staatsrechts, Bd. XII, 3. Aufl. 2014, § 256 Rn. 11; *Helmuth Schulze-Fielitz*, Das Bundesverfassungsgericht in der Krise des Zeitgeists, AöR 122 (1997), S. 1 (14); *Josef Isensee*, Legitimation des Grundgesetzes, in: ders./Paul Kirchhof (Hrsg.), Handbuch des Staatsrechts, Bd. XII, 3. Aufl. 2014, § 254 Rn. 85; *Konrad Hesse*, Die normative Kraft der Verfassung, 1959, S. 18; vgl. *Christian Tomuschat*, Staatsrechtliche Entscheidung für die internationale Offenheit, in: Josef Isensee/Paul Kirchhof

Im Rahmen des Gebrauchmachens von Freiheitsräumen[20] wird der Inhalt der Grundrechte maßgeblich durch die Individuen selbst geprägt.[21]

Im Migrationskontext erfolgt so durch das Gebrauchmachen von den Grundrechten eine integrative Aktualisierung. Beispielhaft zeigt sich dies am verfassungsrechtlichen Schutz von Ehe und Familie, wenn im Rahmen des Familiennachzugs, trotz Festhaltens an der Vorstellung der Einehe,[22] die Zweitfrau über den Familienbegriff geschützt wird.[23] Für eine solche integrative Aktualisierung und zur Verwirklichung des den Grundrechten immanenten grundtragenden Element der Gleichheit[24] bedarf es einer entsprechenden Befähigung zur grundrechtlichen Selbstbestimmung,[25] die nicht nur ein individuelles Interesse, sondern auch Grundvoraussetzung des freiheitlichen Verfassungsstaates in der Zeit ist.[26] Daraus folgt eine Verpflichtung des Staates zur Schaffung der Grundrechtsvoraussetzungen, als derjenigen Faktoren, von denen die effektive Geltung der Grundrechtsnormen oder die Möglichkeit ihrer praktische Wahrnehmung abhängt.[27]

(Hrsg.), Handbuch des Staatsrechts, Bd. XI, 3. Aufl. 2013, § 226 Rn. 11, der in diesem Kontext von „Offenheit" spricht; *Dieter Grimm*, Die Zukunft der Verfassung, 2. Aufl. 1994, S. 329.

[20] Kritisch *Bernhard Schlink*, Bemerkungen zum Stand der Methodendiskussion in der Verfassungsrechtswissenschaft, Der Staat 19 (1980), S. 73 (82); *Martin Borowski*, Subjekte der Verfassungsinterpretation, in: Josef Isensee/Paul Kirchhof (Hrsg.), Handbuch des Staatsrechts, Bd. XII, 3. Aufl. 2014, § 274 Rn. 18.

[21] *Wolfram Höfling*, Offene Grundrechtsinterpretation, 1987, S. 21; vgl. *Ernst Wolfgang Böckenförde*, Grundrechtstheorie und Grundrechtsinterpretation, in: Ralf Dreier/Friedrich Gerhard Schwegmann (Hrsg.), Probleme der Verfassungsinterpretation, 1976, S. 282, der allerdings nicht auf die individuelle Selbstbestimmung, sondern auf den demokratischen Prozess politischer Willensbildung verweist.

[22] BVerfGE 31, 58 (69); BVerfGE 29, 166 (176); BVerfGE 62, 323 (330); BVerwGE 71, 228 (231); BFH, NJW 1986, S. 2209 (2210); *Gerhard Robbers*, Ausländer im Verfassungsrecht, in: Ernst Benda/Werner Maihofer/Hans-Jochen Vogel (Hrsg.), Handbuch des Verfassungsrechts, 2. Aufl. 1994, § 11 Rn. 57; *Cristian von Coelln*, in: Michael Sachs (Hrsg.), Grundgesetz, 9. Aufl. 2021, Art. 6 Rn. 7; *Christian F. Majer*, Polygamie in Deutschland, NZFam 2019, S. 242 (242); offengelassen BVerfGE 76, 1 (41 f.); BVerwGE 71, 228 (231); BVerwG, Beschl. v. 4.4.1986, 1 A 10/86, BVerwG, Urt. v. 28.02.1984, 9 C 981.81 – Buchholz 402.24, § 2 AuslG Nr. 76.

[23] BVerwGE 71, 228 (231); *Robbers* (Fn. 22), Rn. 57; *von Coelln* (Fn. 22), Rn. 7; vgl. BFH, NJW 1986, S. 2209 (2210).

[24] *Heinz Laufer*, Freiheit und Gleichheit, in: FS Geiger, 1974, S. 339. Dieses folgt bereits aus der Würde des Menschen *Ernst-Joachim Lampe*, Gleichheitssatz und Menschenwürde, in: FS Maihofer, 1988, S. 253 (260).

[25] *Michael Heinig*, Der Sozialstaat im Dienst der Freiheit, 2008, S. 177; *Wolfgang Martens*, Grundrechte im Leistungsstaat, VVDStRL 30 (1972), S. 28.

[26] *Paul Kirchhof*, Die kulturellen Voraussetzungen der Freiheit, 1995, S. 11; *Peter Häberle*, Menschenwürde und pluralistische Demokratie, in: FS Ress, 2005, S. 1166 ff.; *Herbert Krüger*, Die Verfassung als Programm der Integration, in: FS Berber, 1973, S. 252.

[27] Zum Begriff der Grundrechtsvoraussetzungen *Josef Isensee*, Grundrechtsvoraussetzungen und Verfassungserwartungen an die Grundrechtsausübung, in: ders./Paul Kirchhof (Hrsg.), Handbuch des Staatsrechts, Bd. IX, 3. Aufl. 2011, § 190 Rn. 49.

3. Sozialstaatliche Erwägungen

Zunächst umfasst die Gewährleistung eines aus Art. 1 Abs. 1 GG in Verbindung mit dem Sozialstaatsprinzip in Art. 20 Abs. 1 GG folgenden menschenwürdigen Existenzminimums ein Mindestmaß an Teilhabe am gesellschaftlichen, kulturellen, sowie politischen Leben[28] und damit ein Mindestmaß an demokratischer Integration als notwendige, aber nicht hinreichende Bedingung der Integration von Menschen mit Migrationsgeschichte.[29] Aus gesamtgesellschaftlicher Perspektive trägt die demokratische Integration zudem dazu bei, dass die Gesellschaft nicht an ihren sozialen Gegensätzen zerbricht,[30] indem für den Zusammenhalt bedeutsame Fragen unter Berücksichtigung aller Meinungen und Interessen ausgehandelt werden.

II. Dogmatische Einordnung

Bei dogmatischer Einordnung[31] ist das verfassungsrechtliche Integrationsziel eine Staatszielbestimmung, der schon ihrer Normqualität nach nur eine begrenzte Prägekraft zukommt. Diese wird ergänzt durch subjektive Rechte, die sich bereichsspezifisch als Grundrechte auf Integration oder jedenfalls im Sinne der Integration auswirken können.

1. Integration als Staatsziel

Die zu abstrakten[32] und interpretationsoffenen grundrechtlichen Gewährleistungen begründen kein übergreifendes Grundrecht auf Integration. Die einzelnen Grundrechte können sich aber bereichsspezifisch im Sinne der Integration und bisweilen als Grundrecht auf Integration manifestieren. Dies geschieht etwa, wenn es dem Staat aufgrund von Art. 2 Abs. 1 GG[33] versagt ist, einem muslimischen Metzger das Schächten von Tieren ohne Ausnahmevorbehalt zu verbieten,[34] wenn Art. 4 Abs. 1, 2 GG einem Verbot der Verrichtung des Gebets

[28] BVerfGE 125, 175 (223).

[29] Vgl. *Johannes Eichenhofer*, Begriff und Konzept der Integration im Aufenthaltsgesetz, 2013, S. 84.

[30] Zu dieser sozialstaatlichen Funktion *Josef Isensee*, Integration mit Migrationshintergrund, JZ 2010, S. 317 (319).

[31] Umfassend *Fontana* (Fn. 15), S. 210 ff.

[32] Vgl. *Gabriele Britz*, Kulturelle Rechte und Verfassung, 2000, S. 159 ff.; *Langenfeld* (Fn. 12), S. 425 ff. Zu den Maßstäben des in diesem Kontext relevanten Sozialstaatsprinzips *Sommermann* (Fn. 5), Rn. 115.

[33] Das BVerfG zieht die die Allgemeine Handlungsfreiheit (Art. 2 Abs. 1 GG) heran, BVerfGE 104, 337 (347), wenngleich als Prüfungsmaßstab auch die Religionsfreiheit (Art. 4 Abs. 1, 2 GG) in Betracht gekommen wäre.

[34] BVerfGE 104, 337 (350).

während des Besuchs der Schule Grenzen zieht[35] oder, wenn der Gleichheitssatz einem Burkiniverbot in einer Badeordnung für gemeindliche Schwimmbäder entgegensteht.[36]

Darüber hinaus ist die Integration hingegen kein subjektives Recht,[37] sondern eine zeitgerechte[38] Staatsaufgabe,[39] die sich zu einem Staatsziel konkretisiert hat.[40] Auch ohne explizite Normierung kann sich ein solches implizites verfassungsrechtliches Integrationsziel aus dem Grundgesetz ergeben.[41] Die Begründung erfolgt im Wege der Auslegung[42] integrationsrelevanter Verfassungsbestimmungen[43] und wird bekräftigt durch die mögliche[44] Bezugnahme auf das einfache Recht, in das Integrationserwägungen Einzug gefunden haben. Letztere zeigt sich zunächst im migrationsrechtlichen Integrationsrecht als Zusammenfassung der migrationsrechtlichen Vorschriften mit integrationsspezifischem Gehalt,[45] sowie im Erlass spezieller Integrationsgesetze des Bundes[46] und einzelner Länder[47]. Darüber hinaus ist über ein partizipatorisches Integrationsrecht eine integrative Öffnung der Rechtsordnung für Meinungen und Interessen von Menschen mit Migrationsgeschichte erfolgt, die auf der Integrationsoffenheit der Verfassung

---

[35] BVerwGE 141, 223 (235).

[36] OVG Rheinland-Pfalz, Urt. v. 14.6.2019, 10 B 10515/19.OVG. Der Gleichheitsverstoß lag in der gleichzeitigen Zulassung von Neoprenanzügen.

[37] *Andreas Funke*, Integratives Verwaltungsrecht?, 2017, S. 7; *Wolfgang Kahl*, Sprache als Kultur- und Rechtsgut, VVDStRL 65 (2006), S. 435, die ein solches Grundrecht jeweils in Art. 2 Abs. 1 i. V. m. Art. 1 Abs. 1 GG verorten.

[38] Vgl. *Georg Jellinek*, Allgemeine Staatslehre, 3. Aufl. 1914, S. 595.

[39] *Langenfeld* (Fn. 12), S. 370 („verfassungsrechtlicher Auftrag"); *Robbers* (Fn. 22), Rn. 92; *Wolfgang Kahl*, Nachhaltigkeit, Migration und Integration, in: ders. (Hrsg.), Nachhaltigkeit als Verbundbegriff, 2008, S. 248; *Isensee* (Fn. 30), S. 318; *Uhle* (Fn. 17), Rn. 47 ff.; *ders.*, Integration als Staatsaufgabe, in: Otto Depenheuer/Christoph Grabenwarter (Hrsg.), Der Staat in der Flüchtlingskrise, 2016, S. 250 ff.; *Thomas Groß*, Integration durch Sprache, KJ 2006, S. 2 (3).

[40] Ebenso *Funke* (Fn. 37), S. 7; *Martin Burgi*, Das werdende Integrationsverwaltungsrecht und die Rolle der Kommunen, DVBl. 131 (2016), S. 1015 (1020); *Matthias Wagner*, Kulturelle Integration und Grundgesetz, 2020, S. 444. Eine Staatsaufgabe im Kontext der Schule bejahend HessVGH, NVwZ 2013, S. 159 (160, 162).

[41] *Josef Isensee*, Staatsaufgaben, in: ders./Paul Kirchhof (Hrsg.), Handbuch des Staatsrechts, Bd. IV, 3. Aufl. 2006, § 73 Rn. 40 ff., der in diesem Zusammenhang von impliziten Staatszielbestimmungen spricht. Angenommen werden zum Beispiel ein Staatsziel der Kulturstaatlichkeit, *Udo Steiner*, Kultur, in: Josef Isensee/Paul Kirchhof (Hrsg.), Handbuch des Staatsrechts, Bd. IV, 3. Aufl. 2006, § 86 Rn. 1. Sowie ein Staatsziel der Vitalität und Dauerhaftigkeit des Verfassungsstaats *Uhle* (Fn. 17), S. 355 ff.; *ders.* (Fn. 17), Rn. 48.

[42] Zur Möglichkeit der Ermittlung von Staatszielen durch Auslegung *Isensee* (Fn. 41), Rn. 41; *Klaus Stern*, Staatsziele und Staatsaufgaben in verfassungsrechtlicher Sicht, in: Bitburger Gespräche Jahrbuch, 1984, S. 16 f.

[43] Dazu umfassend *Fontana* (Fn. 15), S. 151 ff.

[44] *Burkhard Schöbener/Matthias Knauff*, Allgemeine Staatslehre, 4. Aufl. 2019, § 4 Rn. 103.

[45] Dazu *Fontana* (Fn. 15), S. 79.

[46] Integrationsgesetz (BGBl. 2016 I 1939).

[47] PartIntG Berlin, Gesetz- und Verordnungsblatt für Berlin v. 28.12.2010; Teilhabe und Integrationsgesetz NRW v. 14.2.2012 (GV. NRW. 2012 Nr. 5 S. 97); PartIntG BW v. 1.12.2015 (GBl. S. 1048); BayIntG v. 13.12.2016 (GVBl. S. 335, BayRS 26-6-A).

gründen und auf diese zurückwirken. So sieht etwa § 6 Abs. 2 Buch 1 Gesetzbuch über den Justizvollzug in Baden-Württemberg vor, dass den soziokulturellen und religiösen Bedürfnissen der Gefangenen und Untergebrachten mit Migrationshintergrund Rechnung zu tragen ist, was etwa die Zugänglichmachung von Gebetsräumen, sowie die Rücksichtnahme auf religiöse Speisevorschriften umfassen soll,[48] und § 2 Berliner Gesetz über die Sonn- und Feiertage erkennt als „religiöse Feiertage" die Feiertage der christlichen Kirchen, der muslimischen Glaubensgemeinschaften, der Jüdischen Gemeinde zu Berlin und anderen Religionsgesellschaften an. Aus rechtsgebietsübergreifender Perspektive ist es Aufgabe des Betriebsrates, die Integration ausländischer Arbeitnehmer im Betrieb und das Verständnis zwischen ihnen und den deutschen Arbeitnehmern zu fördern, sowie Maßnahmen zur Bekämpfung von Rassismus und Fremdenfeindlichkeit im Betrieb zu beantragen (§ 80 Abs. 1 Nr. 7 BetrVG[49]). Im Vermögensrecht fand der kulturelle Hintergrund bei der Bemessung von Schmerzensgeld Berücksichtigung, soweit das Gericht darauf hinweist, dass die sozialen und kulturellen Hintergründe der Klägerin ihr möglicherweise die Inanspruchnahme psychiatrischer oder psychotherapeutischer Hilfe erschweren können,[50] und ein unvermeidbarer Verbotsirrtum wurde angenommen, als ein Angehöriger des islamischen Kulturkreises es unterließ, einer spärlich bekleideten und betrunkenen Frau Hilfe zu leisten.[51]

2. Prägekraft

Mit dem verfassungsrechtlichen Integrationsziel kommt der Verfassung nicht nur eine Integrationsfunktion zu,[52] sondern sie begründet auch eine staatliche Verpflichtung zur Integration, die sich nicht auf einen abgrenzbaren Sektor beschränkt, sondern auf die gesamte Staatstätigkeit ausstrahlt.[53] Damit eröffnet sie innerhalb der sich aus der Verfassung selbst ergebenen Grenzen, die Möglich-

---

[48] Gesetzentwurf der Landesregierung, Gesetz zur Verbesserung von Chancengerechtigkeit und Teilhabe in Baden-Württemberg, LT-Drs. 15/7555, S. 73.

[49] Betriebsverfassungsgesetz idF. der Bekanntmachung v. 25.9.2001 (BGBl. 2001 I 2518).

[50] OLG Hamm, Streit 1992, S. 85 (87).

[51] LG Mannheim, NJW 1990, S. 2212 (2212 f.).

[52] Grundlegend *Rudolf Smend,* Verfassung und Verfassungsrecht, in: ders. (Hrsg.), Staatsrechtliche Abhandlungen, 3. Aufl. 1994, S. 119 ff. Ebenso *Hesse* (Fn. 13), Rn. 5; *Hasso Hofmann*, Legitimität und Rechtsgeltung, 1977, S. 58; *Klaus Stern*, Das Staatsrecht der Bundesrepublik Deutschland, Bd. 1, 2. Aufl. 1984, S. 90; *Horst Dreier*, Integration durch Verfassung?, in: FS Schneider, 2008, S. 79 f.; *Dieter Grimm* (Fn. 19), S. 33; *Andreas Voßkuhle*, Verfassungsstil und Verfassungsfunktionen, AöR 119 (1994), S. 35 (46 ff.); *Otto Depenheuer*, Funktionen der Verfassung, in: ders./Christoph Grabenwarter (Hrsg.), Verfassungstheorie, 2010, § 16 Rn. 43 ff.; *Schulze-Fielitz* (Fn. 19), S 14; *Sandra Obermeyer*, Integrationsfunktion der Verfassung und Verfassungsnormativität, 2008, S. 27; *Uhle* (Fn. 17), Rn. 41 ff., 47 ff. Vgl. zu den Integrationsfaktoren der Verfassung auch BVerfGE 5, 85 (388); BVerfGE 8, 104 (113); BVerfGE 14, 121 (153 f.).

[53] *Isensee* (Fn. 41), Rn. 15; *Thomas Mann*, Minderheitenschutz, in: Detlef Merten/Hans-Jür-

keit des staatlichen Zugriffs auf den Integrationsprozess. Aus der Einordnung als Staatsziel folgt,[54] dass die Integration als durch den Gesetzgeber zu konkretisierendes Ziel vorgegeben ist, nicht aber die konkreten Mittel zur Zielerreichung. Der Gesetzgeber, sowie alle zur Verwirklichung des Staatsziels verpflichteten Akteure, haben die geeigneten Mittel fortwirkend zu bestimmen.

Denkbare Maßnahmen umfassen zunächst die Ergreifung von gezielten Fördermaßnahmen zur Überwindung von Integrationshemmnissen, was neben der Schaffung eines Integrationsangebots in Gestalt der Integrationskurse der Abbau von Stereotypen[55] und der Schutz vor Diskriminierung[56] sein können. Darüber hinaus ist die integrative Rechtsordnung ein Bestandteil zur Verwirklichung des verfassungsrechtlichen Integrationsziels. Zu einer solchen gehört, dass als partielle Variation[57] integrationsoffene Begrifflichkeiten wie der Terminus „religiös" statt kirchlich in § 2 Abs. 4 Brandenburger Feiertagsgesetz verwendet werden. Daneben wirkt das Integrationsziel als interkulturelle Reflexion[58] im Rahmen der Rechtsanwendung durch Rechtsprechung und Verwaltung als Auslegungs- und Abwägungsmaßstab,[59] insbesondere im Falle von unbestimmten Rechtsbegriffen[60] und Ermessenentscheidungen.[61] In diesem Sinne wurde trotz landesrechtlicher Regelungen[62] über eine allgemeine Schulpflicht[63] unter Heranziehung von Art. 4 Abs. 1, 2 GG für eine zwölfjährige Schülerin islamischen Glaubens eine Befreiung vom koedukativen Sportunterricht bejaht, da sie sich im Hinblick auf die Bekleidungsvorschriften des Koran, einem Gewissenskonflikt ausgesetzt sah.[64] Zuletzt kann das Staatsziel

---

gen Papier (Hrsg.), Handbuch der Grundrechte in Deutschland und Europa, Bd. VIII, 2017, § 241 Rn. 34.

[54] *Stern* (Fn. 52), S. 122; *Detlef Merten*, Über Staatsziele, DÖV 1993, S. 368 (370); *Mann* (Fn. 53), Rn. 34.

[55] In diesem Sinne *Committee on the Elimination of Discrimination against Women (CEDAW)*, CEDAW/C/DEU/CO/7–8, Rn. 32.

[56] So der Ansatz von *Anna Katharina Mangold*, Demokratische Inklusion durch Recht, 2021.

[57] Dazu *Fontana* (Fn. 15), S. 100 ff.

[58] *Fontana* (Fn. 15), S. 95 ff.

[59] Vgl. Bundesministerium des Inneren/Bundesministerium der Justiz (Hrsg.), Staatszielbestimmungen, Gesetzgebungsaufträge, 1993, Rn. 7; *Ulrich Scheuner*, Staatszielbestimmungen, in: FS Forsthoff, 2. Aufl. 1974, S. 336 f. für den Sozialstaatsgrundsatz.

[60] *Hans H. Klein*, Staatsziele im Verfassungsgesetz, DVBl. 1991, S. 729 (733).

[61] *Marcus Schladebach*, Staatszielbestimmungen im Verfassungsrecht, JuS 2018, S. 118 (121).

[62] Ob sich aus dem Grundgesetz eine Schulpflicht ergibt, ist hingegen umstritten; bejahend *Hasso Hofmann*, Grundpflichten und Grundrechte, in: Josef Isensee/Paul Kirchhof (Hrsg.), Handbuch des Staatsrechts, Bd. IX, 3. Aufl. 2011, § 195 Rn. 21; *Josef Isensee*, Die verdrängten Grundpflichten des Bürgers, DÖV 1982, S. 609 (617). Offen gelassen bei: *Markus Thiel*, in: Michael Sachs (Hrsg.), Grundgesetz, 9. Aufl. 2021, Art. 6 Rn. 12.

[63] Etwa, Art. 129 Abs. 1 Verfassung des Freistaates Bayern; sowie Art. 35 Abs. 1 BayEUG; Art. 14 Abs. 1 Verfassung des Landes Baden-Württemberg; sowie § 72 Abs. 1 SchG BW; § 56 Abs. 1 HSchG; Art. 4 Abs. 2 Niedersächsische Verfassung; sowie § 63 Abs. 1 S. 1 NSchG.

[64] BVerwGE 94, 82.

Integration als kollidierendes Verfassungsrecht fungieren und auf diese Weise bei Beeinträchtigungen von Grundrechten oder sonstigen Verfassungsgütern als Abwägungsmaßstab dienen.[65] Beispielhaft zeigt sich dies an sog. Neutralitätsgesetzen, wenn es in das verfassungsrechtliche Spannungsverhältnis zwischen grundrechtlichen Gewährleistungen[66] einschließlich der intersektionalen Diskriminierung[67] wegen der Religion und des Geschlechts[68] sowie religiös-weltanschaulicher Neutralität[69] einbezogen wird.

Das Grundgesetz begreift die Integration als wechselseitigen Prozess ohne jede persönliche Differenzierung. Die Maßnahmen können daher Menschen mit Migrationsgeschichte[70] ebenso adressieren wie die Gesamtgesellschaft.[71] Da die Integration auf das künftige Zusammenleben im Bundesgebiet gerichtet ist,[72] erscheint eine die Bleibeperspektive abbildende migrationstypengerechte[73] Differenzierung sachgerecht.[74] Keineswegs beschränkt ist die Prägekraft des verfassungsrechtlichen Integrationsziels auf Menschen ohne deutsche Staatsangehörigkeit. Denn mit der Integration in das Staatsvolk geht nicht notwendig die intendierte Integration in die Gesellschaft einher.

Über die Ausweitung individueller Freiheit und Gleichheit und als deren Folge zielt das verfassungsrechtliche Integrationsziel auf gesamtgesellschaftlicher Ebene auf ein Zusammenleben in Vielfalt ab. Wenn eine Rechtsnorm nicht mit den

---

[65] Zu dieser Funktion von Staatszielen *Schladebach* (Fn. 61), S. 121.

[66] Erfolgt etwa in Bayern, Berlin, Nordrhein-Westfalen und Niedersachsen.

[67] Grundlegend zum Konzept der Intersektionalität *Kimberlé Crenshaw*, Demarginalizing the Intersection of Race and Sex: A Black Feminist Critique of Antidiscrimination Doctrine, Feminist Theory and Antiracist Politics, University of Chicago Legal Forum 1989, S. 139; *dies.*, Mapping the Margins: Intersectionality, Identity Politics, and Violence against Women of Color, Stanford Law Review 43 (1991), S. 1241.

[68] *Susanne Baer/Nora Markard*, in: Hermann von Mangoldt/Friedrich Klein/Christian Starck (Hrsg.), Grundgesetz, Bd. 1, 7. Aufl. 2018, Art. 3 Abs. 2 Rn. 443; *Nils Weinberg*, Ansätze zur Dogmatik der intersektionalen Benachteiligung, EuZA 2020, S. 60 (64); *Anna Katharina Mangold/Mehrdad Payandeh*, Diskriminierungsschutz und unternehmerische Freiheit im Unionsrecht. Anmerkungen zu den Urteilen des EuGH v. 14.3.2017 in den Rs. C-157/15 (*Achbita*) & C-188/15 (*Bougnaoui*), EuR 2017, S. 700 (711).

[69] BVerwGE 170, 319 (325).

[70] In diesem Sinne, § 1 Abs. 1 PartIntG Berlin, § 1 Ziff. 1 und 5 Teilhabe- und Integrationsgesetz NRW; sowie § 2 PartIntG BW, welche die Teilhabe von Menschen mit Migrationshintergrund zur Zielsetzung erklären.

[71] Zum Adressatenkreis des Integrationsrechts siehe auch *Fontana* (Fn. 15), S. 111 ff., 136 ff.

[72] Gesetzentwurf der Bundesregierung, Entwurf eines Gesetzes zur Steuerung und Begrenzung der Zuwanderung und zur Regelung des Aufenthalts und der Integration von Unionsbürgern und Ausländern (Zuwanderungsgesetz), BT-Drs. 15/420, S. 87.

[73] Zu differenzieren ist hierbei zwischen regulärer und humanitärer Migration. Vgl. die Differenzierung von *Winfried Kluth*, Grundlagen und Strukturen eines Migrationsfolgenrechts, DVBl. 2016, S. 1081 (1082), unter Verweis auf Art. 76 ff. AEUV.

[74] In diesem Sinne stellen die §§ 44 und 44a AufenthG über die Teilnahme an einem Integrationskurs auf den aufenthaltsrechtlichen Status im Zusammenspiel mit dem tatsächlichen Integrationsbedarf ab.

sittlichen, religiösen, politischen oder sozialen Normen, Rechts- oder Wertvorstellungen übereinstimmt,[75] können mit der Pflicht zur Rechtsbefolgung[76] Zumutungen für Individuen verbunden sein. Das zeigt sich etwa, wenn sich der Gesetzgeber im Einklang mit der Rechtsprechung des Bundesverfassungsgerichts bei hinreichender Schutzgewähr auf Rechtsfolgenseite gegen die Anerkennung von Eheschließungen Minderjähriger ausspricht.[77] Gleiches gilt, soweit sich Integration jenseits rechtlicher Regelungen innerhalb gesellschaftlicher Freiräume vollzieht. Eine innere Hinwendung zur Verfassung oder der Rechtsordnung verlangt das Grundgesetz hingegen nicht. Es geht von der Erwartung aus, dass die Rechtsunterworfenen die grundlegenden Wertungen der Verfassung teilen, zwingt aber nicht hierzu.[78] Nur vereinzelt sind im Grundgesetz Treuepflichten als das Staatsbürgerverhältnis konkretisierende verfassungsrechtliche Pflichten[79] verankert, die allerdings nicht auf eine allgemeine Pflicht zur Verfassungstreue schließen lassen.[80] Vielmehr wurde auf eine solche bewusst verzichtet.[81] Das schließt freilich nicht aus, dass für die Einbürgerung ein Bekenntnis zur freiheitlichen demokratischen Grundordnung als Integrationserwartung formuliert wird (vgl. § 10 Abs. 1 S. 1 Nr. 1 StAG).

III. Demokratische Integration

Für eine demokratische Integration sind die demokratischen Räume in ihrer Gesamtheit in den Blick zu nehmen. Jedenfalls mit einer gewissen Aufenthaltsdauer muss durch die Integration in das Staatsvolk eine Teilhabe am formalen Willensbildungsprozess ermöglicht werden. Über den formalen Ausschluss hinaus sind

[75] *Thomas Raiser*, Grundlagen der Rechtssoziologie, 4. Aufl. 2007, S. 258.

[76] *Carl Schmitt*, Legalität und Legitimität, 6. Aufl. 1998, S. 8; *Herbert Bethge*, Die verfassungsrechtliche Problematik der Grundpflichten, JA 1985, S. 249 (256); *Josef Isensee* in der Aussprache zum Vortrag von *Hofmann*, Grundpflichten als verfassungsrechtliche Dimension, VVDStRL 41 (1983), S. 131; *Christoph Gusy*, Grundpflichten und Grundgesetz, JZ 1982, S. 657 (657); *Ernst E. Hirsch*, Zum sogenannten Gesetzesgehorsam, JZ 1983, S. 1 (1 ff.); vgl. auch BVerfGE 102, 370 (391). Hinsichtlich Ausländer besteht lediglich die Besonderheit, dass sich aus ihrem Rechtsstatus besondere Rechtspflichten ergeben können. Maßgeblich hierfür ist vor allem das Migrationsrecht, aber auch weitere Regelungen wie etwa §§ 55, 10 ff. ZPO und § 121 UrhG.

[77] Vgl. BVerfG, NJW 2023, S. 1494 (1508 ff.).

[78] BVerfG, NJW 2001, S. 2069 (2070).

[79] *Christian Starck*, in: Hermann von Mangoldt/Friedrich Klein/Christian Starck (Hrsg,), Grundgesetz, Bd. 1, 7. Aufl. 2018, Art. 1 Rn. 197.

[80] Eine solche verneinend auch *Hans H. Klein*, Verfassungstreue und Schutz der Verfassung, VVDStRL 37 (1979), S. 80; *Bethge* (Fn. 76); *Peter Badura*, Grundpflichten als verfassungsrechtliches Problem, DVBl. 1982, S. 861 (862); *Volkmar Götz*, Grundpflichten als verfassungsrechtliche Dimension, VVDStRL 41 (1983), S. 22; *Rolf Stober*, Grundpflichten und Grundgesetz, 1979, S. 30.

[81] Deutscher Bundestag/Bundesarchiv (Hrsg.), Der Parlamentarische Rat 1948–1949 Akten und Protokolle, Bd. 2, Der Verfassungskonvent auf Herrenchiemsee, S. 47, 226, 513, 582.

die fortbestehenden Integrationshemmnisse auszumachen und gegebenenfalls durch das Integrationsrecht zu adressieren. Gleiches gilt für das demokratische Mehrebenensystems in seiner Gesamtheit, das bisweilen schon aus sich heraus integrativ wirkt.

1. Integration in das Staatsvolk

Ausgehend von den staatsbürgerlichen Freiheiten wird zur Verwirklichung der demokratischen Gleichheit[82] unter dem Grundgesetz ein parlamentarischer Willensbildungsprozess konstituiert, der alle Meinungen und Interessen gleichberechtigt einbezieht.[83] Dass dem Ideal der offenen Gesellschaft[84] entsprechend das richtige Maß für jedes Handeln und Denken selbst gesetzt werden kann, erfordert einen gleichen Zugang zur Freiheit sowie ein gleichberechtigtes Zusammenspiel aller demokratischen Kräfte.[85] Integrationsdefizite bestehen zunächst, soweit Menschen ohne deutsche Staatsangehörigkeit formal vom parlamentarischen Willensbildungsprozess ausgeschlossen sind. Daneben kann trotz formaler Gleichheit[86] eine reale Disparität bei der Artikulation und Durchsetzung verschiedener gesellschaftlicher Anliegen bestehen.

a) formale Exklusion

Die Grundlage demokratischer Freiheit und Gleichheit bildet in der demokratischen Entscheidungsfindung das Mehrheitsprinzip,[87] mit dem zugleich eine Gegensatzbildung einhergeht.[88] Dieses findet seine Rechtfertigung nicht darin, dass die Mehrheitsentscheidung richtiger ist als die Auffassung der Minderheit,[89] sondern gründet vielmehr darauf, dass die Mehrheitsentscheidung wieder geändert werden kann, sodass für die Minderheit stets die Möglichkeit besteht

---

[82] *Kelsen* (Fn. 3), S. 10; *Böckenförde* (Fn. 3), S. 327; *Dürig* (Fn. 3), S. 262.

[83] Vgl. *Hesse* (Fn. 13), Rn. 159; *Böckenförde* (Fn. 3), S. 326.

[84] Dazu *Karl Popper*, Die offene Gesellschaft und ihre Feinde, Bd. 2, 3. Aufl. 1973.

[85] *Michael Kloepfer*, Gleichheit als Verfassungsfrage, 1980, S. 47; *Martens* (Fn. 25), S. 29. Auf das Sozialstaatsprinzip verweisend *Josef Isensee*, Verfassungsgarantie ethischer Grundwerte und gesellschaftlicher Konsens. Verfassungsrechtliche Überlegungen zu einer sozialethischen Kontroverse, NJW 1977, S. 545 (547).

[86] BVerfGE 78, 350 (357 f.); BVerfGE 99, 69 (78); BVerfGE 124, 1 (18); BVerfGE 135, 259 (285); BVerfGE 146, 327 (350). Für ein materiales Gleichheitsverständnis im Kontext der Repräsentation *Cara Röhner*, Ungleichheit und Verfassung, 2019, S. 258 ff.; CEDAW Committee, CEDAW/C/DEU/CO/7–8, Rn. 32.

[87] *Kelsen* (Fn. 3), S. 53; *Reinhard Zippelius*, Allgemeine Staatslehre, 17. Aufl. 2017, S. 116; *Peter Badura*, Die parlamentarische Demokratie, in: Josef Isensee/Paul Kirchhof (Hrsg.), Handbuch des Staatsrechts, Bd. II, 3. Aufl. 2004, § 25 Rn. 31.

[88] *Detlef Göldner*, Integration und Pluralismus im demokratischen Rechtsstaat, 1977, S. 30.

[89] Vgl. *Kelsen* (Fn. 3), S. 99 f.; *Dieter Grimm*, Politische Parteien, in: Ernst Benda/Werner Maihofer/Hans-Jochen Vogel (Hrsg.), Handbuch des Verfassungsrechts, 2. Aufl. 1994, § 14 Rn. 10.

zur Mehrheitsentscheidung zu werden.[90] Angesichts des formalen Ausschlusses vom parlamentarischen Willensbildungsprozess ist diese Möglichkeit allerdings Menschen ohne deutschen Staatsangehörigkeit verwehrt.[91] Sofern trotz der Zunahme ausländischer Wohnbevölkerung an der Auslegung der Beschränkung des Volksbegriffs auf deutsche Staatsangehörige festgehalten wird,[92] liegt die Aufgabe zur Herstellung einer Kongruenz zwischen dem Innehaben demokratischer politischer Rechte und den dauerhaft einer bestimmten staatlichen Herrschaft Unterworfenen bei der Gesetzgebung, die hierauf mit Regelungen zur Ermöglichung der Einbürgerung zu reagieren hat.[93]

Zur frühzeitigen Integration in die deutschen Lebensverhältnisse, sowie der Sicherung der Kongruenz zwischen inländischer Wohnbevölkerung und Staatsvolk[94] wurde das Abstammungsprinzip durch das Geburtsortsprinzip ergänzt (vgl. § 4 Abs. 3 S. 1 AufenthG).[95] Außerdem erfolgte eine Erleichterung der Voraussetzungen für die Einbürgerung und deren Ausgestaltung als Anspruch,[96] womit das Staatsangehörigkeitsrecht zugleich einen Anspruch auf demokratische Teilhabe begründet. Im jüngsten Entwurf zur Reform des Staatsangehörigkeitsrechts ist insbesondere eine Verkürzung der Mindestaufenthaltsdauer vorgesehen.[97] Nach den in § 10 Abs. 1 S. 1 StAG niedergelegten Kriterien[98] besteht

---

[90] *Schmitt* (Fn. 76), S. 30; *Konrad Hesse*, Grundzüge des Verfassungsrechts der Bundesrepublik Deutschland, 20. Aufl. 1995, Rn. 143; *Hasso Hofmann/Horst Dreier*, Repräsentation, Mehrheitsprinzip und Minderheitenschutz, in: Hans-Peter Schneider/Wolfgang Zeh (Hrsg.), Parlamentsrecht und Parlamentspraxis in der Bundesrepublik Deutschland, 1989, § 5 Rn. 58. Umfassend zur Rechtfertigung des Mehrheitsprinzips *Werner Heun*, Das Mehrheitsprinzip der Demokratie, 1983, S. 79 ff.

[91] BVerfGE 83, 37 (51); BVerfGE 83, 60 (71); *Bernd Grzeszick*, in: Günter Dürig/Rupert Scholz/Roman Herzog (Hrsg.), Grundgesetz-Kommentar, 100. EL Januar 2023, Art. 20 Rn. 81; *Sommermann* (Fn. 5), Rn. 148; *Josef Isensee*, Staat und Verfassung, in: ders./Paul Kirchhof, Handbuch des Staatsrechts, Bd. II, 3. Aufl. 2004, § 15 Rn. 121; *Detlef Merten*, Bürgerverantwortung im demokratischen Verfassungsstaat, VVDStRL 55 (1996), S. 24 ff.; *Helmut Quaritsch*, Staatsangehörigkeit und Wahlrecht, DÖV 1983, S. 1 (3 f.).

[92] BVerfGE 83, 37 (52); *Merten* (Fn. 91), S. 26; *Alexander Schink*, Kommunalwahlrecht für Ausländer, DVBl. 1988, S. 417 (422 f.).

[93] BVerfGE 83, 37 (52); *Thomas Mann*, in: Bonner Kommentar zum Grundgesetz, Bd. 9, Stand: Februar 2018, Art. 28 Rn. 81. Dazu auch *Fontana* (Fn. 15), S. 159 ff.

[94] Gesetzentwurf von Abgeordneten, Entwurf eines Gesetzes zur Reform des Staatsangehörigkeitsrechts, BT-Drs. 14/533 S. 18.

[95] Diese Ergänzung erfolgte im Wege des Gesetzes zur Änderung des Staatsangehörigkeitsrechts v. 15.07.1999 (BGBl. 1999 I 1618).

[96] Diese erfolgte im Wege des Gesetzes zur Änderung asylverfahrens-, ausländer- und staatsangehörigkeitsrechtlicher Vorschriften v. 30.06.1993 (BGBl. 1993 I 1062).

[97] Siehe Referentenentwurf des Bundesministeriums des Innern und für Heimat, Entwurf eines Gesetzes zur Modernisierung des Staatsangehörigkeitsrechts v. 21.5.2023.

[98] Diese sind eine Mindestaufenthaltsdauer, das Bekenntnis zu freiheitlich-demokratischen Grundordnung, einen rechtmäßigen gewöhnlichen Aufenthalt im Inland und ein unbefristetes Aufenthaltsrecht, Unterhaltsfähigkeit, Verlust oder Aufgabe der bisherigen Staatsbürgerschaft, Straffreiheit, ausreichende Kenntnisse der deutschen Sprache sowie Kenntnisse der Rechts- und Gesellschaftsordnung und der Lebensverhältnisse in Deutschland.

die Erwartung einer „Teilassimilation".[99] Neben der fehlenden Gefahr für die öffentliche Sicherheit und Ordnung sowie die fehlende Abhängigkeit von sozialen Leistungen als negative Kriterien wird mit deutschen Sprachkenntnissen, sowie Kenntnissen der Rechts- und Gesellschaftsordnung als positive Kriterien[100], vor allem auf die Fähigkeit zur Ausübung der staatsbürgerlichen Rechte, einschließlich des Wahlrechts, abgestellt. Die ethnische, sprachliche und kulturelle Verbundenheit erlangt hingegen keine Bedeutung. Damit sind sämtliche Integrationsanforderungen grundsätzlich erreichbar und erlernbar, was im Sinne des verfassungsrechtlichen Integrationsziels mit fortdauerndem Aufenthalt eine Integration in das Staatsvolk möglich macht.

b) reale Disparität

Trotz formaler Integration können reale Integrationshemmnisse einer gleichberechtigten demokratischen Teilhabe entgegenstehen. Zwar ist es nach dem Repräsentationsverständnis des Grundgesetzes gerade keine Voraussetzung, dass sich in der Zusammensetzung des Parlaments auch diejenige der Bevölkerung widerspiegelt.[101] Vielmehr repräsentieren alle Abgeordneten zusammen das Volk, nicht eine bestimmte Partei oder Interessengruppe, insbesondere auch nicht die soziale Gruppe, der sie selbst angehören.[102] Zugleich wird nicht von der Hand zu weisen sein[103] und ist auch anerkannt[104], dass die jeweilige Vorprägung und der individuelle Erfahrungshorizont der Abgeordneten in die Mandatsausübung einfließen. In diesem Sinne erfolgte die Einführung der Allgemeinheit und Gleichheit der Wahl mit der Zielsetzung, dass die vielfältigen Meinungen und Interessen der Bevölkerung die Möglichkeit parlamentarischer Repräsentation erhalten.[105] Vor diesem Hintergrund kann jedenfalls danach gefragt werden,

---

[99] *Ferdinand Weber*, Staatsangehörigkeit und Status, 2018, S. 412.

[100] *Thomas Groß*, Das deutsche Integrationskonzept, ZAR 2007, S. 315 (316); *Ralph Göbel-Zimmermann/Pauline Endres de Oliveira*, in: Bertold Huber/Johanna Mantel (Hrsg.), Aufenthaltsgesetz, 3. Aufl. 2021, § 43 AufenthG Rn. 3; *Eichenhofer* (Fn. 29), S. 132 ff.

[101] BVerfGE 156, 224 (254); BayVerfGH, NVwZ-RR 2018, 457 (456); *Martin Morlok/Alexander Hobusch*, Zur Verfassungswidrigkeit verpflichtender Quotenregelungen bei Landeslisten, DÖV 2019, S. 14 (17); *Claus Dieter Classen*, Partité-Gesetze: Frauen müssen Frauen wählen können, ZRP 2021, S. 50 (51); *Jörn Ipsen/Ann-Kathrin Kaufhold/Thomas Wischmeyer*, Staatsrecht I, 33. Aufl. 2021, § 6 Rn. 55.

[102] *Siegfried Magiera*, in: Michael Sachs (Hrsg.), Grundgesetz, 9. Aufl. 2021, Art. 38 Rn. 45; *Martin Morlok*, in: ders./Utz Schliesky/Dieter Wiefelspütz (Hrsg.), Parlamentsrecht, 2016, § 3 Rn. 45; *Hans H. Klein/Kyrill-Alexander Schwarz*, in: Günter Dürig/Rupert Scholz/Roman Herzog (Hrsg.), Grundgesetz-Kommentar, 100. EL November 2023, Art. 38 Rn. 217.

[103] Dazu *Hanskarl Freund*, Abgeordnetenverhalten, 1986; mit Fokus auf die Repräsentation von Frauen: *Sandra Brunsbach*, Machen Frauen den Unterschied? Parlamentarierinnen als Repräsentantinnen frauenspezifischer Interessen im Deutschen Bundestag, ZParl 2011, S. 3.

[104] Vgl. *Norbert Achterberg/Martin Schulte*, in: Hermann von Mangoldt/Friedrich Klein/Christian Starck, Grundgesetz, Bd. 2, 7. Aufl. 2018, Art. 38 Rn. 17; *Magiera* (Fn. 102), Rn. 45.

[105] Vgl. *Morlok* (Fn. 102), Rn. 27.

ob die mit der Allgemeinheit und der Gleichheit der Wahl intendierte Gleichheit und das gleichberechtigte Zusammenspiel aller demokratischen Kräfte tatsächlich verwirklicht sind, wenn die heterogene Gesellschaft durch ein recht homogenes Parlament repräsentiert ist.[106]

Zudem ist eine Unterrepräsentation bestimmter Bevölkerungsgruppen aus individualrechtlicher Sicht problematisch, wenn diese auf strukturellen Benachteiligungen beruht. In diesem Sinne soll Integration als Zustand und Ergebnis nach migrationssoziologischen Erkenntnissen erreicht sein, wenn sich die Lebensverhältnisse angeglichen haben, sodass der Migrationshintergrund für die Ressourcenverteilung und die Strukturierung sozialer Beziehungen keine Rolle mehr spielt.[107] Dem kann durch positive Maßnahmen entgegengewirkt werden. Unterschiedlich beantwortet wird die Frage, ob Art. 3 Abs. 3 S. 2 GG eine entsprechende Verpflichtung zur Ergreifung positiver Maßnahmen begründet.[108] Dessen ungeachtet sind der Integration dienende gezielte Fördermaßnahmen zur Überwindung struktureller Nachteile nicht als verbotene Diskriminierung anzusehen.[109] Dass nach dem Wortlaut von Art. 3 Abs. 3 S. 1 GG nicht nur eine Benachteiligung, sondern auch eine Bevorzugung aufgrund der dort genannten Merkmale unzulässig ist, steht der Ergreifung positiver Maßnahmen nicht zuletzt nach einer völkerrechtlich orientierten Lesart des Gleichheitssatzes[110] nicht generell entgegen.[111] Vielmehr bewegt sich eine solche im Einklang mit dem verfassungsrechtlichen Integrationsziel, das beim Abbau der Hürden für eine gleichberechtigte demokratische Teilhabe als kollidierendes Verfassungsrecht herangezogen werden kann. Während innerhalb des breiten Spektrums etwa

---

[106] *Christoph Möllers*, Krise der demokratischen Repräsentation vor Gericht: zu den Parité-Urteilen der Landesverfassungsgerichte in Thüringen und Brandenburg, JZ 2021, S. 338 (346 f.); *Ipsen/Kaufhold/Wischmeyer* (Fn. 101) § 6 Rn. 55. Vgl. auch den Ansatz von *Rosemarie Will*, Landtag Brandenburg, Ausschuss für Inneres und Kommunales 45. Sitzung (öffentlich) 25.5. 2018, P-AIK 6/45, S. 47.

[107] *Friedrich Heckmann*, Integration von Migranten, Berlin 2015, S. 82.

[108] Grundsätzlich verneinend etwa *Christine Langenfeld*, in: Günter Dürig/Rupert Scholz/ Roman Herzog (Hrsg.), Grundgesetz-Kommentar, 100. EL Januar 2023, Art. 3 Abs. 3 Rn. 29. Bejahend hingegen *Anna Katharina Mangold*, Mehrdimensionale Diskriminierung, RphZ 2016, S. 152 (154).

[109] *Friederike Wapler*, Gleichheit angesichts von Vielfalt als Gegenstand des philosophischen und des juristischen Diskurses, VVDStRL 78 (2019), S. 67; *Ute Sacksofsy*, Das Grundrecht auf Gleichberechtigung, 2. Aufl. 2019, S. 352; *Baer/Markard* (Fn. 68), Rn. 423, die beispielhaft auf Förderunterricht in deutscher Sprache verweisen; *Robert Uerpmann-Wittzack*, Strikte Privilegierungs- und Diskriminierungsverbote, in: Detlef Merten/Hans-Jürgen Papier (Hrsg.), Handbuch der Grundrechte in Deutschland und Europa, Bd. 5/2, 2013, § 128 Rn. 46; *Anna Hochreuter*, Zuwanderung als Wiedergutmachung?, NVwZ 2000, S. 1376 (1376).

[110] *Uerpmann-Wittzack* (Fn. 109), Rn. 47.

[111] *Anne Peters/Tilman Altwicker*, in: Oliver Dörr/Rainer Grote/Thilo Marauhn (Hrsg.), EMRK/GG Konkordanzkommentar, Bd. II, 3. Aufl. 2022, Kap. 21 Rn. 102; *Baer/Markard* (Fn. 68), Rn. 423; *Jan Ziekow*, Möglichkeiten der Verbesserung der Chancen von Personen mit Migrationshintergrund im öffentlichen Dienst, DÖV 2014, S. 765 (768).

spezifische Fortbildungs- und Sensibilisierungsmaßnahmen oder eine interkulturelle Öffnung durch Sprachvielfalt und Diskursräume ohne weiteres zulässig sein werden, sind die Anforderungen an Quoten[112] umso höher.[113]

2. *Integratives Mehrebenensystem*

Das Nebeneinander von formalen und realen Integrationshemmnissen betrifft auch das demokratische Mehrebenensystem in seiner Gesamtheit. Dazu gehört die Ausübung von Staatsgewalt jenseits des Parlaments, aber auch der Beitrag der (institutionalisierten) Zivilgesellschaft. Demokratische Integration erfolgt daneben innerhalb und jenseits des demokratischen Prozesses über die demokratiebezogene Grundrechtsausübung.

a) Ausübung von Staatsgewalt

Die Ausübung von Staatsgewalt erfolgt nicht nur im Parlament, sondern im gewaltenteiligen Staat auch durch Verwaltung und Justiz. Die Frage demokratischer Integration stellt sich zunächst weniger dringlich, weil sie sachlich-inhaltlich maßgeblich durch das Gesetz geprägt wird.[114] Soweit man auf der parlamentarischen Ebene von einem Integrationsdefizit ausgeht, setzt sich dieses allerdings im Rechtsstaat über die Gesetzesbindung (vgl. Art. 20 Abs. 3 GG)[115] in der Rechtsanwendung fort. Auf der anderen Seite bewirkt die Gesetzesbindung, dass die Ausübung der Staatsgewalt von der damit betrauten Person unabhängig ist. Für die Amtsausübung sollten daher persönliche Eigenschaften und Merkmale einschließlich des Migrationshintergrunds keine Rolle spielen.

Nach den Erkenntnissen der Migrationssoziologie ist allerdings die Platzierung als Besetzung bestimmter gesellschaftlicher Positionen durch einen Akteur Bestandteil der Integration.[116] In diesem Sinne zeugt das in der Entstehung befindliche Integrationsrecht von einem öffentlichen Interesse an einer Repräsentation von Menschen mit Migrationsgeschichte in der öffentlichen Verwaltung. So erklären die Integrationsgesetze Berlins[117], Nordrhein-Westfalens und Baden-Württembergs[118], die interkulturelle Öffnung der Verwaltung als Teil der

[112] Dazu *Christian F. Majer/Arne Pautsch*, „Positive Diskriminierung" – Verfassungsrechtliche Zulässigkeit von „Migrantenquoten" und Bevorzugung wegen Migrationshintergrundes beim Zugang zum öffentlichen Dienst, ZAR 2020, S. 414 (415 ff.); *Michael Horscher*, in: BeckOK BGB, 66. Ed. 1.5.2023, § 5 AGG Rn. 23.

[113] Vgl. auch *Sina Fontana*, Freiheit – Disparität – Egalität, DBVl. 2022, S. 1125 (1131).

[114] *Michael Brenner*, Das demokratische Prinzip, in: Klaus Stern/Helge Sodan/Markus Möstl, Das Staatsrecht der Bundesrepublik Deutschland im europäischen Staatenverbund, 2. Aufl. 2022, § 14 Rn. 34.

[115] *Ipsen/Kaufhold/Wischmeyer* (Fn. 101), § 15 Rn. 1.

[116] *Hartmut Esser*, Soziologie. Spezielle Grundlagen, Bd. 2, 2000, S. 272.

[117] § 4 PartIntG Berlin.

[118] § 6 Teilhabe und Integrationsgesetz NRW.

strukturellen Öffnung[119] zu einem ihrer Ziele. Diese soll neben der Förderung der interkulturellen Kompetenzen der Beschäftigten durch Erhöhung des Anteils von Menschen mit Migrationsgeschichte im öffentlichen Dienst erreicht werden.

Eine Öffnung für die Meinung und Interessen auf der Ebene der Exekutive[120] erfolgt darüber hinaus durch die Schaffung von Partizipationsmöglichkeiten als Ergänzung des formellen Willensbildungsprozesses.[121] Diese sind anders als die parlamentarische Mitbestimmung nicht auf demokratische Legitimation,[122] sondern auf die gebündelte Artikulation von Meinungen und Interessen ausgerichtet,[123] und stellen schon deshalb keine dem verfassungsrechtlichen Integrationsziel entsprechende Alternative zu einer Integration in das Staatsvolk. Zudem sind die Meinungen und Interessen von Menschen mit Migrationsgeschichte zu unterschiedlich, um gebündelt vollumfänglich repräsentiert zu werden.

b) Pluralismus demokratischer Akteure

Innerhalb des Pluralismus demokratischer Akteure werden Artikulationsräume für die Meinungen und Interessen von Menschen mit Migrationsgeschichte eröffnet. Zunächst steht die Mitgliedschaft in Parteien, als in der Gesellschaft wurzelnde Vereinigungen[124] mit spezifischer Vermittlungsposition[125], auch Menschen ohne deutsche Staatsangehörigkeit offen. Diese haben zwar nach überwiegender Auffassung nicht am Schutzgehalt von Art. 21 Abs. 1 GG teil[126], können aber Parteimitglieder sein.[127] Damit besteht die Chance, durch die Mitwirkung

[119] Dazu *Fontana* (Fn. 15), S. 91 ff.

[120] § 6 PartIntG BW.

[121] Zur Entwicklung *Lutz Hoffmann*, Ausländerbeiräte in der Krise, ZAR 2002, S. 63 (63 f.). Eine Verpflichtung zur Einrichtung eines Ausländerbeirats ab einer bestimmten Zahl ausländischer Einwohner besteht in Hessen (§ 84 S. 1 HGO), in Nordrhein-Westfalen (§ 27 Abs. 1 GO NRW) und in Rheinland-Pfalz (§ 56 Abs. 1 GemO RP) In Thüringen und im Saarland ist die Bildung eines Ausländerbeirats (§ 26 Abs. 4 S. 1 ThürKO) oder eines Integrationsbeirats (§ 50 Abs. 1 S. 1 KSVG) hingegen fakultativ. Im Berliner Integrationsgesetz ist die Bildung eines Landesbeirats für Integrations- und Migrationsfragen vorgesehen (§ 6 Abs. 1 PartIntG Berlin).

[122] BayVGH, BayVBl. 2012, S. 303 (303); für eine politische Integration *Thomas Troidl*, Kommunale Beiräte, BayVBl. 2004, S. 321 (323).

[123] *Klaus Ferdinand Gärditz*, Der Bürgerstatus im Lichte von Migration und europäischer Integration, VVDStRL 72 (2013), S. 49 (94).

[124] Vgl. BVerfGE 20, 56 (101). Ebenso etwa *Wilhelm Henke*, Das Recht der politischen Parteien, 2. Aufl. 1972, S. 1, (18); *Konrad Hesse*, Die verfassungsrechtliche Stellung der politischen Parteien im modernen Staat, VVDStRL 17 (1959), S. 19 (21).

[125] BVerfGE 148, 11 (24) aus politikwissenschaftlicher Perspektive *Uwe Jun*, Typen und Funktionen von Parteien, in: Oskar Niedermayer (Hrsg.), Handbuch Parteienforschung, 2013, S. 120.

[126] *Markus Heintzen*, Ausländer als Grundrechtsträger, in: Detlef Merten/Hans-Jürgen Papier (Hrsg.), Handbuch der Grundrechte in Deutschland und Europa, Bd. II, 2006, § 50 Rn. 38; *Martin Morlok/Heike Merten*, Parteienrecht, 2018, S. 81; *Christoph von Katte*, Die Mitgliedschaft von Fremden in politischen Parteien der Bundesrepublik Deutschland, 1980, S. 29; *Karl Heinz Seifert*, Die politischen Parteien im Recht der Bundesrepublik Deutschland, 1975, S. 112.

[127] *Philip Kunig*, Parteien, in: Josef Isensee/Paul Kirchhof (Hrsg.), Handbuch des Staatsrechts, Bd. III, 3. Aufl. 2005, § 40 Rn. 28. Wenn auch mit Bedenken *Seifert* (Fn. 126), S. 207.

in einer Partei zumindest mittelbar am formalisierten Willensbildungsprozess teilzuhaben.

Als weiterer Akteur und selbstregulierender Ausgleich zur Mehrheit fungiert die Zivilgesellschaft.[128] Ein zivilgesellschaftliches Engagement hängt grundsätzlich nicht von Voraussetzungen ab, insbesondere nicht von der Staatsangehörigkeit, sodass über die Artikulationsräume der Zivilgesellschaft eine demokratische Integration von Menschen ohne deutsche Staatsangehörigkeit erfolgen kann. Allerdings ist die Zivilgesellschaft ihrerseits weder homogen[129] noch frei von Machthierarchien, sondern in ihr konkurrieren und konfligieren Interessen, Werte und Weltanschauungen, die mit unterschiedlichen Durchsetzungschancen ausgestattet sind.[130] Zentrale Bedeutung für die Handlungsmacht der Zivilgesellschaft ist ihre Wahrnehmbarkeit, Artikulationsfähigkeit, Verhandlungs- und Parteifähigkeit.[131] Interessenartikulation hat umso mehr Chancen gehört und durchgesetzt zu werden, wenn sie mit vereinten Kräften erfolgt.[132] Da Macht also durch gemeinsames Handeln entsteht,[133] ist es zur Überwindung realer Disparität problematisch, wenn die Anliegen der Zivilgesellschaft lediglich aus der Sicht der Mehrheit gedacht werden und infolgedessen separierte Netzwerke entstehen.[134] Strukturelle Benachteiligungen können auf der Ebene der Zivilgesellschaft ebenso bestehen wie im formalen Willensbildungsprozess. Da die Zivilgesellschaft in einem Begegnungs- und Gestaltungsraum agiert, der vom Staat nicht zu kontrollieren, sondern zu respektieren ist,[135] hat er mit Zurückhaltung zu verfahren.[136] Dem steht es allerdings nicht entgegen, etwaigen Disparitäten in der Interessenartikulation entgegenzuwirken und Wettbewerbsverzerrungen zu begegnen. Das verfassungsrechtliche Integrationsziel erlangt insbesondere im Sinne einer Berücksichtigung der Meinungen und Interessen von Menschen mit Migrationsgeschichte an Bedeutung, wenn die Zivilgesellschaft in den formalen Willensbildungsprozess einbezogen wird.[137]

---

[128] *Alexis de Tocqueville*, Democracy In America, 1999, S. 235 ff.

[129] *Helga Lukoschat*, Räume eröffnen – Ressourcen mobilisieren, djbZ 2022, S. 17 (17).

[130] *Robert D. Putnam*, Bowling Alone, 2000, S. 20; *Dieter Grimm*, Verbände, in: Ernst Beda/Werner Maihofer/Hans-Jochen Vogel (Hrsg.), Handbuch des Verfassungsrechts, 2. Aufl. 1994, § 15 Rn. 5.

[131] *Hans F. Zacher*, Das soziale Staatsziel, in: Josef Isensee/Paul Kirchhof (Hrsg.), Handbuch des Staatsrechts, Bd. II, 3. Aufl. 2004, § 28 Rn. 104.

[132] *Zippelius* (Fn. 87), S. 202; *Susanne Baer*, Rechtssoziologie, 5. Aufl. 2023, § 7 Rn. 33; vgl. *Grimm* (Fn. 130), Rn. 4.

[133] *Hannah Arendt*, Macht und Gewalt, 1970, S. 45.

[134] *Delal Atmaca*, Wie schaffen wir es gemeinsam, „Shrinking Spaces" für eine feministische Zivilgesellschaft in „Opening Spaces" umzuwandeln?, djbZ 2022, S. 22 (24).

[135] *Klaus W. Grewlich*, Nichtregierungsorganisationen, in: Josef Isensee/Paul Kirchhof (Hrsg.), Handbuch des Staatsrechts, Bd. X, 3. Aufl. 2012, § 233 Rn. 9.

[136] Zu verschiedenen Ansätzen *Zippelius* (Fn. 87), S. 210 ff.

[137] Vgl. insbesondere die Beteiligung nach § 47 Abs. 3 GGO.

c) *Demokratiebezogene Grundrechtsausübung*

Zwar differenziert das Grundgesetz zwischen Deutschenrechten und Menschenrechten,[138] wobei in Fortführung des Ausschlusses vom Wahlrecht insbesondere die demokratiebezogene Versammlungsfreiheit als Deutschengrundrecht ausgestaltet ist. Daraus folgt aber nicht, dass Personen ohne deutsche Staatsangehörigkeit schutzlos sind. Vielmehr wird ihnen grundrechtlicher Schutz zur individuellen und kollektiven Interessenartikulation über die Allgemeine Handlungsfreiheit als „Auffanggrundrecht"[139] sowie durch die Meinungsfreiheit gewährleistet.[140]

Aus den Grundrechten folgt zudem ein Zusammenspiel von freiheitlicher Gleichheit[141] und kultureller Vielfalt,[142] mit der ein Recht auf Differenz einhergeht.[143] Durch die zeitgerechte Aktualisierung der Grundrechte werden im Migrationskontext neue Vielfaltsdimensionen eröffnet, die über die Grundrechtsbindung in den formalen Willensbildungsprozess hineinwirken. Auf diese Weise kann sich bereichsspezifisch ein subjektives Recht auf Integration gegenüber der Gesetzgebung manifestieren. Gleiches gilt gegenüber der Rechtsanwendung durch Rechtsprechung und Verwaltung, etwa wenn eine auf Art. 4 Abs. 1, 2 GG gestützte verfassungskonforme Auslegung der §§ 2 bis 9 BauNVO gebiet, dass nicht ausschließlich kirchliche, sondern allgemein religiöse Zwecke erfasst sind.[144]

Durch das integrative subjektive Rechtsschutzkonzept[145] wird ein solches Grundrecht auf Integration justiziabel. Im Bestreiten des Rechtswegs kann ein demokratischer Akt liegen, insbesondere wenn die Garantie subjektiver Rechte im Verhältnis zur Gesetzgebung erstritten wird. Die strategische Prozessführung

---

[138] Dazu auch *Fontana* (Fn. 15), S. 183 ff.

[139] BVerfGE 6, 32 (36); BVerfGE 35, 382 (399). im Verhältnis zu Art. 11 GG; BVerfGE 49, 168 (180 f.); BVerfGE 78, 179 (196 f.). im Verhältnis zu Art. 12 GG; *Robbers* (Fn. 22), § 11 Rn. 13; *Jörg Gundel*, Der grundrechtliche Schutz der Ausländer, in: Josef Isensee/Paul Kirchhof (Hrsg.), Handbuch des Staatsrechts, Bd. IX, 3. Aufl. 2011, § 198 Rn. 5; *Udo Di Fabio*, in: Günter Dürig/Roman Herzog/Rupert Scholz, Grundgesetz-Kommentar, 100. EL Januar 2023, Art. 2 Abs. 1 Rn. 21; *Markus Kaltenborn*, Rechtliche Grenzen der politischen Betätigung von Ausländern, DÖV 2001, S. 55 (58 f.).

[140] *Kaltenborn* (Fn. 139), S. 56. Zu früheren Ansichten *Christian Tomuschat*, Zur politischen Betätigung des Ausländers in der Bundesrepublik Deutschland, 1968, S. 60.

[141] Zur gleichheitlichen Dimension der Freiheitrechte *Peter Häberle*, Grundrechte im Leistungsstaat, VVDStRL 30 (1972), S. 95 f.

[142] *Britz* (Fn. 32), S. 215; *Stefan Korioth*, Europäische und nationale Identität, VVDStRL 62 (2002), S. 140. Für eine ausführliche Begründung *Fontana* (Fn. 15), S. 239 ff.

[143] *Kloepfer* (Fn. 85), S. 14; *Klaus Stern*, Das Gebot der Ungleichbehandlung, in: FS Dürig, 1990, S. 210 f. Umfassend *Fontana* (Fn. 15), S. 205.

[144] BVerwG, NVwZ 1994, 282 (284); *Martin Morlok*, in: Horst Dreier (Hrsg.), Grundgesetz-Kommentar, Bd. I, 3. Aufl. 2013, Art. 4 Rn. 133; *Jürgen Stock*, in: Werner Ernst u. a. (Hrsg.), Baugesetzbuch, 149. EL Februar 2023, § 4 BauNVO Rn. 81.

[145] *Johannes Buchheim/Christoph Möllers*, Gerichtliche Verwaltungskontrolle als Steuerungsinstrument, in: Andreas Voßkuhle/Martin Eifert/Christoph Möllers (Hrsg.), Grundlagen des Verwaltungsrechts, Bd. II, 3. Aufl. 2022, § 46 Rn. 144.

entfaltet hierbei besondere Wirkkraft.[146] Dennoch wird das verfassungsrechtliche Integrationsziel nicht hinreichend verwirklicht, wenn sich Menschen mit Migrationsgeschichte ihre Rechte erst erstreiten müssen.

IV. Integrationsambivalenz der Demokratie

Im demokratischen Prozess offenbaren sich zugleich die Ambivalenzen des verfassungsrechtlichen Integrationsziels, da dort die Definition der Zugehörigkeit nach Maßgabe demokratischer Mehrheiten erfolgt. Das betrifft zunächst die Zugehörigkeit zum Staatsvolk, betrifft aber ebenso die Ausgestaltung der Rechtsordnung als integrativ. Zudem ist die Integration nicht nur eine regelungsbedürftige Staatsaufgabe, sondern vollzieht sich auch und vor allem innerhalb gesellschaftlicher Freiräume. Wenn sie damit aus individueller Sicht die Ausweitung individueller Freiheit und Gleichheit bedeutet, zielt die Integration auf einer übergeordneten Ebene auf ein Zusammenleben in Vielfalt ab, mit denen wechselseitige Akzeptanz und bisweilen sogar Zumutungen verbunden sein können.

1. Definition der Zugehörigkeit

Fragen demokratischer Zugehörigkeit werden ihrerseits demokratisch entschieden.[147] In diesem Sinne legt das Staatsangehörigkeitsrecht fest, wer unter welchen Voraussetzungen in die Rechtsgemeinschaft aufgenommen werden soll.[148] Das verfassungsrechtliche Integrationsziel gebietet, dass bei fortdauerndem Aufenthalt eine demokratische Integration möglich sein muss, macht aber darüber hinaus kaum konkrete Vorgaben. Vielmehr sind die Integrationsvoraussetzungen überwiegend im demokratischen Prozess auszuhandeln. Auf diesem Wege erfolgte jüngst eine verfassungskonforme Erweiterung der Einbürgerungsvoraussetzungen um die Einordnung in die deutschen Lebensverhältnisse (vgl. § 10 Abs. 1 S. 1 StAG)[149] als Reaktion des Gesetzgebers auf die Entscheidung des Bundesverwaltungsgerichts bezogen auf die Mehrehe.[150]

---

[146] Zu diesem Instrument *Alexander Graser*, Strategic Litigation, RW 10 (2019), S. 320; *Vera Strobel*, Strategischer Zugang zum Recht, DÖV 2021, S. 1067; *Nora Markard*, Strategische Prozessführung als Mittel zur Öffnung von Räumen, djbZ 2022, S. 20.

[147] *Sandra Seubert*, Bürgerschaft und demokratische Regierbarkeit in Deutschland und Europa, in: FS Kleger, 2014, S. 49; *Anna Meine*, Komplementäre demokratische Mitgliedschaften und Entwürfe transnationaler Ordnungsbildung, in: Winfried Thaa/Christian Volk (Hrsg.), Formwandel der Demokratie, 2018, S. 286. Siehe auch *Fontana* (Fn. 15), S. 180.

[148] *Stefan Haack*, Staatsangehörigkeit – Unionbürgerschaft – Völkerrechtssubjektivität, in: Josef Isensee/Paul Kirchhof (Hrsg.), Handbuch des Staatsrechts, Bd. X, 3. Aufl. 2012, § 205 Rn. 7.

[149] Eingefügt wurde sie im Zuge des Dritten Gesetzes zur Änderung des Staatsangehörigkeitsgesetzes v. 4.8.2019, (BGBl. 2019 I 1124).

[150] BVerwG, ZAR 2018, S. 313 (318).

Betreffend die Integrationsoffenheit der Rechtsordnung bestehen ebenso weitreichende Gestaltungsspielräume. So begründen etwa weder das verfassungsrechtliche Integrationsziel noch Art. 4 Abs. 1, 2 GG eine Verpflichtung, auch Feiertage religiöser Minderheiten als staatlich anerkannte Feiertage festzulegen,[151] sondern nur eine solche, Menschen mit von der Mehrheitsgesellschaft abweichenden religiösen Überzeugungen die Möglichkeit einzuräumen, ihre Feiertage angemessen zu begehen.[152] Demgegenüber sind die religiösen Riten[153] auch ohne explizite Normierung im Bestattungsrecht[154] aufgrund der Religionsfreiheit bei der Ermessensentscheidung[155] zu berücksichtigen.

Hier offenbart sich eine innere Ambivalenz des Integrationsbegriffs. Die demokratische Entscheidung ist keine Abwägung zwischen Integration auf der einen und Mehrheitsinteresse auf der anderen Seite, sondern trägt schlicht dem Umstand Rechnung, dass Fragen der Zugehörigkeit schon demokratietheoretisch ihrerseits demokratisch zu bestimmen sind[156] und sich die demokratische Mehrheit durchsetzt. Dessen ungeachtet trägt jede integrationsrelevante Regelung ebenso wie der Verzicht hierauf zur Konturierung der Integration bei. Der durch die Öffnung der Verfassung für den Migrationsvorgang begünstigten[157] und aus arbeitsmarktpolitischen Gesichtspunkten intendierten[158] Entwicklung der Bundesrepublik zum Einwanderungsland werden Erleichterungen der Einbürgerungsvoraussetzungen sowie die Integrationsoffenheit der Rechtsordnung allerdings eher gerecht als deren Verengung. Nicht außer Acht zu lassen sind

---

[151] *Martin Morlok*, in: Horst Dreier (Hrsg.), Grundgesetz-Kommentar, Bd. III, 3. Aufl. 2018, Art. 139 WRV Rn. 15; *Stefan Korioth*, in: Günter Dürig/Rupert Scholz/Roman Herzog, Grundgesetz Kommentar, 100. EL Januar 2023, Art. 139 WRV Rn. 52. In diesem Sinne § 2 Abs. 1 Gesetz über Sonn- und Feiertage Berlin.

[152] BVerfGE 143, 161 (193); vgl. BVerwGE 42, 128 (131); HessVGH, NVwZ 2004, S. 890 (892); zur Befreiung zum Schlachten von Tieren im Rahmen des muslimischen Opferfestes; BSG, NJW 1981, S. 1526 (1526). Zur Arbeitsablehnung aus religiöser Überzeugung.

[153] So sind etwa nach islamischem Ritus unter anderem eine rituelle Waschung sowie ein sargloses Begräbnis mit Ausrichtung nach Mekka vorgesehen; *Thomas Lemmen*, Islamische Bestattungen in Deutschland, 2. Aufl. 1999, S. 18 ff.

[154] In Berlin sind rituelle Waschungen (§ 10a Bestattungsgesetz) und Bestattung ohne Sarg (§ 18 Abs. 2 Bestattungsgesetz) zulässig. In Baden-Württemberg (§ 39 Abs. 1 S. 2 BestattG), Hessen (§ 18 Abs. 2 S. 1 FBG), Niedersachsen (§ 11 Abs. 2 S. 2 BestattG) und Thüringen (§ 21 Abs. 1 S. 2 BestattG) können aus religiösen Gründen oder aus einem wichtigen Grund Ausnahmen von der Sargpflicht erteilt werden.

[155] Vgl. *Diana Zacharias*, Religionsfreiheit und Bestattungsrecht, DÖV 2012, S. 48 (55).

[156] *Seubert* (Fn. 147), S. 31 (49); *Anna Meine*, Komplementäre demokratische Mitgliedschaften und Entwürfe transnationaler Ordnungsbildung, in: Winfried Thaa/Christian Volk, Formwandel der Demokratie, 2018, S. 286.

[157] Dazu umfassend *Fontana* (Fn. 15), S. 230 ff.

[158] Siehe nur Referentenentwurf des Bundesministeriums des Innern und für Heimat und des Bundesministeriums für Arbeit und Soziales, Entwurf eines Gesetzes zur Weiterentwicklung der Fachkräfteeinwanderung.

zudem die symbolischen Wirkungen des Rechts,[159] welches auch das Selbstverständnis einer Gemeinschaft widerspiegelt.[160] Diese trägt im Rahmen des wechselseitigen Integrationsprozesses ebenso eine Integrationsverantwortung und kann sich durch die Konturierung der Integration als integrationsoffen oder geschlossene Einheit darstellen.

2. *Abwägungs- und Aushandlungsprozesse*

Dass Fragen der Integration auch immer solche des Verhältnisses von Minderheit und Mehrheit sind,[161] zeigt sich aus grundrechtlicher Sicht in der wechselseitigen Bedingtheit von Freiheit, die individuelle Freiheit erst zur Geltung bringt.[162] Der Schutzgehalt der Grundrechte entfaltet sich dabei gegenüber der Mehrheit und der Minderheit gleichermaßen, sodass die Grundrechte auch insoweit Minderheitenrechte sind. Etwaige Grundrechtskollisionen finden ihre Auflösung in einem Abwägungsprozess,[163] der ergebnisoffen und allein an grundrechtlichen Maßstäben ausgerichtet ist. Gleiches gilt in Abwägung mit staatlichen Ordnungsinteressen. Nicht immer muss das Ergebnis zu Gunsten der Integration ausfallen, sondern kann auch Integrationsgrenzen aufzeigen. So kann das betreffend das Verbot der Gesichtsverhüllung vor Gericht (§ 176 Abs. 2 S. 1 GVG) in eng begrenzten Fällen das Interesse an der Wahrheitsfindung gegenüber der Religionsfreiheit überwiegen.[164]

Der Staat mit seiner Entscheidungsmacht fungiert zudem als Organisationform zur Schaffung eines gerechten Ausgleichs zwischen den widerstreitenden Interessen,[165] der Teil der staatlichen Integrationspflicht ist. Soweit die Grundrechte keine konkreten Maßstäbe vorgeben, sind wechselseitige Kollisionslagen zwischen Minderheit und Mehrheit im demokratischen Prozess nicht zwingend zu Gunsten der Integration zu entscheiden. Mithin obliegt etwa die Erstreckung des AGG auf weitere Diskriminierungsmerkmale[166] der gesetzgeberischen Entscheidung.

---

159 *Susanne Baer*, Rechtssoziologie, 3. Aufl. 2017, S. 257; zu den Wirkungen symbolischer Gesetzgebung *Carl C. Lauterwein*, Symbolische Gesetzgebung, 2006, S. 45 ff.

160 *Alexander Graser*, Gemeinschaften ohne Grenzen?, 2008, S. 101.

161 Dazu aus soziologischer Perspektive *Albert Scherr*, Minderheiten, in: Johannes Kopp/Anja Steinbach (Hrsg.), Grundbegriffe der Soziologie, 12. Aufl. 2018, S. 324; vgl. bereits *Georg Simmel*, Exkurs über den Fremden, in: ders., Soziologie, 1908, S. 509.

162 *Hans Heinrich Rupp*, Die Unterscheidung von Staat und Gesellschaft, in: Josef Isensee/Paul Kirchhof, Handbuch des Staatsrechts Bd. II, 3. Aufl. 2004, § 31 Rn. 36.

163 Eine umfassende Darstellung der Abwägung in der Rechtsprechung des Bundesverfassungsgerichts findet sich bei *Bernhard Schlink*, Abwägung im Verfassungsrecht, 1976, S. 18 ff.

164 Dezidiert *Sina Fontana*, Der Gesetzentwurf des Bundestags zum Verbot der Gesichtsverhüllung während der Gerichtsverhandlung, ZG 2019, S. 70 (77 ff.).

165 *Zippelius* (Fn. 87), S. 207.

166 Siehe dazu den Vorschlag Vielfalt, Respekt, Antidiskriminierung, Grundlagenpapier zur

Da Integrationsfragen überaus streitbar sind, birgt der demokratische Prozess zudem eine Gefahr der Destabilisierung und Desintegration[167] der Gesellschaft. Diese wird verstärkt, wenn die Debatten durch Ressentiments, überkommenen Vorstellungen und polemischen Begrifflichkeiten geprägt sind. Demokratische Stabilität hängt von dem Fortbestehen der Identität auch unter den Bedingungen des Wandels ab,[168] was ihre stetige Neuverhandlung im demokratischen Prozess erfordert. Eine demokratische Integration sichert indes die diskursive Diskrepanz des temporären Konsenses.

3. *Gesellschaftliche Freiräume*

Die Integration ist nicht nur eine regelungsbedürftige Staatsaufgabe, sondern auch eine Aufgabe der Gesellschaft. Den Integrationsbeitrag der verfassten Staatlichkeit gilt es daher im Verhältnis zur staatsfreien Zivilgesellschaft immer wieder neu auszubalancieren. Schon aus verfassungsrechtlichen Erwägungen darf der Staat nur im Wege des Rechts steuernd eingreifen, wenn die gesellschaftlichen Mechanismen nicht ausreichen.[169] Im Übrigen besteht eine „staatsfreie Sphäre des Menschen",[170] die verfassungsrechtlich durch die Grundrechte abgesichert ist.[171] Hierbei gehört es zu den Funktionen des Rechts, der Gesellschaftsgestaltung durch den Staat Grenzen zu setzen.[172] In diesem Sinne zeichnen sich die integrationsrelevanten Verfassungsbestimmungen vor allem durch die Eröffnung und Erhaltung von Freiheiträumen aus. Insbesondere hinsichtlich Fragen der „Kultur, der Religion, der schulischen Erziehung und überhaupt der Entwicklung ethischer Vorstellungen", ist Zurückhaltung geboten.[173] Die Integration wird mithin zumeist dadurch bewirkt, dass Integrationsfragen einer Mehrheitsentscheidung gerade nicht zugänglich sind, sondern der Entscheidung des selbstbestimmten Individuums in Gemeinschaft[174] unterliegen. Dass diese individuelle

---

Reform des Allgemeinen Gleichbehandlungsgesetztes (AGG), vorgelegt von der Unabhängigen Bundesbeauftragten für Antidiskriminierung, Juli 2023.

[167] Zu diesem Gegenbegriff zur Integration *Esser* (Fn. 116), S. 280; *Silke Hans*, Theorien der Integration von Migranten, in: Heinz Ulrich Brinkmann/Martina Sauer (Hrsg.), Einwanderungsgesellschaft Deutschland, 2016, S. 25.

[168] *Michael Kubiak/Veith Selk*, Was ist demokratische Stabilität, in: Eva Marlene Hausteiner/Grit Straßenberger/Felix Wassermann (Hrsg.), Politische Stabilität, 2020, S. 26.

[169] *Isensee* (Fn. 30), S. 318; *Arnd Uhle*, Innere Integration, in: Josef Isensee/Paul Kirchhof (Hrsg.), Handbuch des Staatsrechts, Bd. IV, 3. Aufl. 2006, § 82 Rn. 46.

[170] *Kelsen* (Fn. 3), S. 16.

[171] *Heinz-Christoph Link*, Staatszwecke im Verfassungsstaat, VVDStRL 48 (1990), S. 42 f.

[172] *Karl Doehring*, Der Autoritätsverlust des Rechts, in: FS Forsthoff, 2. Aufl. 1974, S. 104.

[173] *Erhard Denninger*, Der Einzelne und das allgemeine Gesetz, KJ 1995, S. 425 (433 f.).

[174] BVerfGE 4, 7 (15 f.); BVerfGE 12, 45 (51); BVerfGE 27, 1 (7); BVerfGE 30, 173 (193); BVerfGE 32, 98 (108); *Dürig* (Fn. 3), S. 259; *Josef M. Wintrich*, Zur Auslegung und Anwendung von Art. 2 Abs. 1 GG, in: FS Willibalt, 1958, S. 4; *Ernst Benda*, Menschenwürde, in: Ernst Benda/Werner Maihofer/Hans-Jochen Vogel (Hrsg.), Handbuch des Verfassungsrechts, 2. Aufl. 1994, § 6 Rn. 5.

Entscheidung gegen eine Integration ausfallen kann, wird wiederum mangels einer Integrationspflicht[175] hingenommen.

V. Fazit

Das verfassungsrechtliche Integrationsziel gebietet eine am Teilhabegedanken ausgerichtete Gestaltung des Integrationsprozesses in seiner Wechselseitigkeit. Hierzu gehört die demokratische Integration in sämtliche Räume demokratischer Mitbestimmung als Voraussetzung individueller Selbstbestimmung und Gelingensbedingung des freiheitlichen Verfassungsstaates. Nur unter Einbeziehung aller Meinungen und Interessen aller Mitglieder der Gesellschaft, einschließlich solcher von Menschen mit Migrationsgeschichte, kann sich die Integrationsfunktion des demokratischen Prozesses vollständig verwirklichen.

Hierfür sind Integrationshemmnisse zu überwinden. Die Prägekraft des verfassungsrechtlichen Integrationsziels manifestiert sich hierbei als Zielsetzung und kollidierendes Verfassungsrecht. Eine Integration in den formalen Willensbildungsprozess erfolgt durch die Integration in das Staatsvolk, sowie durch den Abbau struktureller Benachteiligungen. Daneben besteht ein Interesse an der Repräsentation von Menschen mit Migrationsgeschichte in öffentlichen Ämtern, die gezielt anvisiert werden kann und nicht durch Exklusionsinstrumente erschwert werden sollte. Integrationsdefiziten im formalen Willensbildungsprozess kann die weitgehend voraussetzungslose Integration in die zivilgesellschaftliche Interessenartikulation, sowie die demokratiebezogene Grundrechtsausübung entgegenwirken, diese vollständig auszugleichen und eine Integration in das Staatsvolk entbehrlich zu machen.

Zu den Integrationsbedingungen eines Einwanderungslandes gehört weiterhin die Integrationsoffenheit der Rechtsordnung für Meinungen und Interessen von Menschen mit Migrationsgeschichte. Diese verwirklicht sich durch eine entsprechende Ausgestaltung von Rechtsnormen sowie als Auslegungsmaßstab. Insoweit entfaltet das verfassungsrechtliche Integrationsziel jenseits bereichsspezifischer Grundrechte auf Integration indes nur eine begrenzte Prägekraft im demokratischen Prozess. Ob und inwieweit die Rechtsordnung integrativ ausgestaltet wird, hängt mithin weitgehend vom temporären Konsens der demokratischen Mehrheit innerhalb gesellschaftlicher Freiräume ab. In der Mehrentscheidung manifestiert sich eine in der Verfassungsordnung angelegte innere Ambivalenz des Integrationsbegriffs. Auf einer gesamtgesellschaftlichen Ebene zielt das verfassungsrechtliche Integrationsziel auf ein Leben in Vielfalt ab. Wechselseitige Akzeptanz und bisweilen auch Zumutungen sind mithin die Ausweitung individueller Freiheit und Gleichheit wesentliche Grundannahmen der Integration.

---

[175] Dazu umfassend *Fontana* (Fn. 15), S. 194 ff.

Quoten für gesellschaftliche Minderheiten in Volksvertretungen und in der Verwaltung

Thomas Groß

I. Einführung

„Minderheit" ist ein Oberbegriff für sehr heterogene Phänomene wie politische, nationale oder soziale Gruppen, die aufgrund eines gemeinsamen Merkmals innerhalb einer Gesellschaft einer Mehrheit gegenüberstehen.[1] Welches Merkmal als Abgrenzungskriteriums gewählt wird, ist nicht naturgegeben, sondern eine normative Entscheidung darüber, was für relevant erklärt wird.[2] Aus den potentiell unendlich vielen Unterscheidungen wird im Folgenden die gesellschaftliche Gruppe herausgegriffen, die sich durch ihre Herkunft aus einem anderen Land von der einheimischen Bevölkerung unterscheidet, unabhängig von der Staatsangehörigkeit, und deshalb unter dem Begriff der „Eingewanderten" zusammengefasst werden kann.

Statistisch verlässliche Daten gibt es bisher nur für die Gruppe der Menschen mit Migrationshintergrund. Hierzu zählen alle Personen, die entweder selbst nicht mit deutscher Staatsangehörigkeit geboren sind oder bei denen mindestens ein Elternteil nicht mit deutscher Staatsangehörigkeit geboren ist. Leicht abweichend ist die jüngst vom Statistischen Bundesamt eingeführte Kategorie der Personen mit Einwanderungsgeschichte, bei der es auf den Geburtsort der Person oder ihrer Eltern im Ausland ankommt.[3] Beide Definitionen erfassen vor allem vier Teilgruppen: die Vertriebenen deutscher Volkszugehörigkeit aus Osteuropa, die seit den 1950er Jahren angeworbenen Arbeitskräfte („Gastarbeiter"), die von ihrem Freizügigkeitsrecht Gebrauch machenden Unionsbürger*innen sowie die sich in Deutschland längerfristig niederlassenden Flüchtlinge.

Zur Gruppe der Personen mit Migrationshintergrund zählten Ende 2021 insgesamt 22,3 Mio. Menschen, d. h. etwa 27 % aller in Deutschland lebenden Menschen. Von ihnen hatte etwas mehr als die Hälfte die deutsche Staatsangehörigkeit. Die Zahl der Ausländer*innen betrug zum gleichen Zeitpunkt 10,6 Mio.

---

[1] Ausführlich dazu *Michael Krugmann*, Das Recht der Minderheiten, 2004, S. 42 ff.

[2] Zur Problematik von Klassifikationen ausführlich *Judith Froese*, Der Mensch in der Wirklichkeit des Rechts, 2022, S. 49 ff.

[3] *Statistisches Bundesamt*, Pressemitteilung Nr. 162 v. 12.4.2022, abrufbar unter: https://www.destatis.de/DE/Presse/Pressemitteilungen/2023/03/PD23_080_12.html.

(13,1 %), von denen fast 1,7 Mio. in Deutschland geboren wurden.[4] Also hat etwa jeder achte in Deutschland lebende Mensch keine deutsche Staatsangehörigkeit. Die Gruppe der Personen mit Einwanderungsgeschichte ist etwas kleiner, sie erfasst 23 % der Bevölkerung.

Gemeinsam ist ihnen allen, dass sie bzw. ihre Eltern nach Deutschland eingewandert sind und dass sie überwiegend auf Dauer bleiben werden. Damit verbunden ist, dass insbesondere die erste Generation Defizite bei der Beherrschung der deutschen Sprache aufweist. Diese Gemeinsamkeit war der Grund, warum diese Gruppen zunächst in den Erziehungswissenschaften unter dem Begriff der „Personen mit Migrationshintergrund" zusammengefasst wurden.[5] Eine deutliche Überschneidung gibt es außerdem mit dem Kreis der Personen, die Diskriminierung bzw. Rassismus erfahren haben. Nach einer Studie des nationalen Diskriminierungs- und Rassismusmonitors galt dies im Jahr 2021 für 22 % aller Befragten, bei den als „rassifiziert" eingeordneten Personen, einer Gruppe, die sich ganz überwiegend aus Eingewanderten zusammensetzt, waren es sogar 58 %.[6] Hier kommt es zu einer Gruppenbildung durch gemeinsame Ausgrenzungserfahrung.[7] Obwohl also die Abgrenzung der Gruppe zuerst durch Angehörige der Mehrheitsgesellschaft erfolgte, wird sie inzwischen von den meisten Vereinigungen der Betroffenen grundsätzlich akzeptiert.

Die Frage, ob eine Gruppe schutzbedürftig ist, ist ebenfalls normativ zu beantworten, entweder auf der Ebene der Verfassung, wie z. B. in Art. 3 Abs. 3 S. 2 GG zugunsten der Behinderten, oder ansonsten auf der Ebene der Gesetzgebung. Auch die Instrumente zum Schutz bzw. zur Förderung einer Minderheit sind vielfältig. So ergibt sich nach der Rechtsprechung des Bundesverfassungsgerichts aus dem Sozialstaatsprinzip eine Pflicht der staatlichen Fürsorge für Gruppen, die gesellschaftlichen Benachteiligungen ausgesetzt sind.[8] Die Abgrenzung des schützenswerten Personenkreises ist Aufgabe des Gesetzgebers.[9]

Bisher hat, soweit ersichtlich, noch keine politische Organisation die Forderung nach Quoten für Eingewanderte in deutschen Parlamenten erhoben.[10] Im Vielfaltsstatut der Partei Die Grünen aus dem Jahr 2020[11] findet sich zwar in

---

[4] Angaben nach *Statistisches Bundesamt* (Fn. 3); zum antislawischen Rassismus *Andrea Pürckhauer* Antislawischer und antiosteuropäischer Rassismus, Mediendienst Integration am 8.5.2023.

[5] Dazu z. B. *Patricia Stošić*, Kinder mit ‚Migrationshintergrund', in: Isabell Diehm/Melanie Kuhn/Claudia Machold (Hrsg.), Differenz – Ungleichheit – Erziehungswissenschaft, 2015, S. 81 (83 ff.).

[6] *DeZIM*, Rassistische Realitäten, 2022.

[7] *Andreas Funke*, Zugehörigkeit und Partizipation, in: VVDStRL 82 (2023), S. 247 (252).

[8] BVerfGE 35, 202 (236); BVerfGE 45, 376 (387); BVerfGE 100, 271 (284).

[9] *Krugmann* (Fn. 1), S. 162; wohl auch *Funke* (Fn. 7), S. 287.

[10] Eine frühe, aber nicht näher ausgeführte Forderung bei *Natascha Apostolidou*, Quotierung für Migrantinnen, in: Cornelia Eichhorn/Sabine Grimm (Hrsg.), Gender Killer, 2. Aufl. 1995, S. 65 (66); angedeutet auch bei *Laura Volk*, Paritätisches Wahlrecht, 2022, S. 249 f.

[11] Abrufbar unter: https://www.gruene.de/artikel/beschluss-des-vielfaltsstatuts.

§ 1 Abs. 1 das Ziel der „Repräsentation von gesellschaftlich diskriminierten oder benachteiligten Gruppen mindestens gemäß ihrem gesellschaftlichen Anteil auf der jeweiligen Ebene". Allerdings wird weder näher definiert, welche Gruppen davon erfasst werden, noch werden konkrete Instrumente genannt, wie z. B. Quoten, wie sie im Frauenstatut der Partei schon seit mehreren Jahrzehnten vorgesehen sind.

Die Forderung nach einer Quote in Parlamenten ist allerdings auch nicht ganz fernliegend, da inzwischen in einigen Bundesländern entsprechende Zielsetzungen für das Verwaltungspersonal vorgesehen sind. So verfolgt etwa das Land Baden-Württemberg seit dem Jahr 2015 das Ziel, in der Landesverwaltung einen Anteil von Beschäftigten mit Migrationshintergrund zu erreichen, der dem Anteil der Menschen mit Migrationshintergrund an der Gesamtzahl der Erwerbstätigen im Land entspricht (§ 6 Abs. 1 Nr. 2 PartIntG BW). Wenn man diesen Grundgedanken auf das Parlament überträgt, käme auch eine Eingewandertenquote für die Wahllisten in Betracht.

Im aktuellen Bundestag der 20. Wahlperiode haben insgesamt 11,3 % Abgeordnete einen Migrationshintergrund, wobei der Anteil von 28,2 % bei der Linken bis zu 4,1 % in der CDU/CSU-Fraktion reicht.[12] Wenn man also den Bevölkerungsanteil von 27 % mit dem Anteil von 11 % der Abgeordneten vergleicht, kommt man zum Ergebnis, dass eine deutliche Unterrepräsentation von Eingewanderten im Parlament besteht. Dabei ist allerdings die Differenz zwischen Personen mit und ohne deutsche Staatsangehörigkeit zu beachten. Wenn man nur die Wahlberechtigten als Bezugsgröße nimmt, verringert sich die Differenz erheblich.

Im Folgenden wird geprüft, ob der Gesetzgeber die Parteien verpflichten könnte, auf ihren Landeslisten einen bestimmten Anteil von Plätzen für Eingewanderte zu reservieren, um die Vertretung dieser Gruppe zu fördern.[13] Andere Reformoptionen wie z. B. Präferenzstimmen, die seit Jahren diskutiert werden[14] und auch zu einer Stärkung der Vertretung von Minderheiten führen könnten, bleiben unberücksichtigt.

Es bedarf keiner prophetischen Gabe, um zu prognostizieren, dass eine solche Forderung auf mindestens so starken Widerstand stoßen würde wie eine Frauenquote. Frauen sind zwar keine Minderheit, aber die Forderung nach Parität reagiert auf ihre Unterrepräsentation in den Parlamenten, so dass die darüber geführten Debatten Fragen über das Verständnis von Wahlgleichheit, Parteien-

---

[12] *Andrea Pürckhauer/Julian Rybacki,* Wie viele Abgeordnete haben Migrationshintergrund?, Mediendienst Integration am 22.5.2023.

[13] Zur Wirkungsweise von Quoten allgemein *Margarete Schuler-Harms,* § 16 Positive Maßnahmen, in: Anna Katharina Mangold/Mehrdad Payandeh (Hrsg.), Handbuch Antidiskriminierungsrecht, 2022, Rn. 3 ff.

[14] Überblick z. B. bei *Hermann Pünder,* Wahlrecht und Parlamentsrecht als Gelingensbedingungen repräsentativer Demokratie, VVDStRL 72 (2013), S. 193 (226 ff.).

freiheit und Repräsentation aufwerfen, eine Präzedenzwirkung für mögliche andere Quotenregelungen haben. Allerdings ist zu beachten, dass auch das geltende Bundestagswahlrecht mit der Sonderregelung für nationale Minderheiten und der föderalen Ausgestaltung der Listen Vorschriften enthält, die in diesem Zusammenhang relevant sind, weil sie die Repräsentation der Wähler*innen beeinflussen. Im Folgenden geht es nur darum, die verfassungsrechtlichen Spielräume auszuleuchten, auch mit verfassungsvergleichenden Beobachtungen, aber nicht um die politische Zweckmäßigkeit konkreter Änderungen im Wahlrecht. Anschließend werden einige weniger weit reichende Alternativen vorgestellt, um die Partizipation von Eingewanderten zu verbessern.

II. Frauenquoten

Quoten für Frauen bei der Aufstellung von Wahllisten sind in den Statuten einiger Parteien vorgesehen.[15] Eine solche interne Regelung ist aufgrund der Parteienfreiheit zweifellos zulässig.[16] Eine für alle Parteien verbindliche gesetzliche Vorgabe wurde auf Bundesebene bisher nicht verabschiedet.[17] Die im Wahlgesetz vorgeschriebenen Frauenquoten für die Landesparlamente in Thüringen[18] und Brandenburg[19] wurden durch beide Landesverfassungsgerichte für verfassungswidrig erklärt. Die Begründungen sind weitgehend deckungsgleich. Sie beanstandeten einen Verstoß gegen die Freiheit und gegen die Gleichheit der Wahl sowie gegen die Parteienfreiheit, der nicht durch die Gleichstellungsverpflichtung gerechtfertigt sei.

Die Freiheit der Wahl sei deshalb betroffen, weil sie auch ein freies Wahlvorschlagsrecht bei der Aufstellung der Liste umfasse.[20] Dabei ist allerdings zu beachten, dass die hierfür herangezogene Entscheidung des Bundesverfassungsgerichts nur Wahlkreiskandidaten betraf und hierfür ein Monopol von Parteien ablehnte.[21] Ob die passive Wahlfreiheit wirklich eingeschränkt wird, wenn Män-

---

[15] Überblick bei *Anna Gloßner*, Paritätsgesetze und repräsentative Demokratie, 2022, S. 29 ff.; *Valentin Martin Heimerl*, Paritätische Aufstellung von Kandidaten für Bundestagswahlen, 2023, S. 59 ff.

[16] *Jens Kersten*, Demokratische Repräsentation und Diversitätsprinzip, in: Jens Kersten/Stephan Rixen/Berthold Vogel (Hrsg.), Ambivalenzen der Gleichheit, 2021, S. 199 (207); *Froese* (Fn. 2), S. 457; *Hans Klein/Kyrill-Alexander Schwarz*, in: Günter Dürig/Roman Herzog/Rupert Scholz, Grundgesetz-Kommentar, 99. EL September 2022, Art. 38 Rn. 111.

[17] Zur Diskussion in den Bundesländern *Volk* (Fn. 10), S. 31 ff.

[18] ThürVerfGH, NVwZ 2020, S. 1266; eine dagegen gerichtete Verfassungsbeschwerde wurde durch BVerfG, NVwZ 2022, S. 1789, abgewiesen.

[19] BbgVerfG, NVwZ 2021, S. 59.

[20] ThürVerfGH, NVwZ 2020, S. 1266 Rn. 76; BbgVerfG, NVwZ 2021, S. 59 Rn. 152; *Martin Morlok*, in: Dreier, GG, Bd. 2, 3. Aufl. 2015, Art. 38 Rn. 89; *Klein/Schwarz* (Fn. 16), Art. 38 Rn. 111; *Silvia Pernice-Warnke*, Parlamente als Spiegel der Bevölkerung?, DVBl. 2020, S. 81 (85).

[21] BVerfGE 41, 399 (417).

ner nur für jeden zweiten Listenplatz antreten können, ist durchaus nicht so eindeutig.[22] Jedenfalls liegt keine Einschränkung der Freiheit der Wählerinnen und Wähler vor,[23] denn diese können immer nur die Listen wählen, die ihnen von den Parteien vorgelegt werden.[24] Außerdem fordere die streng formale Gleichheit der Wahl eine Chancengleichheit aller Wahlbewerber im innerparteilichen Aufstellungsverfahren.[25]

Schließlich lag nach Auffassung des Thüringer Verfassungsgerichtshofs auch eine Beeinträchtigung der Betätigungs- und Programmfreiheit sowie der Chancengleichheit der Parteien vor.[26] Diese Aussage ist für die Programmfreiheit allerdings nicht überzeugend, weil alle inhaltlichen Aussagen einer Partei zur Frauenförderung zulässig bleiben.[27]

Der Thüringer Verfassungsgerichtshof gestand zwar zu, dass es keinen numerus clausus von Rechtfertigungen für Einschränkungen der Wahlgleichheit gebe.[28] Das Staatsziel Frauenförderung in Art. 2 Abs. 2 S. 2 ThürVerf sei aber entstehungsgeschichtlich nicht als Grundlage für eine Quote bei Wahlen gedacht gewesen.[29] Für die parallele Vorschrift in Brandenburg argumentierte das dortige Verfassungsgericht grundsätzlicher mit seiner fehlenden Eignung zur Modifikation des demokratischen Wahlrechts.[30] Die Gegenauffassung verweist dagegen darauf, dass Art. 3 Abs. 2 S. 2 GG auch für das Wahlrecht gelte.[31] Dies ergebe sich auch aufgrund einer völkerrechtsfreundlichen Auslegung im Hinblick auf das Übereinkommen der Vereinten Nationen zur Beseitigung jeder Form von Dis-

---

22 Dagegen *Christoph Möllers*, Krise der demokratischen Repräsentation vor Gericht: zu den Parité-Urteilen der Landesverfassungsgerichte in Thüringen und Brandenburg, JZ 2021, S. 338 (342).

23 So aber ThürVerfGH, NVwZ 2020, S. 1266 Rn. 78.

24 *Hans Meyer*, Verbietet das Grundgesetz eine paritätische Frauenquote bei Listenwahlen im Parlament?, NVwZ 2019, S. 1245 (1246); *Claudia Danker*, Paritätische Aufstellung von Landeswahllisten – Beeinträchtigung der Wahlrechtsgrundsätze, NVwZ 2020, S. 1250 (1251); *Marco Penz*, Jetzt erst recht!, DÖV 2021, S. 422 (425).

25 ThürVerfGH, NVwZ 2020, S. 1266 Rn. 86 f.; BbgVerfG, NVwZ 2021, S. 59 Rn. 154 ff.; *Gloßner* (Fn. 15), S. 122; *Volk* (Fn. 10), S. 81 ff.

26 ThürVerfGH, NVwZ 2020, S. 1266 Rn. 88 ff.; ebenso *Penz* (Fn. 24), S. 425 f.

27 *Meyer* (Fn. 24), S. 1249; *Danker* (Fn. 24), S. 1251; *Möllers* (Fn. 22), S. 341 f.; a. A. *Volk* (Fn. 10), S. 318.

28 ThürVerfGH, NVwZ 2020, S. 1266 Rn. 127.

29 ThürVerfGH, NVwZ 2020, S. 1266 Rn. 132 ff.; a. A. Sondervotum Heßelmann, NVwZ 2020, S. 1266 (1273 f.); und Sondervotum Licht/Petermann, NVwZ 2020, S. 1266 (1275 ff.); *Danker* (Fn. 24), S. 1252; *Möllers* (Fn. 22), S. 343.

30 BbgVerfG, NVwZ 2021, S. 59 Rn. 209 ff.; krit. *Möllers* (Fn. 22), S. 343.

31 *Meyer* (Fn. 24), S. 1248; *Gloßner* (Fn. 15), S. 170 ff.; ebenso zu Art. 118 Abs. 2 S. 2 BayVerf BayVerfGH, NVwZ-RR 2018, S. 457 Rn. 133; a. A. z. B. *Antje von Ungern-Sternberg*, Parité-Gesetzgebung auf dem Prüfstand des Verfassungsrechts, JZ 2019, S. 525 (532 f.); *Martin Morlok/Alexander Hobusch*, Sinnvoll heißt nicht verfassungsgemäß – zu Meyers Kritik an der Paritätskritik, NVwZ 2019, S. 1734 (1737); *Pernice-Warnke* (Fn. 20), S. 86 f.; unklar *Judith Froese*, in: Karl-Heinrich Friauf/Wolfram Höfling (Hrsg.), Berliner Kommentar zum Grundgesetz, Art. 3 (2. Teil) Rn. 56.

kriminierung der Frau, das die Vertragsstaaten verpflichtet, Maßnahmen zu ergreifen, um Diskriminierungen aufgrund des Geschlechts zu beseitigen.[32] Wenn man die verfassungsrechtliche Rechtfertigungsmöglichkeit einer verbindlichen Frauenquote durch Art. 3 Abs. 2 S. 2 GG anerkennt, was auch ein wahlprüfungsrechtlicher Beschluss des Bundesverfassungsgerichts nahelegt,[33] kommt es letztlich auf die Verhältnismäßigkeit der Regelung an.[34]

Auch wenn die beiden Entscheidungen der Landesverfassungsgerichte den politischen Elan für die Einführung von Frauenquoten im Wahlrecht gebremst haben, ist eine entsprechende Entscheidung des Bundesverfassungsgerichts durch sie keineswegs präjudiziert. Der Verfassungsvergleich belegt, dass in vielen anderen europäischen Ländern Paritätsregelungen existieren, die eine mehr oder weniger präzise verfassungsrechtliche Grundlage haben.

Das spanische Wahlgesetz verlangt schon seit 1985 für alle Wahlen, dass mindestens 40 % der Plätze für beide Geschlechter reserviert werden. Diese Vorschrift wurde vom Verfassungsgericht mit der Entscheidung 12/2008 vom 29. Januar 2008[35] für verfassungskonform erklärt. Das Gericht zog insbesondere Art. 9 Abs. 2 der Verfassung heran, wonach es der öffentlichen Gewalt obliegt, die Teilnahme aller Bürger am politischen, wirtschaftlichen, kulturellen und gesellschaftlichen Leben zu fördern. Diese Vorschrift bezieht sich aber ausdrücklich weder auf die Frauenförderung noch auf das Wahlrecht. Eine Beschwerde dagegen wurde vom Europäischen Gerichtshof für Menschenrechte für unzulässig erklärt, weil es im konkreten Fall um eine Kommunalwahl ging, auf die Art. 3 ZP EMRK nicht anwendbar ist.[36]

In Frankreich gibt es in Art. 1 Abs. 2 der Verfassung eine ausdrückliche Vorgabe für alle Wahlen, wonach das Gesetz den gleichen Zugang von Frauen und Männern zu den Wahlmandaten und -ämtern fördert.[37] Für das Wahlrecht zur Nationalversammlung, das auf Einerwahlkreisen beruht, wird eine Parität bei allen Kandidaturen einer Partei verlangt, ansonsten bezieht sich die Verpflichtung auf die Listen. Bei einem Verstoß drohen Einbußen bei der Parteienfinanzierung. Die Vorgaben haben zu einem Anstieg des Frauenanteils in den Parlamenten geführt.[38] In ähnlicher Formulierung verlangt Art. 11bis Verf. Belgien, der 2002 aufgenommen wurde, dass der gleiche Zugang von Frauen und Männern zu durch Wahl vergebenen Mandaten und öffentlichen Mandaten gefördert wird,

---

[32] *Gloßner* (Fn. 15), S. 170 ff.; a. A. ThürVerfGH, NVwZ 2020, S. 1266 Rn. 137.

[33] BVerfG, NVwZ 2021, S. 469, Rn. 96 ff.; ebenso *Penz* (Fn. 24), S. 427.

[34] Dafür *Silke Laskowski*, Zeit für Veränderungen: Ein paritätisches Wahlrecht jetzt!, RuP 2018, S. 391 (401); dagegen *Gloßner* (Fn. 15), S. 210 ff.; *Volk* (Fn. 10), S. 201 ff.

[35] Abrufbar unter: https://www.boe.es/buscar/doc.php?id=BOE-T-2008-3852.

[36] EGMR, Entscheidung v. 4.10.2011, Nr. 35473/08, *Méndez Pérez u. a. gegen Spanien*.

[37] Dazu ausführlich *Mathias Möschel*, „Gender Quotas" in French and Italian Public Law: A Tale of Two Overlapping and Then Diverging Trajectories, GLJ 2018, S. 1489 ff.; *Heimerl* (Fn. 15), S. 64 ff.

[38] Vgl. die Angaben bei *Heimerl* (Fn. 15), S. 66 ff.

was zur Folge hatte, dass der Anteil weiblicher Abgeordneter ebenfalls deutlich zugenommen hat.[39]

In Slowenien müssen mindestens 35 % der Listenplätze mit Frauen besetzt werden. Grundlage ist Art. 43 der Verfassung, wonach durch Gesetz Maßnahmen zur Förderung der Chancengleichheit von Männern und Frauen für die Bewerbung bei Wahlen in staatlichen und lokalen Behörden festgelegt werden. Diese Vorgabe wurde vom EGMR für zulässig gehalten, obwohl als Sanktion der Ausschluss einer Liste von der Wahl vorgesehen ist. Der Gerichtshof betonte, dass eine Vielzahl von Zielen mit Art. 3 des Zusatzprotokolls vereinbar sein könne, sofern die Vereinbarkeit eines bestimmten Ziels mit dem Grundsatz der Rechtsstaatlichkeit und den allgemeinen Zielen der Konvention unter den besonderen Umständen eines bestimmten Falles festgestellt werde. Nach seiner Auffassung verfolgte der Eingriff das legitime Ziel, die Legitimität der Demokratie zu stärken, indem eine ausgewogenere Beteiligung von Frauen und Männern an der politischen Entscheidungsfindung sichergestellt werde.[40]

Auch die Venedig-Kommission des Europarats hat im Jahr 2002 einen *Code of Good Conduct in Electoral Matters*[41] angenommen, der unter dem Punkt *2.5. Equality and parity of the sexes* folgende Aussage enthält: „Legal rules requiring a minimum percentage of persons of each gender among candidates should not be considered as contrary to the principle of equal suffrage if they have a constitutional basis."

III. Privilegien für nationale Minderheiten

Erstaunlicherweise wird die Parallele zwischen Quotenregelungen und dem Schutz nationaler Minderheiten im Wahlrecht nur selten gezogen.[42] Nicht nur in Deutschland gibt es einschlägige Sonderregeln, deren Rechtfertigung interessante Fragen zum Verständnis demokratischer Repräsentation aufwirft.

§ 6 Abs. 3 S. 2 BWahlG sieht für Parteien nationaler Minderheiten eine Ausnahme von der 5 %-Sperrklausel vor. Diese Regelung hat bei der letzten Bundes-

---

[39] *Heimerl* (Fn. 15), S. 68 ff.

[40] EGMR, Entscheidung v. 12.11.2019, Nr. 54893/18, *Metka Zevnik u. a. gegen Slowenien*, § 43: „the Court observes that a great variety of aims may be compatible with Article 3 of Protocol No. 1, provided that the compatibility of any particular aim with the principle of the rule of law and the Convention's general objectives is established in the specific circumstances of a given case ... the Court considers that the interference in question pursued the legitimate aim of strengthening the legitimacy of democracy by ensuring a more balanced participation of women and men in political decision-making."

[41] Abrufbar unter https://www.venice.coe.int/webforms/documents/?pdf=CDL-AD(2002)023rev2-cor-e.

[42] Vgl. aber *von Ungern-Sternberg* (Fn. 31), S. 531; *Friederike Wapler*, Politische Gleichheit: demokratietheoretische Überlegungen, JöR 67 (2019), S. 427 (439 f.).

tagswahl 2021 dazu geführt, dass ein Vertreter des Südschleswigschen Wählerverbandes ein Mandat errungen hat. Dabei handelt es sich zweifellos um eine Ausnahme vom Grundsatz der Wahlgleichheit, weil einer bestimmten Partei ein Privileg eingeräumt wird, das anderen nicht zugestanden wird.[43]

Diese Regelung, die von Anfang an im Bundeswahlgesetz enthalten war,[44] wurde vom Bundesverfassungsgericht mit einer bemerkenswerten Begründung akzeptiert. Zunächst hatte es nur pauschal darauf verwiesen, dass die Ausnahme der nationalen Minderheiten von der Sperrklausel mit Rücksicht auf die bei ihnen vorliegenden besonderen Verhältnisse, die mit der Situation anderer kleinerer Parteien nicht vergleichbar sei, verfassungsrechtlich nicht zu beanstanden sei.[45] In einer weiteren Entscheidung wurde v.a. auf außenpolitische Hintergründe verwiesen:

> „Die Lage der nationalen Minderheit, die deutsche Staatsangehörigkeit mit fremder Volkszugehörigkeit verbindet, ist innerstaatlich einzigartig, da das Völkerrecht und unter Umständen ein fremder Staat, dessen Volkstum die Minderheit zugehört, Interesse an ihrem Status nimmt. Es ist darum ein die wahlrechtliche Sonderregelung hinreichend rechtfertigendes Anliegen des Gesetzgebers, der nationalen Minderheit zur Vertretung ihrer spezifischen Belange die Tribüne des Parlaments zu eröffnen, wenn sie nur die für ein Mandat erforderliche Stimmenzahl aufbringt. Auch die Rücksicht auf die Behandlung deutscher nationaler Minderheiten in fremden Staaten durch den ausländischen Gesetzgeber kann es sehr wohl rechtfertigen, Parteien nationaler Minderheiten von der Sperrklausel beim Verhältniswahlrecht auszunehmen".[46]

Diese Begründung ist vor dem Hintergrund der Nachkriegszeit zu sehen, als die vielen Vertreibungen, die Folge des von Deutschland begonnenen Krieges waren, in Europa noch viel präsenter waren als heute. In der Literatur wird ebenfalls darauf hingewiesen, dass eine tatsächliche Gleichstellung der Angehörigen nationaler Minderheiten nur durch ihre Bevorzugung erreicht werden könne.[47] Gegen die Begründung des Bundesverfassungsgerichts ist eingewendet worden, dass sie keine Rechtfertigung für den Verstoß gegen die strenge wahlrechtliche Gleichbehandlung liefere, weil der Schutz nationaler Minderheiten im GG nicht verankert sei.[48] Auch Art. 3 Abs. 3 S. 1 GG könne nicht zur Rechtfertigung heran-

---

[43] *Angelika Kühn*, Privilegierung nationaler Minderheiten im Wahlrecht der Bundesrepublik Deutschland und Schleswig-Holsteins, 1991, S. 309; *Claus Dieter Classen*, Nationales Verfassungsrecht in der Europäischen Union, 2. Aufl. 2021, Rn. 392.

[44] Zum historischen Hintergrund ausführlich *Kühn* (Fn. 43), S. 13 ff.

[45] BVerfGE 5, 77 (83), wobei der Verweis auf BVerfGE 1, 208 (253 f.) die Begründung nicht verbessert.

[46] BVerfGE 6, 84 (98).

[47] *Kühn* (Fn. 43), S. 310; ähnlich *Hermann Butzer*, in: Volker Epping/Christian Hillgruber (Hrsg.), BeckOK GG, Stand: 15.11.2022, Art. 38 Rn. 84.4.

[48] *Morlok* (Fn. 20), Art. 38 Rn. 113 m. w. N.; *Philipp Austermann*, Warum und wie unser Bundestagswahlrecht geändert werden muss, ZRP 2021, S. 226 (227).

gezogen werden.[49] Nach dieser Auffassung wäre also ähnlich wie in Bezug auf die Frauenquoten eine verfassungsrechtliche Grundlage für die Privilegierung erforderlich.

Sonderregelungen im Wahlrecht zum Schutz nationaler Minderheiten gibt es auch in anderen europäischen Staaten. In Polen sind nationale Minderheiten von der Sperrklausel bei den Wahlen zum Sejm ausgenommen, so dass es regelmäßig Vertreter der deutschen Minderheit im Parlament gibt.[50] Die polnische Verfassung enthält zwar in Art. 35 als Teil des Kapitels über Freiheiten, Rechte und Pflichten des Menschen und des Staatsbürgers eine Vorschrift über die Gewährung von Rechten für nationale und ethnische Minderheiten, die jedoch keine Aussage zum Wahlrecht trifft.

In Art. XXIX Verf. Ungarn wird ein Recht auf Selbstbestimmung nationaler Minderheiten gewährleistet. Das Wahlgesetz von 2014 ermöglicht anerkannten Minderheiten eigene Wahllisten. Allerdings kann jede Minderheit nur eine Liste einreichen, so dass die Wähler*innen, die sich freiwillig als Angehörige einer der 13 Minderheiten registriert haben, keine Auswahl haben. Zudem sind alle Minderheiten zahlenmäßig so klein, dass keine eine faktische Chance hat, einen Sitz zu gewinnen. Diese Vorgaben wurden vom Europäischen Gerichtshof für Menschenrechte in einer Entscheidung vom 10. November 2022 beanstandet. Er bestätigte zwar eine frühere Aussage, wonach die Konvention keine unterschiedliche Behandlung zur Bevorzugung von Minderheiten im Wahlrecht verlange.[51] Wenn der nationale Gesetzgeber sich aber entscheide, aktuelle Ungleichheiten in der politischen Repräsentation zu beseitigen oder zu reduzieren, so müsse diese Maßnahme dazu beitragen, dass nationale Minderheiten gleichberechtigt mit anderen an der Wahl der Legislative teilnehmen, anstatt den Ausschluss von Minderheitenvertretern von der politischen Entscheidungsfindung auf nationaler Ebene fortzusetzen.[52] Dazu gehört auch eine echte Wahlmöglichkeit.

Der EGMR geht also davon aus, dass Sonderregelungen für nationale Minderheiten zulässig sind, weil sie „Ungleichheiten in der politischen Repräsentati-

[49] *Burkhard Schöbener*, Die wahlrechtliche Privilegierung von Minderheiten – völkerrechtliche Vorgaben und innerstaatliche Ausgestaltung in der Bundesrepublik Deutschland, in: GS Blumenwitz, 2008, S. 455 (469 ff.).

[50] *Boguslaw Banaszak/Tomasz Milej*, Polnisches Staatsrecht, 2009, Rn. 131.

[51] EGMR, Entscheidung v. 10.11.2022, Nr. 49636/14 und 65678/14, *Bakirdzi und E. C. gegen Ungarn*, § 54, mit Verweis auf EGMR, Entscheidung v. 28.1.2016, Nr. 65480/10, *Die Friesen gegen Deutschland*, NVwZ 2017, S. 945, § 43.

[52] EGMR, Entscheidung v. 10.11.2022, Nr. 49636/14 und 65678/14, *Bakirdzi und E. C. gegen Ungarn*, § 73: The Court „nonetheless considers that once the legislature decides to set up a system intended to eliminate or reduce actual instances of inequality in political representation, it is only natural that measure should contribute to the participation of national minorities on an equal footing with others in the choice of the legislature, rather than perpetuating the exclusion of minority representatives from political decision-making at a national level.“

on" zumindest reduzieren können. Diese Aussage bezieht sich zweifellos auf ein materielles Gleichheitsverständnis, das die Besonderheiten der sozialen Gruppe, die als nationale Minderheit qualifiziert wird, hervorhebt. Käme es nur auf die formelle Gleichheit aller Wahlberechtigten als freie Individuen an, wären keine Sonderregeln notwendig. Auf die Frage, ob solche Sonderregeln im Wahlrecht eine Basis in der Verfassung benötigen, geht der Gerichtshof nicht ein. Eine explizit auf Wahlen bezogene Privilegierung enthält die ungarische Verfassung jedenfalls nicht.

Eine ausdrückliche Ausnahme von einer Sperrklausel sieht dagegen Art. 59 Abs. 2 der Verfassung Rumäniens vor. Sie schreibt außerdem vor, dass Bürger einer nationalen Minderheit nur von einer Organisation repräsentiert werden können. Diese Einschränkung, die eine Interessenhomogenität der Mitglieder der Minderheit unterstellt, ist angesichts des neuen Urteils des EGMR nicht haltbar.

IV. Föderale Quoten

In der bisweilen hitzigen Debatte über Frauenquoten oder andere Repräsentationsdefizite wird gerne übersehen, dass es schon seit 1949 eine Quotierung im Bundestagswahlrecht gibt, die so selbstverständlich ist, dass sie meist nicht als solche erkannt wird. Da die Zweitstimme zwingend für eine Landesliste abgegeben werden muss, gewährleistet sie – neben der ebenfalls territorial radizierten Erststimme – dass alle Teile der Bundesrepublik gleichmäßig im Bundestag vertreten sind. Abgesehen von möglichen Überhang- und Ausgleichsmandaten ist so durch das Verfahren der Sitzverteilung gewährleistet, dass jedes Bundesland ungefähr entsprechend seinem Bevölkerungsanteil Abgeordnete in den Bundestag entsendet.

Nach Art. 38 Abs. 1 S. 2 GG vertreten die Abgeordneten das Volk, nicht die Bundesländer. Wähler*innen in Niedersachsen können aber nur von Parteien in Niedersachsen nominierte Kandidat*innen wählen. Zwar müssen diese nicht notwendig ihren Wohnsitz in Niedersachsen haben, aber wer die innerparteilichen Auswahlverfahren kennt, weiß, dass „Fremde" nur selten Chancen auf eine Nominierung haben dürften. Damit ist die Wahlfreiheit durchaus beschränkt. Wer etwa der Ansicht wäre, dass das Bundesland Bayern besonders viele begabte Politiker hervorbringt, die einen möglichst großen Einfluss auf die Bundespolitik haben sollten, hat keine Möglichkeit, dieses Ziel bei den Bundestagswahlen zu verfolgen. Umgekehrt erlaubt das Wahlverfahren auch nicht, als besonders unfähig eingeschätzte Volksvertreter aus einem anderen Bundesland zu verhindern.

Der Thüringer Verfassungsgerichtshof sah es als von der Freiheit der Wahl umfasst an, dass die Wählerinnen und Wähler das Verhältnis von Männern und

Frauen im Parlament beeinflussen können.[53] Bei einer Bundestagswahl haben die Wähler*innen jedoch keine Möglichkeit, das Verhältnis von Abgeordneten aus dem Saarland, Bayern oder Sachsen zu verändern. Dies wäre nur möglich, wenn es Bundeslisten gäbe, die aber im Parlamentarischen Rat aufgrund einer Intervention der Alliierten verworfen wurden.[54] Ihren Effekt kann man etwa bei der Europawahl studieren, wo es Bundeslisten oder verbundene Landeslisten gibt. So entfiel z. B. im Jahr 2019 auch bei der Partei, die in Deutschland die meisten Stimmen errungen hat, d. h. der CDU, kein Sitz auf das Saarland.[55] Soweit ersichtlich ist dieses Bundesland im Europaparlament aktuell nur über die ÖDP vertreten, weil diese den Spitzenplatz ihrer Bundesliste mit einer Saarländerin besetzt hatte. Gäbe es auch bei der Bundestagswahl Bundeslisten, wäre es sehr fraglich, ob alle Landesverbände in der Lage wären, ihre Kandidat*innen auf den aussichtsreichen Plätzen unterzubringen. Dieses Phänomen kennen im Übrigen die kleineren Parteien schon immer, weil sie in den bevölkerungsschwachen Bundesländern oft nur ein oder zwei Mandate erringen können, die dann naturgemäß bei der Listenaufstellung besonders umstritten sind.

Solche Quoten nach geografisch-historischen Kriterien haben eine lange Tradition. Die Verteilung von Listenmandaten auf die Gliedstaaten findet sich auch in anderen Verfassungssystemen. So sind etwa in der Schweiz die Kantone die Wahlkreise für die nach dem Verhältniswahlrecht bestimmte Kammer, den Nationalrat (Art. 149 BV). In Österreich sind nach Art. 26 Abs. 2 B-VG Wahlkreise für die Wahl zum Nationalrat zu bilden, die mit den Ländern übereinstimmen. Selbst unitarische Länder mit reinem Verhältniswahlrecht wie die Niederlande oder Dänemark teilen ihr Gebiet in Wahlkreise ein, damit gewährleistet ist, dass alle Teile des Landes im Parlament vertreten sind.

Es soll nicht bestritten werden, dass Landeslisten ein legitimes Element zur Ausgestaltung des Bundestagswahlrechts sind. Es muss aber festgehalten werden, dass es sich um verbindliche und starre Quoten für die Bundesländer handelt, welche die Parteien und damit indirekt auch die Wähler*innen in der Auswahl der Kandidat*innen spürbar beschränken. Anders formuliert dient das geltende föderale Bundestagswahlrecht dem Schutz von Minderheiten wie z. B. den Saarländern. Eine ausdrückliche Grundlage gibt es aber weder in Art. 38 GG noch in den Grundrechten. Als Rechtfertigung wird vielmehr nur pauschal angeführt, dass es sich um eine „Rücksichtnahme auf die bundesstaatliche Gliederung" handele.[56] Die verfassungsrechtliche Grundlage ist also allein im vagen Bundesstaatsprinzip zu finden.

---

[53] ThürVerfGH, NVwZ 2020, S. 1266 Rn. 78.

[54] BVerfGE 95, 335 (338).

[55] https://www.bundeswahlleiter.de/europawahlen/2019/gewaehlte/bund-99.html#4b51488f-1438-4bfa-9e9a-043e5e11c8df.

[56] BVerfGE 95, 335 (350); s. a. VG Wiesbaden, NVwZ 2017, S. 902 (903); ebenso *Henner Jörg Boehl*, in: Wolfgang Schreiber, BWahlG, 11. Aufl. 2021, § 1 Rn. 117.

V. Schlussfolgerungen

Die drei untersuchten Regeln für das Verfahren zur Verteilung der Sitze bei der Bundestagswahl wirken unterschiedlich. Eine Frauenquote nach dem Vorbild der Regelungen in Brandenburg und Thüringen würde die Parteien zwingen, mindestens die Hälfte der Plätze auf den Landeslisten mit Frauen zu besetzen. Da ein paralleles Verfahren aber bei den Wahlkreisbewerber*innen nicht möglich ist,[57] wäre damit nur gewährleistet, dass mindestens ein Viertel der Sitze im Bundestag mit Frauen besetzt würde. Die Sonderregel für nationale Minderheiten stellt dagegen eine Ausnahme von der Sperrklausel dar. Angesichts der Größe der einzigen in einer eigenen Partei organisierten nationalen Minderheit, der dänisch-sprachigen Bevölkerung in Schleswig-Holstein, gewährleistet dies allenfalls einen Sitz im Bundestag. Die starre föderale Quote über die Verpflichtung zur Aufstellung von Landeslisten führt dagegen zu einer weder für die Parteien noch für die Wähler*innen veränderbaren Entsprechung zwischen der Größe der Bevölkerung eines Landes und der ihm zugewiesenen Zahl von Sitzen im Bundestag. Da jedenfalls bisher auch die Wahlkreismandate ebenso eindeutig den Bundesländern zugewiesen sind, spiegelt dessen Zusammensetzung die Verteilung der Bevölkerung auf die Länder fast perfekt wider.

Während das Paritätsgebot wie auch die föderale Quote v.a. die Freiheit der Parteien bei der Aufstellung der Listen und indirekt die Wahlfreiheit der Wähler*innen beschränken, betrifft die Privilegierung der nationalen Minderheiten nur die Wahlgleichheit. Alle drei Regelungsansätze haben aber jeweils das Ziel, die Zusammensetzung des Parlaments aktiv zu beeinflussen. Wenn man nun die Rechtfertigung in den drei Fällen vergleicht, muss man zum Fazit kommen, dass die deutsche Rechtsprechung sie sehr uneinheitlich behandelt. Die Abweichung vom strikten Gleichbehandlungsgebot durch die Ausnahme von der Sperrklausel wurde bei nationalen Minderheiten gerechtfertigt, ohne dass es hierfür einen Anknüpfungspunkt im Grundgesetz gibt. Dies wäre anders, wenn der in der gemeinsamen Verfassungskommission vorgesehene Art. 20b GG die erforderliche qualifizierte Mehrheit gefunden hätte.[58] Die föderale Quote wurde als durch das Bundesstaatsprinzip gedeckt angesehen, das in seiner Zielrichtung sehr viel unspezifischer ist als Art. 3 Abs. 2 S. 2 GG, während Frauenquoten nach der bisherigen Rechtsprechung nicht einmal durch dieses explizite Fördergebot gerechtfertigt werden können.

Hinter der Debatte über die Parität stehen grundsätzlichere Auseinandersetzungen über das Verständnis von Repräsentation. Dabei handelt es sich um ein umstrittenes Konzept, das in der politischen Theorie sehr breit diskutiert wird.[59]

---

[57] Dazu *Heimerl* (Fn. 15), S. 85 ff.

[58] Dazu *Krugmann* (Fn. 1), S. 362 ff.

[59] Klassisch *Hanna Pitkin*, The Concept of Representation, 1967; neuerer Überblick z. B. bei *Markus Linden*, Einschluss und Ausschluss durch Repräsentation, 2014, S. 13 ff.

In der verfassungsrechtlichen Debatte wird dagegen oft der Eindruck erweckt, als ob es nur ein einziges richtiges und damit grundgesetzkonformes Konzept demokratischer Repräsentation gibt.

Ausgangspunkt der meisten Argumentationen ist die Feststellung, dass keine umfassende soziale Spiegelbildlichkeit der Parlamente bei Wahlen möglich sei.[60] Das ist zweifellos richtig, weil das über Parteien organisierte Wahlverfahren dieses Ziel auch nie verfolgt hat. Hierfür geeignet wäre nur ein Losverfahren, wie es in der Athener Polis für die Besetzung der Volksgerichte, des Rates der Fünfhundert und der meisten administrativen Ämter vorgesehen war.[61] In der Gegenwart wird es wieder genutzt, um Bürgerräte zu besetzen, die über einzelne politische Themen beraten sollen, aber keine Entscheidungsbefugnisse haben.[62]

Die Entscheidungen der Landesverfassungsgerichte zur Frauenquote verfolgen mit ihrer Auffassung von Repräsentation eine Idealisierung des Parlaments, das der Vertretung des gesamten Volkes diene, keiner Parteien oder sozialen Gruppen.[63] Diese Auffassung geht auf ein anti-pluralistisches Staatsverständnis zurück, das von einem überindividuellen Gesamtinteresse ausgeht.[64] Ein alternativer, aber im Ergebnis identischer Ansatz verweist darauf, dass die politischen Rechte am Individuum, nicht an Gruppen anknüpften, denn dadurch unterscheide sich die moderne Demokratie vom Ständestaat.[65] Dem Grundgesetz liege eine „strikt individuumsbezogene Idee von Repräsentation" zugrunde.[66]

In eine ähnliche Richtung geht die Aussage, in einem liberalen Verfassungsstaat dürfe niemand auf Identitätsmerkmale festgelegt und reduziert werden.[67] Zwischen diesen beiden Verben besteht allerdings ein erheblicher Unterschied. Die allermeisten Menschen werden von der Rechtsordnung als Mann oder Frau kategorisiert, auch wenn diese Dichotomie zuletzt relativiert wurde.[68] Ebenso werden alle Wähler*innen als Saarländer, Bayern oder Berliner eingeordnet, weil sie nur im Bundesland ihres Hauptwohnsitzes wählen dürfen. Ebenso ist schließ-

---

[60] BayVerfGH, NVwZ RR 2018, S. 457 Rn. 110; ThürVerfGH, NVwZ 2020, S. 1266 Rn. 104; BbgVerfG, NVwZ 2021, S. 59 Rn. 182.

[61] *Thomas Groß*, Verwaltung und Recht in antiken Herrschaftsordnungen, 2022, S. 153 f.

[62] Überblick bei *Janosch Pfeffer/Jan Christian Sahl*, Bürgerräte und die parlamentarische Demokratie, ZRP 2021, S. 153 ff.; ausführlich *Patricia Nanz/Claus Leggewie*, Die Konsultative, 2018.

[63] BayVerfGH, NVwZ-RR 2018, S. 457 Rn. 110; BbgVerfG, NVwZ 2021, S. 59 Rn. 185.

[64] Zutreffend *Wapler* (Fn. 42), S. 435 ff.; ausführlich *Volk* (Fn. 10), S. 266 ff.

[65] *Morlok/Hobusch* (Fn. 31), S. 1736; *Heimerl* (Fn. 15), S. 119 ff.; zu Recht kritisch *Möllers* (Fn. 22), S. 345.

[66] *Stephan Rixen*, Demokratieprinzip und Gleichberechtigungsgebot: Verfassungsrechtliche Relationen, in: Marion Eckertz-Höfer/Margarete Schuler-Harms (Hrsg.), Gleichberechtigung und Demokratie – Gleichberechtigung in der Demokratie: (Rechts-)Wissenschaftliche Annäherungen, 2019, S. 59 (78).

[67] *Kersten* (Fn. 16), S. 201.

[68] BVerfGE 147, 1 ff.; *Froese* (Fn. 2), S. 77 ff., 199 ff.; zur Frage, ob eine freie Wahl des Geschlechts ermöglicht werden sollte, einerseits *Anna Kellermann*, Das Selbstbestimmungsgesetz als juridische Korrektur, KJ 2023, S. 93 ff.; andererseits *Funke* (Fn. 7), S. 276 ff.

lich die Zuordnung zu einer nationalen Minderheit relevant, insbesondere wenn für sie eine Sonderstellung vorgesehen ist, wie in den Landesverfassungen von Brandenburg (Art. 25), Sachsen (Art. 6) und Schleswig-Holstein (Art. 6).[69] Mit diesen Kategorien werden jeweils rechtliche Folgen verbunden, die an einem Identitätsmerkmal anknüpfen.[70] Natürlich wird aber niemand auf eine dieser Kategorien reduziert, schon deshalb nicht, weil sie sich offensichtlich überschneiden.

Daneben wird in der Paritätsdebatte häufig damit argumentiert, dass es keine Interessengleichheit der Frauen gebe.[71] Ähnlich wird auch bei Migrant*innen auf die Heterogenität der Gruppe hingewiesen[72] und eine „Gefahr der Essentialisierung" beschworen.[73] Außerdem spräche gegen die verstärkte Berücksichtigung einer unterrepräsentierten Gruppe, dass politisch relevante Merkmale nach Zeit und Ort variieren können.[74] Eine selektive identitätspolitische Quotierung würde eine willkürliche Privilegierung bedeuten.[75] Es ist aber ein Unterschied, ob man allen Mitgliedern einer Gruppe objektiv identische Interessen zuschreibt oder ob man von typischen Gruppeninteressen ausgeht, die vor allem von Mitgliedern dieser Gruppe selbst als politisch relevant angesehen werden.[76] Keine der historischen Frauenbewegungen hat je für alle Frauen gesprochen, trotzdem haben sie Schritt für Schritt rechtliche Verbesserungen auf dem steinigen Weg zur Gleichberechtigung durchgesetzt.[77]

Eine ganz scharfe Klinge wird geführt, wenn behauptet wird, Quoten führten in die „menschenunwürdigen Abgründe der biopolitischen Bevölkerungsstatistik".[78] Wo die Menschenwürde aufgerufen wird, sind bekanntlich auch die Grenzen einer Verfassungsänderung erreicht. Die gleiche Stoßrichtung hat die in der deutschen Literatur zu findende Behauptung, die Einführung von geschlechtsbezogenen Quoten verstoße sogar gegen das Demokratieprinzip selbst und damit gegen Art. 79 Abs. 3 GG.[79] Wenn dadurch allerdings die Grundfesten unserer Verfassung erschüttert würden, müsste man unseren europäischen Part-

---

[69] Dazu *Froese* (Fn. 2), S. 363 ff.

[70] Zum schillernden Begriff der „Identität" *Funke* (Fn. 7), S. 258 ff. m. w. N.

[71] So z. B. BbgVerfG, NVwZ 2021, S. 59 Rn. 192; *von Ungern-Sternberg* (Fn. 31), S. 530; *Pernice-Warnke* (Fn. 20), S. 86.

[72] *Gloßner* (Fn. 15), S. 160.

[73] *Lena Foljanty*, Quotenregelungen: Herausforderungen angesichts der Komplexität von Diskriminierung, femina politica 2012, S. 37 (44); ebenso *Wapler* (Fn. 42), S. 447.

[74] *Gloßner* (Fn. 15), S. 158, mit Verweis auf *Pitkin* (Fn. 59), S. 87.

[75] *Kersten* (Fn. 16), S. 208.

[76] *Wapler* (Fn. 42), S. 442.

[77] Dazu z. B. *Pascale Cancik*, Der Kampf um Gleichberechtigung als Voraussetzung der demokratischen Republik, in: Horst Dreier/Christian Waldhoff (Hrsg.), Das Wagnis der Demokratie. Eine Anatomie der Weimarer Reichsverfassung, 2018, S. 151 f.

[78] *Kersten* (Fn. 16), S. 209.

[79] *Pernice-Warnke* (Fn. 20), S. 89; *Volk* (Fn. 10), S. 388 ff.; *Froese* (Fn. 2), S. 480, spricht von „erheblichen verfassungsrechtlichen Bedenken".

nerländern wie Spanien, Frankreich, Belgien oder Slowenien vorhalten, dass sie mit ihren Frauenquoten gegen Grundwerte Europas verstoßen, denn zu diesen zählen nach Art. 2 EUV auch die Menschenwürde und die Demokratie.

Die starke Betonung der Homogenität des Volkes führt zu einer Verkürzung des Konzepts der Repräsentation. Sicher sind die freien und gleichen Bürger*innen die Grundlage der Demokratie. Damit aus Wahlen funktionsfähige Institutionen hervorgehen, sind aber kollektive Auswahlprozesse erforderlich, die aus der unorganisierten Menge des Volkes eine handlungsfähige Gruppe von Vertreter*innen hervorbringen. Diese Strukturierungsleistung erbringen fast ausschließlich die politischen Parteien, ohne die jedenfalls eine Verhältniswahl nicht möglich wäre. Einfluss auf die Wahlvorschläge und damit auf die Personen, die überhaupt eine Chance haben, ein Mandat zu erringen, haben nur die Parteimitglieder, sofern sie sich an den Aufstellungsverfahren beteiligen.

Es ist aber schon für das geltende Recht nicht richtig, dass die politische Ausrichtung das einzige Auswahlkriterium für die Volksvertretung ist. Die föderalen Quoten gewährleisten die gleichmäßige Verteilung der Sitze über die Länder. Bedeutet das aber, dass der Gesetzgeber davon ausgeht, dass alle Saarländer homogene Interessen haben, weil sie nur von saarländischen Abgeordneten vertreten werden können? Noch offensichtlicher ist dies bei der Privilegierung der nationalen Minderheiten. Anders als alle politischen Minderheiten, die weniger als 5 % der Stimmen auf sich vereinigen und nicht von der Grundmandatsklausel profitieren, werden sie als besonders qualifiziert, so dass sie schon dann im Bundestag vertreten sein sollen, wenn ihre Stimmen für einen Sitz ausreichen. Es wird also davon ausgegangen, dass die Mitglieder der Minderheit von Abgeordneten aus ihrer eigenen Gruppe vertreten werden sollen. Heißt das aber, dass alle Mitglieder der dänisch-sprachigen Minderheit identische Interessen haben?

Diese beiden Beispiele zeigen, dass es sehr wohl zusätzliche Kriterien für die Vergabe der Mandate geben kann, um zu gewährleisten, dass als relevant erachtete soziale Gruppen auf jeden Fall im Parlament vertreten sind. Das Wahlrecht kann einen Beitrag dazu leisten, dass die Repräsentation des Volkes im Parlament die Pluralität der Gesellschaft aufnimmt.[80] Die Rechtfertigung hierfür liegt in der Integrationsfunktion der Wahlen, die das Bundesverfassungsgericht in beiden Fällen ausdrücklich herangezogen hat. So heißt es im Urteil zum negativen Stimmgewicht: „Grundsätzlich tragen Regelungen, die die föderale Gliederung von Parteien berücksichtigen, zu einer wirkungsvollen Integration bei, wie sie ein Grundanliegen der Wahl ist."[81] In einem Kammerbeschluss, der die Sonderregeln zugunsten des SSW in Schleswig-Holstein für zulässig erklärte,

---

[80] *Wapler* (Fn. 42), S. 443 ff.; ähnlich *Hans-Heinrich Trute*, in: Ingo v. Münch/Philip Kunig, GG, 7. Aufl. 2021, Art. 38 Rn. 80; *Möllers* (Fn. 22), S. 344.

[81] BVerfGE 121, 266 (305).

findet sich folgende Aussage: „Es ist grundsätzlich Sache des Gesetzgebers, das Anliegen weitgehender integrativer Repräsentanz und die Gebote der Wahlrechtsgleichheit sowie der Chancengleichheit der politischen Parteien zum Ausgleich zu bringen …“[82] Die Integrationsfunktion von Wahlen bezieht sich also nicht nur auf die politischen Kräfte, wie es die beiden Landesverfassungsgerichte in den Paritätsentscheidungen behauptet haben,[83] sondern kann auch soziale Gruppen einbeziehen.

Damit kommt es für die Frage der Zulässigkeit anderer Sonderregeln, wie z. B. einer Quote zugunsten von Eingewanderten, entscheidend darauf an, auf welcher Ebene der Normenhierarchie diese angesiedelt sein müssen. Grundsätzlich gilt in der Demokratie, dass die einfache Mehrheit durch Gesetz entscheidet. Auch die Ausgestaltung der Repräsentationsverhältnisse durch das Wahlrecht muss veränderbar sein.[84] Wenn man aber darauf abstellt, dass Quotenvorgaben die Freiheit und die Gleichheit der Wahl beeinträchtigen, wird man hierfür eine verfassungsrechtliche Grundlage als notwendig erachten müssen. Das bedeutet allerdings in der Konsequenz auch, dass die Sonderregelung zugunsten nationaler Minderheiten unzulässig ist, weil sie sich nicht auf einen Anknüpfungspunkt im Grundgesetz stützen kann.

Wenn man also eine Regelung im Verfassungstext verlangt, stellt sich die weitere Frage, wie präzise diese formuliert sein muss. In den Entscheidungen über die Frauenquote wurde hier ein sehr strenger Maßstab angelegt, so dass nur ausdrückliche Vorgaben, wie sie z. B. in Frankreich, Belgien oder Slowenien bestehen, als ausreichend angesehen werden könnten. Allerdings kann hier Spanien als Gegenbeispiel dienen, wo eine etwas gemäßigtere Form der Quote auf ein allgemeines Gleichstellungsgebot gestützt wurde. Vor allem stellt sich dann die Frage, wieso die föderalen Quoten auf das Bundesstaatsprinzip gestützt werden können, das sich ebenfalls keineswegs ausdrücklich auf das Wahlrecht bezieht, sondern allenfalls die Tradition auf seiner Seite hat.

Allerdings gibt es für andere gesellschaftliche Gruppen, wie z. B. Eingewanderte, keinen besonderen Gleichstellungsauftrag wie in Art. 3 Abs. 2 S. 2 GG, so dass die Schlussfolgerung nahe liegt, dass es an der verfassungsrechtlichen Grundlage jedenfalls bisher fehlt.[85] Man kann zwar darauf verweisen, dass die gesamtgesellschaftliche Integration benachteiligter Gruppen ein Auftrag des Sozialstaatsprinzips ist,[86] wenn man Integration nicht sogar als eigenes ungeschriebenes

---

[82] BVerfG, NVwZ 2005, S. 568 (569).

[83] ThürVerfGH, NVwZ 2020, S. 1266 Rn. 110; BbgVerfG, NVwZ 2021, S. 59 Rn. 192; ebenso *Froese* (Fn. 2), S. 471.

[84] *Wapler* (Fn. 42), S. 453; *Möllers* (Fn. 22), S. 347.

[85] So auch *Schuler-Harms* (Fn. 13), Rn. 75.

[86] *Hans Klein*, Minderheitenschutz für die „Neuen Minderheiten“ in Deutschland?, 2003, S. 170 f.; *Thomas Groß*, Die Verfassungskonformität einer Quote für Eingewanderte, JZ 2021, S. 880 (883).

Staatsziel ansieht.[87] Dieses ist aber in besonderem Maße konkretisierungsbedürftig. Jedenfalls gibt es keine Tradition, auf seiner Grundlage aktive Fördermaßnahmen zu rechtfertigen, die gleichzeitig zulasten anderer gehen würden.

Anstelle einer strikten Vorgabe, die bei einem Verstoß gegen die Quotenvorgabe zur vollständigen oder partiellen Zurückweisung einer Wahlliste führt, wird in der Diskussion über die Parität auch in Erwägung gezogen, die Zielsetzung nur im Rahmen der Parteienfinanzierung zu berücksichtigen.[88] Hierfür finden sich Vorbilder im europäischen Ausland, denn in Frankreich, Irland oder Portugal sind für diesen Fall Geldbußen vorgesehen.[89] Dagegen wird jedoch eingewandt, dass sogar eine Bonusregelung bei der staatlichen Finanzierung, die nur Parteien belohnt, die quotierte Listen einreichen, die Freiheit der Parteien bei der Wahlnominierung beeinträchtigen würde.[90] Allerdings wären bei einer reinen Anreizregelung die Wahlrechtsgrundsätze des Art. 38 Abs. 1 S. 1 GG nicht betroffen, da weder die Parteien noch die Wähler*innen zu einem bestimmten Verhalten gezwungen würden. Die Beschränkung der Parteienfreiheit wäre erheblich weniger einschneidend als bei strikt verbindlichen Vorgaben, so dass viel dafürspricht, dass eine solche Maßnahme auch zur Förderung von Eingewanderten ohne ausdrückliche verfassungsrechtliche Grundlage vom Gesetzgeber getroffen werden könnte.

VI. Alternativen

Weil eine wahlrechtliche Bevorzugung von Eingewanderten wohl auf absehbare Zeit nicht durchsetzbar ist, stellt sich die Frage nach anderen Instrumenten, um ihre Beteiligung in Politik und Verwaltung zu verbessern. In Frage kommen hier z. B. besondere Anhörungsrechte sowie Quoten in administrativen Gremien oder beim Verwaltungspersonal.

1. Anhörungsrechte

Bisher gibt es keine organisierte Form der Beteiligung von Eingewanderten an politischen Entscheidungen auf Bundesebene. Diese Perspektive einer organisierten Partizipation hat sich erst langsam entwickelt. In der Unabhängigen Kommission „Zuwanderung“, die in den Jahren 2000/01 die Reform des Aufenthaltsrechts vorbereitete, war kein Vertreter eines Migrantenverbands beteiligt und nur ein Mitglied hatte eine am Namen erkennbare (türkische) Migrations-

[87] *Sina Fontana*, Integrationsrecht, 2022, S. 212 ff.
[88] Angedeutet bei *Penz* (Fn. 24), S. 426.
[89] Nachweise bei *von Ungern-Sternberg* (Fn. 31), S. 527.
[90] *Rixen* (Fn. 66), S. 75 f.; *Sina Fontana*, Parität als verfassungsrechtlicher Diskurs, DVBl. 2019, S. 1153 (1156); *Volk* (Fn. 10), S. 338 ff.

geschichte.[91] Im Jahr 2011 wurde ein Bundesbeirat für Integration eingesetzt, der bei der Integrationsbeauftragten angesiedelt ist,[92] aber ersichtlich keine politische Bedeutung gewonnen hat. Es ist unklar, ob er überhaupt noch besteht.

Die Selbstorganisation der Migranten hat sich erst schrittweise entwickelt. Auf überwiegend lokaler Ebene bestehen in Deutschland mehr als 12.000 entsprechende Organisationen.[93] Die in vielen Bundesländern zum Teil auf gesetzlicher Grundlage, zum Teil freiwillig durch die Kommunen eingerichteten Ausländer- oder Migrationsräte[94] haben sich meist auf Landesebene zusammengeschlossen. Diese Landesverbände wiederum bilden den *Bundeszuwanderungs- und Integrationsrat (BZI)*, der sich als „politisch unabhängige, religionen-, ethnien-, und parteiübergreifende Interessenvertretung für alle Menschen mit Einwanderungsgeschichte" versteht.[95] Daneben gibt es weitere Dachverbände wie z.B. die *Bundeskonferenz der Migrantenorganisationen (BKMO)*, die als integrationspolitisches Diskussionsforum dienen soll,[96] der *Bundesverband Netzwerke von Migrantenorganisationen (NeMO)*, der sich als Interessensvertretung der kommunalen Verbünde auf bundespolitischer Ebene versteht,[97] oder die *neue deutschen organisationen (ndo)*, die sich als postmigrantisches Netzwerk bezeichnen.[98]

Auf Landesebene gibt es zum Teil durch Gesetz, zum Teil durch Regierungsbeschluss eingerichtete Beiräte für Integrationsfragen.[99] Sie haben Anhörungs-, Beratungs- und Stellungnahmerechte. Ein entsprechendes Gremium könnte auch auf Bundesebene eingerichtet werden. Im Entwurf der BKMO für ein Bundespartizipationsgesetz[100] wird vorgeschlagen, einen Bundespartizipationsrat einzurichten, der als unabhängiges Sachverständigengremium beim Bundestag angesiedelt sein soll. Seine Mitglieder sollen mindestens zur Hälfte Personen mit Migrationsgeschichte sein, die aus Verbänden und Organisationen berufen werden, deren Zweck nach Satzung oder Statut vor allem die Förderung der sozialen, wirtschaftlichen und politischen Partizipation von Personen mit Migrationsgeschichte oder Diskriminierungserfahrung ist. Die in den Bundesländern bestehenden Gremien zur Vertretung der kommunalen Migrationsräte sollen

[91] Zur Arbeit der Kommission *Linden* (Fn. 59), S. 213 ff.

[92] https://de.wikipedia.org/wiki/Bundesbeirat_f%C3%BCr_Integration.

[93] Bestandsaufnahme bei SVR, Vielfältig engagiert – breit vernetzt – partiell eingebunden?, 2020, https://www.svr-migration.de/publikationen/migrantenorganisationen-in-deutschland/.

[94] Dazu *Fontana* (Fn. 87), S. 94 f.

[95] https://bzi-bundesintegrationsrat.de/ueber-uns/.

[96] https://bundeskonferenz-mo.de/ueber-uns.

[97] https://www.bv-nemo.de/bundesverband-nemo.

[98] https://neuedeutsche.org/de/ueber-uns/wer-wir-sind-was-wir-wollen/.

[99] Vgl. dazu *Thomas Groß*, Überlegungen zu einem niedersächsischen Integrationsgesetz, NdsVBl. 2020, S. 7 (10).

[100] Abrufbar unter: https://bundeskonferenz-mo.de/themen/partizipationsrat, Der Autor hat bei der Formulierung des Gesetzentwurfs mitgewirkt.

das Recht haben, je ein Mitglied vorzuschlagen. Außerdem soll ein Drittel der Mitglieder aus dem Kreis der Wissenschaftlerinnen und Wissenschaftler berufen werden, die sich mit Fragen der Migrationsgesellschaft und der Diskriminierung befassen.

2. Administrative Gremien

Es gibt eine Vielzahl von Gremien auf allen staatlichen Ebenen, deren Mitglieder entweder durch Wahl oder von politischen Instanzen bestimmt werden.[101] Neben den Vertretungsgremien der funktionalen Selbstverwaltung handelt es sich z. B. um Leitungsgremien von Anstalten oder Stiftungen oder um Aufsichtsräte von öffentlichen Unternehmen. Da sie dem Bereich der Verwaltung zuzurechnen sind, unterliegt ihre Besetzung nicht den strengen Regeln der Wahlgrundsätze des Art. 38 Abs. 1 S. 1 GG. Auch das Leistungsprinzip des Art. 33 Abs. 2 GG ist hier nicht anwendbar, weil es sich um ehren- oder nebenamtliche Tätigkeiten handelt, so dass auch starre Quoten möglich sind.[102]

Soweit die Gremien von der Bundesregierung besetzt werden, könnte das Gesetz über die Mitwirkung des Bundes an der Besetzung von Gremien, das in § 4 Abs. 1 S. 1 vorsieht, dass unter den vom Bund zu bestimmenden Mitgliedern Frauen und Männer zu gleichen Teilen vertreten sein sollen, durch eine Vorschrift ergänzt werden, wonach ein bestimmter Anteil durch Personen mit Migrationshintergrund besetzt werden muss. Entsprechende Vorbilder gibt es z. B. in § 14 PartMigG Berlin oder § 5 TIntG NRW. Ähnliche gesetzliche Regeln könnten für die Wahlvorschläge bei den Personalvertretungen und für die Selbstverwaltungsgremien von Sozialversicherungsträgern eingeführt werden.

3. Verwaltungspersonal

Unter dem Stichwort der kulturellen Öffnung der Landesverwaltung haben mehrere Bundesländer Zielvorgaben formuliert, wonach der Anteil von Personen mit Migrationshintergrund an den Beschäftigten erhöht werden soll.[103] Am konkretesten sind die seit 2021 geltenden Regeln in Berlin, wo nach § 7 PartMigG angestrebt wird, dass die Beschäftigung von Personen mit Migrationshintergrund ihrem Anteil an der Bevölkerung des Landes entsprechen soll. Bis zur Erreichung dieses Ziels sollen diese Personen nach § 12 PartMigG bei Einstellungen „in besonderem Maße" berücksichtigt werden, wobei allerdings das Leistungsprinzip und die Einzelfallgerechtigkeit beachtet werden müssen.

---

[101] Überblick über die Arten von Gremien bei *Thomas Groß*, Das Kollegialprinzip in der Verwaltungsorganisation, 1999, S. 51 ff.

[102] *Schuler-Harms* (Fn. 13), Rn. 69.

[103] *Fontana* (Fn. 87), S. 91 f.

Eine entsprechende Vorrangregelung könnte auch für die Bundesverwaltung eingeführt werden. Wenn sie in Parallele zur Frauenquote nur als Hilfskriterium bei gleicher Eignung ausgestaltet wäre, stünden ihr auch keine verfassungsrechtlichen Bedenken entgegen.[104] Allerdings findet sich hier auch der pragmatische Einwand gegen qualifikationsbezogene Quoten, dass die Feststellung einer exakt gleichwertigen Befähigung nur selten möglich sein wird und Umgehungsgefahren bestehen.[105] In der Tat belegen die Erfahrungen mit der Frauenquote, dass ihre Wirkung nur sehr langsam eintritt. Als gescheitert wird sie trotzdem nicht eingeschätzt.

Strittig ist außerdem die Abgrenzung der förderungswürdigen Gruppe. Gegen die Einbeziehung der Vertriebenen bzw. Aussiedler*innen wird eingewandt, dass sie gerade keine Minderheit darstellen, sondern durch die Aufnahme in die deutsche Staatsangehörigkeit ihren früheren Status als Minderheit in den Herkunftsstaaten verlieren sollen.[106] Andererseits zeigt die Erfahrung, dass sie durchaus auch Benachteiligungen unterliegen, weshalb sie in verschiedenen Landesgesetzen mit anderen eingewanderten Gruppen gleichgestellt werden, weil sie ebenfalls die Voraussetzungen für die Einordnung als Person mit Migrationshintergrund erfüllen. Letztlich handelt es sich immer um eine Typisierung, die zu den politischen Gestaltungsaufgaben des Gesetzgebers zählt.[107]

VII. Fazit

Es hat in Deutschland eine lange Tradition, dass sich die alten Eliten hinter der Verfassung verschanzen, um machtpolitische Herausforderungen durch neue soziale Gruppen abzuwehren. Die verwaltungsbezogene Quotenregelung für Frauen war bei der Staatsrechtslehrertagung 1988 noch ganz überwiegend abgelehnt worden.[108] Die Frauen haben sich von dieser Belehrung aber nicht beeindrucken lassen und dieses Instrument nach und nach flächendeckend durchgesetzt. Genauso wenig werden sich die meisten Eingewanderten von einem weißen Hochschullehrer überzeugen lassen, dass es in Deutschland gar kein gesellschaftliches Problem mit Rassismus gibt, sondern nur Einzelfälle.[109]

---

[104] Ausführlich dazu *Groß* (Fn. 86), S. 882 ff.

[105] *Schuler-Harms* (Fn. 13), Rn. 80.

[106] *Klein* (Fn. 86), S. 41 f.

[107] *Groß* (Fn. 86), S. 884.

[108] Zusammenfassend *Ute Sacksofsky*, Gleichheitsdiskussionen der Staatsrechtslehrervereinigung – Paukenschlag, Stille, Marsch, Sinfonie, in: Pascale Cancik u. a. (Hrsg.), Streitsache Staat, 2022, S. 479 (491 f.); zur Entwicklung des Frauenanteils in der Vereinigung *Pascale Cancik*, Die verspätete Zunft? Frauen in der Vereinigung der Deutschen Staatsrechtslehrer, in: ebd., S. 795 ff.

[109] *Uwe Kischel*, Die Streichung des Begriffs „Rasse" – ersetzt der sozialwissenschaftliche Rassismusbegriff den normativen Rassebegriff?, in: Judith Froese/Daniel Thym (Hrsg.), Rassismus und Grundgesetz, 2022, S. 71 (93 f.); anders z. B. *Nora Markard*, Struktureller und in-

Die politische Relevanz gesellschaftlicher Gruppenzugehörigkeiten ändert sich über die Zeit. Während in Europa jahrhundertelang die Rivalität der christlichen Kirchen Gegenstand heftiger Auseinandersetzungen mit oft blutigen Folgen war, hat dieser Gesichtspunkt heute seine Bedeutung fast vollständig verloren. Jedenfalls auch religionspolitisch motivierte Regelungen gibt es noch im Wahlrecht von Nordirland und Bosnien-Herzegowina, aber sonst nirgends.

Weder eine Frauen- noch eine Eingewandertenquote würden die grundlegenden wahlrechtlichen Prinzipien ändern. Jede Wählerin und jeder Wähler hätte weiterhin die gleiche Anzahl von Stimmen. Alle volljährigen Wahlberechtigten könnten für den Bundestag kandidieren. Solche Quoten schränken nur die Chance weißer Männer ein, die Mehrzahl der Mandate zu erringen. Da sich beide Arten von Quoten aber nur auf die Listenmandate beziehen würden, wären die Wahlkreismandate ohnehin nicht betroffen. Zu beantworten bliebe allerdings noch die Frage nach einer sachgerechten und praktikablen Abgrenzung der bevorzugten Gruppe und die Bestimmung der Zielgröße.

Weil allein die Drohung mit verfassungsrechtlichen Bedenken politische Reformen ausbremsen kann, wird es auf absehbare Zeit wohl keine wahlrechtliche Eingewandertenquote geben. Aussichtsreicher ist die Einführung einer Quote für das Personal der öffentlichen Verwaltung, wie sie auch durch einen Beschluss der EKD-Synode vom 9. November 2022 befürwortet worden ist.[110] Anhand der Berliner Regelung wird man beobachten können, wie sie sich auswirkt. Möglicherweise wird sie auch einer verfassungsgerichtlichen Prüfung unterzogen werden.

Eines ist aber auf jeden Fall klar: Die Einwanderung ist kein temporäres Phänomen in der deutschen Geschichte. Während der Fachkräftemangel den Bedarf für ausländische Arbeitskräfte immer dringender macht, wachsen auf der anderen Seite die Fluchtbewegungen an, die sich durch die Folgen der Erderwärmung noch verstärken werden. Deshalb wird auch die Heterogenität der deutschen Gesellschaft weiter zunehmen. Die Debatte kann also nur darum gehen, welches die am besten geeigneten Instrumente sind, um Diskriminierung und Benachteiligung der Eingewanderten zu bekämpfen und dadurch den gesellschaftlichen Zusammenhalt zu stärken.

---

stitutioneller Rassismus – die juristische Perspektive auf unterschiedliche Erscheinungsformen, in: ebd., S. 161 ff.

[110] https://www.ekd.de/beschluesse-synode2022-75419.htm.

„Virtuelle Repräsentation“ von Migrant*innen durch Gerichte und unabhängige Stellen

Dana Schmalz

I. Einleitung

Es ist eine weithin geteilte Beobachtung, dass über Flucht und Migration zwar sehr viel politisch debattiert wird, dass dabei aber selten die Betroffenen zu Wort kommen. Wenn sie dann gehört werden, so ist entsteht leicht der Eindruck des Tokenismus. Einzelne Migrant*innen können nicht „die migrantische Perspektive“ wiedergeben, doch an substantielleren Formen der Mitsprache fehlt es weitgehend. Dass die Beteiligung oder Repräsentation von Migrant*innen und Flüchtlingen ein Anliegen ist, zeigt sich in der rechtlichen und politischen Praxis. Schon bei den 2001 vom UN-Hochkommissariat für Flüchtlinge koordinierten Global Consultations fand ein so genanntes Flüchtlingsparlament in Paris statt.[1] In den letzten Jahren wurde besonders rund um die Verhandlungen zum UN-Flüchtlingspakt die Forderung nach Beteiligung von Menschen mit Fluchterfahrung laut.[2] Das Network for Refugee Voices beispielsweise trägt diese Forderung nachdrücklich in die Debatten, seine Mitglieder saßen bei den Verhandlungen zum Flüchtlingspakt auch mit am Tisch. Das Vorwort zum 2021 erschienenen Oxford Handbook of International Refugee Law schrieb Rez Gardi, eine Wissenschaftlerin mit Fluchterfahrung, die betont, wie es systematisch an Stimmen der Betroffenen in diesem Feld fehlt.[3]

Die Ansicht, dass es einer stärkeren Einbeziehung von migrantischen Stimmen und Perspektiven bedarf, ist also verbreitet. Theoretische Begründungen dafür gibt es mit unterschiedlichen Blickwinkeln: Demokratietheoretische Ansätze führen an, dass Migrant*innen regelmäßig von Recht und Entscheidungen betroffenen sind, an deren Genese oder Kontrolle sie keinerlei Anteil haben.[4]

---

[1] *UN High Commissioner for Refugees,* Global Consultations on International Protection, „The Refugee Perspective“ – Recommendations, 1.11.2001, S. 5.

[2] Zusammenfassend *Stefan Rother/Elias Steinhilper*, Tokens or Stakeholders in Global Migration Governance? The Role of Affected Communities and Civil Society in the Global Compacts on Migration and Refugees, International Migration 57 (2019), S. 243 (250).

[3] *Rez Gardi*, Foreword, in: Cathryn Costello/Michelle Foster/Jane McAdam (Hrsg.), The Oxford Handbook of International Refugee Law, 2021, S. v.

[4] Siehe allgemein bzgl. Migration z. B. *Arash Abizadeh*, Democratic theory and border coercion. No right to unilaterally control your own borders, Political Theory 36 (2008), S. 37;

Mit Blick auf die Garantie von Rechten wird aufgezeigt, dass, um formale Rechte auch in der Praxis effektiv zu machen, ein gewisses Maß an Mitsprache, Sichtbarkeit und Möglichkeiten, die Rechte zu erstreiten, unerlässlich ist.[5] Schließlich gibt es pragmatische Argumentationen, dass die Einbeziehung von Betroffenen zu besser informierten Entscheidungen über Recht führt.

Dabei bedeutet Beteiligung regelmäßig Repräsentation. Das gilt für demokratische Teilhabe, die im modernen Verfassungsstaat als auf Wahlen basierte Repräsentation organisiert ist, meist territorial aufgegliedert. Das gilt aber auch für sonstige Beteiligung, die selten die direkte Mitwirkung aller Betroffenen praktisch zulässt, sondern einzelnen die Beteiligung öffnet und dies auch als (meist nicht-gewählte) Repräsentation einer angesprochenen Gruppe versteht. Repräsentation ist die Form, die weithin als Teilhabe verstanden wird, auch wenn die oder der Einzelne nicht persönlich bei einer Entscheidungsfindung anwesend ist.

So wesentlich die Frage nach demokratischer Teilhabe und Repräsentation von Migrant*innen ist, so begrenzt sind auch die tatsächlich vorhandenen Möglichkeiten dazu. Andere Formen der Repräsentation können diese Leerstelle nicht gänzlich füllen, haben aber aufgrund dessen wichtige Funktionen, um Sichtbarkeit herzustellen, Problemlagen öffentlich zu machen oder politische Fragen aufzuwerfen. In diesem Sinne wird von „virtueller Repräsentation" die Rede sein, die nicht ein gleiches Maß an Direktheit zwischen Repräsentierten und Repräsentant*innen behauptet wie demokratische Repräsentation.

Ich verwende in diesem Beitrag den Begriff Migrant*innen für Personen, die von einem Staat in einen anderen migrieren oder migriert sind und noch keine Staatsbürgerschaft erworben haben. Das umfasst unterschiedliche rechtliche Formen der Migration, wie Fluchtmigration oder Arbeitsmigration. Im Einzelnen werde ich auf die unterschiedlichen Bedingungen in Abhängigkeit der rechtlichen Situation zurückkommen. Dass dieser Begriff der Migrant*innen vom Erwerb der Staatsbürgerschaft begrenzt ist, bedeutet auch, dass der Zeitverlauf je nach Regelung in dem jeweiligen Staat und nach persönlicher Entscheidung unterschiedlich ist: teilweise steht die Einbürgerung nach wenigen Jahren offen, teilweise leben Menschen über Generationen in einem Staat ohne eingebürgert zu werden.

Der Beitrag untersucht die Bedingungen der Repräsentation von Migrant*innen und schaut dabei besonders auf virtuelle Repräsentation in Gerichtsverfahren. Nach einer kurzen Darstellung der begrenzten demokratischen Teilhabe von Migrant*innen (II.) folgt ein Überblick über Begriff und Varianten der

bzgl. Flüchtlingen z. B. *Felix Bender*, Enfranchising the disenfranchised: should refugees receive political rights in liberal democracies?, Citizenship Studies 25 (2021), S. 56.

[5] *Ayten Gündoğdu*, Rightlessness in an Age of Rights. Hannah Arendt and the Contemporary Struggles of Migrants, 2015, S. 173; *Dana Schmalz*, Refugees, Democracy and the Law: Political Rights at the Margins of the State, 2020, S. 51.

Repräsentation (III.). Daran anschließend untersucht der Beitrag die Repräsentation von Migrant*innen in Ausländerbeiräten und Vereinen (IV.), sowie verschiedene Aspekte der Repräsentation vor Gericht (V.). Er schließt mit einem kurzen Fazit (VI.).

II. Demokratische Teilhabe und Repräsentation von Migrant*innen

Dass Migrant*innen nur begrenzt politische Mitsprache genießen, ist die Kehrseite davon, dass politische Institutionen im modernen Staat überwiegend entlang territorialer Grenzen organisiert sind. Zugleich unterscheiden sich die Regelungen von Staaten im Einzelnen erheblich. Die stärkste Form der demokratischen Teilhabe ist in repräsentativen Demokratien das Wahlrecht. Die Regierung und die Legislative werden auf der Grundlage von Wahlen gebildet, die wesentlichen Entscheidungen über Recht und Politik sind auf diesem Wege legitimiert. Wahlberechtigt sind in vielen Staaten nur oder vor allem Staatsbürger*innen. Staatsbürgerschaft gilt als volle Mitgliedschaft im politischen Gemeinwesen und dementsprechend sind Staatsbürger*innen zur gemeinsamen, gleichen Gestaltung der öffentlichen Belange berechtigt. Sofern Staatsbürgerschaft die Voraussetzung für das Wahlrecht ist, sind Migrant*innen per definitionem vom Wahlrecht ausgeschlossen.

Teilweise besteht aber in Abstufungen auch ein Wahlrecht für Einwohner*innen ohne Staatsbürgerschaft. In Deutschland wurde einem solchen Ausländerwahlrecht zwar 1990 zunächst durch das Bundesverfassungsgericht eine Absage erteilt,[6] über das Europarecht besteht dennoch heute ein Wahlrecht für alle Unionsbürger*innen am Wohnort bei Kommunalwahlen sowie den Wahlen zum Europäischen Parlament.[7] In mehreren europäischen Staaten haben auch Drittstaatsangehörige, also Nicht-Unionsbürger*innen, nach einer gewissen Aufenthaltsdauer ein kommunales Wahlrecht – so beispielsweise in den Niederlanden nach fünf Jahren, oder in Schweden nach drei Jahren. In einigen lateinamerikanischen Staaten können Einwohner*innen ohne Staatsbürgerschaft nach gewisser Dauer auch auf nationaler Ebene das Wahlrecht erhalten, so in Chile nach 5 Jahren und in Uruguay nach 15 Jahren.[8]

Wahlen sind nicht die einzige Form demokratischer Teilhabe, aber die einflussreichste – auch weil sich die Wahlberechtigung auf die Wirkung anderer Formen demokratischer Mitsprache auswirkt. Neben Wahlen als zentraler institutionalisierter Form der politischen Beteiligung bestehen nicht-institutiona-

[6] BVerfGE 83, 37.
[7] Art. 39, 40 Charta der Grundrechte der EU, Art. 20 Abs. 2b AEUV.
[8] Vgl. Art. 14 Abs. 1 der Verfassung Chiles, Art. 78 Abs. 1 der Verfassung Uruguays.

lisierte Formen wie Demonstrationen oder sonstiger öffentlicher Protest, sowie die Organisation in Gruppen. Diese nicht-institutionalisierten Formen sind insgesamt wichtige Aspekte von Demokratie, und sie sind besonders erheblich für diejenigen, die über kein Wahlrecht verfügen. Migrant*innen sind in diesen Aktivitäten durch das Versammlungs- und Vereinigungsrecht geschützt. Zwar sind diese Garantien im Grundgesetz als Deutschengrundrechte kodifiziert, aber die Europäische Menschenrechtskonvention verpflichtet Deutschland diese Rechte allen der Hoheitsgewalt unterstehenden Personen zu gewähren. Öffentliche Proteste von Migrant*innen tragen vielfach dazu bei, Problemlagen in die Öffentlichkeit zu tragen und jenseits von institutionalisierter demokratischer Mitsprache dennoch politische Prozesse anzustoßen.[9] Zugleich hat die Tatsache, dass die Protestierenden über kein Wahlrecht verfügen, auch Einfluss auf das Gewicht von Protesten: Wenn potentielle Wähler*innen sich öffentlich organisieren, so zeigen sie damit auch künftige Prioritäten im Wahlverhalten auf und können so Druck auf Entscheidungsträger*innen ausüben. Personen ohne Wahlrecht erzeugen mit ihrem Protest hingegen Druck nur insofern, als sie das öffentliche Bewusstsein für Missstände oder Konfliktpotential schärfen und Solidarität hervorrufen.

Insgesamt ist die demokratische Teilhabe und Repräsentation von Migrant*innen also sehr begrenzt. Für Nicht-Unionsbürger*innen besteht in Deutschland keine wahlbasierte Repräsentation. Ihre politische Repräsentation lässt sich allenfalls in anderen Zusammenschlüssen suchen, wie im Folgenden näher betrachtet werden wird.

III. Begriff und Varianten der Repräsentation

Der Begriff der Repräsentation ist als solcher komplex.[10] Er umfasst die Spannung, dass einerseits etwas oder jemand gegenwärtig gemacht, re-präsentiert, wird, dass andererseits aber diese Re-präsentation gerade nicht identisch mit dem Repräsentierten ist. Bei der politischen Repräsentation ist dieser Charakter des Nicht-Identischen eigentlich offensichtlich: die Delegierten im Parlament sind nicht das Volk. Zugleich sind manche Formen der politischen Repräsentation, wie eben die parlamentarische, so ständig praktiziert und formalisiert, dass sie als notwendig und natürlich wahrgenommen werden. Eine Kritik der

[9] Mit einer Interpretation als radikale Demokratie *Helge Schwiertz*, Radical democratic theory and migration: The Refugee Protest March as a democratic practice, Philosophy & Social Criticism 48 (2022), S. 289.

[10] Ausführlich zum Begriff und seiner Kritik *Marina Martinez Mateo*, Politik der Repräsentation. Zwischen Formierung und Abbildung, 2018; *Hasso Hofmann*, Repräsentation. Studien zur Wort- und Begriffsgeschichte von der Antike bis ins 19. Jahrhundert, 4. Aufl. 2003.

Repräsentation weist auf die Lücken dieser Vermittlung und den Unterschied von Repräsentation und Repräsentiertem hin.[11]

Für Überlegungen zur Repräsentation von Migrant*innen sind vor allem zwei Unterscheidungen hilfreich: Zunächst muss unterschieden werden zwischen gebundener und nicht gebundener Repräsentation. Gebundene Repräsentation ist politisch insbesondere durch Wahl vermittelt. Dabei besteht ein zeitlich beschränktes Mandat und es besteht die Möglichkeit der Kontrolle, indem ein Delegierter wieder abgewählt werden kann. Auch die zivilrechtliche Vertretung ist eine solche gebundene Repräsentation. Dem steht die nicht gebundene Repräsentation gegenüber. In verschiedenen Zusammenhängen bestehen Organisationen, die bestimmte Gruppen vertreten. So sind Flüchtlingsräte auf Länderebene eingetragene Vereine, die unter anderem Interessenvertretung für Flüchtlinge leisten.[12] Der Bundesfachverband unbegleitete minderjährige Flüchtlinge (BumF) ist nach eigener Aussage „eine starke Stimme für junge Flüchtlinge".[13] Diese Art der Vertretung ist von gewählter Vertretung offensichtlich verschieden. Sie ist nicht expliziert mandatiert und unterliegt keiner Kontrolle der Vertretenen, auch wenn sie je nach Organisation den Austausch mit den Vertretenen sucht.

Eine andere Weise, diese Formen der Repräsentation zu unterscheiden, ist die Abgrenzung von Meinungs- und Interessenvertretung. Diese Abgrenzung blickt nicht auf die Verbindung zwischen Vertretenen und Vertretenden – ob ein Mandat, eine Wahl, die Möglichkeit der Kontrolle besteht, sondern fragt danach, was der Gegenstand der Vertretung ist. Hannah Arendt unterscheidet in dieser Hinsicht Meinungen und Interessen als Elemente im politischen Prozess.[14] Meinungen sind nach ihrem Verständnis die unmittelbar im Kontakt mit anderen und der Welt gebildeten Überzeugungen von Menschen. Sie sind nicht statisch und nicht fest vorauszusagen, sondern bilden sich in unvorhersehbaren Prozessen immer wieder neu. Die Meinungsbildung spiegelt in diesem Sinne, was Arendt als Voraussetzung politischen Handels betrachtet: die Pluralität von Menschen und ihre jeweilige Einzigartigkeit, mit der sie sich in die Welt einschalten.[15] Meinungen gehören also notwendigerweise zu Individuen und nicht zu Gruppen.[16] Sie sind als solche aber auch ungeordnet und als alleinige Bestandteile für den politischen Prozess unzureichend.

---

[11] Z. B. *Ingeborg Maus*, Über Volkssouveränität. Elemente einer Demokratietheorie, 2011.

[12] Vgl. Flüchtlingsrat NRW, https://www.frnrw.de/in-eigener-sache/aufgaben-struktur.html.

[13] Homepage des Bundesfachverbands unbegleitete minderjährige Flüchtlinge, Selbstverständnis: https://b-umf.de/selbstverstaendnis/.

[14] *Hannah Arendt*, Über die Revolution (1. Aufl. 1963), 7. Aufl. 2011 (Piper Taschenbuch), S. 290.

[15] *Hannah Arendt*, Vita Activa oder Vom tätigen Leben (1. Aufl. 1958), 10. Aufl. 2011 (Piper Taschenbuch), S. 214.

[16] *Arendt* (Fn. 14), S. 292.

Interessen hingegen bilden ab, was zwischen Menschen (*inter-esse)* entsteht und von Bedeutung ist. Sie lassen sich Gruppen zuordnen und sind für die Organisation und Institutionalisierung von politischen Prozessen notwendig. Auch wenn Einzelne wählen und Macht delegieren, so bezieht sich Repräsentation doch regelmäßig auf Interessen – ganz einfach, weil Meinungen in ihrer Dynamik und Vielstimmigkeit nicht zusammenzufassen sind.[17]

Meinungen und Interessen bilden also gleichermaßen wichtige Bausteine von politischer Mitsprache und Vertretung. Als aggregierte Positionen sind Interessen wichtig, um dem politischen Prozess Stabilität zu verleihen. Zugleich sind sie sekundär, da sie ohne Rückbezug auf Meinungsbildung und -austausch an Legitimität und Akzeptanz verlieren.

Um strukturiert über die Formen, Potentiale und Grenzen der Repräsentation nachzudenken, bieten diese zwei Unterscheidungen hilfreiche Maßstäbe. Die politische Mitsprache und Repräsentation von Migrant*innen ist ein enges Feld. Zentrale Institutionen politischer Repräsentation wie Wahlen sind in vielen Staaten gerade an die Staatsangehörigkeit gekoppelt. So im Wesentlichen auch in Deutschland, wo überwiegend nur Staatsangehörige ein Wahlrecht besitzen, mit der genannten Ausnahme, dass auf Grund der Vorgaben des Unionsrechts alle Unionsbürger*innen an Kommunal- und Europawahlen teilnehmen dürfen. Die seit Jahrzehnten geführten Diskussionen um ein weitergehendes Ausländerwahlrecht hatten bislang keine praktischen Konsequenzen. Insofern sind Migrant*innen im Sinne von Zugewanderten vor der Einbürgerung nicht an Wahlen beteiligt.

Die Frage nach Repräsentation von Migrant*innen verweist insofern auf andere Formen jenseits der Kerninstitutionen politischer Repräsentation. Bei der Vermessung dieser anderen Formen von Repräsentation kommt es darauf an, bestehende Fälle und Potentiale zu identifizieren, ohne die Mängel oder Leerstellen zu übergehen. Dazu sind die eingeführten Unterscheidungen nützlich. Zudem lässt sich zwischen verschiedenen Gruppen von Migrant*innen differenzieren: Je nach Dauer des Aufenthalts und Sicherheit des rechtlichen Status sind andere Formen der politischen Teilhabe und Repräsentation zugänglich und vorhanden.

IV. Ausländerbeiräte und Interessensvertretung durch Vereine

Gerade weil Migrant*innen nicht durch die gewählten politischen Vertretungen repräsentiert sind, gibt es auch schon lange Initiativen, andere Formen der Repräsentation zu schaffen. Schon 1944 berichtete die Jewish Telegraphic Agency über ein „Parlament" jüdischer Flüchtlinge in Italien.[18] 1964 gab der Rat der Ge-

---

[17] *Arendt* (Fn. 14), S. 346.

[18] *Jewish Telegraphic Agency*, Jewish Refugee „parliament" in Italy Helping Work of Relief

meinden und Regionen Europas (RGRE) die Empfehlung, Ausländerbeiräte einzurichten.[19] Diese Beiräte sollten auf kommunaler Ebene ein Repräsentationsgremium für ausländische Einwohner*innen bilden, und allenfalls beratend mit den kommunalen Entscheidungsgremien verbunden sein. Es wurden daraufhin zuerst in Belgien, dann auch in Deutschland, Luxemburg, den Niederlanden und Frankreich solche Ausländerbeiräte eingerichtet.[20]

Auch das Europäische Übereinkommen über die Beteiligung von Ausländern am kommunalen öffentlichen Leben von 1992 enthält Vorgaben zu beratenden Gremien zur „Vertretung ansässiger Ausländer auf kommunaler Ebene" (Kapitel B). Das Übereinkommen wurde wohlgemerkt bisher nur von neun Mitgliedstaaten des Europarats ratifiziert.[21] Seine unmittelbare rechtliche Relevanz ist insofern beschränkt, dennoch sind die gefundenen Regelungen interessant, um die Funktionsweise von derartigen Beiräten nachzuvollziehen. Art. 5 des Europäischen Übereinkommens über die Beteiligung von Ausländern am kommunalen öffentlichen Leben fordert Vertragsstaaten auf, es kommunalen Gebietskörperschaften zu ermöglichen und sie dazu anzuregen, in ihrem Gebiet beratende Gremien für Ausländer einzurichten oder andere angemessene institutionelle Vorkehrungen zu treffen. Ziel dabei soll es sein, „die Verbindung zwischen [den] Gebietskörperschaften und den genannten Ausländern zu sichern", „ein Forum für die Erörterung und Formulierung der Meinungen, Wünsche und Sorgen der ansässigen Ausländer in Fragen des kommunalen öffentlichen Lebens, die sie besonders betreffen, einschließlich Tätigkeiten und Verantwortlichkeiten der betreffenden Gebietskörperschaft, zu bieten" sowie „die allgemeine Eingliederung der ansässigen Ausländer in das Leben der Gemeinschaft zu fördern".

Es geht nach dem Übereinkommen also um die Integration von Migrant*innen, aber auch darum, einen Raum zu schaffen, in dem Meinungen gebildet und ausgetauscht und Anregungen in den politischen Prozess getragen werden können. In diesem Sinne dienen Ausländerbeiräte einer Verbesserung der politischen Ergebnisse, weil sie die Sichtweisen und Belange von einer ansonsten nicht repräsentierten Menge an Menschen einbringen. Dabei findet innerhalb dieser Gruppe wiederum eine Form von Repräsentation statt. So sieht das Europäische Übereinkommen über die Beteiligung von Ausländern am kommunalen öffentlichen Leben vor, dass die in Ausländerbeiräten sitzenden Vertreter*innen entweder „von den ansässige[n] Ausländern im Gebiet der kommunalen Gebiets-

---

and Rehabilitation, 30.8.1944, https://www.jta.org/archive/jewish-refugee-parliament-in-italy-helping-work-of-relief-and-rehabilitation.

[19] *Marc Wagner*, Der Ausländerbeirat, 2000, S. 32.

[20] *Catherine Wihtol de Wenden*, Droits politiques des étrangers non communautaires: les cheminements de l'accès des étrangers à la citoyenneté locale, Migrations Société 146 (2013), S. 69 (71).

[21] Das sind Albanien, Dänemark, Finnland, Island, Italien, Norwegen, Niederlande, Schweden, sowie die Tschechische Republik.

körperschaft gewählt“ oder von Vereinigungen ansässiger Ausländer ernannt werden sollen.

In Deutschland sind heute solche Beiräte sehr verbreitet, die Begrifflichkeit variiert dabei von Ausländerbeiräten über Integrationsbeiräte zu Migrationsbeiräten. Geregelt sind die Verfahren der Wahl und Beteiligung auf kommunaler Ebene, üblicherweise sind Einwohner*innen ohne deutsche Staatsangehörigkeit wahlberechtigt. Die Beiräte üben eine beratende Funktion im allgemeinen politischen Prozess aus. Auf Bundesebene besteht mit dem Bundeszuwanderungs- und Integrationsrat (BZI) wiederum eine Vertretung der kommunalen Migrationsbeiräte.

Die Beiräte bilden eine gewisse Vertretung von ansässigen Migrant*innen in Gemeinden. Es handelt sich dabei um eine insoweit gebundene Vertretung, als dass die Vertreter*innen periodisch gewählt werden. Sie vertreten Interessen der sie wählenden Migrant*innen, wobei durchaus eine enge Rückbindung an Meinungsbildungsprozesse möglich ist. Zugleich ist der Einfluss von Migrationsbeiräten auf die kommunalen Gestaltungsentscheidungen sehr begrenzt. Als beratende Gremien können sie Belange einbringen aber nicht durchsetzen.

Hinsichtlich der Repräsentationsfunktion und demokratischen Dimension von Migrationsbeiräten ist ein Beschluss des Verwaltungsgerichts Karlsruhe von 2015 interessant, bei dem es um die Quotierung von Sitzen in einem Ausländer-/Migrationsrat ging.[22] Die Antragssteller waren selbst Mitglieder des Migrationsrats und wandten sich mit einem Antrag auf einstweiligen Rechtsschutz dagegen, dass neben den 14 gewählten Mitgliedern des Migrationsrats, zwei Flüchtlinge und vier Angehörige einer Hochschule durch den Gemeinderat als ebenso stimmberechtigte Mitglieder bestellt werden. Sie führten an, dass diese Bestellung von Flüchtlingen und Hochschulmitgliedern eine Einmischung des Gemeinderats in die Zusammensetzung des Migrationsbeirats sei. Zudem verstoße sie gegen Grundsätze einer repräsentativen Demokratie, da die Zahl der auf diesem Weg bestellten Mitglieder nicht dem Anteil von Flüchtlingen bzw. Hochschulmitgliedern innerhalb der Ausländer in der Gemeinde entspreche. Die Bestellung durch den Gemeinderat verletzte außerdem die Chancengleichheit. Das Verwaltungsgericht Karlsruhe lehnte den Antrag als unzulässig ab, führte aber in der Sache dennoch aus, die „[v]erfassungsrechtliche Grundlage für die Bildung des [Migrationsrats sei] nicht das Demokratieprinzip, sondern die von der Selbstverwaltungsgarantie der Gemeinden umfasste Organisationshoheit“[23].

Migrationsbeiräte bilden also eine Form der Vertretung von Migrant*innen, welche zumindest teilweise über Wahlen organisiert und so auch an genuine Meinungsbildungsprozesse rückgebunden ist. Einerseits bleibt die dadurch vermittelte politische Mitbestimmung sehr begrenzt. Das ist auch mit Blick auf

---

[22] VG Karlsruhe, Beschl. v. 29.1.2015, 7 K 57/15.
[23] Ibid., Rn. 10.

Forderungen nach einer Ausweitung des Ausländerwahlrechts aus demokratietheoretischen Erwägungen relevant – mit gleichberechtigter politischer Teilhabe mittels eines Wahlrechts auf kommunaler oder Landesebene lässt sich die Vertretung in Migrationsbeiräten nicht annähernd gleichsetzen. Andererseits ist die Vertretung in solchen Beiräten stärker rückgebunden als die Interessenvertretung durch viele Organisationen.

Die Interessenvertretung von Migrant*innen durch Vereine und Organisationen findet in diversen Formen statt. Darunter fallen selbstorganisierte Vereine von Migrant*innen, die stark an individuelle Meinungsbildungsprozesse anknüpfen. Beispiele hierfür sind der Verband Deutsch-Syrischer Hilfsvereine oder Bundesnetzwerk TANG – The African Network of Germany. Prominent in öffentlichen Debatten sind aber auch thematisch konzentrierte Organisationen, die Belange von spezifischen Gruppen von Migrant*innen vertreten. Dazu gehören in Deutschland ProAsyl oder die bereits genannten Flüchtlingsräte auf Länderebene sowie der Bundesfachverband unbegleitete minderjährige Flüchtlinge (BumF). Zwischen selbstorganisierten und thematisch orientierten Gruppen bestehen Überschneidungen, die Abgrenzung ist nicht kategorisch. Insgesamt handelt es sich um nicht gebundene Interessenvertretung, die aber in unterschiedlichem Maße durch den direkten Austausch mit Migrant*innen geprägt ist.

V. Repräsentation jenseits politischer Mitsprache: Einzelfälle vor Gericht

Gerichte bilden wichtige Instanzen, wenn es um die Sicherung der Rechte von Migrant*innen geht. Insgesamt wurde das Migrationsrecht in Europa in den vergangenen Jahren wesentlich auch durch Gerichtsentscheidungen geformt. Allgemein besitzen Gerichtsverfahren neben ihrer Entscheidungsfunktion eine darstellende und politische Dimension.[24] Auch in denjenigen Gerichtsverfahren, in denen Einzelfälle verhandelt werden, stehen im Hintergrund meist allgemeine Fragen. In der Regel finden Verhandlungen öffentlich statt, und manche Gerichtsverfahren werden zum Katalysator für weitreichende Veränderungen im Recht. Im Kontext von Migration kann Gerichtsverfahren eine besondere Rolle zukommen, weil dort Missstände und Rechtsverletzungen oft länger unbemerkt bleiben und weniger sonstige, politische Foren zur Verfügung stehen. Gerichte werden so teilweise zu wichtigen Räumen der Sichtbarkeit.

[24] *Cornelia Vismann*, Medien der Rechtsprechung, 2011, S. 22; für internationale Gerichte sehr weitgehend mit Rede von „demokratischer Legitimation“: *Armin von Bogdandy/Ingo Venzke*, In wessen Namen? Internationale Gerichte in Zeiten globalen Regierens, 2014, S. 234.

Es liegt daher nahe, nach der Repräsentation von Migrant*innen in Gerichtsverfahren zu fragen. Wie findet vor Gericht eine Repräsentation von migrantischen Belangen durch den konkreten Fall oder jenseits des konkreten Falls statt? Wer repräsentiert Migrant*innen oder ihre Interessen in Verfahren? Höchstgerichte wie das Bundesverfassungsgericht (BVerfG), der Europäische Gerichtshof (EuGH) oder der Europäische Gerichtshof für Menschenrechte (EGMR) sind regelmäßig mit Verfahren befasst, die grundlegende Rechte von Migrant*innen betreffen. Einerseits geht es dann also um eine Vielzahl von Betroffenen, andererseits liegen den Verfahren Fälle einzelner Kläger*innen zugrunde. Zugleich sind Gerichte primär auf Urteilsfindung ausgerichtet und unterscheiden sich von politischen Foren. Gerichtsverfahren folgen eigenen Regeln, welche den Möglichkeiten der Repräsentation auch Grenzen setzen.

Im Folgenden werden drei Aspekte der Repräsentation von Migrant*innen vor Gericht näher in den Blick genommen: Die Funktion der Überprüfung von tatsächlichen Umständen vor Gericht (1.), die Rolle von Nichtregierungsorganisationen in Verfahren (2.), sowie die Rolle der Schlussanträge und richterlichen Sondervoten (3.). Daran anschließend werden weitere Potentiale (4.) und Grenzen (5.) der Repräsentation von Migrant*innen vor Gericht erörtert.

1. Realitätscheck vor Gericht – Rechtsschutz auf dem Papier und in Praxis

Gerichtsverfahren haben zuvorderst eine Entscheidungsfunktion, Gerichte legen Recht aus und wenden es auf konkrete Fälle an. Daneben haben manche Verfahren und Entscheidungen eine politische Dimension, weil sie zusammen mit den rechtlichen Fragen unvermeidbar auch politische Fragen zur Diskussion stellen. Doch darüber hinaus müssen Gerichte regelmäßig mit unklaren Faktenlagen umgehen und die einer Rechtsfrage zugrundeliegende tatsächliche Situation bestimmen, um zu einer Entscheidung zu gelangen. Dieses Erörtern der tatsächlichen Situation ist besonders in Verfahren zu Migration von großer Bedeutung und bildet einen Aspekt der Repräsentation. In zahlreichen Verfahren der letzten Jahre ging es im Kern um die Bestimmung, wie die Realität für Migrant*innen aussieht. Diese Realitätsüberprüfungen vor Gericht beziehen sich jeweils auf die Lage oder Erlebnisse einzelner Antragsteller*innen. Zugleich sind von den gleichen Bedingungen meist viele weitere Migrant*innen betroffen. Der „Realitätscheck vor Gericht“ ist mangels politischer Repräsentation von Migrant*innen und besonders von Asylsuchenden so wichtig: Auf diesem Weg wird festgestellt, wenn die Bedingungen in der Realität von denen auf dem Papier erheblich abweichen. Und diese Abweichungen und allgemein die Bedingungen werden dabei in gewissem Maße öffentlich verhandelt.

Insofern ist die Realitätsprüfung die wohl grundlegendste Dimension der Repräsentation vor Gericht. In diesem ersten Unterabschnitt geht es daher noch nicht um spezifische Akteure der Repräsentation, sondern um Beispiele solcher

Realitätsüberprüfungen. Während der Beitrag insgesamt von der Situation in Deutschland aus auf die Frage der Repräsentation von Migrant*innen blickt, konzentriert sich dieser Abschnitt auf Beispielfälle vor dem EGMR. Die dort erörterten Fragen betreffen auch Deutschland, insofern Migration in Europa weitreichend durch Unionsrecht und Vorgaben der EMRK gestaltet wird und insofern die Anwendungspraxis Auswirkungen auf andere europäische Staaten hat. Hinsichtlich der öffentlichen Debatten und Entscheidungen über Migrationspolitik sind die Verfahren vor dem EGMR, selbst wenn sie andere Staaten direkt betreffen, für Deutschland von Bedeutung.

In der jüngeren Rechtsprechung des EGMR finden sich besonders zwei Gruppen von Fällen, in denen die Beurteilung der tatsächlichen Lage – und zwar nicht zu einem Zeitpunkt, sondern über eine längere Periode – im Zentrum standen. Zum einen ging es in Fällen zum Verbot der Kollektivausweisung um die tatsächlichen Bedingungen von Asylsuchenden, an der Grenze Zugang zum Zweck eines Asylverfahrens zu erhalten. Zum anderen ging es in Fällen zum Verbot unmenschlicher und erniedrigender Behandlung um die tatsächlichen Lebensbedingungen in Flüchtlingslagern.

Die erste Gruppe von Fällen der letzten Jahre drehte sich um die Auslegung des Art. 4 des 4. Zusatzprotokolls zur EMRK. Dieser verbietet Staaten, ausländische Personen kollektiv auszuweisen. Es war in der Rechtsprechung etabliert, dass diese Vorschrift auch an der Grenze und sogar extraterritorial Anwendung findet, sofern die betroffenen Personen der Hoheitsgewalt des Staates unterstehen.[25] Daraus ergab sich die Verpflichtung von Staaten, bei der Ankunft von Personen diese nicht pauschal aus- oder zurückzuweisen, sondern die individuellen Umstände zur Kenntnis zu nehmen. Dies ergibt sich in gewissem Maße auch aus Art. 3 EMRK, dem Verbot von Folter oder unmenschlicher und erniedrigender Behandlung, da dies von Staaten erfordert, im jeweiligen Fall sicherzustellen, dass keine Zurückweisung in ebensolche Umstände stattfindet. Dennoch wurde gerade das Verbot der Kollektivausweisung zum prozessualen Stein des Anstoßes, da seine Beachtung auch retrospektiv eingeklagt werden konnte, also wenn im Nachhinein feststand, dass bei Ausweisung der Personen konkret keine Verletzung von Art. 3 EMRK gedroht hatte. Während nach dem Wortlaut von Art. 4 des 4. Zusatzprotokolls keine weiteren Voraussetzungen des Verbots bestehen, entwickelte der EGMR in seiner Rechtsprechung im Fall *N. D. und N. T. gegen Spanien* die Formel, dass Zurückweisungen ohne Identifizierung einzelner Fälle dann nicht als kollektiv zu werten sei, wenn die zurückgewiesenen Personen zuvor unautorisiert die Grenze übertreten, sich dabei ihre große Zahl zunutze gemacht und Gewalt angewendet haben.[26] Der Fall betraf die Rückführung einer

---

[25] EGMR, Urt. v. 23.2.2012 [GK], Nr. 27765/09, *Hirsi Jamaa und andere gegen Italien*, Rn. 159.

[26] EGMR, Urt. v. 13.2.2020 [GK], Nr. 8675/15 und 8697/15, *N.D. und N.T. gegen Spanien*, Rn. 201.

Gruppe von Migrant*innen, die an der Grenze von Marokko zur spanischen Exklave Melilla versucht hatten, über die Zäune nach Spanien zu gelangen. Im Ergebnis beurteilte der Gerichtshof die Rückführungen als kein Verstoß gegen Art. 4 des 4. Zusatzprotokolls zur EMRK.

Neben den dogmatischen Fragen hinsichtlich der neuen Formel des Gerichtshofs konzentrierte sich die Fallbeurteilung ganz erheblich auf das tatsächliche Bestehen oder Nichtbestehen von regulären Zugangswegen, um einen Asylantrag zu stellen. Der Gerichtshof ging in seinen Erwägungen davon aus, dass reguläre Zugangswege bestanden hätten und die späteren Antragssteller daher keine zwingenden Gründe besaßen, den unautorisierten Weg zu wählen. Verschiedene Nichtregierungsorganisationen und das Hochkommissariat für Flüchtlinge der Vereinten Nationen (UNHCR) bestritten, dass die Möglichkeit, Asyl zu beantragen, allen Schutzsuchenden an der marokkanisch-spanischen Grenze offenstand.[27] Sie wiesen darauf hin, dass Migrant*innen aus Staaten südlich der Sahara rassistischen Diskriminierungen ausgesetzt waren und sie auf der marokkanischen Seite nicht an den offiziellen Grenzübergang gelassen wurden, wo sie einen Asylantrag hätten stellen können.

Auch in der Folgerechtsprechung hingen die Entscheidungen wesentlich an der Frage, ob eine reguläre Möglichkeit, Asyl zu beantragen, bestand. Im Urteil im Fall *Shahzad gegen Ungarn* ging es um einen irregulären Grenzübertritt von Serbien nach Ungarn und eine anschließende Rückführung in der Gruppe, ohne dass individuelle Umstände geprüft wurden. Der Gerichtshof ging in der Entscheidung auch auf andere Aspekte der *N.D., N.T.*-Formel ein und befand, dass auch keine Gewaltanwendung durch die Migrant*innen stattgefunden habe.[28] Daneben betonte er, dass die einzige Möglichkeit, regulär einzureisen und Asyl zu beantragen durch die beiden Transitzonen bestand, zu denen aber nur eine eng begrenzte Anzahl von Personen täglich zugelassen wurden. Asylsuchende mussten sich auf einer Warteliste registrieren; für alleinstehende Männer war entweder schon diese Registrierungsmöglichkeit verstellt, oder sie mussten mit mehreren Monaten Wartezeit rechnen, bevor sie Zugang zu einer Transitzone bekämen und einen Asylantrag stellen könnten.[29] In diesen tatsächlichen Feststellungen bezieht sich der Gerichtshof neben den Aussagen des Antragsstellers und der Regierung auch zentral auf die Berichte des UNHCR.

In einem weiteren Fall zum Verbot der Kollektivausweisung stellte der EGMR dann nahezu ausschließlich auf das Bestehen einer regulär zugänglichen Mög-

---

[27] Für den UNHCR: ibid., Rn. 155. Für sonstige Berichte siehe e.g. *Jesuit Migrant Service/University Institute of Studies on Migration at Comillas Pontifical University*, No Protection at the Border. Human Rights at the Southern Frontier: between Nador and Melilla, 2016; *Medicins sans Frontieres*, Violence, Vulnerability and Migration: Trapped at the Gates of Europe. A report on the situation of sub-Saharan migrants in an irregular situation in Morocco, 2013.

[28] EGMR, Urt. v. 8.7.2021, Nr. 12625/17, *Shahzad gegen Ungarn*, Rn. 61.

[29] Ibid., Rn. 63.

lichkeit, Asyl zu beantragen, ab. Im Fall *A.A. und andere gegen Nordmazedonien* bewertete er die Rückführung einer Gruppe von Migrant*innen aus Nordmazedonien nach Griechenland ohne weitere Überprüfung ihrer individuellen Umstände als nicht konventionswidrig.[30] Die Migrant*innen hatten sich zwar gewaltlos verhalten, aber allein aufgrund der Irregularität ihrer Einreise und des Bestehens eines regulären Grenzübergangs, an dem sie Asyl hätten beantragen können, lehnte der Gerichtshof eine Verletzung des Verbots der Kollektivausweisung ab.[31] Dieser Einschätzung der tatsächlichen Umstände widersprachen ProAsyl und das European Center for Constitutional and Human Rights (ECCHR), die das Verfahren unterstützt hatten.[32]

In den Fällen zum Verbot der Kollektivausweisung gingen also teilweise auch nach den Urteilen die Ansichten auseinander, was die wirklichen Bedingungen für Schutzsuchende waren. Trotz dieser Ungeklärtheiten kommt den Verfahren eine wichtige Rolle zu, die Fragen zu thematisieren und den Darstellungen der tatsächlichen Umstände Raum zu geben. Meist bedarf es dafür der Belege durch größer angelegte Studien. Für die im Verfahren vertretenen Migrant*innen selbst ist es oft schwer möglich, auch nur ihre individuelle Behandlung zu dokumentieren und beweisen; vor allem aber können sie nicht systematische Praktiken von Staaten belegen. Insofern stützen sich derartige Verfahren oft auf Eingaben von Nichtregierungsorganisationen, Menschenrechtsbeauftragten oder eben dem UNHCR.

Ebenso war dies der Fall in zwei kürzlichen Entscheidungen zu Lebensbedingungen in Flüchtlingslagern in Griechenland. Der Fall *A.D.* betraf eine schwangere Asylsuchende im Flüchtlingslager auf Samos,[33] der Fall *H.A. und andere* betraf Asylsuchende im Flüchtlingslager Moria auf Lesbos.[34] Jeweils ging es um die Frage, ob die Bedingungen der Unterbringung das Verbot unmenschlicher oder erniedrigender Behandlung verletzt hatten. Weil die Darstellungen hinsichtlich der Unterbringung und Versorgung in den Lagern so auseinandergingen, unterscheidet der Gerichtshof schon in der Zusammenfassung jeweils zwischen der Version der Antragssteller*innen und derjenigen der griechischen Regierung. In beiden Fällen stützte der Gerichtshof sich in der Entscheidung wesentlich auf Berichte der Menschenrechtskommissarin des Europarats,[35] und stellte Verletzungen der Konvention fest.

---

[30] EGMR, Urt. v. 5.4.2022, Nr. 55798/16 u. a., *A.A. u. a. gegen Nordmazedonien.*

[31] Ibid., Rn. 115.

[32] *ProAsyl*, Sechs Jahre nach dem „March of Hope“ in Idomeni – Keine Gerechtigkeit für die Geflüchteten, 5.4.2022; *ECCHR*, Europäischer Gerichtshof für Menschenrechte duldet Massen-Pushbacks nach Griechenland, 5.4.2022.

[33] EGMR, Urt. v. 4.4.2023, Nr. 55363/19, *A.D. gegen Griechenland.*

[34] EGMR, Urt. v. 13.6.2023, Nr. 4892/18 und 4920/18, *H.A. u. a. gegen Griechenland.*

[35] EGMR (Fn. 33), Rn. 35; EGMR (Fn. 34), Rn. 44.

Die genannten Verfahren betrafen individuelle Rechtsverletzungen. Aber sowohl hinsichtlich der Möglichkeit, Asyl zu beantragen, als auch hinsichtlich der Unterbringungsbedingungen in Flüchtlingslagern betrafen sie auch tatsächliche Umstände, denen zehntausende andere Migrant*innen ausgesetzt waren. In diesem Sinn leisteten die Verfahren eine Repräsentation der Betroffenen. Das Abgleichen von angeblichen Bedingungen laut offiziellen Angaben mit den tatsächlichen Umständen ist sonst oft Gegenstand von demokratischer Politik: besonders betroffene Gruppen tragen das Auseinanderfallen in die Öffentlichkeit, beispielsweise indem sie sich an Abgeordnete wenden, offene Briefe verfassen oder demonstrieren. In diesen Fällen im Kontext von Migration eröffnet die Überprüfung von möglichen Rechtsverletzungen auch eine breitere Überprüfung, was die tatsächliche Lage – und damit Grundlage politischer Diskussionen ist. Gerade da es sich bei den Betroffenen um eine besonders prekäre Gruppe von Migrant*innen, nämlich Asylsuchende und nicht durch bestehende Aufenthaltstitel geschützte Personen handelt, bleibt sonst leicht die tatsächliche Lage unbeleuchtet. Politische Debatten über die Gestaltung von Grenz- und Migrationspolitik finden dann nicht nur ohne die zuvorderst Betroffenen, sondern zusätzlich auch mit unvollständiger Faktenkenntnis der Öffentlichkeit statt. Ein solcher Realitätscheck in Gerichtsverfahren stellt insofern einen wichtigen Aspekt der virtuellen Repräsentation von Migrant*innen dar.

2. Die Rolle von Nichtregierungs-organisationen in Verfahren

Viele wichtige Fälle zu Rechten von Migrant*innen der letzten Jahre fanden auf Betreiben und mit Unterstützung von Nichtregierungsorganisationen statt. Der Fall *Hirsi Jamaa*, in dem der EGMR das Abfangen von Schiffen auf dem Mittelmeer und die unmittelbare Rückführung von Migrant*innen nach Libyen rügte,[36] wurde wesentlich durch den italienischen Flüchtlingsrat initiiert. Das bereits genannte ECCHR war in den genannten Fällen *N. D. und N. T.* sowie *A. A.* und andere unterstützend beteiligt. Verfahren vor dem EuGH sind aufgrund des Vorlageerfordernis etwas weniger häufig Ort von strategischer Prozessführung, aber auch dort spielen die Eingaben von Nichtregierungsorganisationen eine wichtige Rolle. Vor dem Bundesverfassungsgericht unterstützte die Gesellschaft für Freiheitsrechte (GFF) ein Verfahren, in dem die Leistungskürzungen für alleinstehende Asylbewerber letztlich für verfassungswidrig erklärt wurden.[37]

Dass zahlreiche Verfahren überhaupt nur auf Initiative von Organisationen zustande kommen, ist nicht verwunderlich. Ein Verfahren anzustrengen, erfordert nicht nur finanzielle sondern auch zeitliche Ressourcen, die gerade Asylsuchende selten haben. Die Notwendigkeit, über viele Monate, wenn nicht Jahre

[36] EGMR, Urt. v. 23.2.2012 [GK], Nr. 27765/09, *Hirsi Jamaa und andere gegen Italien.*
[37] BVerfG, Beschl. v. 19.10.2022, 1 BvL 3/21.

ein Verfahren an einem Ort und über mehrere Instanzen fortzusetzen, steht oft in Konflikt mit der Lebensrealität von Asylsuchenden, die ihren Aufenthaltsort nicht selbst bestimmen und vorausplanen können.

Daneben ist die für Verfahren notwendige Dokumentation von Rechtsverletzungen regelmäßig für Betroffene selbst nicht zu leisten. Um gegen eine Rechtsverletzung klagen zu können, bedarf es des Nachweises. Schon der Nachweis einer Behandlung, welche der klagenden Person selbst widerfahren ist, kann schwierig sein, weil die Situation beispielsweise nicht erlaubt, Videoaufnahmen anzufertigen oder weil Zeugen später nicht auffindbar sind. Die Machtasymmetrie zwischen staatlichen Organen und Asylsuchenden erschwert eine Dokumentation von Rechtsverletzungen zusätzlich. In manchen Fällen, wie den genannten hinsichtlich des Verbots der Kollektivausweisung, genügt auch nicht der Nachweis der Behandlung, die den Personen selbst widerfahren ist, sondern es stellen sich darüber hinaus Fragen zu rahmenden Umständen – wie dem Vorhandensein regulärer Zugangswege. In den Fällen, die extrem schlechte Lebensbedingungen in Lagern betrafen, war die Dokumentation kollektiver Umstände über eine gewisse Zeit nötig.

Insgesamt ist es also kein Zufall, dass die Beiträge von Nichtregierungsorganisationen in Gerichtsverfahren zu Migration erheblich sind. Organisationen stehen teilweise hinter den Verfahren, indem sie die notwendige Dokumentation erstellen, geeignete Kläger*innen identifizieren, kooperierende Anwält*innen finden und die Prozessführung über mehrere Instanzen finanzieren. Daneben sind es aber auch Eingaben während des Verfahrens, so genannte Amicus Curiae Stellungnahmen, die eine wichtige Rolle spielen können.

Die Regeln und Möglichkeit von derartigen Eingaben unterscheidet sich dabei sehr: Vor dem EGMR sind mündliche und schriftliche Stellungnahmen zulässig und in der Praxis sehr verbreitet. Nach Art. 36 Abs. 3 EMRK kann der Kommissar für Menschenrechte des Europarats in allen Verfahren Stellungnahmen abgeben, nach Art. 36 Abs. 2 EMRK kann anderen, nicht am Verfahren als Partei beteiligten Personen die Gelegenheit zur Stellungnahme eingeraumt werden. Vor dem Bundesverfassungsgericht kann nach § 27 a BVerfGG Dritten Gelegenheit zur Stellungnahme gegeben werden. Interventionen im Sinne des Amicus Curiae sind jedoch in Deutschland nicht üblich. Vor dem EuGH können Dritte in Vorlageverfahren nur dann Stellungnahmen abgeben, wenn sie bereits in dem Verfahren vor nationalen Gerichten in diesem Sinne beteiligt waren. Dadurch sind derartige Beteiligungen selten. In wenigen Fällen war der UNHCR vor dem EuGH als Drittintervenient beteiligt, in einigen weiteren reichte er Beobachtungen ein.[38]

Besonders vor dem EGMR tragen die Eingaben von UNHCR, dem Kommissar für Menschenrechte des Europarats oder von Menschenrechtsorganisationen

---

[38] *Jasper Krommendijk/Kris van der Pas*, Third-party interventions before the Court of Justice in migration law cases, EU Migration Law Blog am 29.11.2022.

sowohl rechtliche Argumente als auch sachliche Einschätzungen ins Verfahren. Die Reputation der jeweiligen Intervenienten beeinflusst dabei auch das Gewicht der Stellungnahmen. Wie im letzten Abschnitt gesehen, sind die empirischen Berichte teilweise entscheidungsleitend für die Bewertung des Gerichtshofs. Da sich diese Realitätschecks als Aspekt der Repräsentation von Migrant*innen verstehen lassen, stellt sich auch die Frage, wer dabei repräsentiert oder zur Repräsentation beiträgt.

Vielfach beruhen die empirischen Eingaben auf ausführlichen vorangegangen Berichten, die unabhängig von dem konkreten Verfahren erstellt wurden. Derartige Berichte spielen in vielen Bereichen des internationalen Rechts eine wichtige Rolle. Gerichte wie der EGMR oder der EuGH können selbst diese Recherchen nicht durchführen und stützen sich daher auf die vorhandenen Informationen. In dieser Hinsicht leisten Organisationen also eine wichtige Vermittlung von Gegebenheiten vor Ort. Rechtlich bestehen die Eingaben in der Einschätzung von Experten, die mit dem Verfahren und Rechtsrahmen vertraut sind. Wie im Fall der Interventionen durch nicht-beteiligte Staaten unterstützen diese Eingaben meist klar eine Seite im Rechtsstreit, die Organisationen leisten dabei eine Form der Interessensvertretung von Migrant*innen. Diese ist ein wichtiger Beitrag zur Stärkung der Rechte von Migrant*innen. Zugleich kann politisch eine Distanz zu der Perspektive von Migrant*innen selbst bestehen, die Interessenvertretung sollte nicht mit einer Repräsentation der migrantischen Perspektiven verwechselt werden.

3. Die Rolle von Sondervoten und Schlussanträgen („Meinungen“)

Ein weiterer Aspekt von Gerichtsverfahren als Orte der Repräsentation von Migrant*innen sind die ausführlicheren Einordnungen, die von Richter*innen oder sonstigen Verfahrensbeteiligten ergehen. Im Englischen verdeutlicht die Begrifflichkeit von *separate opinions* (Sondervoten) von Richter*innen und *opinions* (Schlussanträge) der Generalanwält*innen am EuGH die Überschneidung – es handelt sich um „Meinungen“. Während die vorrangige Funktion von Gerichtsverfahren die rechtliche Entscheidung bleibt, findet gerade in diesen „Meinungen“ oft mehr als eine rechtliche Einschätzung statt. Richter*innen oder Generalanwält*innen erläutern ihre Rechtsauffassung, aber sie geben den Rechtsfragen auch Kontext und gehen über den einzelnen Fall hinaus. An einigen Beispielen soll veranschaulicht werden, wie dabei politische Gestaltungsfragen der Migration thematisiert werden.

Sondervoten der Richter*innen des Bundesverfassungsgerichts sind möglich, aber nicht verbreitet.[39] In Verfahren vor der Großen Kammer des EGMR hingegen sind Sondervoten häufig und kamen gerade in Fällen zu Migration in den

[39] *Matthias Klatt*, Das Sondervotum beim Bundesverfassungsgericht, 2023, S. 28.

letzten Jahren vielfach vor. Ein erstes Beispiel ist das Sondervotum des Richters Pinto de Albuquerque im Fall *Hirsi Jamaa*. Albuquerque stellte die Entscheidung in einen breiteren Kontext, was er schon damit einleitet, dass er den Fall als Ausdruck der Frage begreift, „wie Europa anerkennen solle, dass Flüchtlinge das „Recht Rechte zu haben" besitzen."[40] Im Laufe des Sondervotums kritisiert er eine Entscheidung des US Supreme Courts, diskutiert einen hypothetischen Fall vor dem EGMR und nimmt ausführlich auf Verfolgung in der europäischen Geschichte Bezug. Insgesamt spricht Albuquerque sich gegen eine Aushöhlung des Flüchtlingsschutzes aus, und tut dies mit Argumenten, die weit über eine direkte Rechtsinterpretation hinausgehen.

Auch in seinem Sondervotum im Fall *M.A. und andere gegen Litauen* äußerte sich Richter Pinto de Albuquerque zu generellen Fragen der Menschenrechte von Migrant*innen.[41] Er diskutiert dort eine Verletzung des Verbots der Kollektivausweisung, welche in dem Fall nicht aufgeworfen worden war. Dabei nimmt er Bezug auf einen anderen, damals vor dem Gerichtshof anhängigen Fall, den erwähnten Fall *N.D. und N.T.*, bei dem er als Richter nicht beteiligt war. Albuquerque weist auf den politischen Druck von Staaten auf den Gerichtshof beim Thema Migration hin, und auf die häufige Umgehung von Konventionspflichten gegenüber Migrant*innen. So appelliert er an seine Richterkolleg*innen, die Rolle des EGMR „als Garant der Menschenrechte" weiter auszufüllen.

In Verfahren vor dem EuGH gehen der richterlichen Entscheidung immer die Schlussanträge der Generalanwält*innen voraus (Art. 252 AEUV). Als Beispiele für Schlussanträge zum Thema Migration sind ein Schlussantrag des Generalanwalts Paolo Mengozzi im Februar 2017 sowie diverse Schlussanträge der Generalanwältin Eleanor Sharpston zu erwähnen. Paolo Mengozzi schrieb den Schlussantrag zum Fall *X und X*, in dem es um Visumsanträge einer syrischen Familie in der belgischen Botschaft im Libanon ging.[42] Die rechtliche Frage im engeren Sinn bezog sich auf die Anwendbarkeit der Grundrechtecharta auf Visumsvergabeentscheidungen und die mögliche Folgerung einer Pflicht zur Visumsausstellung aus dem Verbot unmenschlicher und erniedrigender Behandlung. Der Gerichtshof würde später den Fall auf formaler Ebene entscheiden, da die Visumsentscheidung sich nicht nach Unionsrecht, sondern nach nationalem Recht richte und der Gerichtshof daher nicht zuständig sei. Mengozzi bot in seinem Schlussantrag aber nicht nur eine Argumentation an, die den Gerichtshof für zuständig begriff und eine Pflicht zur Visumsausstellung für die syrischen Schutzsuchenden für gegeben hielt. Er rahmte diese Auslegung auch mit eindringlichen Verweisen auf die Verantwortung der Mitgliedsstaaten und auf die

[40] EGMR, Urt. v. 23.2.2012 [GK], Nr. 27765/09, *Hirsi Jamaa und andere gegen Italien*, Rn. 59.

[41] EGMR, Urt. v. 11.12.2018 [GK], Nr. 59793/17, *M.A. und andere gegen Litauen.*

[42] EuGH, Schlussanträge des Generalanwalts in der Rechtssache C-638/16 PPU (*X und X gegen Belgien*), 7.2.2017.

massive Not von Flüchtlingen und wandte sich gegen ein falsches „Schreckgespenst", das Staaten bezüglich Asylanträgen an die Wand malen würden.[43]

In zahlreichen Verfahren vor dem EuGH zum Thema Migration schrieb Generalanwältin Eleanor Sharpston den Schlussantrag. Auch diese Schlussanträge enthielten mehrfach Bezüge auf hypothetische Fallkonstellationen und auf politische Vorannahmen, und trugen erheblich zur Entwicklung des Unionsrechts im Bereich Asyl bei.[44]

Diese verschiedenen „Meinungen" tragen also dazu bei, Gerichtsverfahren eine Dimension von öffentlicher Debatte zu verleihen. Sie weisen über den einzelnen Fall hinaus und sprechen nicht nur ein Fachpublikum an, sondern eine breitere Öffentlichkeit. Das können Urteile teilweise auch, aber diese sind als Kompromisse von mehreren Richter*innen und in der stärker vorgegebenen Form weniger dazu angetan, über die primäre rechtliche Entscheidungsdimension hinauszugehen.

Es sind bei dieser „virtuellen Repräsentation" vor Gericht nicht immer spezifische Akteure, welche Migrant*innen oder migrantische Interessen repräsentieren. Die Verfasser*innen der Schlussanträge oder Sondervoten können nicht als Repräsentanten in diesem Sinne verstanden werden. Eher schaffen Gerichtsverfahren insgesamt wichtige Räume, in denen die rechtliche Gestaltung von Migration reflektiert und die Situation von Migrant*innen thematisiert werden. Insofern füllen sie eine Lücke, die entsteht, weil Migrant*innen und insbesondere diejenigen mit prekärem Aufenthaltsstatus kaum über politische Repräsentation verfügen.

4. Prozessuale Stellschrauben für die Repräsentationsfunktion von Gerichtsverfahren

Gerichtsverfahren können eine wichtige Repräsentationsfunktion für Migrant*innen einnehmen. Inwieweit und in welcher Weise das möglich ist, hängt aber auch an den Verfahrensvorgaben der jeweiligen Gerichte. Anhand des bislang Untersuchten werden sowohl Unterschiede zwischen verschiedenen Höchstgerichten deutlich, als auch weitere Potentiale für eine Repräsentationsfunktion.

Zunächst hat die grundsätzliche Auswahl und Struktur gerichtlicher Verfahren Einfluss auf die Repräsentationswirkung. Während eine Verfassungsbeschwerde einen Einzelfall ins Zentrum stellt und das Gericht dann anhand dieses Falls weiterreichende Verfassungsauslegung betreibt, steht ein solcher Einzelfall schon bei einer konkreten Normenkontrolle vor dem Bundesverfassungsgericht stärker im Hintergrund, bei einer abstrakten Normenkontrolle entfällt der direkte Fall-

[43] Ibid., Rn. 172.

[44] Dazu bereits *Dana Schmalz*, Generalanwältin Eleanor Sharpston: mit dem Brexit verlieren wir eine Kraft für das europäische Asylrecht, Verfassungsblog am 14.2.2019.

bezug. Die Repräsentationswirkung von Verfahren ist aber oft dann am stärksten, wenn neben der abstrakten Rechtsfrage auch konkrete Umstände verhandelt werden. Ein direkter Fallbezug schafft nicht nur Gelegenheit, die tatsächliche Anwendung von Recht zur Sprache zu bringen, sondern bringt auch eine persönliche Geschichte in die öffentliche Wahrnehmung. Die oftmals hinter Statistiken verschwindenden individuellen Umstände von Migrant*innen erhalten dabei eine Bühne, diese Personalisierung der rechtlichen und politischen Fragen leistet eine Repräsentation auch für die vielen nicht individuell beteiligten Migrant*innen. Vielleicht kontraintuitiv sind daher gerade die auf einzelne Fälle bezogenen Verfahren besonders zur Repräsentation angetan.

Daneben unterscheiden sich Gerichte in den Rahmenbedingungen für die Interventionen Dritter, für Stellungnahmen der Richter*innen oder Generalanwält*innen sowie für Öffentlichkeit. Die Voraussetzungen, unter denen Drittparteien wie der UNHCR oder Menschenrechtsorganisationen Eingaben zum Verfahren machen können, wurden oben bereits angerissen. Während diese Möglichkeit vor dem EGMR weitreichend besteht, ist sie vor dem Bundesverfassungsgericht sehr begrenzt und vor dem EuGH in Vorlageverfahren davon abhängig, ob bereits im nationalen Verfahren interveniert wurde, was wiederum an nationalen Regelungen hängen kann. Die individuellen Stellungnahmen von Richter*innen oder Generalanwält*innen in Form von Sondervoten oder Schlussanträgen bilden ebenfalls ein Einfallstor für weiterreichende Überlegungen zur rechtlichen Systematik sowie dem Kontext von Entscheidungen. Sondervoten sind vor dem EGMR deutlich stärker verbreitet als vor dem Bundesverfassungsgericht, wo die Möglichkeit aber ebenfalls besteht. Bei Urteilen des EuGH gibt es keine Sondervoten. Generell verfolgen die Gerichte ein unterschiedliches Maß an Einbeziehung der Öffentlichkeit. Der EGMR überträgt mündliche Verhandlungen der Großen Kammer teilweise live und stellt die Aufnahmen online zur Verfügung. Bei den mündlichen Verhandlungen des EuGH oder des Bundesverfassungsgerichts können Besucher*innen und Presse nach Anmeldung und im Rahmen der Kapazität teilnehmen.

Grundsätzlich tragen diese Formen zur Repräsentationsfunktion von Gerichtsverfahren bei. Dementsprechend bestimmen Verfahrensvorschriften auch, in welchem Maße die Verfahren diese Funktion entwickeln können. Daneben gibt es weitere Aspekte, die mögliche Repräsentation von Migrant*innen beeinflussen. Verfahrensregeln bestimmen nicht nur über die Öffentlichkeit und politische Dimension von Verfahren, sondern auch, wie der direkte Kontakt zu Betroffenen gestaltet wird. Ein Verfahrenserfordernis, wann immer individuelle Rechte betroffen sind, ist die Opfereigenschaft, wie es vor dem EGMR heißt, oder Beschwerdebefugnis, wie es vor dem Bundesverfassungsgericht heißt. Voraussetzung einer Klage ist also, dass die Kläger*innen nachgewiesenermaßen selbst betroffen waren von der spezifischen staatlichen Handlung. Das ist zunächst sinnvoll, weil es Popularklagen ausschließt und die Menge von Verfahren begrenzt.

Zugleich kann es die Anforderungen in migrationsrechtlichen Fällen enorm anheben, und damit erschweren, dass Betroffene auch tatsächlich Verfahrensbeteiligte werden. Wenn hunderte oder tausende Menschen von regelmäßigen und gut dokumentierten Praktiken betroffen sind, wie den im Fall *N. D. und N. T.* thematisierten Rückschiebungen am Grenzzaun von Melilla, kann es trotzdem schwierig sein, nachzuweisen, dass spezifische Personen von den Handlungen an einem spezifischen Tag betroffen waren. Diese Dokumentation, die einzelne Staatshandlungen und individuelle Migrant*innen auf Kameraaufnahmen identifizierbar macht, ist anspruchsvoll. Sie ist nur durch intensive Vorbereitung von Nichtregierungsorganisationen zu leisten – so wird die Möglichkeit eines Verfahrens von Beginn an den eigentlichen Kläger*innen aus der Hand genommen und in die Hände von Organisationen gelegt. Es ist in diesem Sinne wünschenswert, dass Zulässigkeitserfordernisse in einer Weise interpretiert werden, die für spezifische Umstände der Migration sensibel ist.

5. Grenzen der „virtuellen Repräsentation" vor Gerichten

Die letzten Abschnitte haben Faktoren der virtuellen Repräsentation von Migrant*innen in Gerichtsverfahren identifiziert. Diese Aspekte der Verfahren können Lücken füllen, welche durch die fehlende politische Teilhabe entstehen. Zugleich muss betont werden, dass sie ein Anderes und kein Pendant zu demokratischer Repräsentation darstellen.

Zunächst ist die eigene Handlungsmacht von Migrant*innen bei dieser Form der Repräsentation sehr eingeschränkt. Selbst die Antragssteller*innen selbst sind teilweise eher Teilnehmer*innen in den durch Organisationen angestoßenen und koordinierten Verfahren. Die vielen weiteren von parallelen Umständen betroffenen Personen haben erst recht keinen Einfluss auf die Darstellung und Schwerpunktsetzung im Verfahren. Das ist weniger ein Problem, sofern es primär um das Einklagen von Rechten geht. Sofern die Darstellung und Debatte vor Gericht aber auch als Adressieren einer demokratischen Öffentlichkeit verstanden wird, darf diese Distanz der Betroffenen zumindest nicht vergessen werden. Es ist oftmals eine der wenigen Möglichkeiten, die Lage von Migrant*innen anhand konkreter Fälle zur Kenntnis zu bringen und die dahinterstehenden politischen Entscheidungen zu beleuchten. Zugleich sind die leitenden Akteure dabei eben nicht die Betroffenen selbst, sondern andere Verfahrensbeteiligte wie Anwält*innen, Vertreter*innen von Menschenrechtsorganisationen, Richter*innen oder Generalanwält*innen.

Eine kritische Auseinandersetzung mit strategischer Prozessführung findet in den letzten Jahren durchaus statt.[45] Neben Fragen der Ausrichtung von recht-

[45] E. g. *Andreas Fischer-Lescano*, From Strategic Litigation to Juridical Action, in: Miriam Saage-Maaß u.a (Hrsg.), Transnational Legal Activism in Global Value Chains. The Ali Enterprises Factory Fire and the Struggle for Justice, 2021, S. 299.

lichem Aktivismus betrifft dies die Erwartung daran, was Repräsentation vor Gericht leisten kann – und was nicht. Die Repräsentation vor Gericht bleibt bezogen auf einzelne Rechtsverletzungen und damit Missstände, dies zeichnet meist ein einheitliches Bild der Betroffenen und verdeckt die Heterogenität von Migrant*innen, ihren Migrationsgeschichten und Zielen. Da mögliche Rechtsverletzungen die Grundlage der Verfahren bilden, ist die gerichtliche Debatte, auch dort, wo sie den Entscheidungskontext übersteigt, meist an der spezifischen Form individueller Rechte und an bestehendem Recht orientiert. Das beschränkt, was virtuelle Repräsentation vor Gericht abdecken kann.

VI. Fazit

An demokratischer Repräsentation von Migrant*innen fehlt es weithin. Dies lässt sich nicht einfach auflösen, da politische Teilhabe mit guten Gründen an Staatsbürgerschaft oder zumindest dauerhaften Aufenthalt geknüpft ist. Dennoch erzeugt die fehlende Repräsentation von Migrant*innen und besonders von Asylsuchenden und Geflüchteten hinsichtlich dem Recht, das sie betrifft, eine Leerstelle. Dies wirft demokratietheoretische Fragen auf und zeigt sich praktisch darin, dass Rechtsgarantien für Migrant*innen oft systematisch verletzt werden, ohne dass es zu öffentlicher Kenntnis oder wirkungsvoller Reaktion kommt.

Der Beitrag hat eingangs die begrenzte politische Teilhabe von Migrant*innen skizziert, um daran anschließend nach bestehenden, anderen Formen der Repräsentation zu fragen. Ausländerbeiräte sind diejenigen Formen, die eine gewisse politische Vertretung von Migrant*innen leisten, auch weil sie teilweise durch Wahlen besetzt werden. So findet am ehesten neben der wichtigen Interessensvertretung auch eine Rückbindung an genuine Prozesse der Meinungsbildung statt.

In einem weiteren Teil hat der Beitrag die virtuelle Repräsentation vor Gerichten diskutiert. Die Beispiele dabei schauten besonders auf irreguläre Migrant*innen bzw. Asylsuchende. Viele Verfahren betreffen Fälle aus diesem Bereich, da die Rechte dieser Personen politisch am stärksten umkämpft sind und Rechtsverletzungen am häufigsten. Zugleich sind es diejenigen Personen, deren politische Teilhabe am prekärsten ist – insofern spielt auch die Repräsentationsfunktion von Gerichten eine besondere Rolle.

Die Folgerung dieser Betrachtung ist, dass die Sensibilität für die besondere politische Situation von Migrant*innen dazu beitragen sollte, Potentiale der Repräsentation in Gerichtsverfahren auszuschöpfen. Gerichtsverfahren können keineswegs mit politischen Foren gleichgesetzt, aber ohne Schaden für die primäre Rechtsentscheidungsfunktion können sie Räume eröffnen, um etwas der sonst fehlenden Sichtbarkeit politischer Fragen und Problemlagen rund um Migration auszugleichen.

Autor*innenverzeichnis

Jonas Bornemann, Dr. des., Assistenzprofessor an der Rijksuniversteit Groningen

Gabriele Buchholtz, Prof. Dr., Juniorprofessorin (mit Tenure Track) für das Recht der sozialen Sicherung mit Schwerpunkt in Migration und Digitalisierung an der Universität Hamburg

Johannes Eichenhofer, Prof. Dr., Inhaber der Professur für Öffentliches Recht, insbesondere Recht der Digitalisierung der Verwaltung an der Universität Leipzig

Pauline Endres de Oliveira, Prof. Dr., Professorin für Recht und Migration an der Humboldt-Universität zu Berlin

Sina Fontana, Prof. Dr., Inhaberin des Lehrstuhls für Öffentliches Recht und Krisenresilienz an der Universität Augsburg

Judith Froese, Prof. Dr., Inhaberin des Lehrstuhls für Öffentliches Recht mit Nebengebieten an der Universität Konstanz

Thomas Groß, Prof. Dr., Professor für Öffentliches Recht, Europarecht und Rechtsvergleichung an der Universität Osnabrück

Constanze Janda, Prof. Dr., Inhaberin des Lehrstuhls für Sozialrecht und Verwaltungswissenschaften an der Deutschen Universität für Verwaltungswissenschaften Speyer

Winfried Kluth, Prof. Dr., Professor für Öffentliches Recht an der Martin-Luther-Universität Halle-Wittenberg

Roman Lehner, Dr., Privatdozent am Institut für Öffentliches Recht an der Georg-August-Universität Göttingen, im Wintersemester 2023/24 Vertretung des Lehrstuhls für Öffentliches Recht, insbesondere Verwaltungs- und Steuerrecht, an der Universität Potsdam

Dana Schmalz, Dr., Referentin am Max-Planck-Institut für ausländisches öffentliches Recht und Völkerrecht

Emanuel V. Towfigh, Prof. Dr., Inhaber des Lehrstuhls für Öffentliches Recht, Empirische Rechtsforschung und Rechtsökonomik an der EBS Universität, Research Affiliate am Max-Planck-Institut zur Erforschung von Gemeinschaftsgütern sowie Distinguished Scholar in Residence an der Peking University of Transnational Law

Daniel Thym, Prof. Dr., Inhaber des Lehrstuhls für Europa- und Völkerrecht, Sprecher des Standorts Konstanz im bundesweiten Forschungsinstitut Gesellschaftlicher Zusammenhalt und Leiter des Forschungszentrums Ausländer- und Asylrecht an der Universität Konstanz

Ferdinand Weber, Dr., Akademischer Rat am Lehrstuhl für Öffentliches Recht und Europarecht an der Universität Göttingen

Mattias Wendel, Prof. Dr., Maîtr. en droit (Paris 1), Inhaber der Professur für Öffentliches Recht, insbesondere Europarecht, Völkerrecht, Migrationsrecht und Rechtsvergleichung an der Universität Leipzig